历史人物传奇系列

花好还要
绿叶扶 ✽

■ 李 楠
■ 张 蕊
——编著

中国历代

谋臣 写真

中国文史出版社
CHINA CULTURAL AND HISTORICAL PRESS

图书在版编目（CIP）数据

花好还要绿叶扶：中国历代谋臣写真：全2册/李楠，张蕊编著 . -- 北京：中国文史出版社，2018.7
ISBN 978-7-5205-0494-2

Ⅰ.①花… Ⅱ.①李…②张… Ⅲ.①宰相—列传—中国—古代 Ⅳ.① K827=2

中国版本图书馆 CIP 数据核字（2018）第 198875 号

责任编辑：殷旭

出版发行：**中国文史出版社**

网　　址：www.wenshipress.com

社　　址：北京市西城区太平桥大街 23 号　邮编：100811

电　　话：010-66173572　66168268　66192736（发行部）

传　　真：010-66192703

录　　排：沁雨心录排部

印　　装：廊坊市海涛印刷有限公司

经　　销：全国新华书店

开　　本：16 开

印　　张：39　　字数：468 千字

版　　次：2019 年 2 月北京第 1 版

印　　次：2019 年 2 月第 1 次印刷

定　　价：98.00 元（全 2 册）

　　宰相一职最早出现于夏、商、周三代时期。自宰相产生之日起，他们基本上都是总揽政务，在波涛汹涌的政治舞台上扮演着一人之下、万人之上的角色。他们几乎系天下之安危于一身，其权力的大小，往往直接影响到政治局势能否稳定、天下能否长治久安。

　　在几千年的中国历史长河中，曾经产生了无数的宰相。而每当在大治大乱中，都会涌现出一大批叱咤风云、扭转乾坤的名相、贤相。在他们的心里，高尚的品德和情操高于一切，忠君为国的思想深扎心里，他们的拳拳报国之心，日月可昭。纵使身犯险境，他们也能依靠自己的才智，化险为夷。他们的功德名垂青史，万古流芳，为世人所称道、所景仰、所效法。

　　姜尚、伊尹、周公旦、管仲等人，他们是中国历史上较早的一批杰出宰相，凭借他们的聪明才智，或稳定新朝政权，或使国家成为当时的霸主。而后的秦国，更是名相辈出，像商鞅、范雎、张仪等著名宰相也相继登上历史舞台；继他们之后的李斯，更是能力非凡，为秦国统一六国立下了汗马功劳。

　　此后，封建统治下的华夏大地上相继诞生了无数的杰出宰相，西汉的萧何、曹参；东汉的邓禹；三国时期的诸葛亮；东晋的王导、谢安；盛世大唐更是涌现了一大批贤相，像有"房谋杜断"之称的房玄龄、杜如晦，一代诤臣魏征，备受争议的长孙无忌，惩恶扬善的狄仁杰，五朝元老姚崇，中唐时期的张九龄等；而宋代也不乏杰出代表，像靠半部论语治天下的赵普，越老越倔强的寇准，官场楷模王安石等；大明王朝亦是相星璀璨，这其中以铁腕改革重振大明的张居正最为杰出，中国最后

一个封建王朝清朝同样也出现了张廷玉、曾国藩、李鸿章等名相。

当然，事物总是对立发展的，在封建社会的宰相之中，有贤相存在，就同样也有奸相登场。这些臭名昭著、为天下人所唾弃的宰相，对待君主阿谀逢迎，对待人民横征暴敛；在任期间贪赃枉法，榨取民脂民膏；为达目的阳奉阴违，结党营私、不择手段。

这其中最有代表性的人物就是秦二世时期的宰相赵高了，他的所作所为在一定程度上导致了秦国的灭亡。而口蜜腹剑的李林甫、擅权误国的贾似道、以青词换得大权的严嵩、贫贱中发家的美男子和珅等，其恶劣行径无不让人深恶痛绝。可以说，他们是我们民族的败类，将永远被钉在历史的耻辱柱上。

《旧唐书·魏征传》云："夫以铜为镜，可以正衣冠；以古为镜，可以知兴替；以人为镜，可以明得失。"每一个宰相都有他的传奇人生，在他们官场沉浮的道路上，在他们忙忙碌碌的身影中，总能折射出一个时代的荣辱兴衰。

为了让读者能够对中国的历代名相都有所了解，我们精选了中国历史上从夏、商、周三代到晚清之间的数十位宰相，他们虽然不能代表全部，但窥一斑而见全豹，我们完全可以从中透视出中国历史的治乱兴衰。

我们无意于对这些历史人物妄加评论，只是将这些超重量级的官场大佬们的智慧、权谋、手腕乃至其趣味生活展现给读者，让读者们能够近距离地接触他们，从中体味历史，感悟生活，收获智慧，提升境界。

2

第一章　宰相制度的产生与演变

第二章　先秦时期的著名宰相

目 录

第三章　秦汉时期的著名宰相

第四章 三国两晋魏晋南北朝时期的著名名相

第五章　隋唐五代时期的著名宰相

第六章　宋元时期的著名宰相

第七章　明清时期的著名宰相

目录

目录

第一章

宰相制度的产生与演变

第一节　宰相制度的雏形

宰相名称的由来与含义

中国古代是一个集权式国家体制，帝王要想有效地行使权力，必然要有一大批下属官吏供他使唤，为他服务。而下属中又分为三六九等，担任不同的官职，执行不同的任务。其中为首的那个人或几个人，地位很高，权势很大，称作宰相。自古以来，宰相就有"一人之下，万人之上"之说，任务是辅佐帝王，统领百官，总揽政务。他们是帝王的直接助手，帮助帝王发号施令，其思想、品质、才学和执政方法，对于国家的盛衰兴亡，都有着很大的关系。因此，学习中国历史，就不能不研究宰相，因为从他们身上，不仅可以看到帝王的功过得失，也可以看到中国历史发展过程中的某些特异现象。

中国的官制始于夏朝，经历商朝到西周，大体趋于完备。夏代在中央设有三老、五更、四辅、四岳之官，辅佐国王，以备顾问咨询。担任这些职务的都是当时最有学识经验和享有很高社会声望的人。所以国王"父事三老，兄事五更"，国家遇有大事，或委派大臣，都要首先去请教四辅、四岳等人。

夏代设有六卿政务官，下设司空以总领百官，为六卿之首，后稷掌管农业，司徒主管教化，士或大理主刑狱，共工管百工营建，虞人掌管山泽畜牧。

"宰"，是主持的意思；"相"，是辅佐的意思。其实，古代的官职中并没有"宰相"一职，它只是个统称，专指那些辅佐帝王、治理国家的最高行政长官。

"宰"的本义是指奴隶主家中掌管家务的总管，后移用作官名。奴隶社会的国家性质是"家天下"，辅助管理这个"家天下"的官员称"宰"，十分贴切。"相"的含义很多，其中之一是星名。据《星经》记载："相星在北极斗南，总领百司。"帝王被称作"天子"，以此对应天上的星官，处于北极的中枢位置，其他各星呈屏藩状。于是，"相"也被用作官名。春秋时齐国置左相和右相。后来的典籍明确地说："相，百官之长也。"（《吕氏春秋·举难》）最早把"宰"和"相"组合成"宰相"一词的，是战国末期的韩非。《韩非子·显学》中载："故明主之吏，宰相必起于州部，猛将必起于卒伍。"这里的"宰相"只是泛指那些高级大臣。后来，人们便自觉不自觉地把那些"百官之长"称作宰相了。

三代时期宰相的职能

据陈梦家《殷墟卜辞综述》所载，在商代，已出现"宰"的官职名，但当时的"宰"官，实际上是商王的家臣，负责管理内廷事务，负责管理外廷事务的最高政务官称作"尹"，"尹"大致类似于后世的宰相，所以《史记·殷本纪》索引说："尹，正也，谓汤使之正天下"，《史

宰相府

记·殷本纪》正义引《帝王世纪》又说："伊尹名挚，为汤相。"伊尹的儿子伊陟在帝太戊时期，也继续为相，即"帝太戊立伊陟为相"。不过，在《史记·殷本纪》中也曾记载：帝武丁继位后，"思复兴殷，而未得其佐。三年不言，政事决定于冢宰"。可见，"宰"或"冢宰"在商代后期已演变为"相"，或者说代行"相"的职权。

周初武王即位后，任命姜尚为"师"，当时的"师"、"保"、"宰"（"太师"、"太保"、"太宰"）统领百官，成为事实上的相。春秋战国时期，随着周王室的衰微和各诸侯国的崛起，各诸侯国纷行变革，官制逐步趋于规整，"相"这一具有"辅佐"、"辅助"之意的动词，演变为名词，成为百官之长的官职名，同时，"相邦"、"相国"、"宰相"、"丞相"也渐成为相的通称。

周王以下，设有师保辅弼之官太师、太傅和太保。武王时，太公望为师，召公奭为保。成王时，周公为太傅，召公为太保。他们是帮助周王统治天下的辅佐，是周王的最高顾问，所谓"论道经邦，燮理阴阳"。周朝初年，师保的地位很高。成王年幼，"周公摄政，一年救荒，二年克殷，三年践奄，四年建侯卫，五年营成周，六年制礼、作乐，七年致政成王"。这时与周公一起辅佐成王的还有召公，据记载，"自陕以西，召公主之；自陕以东，周公主之。"可见师、保拥有很大的权力。司马迁说召公巡行乡邑，决狱政事，自侯伯至庶人各得其所，无失职者。按周公、召公所处地位和职掌，可知周代师、保之官与商代的阿、保及尹的职能相当，与后世的相职大抵相同。所谓"相成王为左右"，"相王室以尹天下"，"尹三事四方，受卿事寮"皆可为佐证。

师保之官的地位虽然很高，但在制度上并非固定设置的官职，经常是因人而设，如殷商之制，官"不必备，唯其人"。

西周朝廷办事官的主体是"六太"：即太宰、太宗、太士、太史、太祝、太卜。"六太"又称卿事，或卿士，因其经常在王左右，协助周王处理朝廷事务，故有左右卿士之称。

"六太"之中太宰居长，他可以代表周王发号施令，处于冢宰地位，是周王最亲信和最得力的助手，经常由师保兼任，周公和召公都曾兼任过太宰。太宰与内宰职掌内外，内宰为宫廷总管，太宰乃外廷百官之长。东周列国铜器铭文中多见"太宰"。

先秦时期的宰相制度

春秋战国是中国历史上一个重大变革时期。奴隶制的东周王朝日趋没落，各诸侯国为谋取霸主地位，纷纷招纳具有新兴封建地主阶级思想的贤士，委以重任，并确定封建国家的统治秩序，建立分工明确的官僚机构。官僚机构是以"相"和"将"为首脑的国家机器体系。

春秋战国时期的"相"与秦汉以后的宰相官职不太一致。此时封建专制国家尚未完善，封建集权制处于萌芽期，宰相的权力相对较大，诸侯只有依靠"相"的辅佐，才能成就大业，"相"的才能因此得以充分施展。例如管仲相齐时，把处于东海之滨的小小齐国治理得井井有条，以至通货积财，国富兵强。齐桓公在其辅佐下，九次会盟诸侯，成就霸业。战国初期，魏相李悝通过变法的新政策，使魏国经济得到了长足发展，成为当时一个强盛的封建国家。当时，西方的秦国的社会经济落后于东方六国，它以商鞅为相实行改革，并借鉴各国变法经验，制定了有力的变法措施，使秦国后来居上，到秦王嬴政时，国富民强，从而一举兼并六国，统一了中原大地。到战国中后期，兼并与反兼并的斗争上升为主要矛盾，宰相的功绩主要是外交上的成功。例如赵国名相蔺相如以不辱于强秦"完璧归赵"而著名。挂六国相印的苏秦，运用外交手段，使六国能够按照他的"合纵"思想和战略联合起来，共同抵御秦国的兼并。秦相张仪则利用外交谋略，在六国间施展"连横"策略，有效地瓦解了六国联盟，为秦灭六国奠定了基础。

春秋战国时期的宰相一般源于"士"。"士"是在奴隶制瓦解、封建制兴起的社会变革中形成的。期间，一部分贵族及其子弟因世袭制的覆灭而成为"士"。同时，出身庶民的人，也有跻身于"士"的可能。从"士"的行列中脱颖而出的宰相，正是适应了地主阶级的变法革新和谋求统一的历史潮流，成为地主阶级的政治家、思想家。

春秋战国时期各国在宰相官职的设置上极不统一，其含义与秦汉以后相比也比较空泛。宰相是"宰"和"相"的合称，前者为主持、后者为辅佐之意。春秋时，某些国家已有总领百官的冢宰、太宰或相，但这些官职只由某些卿大夫世袭。作为国家最高行政长官的相，其设立当萌芽于春秋的齐景公所设之左右相。战国时期最早设相的国家是魏国，之后是韩、赵两国。秦国置相较晚。秦孝公时，商鞅由魏入秦，始为左庶长，后升大良造，时未称相，其地位相当于三晋的相邦，史称"商鞅相秦"。赵国除丞相外，还有假相、假相国和守相。"假"意为兼理，"守"意指试用。战国时期的宋、卫、中山、东周等小国皆未设相。南方的楚国在官职设置上自成一体，令尹为最高级的官称，相当于中原官制的相。尽管各国宰相设置的名称各异，其职权仍十分相似，即国君的助手、参谋、顾问，其权力不像秦汉以后那样受到皇权及内外朝官员的分割。

战国时期的宰相文武分离。相职一般由文人担任，只负责国家的政务；在军事上则由擅长兵法的最高军事长官即将（其职位仅次于相）负责，以适应各封建国家统辖区域的扩大和连绵不断的兼并战争。

战国时期有些宰相是著名的政治家，也有个别宰相原本是投机者，借七国纷争之乱，四处游说，使某个国君接受自己的主张，以求高官厚禄，如秦相张仪和挂六国相印的苏秦。更有甚者如秦相吕不韦，他初与他国人质王子往来，只是因为王子"奇货可居"，想从中取得更大的财富而已。尽管如此，这一时期的宰相在当时社会发展中仍产生了不同程度的积极作用。

春秋时期，诸侯列国政府中执政官职，多称卿、上卿或正卿。楚国称为"令尹"；秦国称上卿、亚卿或庶长、大庶长，齐国的上卿、鲁国的宗卿、正卿或上卿、晋国、郑国和秦国的上卿，其地位和职掌都相当于后来的"相"。

秦穆公以百里奚为上卿，又以蹇叔为上大夫，辅佐国君，治理国政，平时的职责类似于相，战时又可率兵作战而为将。秦国还设置一种特有的较高官职"庶长"。至秦宪公时，庶长既率兵，又兼统地方，成为除国君以外权力最大的官，有的庶长竟能废立国君，在秦国政治生活中有举足轻重的地位。齐国的执政长官后来逐渐发展为"相"。《左传·僖公二十四年》："齐侯置射钩而使管仲相。"又《左传·襄公二十五年》："崔杼立景公而相之，庆封为左相。"齐桓公命管仲为"相"，为执政的辅弼长官已确定无疑。至崔杼，庆封相齐，则是以"相"名官了。

但春秋时的"相"与战国时的"相"还有所不同,虽然在有的国家某个时期内出现了所谓"布衣卿相",但更多的是由强大的世卿兼任"相"职,如晋国、鲁国、郑国、楚国皆是如此,直到战国时期,"相制"才在各国普遍建立起来。

第二节 宰相制度的正式确立与发展

秦汉时期的宰相制度

秦国于公元前 221 年统一了六国,结束了群雄争霸、征战不已的分裂局面,确立了中央集权制,秦王嬴政自称"始皇帝",从此,中国历史上便有了"皇帝"的称号。秦在全国实行郡县制,并通过改革建立了一整套严密的职官制度,以维护至高无上的皇权。为了有效地行使皇权,秦始皇确立了以丞相为首的中央政府组织。

丞相之名起于秦。《国策·秦策》:"卫鞅亡魏入秦,孝公以为相,封之于商,号曰商君。"秦武王二年(公元前 309 年),"初置丞相,樗里疾、甘茂为左右丞相。"自武王以后,秦多行左右丞相之制。秦丞相职"掌丞天子,助理万机",协助皇帝处理军国政务。《史记·李斯传》说:"臣为丞相,治民三十余年矣。"秦代丞相助天子,理万机的职责是很广泛的,关乎军国政务,无不可以过问。

丞相的职权十分明确,即上承天子之命,协助处理和执行政务,督率百官,掌管全国的政治和军事。秦始皇封丞相李斯为通侯,秦二世封丞相赵高为安武侯。丞相之下,有御史大夫负责监察百官,位为上卿，掌副丞相。李斯死后，秦二世拜赵高为中丞相，"事无大小，辄决于高"。秦代丞相具体职权大致有：总领百官；主持朝议并归纳议论结果上奏皇帝裁决；综理中央与郡县上计与考课；政府官员的荐举、委任和赏罚；封驳和谏诤，等等。这些职责均是受命于皇帝。所以，在秦始皇时代，皇帝实行极权专制，既是国家元首，又是政府首脑，丞相不过是皇帝的幕僚长。

刘邦建立西汉王朝后，吸取秦亡的教训，在加强中央集权方面，注意拉拢贵族官僚和大地主、大商贾，使之成为维护中央集权的社会基础；另一方面又采用分封同姓王的方式扩大他的统治。同姓王封国的官制除太傅和丞相由朝廷委派外，其他官职与朝廷大致相同。

汉承秦制，初置丞相，后改置相国或左、右丞相，不久又复旧。汉代宰相的职掌，为"掌丞天子，助理万机"。陈平说："宰相者，上佐天子理阴阳，顺四时，下遂万物之宜，外镇抚四夷诸侯，内亲附百姓，使卿大夫各得任其职焉。"这是对宰相职权的总概括。具体说来，主要有：协助皇帝以决定国家大政方针，对大臣有先斩后奏的权力，丞相在事急不允许奏请的关键时刻，可以专杀。武帝时，戾太子反，丞相刘屈氂秘之，未敢发兵。武帝大怒曰："事籍

秦始皇

籍如此，何谓秘也。丞相无周公之风矣，周公不诛管蔡乎？"后太子军败，夜间司直又坐令其逃出城外，丞相欲斩司直，御史大夫又阻止，理由是"司直为二千石吏，当先奏"。武帝闻之大怒，下吏责问御史大夫曰："司直纵反者，丞相斩之，法也，大夫何以擅止之？"

据汉典记载，丞相所请，靡有不听。相反，天子所议，丞相若不同意，

汉武帝

天子只得作罢。这样的事例在汉初是很多的。如窦太后欲封皇后兄王信为侯，皇帝说："请得与丞相计之。"丞相周亚夫说："高帝约：非刘氏不得王，非有功不得侯，不如约，天下共击之。今信虽皇后兄，无功，侯之，非约也。"丞相不同意，皇帝也只好默然作罢。丞相既为百官之长，因此有总领百官奏事的权力。汉制，一般情况下臣民百官奏事均须经由丞相转奏天子，先于相府议决，然后领衔奏请。如在太尉周勃和朱虚侯刘章除诸吕之后，立代王刘恒为孝文帝，右丞相"陈平本谋也"。自代王入京，又是丞相陈平领衔拜请："臣谨请阴安侯，顷王后，琅邪王、列侯、吏二千石议，大王高皇帝子，宜为嗣。愿大王即天子位。"西汉丞相多有任免官吏的权力，还有总领郡国上计、考课百官与奏行赏罚的职权。

汉武帝时，颁布"推恩令"，规定诸侯王除嫡长子继承王位外，其他子弟可在王国中封侯，也就是从王国中再分出几个侯国，自此王国的直属领地大大缩小，王国的实力日益削弱。汉武帝为了加强皇权，选用一批精明强干的官吏，参与朝政，称为内朝官，他们直接对皇帝负责。皇帝通过他们裁决政事，丞相之权随之削弱，只在名义上领衔上奏，主持廷议。但奏章的拆读与审议，转归尚书。丞相若有过失，反由尚书弹劾。此后，只有加"领尚书事"衔者，才能掌握大权，否则，即使三公也无实权。

到哀帝时，丞相更名为大司徒。西汉官制不断变革，表明西汉政府通过努力调整统治阶级内部的关系来不断巩固皇权。

东汉初年，刘秀鉴于西汉时期权臣当政、外戚篡权的历史教训，采取加强皇权的政策，将专制主义中央集权制度推向一个新阶段。刘秀将多数功臣封为列侯，只享受优厚的待遇，而不参与政治。对于朝中大臣，督责甚严，以至大臣难居相任。东汉以太尉、司徒、司空为宰相，刘秀一方面削弱三公权力，一切政务不再由三公处理；另一方面则扩大尚书台的权力，使之成为皇帝发号施令的执行机构。尚书之权日重，至东汉后期，尚书令已成为事实上的宰相。

魏晋时期的宰相制度

东汉后期，外戚和宦官争权的斗争愈演愈烈，统治集团分裂，军阀割据一方，在镇压黄巾军起义的过程中，为扩大势力，彼此征战不休，造成了魏、蜀、吴三国鼎立局面。这三国都力求通过调整统治结构，以加强中央集权统治，恢复和发展农业生产，增强国力，完成统一大业。

在官制方面，曹魏多有改革。曹丕即位后，改"相国"为"司徒"，再设中书监、中书令掌管机要，起草和发布诏令，逐渐形成了事实上的宰相，从而削弱了东汉以来所确立的尚书台的权力。魏仍以太尉、司徒、司空为三公，但都无实权，不参与朝政。

蜀汉三公的名号，也基本上是功臣的虚衔。丞相掌握真正实权，如诸葛亮任丞相时，事无巨细，一切由他裁决。

孙吴则从设置丞相到分置左右丞相，后又复置一丞相，不分左右。大将军在中枢机构中占有相当重要的地位，如陆逊、诸葛瑾在处理朝政中不仅仅局限于军事方面，他们的地位也在丞相之上。

由于魏晋王朝都是掌握军队的权臣废去前朝皇帝而取得政权的，因此，在官僚体制上就形成了军事与政治合一的局面。晋初不设置丞相。晋惠帝时，改司徒为丞相，后又罢丞相，复置司徒。此后或有相国，或有丞相，废置无常。中书监令掌管机要，多为宰相之任。从东汉到魏晋南北朝，宰相皆无定员、无定名，也无定职，只因人而设。但总揽大权之人，必须加上录尚书事的称号。

隋唐时期的宰相制度

隋文帝杨坚建立隋朝，结束了南北朝时期的分裂局面。隋朝仅存37年，在加强中央集权、巩固国家统一以及确立一整套职官制度方面，对隋唐以后各王朝都有深远的影响。

隋文帝在建国之初，对官制进行了一些改革，更加突出皇权的主宰地位。辅佐皇帝处理全国军政机要的机构，主要是尚书省、内史省、门下省，三省长官都是宰相。尚书省的长官为尚书令，此职不轻易授人，只有权臣杨素因拥戴隋炀帝有功才升为尚书令。尚书省掌管全国政务，地位很高。门下省在隋初是谏议机关，掌管审查政令等事务，后因隋炀帝不喜欢纳谏，就将谏官全部罢废。内史省为中枢制令机关，负责起草皇帝诏令。隋文帝在宰相制度上确立了三省长官为相，改变了东汉以来宰相名号与宰相职官相分离的状况。

唐朝的宰相制度沿袭隋朝，但是后来有较大的变化。唐初，以中书省长官中书令、门下省长官门下侍中、尚书省长官尚书令共议朝政，均为宰相。李世民继位前任尚书令，为避讳，就以仆射为尚书省长官。

唐代皇帝认为宰相品位尊崇，不应轻易授人，常以他官居宰相职，并假借他官之称。例如唐太宗时杜淹以吏部尚书参议朝政，魏征以秘书监参与朝政。其后，或称"参议得失"，或称"参知政事"，名称虽然不同，但都是宰相之职。唐太宗曾下优抚诏，特准李靖在家养病，只需两三日一至中书门下平章事。太宗还以李勣为太子詹事（东宫百官之长）特加"同中书门下三品"之衔，使其与侍中中书令共同参与宰相职事，从此就有了"平章事"与"同三品"的衔号。无论品阶多高，不加此衔，就不能行使宰相职权，只有三公三师及中书令例外。以后，又以"同平章事"为宰相衔号。因仆射按例不加"同平章事"，故不能行使宰相的权力，被排挤出宰相之列。

"安史之乱"后，宰相名号又发生了变化。因中书令和门下侍中升为正二品，所以就废除了"同中书门下三品"的宰相名衔。唐后期宰相的名号基本上就是"同平章事"。

唐代宰相一般由多人担任，其中有首席宰相，称为"执政事笔"。唐玄宗时，以李林甫、杨国忠为相，即为"执政事笔"，所以他们能专权用事。"安史之乱"后，唐肃宗鉴于相权集中而造成个人专断的弊端，就确定宰相十日一秉笔的制度，后改成每日一人轮流秉笔，其用意就是防止宰相专权。

在隋初中央机构中，最重要的是尚书、门下、内史三省。尚书省"事无不总"，故隋初尚书令及左右仆射，均为"国之宰辅"。南朝时政多出于中书省，而北朝之政又多出于门下省。隋初"多依前代之法"，内史纳言，也为宰相。内史即中书令，纳言即门下侍中。由此看来，隋初开皇年间，尚书、门下、内史三省长官并为宰相，共理国政，其职权划分不很明确。所以《历代职官表》说："隋代虽置三公，以官高不除。其秉国钧者唯内史纳言，而尚书令事无不统，即不预机事，亦称政本之地。故唐沿其制，以三省长官为宰相之职也。"

唐代宰相名称之多，为历代所少有。唐初，三省机关为相府，"以三省之长中书令、侍中、尚书令共议国政，此宰相职也"。其后则屡经变易，名称繁多，几不可识：

（1）中书省。

高祖武德元年（618年）为内史省，武德三年（620年）改为中书省。高宗龙朔二年（662年）改为西台，咸亨元年（670年）复旧。睿宗光宅元年（684年）又改中书为凤阁。中宗神龙元年（705年）初复称中书省。

（2）门下省。

武德初，因隋旧制，为门下省。龙朔二年（627年）二月，改为东台。咸亨元年改为门下省。光宅元年又改为鸾台。神龙初复旧。开元元年（713年）改为黄门监，五年（717年）仍复旧，迄于唐末。

（3）尚书省。

武德初为尚书省。龙朔二年改为中台，咸亨元年复旧。光宅元年改为文昌台，垂拱元年（685年）改为都台。长安三年（703年）又改为中台。神龙元年改为尚书省。

相府名称屡变，宰相的官名也随之不断变易。玄宗以后，诏诰之任逐渐转归于翰林学士。至肃宗至德年间，天下用兵，翰林学士因在天子左右，谋划参决多出于翰林，翰林学士遂有"内相"之称。中唐以后宦官之祸日烈，宰相多须仰承宦官的鼻息，形同傀儡。由宦官专权，

13

而有枢密使之设。代宗永泰中"置内枢密使，始以宦者为之"。枢密使入则参与军国机要，出则控制兵权，权倾天下，内外瞩目，相权被侵夺殆尽。

第三节　宰相制度的衰落与消亡

宋元时期的宰相制度

宋初之制，三省长官名虽存而实际"不与政事"，所以宰相不是三省长官。中央执掌军政实权的最高机关，是中书门下政事堂和枢密院"对掌大政"。在唐代，中书门下政事堂是由三省长官或带"同三品"衔宰相集体议决军国大政的机构。经过唐末五代至宋初，宋代政事堂虽是脱离三省的独立机构，但却不能行使独立的大权，宰相大权已被一分为三。

宋代中书门下的长官"同平章事"，才是真宰相，一般设二三人，多以中书门下两省侍郎为之，无定员。此外并设"参知政事"为副宰相，协助宰相管理政务，同时也起着牵制和分割宰相权力的作用。如按制度规定，参知政事低于同平章事，朝参时不押班，不登政事堂。但有时皇帝有意识地提高参知政事的地位，使其与同平章事同列。

宋制，中书门下的职权，在形式上是所谓"佐天子，总百官，平庶政，事无不统"。但是，宰相所握有的实际权力已较过去大大削弱，事无大小均须奏请皇帝，然后再起草诏旨，予以施行。一切政令决定权全归皇帝，宰相失去了固有职权。

忽必烈建立元朝，沿袭宋代的职官制度，建立了一套比较完善的官僚机构。元代废除门下省、尚书省、中书省为政务中枢，丞相、平章政事为宰相。皇太子为中书令、枢密使，领宰相之虚衔，实权则归左右丞相。蒙古人尚右，以右丞相为尊，丞相之职也仅限于由蒙古人担任。右左丞相之下，有平章政事四人，从一品掌管机要，为丞相副职，凡军国大事，悉由他们裁定。

明朝的宰相制度

中国封建时代的中央政府，自秦至明初，一直是实行宰相制度的。皇帝是封建国家的元首，是统治阶级的总代表，宰相则是中央政府的首脑，是国家最高行政长官。

到了明朝，皇帝朱元璋要实行集权专制，因此对前代相权，当然忌讳。明初沿用元制，管理全国政事的中枢机关是中书省。中书省长官丞相综理政务，职权很重。左相国、左丞相李善长外宽和，内多忮刻，"贵富极，意稍骄，帝始微厌之"。丞相胡惟庸是李善长推荐，也是他的亲戚和同乡，他"宠遇日盛，独相数岁，生杀黜陟，或不奏径行。内外诸司上封事，必先取阅，害己者，辄匿不以闻"。朱元璋是个权欲极强的皇帝，凡事都要自己做主。李善长、胡惟庸权尊势隆，如此骄横，竟敢"生杀黜陟，不奏径行"，这当然是朱元璋所不能容忍的。

于是在洪武十三年（1380年），他以擅权枉法的罪名杀了胡惟庸，胡案诛杀3万余人，可以说这是废相的主要步骤，朱元璋趁机裁撤中书省，废除宰相，由他亲自接管六部，直接管理国家政事。他还下令，以后不许再设丞相这一官职，"臣下敢奏请设立者，文武群臣即时劾奏，处以重刑"。朱元璋罢中书省，废除宰相，实现了大权独揽，这样，皇帝就在事实上兼任了相，皇权和相权合二为一，从制度上集君权与相权于一身，保证了皇帝的专制独断。

权力是空前地集中了，但政府的一切政务都要皇帝去亲自处理，是很难办到的。这是废宰相，集权于皇帝之一弊。为了革除此弊，乃有内阁的设立，作为皇帝的秘书处、协助皇帝处理大量的公文章奏。在制度上内阁不能领导六部，但后来内阁大学士却是事实上的宰相，入阁就是拜相，明中期以后，皇帝多不见大臣，也不去内阁，万历皇帝24年不上朝，从宪宗到熹宗前后竟有160余年没有召见大臣，这就使太监的权力越来越重。明代废宰相的最大弊病，就是使太监头目司礼太监成了事实上的宰相，甚至是事实上的皇帝。明中期以后的太监乱政，比历史上任何朝代都更加严重，其因在于废宰相，过分集权于皇帝。

清代的宰相制度

在清入关后，仍沿明制，以内阁总理政务。内阁大学士官至一品，位尊权重。于是，到雍正时，又在内阁之外另设一个军机处，内阁大权渐为所夺。

清代内阁办公的地方是宫内的文华殿和武英殿。雍正七年（1729年）六月，因用兵青海，乃于保和殿西北角之隆宗门内，设立军机房，命怡亲王允祥、大学士张廷玉等密办军需事宜，赞襄机务。十年三月，用兵西北，又改军机房为"办理军机处"。军机处的工作，其初只限于军事范围，后来，渐渐发展成为参与机事，商决大政的国家决策机构。军机处设军机大臣，无定员，均由满汉大学士、尚书、侍郎特旨召入。军机大臣以下设军机章京若干人，协助军机大臣处理政务。军机章京分为二班，每班满、汉各八人，设领班、帮领班各一人。为了防止泄露军事机密，军机处一律不许使用书吏办事，这在当时各级机关中是

文华殿

比较特殊的。虽然终清之世，在法律制度上正名定义，军机处一直不是正式的国家机构，也没有独立的衙门。军机处在清朝国家机关体系中的特殊地位和权势，恰恰说明了它是皇权高度发展的产物。军机处的建立，不仅侵夺了内阁对重大政务票拟批签的职权，而且远远凌驾于内阁之上，有权修改内阁的票拟。以致清朝内阁大学士只是做一些例行公事，成为徒拥有衔的"伴食丞相"。尤其是执掌封驳奏章谕旨的通政使司，完全变成有名无实的机构。

鸦片战争后，清政府为了适应外国侵略者的需要，设立了"五日通商大臣"，先后由两广总监和两江总督兼任，办理对外交涉事务。《天津条约》签订后，外国侵略者派公使驻北京，他们为了控制清政府，拒绝按照旧的礼仪以"外夷"身份同理藩院打交道，强迫清政府不得不在中央设立专门的外事机构，于是咸丰十一年（1861年）一月，在北京设立了"总理各国事务衙门"，取代理藩院和五日通商大臣地位，直接与外国侵略者的驻京使臣交涉和办理一切对外事务。

总理各国事务衙门，简称总理衙门。它的组织机构多仿军机处，设总理大臣，以军机大臣兼任。总理大臣上行走，由内阁部院满汉京堂官中选派兼任。光绪二十七年（1901年），改总理各国事务衙门为外务部。举凡条约的签订和履行，派遣和管理驻外使节，保护外商、外侨和教士，办理各种贸易、关税、国债、铁路、邮政、工矿、海防、边界以及留学、招工等一切对外事务，外务部无不包揽，从总理衙门到外务部职掌外交事务的半个世纪，是外国资本主义侵略者和中国封建势力相勾结，不断扩大对中国的侵略，加速了中国半殖民地化的过程。它的设立，是清朝政府机构半殖民地化的重要标志。

第二章

先秦时期的著名宰相

第一节 夏商周时期的著名宰相

伊 挚

伊挚（公元前 1649—前 1549 年），商朝初年著名政治家、思想家。

公元前 16 世纪，中国奴隶社会发生一件大事：商汤消灭夏桀，改朝换代，建立了商朝，定都亳邑（今河南商丘北）。辅佐商汤实现这一伟业的重要人物中有一位，叫伊挚，可以说是中国历史上的第一位贤相。

夏朝最后一个国君姓姒名桀，史称夏桀。夏桀荒淫无道，嬖爱美女妹喜，宠信佞臣，杀害忠良，敲诈勒索百姓，激起天怒人怨。这时候东方的方国迅速崛起，出了一位杰出首领叫子汤，也就是商汤。商汤娶有莘氏之女为妻，有莘氏之女带来一名家奴，作为陪嫁。这名家奴姓伊名挚，后来被商汤重用，才叫伊尹，一叫保衡。"尹"和"保衡"都是官号，相当于后世的宰相。

伊挚是个有头脑有谋略的奴隶。他随女主人到了商国后，任务是司厨，负责给商汤做饭。他的奴隶身份，决定了他不能直接面见商汤陈说自己的政治见解，因此故意在饭菜的滋味上做文章，有时做咸，有时做淡，以便引起商汤的注意。果然，商汤发现了饭菜味道的变化，接见伊挚，询问原因。

伊挚抓住这个机会，从饭菜的滋味说起，引申至修身齐家治国的大道理，说得头头是道。他特别说到"九主之事"，即分析三皇五帝和夏禹治理天下的经验，独具真知灼见。商汤大喜，觉得伊挚是个人才，解除了他的奴隶身份，"举任以国政"，即任用他为国相。伊挚为相，竭诚辅佐商汤，使之成为开明的国君。一次，商国宫廷里长出一株楮树，数日内长得非常粗壮。商汤觉得奇怪，说："这是什么东西？"伊挚说："楮树。"商汤说："它为何长到宫廷来呢？"伊挚说："楮树习惯长在潮湿的洼地里，属于野生植物，现在长在宫廷里，可能是不祥之兆。"商汤说："那可怎么办？"伊挚说："臣以为，妖象是灾祸的预兆，吉祥是幸福的先声。见到妖象赶快做好事，灾祸就可以避免；见到吉祥却做坏事，幸福也不会到来。"商汤从伊挚的话中得到启示，斋戒沐浴，清除杂念，夙兴夜寐，吊唁死者，问候病人，赦免罪犯，赈济贫苦。说来也怪，没过多久，楮树就消失了，妖象不攻自破，国家更加兴旺。

商汤当时还是忠诚于夏朝的，特将伊挚推荐给朝廷，辅佐夏桀。夏桀恣意追求享乐，酒池肉林，醉生梦死，致使许多官员投奔商国。他们唱道："江水泛滥，汹涌澎湃；大小船只，均遭破坏。我们的国君快要灭亡，赶快到亳邑去，那里是个很大的地方！"他们走在路上，继续唱道："快乐呀快乐呀！坐骑矫健，马匹肥壮，离开这鬼地方，去到那好地方，为什么不快乐呢？"伊挚给夏桀进言，说："主上不听臣言，大命将至，亡无日矣！"夏桀溘然而笑，说："你说的是昏话！

吾有天下，犹天之有日也。日有亡乎？日亡吾亦亡也！"伊挚看到夏桀执迷不悟，不可救药，重新回到亳邑，鼓动商汤实行政德，收揽人心，夺取夏朝的天下。

夏桀意识到商汤是一大威胁，将其囚禁于夏台（今河南禹县境）。伊挚积极活动，给夏桀送去许多礼物，夏桀遂将商汤释放。这一释放，等于是放虎归山，夏朝的灭亡指日可待。商汤在伊挚的谋划下，首先剪除夏朝东方的羽翼，攻灭韦（今河南滑县东）、顾（今河南范县东）、昆吾（今河南济水畔）等方国。然后停止对朝廷的进贡，试探夏桀的反应。夏桀大怒，命九夷族进攻商汤。这说明，夏桀还有一定的实力。伊挚审时度势，劝说商汤恢复进贡，上表请罪，以换取积攒力量的时间。

一年后，九夷族愤恨夏桀的残暴统治，纷纷叛乱。商汤和伊挚认为灭夏的时机成熟，发兵进攻夏桀。商军与夏军大战于鸣条（今山西安邑西），商军得胜，夏桀带着妹喜逃亡后饿死。夏朝灭亡。商汤回师亳邑，正式建立了商王朝。

商汤建立商朝七年后病死。太子太丁早卒，伊挚拥立商汤第二个儿子为国君，是为帝外丙。帝外丙在位三年病死，伊挚拥立商汤第三子为国君，是为帝中壬。帝中壬在位四年病死，伊挚拥立商汤的嫡长孙（太丁之子）为国君，是为帝太甲。

伊挚作为四朝元老，写了《伊训》《肆命》《徂后》等文章，教导帝太甲应遵循商汤时的政策和法制，努力做一位仁德国君。帝太甲开始两年还算规矩，但从第三年起就变得荒淫了，"不明，暴虐，不遵（商）汤法，乱德"。伊挚多次规劝，帝太甲依然自行其是，置若罔闻。伊挚为商朝的江山着想，只好把国君送至商汤墓地附近的桐宫（今河南偃师东南）居住，让他进行反省。这一事件，史称"伊尹放太甲"。

帝太甲被"放"期间，伊挚以相的身份，"摄行政当国，以朝诸侯"。帝太甲在桐宫住了三年，想到祖父商汤创业的艰辛，对照自己乱德的行径，百般感慨，"悔过自责"，表示要痛改前非，重新做人。伊挚看到帝太甲反省有了成效，亲自到桐宫迎接他回到国都，还政于他，自己仍居相位，忠心地辅佐国君。帝太甲吸取了教训，勤于政事，修德爱民，诸侯咸朝，百姓以宁。伊挚深感欣慰，专门写了《太甲训》三篇，称颂国君的功德。帝太甲在位23年病死。伊挚又拥立其子为国君，是为帝沃丁。

不久，伊挚病死，终年100岁。他死时，大雾三日，天地不辨。帝沃丁为表达对这位功臣的敬意，特以天子之礼予以安葬。伊挚从奴隶而为相，一生辅佐商朝五位国君，特别在摄政期间，没有趁机篡位，而是改造了帝太甲，继又归政于国君，表现了忠臣贤相应有的品质。正因为如此，他与后来的姬旦、管仲等人一起，成为中国历史上著名的贤相。

姜　尚

姜尚（约公元前1118—前998年），字子牙，东海（现江苏、山东一带沿海）人。西周著名军事家、政治家。

姜尚踏上历史舞台时正值商朝末年。商朝最后一个君主名叫商纣，是历史上有名的昏君、暴君。商纣王生活极其奢侈腐化，为了满足自己奢侈的生活，命成千上万的劳工不分日夜地为他修建了一座高台，称为"鹿台"。高台长三里，高千尺，上面饰满奇珍异宝。他还在院内挖出方池，在池中灌入美酒，称为"酒池"；在池边树林中挂上肉块，称为"肉林"。另外，纣王还有一个美艳绝伦的妃子名妲己。他非常宠幸妲己，为了讨她的欢心，整日不理朝政，沉湎于宴饮荒淫之中。

不仅如此,纣王残暴成性。为了修鹿台,无数劳工死在沉重的劳役中。他命人打造一根铜柱,内置炭火,待铜柱烧红之后,将人衣服剥光,绑在铜柱上烫烙,称为"炮烙"之刑,专门用来惩处那些直言上谏、不按自己意愿办事的大臣。

姜尚就生活在这样的一个时代。他早年贫困,曾在棘津司厨卖过饭,在朝歌屠过牛、卖过肉,还做过小官,但深感纣王的无道而抑郁不得志,最后辞官而去。妻子马氏也离开了他。于是,无牵无挂的姜尚决定周游列国,寻一贤明君主佐之。后来,他听说西伯姬昌有雄心大志,于是不远千里跋涉到西岐。姬昌久闻姜尚之名,便封他为宰辅,即宰相之位。

西伯侯任人唯贤,姜尚也急于施展才华,以报"伯乐"识才。第二天,姜尚就上书奏道:"鸷鸟将要捕击时,必先弯曲其身子,收敛翅膀;猛兽将要捕斗时,必先垂下耳朵,趴在地上。大王要行动之时,必先装出愚钝的样子。"并提出了"修德以安内,施奇以谋商"的方针。

姬昌非常信任姜尚,也采用了他提出的方针,对内实行农人助公田纳九分之一租税,八家各分私田百亩,

姜太公钓鱼雕像

大小官吏都有分地，子孙承袭的政策。君臣的默契配合，使得西周迅速兴盛起来。

西周兴盛之后，姜尚开始了他的扩张计划。首先，调解了芮、虞之间的矛盾，使之成为自己的盟国。接着，征犬戎、伐密须、渡黄河，征邘灭崇，逐步翦除了商的羽翼，最后达到了"天下三分，二分归周"的局面，为一举灭纣创造了有利条件。

此时周的版图已经非常大，为了方便治理，姜尚建议文王迁都丰京。不久，文王死，武王姬发继位，尊姜尚为"尚父"。姜尚又助武王推行善政，并教导之慎于行赏，使西周的政治越发清明。公元前1046年，姬发与姜尚一同率领周师沿渭水循黄河向孟津进发。为了显示其不夺胜利誓不罢休的决心，率军渡过黄河之后，姜尚命令将船只全部烧毁，桥梁尽数拆除，以示此次出征已无退路。行军途中，忽然一阵狂风将军中大旗折断，接着又出乎意料地下了一场大雨。武王命人占卜，卦象显示不利。有人建议姜尚退兵，姜尚非常生气，说："今纣王将比干挖心、将箕子囚禁、重用飞廉之流的贪官污吏，伐之有何不当？用枯草占卜，能指望有什么结果？"仍令进兵。

姜子牙和钓鱼台

两个月后，武王的部队在商朝都城朝歌外的牧野与商纣王的军队对峙。商朝的军队虽然人数众多，但大多数是临时凑集的奴隶，他们早已恨透了商纣王的残暴统治，盼望有人早日推翻纣王，使他们获得解放。所以战事一开始，他们不仅没有抵抗周军的进攻，而且反戈一击，商纣王的几十万大军瞬间就溃不成军，土崩瓦解了。

纣王率领残兵败将逃回城内，感到穷途末路，气数已尽，于是穿上锦绣衣服，聚集起搜刮来的珠宝，登上鹿台，命令手下架起干柴，一声长叹，自焚而死。商朝的江山也随之化为灰烬。

姬发和姜尚率军杀入朝歌，发现纣王已死，于是宣布商朝灭亡，周朝建立。安抚好朝歌的百姓之后，姬发和姜尚凯旋还师。不久，武王建都于镐，周朝正式建立，史称西周。武王姬发论功行赏，共封了71个诸侯。因姜尚功高，且为东海人，所以把东临大海、西至黄河，土地肥沃的齐地封给他。

姜尚到齐之后，进行了一系列的整顿与改革。他首先废除了商纣留下的许多繁文缛节，整顿了吏治，了解礼仪风俗，制定各项规章制度。姜尚深知经济的重要性，所以非常重视工商业的发展。他利用地理优势，大力发展渔业、盐业。他又任人唯能，使人才多归于齐，使得齐国成了盛极一时的大国。

两年后，武王姬发病逝，其子姬诵继位，号成王。成王年幼，由武王弟弟姬旦（即周公）辅佐，代为执行政务。武王的另外两个弟弟管叔姬鲜和蔡叔姬度非常不服，令下属四处散布谣言，说周公旦名曰摄政，实际想篡位。流言传到周公那里，使他惴惴不安，连忙写信给远在齐国的姜尚，对此事做出解释。姜尚非常理解和支持周公，并给予了有力的帮助，最终消除了流言。

管叔和蔡叔见流言破灭，却仍不罢休，并且勾结商纣之子武庚叛乱。叛乱先由武庚的封地开始，逐渐蔓延到东至大海的广阔区域，刚刚平定的周室江山又硝烟四起。在这紧要关头，周公决定平乱，并请求姜尚出兵协助，同时，授权姜尚及齐国可以征讨任何一个不服从周朝的诸侯，这使齐国多了一个特权，地位也明显高于其他诸侯国。姜尚欣然应允，经过三年的征战，终于平定了叛乱，纣王之子武庚被斩首，主谋管叔也被周公大义灭亲处死，蔡叔被流放。从此，齐国巩固了诸侯大国地位，成了周朝的东方屏障、擎天之柱。

姜尚的一生富有传奇色彩，前半生一直不得意，直到渭水边垂钓遇到文王拜相，此时他已年过花甲。其一生辅佐西周三代君王，无论文治还是武功都业绩非凡，几千年来一直受到人们的推崇与爱戴。

姬 旦

姬旦（生卒不详），因其采邑在周（今陕西岐山北），故称周公。他是周文王姬昌的儿子，周武王姬发的弟弟，周成王姬诵的叔父。

周文王时，姬旦"为子孝，笃仁，异于群子"。周武王继位后，姬旦为"辅翼"，"用事居多"。周武王兵伐商纣王，姬旦手持大钺，不离左右。那篇著名的《牧誓》，就是出自姬旦的笔下。周武王灭商建周，大封功臣宿将，姬旦受封于曲阜，国号为鲁。因此，姬旦也被称为鲁周公。周武王初定天下，需要弟弟的辅佐。姬旦遂让长子姬伯禽前去封国，自己则留在国都丰镐（今陕西西安西），充当周武王的左膀右臂，职位相当于宰相。

周武王开国后，身体不好，一直患病，经常不能举行朝会。姬旦万分焦急，暗暗拜祭祖先，虔诚地希望他们保佑周武王，恢复健康，甚至情愿代死。周武王在位仅仅3年便驾崩，其子姬诵继位，就是周成王。周成王时年13岁，姬旦任太师兼太宰，摄政决断国事。摄政期间，他日夜辛劳，明德慎罚，不敢有丝毫懈怠。尽管如此，他的兄弟管叔、蔡叔等，仍心怀妒忌，散布流言蜚语，说姬旦企图篡夺王位。谣言传遍国都，就连周成王、太公姜尚、召公姬奭也起了疑心。姬旦襟怀坦荡，告诉姜尚和姬奭说："我之所以不避嫌疑而摄行政者，是恐天下叛周。先王辛辛苦苦创建的基业，必须巩固和发展。当今主上年幼，难以承担这样的重任。本人摄政，实属迫不得已的权宜之计。"他的坦荡，获得了姜尚、姬奭的理解和支持。

管叔、蔡叔、霍叔，原是率兵住于朝歌（今河南淇县）周围，监视商纣王之子武庚的，号称"三监"。而这时，管叔、蔡叔因妒忌姬旦，却和武庚勾结起来，联合东方的淮夷，公然发动叛乱，企图用武力夺取政权。当时的形势相当严峻。姬旦及时做好安定内部的事项，然后和姜尚一起率兵东征。他们先集中兵力，诛灭了武庚，继而又打败管叔和蔡叔，把管叔杀死，把蔡叔流放，消灭了叛乱的中心势力。再经三年苦战，平定了东方诸国。经过这场战争，西周王朝灭商事业才算真正完成。

姬旦具有战略眼光，为了牢牢控制黄河中下游地区，亲自前往瀍水东岸营建了洛邑（今河南洛阳东），

周公庙周公姬旦雕像

并在瀍水西岸修筑了王城（今河南洛阳），以军队八师驻守，作为天子朝会东方诸侯的东都。这样，西部的关中平原，以国都丰镐为中心，称"宗周"；东都的河洛地带，以东都王城为中心，称"成周"。东西连成一片，长达千里以上，政治、经济、军事力量大大增强，成为统治全国的基地。他继续实行周武王开始的分封政策，共分封了71国，其中姬姓之国有53个，占绝大部分。各封国普遍推行井田制，统一规划土地，役使奴隶耕作，巩固和加强了王朝的经济基础。7年后，周成王20岁，能够独立听政和决事了。姬旦毫不犹豫地"还政成王，北面就臣位，夔夔如畏然"。他仍忠心不二地辅佐周成王，精心创建了各项礼乐典章制度，从思想、文化方面，巩固王朝的统治。他担心周成王治国会"有所淫佚"，特作《多士》《毋逸》两篇文章，指出："为人父母，为业至长久，子孙骄奢忘之，以亡其家，为人子可不慎乎！"

　　姬旦死于周成王亲政的后期，葬于毕原（今陕西咸阳北坂，一说今陕西岐山周原）。春秋时期，孔子给予姬旦很高的评价："昔者周公事文王，行无专制，事无由己，身若不胜衣，言若不出口，奉持于前，洞洞焉若将失之，可谓能子矣。武王崩，成王幼，周公承文武之业，履天子之位，听天下之政，征夷狄之乱，诛管蔡之罪，抱成王而朝诸侯，诛赏制断，无所顾问。威动天地，振恐海内，可谓能武矣。成王壮，周公致政，北面而事之，请然后行，无伐矜之色，可谓能臣矣。故一人之身，能三变者，所以应时也。""能子""能武""能臣"，概括了姬旦三个时期不同的角色和功绩。后世因此尊姬旦为中国古代为数不多的"圣人"之一。东汉末年，曹操在《短歌行》诗中，称颂姬旦的胸怀和品质，说："山不厌高，海不厌深。周公吐哺，天下归心。"统治阶级若有姬旦那样的胸怀和品质，那么必然会"天下归心"，世界安宁。

第二节　春秋战国时期的著名宰相

管　仲

管仲（约公元前 723—前 645 年），名夷吾，字仲，谥敬。齐桓公称呼他为仲父，世人尊称为管子。齐国颍上（今属安徽）人。

管仲自小与母亲相依为命，很小就步履维艰地踏上了辛酸的生活征程。据史载：早年的管仲，在谋生的道路上，养过马、经过商、当过兵、为过吏，从事过多种多样低贱的职业。而且命运对他并不公正——经商赔本、打仗败北、为吏被逐。对此，梁启超在《管子评传》中写道："由此观之，则管子实起于微贱，非齐贵族。而其少年之历史，实以失败挫辱充塞之。"岂止少年时期呢，管仲的整个青少年时代，一直过着贫穷困顿、颠沛流离的生活。

管仲有位好朋友鲍叔牙，他深知管仲之才，对他非常敬重。"贫贱之中见真情"。在管仲生活最困苦的时候，好友鲍叔牙向他伸出了援助之手，诚心诚意地帮助他渡过难关。他们俩曾经一

管仲像

起经商，赚了钱，管仲总是多分给自己，少分给鲍叔牙。然而，鲍叔牙却从来不和管仲斤斤计较。对此人们背地里议论说管仲贪财，不讲友谊。鲍叔牙知道后便替管仲解释，说管仲不是不讲友谊，他这样做，是由于他家境贫寒，多分给他钱，是自己情愿的。

管仲曾三次参加战斗，但三次都从战场逃跑回来。因此人们讥笑他，说管仲贪生怕死，没有牺牲精神。鲍叔牙面对这种讥笑，深知这不符合管仲的作为，就向人们解释说：管仲不怕死，因为他年迈的母亲全靠他供养，所以他不得不这样做。

管仲知道鲍叔牙这样对待自己，非常感激地说："生我者父母，知我者鲍叔牙。"两人至此结下了金兰之好。

管仲和鲍叔牙都有远大的政治抱负。他们弃商从政后，分别去辅佐齐襄公的两个弟弟。管仲看好公子纠，鲍叔牙却看好公子小白。不久，齐国发生内乱，公子纠与管仲逃往鲁国，公子小白与鲍叔牙逃往莒国。又过不久，齐襄公的堂弟公孙无知杀死襄公自立为国君。没过几天，他又被民众杀死，齐国出现了国无君主的局面。

公子小白之母是卫国之女，受宠于齐僖公。齐国于是就派人前往莒国迎小白回国为君。鲁庄公则想立公子纠为齐君，他得到消息后，立即派管仲率领一部分兵马去拦截公子小白，以消灭公子纠的竞争对手。

管仲带着30辆兵车，日夜兼程，赶到了莒国通往齐国的必经之路即墨（今山东平度东南），在那里埋伏守候。当公子小白的车队一出现，管仲对准公子小白一箭射去，正好射中了小白的铜衣带钩。小白立即倒在车中，假装被射死。

管仲见公子小白已被射死，便赶快派人报告鲁庄公小白已死。这一来，护送公子纠的队伍放了心，也就放慢了行路的速度，结果一直走了6天才到达齐国。而这时候，公子小白早已赶到了齐国，被立为国君，是为齐桓公。

齐桓公继位后，鲍叔牙向齐桓公推荐了管仲。齐桓公十分恼怒地说道："管仲用箭射我，企图置我于死地，我难道还能重用他吗？"

鲍叔牙劝齐桓公道："做臣子的理应各为其主，他拿箭射你，正是他对公子纠的忠心，可见此人的忠心耿耿。常言道，一臣不侍二君。管仲的忠心天地可知，神灵可明。论本领，管仲比我强百倍。主公如果想干一番大事业，非用管仲不可。"齐桓公本来就是个宽宏大量的人，听了鲍叔牙的话后，原谅了管仲的过错，并任命他为相，让他协理朝政。

管仲任相后，深受齐桓公重用，得以大展其才。一天，齐桓公向管仲请教治国之策。管仲答道：要使国家强盛，首先要发展经济，只有生产发展，才能富民足食，"仓廪实而知礼节，衣食足而知荣辱"。礼、义、廉、耻是维护国家的根本原则，这些原则若被破坏了，国家就要灭亡。只有发展经济，弘扬这些基本原则，国家的法纪制度才能建立起来，国家的力量才会强大。齐桓公听了点头应允，放手让他在国内大刀阔斧地进行经济改革。

改革伊始，管仲首先打破井田制的限制，采取"相地而衰征"的进步措施，即按土地的好坏分等征税，让百姓安居乐业。他还积极提倡开发富源。由于齐国东临大海，他鼓励百姓大规模地下海捕鱼，用海水煮盐，对渔、盐出口皆不纳税，以鼓励渔盐贸易。同时，他下令齐国各地大开铁矿，多制农具，提高耕种技术。为进一步加强对盐、铁的管理，管仲还设置盐官、铁官，利用官府力量发展盐、铁业。当时离海较远的诸侯国不得不依靠齐国供应食盐和海产，别的东西可以不买，而盐非吃不可。因此，齐国收入渐渐增多，日积月累，逐渐富裕强大起来。

管仲纪念馆及其塑像

在对外政策上，管仲积极促使齐桓公采取"尊王攘夷"的方针。因为在当时如公开夺取天子的权力，必然会招致诸侯们的联合反对，而"尊王"（周天子）则可从道义上得到诸侯国的支持，"攘夷"是一方面致力于抵御严重威胁中原各国安全的北方少数部族山戎和狄人；另一方面则是暗中遏止从江汉极力向北扩张的楚国（楚国非西周初年分封之国，当时被视为蛮夷之邦），这是中原诸国的共同心愿。

晋献公十五年（公元前662年），鲁国发生内乱，鲁闵公被庆父杀死，鲁僖公继位，庆父畏罪自杀。这正是"庆父不死，鲁难未已"的典故所在。僖公为了巩固君主地位，与齐国会盟于落姑，有齐国的保护，鲁国得以安定下来。至此，齐桓公德名远播诸侯，威望散布天下。

管仲还辅佐齐桓公领导同盟国共同打击夷狄。管仲认为齐国如果能够治服北方戎狄，就消除了中原大患，齐国的威望将在诸侯中得到极大提高。当时位于东周最北方的燕国，经常受戎、狄族的侵扰。于是，在燕军的密切配合下，齐桓公亲率大军北征，将山戎打败。山戎的残兵败将向东北方向逃窜，齐桓公率军穷追不舍，将山戎的同盟国令支和孤竹击败之后才回师燕国。齐军的胜利极大地提高了齐桓公的号召力，使得渤海沿岸一些部族小国纷纷归顺了齐国。

将山戎打败之后，齐桓公听取管仲的意见再次领导同盟国打击北狄。北狄人灭了卫国，还杀了卫懿公，拆掉了卫国的城墙，到处烧杀抢掠。由于北狄人的洗劫，卫国国都只剩下730人，加上从别处逃来的，也只有5000多人。卫国国都四处废墟一片，齐桓公率兵赶往卫国，狄人纷纷溃退。第二年，为了帮助卫国重建家园，齐桓公牵头联合宋、曹两国帮助卫国在楚丘（今河南滑县东）建立新城作为国都。齐桓公大义救卫，慷慨扶助，使得他在中原诸侯国中的威望更高了。

周惠王二十一年（公元前656年），齐桓公率领齐、宋、陈、卫、郑、许、曹、鲁八国军队打败靠近楚国的蔡国；接着以楚国不向周天子进贡祭祀的包茅和周昭王被淹死于汉水为理由，进军楚国；最后迫使楚国在召陵（今河南郾城东）与之结盟修好，挡住了楚国北进的势头。楚国接着也派使臣向周天子进贡包茅，表示尊王。

齐桓公北阻戎、狄，南遏楚国获得成功后，得悉周惠王想废太子郑，另立太子，便出面力保太子郑的地位，反对周惠王废长立幼。他在从召陵回来的第二年（公元前655年），又以拜见太子为名，邀集诸侯在首止（今河南睢县东南）集会，周惠王只好让太子郑去首止同诸侯见面，等于公开肯定太子郑的地位。

周惠王二十五年（公元前652年），周惠王死，齐桓公在洮（今山东鄄城西南）召集八国诸侯相会，拥立太子郑为王，这就是周襄王。襄王感激桓公，准备派人送给祭肉、弓箭和车子。齐桓公乘机以招待

齐桓公雕塑

周王使者为名，在周襄王元年（公元前651年）于葵丘（今河南兰考）会盟诸侯。周襄王便派宰孔为代表参加，并特许齐桓公免去下拜谢恩的礼仪。齐桓公本想答应，但管仲说"不可"。齐桓公这才下拜接受周襄王的赐物。管仲之所以这样，就是想让齐桓公给人以处处维护周天子的印象。至此，齐桓公成了名副其实的春秋第一霸主。

桓公霸业完成了，管仲也老了。齐桓公四十一年（公元前645年），管仲病重，他看到已届古稀之年的齐桓公骄横专断、贪恋美色、喜欢阿谀奉承，一批佞人则受到宠信，而他的6个儿子又都想继位，管仲担心国家将发生大乱。为此，他劝齐桓公务必立公子昭为太子，并疏远奸佞小人。当齐桓公向他问起易牙、竖刁、开方等人可否为相时，管仲指出：竖刁自宫来伺候国君、易牙杀了自己的儿子煮给国君吃、开方背弃喜爱自己的父亲来讨好国君，都是不合人情的，他们绝不会爱别人，不会忠于齐桓公，对这些人绝不能任用。但齐桓公听不进管仲的这些逆耳忠言。管仲去世后，桓公就重用这三人，从此，齐国的政局更加混乱。

桓公在位的第43个年头，即公元前643年，桓公病重。他的5个儿子各自树党，为争夺君位磨刀霍霍。易牙、竖刁、开方也乘机作乱。他们堵塞宫门，建筑高墙，把重病之中的齐桓公禁闭在寿宫之中，不使任何人出入。他们在外假传桓公之命，以号令群臣。桓公在病中又饥又渴，却不见一个人影。这天，一个宫女越墙来到寿宫，桓公说想吃点东西，宫女却一点食物也找不到；桓公说渴，一点水也没有。宫女把易牙等人作乱的事告诉了桓公，桓公听后，老泪纵横、慨然长叹道："嗟呼！管仲真是圣人，他看得多么远呀！若死后真有灵魂，我将有何脸面去见仲父呢！"（《管子·小称》）说完后，以衣蒙面，死于寿宫。桓、管惨淡经营了43年的霸业随之宣告结束了。

孙叔敖

孙叔敖（约公元前630—前593年），芈姓，蔿氏，字孙叔，又字艾猎。春秋楚国期思（今河南固始西北）人。楚国令尹。

据史料记载，孙叔敖虽然长得不好看，但是头脑却聪明伶俐，特别好学，知识渊博。据说，在楚国担任令尹期间，不到3个月的时间，就把原来未能解决的烂摊子治理得井井有条，使楚国出现了"上下和合，世俗盛美，政缓禁止，吏无奸邪，盗贼不起"的一片振兴气象。

孙叔敖是一个有胆有识的人，还处处为他人着想。在他还不到10岁时，在田间玩耍时，看到了一条两头蛇，这是不祥之事。孙叔敖很害怕，随手捡起一根小木棍，竭力向蛇打去。蛇猛地抬起头，样子十分凶猛。他顺势一脚踢上去，又用木棍不断抽打，将那蛇打死了。随后，他在地上掘了一个坑，把蛇深埋了。

孙叔敖立马跑回了家，躲到屋里哭了起来，母亲问他发生了什么事，他将刚才的事一五一十地说给母亲听。母亲欣慰地点了点头，说："人常说'有阴德者，阳报之'。德能战胜不祥，仁能消除百祸。你能为别人着想，老天也会保佑你的。你不会受到什么惩罚，说不定会有什么大富贵呢！"

孙叔敖塑像

孙叔敖听了，破涕为笑。

这件事不胫而走，被越来越多人的知晓，成为美谈。

约公元前605年，孙叔敖在期思，雩娄（今河南省固始县史河湾试验区境内）主持兴修水利，建成中国最早的大型渠系水利工程——期思雩娄灌区（期思陂），相当于现代新建的梅山灌区中干渠所灌地区。据记载，后来他还曾主持修建芍陂（今安徽寿县安丰塘），在今湖北江陵一带也兴修过水利。

数年后，德才兼备的孙叔敖终引来楚国令尹虞丘子的注意，随后，虞丘子将孙叔敖引荐给了楚庄王，还建议让孙叔敖接替自己的职务。虞丘子力劝楚庄王说："长久占据禄位的，是贪；不推荐贤能通达的，是虚假；不把职位让出来的，是不廉；不能做到这三点，是不忠。做臣子的不忠，君王又为什么偏要把他当作忠？"

楚庄王见自己爱臣态度坚决，就接纳了他的建议，但是也要对孙叔敖的才干和人品检验一番，看是否真如虞丘子所说。孙叔敖在回答治国之道时，从容不迫，讲述头头是道，二人越谈越投机，不知不觉一天就过去了。楚庄王已经完全信服孙叔敖，当即就提出让他执掌国政，他推辞说："我一出身于乡野之人，骤然执掌大权，众人定然不服。大王若真想用我，不如把我放在百官之后吧！"楚庄王十五年（公元前599年），庄王基于虞丘子的力谏和自己的当面验证，拜孙叔敖为令尹（即国相）。

孙叔敖主张"施教于民""布政以道"。他极为重视民生经济，制定、实施有关政策法令，尽力使农、工、贾各得其便。

当时的楚国通行贝壳形状的铜币，叫作"蚁鼻钱"。庄王却嫌它重量太轻，下令将小币铸成大币，老百姓却觉得不方便，特别是商人们更是蒙受了巨大损失，纷纷放弃商业经营，这使得市场非常萧条。

更严重的是，市民们都不愿意在城市里居住谋生了，这就影响了社会的安定。

孙叔敖知道后，就去见庄王，请求他恢复原来的币制。庄王答应了，结果三天后，市场又恢复到原来繁荣的局面。

当时，淮水流域常常会闹水灾，影响了农业的发展。孙叔敖为使百姓富足，国家强盛，就去亲自调查，主持兴修水利设施。最著名的就是芍陂。芍陂原来是一片低洼地，孙叔敖就发动农民数十万人，修筑堤堰连接东西的山岭，开凿水渠引来河水，造出了一个人工大湖。有水闸可以调节水量，既防水患又可以灌溉浇田，从而振兴了楚国的经济。楚国出现了一个"家富人喜，优赡乐业，式序在朝，行无螟蜮，丰年蓄庶"的全盛时期。

孙叔敖不但政治业绩突出，他还在发展社会经济方面做出了贡献。不但重视农业，还注重牧业和渔业的发展。他劝导百姓利用秋冬农闲季节上山采伐竹木，再在春夏多水季节通过河道运出去卖掉。这样使资源得到合理利用，也利于国家富足和百姓生活的改善。

孙叔敖任令尹不久，虞丘子的家人犯了法。孙叔敖经仔细审查核实，事情属实，依照法律将那人处死。当时，很多人都说孙叔敖对不起虞丘子，而虞丘子却是高兴地对楚庄王说："我就说孙叔敖是一个能治国理政之人，执法不偏私，现在可以证实了吧！"

孙叔敖尽管高官厚禄，但他平日只"乘栈车牝马，披毁羊之裘"，就是自己的妻子也"不衣帛"。他身边的随从见他如此简朴，就劝他应该坐新车，乘肥马，穿狐裘。他解释道："君子穿上好衣服更加恭谦，小人穿上好衣服更加傲慢。我没有好的品德配乘新车、肥马，穿好的衣服。"

尽管孙叔敖有卓越功勋，楚庄王多次要给他封地，但他每次都坚辞不受，"持廉至死"。

在孙叔敖临终之前，他还给庄王上奏章说："承蒙大王厚爱，我一个乡野村夫能当上令尹，实在感激您的恩德。我有一个儿子，没有什么资质报答大王，请您准许他回乡种田。"

孙叔敖死后，儿子孙安谨遵父训回到了家乡。由于孙叔敖十分清贫，家中什么也没有，他只能靠种田、打柴维持生计。庄王最喜爱的戏子优孟听说后，将此情编成了歌谣，自己装扮成孙叔敖，演唱给庄王。庄王深受触动，立即召见了孙安。当他见孙安衣衫褴褛，不禁泪下，问其"为何穷到如此地步？"优孟从旁答道："这正说明孙叔敖令尹是何等公而忘私！"庄王略加思忖，便"封之寝丘（在今河南固始境内）四百户，以奉其祀。后十世不绝"。

晏　婴

晏婴（约公元前585—前500年），字仲，谥平，世称晏平仲。夷维（今山东省高密市）人，春秋时期齐国著名政治家、思想家、外交家。

在先秦齐国历史上，晏婴与管仲齐名，史书并称管晏。二人在各自所处的时代，都为齐国做出了杰出的贡献。管仲勇于进取，具有开拓精神；晏婴善于守成，握有制衡之术。管仲辅桓公一世，尊王攘夷，九合诸侯，一匡天下，开春秋齐国首霸之大业；晏婴佐灵、庄、景三朝，委蛇诸大国间，寻隙而立，危而不亡，仍使齐国"垂衣裳朝诸侯"。二人并列齐国名相，同为我国杰出的政治家。

晏婴的父亲晏弱为齐国大夫，齐灵公十一年（公元前571年），晏弱"城东阳"以逼莱人；齐灵公十五年（公元前567年）围莱并灭之。由于这次战功，晏弱得到重用。灵公二十六年（公元前556年），晏弱病死，晏婴继其父仕于齐。

晏婴所处的春秋末期，正是中国历史上的大变革时期。当时，周天子的权力和威望江河日下，各诸侯国为了各自的利益，相互间有选择地结成盟国，目的是抑制敌对国势力的发展，维护自己的生存。齐国曾先后同晋、楚、吴等几十个诸侯国结成同盟，但由于诸侯间经常毁盟，关系非常复杂和紧张，战争也是此起彼伏。整个社会处于动荡不安之中。

在君主制的社会里，作为辅臣，重要职责之一是规谏君主的过失，以利国利民。忠言逆耳。高高在上的君主，更喜欢听歌功颂德的奉承之语，这就使苦心规谏更显可贵，也更艰难。规谏君主，不但需要有为国为民的正义之心，更要有置自身安危于不顾的无畏气概。晏婴为政的一生，充分运用讽谏这一锐利武器，匡正君过，从而最大限度地保证了政治的有效实施。我国历史上的谏臣虽说大有人在，但能像晏子那样见过必谏，每朝必谏、尽忠极谏的贤臣，恐怕为数不多。

晏婴选任官吏的基本原则是官贤任能。齐景公问"莅国治民"之道，晏婴对以"奉贤以临国，官能以救民"之策，他认为国有三不祥：有贤不知，知而不用，用而不信。有贤不知是聋，知而不用是昏，用而不信是疑。

为了"官贤任能"，

晏婴像

晏婴提出了辨别人才的原则和要求，主张选拔人才的方法是举之以事，考之以语。他还指出，求贤之道，在于要善于观察所求之人和什么人交往，并由此来评价此人的品行，不能依靠华丽的辞藻来评定一个人的德行，也不能根据别人对他的评价来评定贤愚优劣。

景公时，晋伐阿、甄而燕侵河上，齐师败绩。这时，晏婴向景公推荐田穰苴说："其人文能附众，武能威敌。愿君试之。"景公任命田穰苴为将军。四穰苴严明治国，立表斩杀景公宠臣庄贾，使三军震栗。他身先士卒，医治病痛，抚恤羸弱，深得士卒的拥护，齐军声势大振。晋、燕之师闻风而退，田穰苴率兵追击，收复了全部失地。景公与大夫郊迎劳师，尊穰苴为"大司马"。

晏婴在官贤任能的同时，也力斥那些无德、无能、无礼之人。高纠是晏婴的家臣，为晏婴做事达三年之久，不仅没有得到什么禄位，反而被晏婴辞退了。高纠怪而问晏婴，晏婴说，我有三条家法：闲暇时从容相处而不相谈论，就疏远他；出门不相互赞美，回家不相互切磋，就不相交他；国家大事不加议论，怠慢有才能的人，就不会见他。这些您都做不到，这便是辞退您的理由。在晏婴看来，一个连家法都不得要领的人，是称不上贤士的，所以，当景公想会见高纠时，晏婴便以高纠无补益于国君而回绝了。

晏婴"二桃杀三士"的故事可谓家喻户晓。公孙接、田开疆、古冶子是齐国当时有名的三位大力士，他们居功自傲，自恃勇力胡作非为，为人们所痛恨。齐景公二十年（公元前528年），晏婴为景公献计，意欲除掉这三个狂妄无礼之人，他让景公挑出两个大桃子，让他们论功食桃，结果公孙接、古冶子先后跳出来，认为自己功大而先食桃子。这时，田开疆出来，认为自己的功劳胜过二位，但由于无桃可食，觉得自己在国君面前受辱，被群臣耻笑，自己无颜立于朝廷，便拔剑自杀。公孙接一看，认为自己功小而抢吃桃子，亦羞愧自刎。古冶子一看，三杰已去其二，自己也不能苟活于世而自杀身亡。

晏婴匡正君过、官贤任能的目的是为了安国利民，稳定社稷。

晏婴为相时，曾出使过吴、鲁、宋、晋、楚等国。在出使楚国时，他的机智善辩及无畏精神得到了最为充分的体现。齐景公十七年（公元前531年），晏婴奉命出使楚国。当时，楚强齐弱，楚国对齐使便傲气冲天，加上楚王听说晏婴身材矮小，却闻名于诸侯，楚王想趁机羞辱晏婴以显示自己的威风。楚国群臣更是随声附和，为楚王出谋划策，定计等晏婴就范。晏婴穿着破旧的衣裳，驾着瘦马拉的车，来到郢都东门。郢都守门者没有给晏婴开大门，却指着刚刚打开的小侧门对晏婴说："相国，依您的身材出入此门已绰绰有余，何必要开大门呢？"晏婴瞧着这个侧门，明白了这是楚国君臣在设法捉弄自己，便灵机一动，大声对守门者讲："这是狗门，不是人出入之门，出使狗国，才从狗门进，出使到人国，当从大门进，请问这里是人国还是狗国？"晏婴一番话使守门者无言以对，只好让晏婴从大门入城。见到楚王后，楚王问晏婴："齐国是不是没有人了？"晏婴从容答道："齐国的都城临淄有七八千户人家，人们举起衣袖就能遮住太阳，挥洒汗水就如同下雨，大街上的人肩并肩，脚跟脚，怎么能说齐国没有人呢？"楚王接着问："既然如此，那又为什么派你来呢？"晏婴回答说："齐国委派使者是因人而异，那些精明能干的使臣，就派他们到那些国君精明能干的国家去，那些愚笨无能的使臣，就派他们到国君愚笨无能的国家去。我在齐国最愚笨无能，因此就被派到您的国家来了。"楚王和群臣都叹服晏婴的机智善辩，但他们还不死心，还想找机会捉弄晏婴。

楚王设宴招待晏婴，酒至酣处，突然差役押着一个人从殿下经过。楚王装作非常生气的样子，斥责并询问这个人犯了什么罪。差役忙跪下回答说："这个人犯了偷盗罪。"楚王又问："这个小偷是哪国人？"差役回答："是齐国人。"楚王听到这里，用眼睛斜视着晏婴狡黠地说道："噢，原来齐国人都是善于偷盗的。"晏婴放下酒杯，反唇相讥道："大王，我听说，橘子这种树，生长在淮河以南就能结出橘子；如果把它栽到淮河以北，它就结出枳子。它们的叶子虽然十分相似，但是果实的味道却大不相同。这是什么原因呢？这是因为淮河南北的水土不同。如今这个齐国人生长在齐国不偷盗，来到楚国却成了小偷，原来楚国的水土能使人成为盗贼。"晏婴的回答使楚王瞠目结舌，陷于尴尬之境。楚王心悦诚服地对晏婴讲："先生真是圣人，和圣人是不能开玩笑的，我真是自讨没趣。"晏婴在强大的楚国，受到楚国君臣的侮辱，但他能从容不迫，凭着自己的机智，给对方以有力的反击，从而维护了齐国的尊严和自己的人格，更使自己名显诸侯。

晏婴在他的政治生涯中，不论是内政，还是外交，都取得了非凡的业绩。然而，晏婴的一生，却是"以节俭力行重于齐"的。

齐景公二十六年（公元前522年），景公在鲁国郊外打猎，接着进入鲁国都，同晏婴一起咨询鲁国的礼制。齐景公生了疥疮，接着又患了疟疾，一年都没好，晏婴借此机会劝谏齐景公，让官吏放宽政令，撤除关卡，废除禁令，减轻赋税，免去债务。齐景公三十二年（公元前516年），齐景公因为天空出现彗星而担忧，因此晏婴趁机进谏让景公减轻税负徭役，并劝说齐景公不要给予孔子封地。

齐景公四十八年（公元前500年），晏婴去世，儿子晏圉继位。晏婴去世后，齐景公极为悲痛，甚至做出了不合礼数的行为悼念晏婴。

晏婴一生，通过对历史经验教训的总结、人生的感悟、社会的观照和实践活动的体验，产生了丰富而智慧的思想，不仅影响了他所处的那个时代和国度，而且对今人亦具启迪作用和借鉴价值。

李 悝

李悝（公元前455—前395年），又名李克。魏国安邑人。法家重要代表人物。战国时期的政治改革家。曾任魏文侯相，主持变法。

李悝出生于贫寒之家，自幼聪明好学，志向远大。成年后，他拜孔子嫡传弟子子夏为师，学习儒学。学习期间，李悝虚心好问，尊敬老师，很得子夏喜爱。子夏曾当众说："在我的众多学生中，今后最有出息的恐怕就是李悝了。"尽管如此，李悝并没有放松对自己的严格要求，几年中就尽得师传，成了远近闻名的才子。

不过，李悝并不满足。在潜心钻研儒学后，他感到儒学也有许多不足之处。他认为，儒学重仁义教化而忽视法制建设是其最大弱点，难以治世。有鉴于此，李悝便通过各种渠道找来一些法律书籍，刻苦自学。他发现，法律不仅是约束人们行善弃恶的最好武器，还是保持和完善社会秩序的最佳办法。一个国家要繁荣强大，仁义教化不可少，但最为重要的是建立一套完备的法律体系并不折不扣地予以实施。在学习知识的过程中，李悝不知不觉完成了从儒家到法家的转变，成了著名的法家代表人物，为今后进行改革打下了坚实基础。

一天，一位在魏国宫中任职的老朋友来看李悝，见他还是一

李悝雕像

介平民，并未做官，就想帮他一把。告辞后，这位朋友去拜见了魏文侯最信任的谋士、素有"伯乐"之称的翟璜，向他诉说了李悝的种种优点，翟璜一听非常高兴，立即向魏文侯推荐李悝。魏文侯听说李悝是大学问家子夏最宠爱的学生，恨不得马上见到李悝，立即派翟璜去请李悝。

翟璜来到李悝住处后，李悝也闻翟璜大名，见其来请，急忙出来迎接。并随之进宫。自此，他迈入了一生中最辉煌的时期。

李悝一到宫中，魏文侯就亲自出迎，与之交谈，发现李悝确实是一个了不起的人才，就留在身边，帮自己出谋划策。不久，魏国攻下中山国（在今河北正定县东北），为了加强管理，魏文侯封太子击（即后来的魏武侯）为中山君。在翟璜推荐下，魏文侯也非常满意地命李悝出任中山国相国。到任后，李悝尽心尽力地辅佐太子，他走乡串户，了解民情，减轻徭役赋税，发展经济，健全法制，在较短时期内，中山国就走上了百姓安居乐业、社会稳定的正轨。太子击见李悝把国家治理得井井有条，非常高兴，便把李悝作为老师和朋友看待，经常向他请教治国之道。李悝也不推辞，倾其所学帮助太子。不久，太子击在向父王汇报中山情况的报告中，着实把李悝大大夸奖了一番。

魏文侯任命李悝为相国后，准备对魏国进行全面改革。一天，他问李悝："我一心想使国家很快富强起来，也采取了一些措施，总觉得收效不大，您认为到底该怎么办才好呢？"李悝回答道："国家富强的路有千万条，但最根本的首先要做的还是发展生产。民以食为天，要让百姓吃饱、国家有余粮，就必须想法多生产粮食。"魏文侯又问道："我正为这事焦急。如今人口增加了不少，可土地却没有增加，如何满足人们的衣食，如何提高产量，这些都是难以解决的问题，请问您有什么好的办法吗？"

　　李悝没有立即回答这些问题，而是谈起了自己微服私访的事："自从国君您任命我当相国以来，我尽忠职守。为了了解民情，找到国家富强之法，我常常到民间私访，和百姓一起耕田，听到不少议论。有的说徭役太重太急，弄得老百姓没有时间生产，有的说赋税太多，丰年都难维持温饱，更不用说荒年了。他们希望适当减轻徭役赋税，以便让他们有时间生产，能勉强维持生活。国君您看，我们的百姓多好啊！他们要求不多，可我们却很少为他们着想。"停顿了一会儿，李悝转入正题，他为魏文侯算了笔账，"魏国的土地除山河、湖泊、荒原等以外，可耕种的土地有 600 多万亩。如果给种田人以适当的鼓励，让他们乐于耕种，把时间和精力投到土地上，精耕细作。每亩地至少可以增收 3 斗粮食，全国一季就可增产 180 万石。相反，如果挫伤了农民的积极性，每亩就不止减产 3 斗。就是以这个数字计算，全国每季就要少收 180 万石。一正一反，相差 360 万石，更不用说徭役太重违误农时导致的减产了。"魏文侯听了连连点头。

　　李悝最后说道："要使土地多产粮食，使国家富裕也并非难事，办法就是尽地力之效。这包括两个方面，其一，鼓励农民勤劳耕作，适当减轻徭役和赋税，给他们合适的利益，鼓励他们在原有土地上精耕细作，提高产量。再让他们开垦荒地，田间道旁的土地也利用起来，这样，土地的耕种面积还会扩大，增产粮食自然不在话下。其二，综合利用。鉴于我国粮食作物比较单一和歉收、缺粮的形势，我认为，一方面应引导农民根据不同的地势和土壤，选择不同的作物，将麦子、豆子、谷子等兼种、套种，充分利用地力；另外，能种瓜的种瓜，会栽桑的种桑，善植麻的种麻，真正做到人尽其才、地尽其力。"

　　魏文侯越听越觉得有理，深表嘉许，果断决定让李悝全权负责国内的农业经济改革。李悝不负重托，立即着手起草文告，颁布国内各地，实行农业改革。为了增强改革实效，他经常亲率官员驱车奔行于各地农村基层，进行督导、检查。几年下来，国内粮食产量逐年递增，农民过上了比较安定的生活，国库的收入也大大提高。

在改革过程中，李悝又发现了一个问题，即粮食价格对农民生产积极性有很大影响。粮食多了，粮价太低，使农民的积极性逐渐消失。用粮的也不爱惜粮食，粮食产量又下降了。遇到荒年、饥年，粮价昂贵，一般百姓买不起，没有粮食吃，只得四处流浪。于是，李悝又奏请魏文侯，实行"平籴法"，即把丰年和饥年各分三等：丰年分大熟、中熟、小熟；饥年分大饥、中饥、小饥。按照年成好坏，确定应纳税额和农民自留粮的数额，然后由国家平价收购。到荒年饥年时，再由国家平价卖出。这样，好年景粮食大丰收，也不会再出现粮贱伤农的情况；遇到水旱灾荒的年头，也不致粮价昂贵，百姓买不起粮食。由于国家平价收购卖出，市场上粮价一直稳定，百姓不饥不寒，生活安定，国家赋税收入也有了相应保证。

在实行经济改革的同时，李悝为了招徕四方人才，又大刀阔斧地进行政治改革。针对世袭禄位制度的种种弊端，李悝干脆废除了这种制度，推行"食有劳，禄有力，使有能，赏必行，罪必当"等一系列措施，按功劳大小，对国家贡献多少授予职位和爵禄。具体规定：不论贵族还是平民，只要有治国安邦的才能，都可以在朝廷做官，领到应得的俸禄；不论什么人，一律按照功劳大小安排职务；官员各司其职，有功者赏，有罪者罚，不准徇私；凡无功而又作威作福者，即使是贵族也必须取消其爵位和俸禄。由于执行了公允、平等和奖惩分明的原则，李悝的政治改革获得了巨大成功，不仅提高了国家机构的办事效率和人员素质，还极大地吸纳了各方人才，调动了举国上下励精图治的积极性。

李悝并不就此止步，为了保证改革的顺利进行和维护改革成果，又在法律领域大展拳脚。他根据魏国的具体情况，参照以往的律令，吸收了各国法令中可取的部分，制定了一部新法典，即《法经》。这是我国第一部比较完整的成文法典。其内容分《盗法》《贼法》《囚法》《捕法》《杂法》《具法》六部分。头两篇是《盗法》和《贼法》，分别对"盗""贼"的含义做了具体规定；《囚法》和《捕法》具体规定了惩治"盗""贼"的各种办法；《杂法》是关于盗取兵符、官印以及贪污等违法行为的惩治规定；《具法》是对量刑轻重的诸项规定。这部法典颁布实施后，对维护国家秩序起了重要作用。后来，这部《法经》被李悝的学生商鞅带到秦国，对秦国变法产生了重大影响。由于这部法典充分反映和代表了统治阶级的意志，从而成为后来历代封建统治者奉行的法典蓝本。

李悝深知，一个国家要富强，在各国中生存发展甚至称霸，仅发展经济、改良政治是不够的，还必须建立一支强大的军队。眼见魏国军力不强、将士素质不高，李悝心急如焚，想进行改革，但自己在这方面并不在行，怎么办呢？李悝忽然眼睛一亮，何不请吴起帮忙呢？

这位卫国出生的年轻人吴起有雄才大略，尤其擅长打仗。当年他来魏国时，李悝还曾助他一臂之力。当时，魏文侯问李悝吴起如何，李悝极力推荐道："吴起这个人虽然贪名好色，但在用兵方面，即使大军事家司马穰苴也比不上他。"魏文侯遂用他为大将，派他攻打秦国。吴起不负众望，很快就攻下了 5 座城市。由于战功卓著，吴起后来又经翟璜推荐担任了西河太守。想到这些，李悝不禁笑了。于是，他派人找来吴起，共商军事改革的大事。

在吴起的帮助下，李悝的军事改革又在魏国拉开了帷幕。李悝的军事改革，除注重改善官兵关系外，其目的就是建立一支能征善战的常备军。为此，李悝对军士制定了严格的挑选标准：身穿三甲，肩负12石之弓，带50支箭，扛长矛，头戴盔甲，佩剑，备3天的粮食，半天行走100里。一旦选中，待遇也非常优厚，免除全家徭役，奖给田宅。这对于调动将士的战斗积极性起了重大作用。短短几年内，魏军战斗力大大增强，各国一时不敢与之争锋。

公元前396年，魏文侯病逝。太子击继位，是为魏武侯，继续以李悝为相国，59岁的李悝不顾年迈，继续辅佐魏武侯，由于操劳过度，于公元前395年病逝，终年60岁。

苏 秦

战国时期，七国争雄，涌现出一个专门从事政治外交游说活动的谋士阶层。众多的谋士，熟悉各国形势，具有雄辩才能，走东串西，朝秦暮楚，以合纵连横为要务，从而形成一个独立的学派，史称纵横家。苏秦、张仪是纵横家的代表人物，活跃于当时的政治舞台，思维敏捷，口才犀利，权变机巧，波谲云诡。他俩曾任一国或多国的国相，因而使战国时期的政治生活中，增加了许多阴谋和诡辩的色彩。

当时的形势大体上是这样的：秦国经过商鞅变法，加快了封建化的进程，迅速成为七国中最强大的国家。其他六国感受到了秦国的威胁，自然而然地产生了联合抗秦的要求。秦国见六国有联合倾向，便想方设法破坏它们的联合。因此，各国联合起来抵抗秦国，称为"合纵"；秦国破坏联合，并拉拢随从进攻其他国家，称为"连横"。苏秦致力于合纵，张仪致力于连横，事业进行得有声有色，威武雄壮。

苏秦（公元前？—前284年），字季子，洛阳人。战国时期著名的纵横家、外交家和谋略家。

苏秦家里以务农为生。曾经师从于著名的鬼谷子先生，学习纵横之术。他开始游说各国并不顺利，"大困而归"，因此遭到家人的耻笑。他们说："周人之俗，治产业，力工商，逐利为务。而你舍本求末，卖弄口舌，焉能发达？"他的身心受到很大刺激，于是找到《周书阴符》。伏案钻研。他一度杜门不出，发奋读书，思想和学业又上了个台阶。一年后，揣摩出合纵连横之术，他决定再外出游说，自信地说："此可以说当世之君矣！"

苏秦首先游说周显王，劳而无功。恰好，秦孝公死，秦惠文王立，苏秦遂赴秦国，游说秦惠文王。秦惠文王因为刚刚杀了商鞅，对于外来的谋士不感兴趣。苏秦因此憎恨秦国，到了赵国。当时赵肃侯任命其弟赵成为国相，封为奉阳君。奉阳君不喜欢苏秦，苏秦只好离开。

燕文公二十八年（公元前334年），苏秦到燕国，等待了一年多才见到燕文侯。苏秦游说燕文侯，先从地理位置上分析了燕国与赵国的相依之势，接着批评燕国的战略错误：担忧千里之外的秦国，却不担心百里之内的赵国；最后建议燕文侯合纵赵国，结为一体。燕文侯认为苏秦之议很有道理，允诺苏秦"如果能以合纵之计维持燕国安定，愿举国相报"。于是资助苏秦车马金帛，前去游说赵国。

遗像　秦之　公ㄨㄤ　季子　安君　封武　国相　周六

苏秦像

苏秦第二次来到赵国，奉阳君赵成已死，便游说赵肃侯，提出六国联合起来抵抗秦国的主张。苏秦详细分析了赵国和其他诸侯国的关系，指出赵对韩魏的战略相依关系，进而说明了自己的合纵主张：韩、魏、齐、楚、燕、赵六国联合起来，共同对抗秦国，并建议赵国组建六国联盟并力抗秦，如此一来，六国一体，秦国一定不敢从函谷关出兵侵犯，赵国的霸主事业也就成功了。赵肃侯采纳了苏秦的"合纵"主张，资助他去游说各诸侯国加盟，以订立合纵盟约。

　　苏秦到了韩国，游说韩宣王。苏秦先分析韩国的优势：地势坚固，军队几十万，且善于冶炼兵器；再陈述臣服秦国的弊端：侍奉秦国，秦必然要求割让宜阳、成皋，一旦同意，秦国就会变本加厉，土地有限，秦国的欲望无限，离灭亡之日就不远了。韩宣王听完脸色大变，手按宝剑，仰天叹息，答应听从苏秦的安排。

　　苏秦来到魏国，游说魏襄王。苏秦先分析魏国的地理情况，指出：魏国地方虽小，但田舍密集，人口众多，车马奔驰，国势与楚国不相上下；如今侍奉秦国，每年纳贡，一旦秦国征伐魏国，没人愿意出兵相救。接着苏秦以越王勾践和武王伐纣的以少胜多为例，提醒魏王：魏国兵强马壮，不用惧怕秦国；如果割地侍秦，未及作战，国家已经先亏损了，主张侍奉秦国的都是奸佞之臣，要谨慎决策。最后劝诫道：如果大王能听从我的建议，六国同心协力，就无强秦危害之患了，所以赵王派我呈上合纵条约，等候您的差遣。魏王说："我从没听过如此贤明的指教，愿举国相从。"

　　于是苏秦向东行进，来到齐国，说服了齐宣王。接着向西南行进，到达楚国，说服了楚威王。他每到一国，必鼓动三寸不烂之舌，赞美该国的山川地理形胜，揭露秦国企图吞并天下的野心，主张各国联合起来，抵抗秦国的扩张。

公元前287年，苏秦游说完各个诸侯后，六国达成合纵联盟，团结一致。苏秦被任命为从约长（合纵联盟的联盟长），并且担任了六国的国相，同时佩戴六国相印。赵国大将李兑为主帅，组成反秦联军，屯于成皋（今河南荥阳西北）一带，扬言大举攻秦。然而，合纵的六国各有各的打算，无法形成合力。秦国则采取连横措施，以致虚张声势的反秦联军，徒劳地鼓噪一阵以后，便无声无息地散伙了。但是，这次行动对秦国还是产生了一定的震慑作用，"秦兵不敢窥函谷关十五年"。

合纵成功后，苏秦自楚北上，向赵王复命，途经洛阳。车马行李、各诸侯送行的使者颇多，气派比得上帝王。周显王听到这个消息感到害怕，便为他清扫道路，并派人到郊外犒劳。苏秦的家人也匍匐在地，不敢仰视。回到赵国后，苏秦被赵国封为武安君。后来，秦国派使臣犀首欺骗齐国和魏国，和它们联合攻打赵国，打算破坏合纵联盟。齐、魏攻打赵国，赵王就责备苏秦。苏秦害怕，便请求出使燕国，发誓一

苏秦六国封相衣锦荣归图

定报复齐国。苏秦离开赵国以后，合纵盟约便瓦解了。

苏秦到了燕国，向燕昭王进献"疲齐复仇"之计，然后到齐国长期潜伏，充当间谍的角色。公元前284年，燕国联合秦、韩、赵、魏，由乐毅为统帅，共同伐齐，齐国险些灭亡。齐缗王发现苏秦是燕国的间谍，将他车裂处死。

张　仪

张仪（公元前？—前309年），魏国安邑（今山西万荣）张仪村人。魏国贵族后裔，战国时期著名的纵横家、外交家和谋略家。

张仪和苏秦是同学，也曾师从于鬼谷子，学习纵横之术。苏秦自认为才学比不上张仪。张仪和苏秦完成学业之后，就去游说诸侯。后来，苏秦首先说服赵肃侯，从而得以去游说各国诸侯实行合纵的联盟。但他担心秦国趁机攻打各诸侯国，盟约还没结缔之前就遭到破坏。苏秦考虑再三，找不到一个能派往秦国为他工作的合适人选，于是他派人去悄悄劝说张仪来投奔他。

那人对张仪说："你和苏秦是好友，苏秦让你到秦国去游说，必有显达的前程。"张仪因此到赵国去，感谢苏秦的指点。谁知苏秦故意冷落和怠慢他，数天后才予接见，让他坐于堂下，赐以下人吃的酒食，还批评说："以你的才能，困辱至此。我无法使你富贵，你还是自寻出路吧！"张仪好生着恼，赌气到了秦国，暗暗说："你搞合纵，我就搞连横，看我们谁更厉害！"

张仪离去，苏秦吩咐一名舍人说："张仪，天下贤士，我不如他。日后执掌秦国朝政者，必是张仪。但是，我怕他人穷志短，容易满足小利，故召而辱之，以激其意。现在，你去替我侍奉他，莫要流露出是我的意思。"舍人照办，携带金币、车马和仆人等，供张仪随意使用。

张仪顺利地见到了秦惠文王，说以连横之术，受到信用，被封为客卿。

苏秦的舍人请求回归赵国。张仪说："我依赖你才得显贵，正欲报德，何故去也？"舍人吐露实情，说自己这样做，完全是苏秦的指使。张仪恍然大悟，这时方才明白苏秦的苦心，感叹说："嗟乎！此在吾术中而不悟，吾不及苏君明矣！"

秦惠文君十年（公元前328年），秦惠文王任用张仪为相国。他记着在楚国受到诬蔑的情景，写信给楚相昭阳说："我当年没有偷盗和氏璧，而你却无端地鞭笞我。你善守国，且看我怎样夺取你们的城池！"

张仪为相后的第一件事是怂恿秦惠文王称"王"。然后率兵进攻魏国，迫使魏国将上郡（今陕西北部）的15个县献给秦国。他甚至跑到魏国去，游说魏惠王说："秦王之遇魏王甚厚，魏不可以无礼。"魏惠王听信其言，居然任命他为魏国的相国。

张仪雕像

后来，魏国驱逐张仪，张仪继续为秦国国相。秦惠王九年（公元前316年），张仪和秦将司马错一起，攻取了巴蜀（今四川）之地。秦国占有巴蜀"天府之国"，版图扩大，物力充裕，国力更加强盛。

张仪于秦，最大的贡

献还在于拆散楚国和齐国的联盟，为秦国实施各个击破战略提供了条件。秦惠王十二年（公元前313年），张仪到楚国去，游说楚怀王，鼓动楚国和秦国结为亲戚，承诺说："楚国若绝齐向秦，那么秦国愿意把商（今陕西商州）、於（今河南西峡）六百里土地，划给楚国。"楚怀王昏头昏脑，"大悦而许之"。群臣皆贺，唯独陈轸说："秦国之所以重视楚国，原因在于楚齐联盟。楚国绝齐，就会陷于孤立。楚国孤立了，秦国为什么还要把六百里土地送给楚国呢？张仪回秦，死皮赖脸，拒不承认他所说的话，怎么办？楚国失掉齐国这个盟国，又要和秦国发生冲突，那时就会两面受敌。臣为大王着想，不如跟齐国打个招呼，假装断交，派人随张仪到秦国去，商、於之地到手，再向秦绝齐不迟。否则，我们楚国就继续执行联齐的政策。"

陈轸所言，不失为稳妥之法。可是，楚怀王昏庸糊涂，一面宣布与齐国断绝关系；一面任命张仪为楚国国相。然后，他派一位将军随张仪赴秦，准备接受张仪允诺的六百里土地。张仪将至咸阳，假装从马车上摔了下来，脚部受伤，其后三个月没有参加朝会。楚怀王等得心焦，以为秦国怀疑楚国绝齐的诚心，遂派人到宋国去，公开谩骂齐宣王。齐宣王大怒，立刻表示愿和秦国改善关系。张仪看到时机已经成熟，方才参加朝会，接见楚国将军，说："秦国将给楚国六里土地。"楚国将军非常恼火，说："我奉命前来接受商、於六百里土地，怎么会是六里呢？"张仪一口咬定，抵赖说自己承诺的就是六里土地，而不是六百里，差距如此悬殊，肯定是楚王误会了自己的意思。

楚国将军回报楚怀王。楚怀王方知上当，恼羞成怒，命令将军屈匄（匄，读作盖）率兵攻秦，想用武力夺取商、於之地。秦军早有准备，痛击楚军，斩首8万，俘获屈匄等70余位将军，并攻占了楚国的汉中，即汉水中游一带地方。楚怀王气急败坏，调集新军，进行反攻。双方在蓝田（今湖北钟祥西北）打了一仗，楚军依然大败。楚怀王灰头土脸，不得已只能屈服求和。

秦惠王十四年（公元前311年），秦国向楚国提出建议，愿意退还汉中的一部分，换取黔中（今湖南西南）。楚怀王负气，说："只要交出张仪，不用还地，情愿割让黔中。"秦惠文王犹豫不决。张仪了解楚国的情况，主动请求前去楚国，说："臣和楚国靳尚友善，靳尚又深得楚王夫人郑袖信任，郑袖的话，楚王无不听从。再说，秦强楚弱，臣奉陛下之命前去，楚王必不敢杀臣。即使楚国杀了臣，秦国得到黔中之地，臣也无怨无悔。"

张仪到了楚国，楚怀王将他关押，准备杀害。靳尚接受了张仪的贿赂，拜访郑袖说："夫人将被打入冷宫，知否？"郑袖愕然，说："这是为何？"靳商煞有介事地说："秦国将给我们大王送来一位美女，其随从都是天姿国色的歌女和舞女，陪嫁中还有六县的土地。大王一旦宠幸秦女，夫人你还不被打入冷宫吗？"郑袖说："那该怎么办？"靳尚说："不如劝大王赦免张仪，张仪回去，就能取消秦国嫁女的事情。"

郑袖害怕自己失宠，日夜鼓动楚怀王释放张仪，说："人臣各为其主。张仪欺骗楚国，是因为他忠于秦王；楚国没有给秦国土地，张仪前来，是因为他尊重大王。大王杀了张仪，秦国必然发兵攻楚，后果不堪设想。若此，大王还是先将臣妾母子迁往江南，毋为秦国鱼肉也！"楚怀王宠爱郑袖，没有主见，果真释放了张仪。事后，他又后悔，派人追赶张仪，可是张仪已经回到秦国了。

这年，张仪又曾出使楚国、韩国、齐国、赵国、燕国，游说各国诸侯与秦国交好。返回途中，秦惠文王病死，秦武王继位。秦武王素来讨厌张仪，许多大臣也鄙夷张仪的为人，说："张仪无信，左右卖国以取容。秦国再重用他，必为天下所耻笑。"秦武王元年（公元前

310 年），张仪被迫离开秦国，前往魏国。张仪出任魏国相国一年以后，于秦武王二年（公元前 309 年）死在了魏国。

蔺相如

蔺相如（约公元前 330—前 270 年），今保定市曲阳县相如村人。战国时赵国上卿，赵国著名的政治家、外交家。

蔺相如原在赵国宦者头目缪贤家当舍人，地位卑微；后来因在外交斗争中立了大功，位居上卿。

赵国后期七雄并立，以秦国和赵国最为强大。秦国自商鞅变法后，厉行耕战政策，以并吞山东六国为战略目标。

秦昭王二十四年（公元前 283 年），赵惠文王得到无价之宝和氏璧。玉璧玲珑剔透，晶莹明澈，放到暗处，熠熠发光。赵王爱不释手。

邮票上的蔺相如形象

秦昭襄王得知此事后即派使者与书赵王，愿以 15 座城池交换和氏璧。与大臣们商量对策的赵王担心同意秦国的条件后秦国不履行诺言，如不同意则又害怕秦国借此入侵。赵国君臣束手无策，惶恐不安。

这时，宦官缪贤向赵王推荐自己的门客蔺相如，说他胆大心细，能不辱使命。并说以前自己曾犯罪，考虑到陪过赵王和燕王会晤于边境，燕王握着自己的手，要与自己交朋友这一点，企图逃往燕国。蔺相如阻止说，先生怎知道燕王会收留您呢？赵强燕弱，先生又得赵王宠信，所以燕国想与先生结交。如今您逃到燕国，燕王恐得罪赵王，定会把您送交赵王治罪，现在您不如主动

蔺相如雕像

向赵王请罪，以求豁免。缪贤采纳了蔺相如的建议，遂得以赦免。赵王听后即召见蔺相如询问对策。蔺相如认为秦强赵弱，不能不答应秦王的请求。赵王道出上述担心，蔺相如说，秦国用15座城池换一块玉璧，赵国如不答应，便有理亏；如秦王纳玉璧而不交城，则理亏在秦国。权衡利弊，让对方理亏为上策。赵王于是拜蔺相如为大夫，捧璧出使秦国。

秦昭襄王听说赵国使者带玉璧而来，非常高兴，立即召见蔺相如。蔺相如恭敬地献上玉璧，秦王赞不绝口，还传给大臣及后宫美人观看，但却只字不提城池之事。蔺相如见秦王无意给予城池，就急中生智称玉璧上有斑点，请求指给他们看，秦王信以为真。蔺相如持玉璧后退几步倚柱怒称："和氏璧乃天下至宝，赵国之臣都称大王情愿用15座城池来换乃是谎言。我却反驳说，百姓尚且能讲信义，何况大国的君主？这样，赵王斋戒5日后，才令我送来。可是大王对此却不恭不敬，让手下人传看此宝，我看大王并无诚意交换，为此我收回玉璧。如果大王以武力相逼，我宁可以头与玉璧一同碎于此柱。"秦王害怕，连

忙赔礼，令人拿来地图，指出要给赵国的 15 座城池。蔺相如考虑到秦王不可信，便假称秦王也要斋戒 5 日，再举行收璧仪式，方可献上玉璧。秦王只好答应。蔺相如令手下人扮成商人，偷偷从小路将玉璧送回赵国。

5 天后，秦王召集群臣，邀请各国使臣参加接收玉璧的仪式。蔺相如却空手而至，他镇静地说："秦国自穆公以来，前后有 20 余位君主，没有一个讲信义的，我担心再受欺骗而对不起赵王，所以令手下人将玉璧送回赵国。现在请求大王治罪。"秦王大怒，欲将相如斩首。蔺相如从容地说："秦强赵弱，天下只有强国欺负弱国之事，绝无弱国欺负强国之理。大王若真想得到玉璧，不妨先割让城池，然后派使者取回玉璧，赵国绝不敢辜负大王。我欺骗大王，罪该斩首，各国知道秦国为得一块玉璧而杀了赵国使者，必能分辨是非曲直。"一席话令秦王哑口无言，便以礼相待，送走了蔺相如。蔺相如能够"完璧归赵"，充分显示了他临危不惧、胆略过人的才能。

此后，秦王对赵国一直耿耿于怀，总想伺机报复。秦昭王二十八年（公元前 279 年），秦王邀请赵王到渑池（今河南省渑池县）相会。赵王惧之，不敢擅往。上大夫蔺相如与大将廉颇一致认为，赵王如果不去，则示弱于秦。蔺相如愿随赵王左右以为保护。廉颇则愿辅佐太子，倘若赵王逾期不归，就立太子为王，以绝秦国挟赵王之心。

约会期至，酒宴中秦王对赵王说："闻

蔺相如府

赵王喜乐，请弹奏一曲以赏我耳。"赵王不敢推辞，勉强弹奏一曲。秦国的御史当场记下此事，称某年某月某日，秦王和赵王在渑池相会，赵王为秦王鼓瑟。赵王气得脸色发紫，却无法抗辩。这时，蔺相如手持瓦盆，跪在秦王面前说："赵王听说秦王能演奏秦国的音乐，请秦王敲个曲子！"秦王脸色骤变，蔺相如举起瓦盆厉声说："大王不要以强凌弱，五步之内，我能把我的血溅到大王身上！"秦王左右武士欲杀蔺相如，蔺相如怒吼一声，吓退武士。秦王无奈，只好勉强地敲了几下瓦盆。蔺相如吩咐赵国的史官记下，某年某月某日，赵王同秦王相会于渑池，秦王为赵王敲盆。秦国大臣不服气，让赵国割15座城池为秦王祝寿。蔺相如马上反驳说，请秦王割让咸阳为赵王祝寿。秦王见不敌赵国君臣，欲发兵赵国，却又惧已在边境严阵以待的赵国大军和蔺相如、廉颇这样的人才，便同赵王结为兄弟。为取信于赵国，还将己孙异人送到赵国做人质。

渑池之会后，蔺相如以功高被拜为上卿，位在廉颇之上。廉颇不服气，扬言要羞辱蔺相如。蔺相如听说后，始终避免与他相会。每次上朝，蔺相如都称病，不与廉颇争高低。一次，蔺相如出门，望见廉颇，便回车上躲避。蔺相如的舍人们抱怨说："我们离开亲人来侍奉先生，只因仰慕您的高尚节操。如今先生与廉颇同列，受他恶语中伤，反而惧怕，这种屈辱我们无法忍受，请求辞别。"蔺相如说："诸位以为廉将军与秦王相比如何？"舍人们回答："不如秦王。"蔺相如又说："秦王有这样的威势，我尚且在朝堂上怒斥于他，侮辱其群臣。我虽不中用，难道还怕廉将军吗？只是我认为强秦之所以不敢冒犯赵国，是因为赵国有我们二人。二虎相争，势不两立，必会两败俱伤。我只是视国家危难为至重而已。"廉颇耳闻蔺相如的这番话，深受感动，便负荆请罪，二人从此结成生死之交。

蔺相如是战国时期出色的外交家，他的机智勇敢使自己的国家不辱于强国。他以国家利益为重、不以一己荣辱为念的高尚品德，赢得了传世美名。

吕不韦

吕不韦（公元前 292—前 235 年），姜姓，吕氏，名不韦，卫国濮阳（今河南省安阳市滑县）人。战国末年著名商人、政治家、思想家，官至秦国丞相。

在吕不韦出生的年代，卫国已经日渐衰落，社会动荡不安，幼年时代的吕不韦目睹了自己国家的衰败，深刻感受到弱肉强食的残酷现实。所以，吕不韦在很小的时候就很关注政治。

吕不韦像

吕不韦出生于商人家庭，成年后奔走于各国经商。后来，他成为韩国阳翟（今河南禹县）"家累千金"的巨富。

秦昭王四十二年（公元前 265 年），他经商至赵国都城邯郸，邂逅秦国王孙异人。异人是秦太子安国君的儿子、秦昭襄王的孙子。由于异人不是长子，生母夏姬也不受王太子安国君的宠爱，他在父亲、祖父心目中无足轻重，因而被抵押在赵国当人质。赵王因为秦国屡次发兵入侵，早想把异人杀了，幸亏平原君劝解，异人才保住了性命。

吕不韦根据"人弃我取"的生意经，发现了异人的潜在价值，认为他"奇货可居"，可以作为自己政治投机的对象。于是，吕不韦主动拜访异人。他对异人说："你是秦国的王孙，可现在你的处境窘迫，我有一个使你光耀门庭的办法。"异人苦笑着说："先生是不是在取笑我？"吕不韦回答："你祖父年老力衰已立你父安国君为太子。听说你父亲最宠爱华阳夫人，只有华阳夫人能立继承人，可是她却没有儿子。你兄弟20多人，你排行中间，又长期在外做人质，关系自然疏远。一旦大王去世，安国君做了秦王，你哪有机会去争做太子呢？"吕不韦所言正好触及异人的痛处。异人马上询问有何良策。吕不韦对他说："以你目前的困境，既没有钱取悦你父亲和华阳夫人，也没有钱结交朋友。我虽然不很富裕，但是愿意拿出钱财，到秦国去替你活动，请安国君和华阳夫人确定你为继承人。"异人听后喜出望外，急忙给吕不韦行礼，并许愿若能如此，将来愿与他共享富贵。

吕不韦先送500两黄金给异人，让他以此结交朋友，另外用500两黄金买了珍奇异宝，由自己带到咸阳。吕不韦通过华阳夫人的姐姐把这批珍宝送给华阳夫人，还讲述了异人在赵国如何贤明，日夜思念安国君和华阳夫人的好话。华阳夫人听后大喜，对异人颇有好感。吕不韦见时机成熟，就请华阳夫人的姐姐去劝说华阳夫人。于是，姐姐对华阳夫人说："妹妹年轻漂亮，受到安国君的宠爱，但是人老色衰就会失宠。现在你膝下无子，不如及早认下一子，确定为安国君的继承人。异人这样贤明，又主动依附夫人，如果能确立他为继承人，将来他对你感激不尽，你的地位就不会动摇了。"

华阳夫人认为姐姐的话有理，就向安国君极力推荐异人作为继承人。安国君对华阳夫人一向言听计从，便满口答应，还派人用玉石刻

秦始皇宫殿

了一个牌子，交给异人作为凭证。另外，安国君和华阳夫人还给异人许多食物和衣服，并聘请吕不韦做异人的师傅。

传说吕不韦帮助异人取得了王太孙的地位后，欣喜地回到邯郸，请异人到家里饮酒。酒席上，吕不韦让已有两个月身孕的爱妾赵姬跳舞陪酒。异人被其美貌打动，请求吕不韦把她赏给自己为妻，吕不韦佯装生气，过后才答应送给他。不久，这个美女生下一子，取名嬴政。

秦孝文王元年（公元前250年），秦昭襄王去世，安国君继承了王位，异人以太子身份回到秦国。因为华阳夫人为楚国人，他便身着楚国服装去看望华阳夫人。华阳夫人甚为欢喜，收异人为养子，改名为子楚。安国君在位不到一年就死了，子楚继位，是为庄襄王，吕不韦任相邦。秦王政元年（公元前244年）秦庄襄王在位三年后也死了，继位的太子嬴政年仅13岁。嬴政让吕不韦接着任国相，以三朝元老和"仲父"

的身份辅政，从而稳定了秦国的政局。直到秦王嬴政 22 岁亲政以前，秦国的军政大权一直掌握在吕不韦手中。在当权的 12 年中，吕不韦为辅佐秦王完成秦国统一大业制定了许多政策和措施。

在政治上，吕不韦一是注意起用老臣宿将，调整好统治集团内部关系，稳定国内的统治秩序；二是注意举荐人才，让他们在统一大业中发挥作用。吕不韦是个有见识的政治家，他对大臣委以重任，注意考察政绩，赏罚分明。

在经济上，吕不韦重视农业，兴修水利。在他第二次任相期间，修建了著名的郑国渠，大大改善了关中地区的灌溉条件，明显地提高了农作物的产量。上述政治、经济措施，使得秦国政局稳定，吏治清明，国力增强，比东方六国明显地占了优势，为秦的统一奠定了稳固的基础。他还贯彻"远交近攻"的方针，灭东周，伐三晋，屡战屡胜，兼并了大片土地，版图之广在六国中首屈一指，连成分割包围三晋的态势，为最后消灭六国做好了准备。

随着秦军向东的胜利进军，秦国统一中国的大趋势已不可阻挡。为了准备统一中国的军政策略，解决统一后封建国家统治的一系列问题，吕不韦命门下宾客（3000 人）于秦王政八年（公元前 239 年）编著了《吕氏春秋》。这是我国第一部有组织、有计划的集体编写的文集，其中既包括哲学、政治、军事和道德伦理等知识，也包括自然科学知识，如同一部百科全书。

吕不韦的权势日益扩大，封地也越来越多，从最初的食邑蓝田 12 县，到后来的食邑河南洛阳 10 万户；接着，燕国又送他河间 10 城作为封邑。吕不韦拥有三大食邑和家佣万人，堪称秦国（除秦王外）最富有的人，这就不可避免地引发了秦王嬴政与吕不韦争夺最高政治权力的斗争。

这一年，嬴政21岁，按照秦国惯例，次年就要举行冠礼，开始亲政了。恰在此时，吕不韦把《吕氏春秋》公布于咸阳市门，并告示"有谁能改一个字，就赏予千金"。尽管重赏的消息传遍全国，仍无人敢出来改动一字。这似乎表明吕不韦是秦国独一无二的"理论权威"。然而秦王嬴政生性专断骄横又具雄才大略，既不能容忍吕不韦的权势，更不会听从吕不韦的摆布。他们之间冲突的导火线，就是"嫪毐事件"。原来，据说吕不韦早就和秦王嬴政的母亲私通，后来秦王嬴政长大了，吕不韦怕被秦王发觉，就让自己的门客"大阴人"嫪毐假充宦官，混入宫中，与太后私通。嫪毐与太后生有两子，很得太后恩宠。嫪毐与太后密谋等嬴政一死，就立私生子为继承人。

秦王政九年（公元前238年），秦王嬴政到秦故都雍城举行冠礼，嫪毐乘机盗得秦王的玉玺和太后的玺印发兵作乱。早有戒备的秦王嬴政即令吕不韦等率军击败叛军。嫪毐被捕，受车裂之刑，灭其三族。一年后，秦王借口吕不韦与政变有牵连，罢了他的相位。次年，他又被发配到蜀地。吕不韦知道大势已去，便饮鸩而死。

综观吕不韦的一生确实是传奇的一生，他从一名市井中唯利是图的商人，凭着超常的政治敏感和野心，终于登上了历史的舞台。在吕不韦两度辅佐秦国君主的过程中，从政治、经济、军事和文化诸多方面，他都为秦国后来成为战国中的最强国做出了突出的贡献。虽然说，吕不韦死后，秦王嬴政把他的很多思想弃之不用，并且对吕不韦的功劳一笔勾销，但吕不韦前期给他打下的坚实基础都为其以后统一六国，建立一个统一强大的大秦帝国立下了汗马功劳。总之，吕不韦作为战国后期，社会由分裂走向统一这一转型期的封建地主阶级政治家和思想家的代表，他在历史上占据的地位和做出的功绩都是不容抹杀的。

第三章

秦汉时期的著名宰相

第一节 秦代的著名宰相

李 斯

李斯（约公元前281—前208年）字通右，战国末期楚国上蔡（今河南上蔡县）人，秦朝时有名的丞相。他也是中国历史上一位集大权谋家、大政治家、大学者于一身的名臣。李斯是新兴地主阶级的法家代表，在战国末期，诸侯争霸兵戈至上的历史时期，李斯凭借政治家的博大胸怀和不凡韬略、计谋辅佐秦王吞并六国、实现统一，建立起历史上第一个强大的中央集权制的封建王朝，成为千古一相。

李斯来到秦国后，凭着机敏和才干很快受到丞相吕不韦的赏识。于是，被推荐到秦王宫廷里，任以为郎，这使他有了接近秦王的机会。

李斯少时曾任小吏，后从师大思想家荀卿（即荀子），学帝王之术。学成之后，他认为楚王不足共事，而六国又皆弱小，建立不了功业，决定入秦。

李斯到了秦国，秦王异人恰好在这时死去，李斯于是求见秦相国

李斯像

吕不韦，想做吕不韦的舍人。吕不韦便任李斯为郎（秦王侍卫官），李斯得以有机会向秦王嬴政进言，阐述他的政治见解，建议秦王立即发兵吞并东方六国。李斯的卓越见解得到秦王嬴政的称赞，并拜为长史。

秦王用李斯的计谋，暗派能言善辩之士，携金玉游说六国，收买权臣、名士，离间六国君臣。能收买的便收买之，不能收买者就暗杀。然后再派良将进行征伐。在军事上，秦王也从李斯之谋，远交近攻，先灭韩国，再攻两翼，最后灭齐。

韩国为推迟秦军之进攻，派水工郑国至秦，游说秦王征调民工，兴修水利，以消耗秦国国力。工程进行中，秦王有所察觉。秦宗室大臣也进言："诸侯人来事秦者，大抵为其主游间于秦耳，请一切逐客。"于是秦王下逐客令，李斯也在被逐的范围中。

李斯立即上书陈逐客的弊端，他说："昔穆公求士，西取由余于戎，东得百里奚于宛，迎蹇叔于宋，求丕豹、公孙支于晋，并国二十，遂霸西戎。孝公用商鞅之法，移风易俗，民以殷盛，国以富强，百姓乐用，诸侯亲服，获楚、魏之师，举地千里，至今治强。惠王用张仪之计，破了六国的合纵，拔三川之地，西并巴蜀、北收上郡，南取汉中，包九夷，制鄢、郢、东据成皋之险，割膏腴之壤，使六国之从"，"昭王得范雎，废穰侯，逐华阳，强公室，杜私门，蚕食诸侯，使秦成帝业"，"此四君者，皆以客之功。"这就是有名的《谏逐客书》。秦王嬴政这才醒悟，便除逐客之令，召还已至骊邑的李斯，恢复他的官位，随后又提拔他为廷尉。

秦国在李斯和其他大臣的谋划之下，历时20余年，逐步吞并了韩、赵、魏、燕、楚、齐六个国家，于公元前221年完成了统一大业。而李斯因功业显赫，累官至廷尉，位列九卿。

"国无法不立"，一个国家必须以严明的法纪作为立国的基础。李斯作为法家学派的代表人物，在帮助秦始皇建立封建国家结构时，特别注重法律制度的家里。严刑峻法成为秦国政治的主要特点，这既促进了一个统一国家的建立，也因为过于残酷激起了广大人民的强烈反抗。

秦始皇刚刚统一六国，在强化中央集权机构之后，对于辽阔的国土如何治理，已是摆在秦王朝面前的中心议题。以丞相王绾为代表的一批大臣主张承袭周制，分封诸子为王。李斯力排众议。他举例论证说，周文王、周武王曾经大封子弟同姓，后来封国之间日渐疏远，以致相互攻伐如同寇仇，结果周天子也难以禁止。如今天下统一，并已

秦王宫一角

普遍设置郡县。对皇帝诸子及功臣，只要让他们坐食赋税并加重赏赐就足够了。这样，天下无异心，才是长治久安之本。如果重新分封诸侯，就会削弱皇帝的权力，使国家陷于四分五裂的局面。

秦始皇听从了李斯的建议，当即命李斯负责规划疆土，定明法制，以颁天下。

李斯遵照秦始皇的旨意，下令臣属，绘制了大秦帝国疆域图；依据山川走势、地理方位把全国划分为36郡，直属中央管辖，一郡下设数县，从而设置了从地方到中央一体化的国家制。与此相适应，他还在参考六国官制的基础上，提出了一整套机构的设置方案。他这一套完善的区域划分和机构设置方案令秦始皇赞叹不已，从李斯之议，不立子弟为王，分全国为36郡，郡以下设县、乡、亭、里，组织十分严密，构成一部完整的统治机器。郡县制，开中国历史的先例，意义重大，影响深远。其中有不少制度，不但为汉唐以后各封建王朝所采用，而且一直延续至今。

李斯进一步辅佐始皇策划、制定了一系列诏命和法令：为防止百姓反叛，令民间原有的和缴获六国的大量武器全部上缴，不准私留；为防止豪富大户聚众造反，令各地12万户以上的豪门大户迅速迁居国都咸阳；为防止六国旧部死灰复燃、东山再起，令全国险要地方，凡城堡、关塞及原来六国构筑的堤防等，统统毁灭。

秦始皇二十六年（公元前221年），李斯提出了统一全国文字的建议，秦始皇当即批准实行。这种统一的文字，史称“小篆”。

不久，秦始皇采纳李斯的建议，规定把秦半两钱作为国家统一货币。

接着，他又颁布诏书，以秦国的度量衡为基础，制定新的度量制度，并把这份诏书刻在官府制作的度量器上，发往全国各地。此外，李斯还建议始皇修驰道、定车轨，使咸阳作为全国政治、经济、军事、交通的核心地位更加巩固。

分封制、郡县制论争后，秦始皇对李斯信任有加，并擢至右丞相，李斯遂成为一人之下、万人之上的权贵。

随着政治上的统一，势必要求思想、理论上的统一。李斯为使舆论一致，所采取的措施难免荒唐：1.除去秦国史籍和医药、卜筮、种树等书外，将民间所藏的《诗》《书》和诸子学说等，皆送交郡中焚毁；令下30日不烧，黥面罚作筑城苦役。2.有敢谈论《诗》《书》者处以弃市（杀之于市）重刑。3.以古非今者，举族连坐。4.官吏知情不报者，与之同罪。5.凡欲求学者，以吏为师，研习法令。秦始皇准奏李斯实行了这几条措施。秦始皇三十五年（公元前212年），李斯默许秦始皇将犯禁的460名儒生坑杀在了咸阳。

始皇三十四年（公元前213年），博士淳于越又提出师古的问题。李斯反对更加坚决，曰："今诸生不师今而学古，以非当世，惑乱黔首，相与非法教人。"他力主采取极端措施："非秦记皆烧之"，"所不去者，医药、卜筮、种树之书。""有敢偶语《诗》《书》弃市，以古非今者族。"致始皇有焚书坑儒之举，被坑儒生460余人。

始皇三十七年（公元前210年）初，李斯、胡亥（始皇少子）和中车府令赵高从始皇出游。七月，始皇病死沙丘平台（在今河北广宗县）。李斯怕天下有变，于是秘不发丧，始皇的棺材载在大车中运往咸阳，外人都不知道秦始皇已经死去的消息。

得幸于胡亥的赵高，深恨大臣蒙毅曾治其罪，便前去说服胡亥伪造诏书，以始皇之命诛扶苏（始皇长子），立胡亥为太子，并说如果不与丞相李斯谋，恐怕事情不能成功。胡亥心然其计。赵高便去找李斯谋划，李斯一开始不同意。赵高威胁说："如果长子扶苏继位，必用蒙恬（蒙毅之兄）为丞相，你终将会不怀通侯之印而归乡里，这是很明白的事了！"李斯自以为才智与威望不及蒙恬，扶苏继位于己不利，便同意了赵高的阴谋，立胡亥为太子。胡亥又派人赐扶苏、蒙恬死。胡亥继皇帝位后是为二世皇帝。

在胡亥的残酷统治下，民不堪其苦，纷纷起义。胡亥面对危机，不是引咎自责，而是多次大声责备李斯："居三公位，如何令盗如此！"李斯万分恐惧，不知道该如何作答。但是李斯本性贪图爵禄，力图自保，于是便向胡亥提出"独断于上""行督责之术""灭仁义之途""绝谏说之辩"的策略。胡亥十分高兴，于是督责益严，誉课税重者为明吏，杀人众者为忠臣，刑者相半于道，死人骇积于市。

李斯虽然阿胡亥之意以讨欢心，但仍处危境之中。赵高当时已经掌握实权，也图谋害死李斯。赵高设下圈套，跟李斯说："关东群盗多，今上急欲发徭，治阿房宫，聚狗马无用之物。臣欲谏，为位贱，此真君侯之事，君何不谏？"李斯不知是计，便说："吾欲言之久矣，今时上不坐朝廷，常居深宫。吾所言者，不可传也。欲见，无闲。"赵高当即表示愿为效劳。

一日，胡亥正与宫女寻欢作乐，赵高却使人告诉李斯说胡亥现在很闲，可以奏事。李斯便至宫门，要求拜见。如此者三，胡亥大怒，骂道："吾常多闲日，丞相不来；吾方燕私，丞相辄来请事。"赵高趁机进言："夫沙丘之谋，丞相与焉。今陛下已立为帝，而丞相贵不益，此其意亦望裂地而王矣。"并言李斯子李由与陈胜相勾结。胡亥信以为真，使人查李由。李斯得知后怒而上书，极言赵高之短。胡亥非常依赖赵高，害怕李斯杀了他，便将此事告诉了赵高。赵高说："丞相所患者独高。"于是，胡亥先撤李斯丞相之职，降为郎中令，继而以谋反之罪使赵高治之。赵高搜捕李斯的宗族宾客，经严刑拷打，李斯被迫招供。李斯上书自陈，述说自己的冤屈，赵高以囚徒不得上书为由，弃之不奏。赵高还使自己的宾客十多人，诈为御史、侍中，轮番对李斯进行残酷审讯，李斯均以认罪对。后来胡亥暗中使人查李斯，李斯以为还是赵高派的人，便以之前的话应对。秦二世二年（公元前208年）七月，胡亥下令将李斯腰斩，并夷其三族。

赵 高

赵高（？—公元前207年），嬴姓，赵氏。秦朝二世皇帝时丞相。

赵高本是赵国的贵族之后，他的父亲是赵国君主的远房本家，因为犯罪，被施以宫刑，其母受牵连沦为奴婢，赵高弟兄数人也因此而当了太监。

秦王嬴政二十五年（公元前222年），秦灭赵，赵高被掳往秦国。秦始皇听说他身强力大，又精通法律，便提拔他为中车府令掌皇帝车舆，还让他教自己的少子胡亥判案断狱。由于赵高善于观言察色、逢迎献媚，因而很快就博得了秦始皇和胡亥的赏识和信任。有一次，赵高犯下重罪，蒙毅按律要处他死刑，秦始皇却赦免了他并复其原职，由此不难看出秦始皇对赵高的偏爱。可他万万没有想到，就是这位在自己眼中"敏于事"的宠臣，日后会成为断送大秦江山的祸首。

秦始皇三十七年（公元前210年）十月，年逾半百的始皇在第五次出巡的途中病倒了。虽然他一生都在寻求着长生不老的

赵高塑像

指鹿为马雕塑

秘方且"恶言死"，但仍然无法抗拒生命的自然运作规律。

随着病势一天天加重，秦始皇深知自己的大限已到，当务之急是赶快确定立储之事。他将二十几个儿子一一进行掂量。觉得胡亥虽然最得他的疼爱，但知子莫若父，此子昏庸无能，不成器；长子扶苏虽屡屡与自己政见不合，但为人"刚毅而武勇，信人而奋士"，加上大将蒙恬的辅佐，无疑会是一位贤能的君王，况且，依照嫡长子继承制也应该传位于他。当下始皇不再犹豫，召来兼管着皇帝符玺和发布命令诸事的赵高，让他代拟一道诏书给长子扶苏。时扶苏正监军在上郡（今陕西榆林东南），始皇命他将军事托付给蒙恬，赶回咸阳主持丧事。这实际上已确认了他继承者的身份。诏书封好后，始皇吩咐赵高火速派使者发出，岂料老奸巨猾的赵高假意允诺着，暗中却扣压了遗诏。

一天傍晚，车队停下住宿。赵高觉得时机已到，便带着扣压的遗诏来见胡亥，劝他取而代之："而今大权全掌握在你我和丞相手中，希望公子早做打算。"胡亥早就梦想有朝一日能够登上皇帝的宝座，只是碍于忠孝仁义而不敢轻举妄动。现在听赵高一番贴心之语，蓄蕴已久的野心不禁蠢蠢欲动，但仍有些犹豫，叹息道："父皇病逝的消息还没有诏示天下，怎么好就去麻烦丞相呢？"赵高早已摸透了他的心思，胸有成竹地说："公子不必再瞻前顾后，机不可失，时不再来。这事没有丞相的支持不行，臣愿替公子去与丞相谋划。"胡亥正求之不得，立即答应了。赵高马上与李斯合谋，假托始皇之命，立胡亥为太子；又另外炮制一份诏书送往上郡，以"不忠不孝"的罪名赐扶苏与蒙恬自裁。

赵高见障碍已除，建议胡亥赶快回去继承皇位。由于气候炎热，此时早已死去的始皇的尸体已开始腐烂，一阵阵恶臭从辒辌车中传出。为掩人耳目，赵高便命人买来大批鲍鱼将臭味盖住，一行人浩浩荡荡回到了咸阳，这才发丧，公告天下，不久举行了空前隆重的葬礼。太子胡亥称帝，是为秦二世。赵高官封郎中令，成了胡亥最亲信的决策者。

从此以后，这对暴君奸臣便在一起制造出了一幕又一幕令人发指的惨剧。貌似强大的秦王朝，也由此分崩离析。胡亥登上皇位不久，就开始追求起穷奢极欲的生活来。昏庸无知的胡亥乐得把朝野大事交给赵高代理，于是不再上朝，一味寻欢作乐，决断之权大部分落到了赵高的手中。随着权力的扩大，赵高的野心也不断地膨胀。他不再满足于只做一名郎中令，而将眼光转向了一人之下、万人之上的丞相之位。因此，除掉李斯在他的心目中显得日益迫切了。

秦二世二年（公元前208年）七月，经过一系列精心策划，李斯的罪名终于被赵高罗织而成，再也无法改变了。奔赴腰斩刑场的李斯，悔恨交加却为时晚矣。当年沙丘之谋，他如果不贪求一时私利，又何至于落得今日的下场呢？胡亥的昏庸，赵高的阴毒，都是他始料不及的。这位功过参半的丞相，临死前已敏锐地嗅到了秦必亡的气息："今反者已有天下之半矣，而心尚未寤也，而以赵高为佐，吾必见寇至咸阳，麋鹿游于朝也。"大秦的气数，在胡亥与赵高的统治下，已丧失殆尽。

秦二世三年（公元前 207 年），此刻的咸阳城外，已到处卷起了亡秦风暴。陈胜、吴广起义失败后，项羽、刘邦领导的反秦义军以更加迅猛的势头继续战斗。胡亥也不能坐视不管了，他派使者质问赵高："丞相不是总说关东盗贼不能成气候吗，今天怎么会到了这种地步？"赵高听了大惊失色，知道二世对自己产生了怀疑与不满，于是秘密与弟弟赵成和女婿阎乐商议对策，制订了弑君政变的计划。阎乐率领手下士兵装扮成山东农民军攻打望夷宫，逼迫胡亥自杀。

胡亥死后，赵高见自立不成，便另立秦始皇的幼子子婴为帝。子婴早在当公子期间，就已耳闻目睹了赵高的种种罪行。现在被赵高推上皇位，知道自己不过乃是一个傀儡而已。子婴不愿再重蹈胡亥的覆辙，便与自己的儿子和贴身太监韩谈商定了斩除赵高的计划。

原来赵高要子婴斋戒五日后正式继位。等到期限到了，赵高便派人来请子婴正式登基。可子婴推说有病，不肯前往。赵高无奈，只得亲自去请。等赵高一到，太监韩谈眼疾手快，一刀就将他砍死了。子婴随即召群臣进宫，历数了赵高的罪孽，并夷其三族。

第二节　西汉的著名宰相

萧　何

萧何（公元前257—前193年），江苏沛县人。汉高祖时丞相，史称"萧相国"。

萧何年轻时就以精通文墨、待人宽厚而闻名遐迩。萧何任秦朝沛县吏主吏掾之职时，刘邦在沛县乡里落拓不羁，不拘小节，好酒色，常被人瞧不起，萧何却器重他。刘邦任亭长时，萧何作为他的上司，经常帮助他。有一次，沛县县令的好友吕公宴请宾客，县中豪杰带着贺礼纷纷赴宴。萧何主管宴会，负责接收财礼。萧何规定凡送礼钱一千以下者坐在堂下，送钱一千以上者坐在堂上。赴宴的刘邦谎称送礼钱一万，实无分文。萧何一边对吕公说笑刘邦爱说大话，很少办成事，一边迎他坐到堂上。刘邦落落大方，被吕公看中，把女儿许配给刘邦，她就是后来的吕后。萧何还经常资助刘邦，刘邦身为亭长，常常被派遣到咸阳办公事，县里的小官吏都送他三百钱做资俸，唯独萧何送给他五百钱。

　　陈胜、吴广反秦起义后，萧何等人拥立刘邦为沛县起义武装的首领，趁机起兵。刘邦号为沛公，萧何为主丞。秦二世二年（公元前208年）十月，当项羽率师渡河北上，击败秦师主力章邯军数十万于巨鹿战场时，刘邦则挥师西进，日夜兼程，乘虚攻入秦都咸阳。义军一进入咸阳，诸将纷纷奔向秦王朝的府库，争夺金银财宝。唯独萧何对财物无动于衷，反而急往秦丞相御史府，收取律令图书文献档案，并精心保存。在随后爆发的楚汉之战和汉初的创业阶段，刘邦能够对山川险要、郡县户口、民生疾苦等了如指掌，都得益于萧何收取的资料档案。

　　按照义军拥戴的楚怀王之约，诸路义军首先入关破秦者，即可称王。可是项羽

萧何雕像

毁约，封刘邦为汉王，偏居西南的巴蜀。刘邦及其属将都主张与项羽决战，萧何认为敌我实力悬殊，决战条件尚不成熟，劝刘邦以巴蜀为基础，积蓄力量，再与项羽争夺天下。刘邦听从了萧何的意见，拜萧何为丞相。萧何任相后，为刘邦确立了养民致贤方略，积极引荐天下能人志士。

韩信是胸怀大略的将才，曾先后投奔过项梁、项羽，可惜都未受重用。刘邦做了汉王，韩信弃楚归汉。起初刘邦不识韩信之才，只给他管理粮饷的治粟都尉之职，韩信不辞而别。萧何曾与韩信多次接触，深知他是盖世奇才，听说韩信逃走，便去追赶，慌忙中竟忘记禀报刘邦。有人报告刘邦说，萧丞相逃走了，刘邦顿时感到像砍去了自己的左右手一般，整日焦躁不安。等到萧何回来时，刘邦欣喜之余又责备他不该"逃跑"。刘邦认为萧何追赶一员普通的将领实在不值得。萧何却郑重地说，韩信是天下独一无二的人才，夺天下必须要靠韩信这样的人共谋大计。刘邦遂拜韩信为大将军。

当天，刘邦安排了隆重的仪式，让韩信到高台上受命统率三军。此后，刘邦召见韩信，询问平定天下之策，发现他确实是难得的将才，也更加佩服萧何的识才能力。后来，刘邦依靠韩信击败项羽。也许正是因为萧何善于识才用才，刘邦才把其他有功之臣称为"功狗"，而唯独赞美萧何为"功人"，意思是说，猎狗只能追擒野兽，而猎人却能指挥猎狗。诸将只不过是擒杀野兽的猎狗，只有萧何才称得上是猎人。

楚汉大战，萧何以丞相身份留守关中，输送士卒粮饷，支援作战。萧何身居关中，心系天下，把治理关中作为辅佐刘邦创建帝业的大事。他一心侍奉太子，建立宗庙，制定法令，安抚百姓，发展生产，使关中地区很快富庶了起来。

汉王二年（公元前205年），刘邦率56万大军与项羽决战于彭城

萧何像

（今江苏徐州）。项羽以精锐部队大破汉军于睢水之上。汉军十余万人被杀，十余万人被逼入睢水，睢水为之断流。刘邦率数十骑兵突围，以残兵败将困守荥阳。在这危急关头，萧何紧急动员关中父老补充兵员，汉军士气为之大振。

第二年荥阳之战，项羽以重兵攻城，刘邦以诈降之计，率数十骑从城西门逃出走成皋。当时，萧何总揽关中大权，稍有二心，就能置刘邦于死地。刘邦多次派人以慰劳之名，窥察萧何的举动。萧何为消除刘邦的猜忌，声援刘邦和安定军心，将其子孙昆弟送上前线。

汉王四年（公元前 203 年），楚汉成皋之战，刘邦再次失败。后靠收取韩信所部收复成皋，至此楚汉之争已历时四年，就连曾经实力雄厚的项羽也陷入兵员、食物匮乏的困境。刘邦的部队却因萧何“转漕关中，给食不乏”而兵强马壮、粮草充足。最终逼得项羽兵败东城，自刎而死。由此可见，汉军的胜利应归功于萧何在关中的后勤支援。

刘邦称帝后，在洛阳南宫大宴群臣，论功行赏。定萧何为首功，封为酂侯，位列众卿之首，被称为“开国第一侯”，食邑万户。

刘邦征求张良的意见后，当即决定定都咸阳。于是，刘邦暂居栎阳，命丞相萧何营建咸阳。

汉高祖四年（公元前 199 年），皇宫竣工，萧何奏请御驾往视。刘邦于是从栎阳到咸阳，萧何接驾，导入游观。最大的一座，叫作未央宫，周围的有二三十里。东西两方，阙门最广。殿宇规模，亦皆高敞，尤以前殿最为豪华壮丽。武库、太仓，分建殿旁，气象巍峨。刘邦巡视一番后，嫌宫室过于壮丽豪华，责备萧何道："朕之起义，原为救民。现今天下初定，民穷财尽，怎将这座宫殿造得如此奢华？"萧何见汉帝责怪，不慌不忙地说："正因为天下刚刚安定，才好借机会多征发些人和物来营建宫室，况且天子以四海为家，宫室壮丽才能显出威严，也免得子孙后代再来重建。"

萧何在政治生涯中，也时有违心之举，特别是在刘邦诛杀功臣时，他曾参与设计捕杀淮阴侯韩信。韩信死后，功高盖主的萧何也为刘邦所忌。前方征战的刘邦常派人探询萧何的举动。于是有宾客警告萧何说，相国功称第一，深得关中百姓拥戴，皇上数次探问，就是怕您倾动关中。您为什么不多买点田地，用贱价强赊，在百姓中留下坏名声，使皇上安心呢？萧何治家素以节俭著称，平时置办田宅，只挑些偏僻之处，从不侵占民田。如今，为免遭杀身之祸，只好采纳了宾客的建议。刘邦在前线听说萧何强赊民田，引起民怨，心中大喜。刘邦回到长安后，又有许多人状告萧何。刘邦将这些状纸交给萧何，责怪他不该如此对待百姓。一向勤于民事的萧何，在生性多疑的皇帝身边，只能靠自污之举而免一死，这实在是个悲剧。

汉高祖八年（公元前195年），汉高祖刘邦病死，萧何辅佐太子刘盈登上帝位，是为惠帝。过了两年，萧何积劳成疾，惠帝亲临病榻问候，询问相国百年之后应由谁接替他的职务，萧何力荐曹参代己为相。萧何与曹参在贫贱时交情很深，后来萧何因功位居曹参之上，两人始有隔阂。萧何不计前嫌，不泄私愤，主动荐举曹参，足见一代名相宽宏大度、以大局为重的风范。后来曹参忠实地执行萧何休养生息的社会政策，使西汉国力日强。对于萧何的这些功绩，后人给予了高度评价。死后谥文终侯。

曹　参

曹参（？—公元前190年），字敬伯，沛（今江苏沛县）西汉开国功臣，是继萧何后的汉代第二位相国，史称"曹相国"。

曹参是江苏沛县人。秦时，萧何为沛县主吏，曹参为狱吏。

秦二世元年（公元前209年），曹参与萧何帮助刘邦起兵。刘邦为沛公，曹参遂为中涓（侍从）。之后，他追随刘邦转战各地。

次年闰九月，刘邦西进伐秦，曹参也一同前往。及攻开封、洛阳，均不能下，乃转兵南下至宛（今河南南阳县），然后向西挺进，经紫荆关（在今淅川县西北）、武关（在今陕西商南县西北），历时14个月，攻入咸阳。继而项羽背约封刘邦为汉王，曹参封建成侯。

高帝元年（公元前206年）八月，曹参率郎中樊哙等为前锋，领兵数万，进袭关中，占领咸阳。继出临晋关（在今陕西大荔县东）渡河，至河内（治所在今河南淇县），攻下修武，南渡平阴津（在今孟县东），占领洛阳。

四月，刘邦趁项羽东攻齐国的时机，率军进袭彭城（今江苏徐州市）。兵分三路，曹参统率北路军，自围津（在今山东东明县境）渡济水，与中、南两军会师于砀、萧（今萧县），一举占领彭城。项羽听闻彭城失陷后，令诸将击齐，自率精兵3万南下，大败汉军于彭城。汉军退守荥阳（属今河南省），曹参为假左丞相，屯兵关中。在此期间，

曹参像

曹参曾与韩信伐魏、赵、齐三国。

在作战中，曹参身先士卒，英勇果敢，屡建战功：凡下2国、122县，得王2人、相3人、将军6人。在评功之时，诸功臣皆曰："曹参，身被70创，攻城略地，功最多，宜第一。"但刘邦以萧何有"万世之功"，功居第一，而以"曹参虽有野战略地之功，此特一时之事耳"，功居第二，曹参对此十分不满。

高帝五年（公元前202年）二月，刘邦即皇帝位，以长子刘肥为齐王，以曹参为齐相国，封平阳侯。

曹参相齐9年。相齐之初，尽召长老诸先生，问以安定百姓之法。诸儒百人，其言各异，曹参不知所从。后来听说胶西有盖公，善治黄老之学，于是使人持厚币请之。盖公到后，对曹参说："治道贵清静而民自定。"曹参于是用黄老之术，避正堂，清净无为以安百姓，被誉为贤相。

曹参像

惠帝二年（公元前193年）七月，相国萧何病逝。曹参听到这个消息后，告诉家人："吾将入相。"未几，使者至，果然召曹参入相。曹参为相，悉遵萧何旧制，凡事无所改，故有"萧规曹随"之说。

在用人问题上，曹参皆以质朴、语言迟钝为标准。凡言语深刻，务求名声者，尽去之。曹参又不务政事，日夜饮酒，百官、宾客见此情景颇为忧虑，相继来拜，皆欲有所言，曹参便以饮酒应对。间歇时有人想进谏，曹参又用酒灌他，直到把那人灌醉没法说话为止。

曹参的近吏也在丞相府的后园日日饮酒，歌唱呼号。有人知道后便请曹参游后园，想让曹参看看，借以禁之。等到曹参到了，见此场面，便令人张设坐席，与近吏一同饮酒歌呼。

对人小过，曹参也常加以掩盖。惠帝怪曹参不治事，以为欺自己年少，就让曹参的儿子曹窋回家劝他父亲。曹窋到家后把惠帝的话跟曹参说了一遍，曹参大怒，抽了自己的儿子二百下，对他说："天下事非你所当言。"

曹参信黄老之术，崇尚清静无为。为相后，悉尊旧制，凡事无所改。之所以如此，曹参答复是："高帝与萧何定天下，法令既明。今陛下垂拱，参等守职，遵而勿失，不亦可乎？"曹参为相三年，社会安定，生产继续发展，汉政权进一步巩固。百姓歌之曰："萧何为法，较若画一。曹参代之，守而勿失。载其清净，民以宁一。"由上观之，凡事视具体情况而定，该变则变，变是正确的；不该变而守成，守成也是正确的。

惠帝五年（公元前 190 年）八月，曹参病死，谥曰懿侯。

陈　平

陈平（？—公元前 178 年），汉族，阳武户牖乡（今河南省原阳县）人，西汉王朝的开国功臣之一，《史记》称之为陈丞相。

陈平出身于一个农民的家庭，年轻的时候家中很贫穷，同哥哥陈伯还有嫂子一起生活。但他不喜欢种地，却非常喜欢读书，爱钻研黄老的学说，有很大的志向。

秦二世二年（公元前 209 年），陈胜、吴广在大泽乡起义，揭开了武装反抗暴秦统治的序幕，一时间，天下大乱，群雄并起，此时的陈平哪里肯安于在乡中做一个默默无闻的人，所以也在找准时机打算

陈平像

在乱世中成就自己的一番霸业，于是投靠魏王咎。陈平先是投靠了魏王，但是看到魏王咎不是那种能成就大事业的人，跟着他也不会有什么出息，于是就毅然离开了魏王咎，投奔项羽，跟着入关破秦。刘邦还定三秦时，陈平又臣服汉。

陈平担任郎中令后，一心辅佐年幼的惠帝，充当起帝师的角色，对当时朝中刘氏家族与吕氏外戚之间的斗争似乎视而不见，不参加任何意见，采取了置身事外的态度。陈平的这副兢兢业业、尽忠职守的为臣形象，既得到了新皇惠帝的信任，也博得了吕后的欢心。汉惠帝六年（公元前189年），相国曹参去世，惠帝刘盈任命安国侯王陵为右丞相，陈平为左丞相。

陈平当了左丞相之后，手里又有了实权，吕后又开始对这个足智多谋，善出奇计的陈平放心不下了。陈平为了打消吕后的戒心，又想出了对策。果然不久，吕后的妹妹吕媭几次三番地向吕后反映陈平身为丞相，但是一点都不安心治理政事，每天只顾着饮酒作乐，流连于青楼场所，实在是不称职。但吕后听了些话，非但不生气，反而心中暗暗欢喜，并且也没有责备陈平。陈平见这个方法有了效果，于是就更加纵情酒色，呈现给吕后一副胸无大志的样子，完全打消了吕后对他的戒备之心。陈平可谓用心良苦，在宫廷恶劣的环境下，只有小心处事，才能保全自身。

不久，惠帝病死，吕后掌握了朝中的大权，刘氏家族势力转弱。当时诸吕专横跋扈，文武官员和天下的百姓大多不满意诸吕的统治。但是陈平能够看清当前的形势，决定不和吕氏家族硬碰硬，既不得罪吕后，但也绝不依附于诸吕，采取了以退为进的办法。过了一段时间，吕后见自己已经大权在握，吕姓家族的势力在朝中也是如日中天，所以想立诸吕为王，就先试探右丞相王陵的意见。王陵，原为沛县人，当初是县里的豪绅，后起兵反秦，史书上记载王陵这个人是"少文任气"，说明他缺乏文化素养，爱意气用事，喜欢直言。所以当王陵听到吕后这样说，坚决反对，义正词严地回击吕后："高祖在世的时候曾立下白马之盟，上面明确规定，如果日后不是刘氏的后代称帝的话，天下可以共同讨伐他。请您不要违背了高祖的遗训啊。"吕后听了非常恼怒，于是又转而问陈平、周勃两人，二人说："这没有什么不可以的啊。当初高祖平定天下，立的当然是他的子弟；现在是您太后掌权，想让自己的弟侄称王，这也是情理之中的事情啊。"吕后听了非常高兴，于是更倾向于陈平他们，对王陵很是嫉恨。王陵知道了这件事情，愤怒地斥责陈平和周勃两人见风使舵，只会阿谀奉承，背叛了当初白马之盟的卑鄙行径。但是陈平听了王陵的责难，一点都不恼怒，从容地说："和当权者当庭抗争，我不如您；但是日后保全国家社稷，保护刘氏家族，您一定不如我啊！"这个表态，表明了陈平对当前政治形势的清醒认识，也显露出陈平在政治上的成熟，正是与吕氏家族的斗智斗勇，以退为进，才为自己保存了力量，为日后一举剿灭诸吕奠定了良好的基础。

吕后死后，陈平见机会来了，和太尉周勃等大臣合谋，终于诛灭了吕氏宗族，拥立孝文皇帝继位，重新巩固了西汉政权，而此事的主要策划者就是陈平。这件事情也正印证了陈平老谋深算，以退为进，始终不曾被打倒，在恰当的时机终于东山再起，又一次为保全刘氏家族世代称帝贡献了自己最大的力量。

文帝继位后，在按功劳进行分封的时候，陈平说："随高祖南征北战，平定天下，周勃的功劳不如我陈平。但是这次诛灭吕氏宗族，我就不如周勃的功劳大了。所以我愿意屈居第二，让周勃担任右丞相吧。"古代是以右为尊，所以孝文帝就任命周勃为右丞相，位次名列第一；陈平为左丞相，位次名列第二。虽然陈平的地位不如周勃，但是文帝素来钦佩陈平的足智多谋，很多事情都爱向陈平讨教，把陈平当作老师来看待。

过了一段时间，文帝已经渐渐熟悉国家大事了，在一次朝见中问右丞相周勃说："全国一年中判决的案件有多少？"周勃谢罪说："不清楚。"文帝又问："全国一年中钱粮的开支收入有多少？"周勃又说不知道，急得汗流浃背，惭愧自己不能回答文帝的问话。于是，文帝又转而拿同样的问题询问左丞相陈平，陈平说："这些事情都有主管的人。"文帝接着问："主管的人都是谁呢？"陈平不慌不忙地回答说："陛下如果要问有关判决案件的情况，可以询问廷尉；如果想知道钱粮收支的情况，可以询问治粟内史。"文帝对这个答案显然不是很满意，就问陈平："如果各自有主管的人，那么您作为丞相所主管的都是些什么事呢？"

陈平谦卑地回答："陛下不嫌弃卑臣才疏学浅，让我勉强担任丞相这个职位。我认为丞相这个职位，他的职责是全方位的，对上应该辅佐天子调理阴阳，顺应四时；对下要养育万物适时生长；对外要镇抚四夷和诸侯，保护国家的安定；对内要爱护团结百姓，维护国家政权的稳定，还要使朝中的各位公卿大夫能各自胜任他们的职责。"文帝听了点头微笑，显然对陈平的回答非常满意，连连说回答得好。

等周勃和陈平退朝出来，周勃为刚才的表现深表惭愧，就埋怨陈平说："您平时怎么不教我对答这些活呢！"陈平笑道："您身居相位，难道不知道丞相的职责吗？如果陛下问起长安城中盗贼的数目，您即使不知道也要勉强凑数来对答吗？"说得周勃无言以对。于是，周勃深知自己的才能是远在陈平之下啊。过了一段时间，周勃托病请求文帝免去自己右丞相的职务。从此以后，陈平独自担任整个丞相的职务。

陈平在任丞相期间，勤勤恳恳，一方面担任着丞相的职务，辅佐新主文帝治理朝政；另一方面充当着帝师的角色，教给文帝处事之道，是文帝可以依靠的重臣。

文帝二年（公元前178年），陈平去世。文帝为这样一位贤师的故去深表悲痛和惋惜，给陈平加封谥号为献侯。并且让他的后代接替侯位。但是，在陈平死后，他的家族只维持了三代就没落了。当初陈平在临终前曾说过："在我的一生中，我经常使用诡秘的计谋，这是道家之所禁忌的。虽然我这一生尽享荣华富贵，但是死后，这些殊荣也都会跟着完结。我的后代日后如果被废黜，也终归不能再兴起，这都是我的一生中积下的很多的祸患造成的啊！"这些都表明了陈平能够深谋远虑，对人对己都非常明智。

司马迁在《史记》上评价陈平说："陈平年轻的时候，原本就喜欢黄老之术。当他在砧板上分割祭肉的时候，他的远大志向就已经显露出来了。在很长的一段时间内，他在楚魏之间彷徨，也愿意寻找一位明主，但最后终于归附了高祖刘邦。在此期间，他常常能想出奇计、妙计，帮助刘邦解救危难，消除国家的祸患。等到了吕后执政的时期，很多事情多有变故，陈平却能逃离宫廷的纷争，免除祸患，最后为维护、保存汉室力量出谋划策，三任帝师，终身都保持了很高的名望。这难道不是善始善终吗！假若没有过人的才智和谋略，谁又能做到这一步呢？"

周 勃

周勃（？—公元前169年），沛县人。西汉开国将领、宰相。

周勃的祖先原是卷城（在今洞南原阳）人，后来迁到沛县。因家境贫寒，周勃年轻时靠编织苇席维持生活，又常常当吹鼓手给人家办理丧事，还当过拉强弓的勇士。

刘邦起义时，周勃投身起义军，起初当中涓，为刘邦的侍卫官。在反秦斗争中，他一直随从刘邦东征西战，南讨北伐，在战场上冲锋陷阵，立下了不少战功，但一直没有独当一面地指挥过大的战役。

起义军灭掉秦朝以后，刘邦做了汉王，赐给周勃威武侯的爵位。他跟从刘邦到了汉中，被任命为将军。自从刘邦揭开反楚的战幕后，周勃在汉军中积极作战，并在平定三秦的各次战役中战功卓著。汉军冲击函谷关，在中原与楚军大战时，他一度守卫崤关，以保卫汉军后方的安全，又一度守卫敖仓，以保证汉军粮饷的储备与供应，最后参与追击项羽。

项羽死后，他又带领一支汉军向东平定楚地的泗水、东海等郡，共拿下了22个县，可见周勃在楚汉战争中为灭楚兴汉立下了不少功劳。就在楚汉战争结束的当年（公元前202年）七月，燕王臧荼反叛。汉高祖刘邦亲自带

周勃像

兵讨伐，周勃作为将军随从前往，在易县城下打散了臧荼的部队，九月活捉了臧荼。周勃率领的士兵在驰道上阻击叛军，功劳最多。不久，刘邦赐给周勃列侯的爵位，分剖符信让周勃的爵位代代相传不绝，并且把绛县作为他的食邑，享受 8180 户的赋税，号称"绛侯"。

周勃平定燕地回到朝廷时，高祖刘邦已经去世，他以列侯的身份辅佐惠帝。

惠帝六年（公元前189年），朝廷又设置太尉官，并任命周勃为太尉。

刘邦去世后，吕后专权。吕后八年（公元前180年）七月，吕后去世，吕禄以赵王的身份为汉朝的上将军，吕产以梁王的身份作为丞相，两人窃据军政大权，有危害刘氏王朝的野心。在长安宿卫的朱虚侯刘章是刘氏的宗室，因为他的妻子是吕禄的女儿，方才知道吕氏的阴谋，就派人去向他的哥哥齐王刘襄报告，要他发兵进京，自己在长安作为内应，共同诛灭吕氏家族。刘襄得到报告后，当即起兵，并向各诸侯王发出文书，揭露吕氏的罪恶阴谋，号召刘姓诸侯王共同诛灭不当为王的吕氏。吕产得知此事后，马上派大将军灌婴带兵去阻击。灌婴到了荥阳，按兵不动，并派遣使者同齐王刘襄等人联合，等待事态的发展。

这时，周勃身为太尉，却不能进入军营的大门；陈平身为丞相，却不能处理政事，只是空头衔。两人在陆贾的劝说下，加强友好，并与刘章等人合谋。因为曲周侯郦商的儿子郦寄与吕禄关系密切，于是他们就让郦商命令郦寄去骗吕禄说："吕氏封王是众臣所知并且认可的，不会产生麻烦。现在的问题是，您不应该带兵留在京师，使人怀疑，何不赶快交出将军的印信，把军权交给太尉，让梁王也交出相国的印信，与各大臣私定同盟，而后回到封国去？那样，齐王一定会退兵的，朝廷得以安定，您也可以稳稳当当地做王，这可是功在万代的好事啊！"吕禄觉得郦寄说得对，就把这事告诉给了吕产以及诸吕。其中有人觉得不妥，有些犹豫不决，但吕禄仍然相信郦寄的话。

八月，有人向吕产报告了灌婴与齐王通气的消息，这事又被曹窋得知，曹窋是曹参的儿子，父亲曹参与周勃、陈平等人都是当年追随刘邦出生入死的同僚，可说是世交。曹窋知道这个重要消息后，立即报告给了周勃和陈平。周勃得到消息后，打算先控制住北军，但没有符节不得进入。在这关键时刻，掌管符节的纪通倾向于周勃，谎称天子之命让周勃进入北军。郦寄等人又遵照周勃的吩咐去劝说吕禄道："皇上派太尉周勃驻守北军，是希望您赶快交出将军的印信。否则的话，就会有大难临头了。"吕禄自知势单力薄，随即交出了印信，把兵权给了太尉周勃。

周勃进入北军军营后，马上宣布命令："拥护吕氏的裸露右臂，拥护刘氏的裸露左臂。"结果全军将士都表示拥护刘汉王朝。周勃随即掌管了北军，但没有控制住南军。周勃又命令刘章监守军门，命令曹密告诉卫尉不要让吕产进宫。这时吕产还不知道周勃已经掌管了北军，打算进到未央宫发动叛乱，到了宫门却不能进去，正在来去徘徊。周勃知道这个情况后，还怕没有胜利的把握，不敢公开宣布诛除诸吕，只是对刘章说："赶快进宫保护皇上。"刘章带着一支部队冲进未央宫的侧门，发现吕产正在与其同党密谋，便向他们发起了进攻。时值傍晚，天刮大风，随从吕产的官员大乱，没有一个敢于战斗，吕产也吓跑了。刘章一路追击吕产，并将他杀死在郎中令官府的厕所里。接着，刘章又杀了长乐卫尉吕更始，然后回到北军向周勃报告。周勃非常高兴，随即又捕杀了吕禄及其他诸吕氏。同时，周勃又与陈平等大臣们谋划，废除了由吕后安排而非惠帝所生的少帝，拥立代王刘恒为帝，是为汉文帝，这样齐王刘襄才算退兵。

文帝继位后，以周勃的功劳最多，任命他为右丞相，赏赐黄金

5000斤，食邑增加到1万户。过了一个多月，有人对周勃说："您已经诛灭吕氏家族，迎立代王做皇帝，声威震动天下。您受到丰厚的赏赐，处在尊贵的地位，得到皇上的宠信，这样久了，恐怕会有大祸降临。"周勃听了害怕起来，也感到自己的处境危险，于是主动要求交回丞相大印，得到文帝的允许。另外，据说周勃不知该如何处理政务，有一次皇上问他朝政的管理情况，他完全答不上来。而皇上在问陈平时，陈平则回答得非常圆满，皇上很是满意和赞赏，于是周勃知道自己远不如陈平。这也是他申请免相的一个原因。周勃免相后，陈平成为全权丞相。一年后，陈平去世，皇上不得不再次任命周勃担任丞相。又过了十来个月，皇上对他说："前些日子我下诏叫列侯都回到自己的封地上去，有些人还没走，您是我器重的人，可以带头先回到自己的封地上去。"周勃情知不可挽回，况且自己年事已高，于是免掉丞相职务，回到封地绛县。

过了一年多，每当河东郡的郡守，郡尉前来绛县巡视，周勃就有恐惧心理，常常穿着铠甲，命令家人拿着兵器，才来跟来者相见。因此便有人向朝廷上书，告发周勃要谋反。朝廷把这事交给廷尉处理，廷尉又交给长安方面去查办。周勃被捕受审，心中恐惧，不知如何回答狱吏的质问，狱吏也就欺凌和侮辱他。周勃叫人送给狱吏1000斤黄金，狱吏便在公文板背面写字向他示意，上面写着："以公主为证。"

周勃像

这里说的公主是指文帝的女儿，周勃的长子周胜之的妻子，所以狱吏教他拿公主做证人。同时，周勃又把皇帝的部分赏赐送给薄太后的弟弟薄昭，由薄昭替他向太后说情，薄太后也认为周勃不会有谋反的事。文帝去朝见太后，太后便把头巾扔向文帝，说："绛侯当年身上挂着皇帝的玉玺，在北军统率部队，而没有谋反，如今他住在一个小小的绛县，难道能谋反吗？"文帝已经看过了绛侯在狱中的供词，便向太后道歉说："官员们正在查清这件事，准备放了他。"于是马上派使者拿着符书去赦免周勃，又恢复了他的爵位和食邑。周勃出狱以后，不无感慨地说："我曾经统率百万大军，怎么会知道狱吏的威风啊！"

周勃又回到了封国，于文帝十一年（公元前169年）去世。谥号为"武侯"。儿子周胜之继承了绛侯爵位。又过了6年，周胜之与所娶的公主感情不和，又因杀人罪而被处死，同时废除了他的爵位和封地。过了一年，文帝才选择周勃的另一个贤能的儿子、河内郡郡守周亚夫，封其为条侯，作为绛侯周勃的继承人。

张 苍

张苍（公元前256—前152年），西汉阳武（今原阳县东南）人。西汉丞相，《史记》称之为张丞相。

张苍非常喜欢图书、乐律及历法，在秦朝时曾担任过御史，掌管宫中的各种文书档案。后来因为犯罪，便逃跑回家了。沛公攻取城邑经过阳武时，张苍以宾客的身份跟随沛公攻打南阳。其后，张苍随刘邦等攻占咸阳，西进汉中，攻略三秦等地。当陈余发兵赶走常山王张耳时，张苍被刘邦任命为常山郡守，协助韩信进攻赵王歇，并俘虏陈余。此役之后，张苍升任代王刘恒的丞相，警备北方边境。不久，迁为赵王丞相，先后辅佐张耳、张敖两代赵王治国安民。后来，因边关需要，又改任代王丞相。

高祖五年（公元前202年），燕王臧荼谋反，刘邦率大军进剿，张苍以代王丞相的身份领兵助战，多次立功，被刘邦看重。次年，论功行赏，张苍被封为北平侯，领食邑1200户。

后来，张苍被升任为管理财政的计相。一个月之后，张苍以列侯的爵位改任主计。高祖八年至高祖十一年（公元前200—前197年），张苍以列侯身份参加以萧何为首的汉王朝丞相府的工作，制定一整套相应的制度以使新政权进入正常的运行。萧何制定法令，韩信拟定军法，叔孙通确定礼仪，张苍以他所学之长主持统一度量衡程式与制定历法两项工作。

高祖十二年（公元前196年），淮南王英布谋反，被汉高祖镇压。为巩固刘氏天下，刘邦封自己的儿子为淮南王。命张苍为淮南丞相，处理郡国军政大事。张苍任淮南相16年，直至吕后逝世，始升为御史大夫，进入汉王朝的中央决策阶层，与周勃、陈平等一起迎立代王刘恒为汉文帝。4年之后，又升任丞相，主持汉王朝的中央行政工作达15年（公元前176—前161）之久，时值汉文帝后期。汉文帝及后来的景帝时期，是汉王朝的盛期，经济繁荣已大大超过战国时代，史称文景之治。由此可见，张苍对促成文景之治，特别是文帝时期清明政治的出现所起的重大作用是可想而知的。

张苍博学多才，共著书18篇，论阴阳律历。司马迁说他"好书，无所不观，无所不通"，而尤善算，通律历。受高祖之命，定章程。他比较了古六历，认为《颛顼历》"最为微近"，确定汉初使用颛顼历，又确定汉朝度量衡制度及各种技术法规，"比定律令，若为工，页下作程品"。由九数（方田、粟米、差分、少广、商功、均输、方程、赢不足、旁要）发展而来的《九章算术》因秦火及秦末战乱而散

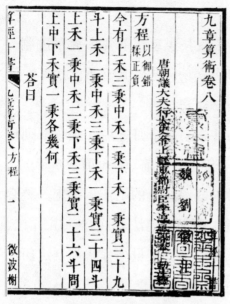

《九章算术》书影

坏，张苍与耿寿昌先后收集遗残的旧文，进行删补。他们补充了西汉发展起来的若干算术应用题与勾股问题，并用当时的汉语改写，最后编定《九章算术》。《九章算术》在分数四则运算、比例与比例分配算法、盈不足算法、开方术、方程术（即线性方程组解法）与正负数加减法则、面积、体积和解勾股形等方面，提出了若干抽象公式与解法，取得了众多领先世界先进水平的成就。它的风格与特点极大地影响了此后中国和东方的数学，为中国领先世界数学先进水平奠定了基础。

汉文帝后元三年（公元前 161 年），张苍已年过 90，以老病免除丞相职务。10 年之后，即景帝前元五年（公元前 152 年），张苍去世。逝世之后，谥号文侯。

申屠嘉

申屠嘉（？—公元前 155），梁国睢阳（今河南省商丘市）人。汉朝开国功臣，西汉宰相。

秦末时，申屠嘉以一个能拉强弓硬弩的武士的身份，跟随高祖攻击项羽，被提升为小队长。跟随高祖讨伐黥布，升为都尉。孝惠帝时，为淮阳太守。汉文帝元年（公元前 179 年），封为关内侯，食邑 500 户。文帝十六年（公元前 164 年），升任御史大夫。张苍免去相位后，申屠嘉被提升为丞相，按照他过去受封的食邑封为故安侯申屠嘉为人廉洁正直，家里从不接待私访者。当时太中大夫邓通因替文帝舐疮吸脓，受到宠幸，赏赐的钱财成千累万，文帝也经常在邓通家饮酒作乐。邓通常恃宠不遵朝廷礼法。有一次申屠嘉进宫朝见文帝，邓通就在文帝身旁，表现出傲慢的态度。申屠嘉觉得太不像话了，便对文帝说："陛下宠幸大臣们就尽管赐给他们钱财，但说到朝廷的礼度，却是不能不严格遵行的。"申屠嘉退朝回府后，派人去召邓通到丞相府，说他若不前来，便将他处斩。邓通很害怕，便向文帝求救。文帝说："你先去，我随后派人去救你。"邓通无奈，来到相府，赤脚免冠，叩头谢罪。申屠嘉将其狠狠地斥责了一番，邓通吓得一个劲地叩头，前额都磕出了血。皇帝估计丞相已将邓通搞得焦头烂额，就派使臣拿着符节来召邓通，向丞相道歉，申屠嘉这才作罢。邓通受此教训，再也不敢骄横了。

后元七年六月（公元前 157 年），汉文帝去世，汉景帝继位。景帝二年（公元前 155 年），晁错任内史，极受宠幸，把持朝政，许多法令晁错都奏请皇帝加以改变，提议用责备、处罚的办法来削减诸侯的土地。申屠嘉则认为晁错的建议十分不妥，因而忌恨晁错。晁错的官邸门朝东，因不方便就朝南另开一门。南边是太上皇庙的外面的一堵墙，申屠嘉听说晁错挖开宗庙的墙，就上奏章请求处死晁错。有人将此事告诉了晁错，晁错很恐惧，就晚上进宫拜见皇帝，主动说明情况。上朝时，

汉文帝像

申屠嘉请求处死晁错。皇帝说："晁错所凿的墙并不是真正的宗庙墙，而是宗庙的外围短墙，所以才有其他官员住在里面，况且这又是我让他这样做的，晁错并没有什么罪过。"散朝后，申屠嘉对长史说："我真后悔没有先处死晁错再请示皇帝，反而被晁错欺骗了。"回家后就因气愤吐血而死。景帝赐他谥号为"节侯"。爵位传与其子直至其孙申屠臾，后因罪被取消封国。

周亚夫

周亚夫（公元前199年—前143年），沛郡丰县（今江苏丰县）人。西汉时期的军事家、丞相。

周亚夫是西汉开国功臣绛侯周勃的儿子。汉文帝后元二年（公元前162年），袭父爵为绛侯。之前，周亚夫只是河内郡守。三年后，周亚夫的哥哥绛侯胜之有杀人罪，孝文帝选择绛侯诸子中最贤能的人，大家都推举周亚夫，于是文帝封其为绛侯，做周勃的继承人。

文帝后元六年（公元前158年），匈奴大举出兵，侵扰汉朝国境。文帝便任命宗正刘礼为将军，驻军灞上；任命祝兹侯徐厉为将军，驻军棘门；任命河内郡守周亚夫为将军，驻军细柳，用以防备匈奴。文帝为鼓舞士气，亲自到三路军队里去犒劳慰问。他先来到灞上及棘门驻军营中，骑马直接驰入营地，将领和下属官兵也都下马迎进送出。然后他来到细柳军营，军中将士都身披铠甲，手持锐利的兵器，弓箭上弦，张弓待发。皇帝车骑的前导来到营前，进不了门。前导说："皇帝的车骑马上就要到了。"守卫营门的都尉说："将军有命令说：'军中只听将军的命令，不听天子的诏令。'"过了一会儿，皇上的车马到了，仍旧进不了门。于是皇上就派使者拿着符节诏告周亚夫："我要进入军营慰劳军队。"周亚夫这才传下命令打开营垒大门。守门的士兵对皇帝的随从人员说："将军规定，军营中不许骑马奔驰。"因此皇上也就勒住缰绳缓慢骑行。到了军营大帐，周亚夫手持兵器向前施礼说："披甲戴盔的武士不行跪拜礼，请让我用军中礼节来拜见您。"皇上深受感动，凭靠在车前横木上向军中将士致敬，郑重地慰劳将士们。文帝感叹说："这才是真正的将军啊！"匈奴兵退去。文帝命三路军队撤兵，然后升周亚夫为中尉，掌管京城的兵权，负责京师的警卫。孝文帝临去世时，告诫太子说："国家发生急难，周亚夫可以统率部队，真正担当起重任。"文帝去世后，周亚夫被任命为车骑将军。

汉景帝三年（公元前154年），吴、楚等七个诸侯王国发动武装叛乱。吴王刘濞亲自领兵20万来犯，北渡淮河，会合楚军。先向梁国进击，又派奇兵到崤、函之间埋伏起来，伺机行动。周亚夫以中尉的身份代行太尉的职务，奉命率领大军东进，反击吴楚叛军。途中采用赵涉的建议，捕到吴王所遣的伏兵，于是任赵涉为护军。

吴楚联军"先击梁棘壁，杀数万人"，围攻梁军于睢阳，梁王刘武请求周亚夫派兵救援。这时周亚夫因采取"坚壁昌邑南，轻兵绝吴饷道"的既定战策，带军向东北进至昌邑，深沟高垒而防守，没有发兵。梁王上书向景帝报告，景帝派使者诏令周亚夫救援梁国。周亚夫拒绝执行诏令，仍然坚守营垒不

周亚夫像

肯出兵，而派遣弓高侯韩颓当率领轻骑兵断绝吴军后面的粮道，然后将大军推进到下邑。

　　这时吴楚联军已感到进退两难，乃回军向下邑，要与汉军主力决战，多次向汉军挑战，周亚夫始终不出兵应战。吴军拉到汉军营垒的东南角，摆出在东南进攻的态势，周亚夫却安排在营垒的西北角加强戒备。一会儿吴军的精锐部队果然调到西北方发起进攻，但不能攻入。吴楚联军因为饥饿，不得已引军撤退。周亚夫乘机发动精锐部队追击，大破吴军。吴王刘濞丢弃自己的军队，带着几千名士兵逃跑，到了长江以南，在丹徒进行防守，楚王刘戊走投无路而自杀。汉军乘胜追击，

周亚夫像

俘虏了大部分吴楚将士，平定了许多县邑，并悬赏黄金千斤捉拿吴王。过了一个多月，越地民众斩了吴王刘濞的头前来领赏。这次用兵，前后只三个月，便平定了吴楚七国之乱。到这时候，将领们都承认太尉周亚夫的计谋正确，只有梁王刘武从此与周亚夫有了嫌隙。

　　汉军凯旋，朝廷重新设置太尉官，正式任命周亚夫为太尉。景帝五年（公元前152年）二月，周亚夫升任丞相。开始景帝对他非常器重，但由于周亚夫的耿直，

不会讲政治策略，逐渐被景帝疏远，最后落个悲剧的结局。

有一次，景帝要废掉栗太子刘荣，但周亚夫却反对，结果导致景帝对他开始疏远。还有和他有仇的梁王，每次到京城来，都在太后面前说周亚夫的坏话，对他也很不利。

后来，有两件事导致了周亚夫的悲剧：一件是皇后的兄长封侯；一件是匈奴王封侯的事。

窦太后想让景帝封皇后的哥哥王信为侯，但景帝不愿意，说窦太后的侄子在父亲文帝在世的时候也没有封侯。窦太后说她的哥哥在世时没有封侯，虽然侄子后来封了侯，但总觉得对不起哥哥，所以劝景帝封王信为侯，景帝只好推脱说要和大臣商量。在景帝和周亚夫商量时，周亚夫说高祖说过，不姓刘的不能封王，没有功劳的不能封侯；如果封王信为侯，就是违背了先祖的誓约。景帝听了无话可说。

匈奴王唯许卢等五人归顺汉朝，景帝非常高兴，想封他们为侯，以鼓励其他人也归顺汉朝，但周亚夫又反对说："如果把这些背叛国家的人封侯，那以后我们如何处罚那些不守节的大臣呢？"景帝听了很不高兴："丞相的话迂腐不可用！"然后将那五人都封了侯。周亚夫对此事很不满，便托病辞职。景帝顺势批准了他的要求。景帝中元三年（公元前147年），周亚夫因病被免去丞相职务。

此后，景帝又把他召进宫中设宴招待，想试探他脾气是不是改了，所以故意在他的面前不给放筷子。周亚夫不高兴地向管事的要筷子，景帝笑着对他说："莫非这还不能让你满意吗？"周亚夫羞愤不已，不情愿地向景帝跪下谢罪。景帝刚说了个"起"，他就马上站了起来，不等景帝再说话，就自己走了。景帝叹息着说："这种人怎么能辅佐少主呢？"此后周亚夫便渐渐被疏远。

汉景帝后元元年（公元前143年），条侯周亚夫的儿子周阳为父亲从造皇室器物的工官那里买了500具做殉葬品的铠甲和盾牌。搬取货物的雇工因周阳不给工钱而非常痛恨他，知道他偷偷买的是皇家器物，因气愤而上书给皇帝告发了他。皇帝看到告发的书信，将此给有关官吏审理，官吏根据文书所列罪状责问条侯，条侯不予理睬。景帝于是将廷尉召来处理这件事，廷尉责问条侯说："你想要造反吗？"周亚夫回答说："我家所买的器物，都不过是殉葬用的东西，怎么能说是想造反呢？"廷尉说："你即使不在地上造反，看来也要在地下造反。"周亚夫受此屈辱，无法忍受，于是闭食抗议，五天后，吐血身亡。死后，封国也被废除。

霍 光

霍光（？—公元前68年），字子孟。河东平阳（今山西临汾）人。西汉权臣、政治家，麒麟阁十一功臣之首，大司马霍去病异母弟、汉昭帝皇后上官氏的外祖父、汉宣帝皇后霍成君之父。霍光作为少年战神霍去病的弟弟，执政帝国二十年，不是皇帝胜似皇帝，息兵养民积蓄国力，蓄势一击打垮匈奴，为汉朝后来迫使匈奴臣服打下坚实基础，更创下了第一次权臣废立皇帝的历史纪录。

霍光的父亲名叫霍仲孺，公元前141年前后，以县中小吏身份被派到平阳侯家服役。霍仲孺和平阳侯府中侍女卫媪之女卫少儿私通生下霍去病。霍仲孺在平阳侯家任务完毕返回家中，另娶妻子生下霍光，和卫少儿不再来往。

元狩二年（前121年），霍去病拜骠骑将军之职，在出击匈奴的途中，被河东太守出迎至平阳侯国的传舍，并派人请来霍仲孺与之父子相见。霍去病替霍仲孺大量购买田地房屋和奴婢后离去。

霍去病此次出征凯旋时，再次拜访霍仲孺，并将异母弟弟霍光一起带到长安照顾。霍光当时年仅十多岁，在霍去病的帮助下，先任郎官，随后迁任各曹官、侍中等。

元狩六年（前 117 年），霍去病去世。霍光升任奉车都尉、光禄大夫等职位，侍奉汉武帝左右，前后出入宫禁 20 多年，未曾犯一次错误，因此得到汉武帝的信任。

征和二年（公元前 91 年），戾太子刘据（武帝长子）被陷害致死，武帝认为次子燕王刘旦及其弟广陵王刘胥都有很多过失，

霍光像

不能继承皇位。当时武帝年事已高，宠姬钩戈赵仔有男孩叫弗陵，武帝很是喜欢这个小儿子，打算立他为太子。但是弗陵年幼，要有大臣辅佐才行。汉武帝考察群臣，发觉只有霍光最值得信赖，而且老成持重，能够担当起托孤的重任，可以把社稷委托给他。武帝于是指派宫内画工画一幅周公抱着成王使成王面向前方接受诸侯朝拜的图画赐给霍光，霍光不知其意。

后元二年（公元前 87 年）春，武帝游五柞宫时不幸染病，不久，病情恶化。霍光随侍在武帝身旁，流着眼泪问道："如果有不可避忌的事情发生，谁可以嗣立为皇帝呢？"武帝说："您难道没理解以前赐给您的那幅画的含义吗？立小儿子为皇帝，您按周公的故事辅政就行了。"霍光赶忙叩头辞让说："臣不如金日磾。"金日磾说："臣

是外国人，不如霍光。"武帝于是下诏令立弗陵为皇太子，以霍光为大司马、大将军录尚书事，金日䃅为车骑将军，太仆上官桀为左将军，搜粟都尉桑弘羊为御史大夫，都在武帝卧室里正式接受任命，按遗诏辅佐少主。第二天，武帝去世，太子继位，是为昭帝。

昭帝即位时才8岁，政务都由霍光决定，此时正值多事之秋。此前，汉武帝"外事四夷，内兴功利"，在完成了辉煌事业的同时，也耗尽了文景以来府库的余财。与此同时，武帝在其中后期大兴土木，修宫室，以便于他巡游，因此消耗了大量的人力和物力，增加了人民的负担。加上整个统治集团日趋腐化，广大农民贫困破产，无以为生，流亡者越来越多，终于导致了天下动乱。

霍光执政后，深知国家当务之急，他继续实行"与民休息"政策，减轻农民租税徭役负担，与各少数民族修好，减少边境民族冲突，这样才算使社会矛盾有所缓和。经过多年的努力，人民财富有所增加，

古代苑囿

民族关系得以协调，社会矛盾趋于平缓。后来宣帝还继承昭帝的遗法，把都城和各郡国的苑囿、公田借给贫民耕种，同时，减免田赋，降低盐价。这些措施使得阶级矛盾进一步得到缓和，农业生产开始上升。从而奠定了汉宣帝中兴的坚实基础。所有这一切，都与霍光的功绩分不开。因为，他才是这些政策的真正策划者和执行者。

在汉武帝时期，为了让朝廷广开财源，增加赋税收入，实行了盐铁官营、酒榷、均输等经济政策。但随着时间的推移，这些政策的弊端逐渐显现出米，尤其是令一部分财富集中于大官僚、大地主及大商人手中，而极大的损害了中小地主的利益。以致官吏"行奸卖平"，而"农民重苦，女红再税"，"豪吏富商积货储物以待其急，轻贾奸吏收贱以取贵"，中小地主和普通百姓的生活变得更加贫困。霍光敏锐地注意到这种不利于社会发展和稳定的现状，因此在汉昭帝继位之初，霍光就大力主张改变盐铁官营、酒榷、均输等经济政策，与桑弘羊等人展开了一番斗争。

从昭帝始元元年（公元前86年）闰十二月开始，霍光就派廷尉王平等五人查访各郡国，在寻找贤能之士的同时，细察民间的实际冤苦，为盐铁会议做好了充分准备。

昭帝始元六年公元（前81）二月，在霍光的提议下，在京城正式召开了盐铁会议。此次会议由丞相田千秋、御史大大桑弘羊主持，在霍光的授命下，各郡国所举荐的贤良之士都参与了此次会议。虽然霍光本人并没有出现在会场，但无论是在商讨盐铁官营、酒榷、均输等经济政策，还是对待匈奴、治理天下的重大问题上，霍光的思想主张却始终引导着会议的进行。这次长达半年之久的会议实际上是对汉武帝时期的政治、经济进行了一次总的归纳和评价，也是霍光早期辅政生涯中极其重要的一部分。最后，会议的内容还由桓宽整理成《盐铁论》

汉昭帝像

六十卷，成为西汉时期经济、政治、思想文化的重要总结文献。

这场会议的最终结果是在当年七月，汉昭帝下令废除了盐铁官营、均输等政策。从而有效地限制了大官僚、大地主及大商人的利益，缓和了各阶层的社会矛盾，促进了时局稳定和汉朝的经济发展。

武帝遗诏让霍光、金日磾和上官桀共同辅佐幼主，不久，金日磾病死，由霍光和上官桀共同辅政。后来，上官桀及其党羽又在昭帝面前攻击、诬陷霍光。昭帝发怒说："大将军是忠臣，先帝委托他来辅佐朕，敢有诽谤他的，要治罪！"从此以后，上官桀再也不敢说什么了。

上官桀等人见上告的计谋不行，于是密谋叫长公主设酒席请霍光，暗伏兵士，杀掉霍光，乘势废掉昭帝，迎立燕王为天子。霍光当即采取断然行动，上官桀父子等都以谋反罪而被处死，并诛灭了他们的宗族。

这次政变被粉碎以后，霍光威震全国，昭帝对他更加信任，直到昭帝成年以后，还继续委任霍光主持国政。昭帝时，霍光主政达13年之久，百姓富足，四夷归顺。

元平元年（公元前74年），昭帝病逝，没有儿子。武帝的6个儿子中独有广陵王刘胥在世，群臣讨论该立谁为皇帝时，都有意立广陵王。广陵王本来就是因为行为放纵、不合正道才不被武帝选用的，所以霍光听了大家的议论后犹豫不决。这时有个郎官上书说："周太王废黜太伯而立王季，周文王舍弃伯邑考而立武王，都是只看合适才立，即使是废黜长子而立少子也是可以的，广陵王不能继承帝位。"此话正合霍光的心意，霍光把郎官的上书拿给丞相杨敞等人看，于是把这个郎官提拔为九江太守。当天，霍光奉皇太后诏令，派遣行大鸿胪事的少府乐成、宗正德，光禄大夫吉，中郎将利汉去迎接昌邑王刘贺。

但是刘贺继位后行为放纵，淫乱不堪，举动无节，政事失当。霍光等人便将他废黜。昌邑王被废后，霍光与车骑将军张安世商议迎立新君，并在掖庭中会集丞相以下官员讨论确立人选。当时武帝的子孙中，齐王早死，没有儿子；广陵王刘胥已经在以前决定不用了；燕王刘旦由于谋反而自杀，他的子孙不在考虑范围之内，近亲唯有戾太子的孙子尚在民间，号皇曾孙，民间都称赞他好。这时，光禄大夫丙吉上书说，皇曾孙已有十八九岁了，而且通经术，为人节俭，慈仁爱人，请求霍光拥立他。杜延年也认为皇曾孙德行美好，力劝霍光、张安世拥立。

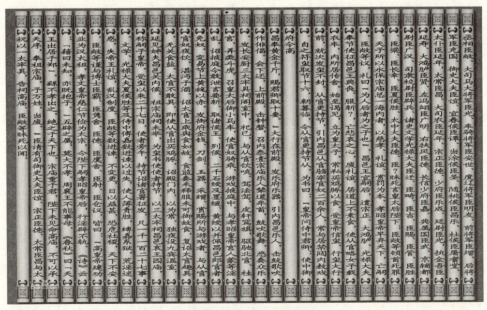

霍光等废昌邑王事上太后疏

霍光采纳了他们的意见。在当年九月，霍光会同公卿大臣上奏太后立皇曾孙为帝，皇太后下诏同意了。

霍光于是派宗王刘德到皇曾孙的家乡尚冠里去，让皇曾孙梳洗干净，然后赐给他皇宫里的衣服。太仆驾着轻便的轮猎车来迎接皇曾孙，到宗正府举行斋戒，进未央宫谒见皇太后，被封为阳武侯。过了不久，霍光捧上皇帝的玺绶，皇曾孙在拜谒高祖庙后正式继位，是为汉宣帝。

汉宣帝继位后，霍光依然是首辅大臣，继续鼎力辅佐年轻的皇帝。在他的教导和影响下，汉宣帝体恤天下苍生，延续了"与民休息"的治国方针，制定了一系列利民利国的政策，大力发展经济生产，使得西汉王朝再次兴盛，国富民强，史称"昭宣中兴"。

表面上看起来，霍光的过世并未影响到霍氏家族的荣辱兴衰，然则，厄运早已经悄然降临到霍氏家族头上。而追溯其根源，恰恰是那件霍光在世之时就始终于心不安的事。

汉宣帝继位之初，霍光就公开表示要归政于帝，但汉宣帝谦让不受，仍令朝廷一切政事"皆先决于光"，随后再上奏。霍光每次上朝，汉宣帝均"虚己敛容，礼下之已甚"，以示对霍光的敬重。在汉宣帝的登基大典上，霍光陪同乘坐马车前去谒见高庙，汉宣帝心中不安，"若有芒刺在背"。后来车骑将军张安世代替霍光骖乘，汉宣帝方才"从容肆体，甚安近焉"。由此可见，汉宣帝对霍光的敬畏之情。

为了表彰霍光多年来对朝廷贡献和"安宗庙"之功，汉宣帝增封其爵邑一万七千户，连同以前所封共2万户；还先后"赏赐黄金七千斤，钱六千万，杂增三万匹，奴婢百七十人，马二千匹，甲第一区"。自昭帝时起，霍光的儿子、侄孙、女婿、昆弟诸婿、外孙等都在朝为官，不少身居要津。至汉宣帝初年，霍氏家族更是广受册封，子弟亲属皆任朝廷要职，总揽兵权，"党亲连体，相据于朝廷"。霍光对此扬扬自得，却丝毫没有对张扬跋扈的亲属族人加以规劝和管制。

地节二年（公元前 68 年），霍光病危，宣帝亲临霍光家问候，还为他流了泪。霍光上书谢恩道："希望从我的封邑中分出 3000 户，请皇上拿去封我哥哥的孙子奉车都尉霍山为列侯。"宣帝立即把这份申请交给丞相、御史大夫去办，当天还任命霍光的儿子霍禹为右将军，以告慰霍光。

没几天，霍光就去世了。宣帝和皇太后亲自去霍光灵柩前吊祭。葬礼非常隆重，太中大夫任宣和侍御史等 5 人持符节主持丧事，并在坟边设立临时办事机构。皇帝赐给霍家大量金钱、绸缎丝絮，完全采用皇帝丧葬制度的规格，用皇帝乘舆专用的黄屋左纛，又用辒辌车载送霍光灵柩。同时调发材官、轻车、北军五校的士兵充任仪仗队，从长安一直排列到茂陵，为霍光送葬，并赐给霍光宣成侯的谥号。葬礼完成以后，宣帝封霍山为乐平侯，以奉车都尉领尚书事。霍禹承袭博陆侯的爵位。不久，又封霍山的哥哥霍云为冠阳侯。

霍家地位虽然高贵，但因霍光教导无方，导致其后人骄奢淫逸。霍禹继承博陆侯的封爵后，太夫人霍显改建自造的墓地，扩大了规模，建造三出阙，筑神道，并与管家的奴隶冯子都私通，生活相当糜烂。同时霍禹、霍山也都整修住宅，在平乐馆赛马取乐。霍云在应该朝见皇帝的日子，多次托病不去，私下带着宾朋好友到黄山苑去游猎，只派奴仆代表自己去朝见，竟然没有谁敢指责他。霍显和她的几个女儿还不分昼夜地随意进出太后住的长信宫殿，没有时间的约束。

霍光去世后，皇帝才开始亲自处理朝政。御史大夫魏相曾经上书，认为霍家倚仗权势，骄奢放纵，应当损夺其权，宣帝也深以为然。后来霍显与淳于衍合谋毒死许后的事情渐渐泄露出来，宣帝也听说了这件事，但一时也不明真假，于是把霍光的女婿、度辽将军、未央卫尉、平陵侯范明友调为光禄勋，二女婿诸吏中郎将羽林监任胜调出京城去做安定太守。几个月后，又把霍光的姐夫，给事中、光禄大夫张朔调为蜀郡太守，调霍光的孙女婿、中郎将王汉为武威太守。不久，又调霍光的大女婿长乐卫尉邓文汉为少府。接着任命霍禹为大司马，但只许戴小冠，没有印绶，同时撤销他的右将军该统领的营兵和下属办事机构，只是让霍禹的官名和霍光一样，都是大司马罢了，有职无权。不久又收回范明友的度辽将军印绶，只任光禄勋，又收回霍光的三女婿的骑都尉印绶，将他改任文职。与此同时，宣帝将羽林军和两宫卫军的各个带兵将领全都换成了自己的亲信。

霍显、霍禹、霍山、霍云等人自从发现权力被一天天削去，多次相对哭泣，互相埋怨。地节四年（公元前66年），霍显等人密谋发动政变，被人告发后，霍云、霍山、范明友自杀，霍显、霍禹、邓广汉被捕，霍禹被腰斩，霍显及其多个子女都被斩首示众。唯独霍皇后只被废黜，居住在昭台宫。这时，同霍家有关系而被杀的有数千家。至此，自武帝以来煊赫一时的霍氏家族终于遭到灭族之祸。

宣帝虽杀尽霍光全家，不过，并没有因此抹杀霍光的功勋。宣帝晚年在麒麟阁设置画像，霍光仍然被列为第一功臣。

魏 相

魏相（？—公元前59年），字弱翁，济阴郡定陶县（今山东省菏泽市定陶区）人，西汉政治家。

魏相的祖先原居济阴定陶（属今山东省），后迁平陵（在今陕西咸阳市西北）。魏相少年时学《易》，在朝廷举贤良时，因对策优秀，拜为茂陵令。

魏相为官严于治理，有一天，御史大夫桑弘羊的宾客诈称御史，来到茂陵，以县丞不及时拜见，怒而缚之。魏相怀疑这人有诈，立即派人将他收捕审问。经查证果然是诈骗者，便杀之于市。茂陵因此大治。

及迁河南太守（治所在今河南洛阳市），魏相打击奸邪，河南的豪强都畏服他。丞相田千秋之子当时为雒阳（今洛阳市）武库令，知魏相为人严峻，害怕待久了会获罪，于是自行离去。魏相恐大将军霍光责备自己不能善待大臣之子，急忙派人追还，但是武库令不肯还。霍光听说后，果然责备魏相："不深思国家大策，一看田千秋已经不在了便斥逐他的儿子。"但魏相从严治理的方针，深得百姓拥护。及有人告魏相诛杀无辜，河南在京戍卒两三千人上书霍光，自愿复留作一年以赎太守罪。河南老弱万余人想入关（今潼关）为魏相请愿。霍光对此十分不满，便将魏相下狱。后来遇赦出狱，仍为茂陵令，继而迁扬州刺史。

魏相在扬州时，郡国的守相多为魏相贬退。光禄大夫丙吉作书劝谏魏相："愿少慎事自重，藏器于身。"魏相善其言，便止威严。

元平元年（公元前74年）七月，宣帝继位，魏相迁御史大夫。

地节二年（公元前68年）三月，霍光死。宣帝追思霍

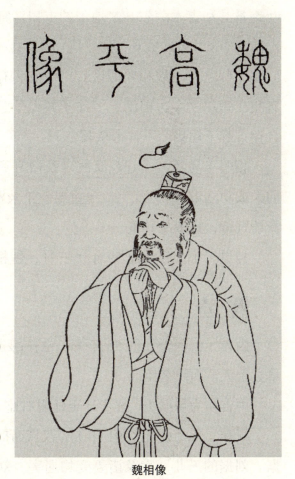

魏相像

光功德，以其子霍禹为有将军，以其兄霍去病之孙霍山领尚书事。魏相秘密上书："如今霍光已经去世，他的儿子复为大将军，兄孙秉枢机，昆弟诸婿又据权势。霍光的夫人霍显及诸女皆通籍长信宫，或夜诏门出入，骄奢放纵，恐浸不制。"魏相建议损夺霍氏的权力，破散他们的阴谋。宣帝从其议，罢霍禹、霍山之侯，免职归家。

地节三年（公元前67年）五月，任魏相为丞相，封高平侯。霍显越来越仇视魏相，于是谋矫太后诏，先杀魏相，然后废帝。结果事情败露，霍显、霍禹等都遭弃市，连坐而诛灭者数十家。

元康二年（公元前64年），匈奴数次遣兵击汉在车师（在今新疆吐鲁番县和吉木萨尔县之地）的屯田。宣帝欲趁匈奴衰弱之时，出兵击匈奴（今甘肃武威县、张掖县、酒泉县一带，为匈奴繁衍生息之地），以解车师之危。魏相劝谏说："匈奴尝有善意，所得汉民辄归之，未有犯于边境。今边郡困乏，父子共犬羊之裘，食草莱之实，常恐不能自存，难于动兵。"宣帝从其言。

相明《易经》，好观汉故事及便宜章奏。认为当今之务在于奉行前人成功之策，并列汉兴以来重要政策及贤臣贾谊、晁错、董仲舒之言，奏请宣帝，宣帝从其策。

神爵三年（公元前59年）三月，魏相病逝，谥曰宪侯。

丙 吉

丙吉（？—公元前55年），也作邴吉字少卿。鲁国（今属山东曲阜县）人。西汉名臣。

丙吉初为鲁狱史，逐步迁至廷尉右监。后来因犯法降为州郡从事。

征和二年（公元前91年），汉武帝时期的巫蛊事起，事连太子刘据。刘据的三儿一女及诸妻妾均遇害。刘据之孙刘询也处危境之中，丙吉认为刘据是冤枉的，便将他的孙子救出，择谨厚妇女养于郡邸狱（在王侯、郡守邸中所设之监狱）。

元平元年（公元前74年）四月，昭帝死，由于昭帝没有后嗣，大将军霍光派遣丙吉等人迎昌邑王刘贺为帝。刘贺继位后，淫戏无度，在位27天便被废除。丙吉上书推荐刘询，认为刘询现在已经十八九岁了，又通经术，有美材，行安而节和，足以继位。霍光同意了，于是刘询继位，是为宣帝，赐丙吉为关内侯。

丙吉为人深厚，不好夸耀，对救宣帝一事，从不言及，所以人莫知其功。地节三年（公元前67年）四月，丙吉为太子太傅，继而为御史大夫。时有掖庭宫婢使人上书，自称对宣帝有保养教育之功，并言丙吉知其情。宣帝始知丙吉有救命之恩，而丙吉终不言，由是大贤丙吉，封他为博阳侯。丙吉上书固辞，自陈不宜以空名受赏。宣帝曰："朕之封君，非空名也，而君上书归侯印，是显朕之不德也。"

神爵三年（公元前59年）四月，丙吉为丞相。吉本起于狱法小吏，后来学习《诗》《礼》，皆通大义。及居相位，主宽大，好礼让，不亲小事，时人以为识大体。

给丙吉驾车的人嗜酒，好几次离职游荡。有一天跟随丙吉外出，结果刚上车就醉吐于车上。西曹主吏欲斥之，丙吉认为"以醉饱之失去士，使此人将复何所容？"便隐忍下来，

丙吉像

没有驱逐这个驾车人。驾车人深受感动，而他又是边郡人，熟知边塞警报事宜。后来驾车人从驿骑处得知匈奴将入侵云中、代郡，便告诉了丙吉，并建议了解边郡官吏因老病而不能从战者，将他们替换。丙吉善其言，即召东曹查询边郡长吏情况。未几，宣帝召丞相、御史，问以边郡事，丙吉应对自如，御史大夫则因茫然无知，备受宣帝斥责。

但丙吉的某些做法影响十分恶劣。比如下属犯贪污罪，丙吉不去追查惩治，而令那人去职休长假。三公官府不查吏，就是从丙吉开始的。后人代丙吉为丞相，都照此办理。有一次丙吉外出，恰逢一帮群体斗殴的人，有的人死伤横道，丙吉却路过不问。继而前行，见人逐牛，牛喘吐舌，丙吉止而责之。丙吉身边的人很奇怪，就问丙吉为何不关心群体斗殴的，丙吉回答道："民斗相杀伤，长安令、京兆尹职所当禁备逐捕。宰相不亲小事，非所当于道路问也。"又问为什么却关心牛，丙吉说："三公典调和阴阳，职所当忧。"

五凤三年（公元前55年）正月，丙吉病逝。丙吉病危时曾荐举西河太守杜延年、廷尉于定国、太仆陈万年等人。事实证明，杜延年等人居位都很称职。史谓："孝宣中兴，丙、魏有声。是时黜陟有序，众职修理，公卿多称其位，海内兴于礼让。"

黄 霸

黄霸（公元前130—前51年），字次公，淮阳阳夏（今河南太康）人，西汉大臣，事汉武帝、汉昭帝和汉宣帝三朝。

黄霸年轻时学习法律，喜为吏。武帝末，以钱得官，补侍郎谒者（官名，负责接待）。后因兄弟有罪被免职。不久，又以谷买官，补左冯翊（郡名，治所在今陕西高陵县西南）二百石卒吏；郡府因为他以财买官，看不起他，使黄霸担任计算钱谷出入的职务。但黄霸在任职期间，账目清楚，廉洁奉公，朝廷便提拔他为河东均输长，复迁河南太守丞。

武帝晚年用法严峻，昭帝继位后，大将军霍光秉政，遵武帝法度，以刑罚严治天下，由是官吏均以严酷以为能。而黄霸为人明察内敏，性温良谦让，熟悉法令条文，为政宽和，处事合法，深得人心。宣帝继位，宣帝在民间时，知百姓苦于严刑酷法，便召黄霸为廷尉正，掌刑狱。黄霸到任后，数决疑案，大家称公平。

本始二年（公元前 72 年）五月，宣帝下诏，大称武帝功德，而庙乐不称，请群臣商议。大臣都说宜如诏书。独长信少府夏侯胜持异议，认为武帝虽有攘四夷、广土境之功，但是多杀士众，竭民财力，奢泰无度，天下虚耗，百姓流离，物故者半，蝗虫大起，赤地数千里，或人民相食，畜积至今未复；无德泽于民，不宜为立庙乐。公卿责备夏侯胜，说这是诏书，不可违背。夏侯胜却认为此诏书不可用。黄霸也和夏侯胜持同一看法，结果都被下狱。黄霸在狱中想跟夏侯胜学《尚书》，但夏侯胜因为自己被判死罪，不能教黄霸，黄霸说道："朝闻道，夕死可矣！"夏侯胜闻其言，便教授黄霸《尚书》，狱中三年，讲论不怠。

黄霸像

本始四年（公元前 70 年）

四月，关东地震，死 6 千余人。宣帝宣布大赦，黄霸得以获释，为扬州刺史。黄霸在扬州，成绩优异，宣帝称之为"贤良"。

地节四年（公元前 66 年），宣帝擢黄霸为颍川太守。黄霸到颍川（治所在今河南禹县）后，首倡农桑，使邮亭乡官皆养鸡养猪，以济鳏寡孤独和贫穷；又劝民务农桑，植树畜养。

黄霸善于了解民情，常让年长的廉吏密访各地，并派人注意他们的行踪。一日，某吏外出，食于道旁，乌鸦抢食他碗中的肉。正巧路过的百姓见到这情景，便告诉了黄霸。等吏回来，黄霸说道"甚苦之，食于道旁乃为乌所盗肉。"吏大惊，以为黄霸详知他外出的起居情况，所以对黄霸所询问之事，都如实禀报，不敢隐瞒。加之黄霸经常外出巡视，因而对颍川情况了如指掌，比如某处有大木可以为棺，某亭猪子可以为祭。吏民不知黄霸何由得知，都称之为"神明"。

由于黄霸之尽心治理，颍川境内户口大增，奸人去入他郡，盗贼日少，治安为天下第一。神爵四年（公元前 58 年）四月，诏曰："颍川大守霸，宣布诏令，百姓乡化，孝子、悌弟、贞妇、顺孙日以众多，田者让畔，道不拾遗，养视鳏寡，赡助贫穷，狱或 8 年无重罪囚，吏民乡于教化，兴于行谊，可谓贤人君子矣。"赐爵关内侯，迁太子太傅，继而迁御史大夫。

五凤三年（公元前 55 年）二月，黄霸代丙吉为丞相，封建成侯。黄霸曾推荐乐陵侯史高为太尉，宣帝责备他说："将相之官，朕之任焉。侍中、乐陵侯高，帷幄近臣，朕之所自亲，君何越职而举之？"黄霸惧而免冠谢罪，自是不敢复有所请。

甘露三年（公元前 51 年）三月，黄霸病逝，谥曰定侯。

黄霸外宽内明，任职期间，重视农桑，后世把他作为循吏的代表。但作为丞相不善总纲纪号令，风度文采也不如丙吉、魏相。

第三节 东汉的著名宰相

邓 禹

邓禹（2—58年），字仲华，今河南南阳新野人。东汉初年军事家，云台二十八将第一位。曾任司徒、太傅。

邓禹小时候很聪明，13岁时就能出口成章。

新王莽天凤年间（14—19年），邓禹曾经在京城长安学习。当时，刘秀也在京城游学。邓禹虽然年纪不大，却有当伯乐的潜质。经过交往沟通，他觉得刘秀是个难得一见的人才，日后必能成大器，便主动和他交往。

王莽末年，纷争不断，农民起义风起云涌，各地豪强纷纷拥兵自立，为的是抢夺地盘。更始元年（公元23年）二月，刘玄登上帝位，是为更始帝，他求贤若渴，众豪杰都觉得邓禹很有能力，纷纷推荐他，邓禹很有个性，就是不肯追随。更始帝很赏识刘秀的才华，提拔他为破虏大将军，封武信侯，不久命刘秀前往河北镇抚州郡。当邓禹听说刘秀已经

邓禹像

在河北安定下来，立刻北渡黄河，携带着干粮徒步而行，冒着天下的纷乱行至邺县（今河北邯郸临漳县西）去投奔刘秀。刘秀知道邓禹来助自己一臂之力，非常高兴，亲自将他迎进军营，留他同宿，秉烛夜谈。

邓禹进言说："更始虽都关西（泛指函谷关或陕西潼关以西地区），但是如今的山东（秦汉时代通称崤山或华山以东为山东）地区还不安宁，赤眉军、青犊军的部队，数以万计，三辅（汉朝把长安及附近分为三个行政区划：冯翊、扶风和京兆，号称三辅，在今陕西渭南华阴市、西安高陵和宝鸡眉县一带）地区，自立名号的人，也往往一群一群地聚在一起。更始帝对他们还没有加以挫伤，而又不能听取意见做决定。他那些将领，不过是庸人崛起，用心在钱币财物，争相使用各自的力量，图一时的快乐而已。他们之中，并没有忠良明智、深谋远虑、想辅佐皇帝安定百姓的人。天下分崩离析的形势已经可以看到了。您虽然对

邓禹草堂

更始帝已有辅卫的功劳，但恐怕还不能自立。现在的计策，不如招纳英雄，致力于使民心欢悦，建立高祖那样的事业，挽救百姓的命运。让您来谋划天下，天下还不够您平定呢。"

听完邓禹的话，刘秀茅塞顿开，感激之情溢于言表。为了表达对邓禹的敬重，他令左右称呼邓禹为"邓将军"，每遇到大事，必定要与邓禹商讨。因为邓禹才能出众，刘秀在任命和调整将领等事宜时，大多询问邓禹的意见。为了帮助刘秀早日成就霸业，刘禹经常充当"人力资源部长"，为他选拔优秀人才并做到才尽其职。后来刘秀派盖延攻击清阳（今河北邢台清河县）不下，为敌所困，邓禹率军破敌解围，生获其大将。继而又随刘秀连克邯郸及诸州郡，河北略定。

更始二年（24年），赤眉军向西进入函谷关。更始帝派定国上公王匡、襄邑王成丹、抗威将军刘均及诸将抵抗赤眉。赤眉军人多，王匡抵挡不住。刘秀估计长安将来必为赤眉所破，想乘机夺取关中，而自己刚在山东地区从事攻战，不知并取关中的大事应当托付给谁。因邓禹深有远虑，度量大方，所以委任他西征之重任，即封他为前将军执持节符，率精兵两万西入函谷关，并让他自己挑选征西的偏将和稗将以下将佐。邓禹以韩歆为军师，李文、李春、程虑为祭酒，冯愔为积弩将军，樊崇为骁骑将军，宗歆为车骑将军，邓寻为建威将军，耿欣为赤眉将军，左于为军师将军，引兵西进。

光武帝建武元年（25年）正月，邓禹率军越太行山，出箕关（今山西运城垣曲县和河南省济源市间），进取河东。河东都尉闭关拒守，经战十日，大破守军，夺获大批军资粮秣。继而又率军围安邑（今山西运城夏县西北），但数月未能攻下。更始大将军樊参率数万人渡大阳欲攻邓禹，邓禹派诸将迎战，大破敌军，斩樊参。于是王匡、成丹、刘均等合军十余万，共击邓禹。邓禹迎战不利，骁骑将军樊崇阵亡。

天黑后双方停战，军师韩歆和诸将见气势已挫，都劝邓禹乘夜逃走。邓禹却临危不乱，决不退师。

第二天是忌日，王匡迷信，深信忌日出兵必败，因而不敢乘胜继续进击邓禹。邓禹则乘机重整旗鼓，部署兵力。隔日凌晨，忌日已过，王匡倾全部兵力进攻。而邓禹早已做好了准备，下令军中不可轻举妄动。等到敌兵进至营前，邓禹一声号令，诸将齐出，一鼓作气，大败王匡。王匡、成丹弃军而逃，邓禹率轻骑疾追，俘刘均及河东太守杨宝、持节中郎将弭强，将其斩杀，平定河东。

邓禹在平定河东后，又率得胜之师从汾阴（今山西运城万荣县）渡河，入夏阳（今陕西渭南韩城市东南）。先在衙地（今陕西渭南白水县）击溃更始中郎将左辅都尉公乘歆所率领的十余万军队，接着与进居长安的赤眉军展开激战。邓禹深知与赤眉军争夺关西，不光是武力的较量，更是政治策略的竞争。因而他特别注意申明军纪，约束部下，所过之地秋毫无犯，这对饱经战乱的关西人民来说，无疑产生了一种巨大的政治感召力，与赤眉军"所过残贼"，"数暴掠吏民"，致使"百姓不知所归"的状况形成了鲜明的对比。一时间，邓禹的威名传遍关西，这也是邓禹一生中最精彩的一笔。

取得了一定的胜利之后，部众都劝邓禹入关，直接进攻长安。但邓禹在胜利面前没有被冲昏头脑，还是冷静客观地分析敌我双方态势，策划下一步行动方案。他先分析和比较了敌我双方的优势和弱势，他认为不能盲目进攻，虽然自己兵多将广，但是真正独当一面者较少，并且粮草物资相对匮乏。而赤眉军刚刚占领长安，财富殷实，锋锐不可抵挡。但是赤眉军队军纪败坏，大失民心，领导缺乏远见，部下将领又都是些乌合之众，因此，赤眉军难以长期固守长安。据此，邓禹制定了休养生息的方针，于是率军北向枸邑（今陕西咸阳旬邑县），所过郡县陆续归附。

邓禹的"休兵北道"的方针是最利于当时的迫切形势的，但不是每个人都深得其意，诸将不能理解，光武帝刘秀也不能理解，不仅如此，还一再催促他尽快出兵。虽然如此，邓禹还是坚持自己的看法，一面分遣部将攻打上郡（今陕西省榆林市东南）各县，留将军冯愔、宗歆坚守栒邑；一面征集兵员，调运粮草，屯军大要（今甘肃庆阳宁县）。就在此时，冯愔、宗歆二人搞内斗，窝里反，为争权互相厮杀，冯愔杀死宗歆，反击邓禹。邓禹也拿不定主意，就派遣使者向光武帝寻求建议，光武帝问使者冯愔最要好的人是谁，使者说是护军黄防。光武帝猜冯愔、黄防的关系不能永远这么好，就派人回报邓禹说："能够制服冯愔的人必定是黄防。"

果不其然，一个月后，黄防抓住冯愔，并率领自己的部下前来认罪。刘秀念他诚心归服，就赦免了他，让他逃过一劫。赤眉军此时也向西进入扶风，刚好给了邓禹乘虚而入的机会，所以，邓禹毫不犹豫地南入长安。不久，率军与延岑在蓝田交战，可惜的是这次战役没有传来捷报，为了保存实力，休兵养士，他又回到有

邓禹像

粮食囤积的云阳（今陕西咸阳淳化县西北）。汉中王刘嘉也无心恋战，于是到邓禹处投降，但是刘嘉的丞相李宝傲慢无礼，邓禹很是反感，将他杀掉了。但事情远远没有结束，为了替自己的兄长报仇，李宝的弟弟收集李宝的旧部攻打邓禹，并杀了他手下的大将军耿䜣。

自冯愔反叛以后，邓禹威信稍损，再加上缺乏粮食，最初归附的人又相继离开了他。赤眉军看准时机再次进入长安，与邓禹交战。此时，邓禹内外交困，战败是在所难免的。无奈之下，只有逃到高陵，士兵饥饿，只能食枣子和蔬菜充饥。光武帝看到如此情景，就让邓禹回来，告诫邓禹不要再随便进兵。

邓禹因西征失利总是耿耿于怀，为了一雪前耻，建立功勋，多次率饥饿的士兵请战，却适得其反。光武帝建武三年（27年）春，邓禹急功近利，与车骑将军邓弘攻打赤眉军，被赤眉军大败，士卒死亡无

邓禹故里碑

数。邓禹、邓弘率部至湖县（今陕西渭南潼关东），邀请冯异共同攻打赤眉军。冯异认为赤眉军力量强大，应放他们过去，东西夹击才能获胜。邓禹又不听冯异的劝阻和建议，一意孤行与赤眉军连续作战。邓弘率部与赤眉军大战整日，赤眉军佯败弃辎重退走，车上装满泥土，仅用豆子覆盖在表面，邓弘军士卒争相取食，结果被赤眉军打得大败，死伤3000多人，邓禹逃回宜阳。邓禹对自己西

征的失败感到十分痛楚，认为愧对国君，于是他辞去了大司徒之职和梁侯的封号，上交了印绶。

光武帝建武四年（28年）春，延岑与秦丰野心不死，合兵再次侵扰顺阳一带。为了早日平叛，光武帝下诏令归还邓禹梁侯印绶，又任命他为右将军，派他出征。在邓禹的率领下，复汉将军邓晔、辅汉将军于匡在邓县（今湖北襄樊市北）击败延岑，延岑见大势已去，落荒而逃。逃到武当，再次被打败。延岑逃奔汉中，余部全部投降。

光武帝建武十三年（37年），天下平定，光武帝加封功臣，封邓禹为高密侯，食邑高密、昌安、夷安、淳于四县。光武帝因邓禹功高，又封其弟邓宽为明亲侯。光武帝中元元年（56年），邓禹再次出任司徒职务，随光武帝巡视并参与祭泰山的仪式。光武帝中元二年（57年）二月，东汉的开国皇帝汉世祖光武皇帝刘秀驾崩于南宫前殿，太子刘庄登上皇位，即东汉明帝。邓禹作为光武帝的第一功臣被封为太傅，晋见皇帝时可以坐西向东，皇帝对他十分尊敬和爱护。不久，邓禹卧病不起，汉明帝多次上门慰问，还任命他的两个儿子为侍从官。

邓禹的家教颇受人们的赞赏，他有13个儿子，却没有因此忽视对他们每个人的教育，他经常修整家庭伦理，教养子孙。他并不是指使儿子去争权夺利，而是让他们各自掌握一种技艺。他的生活费用取于食邑，不置产业。

汉明帝永平元年（公元58年）五月，高密侯邓禹病逝，终年57岁，谥号为元侯。

杨　震

杨震（？—124）字伯起，弘农华阴（今属陕西）人。东汉时期名臣，隐士杨宝之子。

楚汉相争，项羽兵败自刎，五位汉将争抢项羽尸首，各得一体，之后五人被一起封侯，其中之一便为杨震八世祖杨喜，被封为赤泉侯。其高祖杨敞，西汉昭帝时为丞相，封安平侯。父亲杨宝折节好学，通晓欧阳生注释的《尚书》。

哀帝、平帝时期，汉朝政治处于一片黑暗之中，社会动荡不安。杨宝无意仕途，隐居乡间，教授学生。居摄二年（7年），王莽征召杨宝做官，杨宝则躲了起来。光武帝建立东汉政权后，认为杨宝气节高尚，再次召他做官，此时年事已高、体弱多病的杨宝未能应召，后来病死于家中。

杨氏钻研经学，崇尚气节，其门风的熏染对杨震的性格和命运起了很大的作用。杨震受父亲的影响，从小也喜爱研读。后来，他跟从太常桓郁研习欧阳生注释的《尚书》。杨震博览群书，对各种典籍进行深入研究，最终学有所成，被誉为"关西孔子"。

杨震像

杨震除了自己潜心钻研，还经常居于湖县，教授学生20余人。他的名声越来越大，州、郡长官多次备礼前来聘请，都被他以有病为由加以拒绝。之后的20多年里，他除了钻研学术外，就是教授他的学生，过得悠然自得。直到有一天，杨震正在讲学时，突然有一只鹳雀衔着三条鳝鱼飞至讲堂前面。

人们都认为这是三公之象，对杨震大加庆贺。这次神秘事件过后，年届半百的杨震果然开始出仕州郡。

后来，他的才德传到大将军邓骘耳中，于是聘他出仕，推荐为茂才，这时杨震已经50岁了。杨震经过四次调迁，任荆州刺史、东莱太守等官职。他虽然身为高官，不仅自身生活俭朴、做官亦是廉洁奉公。他到东莱郡赴任的时候，路过

杨震塑像

昌邑县。经他举荐的荆州茂才王密，当时正任昌邑县令，于是王密便以10斤黄金趁着夜深无人之时送与杨震，以示谢意。杨震对他说："老朋友了解你，你却不了解老朋友，你为什么这样？"王密说："黑夜里没人知道。"杨震说："天知、地知、我知、你知，怎么能说没人知道呢？"王密惭愧地退了出去。

接着，杨震转任涿郡太守，元初四年（117年），杨震又被征召到朝廷担任太仆，后来又升迁为太常。永宁元年（120年），杨震接替了刘恺司徒的职务。无论是在地方任职还是在朝廷任职，他都是公正廉洁、不徇私情。他和子孙经常是粗茶淡饭，不吃鱼肉，出门不骑马不坐车。他认为把清官这个美名留给子孙是最丰厚的产业。

建光元年（121年），邓太后去世，皇帝开始宠爱阎皇后，她的兄弟都担任要职。皇帝的内宠开始掌权，就连汉安帝的奶妈王圣，也仗着抚养圣上之功而肆无忌惮、恣意妄为。王圣的女儿伯荣，出入宫廷

进行内外的联络，从事淫秽、贿赂等奸邪勾当，一时之间，宫中被搞得乌烟瘴气。司徒杨震针对此事上疏进谏，力劝安帝驱逐王圣，重新任用贤良之人。

杨震拈出《尚书》《诗经》之中的诸多古训，对安帝以示告诫，并诚恳地希望安帝能够疏远女色与奸佞小人，多留意朝政。安帝接到上书，出示于王圣等人，这伙近侍者看后皆愤愤不已。

因有皇帝的庇护，伯荣的骄奢程度更是日甚一日。她曾和已故的朝阳侯刘护的堂兄刘瑰通奸，刘瑰攀龙附凤娶她为妻，获得了继承刘护朝阳侯爵位的资格，官位升至侍中。杨震对此十分厌恶，再次上书指出，刘瑰无功无德，只是娶了皇帝奶妈的女儿，不能因此就继承爵位。谁知安帝竟对杨震的奏章不予理睬。

杨震像

延光二年（123 年），杨震又代刘恺为太尉，此时，年已古稀的杨震以巨大的勇气与高贵的品格与他们展开了激烈的斗争。

安帝舅父大鸿胪耿宝向杨震推荐宦官中常侍李闰的哥哥，并对他说自己只是传达皇上的意思。杨震回答说："如果皇上有意让太尉、司徒、司空三府征召官员，应该由宫廷秘书、尚书直接通知。"恼羞成怒的耿宝只得气愤地走了。阎皇后的哥哥金吾阎显也向杨震推荐亲友做官，同样被杨震回绝了。可是，令人遗憾的是，司空刘授秀提拔了李阎的哥哥和阎显的亲友，因此，杨震遭到的这些人的忌恨就更深了。汉安帝昏庸懦弱，竟然为奶娘王圣大肆兴修府第。宦官中常侍樊丰又和侍中周广、谢恽结党营私，动摇国政。面对大汉江山，心急如焚的杨震不顾一切再次上书，诚恳请求皇帝深思远虑，以国家利益为重。杨震多次上书，安帝仍然置之不理，樊丰、谢恽从此更加肆无忌惮。

这些人的大兴土木，挥金如土，最终导致了政府直接控制的自耕农数量急骤减少，加上官吏的盘剥、灾害的侵袭、赋税的沉重，农民纷纷破产流亡，不堪重负的一些少数民族也起兵反抗，一时间战争连绵，国家更加衰落。

延光二年（123年），地震再次发生，杨震又以天象示警来劝诫皇上，现在中官权盛，应加以裁抑。和历次上书一样，他言辞激烈，直陈时弊，安帝实在厌烦，樊丰等人也对杨震侧目而视，只因他是四海仰慕的当代名儒，不敢轻易加害。但是，河间男子赵腾却预先上演了杨震即将遭遇的悲剧。身居民间的赵腾激于忠义，诣阙上书，指陈时政，安帝大怒，以欺君罔上的罪名将其投入大狱。杨震自然不能见死不救，于是上书求情，安帝看也没看，几日后就将赵腾诛杀。

杨震直言纳谏，抨击时弊，切中要害，忧国忧民，可最高统治者汉安帝却很不高兴，樊丰等奸臣对杨震更是恨之入骨。起初，奸臣因为杨震的名气而不敢轻举妄动，但他们一直都在等待报复的时机。

延光三年（124年），安帝东巡泰山，樊丰等人趁机在京城洛阳放开手脚，竞修宅第。杨震的属官高舒召来有关官员查核此事，发现了樊丰诸人伪造的圣旨，准备等待圣驾还朝以作定夺。伪造圣旨等于犯下滔天大罪，不仅自己要被处死，九族都要受到牵连，这令樊丰等人十分惊恐。双方矛盾已经无法遏止，樊丰诸人于是决定除掉杨震。恰好，当时太史上奏星象有异，于是他们便来了个恶人先告状，诽谤杨震说他自从赵腾死后，既怨且怒，说他是邓氏提拔上来的，对邓氏之死常常心怀怨恨。

从泰山返回京师的安帝先来到太学，等待吉利时辰再进皇宫。当晚，安帝便派使节收缴了杨震的太尉官印。于是，杨震紧闭门户，谢绝所有来访的宾客。即便这样，樊丰等人还不罢休，又让安帝的舅父大将军耿宝以杨震身为朝臣既不服罪又心怀怨恨的理由来弹劾他。安帝下诏，将杨震追回家乡。杨震举家离开京城洛阳。他的门生故吏纷纷赶来为他送行。来到洛阳城西的夕阳亭，他无限感慨地对儿子和学生说："死是读书人正常的遭遇。我深受皇恩，身居显位，却不能为国铲除奸臣；痛恨近幸淫妇邪恶，却不能禁止。我有什么面目再立身于世！我死之后，用下等杂木做棺材，被单只要能够盖住尸体就够了，不要运回祖宗坟墓，不要祭祀。"说完之后，年过70的杨震饮下毒酒而亡。

一年以后，安帝去世，顺帝继位。不久，汉顺帝处死了樊丰等人。顺帝感念杨震对国家忠心，下诏任命杨震的两个儿子为郎官，赠钱百万，并以三公的礼仪把杨震葬在华阴潼亭。

袁 安

袁安（？—92年），字邵公（《袁安碑》作召公）。汝南汝阳（今河南商水西南）人。东汉大臣、宰相。

袁安的祖父袁良，习《孟氏易》（又称《孟易》，为汉孟喜所传《易》学），官至成武令。袁安少从祖父学《易》，为人严肃庄重有威仪，受敬于州里。

有一年冬季逢降大雪，积地丈余，洛阳令外出巡视，见人人都扫门前雪，而袁安门前的雪却未动，怀疑袁安已死，便令人除雪入户，结果见袁安僵卧在床，问他为何不出门扫雪，袁安答道："大雪人皆饿，不宜于人。"洛阳令以为贤，举为孝廉，任阴平县长、任城县令。

永平十三年（70年）十月，楚王刘英（光武第四子）谋反，事下郡覆考。刘英供辞所及，牵连者数千人。明帝大怒，追查愈急，被查者被迫自诬，死者甚众。次年，三府派遣袁安处理这棘手的事，便拜袁安为楚郡太守。

袁安到任后不入府，先往监狱，审查没有证据证明犯罪的人，袁安拟把他们放回。府丞、掾吏认为这是"阿附反虏，法与同罪"，惧而叩头，表示反对。袁安说道："如有不合，太守自当坐之，不以相及也。"便分别上奏。明帝阅后感悟，即准所奏，被放回的有四百多家。过了几年袁安晋升为河南尹。袁安政号严明，常说："锢人于圣世，尹所不忍为也。"闻者莫不感动自励。在职10年，京师肃然，名重当世。

建初八年（83年），袁安迁太仆。元和二年（85年）冬，南匈奴受汉指使，击北匈奴。武威太守孟云上书"北单于谓汉欺之，谋欲犯边。"并建议还南匈奴所掠生口。对此，群臣大多不同意。袁安以为北匈奴已遣使奉献和亲，凡得汉生口，都送还，汉不应负信，也应归其生口。章帝便听从了袁安的建议。

袁安像

元和三年（86年）五月，代第五伦为司空。次年六月，为司徒。

章和二年（公元88年）二月，和帝继位，时年10岁，窦太后临朝主政。十月，太后兄窦宪伐北匈奴。袁安与太尉宋由等劝谏道："匈奴不犯边塞，而无故劳师远涉，损费国用。"太后不听。宋由等人害怕，不敢再谏。只有袁安坚持不改，免冠固争达十次以上。太后仍不听。窦宪出征后，窦宪的弟弟卫尉窦笃、执金吾窦景各专权威，胡作非为，使人在京师拦路抢劫，窦景又擅发边兵。有司畏惧窦氏，不敢言。袁安弹劾二人，结果寝而不报。窦宪、景兄弟日益骄横，尽树其亲党宾客于名都大郡，互相贿赂，其余州郡，也望风相从。袁安又上书奏请，结果被免官者40余人。窦氏虽然非常憎恨袁安，但因为袁安素来廉正，无可奈何。袁安以天子幼弱，外戚专权，每言及国家事，无不噫呜流涕。

永元四年（92年）三月，袁安病逝，朝廷上下为之痛惜。

东汉至此，已历时64年，朝风日趋腐败。时窦氏父子兄弟并为卿校，充满朝廷，专权骄纵，欺压百姓，他们中尤有甚者，竟纵家奴于光天化日之下抢夺财货，劫掠妇女，人民畏之如强盗。朝廷上下，莫不畏其威权而不敢言，独袁安敢于揭露，因势单力薄，虽无济于事，但精神可贵。

董 卓

董卓（？—192年），字仲颖，陇西临洮（今甘肃岷县）人。东汉末年献帝时军阀、权臣，官至太师，封郿侯。于桓帝末年先后担任并州刺史，河东太守，利用汉末战乱和朝廷势弱占据京城，废少帝立汉献帝并挟持号令，东汉政权从此名存实亡。

董卓成年后，就在陇西郡府担任官吏，负责地方治安。当时匈奴人经常骚扰边境，劫掠百姓，凉州此时成就征辟董卓为从事，董卓领兵大破匈奴，斩获千计。并州刺史段颎将董卓推荐入朝廷公府。

董卓年轻时"好侠，尝游羌中，尽与诸豪帅相结"，养成了狂妄粗鲁、目空一切的性格。

汉桓帝末年，董卓从军，为羽林郎。他生性凶猛，臂力很大，左右驰射，小有战功，升任郎中，并获得9000匹绢的赏赐。他把赏赐全部分给士兵，自己一无所取。因此，被重新起用，士兵乐于替他卖命。后因打了败仗，被削去官职。

汉灵帝熹平年间，他升任并州刺史、河东太守，迁中郎将，镇压张角等领导的黄巾起义。中平元年（184年），军阀韩遂占据凉州（今甘肃武威一带），准备进兵中原。朝廷改称董卓为中郎将，西拒韩遂。董卓趁机联络羌、胡族的豪帅，组建起一支自己的武装力量，继而出任前将军、并州牧，成为雄踞一方的军阀。

董卓像

中平六年（189 年）四月，汉灵帝病死，何皇后立了亲生的儿子刘辩为皇帝，是为少帝。刘辩时年 14 岁，何皇后以皇太后身份临朝称制，由其兄何进掌握朝政大权。何进出身屠户，重用司隶校尉袁绍，并召董卓进京，诛杀势力强大的宦官集团。董卓应召，野心勃发，立刻率领本部兵马，进军洛阳。这时，洛阳发生动乱，宦官头领张让、段珪等先发制人，杀死何进。袁绍则派兵包围皇宫，消灭宦官。张让、段珪等作殊死抵抗，寡不敌众，挟持了刘辩及其弟刘协等仓皇逃命。袁绍下令关闭宫门，见了宦官，不论老少，一律诛杀，共杀死 2000 多人。袁绍部将卢植奉命追击张让、段珪。张、段走投无路，跳进黄河淹死。卢植接了刘辩、刘协回宫，途中恰遇董卓。刘辩见了董卓，吓得泪流满面，说不出话来。倒是刘协，回答董卓的问话，不慌不忙，沉着镇静。九月一日，董卓兵进洛阳，自任太尉，立刻废刘辩为弘农王，改立刘协为皇帝，是为汉献帝。汉献帝时年 9 岁，董卓独自专权。

　　十一月一日，董卓自任相国，封郿侯，享有赞拜不名、剑履上殿的特权，"得专废立，据有武库甲兵、国家珍宝，威震天下"。董卓生性残忍不仁，严刑胁众，睚眦之仇必报，人自不保。他的军队曾到洛阳附近的阳城，恰逢当地祭社，上千人聚集在一起，举行仪式。军队凶神恶煞地冲进场地，杀害了所有的男人，砍下脑袋；抢掠了所有的女人，载回洛阳，声称"攻贼大获"，向董卓请功。董卓高兴，命人放火焚烧死人的脑袋，而将抢掠的女人分赏给士兵作为婢妾。他自己夜宿皇宫，随意奸淫皇帝的嫔妃、宫女，寻欢作乐。

　　董卓的行径，激起天怒人怨。初平元年（190 年），各地 18 路军阀组成联军，共同讨伐董卓。董卓打了败仗，难以在洛阳立足，遂挟持汉献帝迁都长安。临行前将洛阳宫室付之一炬，并挖掘东汉诸帝陵墓，掠取宝物。他到长安后，再给自己加职为太师，号尚父。任命弟弟董曼为左将军，封户侯；侄儿董璜为侍中中军校尉，掌禁军；义子吕布为中郎将，封都亭侯，统领他的私人卫队。期间，董卓征召 25 万民夫，在郿县（今陕西眉县）修筑一座坚固城堡，称郿坞。内藏足够 30 年的用粮，黄金两三万斤，白银八九万斤，以及无数的绢帛等物。他说："事成，雄踞天下；不成，守此足以毕老。"为了往来方便，他在长安和郿坞之间，修建一条高于地面丈余的宽广大道，长约 260 里，称郿坞岭。

长安人民切齿痛恨董卓，编出一首歌谣："千里草（董），何青青；使日卜（卓），犹不生。"他们咒骂董卓早日暴死。初平三年（192 年），司徒王允、尚书仆射士孙瑞等实施连环计，成功地将吕布拉到自己一边，密谋诛杀董卓。四月二十三日清晨，汉献帝亲信李肃等守卫宫中掖门。董卓贸然入宫，李肃等突出格杀，董卓毕命，夷灭三族。消息传出，长安百姓欢欣鼓舞，买酒买肉，互相庆贺，如同过节一样。董卓的尸体被暴弃街头，任人践踏。有的士兵见尸体肥胖多脂，在其肚脐中插上灯芯点燃，通宵达旦，数日不灭。

暴戾狰狞的魔鬼董卓死了，党羽李傕、郭汜趁机以为董卓报仇为名，聚兵十万余人，围攻长安，把汉献帝挟持在自己手中，继而又展开混战，局势更加混乱，广大百姓蒙受了难以想象的苦难和浩劫。

王 允

王允（137—192 年），字子师，太原祁（今山西祁县）人。东汉末年大臣、宰相。

王氏家族是山西的名门望族，世代担任州郡的重要官职，在当地影响很大，威望颇高。王允天资聪颖，独具慧质，深受上辈们的喜爱和赏识。少年时期，王允就已经成为满腹经纶、学富五车的才子，远近文人学士都对他刮目相看。习文章、阅经典之余，王允还坚持习武强身，成长为一名文韬武略无不精通的全才。一时之间，少年王允不仅在同辈中间脱颖而出，而且在整个山西也已经小有名气。

王允 19 岁时即为郡吏。当时有个叫赵津的贪横放恣，为县中巨患，太守使王允前去捕杀。而赵津的兄弟谄事宦官，因而上诉，桓帝震怒，收太守而杀之。王允送丧还平原县（属今山东省），然后还家。

过了一段时间王允复为郡吏。郡人有个叫路佛，品行不好，而太守王球却招揽他为官吏。王允为此犯颜固争，王球大怒，收捕王允而想把他杀了。刺史邓盛得知，急召王允为别驾从事。在邓盛的提拔和宣扬下，王允的名声越来越大，为他日后步入朝廷做官奠定了基础。

王允为官初露锋芒，不仅赢得了州郡官吏和当地百姓的赞赏和钦佩，而且引起了朝廷的注意。鉴于他的才能和表现，王允不久被朝廷三公同时征召，被司徒高第征为侍御史。中平元年（184 年），王允为豫州刺史。黄巾军起义时，王允于征讨黄巾军时偶然得到中常侍张让宾客与黄巾交往的书信，并上报给灵帝。灵帝怒责张让，张让连忙叩头陈谢，但心中深恨王允。后来张让以事中伤王允，王允被捕下狱。不久又官复原职。过了十多天，又因他罪被捕。司徒杨赐以王允纯洁高尚，为使王允少受痛苦，劝他自杀，诸从事也流涕奉毒药给王允。王允大怒，投杯于地，便出去上了槛车，朝臣莫不叹息。杨赐和大将军何进、太尉袁隗一起上书救王允，这才得以免死。这年冬天大赦，唯独王允不在赦列，三公又为他说情，才被释放出狱。当时宦官横暴，人人自危，王允自知难免于死，于是改名换姓辗转于河内（治所在今河南武陟县西南）、陈留（在今通许县北）之间。

中平六年（189 年）九月，献帝继位，任命王允为太仆。初平元年（190 年）二月，相国董卓以王允为司徒。董卓迁都长安时，王允尽收宫廷档案、图书。当时董卓尚留洛阳，朝政大小，悉委之于王允。王允虽对董卓的所作所为不满，但是寄人篱下，不得不屈意附于董卓。王允周旋逢合，力辅皇室，颇有大臣风度，自天子及朝臣都信赖他。

董卓激起全国不满后，王允密与司隶校尉黄琬等密谋以杨瓒为左将军、孙瑞为南阳太守，以讨袁术为名，将兵出武关以讨伐董卓。董卓对此怀疑而没有实行。于是王允以孙瑞为仆射、杨瓒为尚书，以待时机。

初平二年（191年）四月，董卓至长安。次年正月，王允与黄琬、孙瑞、杨瓒又商量前谋。孙瑞主张早图董卓，王允十分同意，于是暗结董卓爱将吕布，作为内应。四月，献帝生病后刚刚痊愈，大会百官于未央殿。董卓陈兵夹道，自营至宫，左步右骑，屯卫四周，吕布捍卫前后。王允使孙瑞书诏以交给吕布。当董卓朝服乘车入宫时，郡骑都尉李肃突然跳出刺杀董卓，董卓胳膊受伤从车上摔下，急呼吕布，吕布拿出诏书说道："有诏讨贼臣！"就将董卓杀死。吏士都正立不动，大呼万岁。百姓歌舞于道，士女卖珠玉衣装市酒肉以相庆，人满街道。

左中郎将蔡邕闻董卓死，不禁脸色大变，为之惊叹。王允听说后勃然变色，立刻令人将蔡邕收付廷尉。蔡邕解释说："岂当背国而向卓也！愿黥首刖足，继成汉史。"很多士大夫也前去求情。太尉马日磾说道："邕旷世逸才，多识汉事，当续成后史，为一代大典；而所坐至微，诛之，无乃失人望乎！"王允答道："昔武帝不杀司马迁，使作谤书流于后世。"蔡邕最后死于狱中。

吕布自负杀董卓之功，常自夸耀，而王允仅视吕布为一刺客。吕布曾劝王允赦董卓部曲，王允不从；吕布又想以董卓财物分赐公卿将校，王允又不从。吕布非常失望，渐渐与王允产生隔阂。而王允性格刚直，锋芒毕露。一开始因为畏惧董卓，而曲意侍奉。董卓既被诛，王允自认为没有了后患，与人交往常常杖正持重，一副严肃面孔，而且处事死板，无变通余地，大臣对他也有不满。

董卓将校多为凉州人，王允决定解散他的军队。有人以为不行，认为"今若一旦解兵开关，则必人人自危"。王允不听。当时百姓谣传王允要把凉州人全杀了，董卓故将校听说后便拥兵自守。董卓部将李傕、郭汜遣使至长安求赦，王允拒绝了他们。李傕等人不知道该怎么办，想就此解散，各归乡里。谋士贾诩分析道："若弃军单行，则一亭长能束君矣；不如相率而西，以攻长安，为董公报仇。"李傕觉得贾诩的话有道理，便率军数千，晨夜西行，又沿途收兵，及至长安，已有众十余万。六月，李傕等攻入城门，吕布逃走，王允被杀，时年56岁。所有的官吏十分害怕李傕等人，惧不敢替王允收尸，只有平陵令赵戬弃官收葬了王允。

王允死后，"天子感恸，百姓丧气"。迁都许昌后，汉献帝思念王允的忠贞气节，便改用隆重的殡礼重新安葬王允，还特意派虎贲中郎将"奉策吊祭，赐东园秘器，赐以本官受绶，送还本郡"。后来，又封王允的孙子王黑为安乐亭侯，食邑三百户。

第四章

三国两晋魏晋南北朝时期的著名名相

第一节 三国时期的著名宰相

诸葛亮

诸葛亮（181—234 年），字孔明，号卧龙（也作伏龙），徐州琅琊阳都（今山东临沂市沂南县）人，三国时期蜀汉丞相，杰出的政治家、军事家、外交家、文学家、书法家、发明家。

他的父亲诸葛珪，东汉末任泰山郡丞，去世很早。因此，诸葛亮是由叔父诸葛玄抚养大的。

诸葛玄经军阀袁术推荐，出任豫章太守，诸葛亮随之到了豫章（今江西南昌）。不久，袁术在与曹操的斗争

南阳武侯祠诸葛草庐

诸葛亮像

中败死，朝廷任命了新的豫章太守。诸葛玄丢了官职，投奔荆州牧刘表，诸葛亮也就到了荆州治所襄阳。他曾从师隐士酆玖，学习兵法阵图和治世之道，学业大进。诸葛玄死后，诸葛亮移居襄阳城西的隆中，"躬耕陇亩"，过起了近乎隐居的生活。期间，他结识了当地名士崔州平、徐庶、石广元、孟公威、庞德公、黄承彦、庞统、司马徽等人，经常一起读书吟诗，纵论天下大事，抒发报国无门的感慨。他通过读书、思索和访问南来北往的行人，积累了丰富的知识，了解了天下的形势，"每自比于管仲、乐毅，时人莫之许也"，平时爱吟《梁父吟》。

时值东汉末年，各地军阀豪强利用镇压黄巾农民起义的机会，蜂拥而起。先有外戚和宦官之乱，再有董卓、李傕、郭汜之乱，汉献帝最后落到曹操手里。曹操"挟天子以令诸侯"，平定割据势力，尤其是在官渡之战中打败袁绍，再北征乌桓，基本上统一了中国的北方。身为刘汉宗室的刘备参加军阀混战，屡战屡败，颠沛流离，无奈到了襄阳，投奔刘表。刘表控制荆州富庶之地，然而为人平庸，缺少抱负，内部统治很不稳定。刘备来投，刘表一方面表示欢迎；另一方面又很疑忌。他命刘备驻军新野（今河南新野），以防守荆州的北大门。

建安十二年（207年），刘备听闻诸葛亮的贤名，就亲自登门拜访诸葛亮。"凡三往，乃见"，故而有"三顾茅庐"之说。刘备见到诸葛亮，态度谦恭，向他讨教。诸葛亮见刘备诚恳谦虚，遂侃侃而谈，对当时的政治形势进行了精辟的分析。他说："自董卓以来，豪杰并起，跨州连郡者不可胜数。曹操比于袁绍，则名微而众寡，然（曹）操遂能克（袁）绍，以弱为强者，非唯天时，抑亦人谋也。今（曹）操已拥百万之众，挟天子而令诸侯，此诚不可与争锋。孙权据有江东，已历三世，国险而民富，贤能为之用，此可以为援而不可图也。荆州北据汉（水）、沔（水），利尽南海，东连吴会（今江苏、浙江），西通巴蜀（今湖北、四川），此用武之国。而其主（指荆州牧刘表和益州牧刘璋）不能守，此殆天所以资将军，将军岂有意乎？益州（今四川）险塞，沃野千里，天府之土，高祖（指刘邦）因之以成帝业。刘璋暗弱，张鲁在北，民殷富而不知存恤，智能之士思得明君。将军既帝室之胄，信义著于四海，总揽英雄，思贤如渴，若跨有荆（州）、益（州），保其险阻，西和诸戎，南抚夷越，外结好孙权，内修政理，天下有变，则命一上将，将荆州之军以向宛（城）、洛（阳），将军身率益州之众，出于秦川（今陕西关中），百姓孰敢不箪食壶浆，以迎将军者乎？诚如是，则霸业可成，汉室可兴矣。"

这便是著名的"隆中对"。其中心意思是刘备应当占领荆州和益州，东联孙权，北抗曹操，从而形成三足鼎立的局面，然后相机行事，统一天下，振兴汉室。诸葛亮身在隆中，心怀天下，足不出户，就为刘备后来的政治、军事活动，提出了基本的战略思想。

建安十三年（208年），曹操南征刘表。刘表病死，由其少子刘琮继任荆州牧，刘备守樊城（今湖北襄樊东）。在博望坡，诸葛亮首次用兵，火烧曹操的先锋部队，出手不凡。诸葛亮建议刘备夺取荆州，刘备流露出妇人之仁，说："吾不忍也。"刘琮懦弱无能，投降曹操。

荆州百姓多附刘备。刘备南逃，欲取江陵，曹操亲率 5000 名精锐骑兵，长途追袭。在当阳长坂（今湖北当阳东北），曹军追上刘军，大破之。刘备急向夏口（今湖北武汉汉口），会合刘表长子刘琦，移驻樊口（今湖北鄂城西北）。曹操占有江陵，控制了荆州大部分地区。

这时，诸葛亮为贯彻"东联孙权，北抗曹操"的战略方针，自请前去江东，游说孙权，联合抗曹。孙权时在柴桑（今江西九江西南），深切地感受到了曹操的威胁。诸葛亮针对孙权犹豫不决的心理，采用激将法，激起孙权抗曹的雄心。随后又"舌战群儒"，批驳了以长史张昭为守的主降派。加之周瑜、鲁肃等积极主战，孙权终于下定决心，任命周瑜为大都督，程普为副都督，鲁肃为赞军校尉，发兵三万，会合刘备的水师，协同作战，共抗曹军。诸葛亮协助周瑜，从容调度，于是便有了赤壁之战，孙、刘联军以弱克强，成功地打败了曹操。此战奠定了日后魏、蜀（汉）、吴三国鼎立的基础。

赤壁之战后，曹操败退北方，周瑜夺取了荆州，刘备和诸葛亮则攻取了江南武陵（今湖南常德）、长沙（今湖南长沙）、桂阳（今湖南彬县）、零陵（今湖南零陵）四郡。刘备自任荆州牧，治所设在公安（今湖北公安）。接着，诸葛亮巧设妙计，向孙权"借"得荆州，主力部队移驻江陵。从这时起，刘备真正有了栖身之所。孙权为了表示友好，还把妹妹嫁给刘备为夫人。

刘备在荆州站稳脚跟，任命诸葛亮为军师中郎将，督领长沙、桂林、零陵三郡，筹集军资，自己进兵益州。恰好，曹操发兵进攻益州北方门户汉中（今陕西汉中）。刘璋畏惧曹操，派人请刘备入蜀。刘璋部下张松、法正归顺刘备，充当内应。刘备留下诸葛亮、关羽镇守荆州，自己率兵数万西进益州。刘璋又害怕引狼入室，临时改变主意，资助刘备一些兵马和粮草、器械，让他去进攻汉中的张鲁。刘备到达葭萌

（今四川昭化），不再前进，"厚树恩德，以收众心"。张松勾结刘备的事实被人揭露，刘璋杀死张松。刘备大怒，攻占涪城（今四川绵阳）和雒城（今四川广汉），并征调诸葛亮围攻成都。诸葛亮让关羽留守荆州，领兵沿江西上，攻占巴东（今湖北巴东），顺利和刘备会师。他们进而围攻成都，十余日后，刘璋投降。刘备如愿以偿地占有了号称"天府之国"的益州，自任益州牧，优抚和重用刘璋的官属，施行仁政，实力大增。诸葛亮的身份变为军师将军，署左将军府事。刘备每外出，诸葛亮留守成都，"足食足兵"。接着，按照诸葛亮的部署，刘备夺取战略要地汉中。建安二十四年（219年），汉中最终落入刘备之手。这年秋天，诸葛亮等拥立刘备为汉中王，刘备的事业进入一个新的起点。

同年发生一起重大事件：刘备和孙权因荆州问题出现裂痕，孙权袭杀关羽，收回荆州。刘备意欲发兵进攻孙权，但被诸葛亮等劝阻。建安二十五年（220年），曹操病死，曹丕逼迫汉献帝禅位，自己称帝，灭汉建魏。刘备立刻打出刘汉正统的旗号，为登基称帝大造舆论。章武元年（221年）四月，刘备正式称帝，国号定为"汉"，是为蜀汉，定都成都。诸葛亮正式升任丞相，诸葛亮以丞相领尚书事，后又兼领司隶校尉。

称帝以后的刘备犯了个致命的错误，急于替关羽报仇，轻率地发兵进攻孙权，破坏了孙、刘联盟。张飞又被部下杀害，刘备更加暴躁，拒绝吴王孙权提出的和议，大举进军，直至秭归（今湖北秭归）、彝陵（今湖北宜昌东）。接着爆发了彝陵之战，孙权大将陆逊火烧刘备连营，大获全胜。刘备为一时意气用事付出了沉重的代价，几乎全军覆没，退守白帝城（今四川奉节东）。

年底，刘备患了重病，急召诸葛亮托付后事。次年二月，诸葛亮到达白帝城。刘备流着泪说："君才十倍于曹丕，必能安国，终定大事。若我的儿子可辅，辅之；如其不才，君可自取。"诸葛亮听了这话，诚惶诚恐，也流着泪说："臣敢竭股肱之力，效忠贞之节，继之以死。"刘备还给太子刘禅留话，说："汝与丞相从事，事之如父。"四月，刘备去世。刘禅继位，是为蜀汉后主。

建兴元年（223 年），诸葛亮被封为武乡侯，兼领益州牧，"政事无巨细，咸决于（诸葛）亮"。诸葛亮辅佐刘禅，所做的第一件事是"遣使聘吴，姻结和亲"，恢复两国联盟，形成对曹魏左右夹击的钳形之势。诸葛亮志向高远，想在东吴的配合下出师北伐，完成统一大业。然而，蜀汉的后方南中地区，少数民族上层贵族发动武装叛乱，这给北伐增添了后顾之忧。诸葛亮审时度势，决定先安定南中而后北伐。南中平定后，仍用孟获等民族首领充任官吏，进行管理，同时推进政治改革，给当地人民传授先进的农业耕作技术和手工业技术，促进经济发展。

诸葛亮塑像

这对西南各民族的团结和进步，做出了历史性的贡献。

建兴五年（227 年），孙权正对曹魏用兵。诸葛亮驻军汉中，决定挥师北伐，以完成刘备的遗志，实现天下统一的宏愿。出师之前，他给刘禅上了一道奏表，就是《前出师表》。他回顾刘备创业的艰辛和自己所受的知遇之恩，申述兵伐中原的大义，说："南方已定，兵甲已足，当奖率三军，北定中原，庶竭驽钝，攘除奸凶，兴复汉室，还于旧都。此臣所以报先帝，而忠陛下之职分也。"次年春天，北伐开始，诸葛亮佯装从褒斜道进兵关中，吸引了曹魏的主力，而自己则率20万大军，迂回陇西（今甘肃陇西），兵出祁山（今甘肃礼县东），攻占南安、天水、安定诸郡，并派先锋马谡驻军街亭（今甘肃秦安东北），完全扼住了陇西通向关中的咽喉地带。这时，魏文帝曹丕已死，继位的是他的儿子曹叡，即魏明帝。魏明帝派遣大将张郃率兵五万，迎战马谡。关键时刻，马谡违背诸葛亮的军令，死搬兵法，自行其是，导致街亭失守，全军陷入被动。诸葛亮引军回汉中，挥泪斩了马谡，以正军法。事后，他上书刘禅，自责"授任无方""明不知人"的错误，请求"自贬三等，以督厥咎"。刘禅同意，把他降为右将军，仍行丞相之职。

从建兴六年（228年）到建兴十二年（234年），七年间，诸葛亮六次出兵，致有"六出祁山"之说。实际上，真正取道祁山北伐的只有两次。在这连续的战争中，诸葛亮运筹帷幄，神机妙算，往往在千钧一发之际，化险为夷，留下了许多动人而有趣的故事，充分表现了一位杰出政治家和军事家的智慧与才能。

建兴十二年（234年），诸葛亮最后一次北伐，与魏军统帅司马懿相持于渭河之滨，历时三个多月。八月，诸葛亮病死于五丈原（今陕西岐山南）军中，时年54岁。蜀汉军队退去，司马懿察看诸葛亮营垒处所，由衷地赞叹说："天下奇才也！"

诸葛亮的政治、军事才能和个人品质，在中国古代政治家和军事家中，都是一流的。他能够举贤授能，不搞宗派，不计门第，凡有德才者，一律加以提拔和重用。他提出七条"知人"之道，即"志"（志向）、"变"（变通）、"识"（见识）、"勇"（勇敢）、"性"（本质）、"廉"（廉洁）、信（诚信）；严防"五害"，即"因公为私，乘权作奸""过

诸葛亮之墓

重罚轻，法令不均""纵罪恶之吏，害告诉（上告申诉）之人""阿私所亲，枉克所恨""县官慕功，赏罚之际，利人之事，买卖之费，多所裁量，专其价数，民失其职"。由于诸葛亮实行正确的用人方略，所以蜀汉初期人才济济，事业兴旺发达。

诸葛亮注重礼法治军，著有《兵要》《军令》《将苑》等，既讲"礼"，又讲"法"，把思想教育和执行军法结合起来，造就出一支将帅指挥有方、士兵勇于战斗的军队。他特别强调将帅的自律和示范作用，《将苑》50篇，专门论述将帅的素质修养、治军方法、战略战术、行军布阵等问题，极有见地。而且，诸葛亮"长于巧思"，改进连弩兵器，增加其杀伤能力；制造木牛流马，用于运输以军粮为主的作战物资；同时推演兵法，创新八阵图。对此，他很自信，说："八阵既成，自今行师，庶不覆败矣。"

诸葛亮之死，无疑是一颗巨星的陨落。他死前给刘禅写信，说：

"成都有桑八百株,薄田十五顷,子弟衣食,自有余饶。至于臣在外任,别无调度,随身衣食,悉仰于官,不别治生,以长尺寸。若臣死之日,不使内有余帛,外有赢财,以负陛下。"他还留下遗嘱,"葬汉中定军山(今陕西勉县境),因山为坟,冢足容棺,殓以时服,不需器物。"据此可知,他是廉洁的,不尚奢华。刘禅"嘉兹宠荣",给他追赠谥号为忠武侯。

荀 彧

荀彧(163—212年),字文若,颍川郡颍阴(今河南许昌)人。东汉末年著名政治家、战略家,曹操统一北方的首席谋臣和功臣。

荀彧的祖父荀淑生活在汉顺帝、桓帝年间,曾任朗陵县县令,在当时很有名。荀淑有八个儿子,都有一定成就,号称"八龙"。荀彧的父亲荀绲,任济南相;叔父荀爽,任司空。荀彧年轻时,南阳人何颙很赏识他,说他是"辅佐帝王的人才"。永汉元年(189年),荀彧被举荐为孝廉,任命他为守宫令。董卓作乱,荀彧弃官回到家中,劝乡亲父老离乡避乱,乡亲们大多怀恋故土,犹豫不定。正好冀州牧的同乡韩馥派骑兵来迎接荀彧,荀彧只好独自率领家族的人迁到冀州。

此时,袁绍已经夺得了韩馥的职位,对待荀彧用上等宾客的

荀彧像

礼节。荀彧的弟弟荀谌及同郡的辛评、郭图，都被袁绍任用。初平二年（191年），荀彧考虑袁绍最终不能成就大业，便离开袁绍到东郡投奔奋武将军曹操。曹操非常高兴，任命他为司马。此时，董卓派部将从关东出兵，到颍川、陈留，所经过的地方大肆掠夺，荀彧家乡留下没走的大多被屠杀、掠夺。初平三年（192年），曹操领兖州牧，后来任镇东将军，荀彧经以司马的身份随其征战。

兴平元年（194年），曹操征讨陶谦，任命荀彧留守鄄城（今山东鄄城北，兖州治所）。张邈、陈宫趁机在兖州叛乱，暗地里迎接吕布。吕布到了兖州，张邈便派刘翊向荀彧要求提供军用物资和粮食。荀彧知道张邈心怀不轨，马上召集部队设置防守，迅速召来东郡太守夏侯惇。夏侯惇到达后，当天夜里就杀掉谋划叛乱的几十个人，士兵们才安定下来。豫州刺史郭贡率领着几万名士兵来到城下，有人说他与吕布同谋，城里的士兵都很害怕。郭贡请求见荀彧，荀彧准备前往。夏侯惇等人说："您是一州的镇守，前往一定危险，不可以去。"荀彧说："郭贡与张邈等人平时并没有什么勾结，现在来得很快，计划一定没有定好；趁他主意未定时劝说他，即使他不采纳我的意见，也可使他保持中立。如果先怀疑他，他就会在愤怒之下制订计划。"郭贡看到荀彧毫无惧色，认为鄄城不容易攻下，于是带兵回去了。荀彧又与程昱商议，派人去劝说范县、东阿，终于保住了这三个县城。曹操从徐州回来，在濮阳攻打吕布，吕布向东逃走。兴平二年（195年）正月，曹操击败侵入定陶（今山东定陶西北）的吕布军，并分别派出部队收复兖州各县，兖州遂平。此战的获胜，对曹操以后统一北方，成就大业，具有重要的意义，荀彧功不可没。

建安元年（196年），曹操击败了黄巾军，汉献帝从黄河东面回到洛阳。荀彧劝曹操迎接天子迁都许昌，这样就可以"挟天子以令诸侯"。

曹操于是到洛阳，迎接天子到许昌定都。天子任命曹操为大将军，进升荀彧为侍中，代理尚书令。曹操虽然在外征战，但军国之事都由荀彧调度筹划。荀彧先后推荐了郭嘉、荀攸、钟繇、陈群、杜畿、司马懿等人，都是当时名士。曹操认为荀彧会识人，他所推荐的人都很称职。

自从曹操迎接汉献帝之后，袁绍内心不服。当时袁绍已吞并了黄河以北的地区，势力正盛。而曹操正担心东边的吕布，南面还要抵抗张绣的进攻。建安二年（197年）正月，曹操南征张绣，大败而归。袁绍更加骄横，给曹操送来书信，信中言辞无理傲慢。曹操非常气愤，以致举止失常，大家都以为是与张绣作战失利的原故。曹操便将袁绍的信给荀彧看，说："现在想要讨伐不义之人，可是兵力不能与之相敌，怎么办呢"？荀彧向曹操分析说："自古以来，较量成功失败的人，如果确实有才能，虽然开始时势力弱小，但以后一定会强大；如果不是那样的人，即使很强大也容易衰弱。刘邦、项羽的存亡，就可以看出这点。现在与您争夺天下的人，只有袁绍。袁绍表面大度宽容，而内心猜忌，任用别人而又怀疑他的忠心；您明智通过不拘小节，根据才能适当任用，这种气度胜过了袁绍。袁绍处事犹豫不快，失去机会；您能够决断大事，随机应变，不守成规，这种谋略胜过了袁绍。袁绍治理军队松弛，法令不能确立，士兵人数虽多，但实际上难以调用；您的法令明确，奖赏、惩罚一定能够实行，士兵人员虽少，但都争相拼死而战，这种武力也胜过了袁绍。袁绍凭借世袭的身份为资本，将自己装饰得很有智慧，来获取名誉，所以士人之中缺少才能，喜好名誉的人大多去归附他；您用大仁大德对待别人，推及诚心不虚伪关饰，自己的行为俭朴谨慎，然而奖赏有功人士没有任何吝惜，所以天下忠诚正直、努力从事实际工作的人都愿意为您效力，这是在德行上超过了袁绍。用这四方面的优势辅佐天子，扶持正义讨伐邪恶，谁敢不听从？

袁绍的强大又有什么作为呢？"曹操很高兴，荀彧又说："不先攻下吕布，黄河以北就不容易谋取。"曹操说："正是这样。我所担心的，还是怕袁绍入侵骚扰关中，勾结胡、羌，南面引诱蜀汉，这样只能凭据兖州、豫州来抵抗天下六分之五的兵力。那样将怎么办呢？"荀彧说："关中将领的人数可以用十位来计算，没有人能够统一他们，唯有韩遂、马超的实力最强。他们看到山东正在争斗，必然各自拥兵保全自己。现在如果用恩惠去安抚他们，派遣使者与他们联合，相互之间即使不能维持长久的安定，但可以使您在平定山东期间他们不会有什么行动。另外，钟繇可以担负起西边的事务。这样一来，您就没有什么可以忧虑的了。"

（198年）五月，曹操大败张绣；十二月，曹军攻入下邳，诛杀吕布，平定徐州，于是与袁绍相对抗。建安四年（199年）四月，曹操派部将北渡黄河，击斩依附袁绍的眭固，攻占射犬（今河南武陟西北），控制河内郡（治怀县，今河南武陟西南）。由于曹操在内线作战中，集中兵力，各个击破，速战速决，逐步由弱变强，据有兖、豫、徐等州，为抗击袁绍集团准备了条件。

荀彧像

此时，袁绍击灭幽州公孙瓒，成为北方最强大的割据势力。六月，河北割据势力袁绍统带精兵 10 万，战马万匹，企图南下进攻许昌。围绕着是否抗袁的问题，在曹操集团内部又展开了一场辩论。最后，又是荀彧力排众议，坚定了抗袁的决心。建安五年（200 年），官渡之战爆发。曹操出兵袭击袁绍其他兵营，斩杀了袁绍的将领淳于琼等人，袁绍撤走。审配因为许攸不遵守法令，逮捕他的妻子儿女，许攸气得背叛了袁绍；颜良、文丑临阵被杀；田丰因为直谏被杀。他们的结局都如荀彧所预料的那样。

建安六年（201 年）三月，曹操到东平郡安民县驻军，以便获得军粮，粮食少，不足以与河北的敌军相持，想要利用袁绍刚刚被打败的时机，乘势攻打刘表。荀彧说："现在袁绍失败，他的部下军心涣散，应当乘他们困窘之时，平定他们；可是您要离开兖州、豫州，远征长江、汉水流域，如果袁绍收集他的残余部队，乘虚进入我们的后方，那么您的大事就会完了。"曹操采纳其计，遂于四月挥军北进，扬兵于黄河之上；对驻守仓亭的袁绍军发起攻击，一举歼灭仓亭袁军。至此，袁绍主力丧失殆尽。九月，曹操班师返许（今河南许昌东）。

建安七年（202 年）五月，袁绍因兵败惭愤，呕血而亡，其子袁谭、袁尚为争夺继承权相互攻伐。曹操渡过黄河，攻击袁绍的儿子袁谭、袁尚，而这时高干、郭援侵扰河东，关右动荡，钟繇率领马腾等人击败了他们。建安八年（203 年），曹操上表封荀彧为万岁亭（在今河南新郑县内）侯。

建安九年（204 年），曹操攻克了邺城，兼任冀州牧。这个时候，荀彧常常为曹操出谋划策，荀彧的兄长荀衍以监军校尉的身份驻守邺城，统领黄河以北地区的事务。曹操征讨袁尚，高于秘密谋划派兵袭击邺城，荀衍事先察觉，把他们都杀了，因功被封为列侯。曹操把女儿嫁给荀彧的长子荀恽做妻子，后来称为安阳公主。荀彧以及荀攸都地位显贵，但他们都谦虚节俭，将俸禄以及赏赐都分给宗族和相互了解的旧友，家中没有积金的财物。建安十二年（207年）三月，增荀彧食邑1000户，前后共计2000户。还要授以三公（当时以太尉、司徒、司空为三公）之职，荀彧使荀攸推辞十几次才作罢。

建安十三年（208年），曹操要讨伐刘表，询问荀彧应当采用什么计策，荀彧说："现在华夏已经平定，南方已经知道处境困难了。可以公开向宛县、叶县出兵，同时从小路轻装前进，出其不意地进行偷袭，"曹操于是出发。正赶上刘表病死，曹操直奔宛县、叶县，按照荀彧的计策行动，刘表的儿子刘琮在荆州投降。

曹操对荀彧如此评价："侍中尚书令荀彧，积德累行，少长无悔，遭世纷扰，怀忠念治。臣自始与举兵，周游征伐，与彧勠力同心，左右王略，发言授策，无施不效；彧之功业，臣由以济，用披浮云，显光日月，天下之定，彧之功也？"可以看到，曹操对荀彧的评价远超他人，甚至认为是他与荀彧共同平定天下。

但荀彧后期却是在一种极为压抑、苦闷的心情下，郁郁而终的。建安十七年（212年），董昭等人称说曹操应当晋爵为国公，备用九锡之物来表彰曹操的特殊功勋，秘密向荀彧征求意见。荀彧认为曹操原起义兵本来是为了匡扶朝廷安定国家。应当怀着忠贞的诚心，保持着退让的实质行动，君子用道德爱人，不应当这样做。曹操因此心中不喜，从此这二人之间就产生了隔阂。同年，曹操征孙权，让荀彧到谯县劳军。荀彧到达以后，曹操乘机把他留在军中，封荀彧为侍中、光禄大夫，持节，参丞相军事。曹操军至濡须，荀彧因病留在寿春（今安徽寿县），不久忧虑而死，时年50岁，谥号敬侯。咸熙二年（265年），追赠荀彧为太尉。

华 歆

华歆（157—232年），字子鱼，汉族。平原高唐人（今山东聊城高唐县）。汉末魏初时名士，曹魏重臣、丞相。华歆的治国主张主要是重农非战，重视文教德化。

高唐是齐地有名的都市，士大夫无不在市里游逛。华歆当时在县衙为做吏，每当休假走出官府，就直接回家关上门。他评价别人公平客观，从来不诋毁别人。同郡的陶丘洪也是知名人士，自认为真知灼见超过华歆。中平五年（188年），冀州刺史王芬和众豪杰阴谋废黜汉灵帝，暗中和华歆与陶丘洪共同商定计策，陶丘洪打算参与，华歆劝阻他道："废立是件大事，伊尹、霍光也感到难办，王芬性格疏狂而且不懂军事，这件事必定失败，灾祸必将牵连整个家族。您最好不要去！"陶丘洪听从华歆的意见没有去，后来王芬果真失败，陶丘洪这才佩服华歆见识超过自己。

汉灵帝时，华歆被荐举为孝廉，任郎中，后因病离职回家。汉灵帝死后，外戚何进辅政，接着董卓乱汉。汉灵帝死后，辅政的大将军何进调河南郑泰、颖川荀攸和华歆入京。中平六年（189年），华歆到洛阳后，被授以尚书郎之职。初平元年

华歆塑像

（190年），董卓把天子迁徙到长安后，华歆要求去做下邽县令，却因病没有就职，而是从蓝田来到南阳。当时袁术在穰县，挽留华歆。华歆劝说袁术派军队去讨伐董卓，袁术未能采纳。华歆决定抛弃袁术另走他乡，恰好汉献帝派太傅马日磾安抚关东（函谷关以东），马日磾遂召华歆做掾属。他向东来到徐州，天子下诏书授予他豫章太守的官职。由于他为政清明，官吏和百姓都感激拥戴他。后来孙策死了，曹操在官渡，上表请求天子下诏华歆，孙权不想遣送让他去，华歆对孙权说："将军奉天子的命令，刚和曹公友好结交，名分道义尚未牢固，让我能够为将军献上一片心意，难道不是有益处吗？如今徒然留住我，这是供养无用的东西，不是将军的好计策啊。"孙权听了很高兴，于是答应送他入京。听说华歆度进京赴任，他的宾朋好友及昔日同事千余人都赶来相送，并赠送了数百金的巨额礼物。华歆一一登记在册，后如数奉还，分文未取。

华歆到京师后，被授任为议郎，兼司空军事，后升任尚书，又转升侍中，再代荀彧为尚书令（相当于副丞相）。曹操征讨孙权时，奏请献帝任命华歆为军师。曹操受九锡封为魏王后，任御史大夫。延康元年（220年），曹操去世，曹丕继位魏王，拜华歆为相国，封为安乐乡侯。到文帝即帝位，改任司徒。

华歆历来很清廉，禄米及皇帝赏赐都赈济了亲戚熟人，家中少有余粮。朝廷每每将罚没为奴的年轻女子赏赐给大臣，只有华歆不收留，而是将她们嫁人。曹丕为此叹息不已，并下诏书说："华司徒是国家难得的长者，其作为暗合天地之道，深得民众之心呀。今天大官们都有丰盛佳肴，只有他是简单的蔬菜佐饭，而很不计较。"故此，特别拿自己衣服赏赐华歆，并为他的妻子及家中男女做衣服。

曹丕即位初期，下诏要求宫廷大臣向他举荐独行特立的隐士，华歆推举了管宁，曹丕派车专门去迎接。黄初七年（226年）五月，曹丕驾崩，皇太子曹叡继位，是为明帝。明帝晋封华歆为博平侯，增赠封邑500户，连同过去所封的共1300户，调任为太尉。华歆上奏说有病，乞求辞退，把职位让给管宁，皇帝不允许。当时太傅钟繇有腿病，下拜起身不方便，而华歆也年老患病，所以上朝进见时都让他们乘车坐轿，由卫士抬着上殿就坐。此后三公有疾病，就把这种做法当成了旧例。

太和四年（230年），魏明帝派曹真从子午道（关中至汉中的通道）进军征伐蜀汉，皇帝车驾则向东来到许昌，华歆有机会见到魏明帝。对此，华歆大胆上书分析天下政治形势，提出了修文德的主张，他说："为国者以民为基，民以衣食为本"，所以应该注重农业生产，安定百姓，如果大魏没有饥寒的忧患，百姓没有背井离乡的心情，那样天下才能治理好；如果真能做到圣贤的教化日日深入，那么远方的人就会感怀威德，吴蜀之民也会归附的。华歆认为，首先应留心治国圣道，征战只能在不得已的时候使用。当时华歆言辞恳切，深深打动了魏明帝，且又恰逢秋季大雨，魏明帝终于听从华歆建议，诏令曹真退兵。

太和五年十二月戊午（232年1月30日），华歆去世，享年75岁，谥号敬侯。

王 朗

王朗（？—228年），本名王严，字景兴。东海郯（今山东临沂市郯城西北）人。汉末至三国曹魏时期重臣、经学家。

王朗早年师从太尉杨赐，因通晓经籍而被拜为郎中。后因杨赐去世而弃官为其服丧，后来被举孝廉，但王朗不应命。徐州刺史陶谦又举其为茂才，拜治中从事。初平四年（193年），汉献帝被李傕、郭汜控制，王朗时任徐州治中从事，与徐州别驾赵昱建议陶谦遣使向献帝进贡，以表示对汉室的支持。陶谦听从，并命赵昱带奏章至长安。献帝接到奏章后，颇感赞赏，并升陶谦为徐州牧、安东将军，王朗也被任命为会稽太守。他在任四年，颇受当地人民爱戴。

建安元年（196年），横扫江东的孙策率兵进攻会稽，王朗的功曹虞翻建议避其锋锐。但王朗不接纳，坚持要守护城池到底，领兵对抗，最后被孙策击败。王朗于是打算逃到交州，出海到东冶时，遭孙策追击，王朗被迫投降。孙策因敬重王朗而不作加害，亦曾派张昭劝王朗为他效命，但王朗坚决不肯。此后王朗虽然漂泊穷困，朝不保夕，可是收留救济亲戚和老熟人，有多少就分给多少，做了许多好事。

后来，曹操上表征召王朗，王朗由曲阿县出发。但因为久经战乱而道路不通，辗转数年才到任。王朗先被任命为谏议大夫，参司空军事。魏国刚建立时，他以军祭酒的身份兼魏郡太守，升少府、奉常、大理。

曹丕像

王朗办案勉力宽恕，嫌疑罪犯从轻发落。

延康元年（220年），曹丕（魏文帝）继任魏王后，王朗迁任御史大夫，封安陵亭侯。王朗曾进言，劝曹丕减轻刑狱，转以扶助幼弱，帮助人民休养生息。同年，曹丕受献帝禅让称帝，改御史大夫为司空，晋封王朗为乐平乡侯。曹丕时常出外游猎，有时到半夜才回宫。王朗于是上书劝谏，曹丕于是不再半夜回宫。

黄初二年（221 年），吴蜀夷陵之战爆发，有人认为应该举兵支援称藩的东吴，并一举吞灭蜀汉，但王朗认为应该等待两军相持不下时才领兵支持，并派持重的将领攻蜀军要害之处，一举决胜；而当时东吴尚未起兵，而且经常下雨，不利于行军，于是反对。皇帝采纳了他的计策。

后来，曹丕征召孙权长子孙登为东中郎将，但孙登没有来，曹丕于是到许昌大兴屯田，打算进攻东吴。王朗认为孙登可能还在来的路上未到，一旦越兵后孙登又来到，影响太大，于是反对出兵，建议增强边境戍守，预防东吴进攻。当时曹丕以已成军而出征，而孙登也始终没有来，曹丕兵到长江后撤回。

太和元年（227 年），魏明帝曹叡继位，晋封王朗为兰陵侯，升任司徒。增赠封邑 500 户，与过去所封合计共 1200 户。

太和二年（228 年）王朗去世，谥号成侯。正始四年（243 年），王朗与曹真等人因功得以配享曹操庙庭。

顾 雍

顾雍（168—243 年），字元叹，吴郡吴县（今属江苏）人。三国孙吴丞相、政治家。

顾氏是江南名门望族。顾雍从小聪明机灵，少年时曾从因避怨而隐居于吴的东汉文学家、书法家蔡邕（原名雍，字伯喈）学琴与书法。蔡邕对顾雍的才华十分赏识，认为他将来必定有所成就，于是将自己的名字相赠。20 岁时，顾雍即由州郡官吏表举推荐，担任合肥县长。后历任娄县、曲阿、上虞地方官，所到之处都有不错的政绩。

建安五年（200），孙权兼任会稽太守，以顾雍为郡丞，代理他处理一切事务。顾雍讨除寇贼，使得郡界宁静，官吏百姓归服。数年后，进入孙权幕府担任左司马。顾雍讨除寇贼，使得郡界宁静，官吏百姓归服。数年后，进入孙权幕府担任左司马。黄武元年（221年），孙权为吴王，顾雍任大理、奉常，又领尚书令，封阳遂乡侯。黄武四年（225年），改任太常，晋封醴陵侯，不久代孙邵为丞相、平尚书事。这一当就是19年。

顾雍淡于爵禄，廉洁自奉。孙权为吴王后，顾雍连连升迁，但他从不告诉家人属下。事后得知，都惊叹不已。

当上宰相后，顾雍时常访察民间疾苦，提出了不少适当而有效的办法，功绩不小，但他从不居功自傲，不仗势凌人。他与孙权相处注意君臣礼节，对国家忠心耿耿，一切以国家利益为重；对同事和部下，则态度和蔼，十分谦虚。他办事有自己的独到见解和主意，考虑问题周到全面，处理问题稳妥，很讲究方式方法。在他的精心辅助下，吴国在不长的时间内出现了全面兴盛和繁荣，人称他为"东吴名相"。

顾雍像

顾雍选拔任用的文武将官都能根据他们的才能而用，心中没有远近亲疏的成见。如果被采纳，就把功劳归于主上，如果不被采纳，最终也不会泄露出来。孙权因此很器重他。在朝廷上陈述事情，顾雍的言语和神色虽然和顺，但所坚持的都是正当的道理。孙权曾经询问有关政事的得与失，张昭便陈述了他所听到。见到的情况，都认为法律条令过于苛细，刑罚也有些重，应当有所删减。孙权不说话，看着顾雍问："你以为怎样？"顾雍回答说："我听到的，正如张昭所讲的一样。"于是孙权便让大家讨论狱政减轻刑罚。

很久以后，吕壹、秦博任中书，掌管各个官府和州郡的文书。吕查等人因此渐渐地作威作福，制定了官府专利卖酒、矿产、山林、水泽专管的法律，检举罪犯。纠察奸恶，一点点的小事也要上报，根据诬馆的报告深入调查，毁谤攻击大臣，排挤陷害无辜，顾雍等人都被人举报，遭到谴责。后来吕壹的罪行被揭发出来，被廷尉抓起来。顾雍前去断案，吕壹以囚徒的身份见他。顾雍和颜悦色，问他案情，临走时又对吕壹说："你还有什么话要说吗？"吕壹叩头无语。当时尚书郎怀叙当面辱骂吕壹，顾雍责备怀叙说："官府有公正的法律，何必要这样呢。"

除公事外，顾雍持家教子合理有方。有次孙权出嫁一个内侄女（是顾氏的外孙女），婚宴请了顾雍父子及孙子顾谭（时任选曹尚书）。当时君臣们非常欢洽，顾谭醉而起舞不已，无法制止。顾雍心里十分生气，当时又不好发作，只得留待明日。第二日召顾谭当面严责，道："君王以忍辱负重为德，臣下以恭敬谨慎为节。当年萧何吴汉都立有大功，但当见高祖皇帝面时都如不会说话似的。你于国家有什么汗马功劳可言吗？只不过是依靠了我们顾氏门第的资格而受宠用罢了！因何舞得如此得意忘形，虽说是出于酒后，其实还是恃恩忘敬，谦虚不足的坏思想作祟啊，看来败毁吾家族的人必是你了！"说毕，转身向壁而卧，不再理顾谭。顾谭呆立一旁，足足达一个时辰，才被祖父遣走。

赤乌六年（243 年）十一月，顾雍病逝。孙权身穿素服亲临吊唁，赐谥号"肃侯"。

蒋 琬

蒋琬（？—246 年），字公琰，零陵群湘乡县（今湖南湘乡）人。蜀后主时丞相。

蒋琬年少好学，聪明过人，仪态轩昂，气度非同寻常。青年时期，他就因才学而知名。后来，投笔从戎，追随刘备，最初只是一名秘书性质的佐吏，之后出任广都县县令。不久，蒋琬任什邡（今四川什邡南）县令。刘备到汉中称王时，诸葛亮推荐他入朝任尚书郎。

建安二十四年（219 年），刘备晋位汉中王，调蒋琬入中央任尚书郎。在诸葛亮的有意栽培下，蒋琬也兢兢业业，恪尽职守，逐步熟悉国家大政、典章制度，积累了比较丰富的管理经验。

蜀汉建兴元年（2232），后主刘禅继位，丞相诸葛亮负责处理蜀汉一切公务，蒋琬进入丞相府为东曹掾，主管二千石长吏的升迁，地位十分重要。诸葛亮对他十分器重，又举他为秀才，蒋琬谦逊不受，又提升为参军。建兴五年（227），诸葛亮居汉中，蒋琬与长史张裔主持留守相府。这期间，他尽职尽责，由于处事能力很强，深得丞相诸葛亮的赏识。建兴八年（230 年），蒋琬由于政绩突出，代替张裔任长史，又加抚军。诸葛亮北伐中原期间，

蒋琬塑像

蒋琬居于后方，为诸葛亮提供了充足的粮草和武器。诸葛亮常称赞蒋琬和自己一样忠诚，是共同辅佐王业的人。诸葛亮还秘密地上表给后主刘禅，说蒋琬可以继承自己的遗志。

诸葛亮在潜心治蜀期间，蒋琬成为其最得力的助手。不论诸葛亮从事的哪项工作，蒋琬都能发挥他的作用。正是由于蒋琬和诸葛亮共事多年，其才干与品行才深得诸葛亮的信赖，诸葛亮才敢把总理朝政的大权交给他。

蒋琬自从担任丞相掾属以来，诸葛亮一直与他保持着频繁的书信往来，多评论当时人才，兼及政局时势。

此外，蒋琬等人作为丞相掾属还负有监察巡行的任务。长水校尉廖立自以为才名仅次于诸葛亮，地位却在李严之下，于是很不服气，议论蜀汉君臣，对刘备、关羽也是大加批评。蒋琬将其言论向诸葛亮如实汇报，诸葛亮将廖立贬为庶民。

无论是书信往来还是亲临指教，蒋琬在诸葛亮的悉心指导下，处理公务越来越熟练，已经具备了作为一名最高管理者的必要条件。

建兴十二年（234 年），诸葛亮病逝五丈原，举国上下一片哀声。不久，蒋琬做了尚书令，又迁大将军，录尚书事。

诸葛亮的逝世使蜀国人心惶惶，时有内乱发生，在蒋琬接任之前就有魏延的叛乱闹事，之后又有杨仪口出狂言、诋毁朝政之事，蜀国国势一片混乱。

在这种混乱的局面下，丞相蒋琬成为蜀国的顶梁之柱。他化悲痛为力量，冷静、沉着地处理朝政，安定朝廷，以尽快消除因诸葛亮之死而带来的不安和骚乱。慢慢地，由于蒋琬出色地接替了诸葛亮的政治权力，蜀国慌乱的局面和人心都得到了缓解。延熙元年（238 年），刘禅又加封蒋琬为大司马。做了丞相的蒋琬同时亦继承了诸葛亮的遗志。由于地理、经济、人才等因素的限制，诸葛亮尚且惨淡经营、劳而无功，而征讨之事、应变策略更非蒋琬所长。蒋琬深知自己难比诸葛丞相，但他依然决定北伐曹魏。

蜀汉延熙元年，司马懿率军讨伐辽东公孙渊，后主诏令蒋琬率兵进驻汉中，等待时机，与孙吴夹击魏国。6年之中，蒋琬率军屯驻汉中，魏军不敢来犯。此期间，蒋琬还多次派姜维从西戎进攻魏境，但收效甚微。

同时，蒋琬又在进军路线上下了一番功夫。蒋琬认为诸葛亮生前多次出兵秦川，道路艰险，来往不便，不如沿汉水、沔水东下，进攻魏国的魏光、上庸二地。于是，下令大造舟船，准备出击。但蒋琬的这一举措引起了孙吴朝臣的疑惧，朝中官员也认为并非上策。不久，蒋琬旧病复发，水路攻魏的计划也就作罢。

后主派尚书令费祎、中监军姜维来汉中与蒋琬商议大计，蒋琬深感惭愧，又一次上书后主，他诚恳地写道："为汉室除残去秽，是我

蒋琬墓

应尽的职责，由于我资质驽钝，又兼疾病，来汉中 6 年，并无进展，俯仰维艰，寝食不安。现在魏国强大，北伐无益，我与费祎商议，认为凉州地势险要，进退可据，羌胡人心思汉，宜用姜维为凉州刺史，姜维出军西北，我当率军后继，而涪县水陆通达，万一东北有变，应付不难。"一片赤诚，一番苦心，溢于字里行间。

延熙六年（243 年），蒋琬从汉中回军，到涪县驻军，以费祎为大将军，出守汉中。国事基本上都由费祎处理，尽管病魔缠身，蒋琬仍然念念不忘北伐事宜，想到丞相的重托，心中十分不安，觉得自己有负丞相厚望。

延熙九年（246 年），蒋琬带着北伐未遂的心愿在疾病折磨之中与世长辞，被追谥为恭候。

费 祎

费祎（？—253），字文伟，江夏郡鄳县（今河南罗山县城以西）人。蜀后主时丞相。

费祎的父亲在他很小的时候就去世了，难以维持生计的费祎母子只好依附族父伯仁。伯仁的姑母是刘璋的母亲，因此和刘璋有亲戚关系。所以，当刘璋派使者接伯仁去益州，费祎也就跟随伯仁来到益州求学。

伯仁到达益州时，正值刘备刚从刘璋手中夺取了这块地方。费祎也就留在了益州，与汝南郡人许淑龙、南

费祎塑像

郡人董允齐名。但他处事却与众不同。一次，许靖死了儿子，董允和费祎要一同到许靖儿子的安葬地相会。董允父亲董和，让他们乘坐一辆侍从使用的小车前去。董允认为降低了自己的身份，表现出难以乘坐的样子，而费祎却丝毫没有犹豫，便上了车。到达办丧事的地方，正巧诸葛亮和一些有声望、有地位的人在那里，车辆也都很华贵耀眼。董允于是神色不安，而费祎却安然自若。

董和听驾车之人详细地叙述了当时的情景后，对董允说"我常常怀疑你和文伟优劣没有区别，但现在我已经心里有数了！"

魏文帝黄初二年（221年），刘备在成都称帝。费祎和董允同任合人，又升为庶子。后主刘禅继位后，费祎任黄门侍郎。

费祎一直受到诸葛亮的重视和照顾。诸葛亮南征回来，群臣僚属都到几十里以外迎接，年纪和职位大多在费祎之上，而诸葛亮唯独只叫费祎与他同车。因此，大家也都对费祎另眼相看。之后，诸葛亮任命费祎为昭信校尉，出使东吴。孙权生性滑稽，调笑诙谐没有限度。诸葛恪等人才识渊博，善于辞令，辩论诘难锋利之至。而费祎言辞顺达，语意实在，据事答辩，没有使蜀国尊严受损。

有一次，费祎在孙权的不断劝酒之下开怀畅饮。孙权看到费祎已经大醉，便借机向他问及国家大事，并论及当世之务，言辞犀利。费祎言明自己酒醉，回去之后便将孙权所问依次记录下来，然后逐条给予答复，竟没有一件事情被遗漏。

孙权十分赏识费祎卓越的外交才能。当费祎与孙权告别时，孙权认为费祎品德美好，将来定为蜀国重臣而不能多来吴国与之相见，恋恋之情溢于言表。

从吴国出访回来，费祎就被升为侍中。诸葛亮北进汉中时，请费祎为参军。后来，费祎又奉命多次出使东吴，也都圆满地完成任务。

建兴八年（230年），费祎转任中护军，后来又任司马。当时军师魏延与长史杨仪不和，每当他们坐在一起争论，魏延就举刀对着杨仪比画，杨仪则涕泪交集。多亏费祎从中规劝，并坐在中间将他们分开。诸葛亮在世时，魏延和杨仪之所以能各尽其用，完全是费祎从中周旋、匡正补救的结果。诸葛亮去世以后，费祎任后军师，不久代替蒋琬任尚书令。蒋琬从汉中回到涪县后，费祎升任大将军、录尚书事。

蒋琬逝世以后，费祎就挑起了丞相这副重担。费祎总理军政大权，依然承继诸葛丞相遗训，对内治国安民，对外北伐以求实现统一。延熙七年（244年），曹魏军队驻扎在兴势山，后主授与费祎符节，命他率领人马前往抗击。前来送别的光禄大夫来敏要求和费祎下棋。而这时，军事文书交相传递，兵士都已穿上战甲，车马都已准备完毕，而费祎却与来敏安然对弈，面色全无厌倦的样子。来敏说费祎临危不惧，是位能干之人，贼寇必能被平定。

延熙十一年（248年），费祎出兵进驻汉中。他和蒋琬一样，虽然人在外地，但朝廷有何庆贺赏赐、惩恶扬威的事，都要先通过他的询问决断，方可施行。

敬侯祠

延熙十六年（253年）初，蜀汉大聚会，曹魏投降过来的人郭循也在座。酒宴上，因高兴而畅饮的费祎酩酊大醉，郭循乘此机会突然举剑刺向费祎，身为丞相的费祎就这样不明不白地死于非命。

费祎主政时，执行休养生息的政策，为蜀汉的发展尽心竭力。费祎性格谦恭真诚，颇为廉洁，家无余财。死后谥封"敬侯"。葬于今广元市昭化古城城西。

陆　逊

陆逊（183—245年），字伯言，吴郡吴县人。江南士族出身，孙策的女婿。吴大帝时丞相。

陆逊出生于东汉末年，在他很小的时候，父亲就死了，于是他就跟着堂祖父庐江太守陆康一起生活。后因陆康与袁术有仇，陆康叫陆逊和亲属回到了老家吴县。

陆姓是江东大族，这也为陆逊后来步入仕途提供了条件，创造了机会。

建安九年（204年），孙权做东汉的将军，21岁的陆逊任孙权的幕府官，先后做过东西曹令史，又出任海昌（今浙江海宁西南）屯田都尉，并兼管海昌县事。当时，海昌县连年大旱，陆逊开仓放粮救济百姓平民，勉励和督促他们纺耕生产，使百姓受益颇多。建安二十四年（219年），吕蒙因病调回京城。向孙权推荐陆逊来代替自己对峙镇守荆州的关羽。吕蒙认为：陆逊深谋远虑，但现在名气不大，不足以使关羽畏惧，可以暗中观察形势，寻找时机夺取荆州。于是孙权任命陆逊为偏将军右都督，代替吕蒙。

陆逊来到陆口，立即给关羽写信，言辞谦恭，对关羽大加吹捧。关羽看了陆逊的书信，果然把精力全部用在对付曹军上，对陆逊不再有所防备。

于是，孙权就暗中向西派兵，命陆逊和吕蒙为先锋，很快攻下公安、南郡。陆逊直接进军，攻下宜都，致使各城及蛮夷纷纷归顺投降。陆逊又受命对其授予官职，关羽立刻陷入腹背受敌的境地。不久关羽兵败麦城，在突围途中被吴军擒获，后遭杀害。陆逊击败詹晏、邓辅、郭睦，招降文布，前后斩杀、擒获、投降的人总共有数万。孙权晋用陆逊为右护军、镇西将军，提升封号为娄侯。

关羽被害、荆州丢失的消息传来，刘备十分悲痛，发誓要消灭东吴，为关羽报仇。他不顾诸葛亮的反对，带领蜀汉全国的大部分人马，对东吴发动了大规模战争。

孙权得报后，几次派人求和，均遭到刘备拒绝。这时候东吴的大将鲁肃、吕蒙、周瑜等都早已去世了，孙权只得任命年轻的镇西将军陆逊为大都督，赐尚方宝剑，统率朱然、徐盛、韩当、孙桓等5万人马去抵抗刘备。

起初陆逊为避刘备军队之锋芒，坚守营寨，闭门不出。对蜀军的挑战也置之不理。他手下的将士纷纷请求出战，且不服从其命令。无奈之下，陆逊只好用尚方宝剑进行威吓，才使将士不敢轻举妄动。这样，

陆逊像

双方僵持了半年之久。刘备设计命令吴班带着1万多名老弱兵士，到靠近吴军的地方去扎营，并挑衅吴军，自己率领8000名精兵，在山谷里埋伏起来。吴班领士兵不断辱骂吴军，并以此引诱吴军进攻。十分气愤的吴军将领再次请求出战。面对蜀军的侮辱与谩骂，陆逊不慌不忙，他沉着冷静，命令吴军照旧坚守阵地，不要理睬蜀军的挑战。又过了几天，刘备知道自己的诱敌之计已经被陆逊识破，只好从山谷里撤出伏兵。

时值盛夏，暑气逼人，为了躲避酷暑，刘备只得让水军离船上岸，和陆军一起靠着溪沟山涧、树林茂密的地方，扎下互相连接的40多座军营，以便等到秋凉后再向吴军大举进攻。陆逊看到蜀军士气低落，认为是进行反攻的最好时机。他仔细周密地拟定了破蜀的作战方案，并得到了孙权的允许。

为了增加胜利的把握，陆逊先以一小部分兵力对蜀军的营寨进行试探性进攻，虽然失利了，但陆逊也找到了破敌之法。陆逊命令水路士兵用船只装载茅草，迅速运到指定地点，而陆路士兵则每人手拿一把茅草，在茅草里藏着硫黄、硝石等引火物，一到蜀营，就顺风纵火。蜀军因毫无防备，在吴军的火攻之下，顿时乱作一团。各路吴军乘着大火发起反攻，蜀军的40多座营寨全部被攻破。蜀将张南、冯习等皆被杀死。刘备突围逃到白帝城一病不起，不久病故白帝城。黄龙元年（229年），孙权称帝，立都建业（今南京）。陆逊被封为上大将军、右都护。黄武七年（228年），孙权让鄱阳太守周鲂诱骗魏国大司马曹休兴兵进入皖县（今安徽潜山）。孙权立即召见陆逊，假授黄钺，任大都督，迎击曹休。曹休已经觉察实情，深感羞耻，仗着兵强马壮同吴军交战。陆逊亲自率军充当主力，命令朱桓、全琮为左右两翼，三路一同推进，大败曹休的伏兵，并追击溃逃的魏军，大获全胜。回到魏国的曹休，背生毒疮而死。

嘉禾五年(236年),孙权北上征讨曹魏,让陆逊和诸葛瑾攻打襄阳。陆逊到了襄阳后,暗中派将军周峻、张梁等袭击魏国并攻下江夏郡的新市、安陆、石阳。陆逊下令保护俘虏,严禁兵士干扰侵侮。陆逊此举得到邻县的感动,江夏功曹赵濯、戈阳备将裴生和夷王梅颐等都率众归附他。

打败曹魏后,陆逊受到孙权极高的礼遇,让他辅佐太子,并负责荆州、豫章、鄱阳、庐陵的一切事务。

陆逊虽身在京师以外,但一心想着国事。他在上书时事事谋划进取,对小罪则施恩宽免,以安定臣民的情绪。用人要用贤能,但也不求全责备。

陆逊根据当时的形势,主张鼓励农民从事农业生产和纺织,宽缓百姓的租赋,安抚百姓,积蓄力量以图大业。他反复劝阻孙权派兵攻取夷州、朱崖,但孙权不听,结果得不偿失。后来,在陆逊的劝阻下,孙权放弃了对背弃盟约的公孙渊的征讨。

赤乌七年(244年),62岁的陆逊接替顾雍担任第三任丞相,积极推行富民强国的政策。他认为,国家以民众为根本,国家的强大凭借的是民众的力量,国家的财富来自于民众的生产,所以要关心民众的疾苦。

陆逊还有一个突出的治国政绩,那就是他惩治权宦,反对任用子弟为官。当时,太子孙和的东宫和鲁王孙霸的鲁王宫各立门户,宫廷内外的职务多半派官宦子弟担任。陆逊为阻止矛盾激化,费尽了心思仍毫无作用。当他听说要废太子的议论,马上上书陈述:"太子是正统,应该有磐石一样坚固的地位。鲁王是藩臣,应该使他所受的恩荣官秩与太子有等级之分,彼此各得其所,上下得以相安无事。臣恭谨地叩头流血把这意见报告给您。"他就此事上书三四次，孙权都没有同意。正在这时，陆逊的外甥顾谭、顾承和姚信都因亲附太子而含冤被流放。太子太傅吾粲因屡次同陆逊通信，下狱死去。陆逊也因此受到孙权的责备警告。赤乌八年（245 年），63 岁的陆逊最终因愤恨而去世。永安年间，被追谥为昭侯。

陈 群

陈群（？—237 年），字长文，颍川许昌人（今河南许昌东）人。三国时期著名政治家、曹魏重臣，魏晋南北朝选官制度"九品中正制"和曹魏律法《魏律》的主要创始人。。

陈群出身名门，祖父长陈寔是东汉太丘之孙，父亲陈纪为大鸿胪之子父，皆名重于世。陈群年轻时聪明好学，为人所奇异。鲁国人孔融（孔子 20 世孙）高才倨傲，年纪在群父子之间，一开始与陈纪为友，后来认识陈群后，对他的才华非常赞叹，陈群由是有名。

汉兴平元年（194 年）二月，刘备为豫州刺史，征陈群为别驾。十二月，徐州牧陶谦死，遗言："非刘备不能安此州也。"徐州人便迎刘备为徐州牧。刘备也想过去，但陈群劝阻道："袁术尚强。今东，必与之争。吕布若袭将军之后，将军虽得徐州，事必无成。"刘备不听。建安元年（196 年）六月，袁术果然攻大徐州，并许助吕布以军粮，劝吕布袭取下邳（今江苏邳县）。吕布大喜，立即遣兵帮助袁术，大破刘备军，俘其妻子。刘备这才悔不用陈群之言，只好降于吕布。继而刘备与吕布交恶，败归曹操。曹操以陈群为司空西曹掾属。

建安三年（198 年），吕布为曹操所破，陈群父子亦在吕布军中，见曹操皆出拜。曹操久闻其名，便征陈群为司空西曹掾属，后又任萧（今安徽萧县）、赞（今河南永城）、长平（今河南西华）县令。建安四年（199

年），陈纪去世，陈群因此辞官。后任司徒掾，举高第，为治书侍御史，转参丞相军事。

陈群有知人之明。有人荐乐安人王模、下邳人周逵，曹操征召之。陈群以这俩人品德极坏，终必坏事，向曹操进谏，曹操不听。后来两人果然都因为非作歹而伏诛，曹操因以谢陈群。而陈群所荐的广陵人陈矫、丹阳人戴乾都是贤能之士。陈群又迁参丞相军事、御史中丞。

建安十八年（213年），魏国建立后，陈群又迁为御史中丞。建安二十一年（216年），曹操欲复肉刑（残害肉体之刑）。陈群劝阻道："今以笞死之法易不杀之刑，是重人肢体而轻人躯命也。"曹操深善其言，即止其刑。陈群又先后为侍中、领丞相东西曹掾、尚书。

陈群在朝主持公正，无所偏颇，深受太子曹丕敬重，待以交友之礼。又制九品官人法，在郡县设中正，评定人才高低，开辟士人做官之路。

延康元年（220年）十月，魏代汉，曹丕即皇帝位，是为魏文帝。陈群封为昌武亭侯，迁尚书仆射，继为尚书令。期间，陈群建制九品官人之法，成为历史名制。

九品官人法就是通过各州、各郡中正官的品评，

陈群像

把人才分为上上、上中、上下、中上、中中、中下、下上、下中、下下九等。被评为上等的人才将推荐给各级政府，吏部选拔官员时要向中正官征询被选者的家世情况、品级。晋以后就完全由家世确定品级，形成了重家世轻德才的风气。所谓"平流进取，望至公卿"的说法，就是对这种积弊的抨击，这样就形成了豪门世家把持各级官僚机构的局面。隋代以后，随着门阀制度的衰落，此制终被废除。

黄初六年（225年）八月，曹丕南下征吴。陈群领中领军。次年，明帝继位，陈群为司空，与中军大将军曹真、征东大将军曹休、抚军大将军司马懿共同辅政。

明帝继位前不交朝臣，不问政事，专心读书，因而不了解文帝兄弟残酷斗争的情况。陈群上书深言兄弟不和之害："若不和睦则有仇党，有仇党则毁誉无端，毁誉无端则真伪失实，不可不深防备，有以绝其源流。"太和三年（229年）十月，陈群与散骑常侍刘邵等删约汉法，制定《新律》18篇，《州郡令》45篇，《尚书官令》《军中令》共180余篇。

次年七月，曹真以蜀汉数入寇，请从斜谷（在今陕西眉县西南）率军讨伐。陈群谏阻说："斜谷阻险，难以进退，转运必见抄截，多留兵守要，则损战士。"明帝从陈群议。曹真又请从子午道（从关中至汉中南北通道，古以"子"为北，"午"为南，故名）进军。陈群又进言不便，并说军费巨大，但是曹真决意出师，明帝就听从让曹真领兵西征。后来因大雨30余日，栈道断绝，只得罢兵。

陈群为人正直不盲从，敢直言相谏。皇女曹淑死（时年8岁），葬礼甚盛。陈群劝阻道："举朝素衣，朝夕哭临，自古以来，未有此比。"不听。蜀汉丞相诸葛亮去世后，魏国的外部压力减少，明帝专心享受，大兴宫室、园林，致使劳役不止，农桑失业。陈群上书规劝："吴、蜀未灭，社稷不安。宜及其未动，讲武劝农，有以待之。今舍此急而先宫室，臣惧百姓遂困，将何以应敌？"明帝于是有所减省。他还数密陈得失，每上书，即毁草稿，当时的人及陈群的子弟都不得而知。后来下诏撰写群臣所上书，朝士才见陈群的谏书，都为之叹息。

青龙四年（236 年）十二月，陈群病逝，谥曰靖侯。

第二节　两晋时期的著名宰相

贾　充

贾充（217—282 年），字公闾，平阳襄陵（今山西襄汾）人，是西晋开国皇帝晋武帝司马炎时的头号宠臣。

贾充自幼父母双亡，成人后承袭了父亲的侯爵。步入仕途后，他从尚书郎逐渐升迁至黄门侍郎、汲郡典农中郎将。曹魏正元二年（255 年），贾充跟随掌握曹魏实权的司马昭出征，扑灭了在寿春（今安徽寿县）起兵的毌丘俭、文钦叛乱。

甘露五年（260 年），曹髦不愿忍受傀儡皇帝的处境，搜罗宫中宿卫和童仆数百人，亲自仗剑，前往相府讨伐司马昭。行至南阙，遭到中护军贾充统领的禁卫军的狙击。太子舍人成济手持兵刃杀死曹髦。贾充指使手下杀死魏帝，为司马氏代魏立了一大功。因此当朝臣们提出 "斩杀贾充，以谢天下" 时，司马昭却只把成济当成替罪羊，夷灭了成济全族，而贾充却被封为安阳乡侯。晋爵为晋王的司马昭在考虑确立世子时，本想选择自己喜爱的次子司马攸，可是善于观望风色的

司马炎画像

贾充却与裴秀、何曾等人一致推举司马炎。最终，司马炎被确立为世子，自然对出力甚多的贾充等人感激不已。所以在司马炎继位以后，贾充立即被晋升为卫将军、给事中。晋武帝代魏以后，贾充更以参与谋划之功，升迁为车骑将军、尚书仆射，不久又升任侍中、尚书令，成为武帝最为宠信的大臣。

宠极一时的贾充为人奸诈、谄媚，同太尉荀𫖮、侍中荀勖、越骑校尉冯紞互相结为朋党，专以谄媚取悦于人，激起了朝野不少刚直之士的厌恶和不满。泰始七年（271年），西北地区的鲜卑族反叛，武帝深感忧虑。任恺启奏说："应当派遣有威望有才智的重臣前往镇压和安抚。"武帝问："谁能胜任？"任恺借此机会推荐贾充，庾纯也深表赞同。武帝乃下诏贾充都督秦、凉二州诸军事，仍兼侍中、车骑将军职务。朝廷中厌恶贾充的大臣都为这一决定而感到庆幸。可是，贾充却认为自己一旦离京就会失去权势，心里对任恺、庾纯恨得要死，又不敢违抗武帝的旨意，一时无计可施。

这年冬季十一月，贾充准备到长安上任，朝廷公卿在洛阳夕阳亭为他饯行。贾充私下向荀勖请教，设计拖延，荀勖献计说："明公（贾充）身居宰相之职，却受到任恺这个匹夫的挟制，太可笑了！但是西征的任务，很难辞掉，唯一的办法，就是想法让你女儿同太子结婚，这样，不用辞去出征职务就可留在朝中了。"贾充听了连连点头："这个主意很好，但谁能办成这件事？"荀勖胸有成竹地答道："尽管放心，让我去办。"他立即找到冯紞，对他说："贾公出去远征，我们就会失去权势。听说太子婚事还没有定下来，你为什么不劝皇上让太子娶贾公的女儿呢？"冯紞本来就与贾充、荀勖串通一气，对此计划自然完全赞同。当初，武帝准备聘卫瓘的女儿为太子妃，贾充的妻子郭槐贿赂杨皇后身旁亲信，请杨皇后劝说武帝聘自己的女儿。武帝说："卫公的女儿有五项可以纳聘的理由，贾公的女儿有五项不可以纳聘的理由。卫家女儿贤淑、美丽、身长、肤白，而且卫氏家族的妇女都是多子的；贾家女儿嫉妒、丑陋、身短，而且贾氏家族的妇女都是少子的。"由于杨皇后多次奉劝武帝，荀勖、冯紞等人又极力称道贾充的女儿不仅姿色非常美，而且有才有德，武帝终于改变主意，答应同贾家结为姻亲。当时又恰逢京城下大雪，军队不能出发，贾充因而渡过了一场危机，继续留京任职。

泰始八年（272年），皇太子和贾妃（贾南风）成婚。贾妃15岁，比太子年长两岁。贾妃性情嫉妒、奸诈，好使用权术，太子对她既是宠爱又是畏惧。后来，贾妃凭借自己的权术，一步一步地攫取权力，亲手挑起"八王之乱"，在历史上留下了血腥的一页。其肇祸者，可以说是贾充。

咸宁二年（276年），为了统一全国，羊祜上书请求平定江南的吴国。武帝本来已经接受了羊祜的意见，但是娴熟阴谋诡计的贾充见识短浅，对真刀真枪的拼搏胆小如鼠，他以西北尚未平定为理由，竭力反对伐吴，弄得本来就优柔寡断的武帝更加无所适从，伐吴的计划就此被搁置。

三年之后，王濬、杜预又相继上表请求伐吴，据理力争，言辞恳切，又得到了张华的竭力支持，武帝终于下定决心伐吴。直到此时，贾充、荀勖、冯紞唯恐伐吴胜利，自己没有任何功劳，还在顽固地反对伐吴，结果惹怒了武帝，贾充才不得不磕头谢罪。

咸宁五年（279年），晋武帝经过十余年的准备后，发兵二十余万，兵分六路，在东西长达千里的晋吴边境上同时出击。武帝任命贾充为使持节、大都督，担任六军统帅。贾充竟然还坚持他的态度，一直陈述伐吴的不利之处，又以年老为借口，不愿出征。武帝也恼火了："你如果坚持不肯出征，那就只好我亲自出征了。"贾充不敢再违抗命令，只得勉强接受了任命。

晋军攻克武昌以后，统帅贾充又企图阻挠进军，说"吴地未可悉定"，要求撤兵，并且派人向武帝提出腰斩张华以谢天下的荒谬建议，也被武帝拒绝了。

东吴平定以后，一向坚决反对伐吴的贾充又惭愧又惧怕，主动向武帝谢罪。武帝丝毫不加追究，反而认为灭吴之役中贾充的功劳最大，连其子弟都得到封侯的赏赐。晋武帝用贾充这等卑劣之极的统帅，自然不是英明之主。他的天下自然也不会长久。

太康三年（282年）四月，贾充病死，被追赠为太宰。

王 衍

王衍（256—311年），字夷甫。琅琊郡临沂县（今山东临沂北）人。西晋时期著名清谈家，西晋末年重臣，曹魏幽州刺史王雄之孙、平北将军王乂之子、司徒王戎堂弟。

魏晋是一个很重视门阀等第的时代，门第的高低，直接关系到一个人一生的命运。王衍很幸运，出生在琅琊郡临沂地方（今山东临沂），其家门是著名的琅琊王氏。出身于这样的名门望族，这对他以后性情的形成，有直接的影响。

王衍外表清明俊秀，风姿安详文雅。当他还是少年时，有一次曾去拜访当时的名士山涛。山涛看见他后，感叹了很长时间。王衍走的时候，山涛目送他走出很远，感慨地对别人说："不知道是哪位老妇人，竟然生出了这样俊美的儿子！然而误尽天下老百姓的，未必就不是这个人啊！"晋武帝司马炎听到王衍的名声，就问王戎当世哪个人可以跟王衍相比。王戎说："没有见到当世谁能跟夷甫相比，应该从古人中去寻求。"对他十分推重。

不久，王衍便开始步入仕途，先任太子舍人，后又升为尚书郎。之后出京城任元城（今河北大名东）县令，整天还是清谈，但县里的大小事务也还算理顺。不久，他又回到京城，任中庶子、黄门侍郎（皇帝侍从官）。宰相选闻王衍才华横溢，容貌俊雅，聪明敏锐有如神人，常常把自己比作子贡，加上他声誉名气很大，为当世人所倾慕。无论朝廷高官，还是在野人士，都很仰慕他，称他为"一世龙门"。王衍接连担任显要的职务，很多年轻求仕进的人，没有不景慕仿效他的。凡被朝廷进用的官员，都认为他应该做士族的首领。他崇尚浮华放诞，因此被许多人赞同，成为世间风气。宰相选闻还有一件关于王衍的趣闻。彭城王有一头快牛，对它非常爱惜。王衍和他赌射，赢得了这头牛。彭城王说："你如果要自己骑乘就算了，如果想杀掉吃牛肉的话，我愿意用20头肥牛代替它。既有肉吃，又能存下我喜爱的东西。"王衍却把牛杀掉吃了。

西晋末年，统治集团内部发生大纷争。晋武帝死后，由白痴皇帝惠帝继位，皇后贾南风掌权。为了巩固自己的地位，她先后杀死一批名臣。由此为契机而爆发了长达16年之久的"八王之乱"。一时间，朝野动荡不安，大权变动不居，官员们唯求自保。名士王衍也不例外，整日玄谈，不以国家大事为重，考虑的只是自己日后的万全之计。

王衍后来历任北军中侯、中领军、尚书令（宰相）。他任尚书令时，皇族之间争权混战，各族人民纷纷起义，匈奴贵族刘渊乘机举兵。当时他任宰相，专谋自保。他的女儿是愍怀太子的贵妃，愍怀太子被贾后所诬陷。王衍怕有祸患，就自己上表请求解除婚约。

王衍虽然担任国家宰相台辅的重任，但是却不认真考虑国家的治理，只想方设法保全自己。他考虑的只是在纷繁变乱的局势中，如何能够使自己长久生存下去，因此他为自己精心营造了一个退路。青州和荆州都是当时的军事要地，物产也很丰饶。因此，王衍对东海王司马越说："中原现在已经大乱，应该依靠各地的负责大臣，因此应该选择文武兼备的人才出任地方长官。"就使弟王澄为荆州刺史、族弟王敦为青州刺史。并对王澄、王敦说："荆州有长江汉水的坚固，青州有背靠大海的险要。你们两个镇守外地，而我留在京师，就可以称得上狡兔三窟了。"当时有见识的人都很鄙视他。

"八王之乱"引起政局的动荡，使西晋局势岌岌可危。这时候，北方少数民族纷纷起兵，企图在混乱中夺取政权。当时北方军队大部分集中在匈奴主刘渊的旗下，永嘉二年（308年）五月，刘渊派石勒、王弥攻打洛阳。晋廷以王衍为都督征讨诸军事、持节、假黄钺，率军抵抗石勒、王弥的军队。王衍命前将军曹武、左卫将军王景等进攻敌军，击退了他们，缴获了他们的辎重。因此，永嘉三年（309年），王衍又转任太尉，兼任尚书令，封为武陵侯。他多次辞让封爵，不肯接受。当时洛阳危险紧急，大多数人想迁都以躲避灾难，但王衍却卖掉牛车，以示坚定来安抚人心。

永嘉四年（310年），东海王司马越讨伐苟晞时，王衍以太尉身份担任太傅军司。等到东海王去世，众人共同推举他为元帅。王衍认为这时战争频繁，惧怕因而不敢担当，就推辞说："我年少时就没有做官的愿望，然而积年累月，升迁到现在的地位。今天的大事，怎能让我这样一个没有才能的人来担任统帅呢？"

永嘉五年（311年），晋军被石勒的军队攻破。石勒呼叫王公大臣前来与他相见。他以晋朝的旧事询问王衍。王衍向他陈说了西晋败亡的原因，并说责任不在自己。石勒很欣赏他，同他谈了很长时间。王衍说自己年轻时就不喜欢参与政事，想求自身避免祸患，因而劝说石勒自称皇帝。石勒大怒说："你名声传遍天下，身居显要职位，年轻时即被朝廷重用，一直到头生白发，怎么能说不参与朝廷政事呢？破坏天下，正是你的罪过。"让左右手下把他押出去。

石勒对他的参谋孙苌说："我行走天下多年了，从来没有见过这样的人，还应该让他活下去吗？"孙苌说："他是西晋朝廷的三公，一定不会为我们尽力，有什么值得可惜的呢？"石勒说："总之不可用刀刃加害于他。"于是命令士兵在半夜里推倒墙壁把他压死。王衍临死时，看着别人说："唉！我们即使不如古人，平时如果不崇尚浮华虚诞，勉力来匡扶天下，也不至于到今天的地步。"不久石勒将王衍与西晋旧臣一同活埋，死时56岁。

王　导

王导（276—339年），字茂弘，小字赤龙、阿龙。琅琊临沂（今山东省临沂市）人。东晋时期政治家、书法家，历仕晋元帝、明帝和成帝三朝，是东晋政权的奠基人之一。

王导出身于西晋时期琅琊（今山东诸城）地区的名门望族——王氏家族，从小与达官贵人和皇族往来密切。他从小就显示出远见胆识，学识出众。王导最初世袭祖父王览的爵位即丘子。后被司空刘寔任为东阁祭酒及迁任秘书郎、太子舍人、尚书郎，他都未到任。其后，受东海王司马越辟召，任其参军。后来结识了琅琊王司马睿，两人相见恨晚，从此相交甚好，这为王导日后飞黄腾达奠定了坚实基础。因为非常欣赏王导，司马睿总是和他同进同出，甚则行同车，坐同席，就如同一对相交甚好的布衣之交。

当时，西晋王朝已经陷入了"八王之乱"的混乱局势，王侯之间彼此残杀，晋惠帝这个有名无实的皇帝虽仍在位，西晋还未亡国，但已经是强弩之末，坚持不了多久了。国家分裂已成定局：刘渊崛起于山西建汉，石勒拥兵占据河朔一带，李特建立成汉。

王导像

王导认为时局趋于明朗，于是要求司马睿要做好心理准备，随时要在江东建立自己的王朝。司马睿点头应道："一切委卿，如事成，当与卿共有之！"随即，王导又提出了几点建议，希望他能够努力为之。

首要之事，就是纳天下贤才，广交能人志士。王导语重心长地说："从古至今，想成为一国之君，都要礼贤下士，虚己顺心。现如今，天下大乱，政权纷立，您若想成就大业，当前之需莫过于人才！"

随即，王导向司马睿推荐了名士顾容和贾循，并提出此二人清高、率直，司马睿应当学习刘备三顾茅庐，亲自到他们家中相邀。

司马睿欣然前往，顾容、贾循见他如此礼贤下士，且又被王导说动，于是他们二人来到司马睿处任职。如果说，当初王导兄弟为司马睿牵马开道已经令人们大呼意外，现在顾容、贾循竟然也甘愿为司马睿所用，人们更加惊叹不已。从此，皆风靡而从，司马睿身边很快就聚集了一批贤良之才，为东晋王朝的建立做好了人才储备。

其次，将流亡百姓召集起来，全力发展生产。此时，晋惠帝已死，司马炽继位，而他的领地也不过剩下长安及附近寥寥数地。他登基后，下诏要求四方勤王，却无人理睬。两年后司马炽禅让，司马邺继位，西晋的局势更加悲惨。适逢刘渊之子刘曜率领十几万兵马攻打长安，长安城被团团围住，犹如一座孤岛，西晋的残余势力困守其中，粮草严重匮乏，甚至大米与黄金同等价格，就连所谓的皇帝司马邺，也只能喝粥勉强维持生存，且不论城内的平民百姓如何，就连王公大臣也多有饿死。

身在江东的司马睿当然不会顾怜司马邺，他现在一心期待西晋早日灭亡，这样他才可以自立为帝，延续司马政权。为了打下坚实的经济基础，王导劝说司马睿，将逃避到江南来的流民召集起来，组织他们开垦荒地。

百姓南迁，自三国时期就已经开始了，到了西晋末期，江南地区生活着大量的无籍民人。如果将他们全都组织起来从事生产，就可以增加国家收入，对于建立东晋王朝无疑是非常具有实用价值的。

王导以当年的萧何为例，对司马睿指出发展生产的重要性。王导还亲自组织人员，清查出了20多万户，人丁35万口，安排他们开垦荒地，发展农业。

最后，正礼仪风气，开办学校。

司马睿初到江南时，王导就曾规劝他重拾礼仪，兴办学校。但那会儿，司马睿只顾着摆平江南本土势力和镇压流民起义，故而未能实行此提议。现在，王导再次将此事提上议事日程，且郑重其事地上表称："大风化之本在于正人伦，人伦之正存乎设庠序。庠序设，五教明，德礼洽通，彝伦攸叙，而有耻且格，父子兄弟夫妇长幼之序顺，而科臣之义固矣。自顷皇纲失统，颂声不兴，于今将二纪矣。……先进忘揖让之容，后生唯金鼓是闻，干戈日寻，俎豆不设，先王之道弥远，华伪之俗遂滋，非所以端本靖末之谓也。殿下以命世之资，属阳九之运，礼乐征伐，翼成中兴。诚能经纶稽古，建明学业，以训后生，渐之教义，使文武之道坠而复兴，俎豆之仪幽而更彰。"

王导进一步指出，"今若事遵前典，兴复道教，择朝之子弟并入于学，选明博修礼之士而为之师，化成俗定，莫尚于斯。"司马睿觉此建议甚佳，当即同意照此实行。

在王导的建议下，司马睿颁布实施了一系列措施，让身处乱世的人们感觉到了希望。当初，桓温的父亲桓彝也来到了建康，但是对当地混乱的状态也非常失望，因而郁郁不乐。不久以后，桓彝遇见了王导，在和他一番长谈后，桓彝一扫愁容，欣慰地对朋友说："原来江南有管仲，无忧矣！"从此，桓彝就留在建康，后来成为东晋的官员。

建武元年（317年），司马睿在建康称晋王。以王导为丞相军谘祭酒。不久，又拜右将军、扬州刺史，监江南诸军；随后迁骠骑将军、加散骑常侍、都督中外诸军事、领中书监、录尚书事。王导认为，王敦为大将军，已经统领六州军事，故此辞去了中外都督一职。太兴元年（318年）二月，晋愍帝被杀，南、北士族都纷纷上表劝进。司马顺心民意，登基称帝，是为晋元帝，开始了历史上的东晋时代。）任命王导为骠骑大将军、仪同三司；又因华轶叛乱被平定而受封武冈侯，进位侍中、司空、假节、录尚书事，领中书监。大兴二年（319年），王导接替贺循担任太子太傅。当时，东晋处于草创之际，朝中未设史官，王导执政时才开始设置，从此典籍史录就较齐备。

司马睿登帝位以后，不满王氏的骄横，想削弱王氏势力。他引用刘隗、刁协作心腹，并且暗中作军事布置，释放扬州地区内沦为童客的北方流民，把他们组成军队，任命东吴旧族戴渊为征西将军，都督兖、豫等六州军事；刘隗为镇北将军，都督青、徐等四州军事，各率万人，分驻合肥、淮阴，名义上是北讨石勒，实际上是对付王敦。王导因此被疏远，但他一任自然安其本分，淡泊自如。有识之士都称赞王导善于对待升沉兴废。

永昌元年（322年），王敦以反对刘隗、刁协，替王导诉冤为借口自武昌举兵，攻入建康，杀戴渊、刁协等，刘隗逃奔石勒，史称"王敦之乱"。

王敦反叛时，刘隗劝司马睿尽诛王氏家族之人，人们议论纷纷，都为之担心。王导率族中兄弟子侄二十余人，每天天亮时到台阁处等待议罪领罚。司马睿因王导素来忠诚正直，特地还给他朝服，并召见了他。王导叩首答谢说："叛臣贼子，哪个朝代没有呢，但想不到会出在我们王氏家族中。"司马睿赤着脚走下来拉着王导的手说："茂弘，我正要托付一国之命与你，你怎么说这样的话呢。"于是下诏说："王导以大义而灭亲，可以把我任安东将军时的符节授予他。"但王导在此役中并未真正假节。

到王敦得势的时候，任王导为尚书令。王导认为佞臣扰乱朝纲，同意王敦来"清君侧"，但当这些人被杀逐以后，帝室势力退缩回去，王敦还想进一步篡夺政权，王导便表示坚决的反对，出面来维护帝室。

当初，长安陷没、四方劝进的时候，王敦欲专国政，恐怕元帝年长难制，想更议所立，王导不从，及至王敦攻入建康以后，对王导说："那时不听我言，几乎全族被灭。"但王导始终不为所动。王敦无法实现他的野心，只好退回武昌。

永昌二年（323年），司马睿忧愤而死，长子司马绍继任帝位，是为晋明帝。遵照晋元帝遗诏所托，王导得以重新执政，辅佐新帝。

晋明帝深知王导的忠诚和才干，因而对他十分倚重，且对王氏一家都恩宠有加。王导感怀先帝临终的信任，更对新帝的宠信心怀感激，他决心辅佐明帝，重振东晋国威。

王导仍然重视农业生产，以经济发展为根基；此外，他不断加强东晋的军事实力，为北伐中原做准备。王导劝说司马睿南迁，偏安江左，直到建立东晋，但他心里始终没有忘记——北伐复国，这才是他此生最大的目标。就在东晋政权建立不久，祖逖就在他的支持下，进行了第一次北伐。但是，晋元帝却担心祖逖将来不服东晋管制，不仅不愿意助其北伐中原，还派戴渊担任六州都督，以监视、控制祖逖。本来全力支持祖逖北伐的王导，这时正好处于人生的低谷，晋元帝宠信刘隗，王导自身难保，祖逖失去了这位强有力的支持者，北伐之事变得遥不可及。祖逖忧愤成疾，不久抱憾而逝。第一次北伐未曾正式开展，就以失败而告终。王导对祖逖的死，一直深感痛心，也十分遗憾北伐之举竟然半途而废。现如今，北伐中原的计划终于得到了明帝的支持，于是，王导传命荆州刺史庚亮、庚翼准备第二次北伐。可还未曾出征，王敦却再次起兵，发动了叛乱。

王导大义灭亲平定了王敦叛乱，东晋王朝的统治更加稳固。晋明帝认为王导平叛立下大功，故此仍复太保、司徒官位，并进加始兴郡公，甚至允许他剑履上殿，入朝不趋，赞拜不名，以示对王导忠心的认可和信任。

晋明帝和王导都认为，东晋已经充分做好了北伐中原的一切准备工作，现在可以发动北伐，以完成中兴大业。正当他们紧锣密鼓地做着北伐前的最后准备工作时，太宁三年（325年），在位仅仅3年的晋明帝司马绍突染重病而亡，死后葬于武平陵，北伐之事不得不再次搁浅。

司马绍病死，幼主司马衍（晋成帝）继位，王导受顾命，与西阳王司马羕、尚书令卞壶、车骑将军郗鉴、领军将军陆晔、护军将军外戚庾亮、丹阳尹温峤共同辅政，并加羽葆鼓吹仪仗、班剑二十人。但庾亮很快借帝舅之重及太后之威而独大。

王导为三朝元老，年幼的成帝每次见到王导都行拜手礼，以示尊重，每当给王导下诏书时，手诏则写以"惶恐言"，中书则上写"敬问"。就连见到王导到朝时，成帝也行拜见之礼。这令身为皇太后兄长，成帝舅舅的庾亮极为妒忌，因而，总是事事与王导作对，多次图谋欲废其丞相之职。

咸和元年（326年），据称后赵石勒军侵犯阜陵，司马衍下诏加王导为大司马、假黄钺，出兵讨伐。晋军停驻江宁，司马衍亲自在郊外为之饯行。不久，后赵军退走，王导解除大司马之职。

王导（右）与谢安

庾亮准备下诏召历阳内史苏峻，和王导商议此事。王导说："苏峻奸诈多疑，必定不肯奉诏前来。山川原野中，可以躲藏毒虫猛兽，苏峻在外，还不至于马上发难，应暂时包容不惊动他。"王导力争，卞壶、温峤等也纷纷力阻，庾亮一概不听，仍然请求征苏峻入朝，引发了"苏峻之乱"。

咸和三年（328年），朝廷军战败后，庾亮携族人逃离京城，王导与大臣荀崧、陆晔等入宫侍卫司马衍。苏峻因王导德高望重，不敢加害，仍让他官居原职处于自己位置之上。苏峻想要逼迫成帝前往石头城，因王导竭力争执不起作用。

苏峻成日在司马衍面前胡言乱语，王导担心会有不测之祸。当时，苏峻部下路永、匡术、贾宁都劝说苏峻，要他杀掉王导，尽诛朝中大臣，重新安置上自己的心腹。苏峻素来敬畏王导，不听他们的劝告，因此路永等人和苏峻产生了矛盾。王导派参军袁耽暗中诱劝路永等人，计划让成帝出逃至陶侃、温峤的义军除。由于苏峻防守看护甚严，事情未能成功。王导只好带着两个儿子随路永逃奔到白石。

咸和四年（329年），苏峻之乱平息后，王导还是以丞相身份辅政，而庾亮则出镇武昌。庾亮不满于政事全由王导主理，想要再次废除王导。当王导听说后，却丝毫没有露出惊惧之色，反而气定神闲地表示："我与元规同辅朝政，休戚相关，悠悠之谈，绝非元规之意。如果真如君言，不必元规费事，吾自辞官，告老还乡，毫无怨恨。"

有人将这番话一字不落的转述给庾亮，庾亮大感羞愧，从此不再有废导之心，王、庾之争也就到此为止，两人之间渐趋平和友好，携手辅佐幼帝，推进了东晋政权的稳定和发展。

咸康五年（339年），王导病逝，终年64岁，谥文献。成帝为他举行了隆重的葬礼，朝堂举哀三日，臣子百姓无不伤怀。

桓　温

桓温（312—373 年），字元子（一作符子），谯国龙亢（今安徽怀远龙亢镇）人。东晋政治家、军事家、权臣，谯国桓氏代表人物，东汉名儒桓荣之后，宣城内史桓彝长子。

桓温是桓彝长子，未满周岁时便得到名士温峤的赞赏，因此以"温"为名。

咸和三年（328 年），桓彝在苏峻之乱中被叛军将领韩晃杀害，泾县县令江播也曾参与谋划。其时桓温 15 岁，枕戈泣血，志在复仇。到 18 岁时，正赶上江播去世，江播的三个儿子在居丧，桓温拿刀进入屋里，把三个儿子都杀了，由此为时人所称许。

桓温豪爽有风概，相貌堂堂，面有七星，他被南康长公主选为驸马都尉，袭爵万宁男，出任琅琊太守，累迁徐州刺史，后加辅国将军。他与荆州刺史庾翼关系很好，经常在一起讨论国家大事，庾翼向晋明帝推荐桓温说："桓温年少有雄略，希望陛下不要以平常人对待他，应该委以方召之任，托其弘济艰难之勋。"庾翼去世以后，桓温担任都督荆梁四州诸军事、安西将军、荆州刺史、

桓温雕像

领护南蛮校尉。

桓温有志于在西蜀立下功勋。他看到成汉的国力衰微，永和二年（346 年），于是率兵西伐，正是康献太后临朝的时候，当桓温上书启奏准备出发时，朝廷对桓温的西伐甚为担忧，认为西蜀险要偏远，而桓温兵力不多，进入敌方，恐怕凶多吉少。但最后还是准桓温西伐。当初诸葛亮在鱼复平沙上造八阵图，垒石为八行，每行相隔两丈。桓温见到后说：“这是常山蛇势。”随行的文武官员都未能认出。当部队到彭模时，他命令参军周楚、孙盛守卫辎重，自去率领兵步直接扑向成都。李势派他的叔父李福及兄李权等攻打彭模，周楚等进行防御，李福退却，桓温又进攻李权等，三战三捷，蜀兵大败，从间道归往成都。桓温军队越战越勇，乘胜追击，大获全胜，成汉政权至此灭亡。桓温在西蜀停留一个月，举贤旌善，受到老百姓欢迎。桓温因功进升征西大将军、开府，封临贺郡公。

平蜀之战使得桓温声名大振，朝廷忌惮不已，担心他日后难以控制。会稽王司马昱只得让扬州刺史殷浩参与朝政，以期能对桓温有所抑制。永和五年（349 年），后赵皇帝石虎病死，北方形势大乱桓温想率兵北征。他先上书请求朝廷讨论是从水路或陆路进兵为宜，时间很久，都没有音信。最后却是朝廷依靠殷浩等人来反对桓温，桓温相当愤怒，然而他很了解殷浩，并不怕他。桓温声言北伐，拜表便行，顺流而下，到了武昌，兵力已有四五万。殷浩害怕被桓温废掉。既想躲避他，又不知如何是好。简文帝司马昱当时是抚军，给桓温写信阐明社稷大计。桓温于是回军还镇，上书向朝廷言明他的报效国家之志。他被进位太尉，桓温坚决推辞。殷浩曾到洛阳修复园陵，耗时多年后又出兵北伐，屡战屡败，器械全部用光。桓温进督司州，朝野对殷浩怨言迭起。于是桓温启奏免除殷浩的官职，从此内外大权归属桓温一人。

永和十年（354 年）二月，桓温又统率步骑兵四万奔赴江陵，水军从襄阳进入均口，到南乡，步兵从浙川进征关中。所到之处居民都不受侵扰，生活安宁。一路上携酒宰牛迎接桓温的有十之八九，皇帝也派侍中黄门到襄阳慰劳桓温。永和十年（354 年），桓温的母亲孔氏去世，桓温上书解职，准备送葬宛陵。皇帝下诏不批准。赠临贺大夫人印绶，谥曰敬，派侍中吊祭，谒者监护丧事，十天之内，使者来往八次，轩盖、车马相望于道。桓温办理完丧事后回到任所上。永和十二年（356 年）二月，他打算修复园陵，迁都洛阳，表疏上奏十多次，朝廷不准。桓温担任征讨大都督、督司冀二州诸军事，委以专门征伐的任务。

七月，桓温再次北伐，从江陵出发，一路厮杀击溃羌族贵族姚襄来到平阳，桓温屯兵太极殿前，徒步进入金墉城，拜谒先帝诸陵被侵毁的陵，他命令全部修缮，并设置陵令。然后回师京都。升平四年（360 年），朝廷封桓温为南郡公，并将其原有爵位临贺郡公降为县公，封授给其次子桓济。

兴宁三年（365 年），前燕再次攻打洛阳，陈祐出逃。司马昱得知，与桓温在洌洲（在今安徽和县）会面，命他移镇姑孰（今安徽当涂），准备征讨之事，但最终因晋哀帝驾崩而作罢。太和三年（368 年），桓温获加殊礼，位在诸侯王之上。遂驻军赭圻，上表辞去录尚书事一职，只肯遥领扬州牧。

返回江南后，洛阳和其他被收复的土地又相继失陷。太和四年（369 年），桓温开始第三次北伐。他率领步骑五万人大破前燕军，进抵枋头（今河南浚县）。前燕得到前秦的支援，截断了晋军的粮道，桓温无奈只得退兵。桓温北伐得了广大人民的支持，但是东晋统治集团内部钩心斗角，破坏北伐，因此桓温的北伐大多是无功而返。桓温在北伐的过程中，数次受到朝廷以及反对派的阻挠。后来，朝廷改授他并、司、冀三州，罢免他的都督。桓温上表不受，又加他侍中、大司马、都督中外诸军事、假黄钺。

此时，总督内外的桓温，已经不可能再大事运筹北伐之事了。他又上书陈述应该做的七件事：其一，朋党结伙，私议沸腾，应该抑制这种倾向，不宜扩展；其二，人口减少，不应该还按汉时规模设郡，应该并官省职，让他们稳定地尽其职责；其三，日常事务，朝廷各司不能停废，平时的行文档案应该限定日期，不能拖延；其四，应该提倡长幼之乱，奖赏忠良公正的官吏；其五，褒贬赏罚，应该实事求是；其六，应该述遵前典，敦明学业；其七，应该选建史官，编写晋书。其他官员也有所启奏。不久，桓温加羽葆鼓吹，设置左右长史、司马、从事中郎四人。他只接受鼓吹，其余的全部辞让。

桓温自负才能过人，久怀异志，因此发动北伐希望先建立功勋，然后回朝接受九锡，从而夺取政权。但因第三次北伐失败，声望大减，图谋不成。寿春之战后，桓温曾问郗超道："这次胜利能雪枋头兵败之耻吗？"郗超则表示不能，并建议桓温效仿伊尹、霍光，废立皇帝，以重立威权。桓温遂决定废黜皇帝司马奕。

太和六年（371年）十一月，桓温带兵入朝，威逼褚太后废除司马奕的帝位。他诬称司马奕因阳痿不能生育，让宠臣相龙、计好、朱灵宝等人与后宫美人私通，所生三子将冒充皇子建储为王。褚太后只得集百官于朝堂，下诏废司马奕为东海王。而后，桓温亲率百官至会稽王邸，迎司马昱入朝，拥立为帝，是为晋简文帝，改元咸安。桓温出次中堂，自任太宰。十一月，赐桓温军队三万人，每人布一匹，米一斛，加大司马桓温为丞相，他没有接受。

桓温废立后，对朝中的异己力量大加废徙。武陵王司马晞好习武事，又在朝中担任太宰重职，素为桓温所忌。桓温以"聚纳轻剽，苞藏亡命"

为由弹劾司马晞，免去司马晞与其子司马综、司马□的官职，让他们返回封地。后来，桓温又逼新蔡王司马晃自首，称与司马晞、司马综、著作郎殷涓、太宰长史庾倩、散骑常侍庾柔等人谋反，将他们收付廷尉，请予诛杀。简文帝不许。最终，司马晞、司马晃被废为庶人，殷涓、庾倩、庾柔等人都被族诛。

颍川庾氏是高门望族，势力强盛，庾希、庾倩等兄弟六人皆为朝中显贵，深为桓温所忌。庾倩、庾柔被诛后，庾蕴饮鸩自尽，庾希则与弟弟庾邈、儿子庾攸之逃入海陵（今江苏泰州）陂泽。青州刺史武沈是庾希表兄，暗中为他供应粮饷。庾友因儿媳桓氏是桓温侄女，得到求情，最终得以幸免。

咸安二年（372年），桓温得知庾希兄弟的踪迹，派军队搜捕。庾希遂与武沈之子武遵在海边聚众抢夺船只，乘夜攻入京口，赶跑晋陵太守卞耽。他们打开监狱，放出数百囚徒，发放兵器，宣称奉密旨除桓温。卞耽逃往曲阿（今江苏丹阳），征发诸县乡兵两千人，与庾希对抗。庾希战败，退守城池。桓温又命东海太守周少孙征讨。周少孙攻克京口，擒获庾希等人。最终，庾希、庾邈、武遵以及子侄、部众全被斩于建康。

咸安二年（372年）七月，简文帝驾崩。群臣惧于桓温，不敢拥立太子，都认为应请桓温决定。尚书仆射王彪之极力反对，太子司马曜方才得以继位，是为晋孝武帝。褚太后认为孝武帝年幼，且正在居丧期间，再次提议让桓温摄政，结果被王彪之阻止。后来，孝武帝又命谢安征桓温入朝辅政，并加其前部羽葆鼓吹，赐武贲60人。桓温仍旧辞让，既不接受，也不入朝。

宁康元年（373年）七月，桓温病逝，时年62岁。朝廷追赠桓温为丞相，谥号宣武。皇太后与孝武帝亲临朝堂三日，下诏赐九命君王的礼服，又加朝服一具，金钱、衣物等无数。

桓温死后，将兵权交付弟弟桓冲，南郡公爵位则由幼子桓玄袭封。世子桓熙不服，遂与叔父桓秘、弟弟桓济谋杀桓冲，结果被桓冲发觉，都被流放长沙。元兴二年（403年）十一月，桓玄代晋称帝，建立桓楚，追尊桓温为宣武皇帝，庙号太祖，墓为永崇陵。

谢 安

谢安（320—385年），字安石，陈郡阳夏（今河南太康）人。东晋政治家、名士。

谢安出身于世家豪族。父亲谢裒官至太常卿。他年轻时"神识沉敏，风宇条畅"，谈吐清雅，写得一手好字，青年时代的谢安，淡泊名利，不想当官，全部兴趣在于山水间。他有许多文人朋友，如著名书法家王羲之、诗人孙绰、名士许询、僧人支遁等。

谢安的弟弟谢万早就当上了中郎将，总藩任之重。谢安虽然隐居不仕，声名反而远远高于谢万。他天生具有公卿宰辅的德望，居家总以礼仪规训子弟。他的妻子认为家门显贵，丈夫理应出仕做事，说："大丈夫光想隐居自安，这算什么？"谢安回答说："恐不免此耳！"不久，谢万被贬官，谢安终于决定出仕，振兴门庭。这

谢安像

时，他已 40 多岁了。

东晋偏安江南，北方建立起多个少数民族政权。东晋从皇帝到大臣，习惯了南方的生活，很少关心北方，更谈不上统一天下的雄心壮志。征西大将军桓温控制朝政，出于私心，仍然想着北伐。升平四年（360年），谢安到桓温军中任司马，桓温对他非常敬重。升平五年（361年），桓温即将北伐，谢万忽然病故，谢安因此又回家给弟弟治丧。丧事结束，谢安出任吴兴太守，"在官无当时誉，去后为人所思"，说明他的政绩是不错的。由此发端，他被调到朝中任职，拜为侍中，迁吏部尚书、中护军。

咸安二年（372年），简文帝司马昱病危，桓温推荐由谢安出任顾命大臣，目的在于颠覆晋室，能使自己当上皇帝。不想司马昱死后，谢安却拥立司马昱 11 岁的儿子司马曜为帝，即孝武帝。桓温大为恼火，立刻引兵向建康，驻军新亭，盛陈兵仗，召见谢安和中书令王坦之，准备加以杀害。王坦之万分恐惧，问计于谢安。谢安神色不变，说："晋祚存亡，在此一行。"他俩去见桓温。王坦之吓得流汗沾衣，倒执手板。谢安无所畏惧，从容落座，说："谢安听说诸侯有道，守在四邻，明公何须如此相逼呢？"桓温说："因为不能不这样。"谢安巧妙地和桓温周旋，陈说利害关系，使桓温在不知不觉中受到感染，打消了杀害谢、王的念头。他们谈笑多时，就像亲密的朋友。王坦之原与谢安齐名，经此事件，人们方知，王坦之的胆略和气魄，根本不能和谢安相比。

谢安、王坦之尽力辅佐司马曜，稳定了朝廷的形势。但是，桓温篡权之心不死，危险一直存在。好在桓温生了重病，转眼进入弥留之际。桓温希望朝廷给自己加九锡之礼，袁宏奉命起草诏书。谢安以修改为名，故意将诏书扣留，拖延十余日不发。宁康元年（373年），桓温毙命，临死时也没得到九锡之礼的荣耀。

桓温死后，谢安任尚书仆射，领吏部，加后将军。王坦之出为徐州刺史，谢安任中书令，正式成为宰相。期间，他"镇以和靖，御以长算，德政既行，文武用命，不存小察，弘以大纲，威怀外著"。人们都把他比作王导，文雅则有过之而无不及。一次，谢安和王羲之外出游览，悠然遐想，抒发超然世外之志。王羲之说："四郊多垒，宜思自效，而虚谈废务，浮文妨要，恐非当今所宜。"谢安反驳说："战国时秦国任用商鞅变法，到秦二世灭亡，岂清言致患邪！"司马曜非常倚重谢安，再任命他为中书监、骠骑将军、录尚书事，复加司徒、侍中，都督扬、豫、徐、兖、青五州诸军事，假节，进而拜卫将军、开府仪同三司，封建昌县公。

谢安像

其时，建都长安的前秦政权势力强盛，皇帝苻坚基本统一了北方，积极准备攻灭东晋。谢安意识到晋、秦之间将有一场战争，所以暗暗提前备战，以防不测。谢安命侄儿谢玄驻军广陵（今江苏扬州），把守京师的北大门；命将军刘牢之驻军北府京口（今江苏镇江），招募北方南迁的健儿，组成一支英勇善战的劲旅，称"北府兵",随时待命。另外,在长江中游,安排大将桓冲镇守夏口,以与建康形成掎角之势。

太元八年(383年)八月,骄狂的苻坚举兵八十七万,号称百万,水陆并进,杀向江南。建康为之惊恐,谈兵色变。谢安相当冷静,通达多谋,精心策划,诏命其弟谢石为征讨大都督,其侄谢玄为前锋都督,加上刘牢之的北府兵,共八万人,奋力拒敌。晋军只有秦军的八分之一,力量过于悬殊,人人为之捏一把汗。桓冲派遣三千精锐,前来保卫京城。谢安却命令说:"京师不缺甲兵,你们回去,镇守西疆要紧。"桓冲不解其意,六神无主,长叹说:"谢安是位好宰相,却不是位好统帅,我等怕是都要成为秦人的俘虏了!"谢玄问策于谢安。谢安夷然无惧色,说:"已别有旨。"说完,他拉了谢玄等人,乘车前往别墅下棋,至夜方归。这时,他指授将帅,各当其任,并然有序。于是便有了以弱胜强的淝水之战。十一月,晋军大破秦军,秦军几乎全军覆没,苻坚身中流矢,仓皇逃回洛阳。

前方捷报传来,谢安正与客人下棋。他看了看捷报,丢在一边,没事儿似的,继续下棋。客人忍不住问道:"战事进行得怎样?"谢安轻描淡写地回答说:"孩儿们已破秦军了!"其实,他内心是很兴奋的,只因为涵养深厚,所以从容镇定,不喜于形色。客人走后,他再也控制不住内心的兴奋和喜悦,进入内室时,忘记跨门槛,把鞋底的木齿碰断,全不知晓。

淝水之战的胜利,是谢安一生中最辉煌的业绩,说明他不仅是一位政治家,而且是一位军事家。战后,他进位太保,上书自请北征,因此进都督扬、江、荆、司、豫、徐、兖、青、冀、幽、并、宁、益、雍、梁十五州军事,加黄钺,其他官职如故。桓冲病死。有人建议由谢玄镇守荆、江二州。谢安考虑谢氏家族树大招风,容易引起朝廷怀疑,所以决定以桓氏子弟镇守荆、江、豫州，时称"三桓"。谢安这样做，属于明智之举，平衡了各种政治势力的利益，避免谢氏家族处于众矢之的的位置。东晋一朝，王氏、庾氏、桓氏等家族都曾出现过企图谋反的权臣。唯谢氏家族比较安分，忠心辅佐朝廷，别无他想。这和谢安个人品行和修养是分不开的。

谢安长期处于高位，有权有势，很会享受生活。他喜爱音乐，营建别墅，一食之费，常达百金。时人讥之，他毫不介意，完全按照自己的意志行事。他还想带领全家泛海旅游，可惜没能如愿。会稽王司马道子后来居上，专权揽政。谢安急流勇退，上书请求辞官，而且召回儿子征虏将军谢琰，命他解甲归家。太元十年（385 年），谢安病亡，年 66 岁。司马曜追赠他为太傅，改封庐陵郡公，谥曰"文靖"。

王　猛

王猛（325—375 年），字景略，青州北海郡据县（今山东寿光东南），后移家魏郡。十六国时期前秦杰出的政治，官至丞相、大将军。

王猛幼时，北方战乱不已，民不聊生，王猛跟随家人逃往魏郡（今河南与河北交界处）避难。王猛家境贫寒，小时便以贩卖簸箕为业。

东晋永和七年（351 年），氐族首领苻坚占领关中，建都长安（今陕西西安市西北），称天王大单于，国号秦（史称前秦）。次年苻坚称帝，势力日强。永和十年（354 年），东晋荆州镇将桓温北伐，击败苻坚，驻军灞上（今西安市东），关中父老夹道欢迎，王猛闻讯前去拜见桓温。桓温问王猛："为何关中豪杰没有人到我这里效劳。"王猛直言相告说："您不远千里深入敌境，长安城近在咫尺，您却不渡灞水攻取之，大家不知您的心思，所以不肯来。"王猛一针见血，触及了桓温拥兵自重的心病。桓温为此称赞王猛江东无人与其相比。桓温请王猛留在军中，王猛认为东晋乃是士族的天下，自己难以有所作为，就拒绝与之南下。

王猛像

前秦苻坚是十六国时期杰出的政治家。他十分重视吸收汉族文化，博学强记，潜心钻研经史典籍，成为氏族中文武双全的佼佼者。他广招贤才，以图统一天下。后经尚书吕婆楼举荐，与王猛相见，两人谈论天下大势，甚为投机。苻坚恳留王猛辅佐和出谋划策。苻坚诛灭苻生后，自立为大秦天王，以王猛为中书侍郎，掌管军国机密。王猛因功绩卓著，很快升为尚书左丞。他办事公正，执法严明，精明强干，在36岁那年，接连升迁5次，官至尚书左仆射（相当于宰相）、辅国将军、司隶校尉，一时间"权倾内外"。

氏族豪帅出身的姑藏侯樊世依仗自己曾帮助苻坚打天下的功劳，最先出来当众侮辱王猛，还扬言要杀死王猛。苻坚大怒，命将其斩首示众，遏制了朝野权臣对王猛的非难。当时朝廷上下有一批氏族显贵，自恃有功于朝廷，恣意妄为，无法无天。前秦甘露二年（359年），王猛由咸阳内史调任侍中中书令（皆为宰相之职），兼京兆尹（京都长官）后，听说贵族大臣皇太后之弟张德酗酒行凶，欺男霸女，即下令逮捕张德，先斩后奏。接着又与御史中丞邓羌合作，全面整治祸国殃民的公卿大夫，铲除不法权贵20多人。文武百官有所震慑，豪强不敢妄为，百姓路不拾遗。苻坚为此感叹说："直到今天我才知道天下有法可依，天子至高无上。"

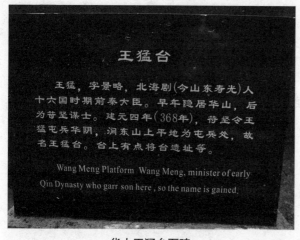

华山王猛台石碑

王猛治国首重举荐贤才，认为吏治和用人制度化，才能保证国家长治久安。他帮助苻坚创立了荐举赏罚和官吏考核制度，其中规定：地方官分科荐举孝、悌、廉直、文学、政事人才，上报中央，经朝廷考核，合格者分授官职；凡所举荐人才名副其实，则奖励举荐者，否则受罚。

王猛把教育作为治国的重要举措，他促使前秦恢复了太学和地方各级学校，强制公卿以下子孙入学。苻坚在王猛的影响下，广泛吸收汉族先进文化，推崇孔子，宣扬儒教，使氐族建立的前秦政权拥有了文化根基。王猛还注意调整民族关系。前秦废除了胡汉分治之法，促进了各民族之间的相互融合。王猛主持在全国范围内兴修水利，奖励农桑，推广先进的生产技术，减免部分租税，减轻人民负担。这些措施使国库殷实，国力增强。

前秦的一系列改革，为前秦统一北方奠定了基础。王猛为前秦制定了军事策略，即稳定西北，使无后顾之忧，然后争锋东南，以图大业。在这个战略方针指导下，首先运用政治和军事手段，收服匈奴刘氏部、乌桓独孤部，以及鲜卑没奕干部和拓拔部的代国等。前秦建元二年（366年），王猛率军进攻东晋所属荆州北部诸郡，掠取一万余户凯旋。紧接着，王猛又率军讨伐羌族叛乱者，大破前凉军队，夺占前凉重镇枹罕（今甘肃临夏东北），为前秦扫清了统一中原道路上的障碍。

前秦建元五年（369年），正当前秦准备消灭前燕时，东晋桓温北上攻燕，燕王慕容以割地给秦为条件，请前秦救援。前秦群臣反对救燕，唯有王猛主张"先救后取"之策，联合前燕大破晋军，杀敌4万余人，桓温大败而归。此后，前秦以前燕毁约，命王猛指挥征讨前燕，一年后前燕亡，前凉被迫归降前秦。前秦基本上统一了北方。

前秦建元十一年（375年），王猛为前秦呕心沥血，积劳成疾，一病不起。苻坚前去探望，询问后事。王猛对苻坚说："东晋虽偏处江南，但为华夏正统，且上下一心。臣死之后，陛下万不可图灭东晋。而鲜卑、西羌等是我大敌，应尽快消灭他们。"不久王猛病死，年仅51岁。遗憾的是，苻坚没有听从王猛的遗言，在王猛死后8年，不顾群臣反对，悍然发动对东晋的战争，结果在淝水之战中一败涂地，鲜卑和羌族乘机反叛，置苻坚于死地，前秦由此而亡。

第三节　南北朝时期的著名宰相

沈　约

沈约（441—513年），字休文，吴兴武康（今浙江湖州德清）人。他出身士族，学识渊博，历仕宋、齐、梁三朝。齐中兴二年（502年），他参与策划梁武帝萧衍代齐自立的政变，建梁后，官拜尚书令，领太子少傅，受封建昌县侯，荣耀于世。沈约不仅在政坛大有作为，且在文学、史学领域颇有建树，著有《宋书》100卷，位列"二十四史"。历代宰相如沈约勤于政事又著书立说流传后世者，实乃鲜见。

沈约从小聪明过人。据史载，他一生下来左眼就有两个瞳仁，腰间有紫痣，善相者说其有异人之相。少年时代的沈约勤奋好学，常常日夜手不释卷。母亲担心他过于劳累，经常要到他的书房去减油灭灯，以此限制他的夜读。不得已，沈约便白天读书，夜晚背诵。努力没有白费，这使得他博览古今，满腹经纶。不久，郢州（治所在今湖北武汉市武昌）刺史蔡兴宗听说他才华出众，便聘请沈约为安西外参军，兼记室。

　　齐高帝建元元年（479年），萧道成建立南齐政权，38岁的沈约出仕齐朝，在东宫主管文书。沈约以其渊博的学识、儒雅的风度、绝佳的口才，甚得太子萧长懋的赏识和倚重。因此，他常与太子促膝谈心，有时一谈就是一整夜。当时，太子之弟、竟陵王萧子良开西邸招纳名士，沈约与兰陵萧琛、琅琊王融、陈郡谢朓、南乡范云、乐安任昉、吴郡陆倕、兰陵萧衍等人，皆交游于竟陵王府，被世人称为"竟陵八友"。也就在这时，沈约与后来成为梁武帝的萧衍结下了深厚的情谊。

沈约雕像

齐明帝死后,东昏侯萧宝卷继位。他统治无方,朝政混乱,政出多门,萧衍乘此良机于襄阳起兵,联合长史萧颖胄在荆州拥立齐和帝;紧跟着攻克建康(今南京),诛杀了东昏侯。萧衍因功被任命为丞相,封为梁公。他任用沈约为骠骑司马,随侍左右,为其出谋划策。齐中兴二年(502年)四月,萧衍在建康南郊即皇位,国号梁,建元天监。梁武帝天监二年(503年),沈母去世,皇上亲临悼唁。武帝因怕沈约年事已高,不宜过度悲伤,专遣中书舍人去沈家阻挡客人,劝沈约节哀。沈约服丧期满后,又升迁为侍中,授右光禄大夫。天监九年(510年),沈约70岁,萧衍特授他左光禄大夫,这是正一品的散职。沈约一生为提高南方士族和吴兴沈氏的地位而努力,到这一步也算得上是功成名就了。

沈约才堪撰述,学综文史,在递嬗频仍的南朝政治生活中世故练达。他除在复杂莫测的政坛上周旋外,同时著书立说,享有盛名。他"历仕三代,该悉旧章,博物洽闻,当世取则"(《南史·沈约传》),具备史学家的素质。他著述宏富,一生近400卷著作中,历史著作占大半。他的历史著述在中国史学上有着不可抹杀的地位。

沈约撰写的《宋书》问世前,已有三部《宋书》存世。他在前人的基础上加以改进、创新、整理,撰写出论述刘宋(420—479年)兴亡的一部完整的纪传体断代史。其内容包括政治、礼乐、天文、州郡、百官等各个方面。他在著述时,注意为少数民族、外邦小国立传。现代其他人所编的刘宋历史均已亡佚,只散见于一些书或注释中,完整保留下来的,就只有这部《宋书》了。总的来说,《宋书》的史料价值已超出刘宋历史范围,不仅为考察魏、晋、宋史所必需,且为唐修《晋书》诸志所大量取用,为研究刘宋王朝历史提供了主要依据。

中国史学素有文史结合的传统,沈约作为史学家著书立说自然与他深厚的文学修养分不开。沈约是当时的文坛领袖，齐、梁两朝的许多重要诏诰多是出自他的手笔，除了例行的公文之外，大量的赋、论、碑、铭类文章都足以表现他的"高才博洽"。沈约还是讲究声律的"永明体"诗歌的创始人之一。齐梁之际，我国汉语音韵学已经有了相当的发展，沈约把同代人周颙发现的"平、上、去、入"四声用于诗的格律，并归纳出比较完整的诗歌声律论，为唐代五言律诗的正式形成开辟了通途，而且影响到骈体文。

南朝时期，除开国的少数皇帝外，后代帝王多为荒淫无道的昏君，世家大族也奢侈淫逸。文人想在政治上有所作为，是很艰难的。沈家又属南方世族，靠军功起家，被北方世族所轻视。因此，沈约想以自己的努力取得世族高贵的地位，也只能曳裾王门，虽不趋炎附势，也不能有大作为，所以只有"唯唯而已"。官场之上，他深感"伴君如伴虎"。有一次侍宴，沈约言谈间冒犯了尊颜，梁武帝拂袖而去，沈约连惊带吓，一病不起。他病中常做噩梦，请来巫师作法，巫师说是齐和帝在作祟，沈约便让巫师上章对阴曹地府的齐和帝说，禅代的主张并非由自己提出的，请齐和帝之魂放过自己。此事传入梁武帝耳中，武帝自然对他这种不忠的态度十分不满。自此，他俩多年的旧友之谊、患难的君臣之情随着时间的推移慢慢地被消磨掉了。

天监十二年（513年），沈约忧病而卒，终年72岁。梁武帝下诏，谥号"隐侯"。

徐羡之

徐羡之（364—426年），字宗文，东海郯（今山东郯城县）人。南朝宋开国功臣。东晋左将军徐宁之孙、上虞令徐祚之之子。

晋安帝隆安二年（398年），徐羡之被晋朝廷征辟为太子少傅主簿。

后来，北府兵元帅刘牢之请他去担任镇北功曹和尚书祠部郎（主管祭祀的官）。

隆安三年（399年）十月，浙东一带爆发了孙恩领导的农民起义，东晋政府派北府兵前往镇压。东晋王朝炙手可热的抚军将军桓修任命徐羡之担任抚军中兵曹参军。在桓修的抚军将军府，徐羡之结识了当世的枭雄刘裕。晋元元年（公元402年）五月，卢循起义，东晋朝野震惊。总揽朝政的太尉桓玄派刘裕起兵镇压。

刘裕按徐羡之计极力拉拢受桓玄排挤和迫害的北府兵诸将。他派徐羡之携带密信，前往北府兵大将何无忌、刘毅、孟昶、诸葛长民、刘道规等营中游说，晓之以理，揭穿桓玄的阴谋，并阐明只有各路兵马联合起来，才能保存实力，不至于被桓玄各个铲除。于是各路军马与刘裕合兵一处与卢循交战，连连取胜。卢循兵败，无路可退，只得弃岸逃往海上。

在平定卢循起义的过程中，由于各路北府兵将领纷纷投靠刘裕，刘裕的实力大增，威震朝野。桓玄借刀杀人之计不仅落空，还使刘裕形成尾大不掉之势。

晋元兴二年（403年），桓玄自称大将军、楚王。十二月，在建康篡位称帝，国号楚，贬晋安帝于寻阳（今江西九江）。于是，刘裕向各路兵马下达命令，令大将刘毅、何无忌等率各路人马同时起兵，由京口直攻建康，桓玄匆忙间率军与北府军交战，一触即溃，不得已，只得挟安帝西逃，后被刘毅诛杀。

义熙元年（405年），刘裕等迎安帝还都建康。桓玄之乱，遂告平息。平定桓玄之乱。复兴晋朝，刘裕首功可鉴。晋安帝欲让他都督中外诸军事，实际是把全国兵权交给刘裕。

晋恭帝元熙元年（419年），安帝驾崩，恭帝继位。恭帝被迫加授刘裕为宋王，并给予特殊礼仪，尊宋王妃为太后，世子义符为太子。宋元初元年（公元 420 年）刘裕在建康修筑高台，接受恭帝禅让，即皇帝位，建元永初，史称宋武帝。

永初三年（422 年）三月，刘裕病倒。徐羡之、傅亮等重臣入宫照料。五月，刘裕病危，下诏立太子刘义符，又亲写遗诏："后世如有幼主，朝廷大事全部委托宰相，皇太后不能临朝干政。"并任命徐羡之、傅亮、谢晦等为顾命大臣，辅助义符。刚刚开创的刘宋天下，治理的重任便落到徐羡之等人肩上。

刘裕去世后，太子义符继皇帝位，年仅 17 岁，史称少帝。

少帝童心未泯，只知玩乐，朝中大事无论巨细都由徐羡之等处理。他遂与傅亮、谢晦三人密谋，最后决定废除少帝，迎立刘裕三子、宜都王刘义隆。而依旧制，废除少帝后应立刘裕次子、庐陵王刘义真，但此人生性轻浮，毫无声望，而宜都王刘义隆却具有帝王气质。于是徐羡之决定先弹劾义真，再废少帝，最后迎立义隆。

徐羡之联合傅亮等几十位大臣联名上书弹劾义真，少帝批准，贬其为平民，放逐新安郡（今浙江淳安县）。不久，徐羡之派人将他处死。

义真已除，下一步便是废除少帝。徐羡之密令大将檀道济、王弘入京，与傅亮、谢晦几人商讨具体行动计划。他借口谢晦修理家宅，将军队藏于谢府，又派心腹潜入皇城收买禁卫军。元嘉元年（424 年）五月二十四日，徐羡之、檀道济率兵直奔天渊池。一路毫无阻拦，徐羡之领军冲上龙舟，斩杀侍卫，制服少帝。取下皇帝印信后，将他押出天渊池。随后，徐羡之前往朝堂，紧急召集百官，拿出早已拟好的诏书，假称是奉太后之命，已将少帝拿下，历数义符荒淫不孝等罪状，废为营阳王，贬居吴郡。迎立宜都王义隆继位，派傅亮率行台百官前往迎接。随后，徐羡之暗下令杀死义符，以绝后患。

接连诛杀两亲王，徐羡之恐怕刘义隆继位后对己不利，于是就命谢晦出镇荆州，兼都督荆、湘等七州军事和荆州刺史。把精锐部队和能征善战的将领，全部配给谢晦，希望他居于外地，与自己在朝廷遥相呼应，作为声援。

八月，宜都王刘义隆在建康继位，改元永嘉，史称宋文帝。文帝下诏百官一律擢升二级，提升徐羡之为司徒。刘宋王朝的军国大事仍由徐羡之等顾命大臣处理。

文帝登基伊始，为避免重蹈兄长覆辙，下诏一切典章不变，并推说年幼，一切政事归由顾命大臣处理，自己要为先帝刘裕守孝满三年。徐羡之见文帝毫无怪罪自己之意，便放开手脚，毫无顾忌。他把自己的亲信大力提拔，担任朝中和地方的要职。朝中事务必须由他批准方可办理。徐羡之身为司徒，把握朝中权柄，使文帝形同虚设。

文帝深居皇宫，但却没有空闲一刻。他表面不问朝政，暗地里积极结交名士，拉拢与徐羡之不和的官员，将前宜都王府的亲信都分封了高官，在朝中让他们替自己活动并充当耳目。元嘉三年（426年）正月十六日，文帝下诏，宣布徐羡之、傅亮、谢晦谋杀少帝和庐陵王的罪行，在朝堂埋伏武士，伺机诛杀徐羡之、傅亮。

这一天，文帝下诏急命徐、傅二人入宫商讨大事。徐羡之走到西明门外，遇到值班的谢嚼，得知宫中有变，于是马上回到西城，乘坐宫廷车马混出建康。出城后下车步行，一口气走了20多里，来到一处叫新林的地方，这才停下喘口气，悔恨不该迎立刘义隆，而应迎立年幼的义康，如今悔之晚矣。转念一想：此番在劫难逃，不该逃走，反落个骂名。想想自己辅助刘裕，顾命辅助幼主，为刘宋王朝呕心沥血，不辞辛劳，到如今反而招致杀身之祸，实在再无面目见人。痛定思痛，别无选择，最后，他含着热泪钻进路边一个陶窑里，上吊身亡。

李 冲

李冲（450—498年）字思顺，陇西狄道（今甘肃省临洮县）人。南北朝时期北魏名臣，镇北将军李宝的幼子。

李冲的家族自西汉以来就是陇西颇有名望的汉族世家。十六国时期，中原大乱，李冲的曾祖父李暠乘机于晋安帝四年（400年）在敦煌（今甘肃省敦煌县西）建立了西凉政权，自称凉公。西凉国仅仅存在20年，传了两代，就被北凉灭亡了。

李冲青年时期就在政界崭露头角了。孝文帝元宏延兴五年（475年），李冲的长兄李承去世。这时年仅26岁的李冲已经当上了秘书中散，不久又被提升为内秘书令。内秘书令是掌管皇帝诏令、臣僚奏章和宫禁图书的负责官员，秘书中散为其僚属。内秘书令的职务使李冲既可以了解北魏政府各部门和全国各地区的情况，从而对整个北魏社会形成一个全面的看法，也可以阅读到更多的经典图籍，进一步熟悉古代的典章制度。

经过调查和研究以后，李冲深深地感觉到，孝文帝时代北魏虽然呈现了一片繁荣的景象，但也潜伏着不少严重的社会危机。尤其是他在荥阳曾亲眼目睹的宗主豪强势力的恶性膨胀，正在直接侵害着北魏王朝的切身利益。因此，李冲认为，有必要首先铲除他们掌有的政治特权，即所谓的宗主督护制度。

原来，北魏前期，在中原地区没有能建立起完善的基层政权机构。北魏王朝把基层行政权力交给了宗主豪强，任命他们为宗主督护，让他们以宗主的名义督护地方，替朝廷征收租赋；同时，也让他们与朝廷分享剥削劳动人民的权力。

但是，宗主豪强并不以此为满足，他们依靠盘根错节的宗族势力和督护地方的政治特权，公然无视政府法令，与北魏王朝争夺户口，并且为所欲为地增加田租与赋税。在宗主督护制下，许多农民被迫依附于宗主豪强的名下，成为所谓的荫附户。荫附户不在国家户籍上注册，不向国家交纳租赋，但是要向宗主豪强缴纳数倍于国家定额的地租和赋税，还要为他们服沉重的徭役。这样既影响了北魏王朝的财政收入，又加重了劳动人民的负担，唯独肥了大小宗主豪强。

孝文帝时，这种"人困于上，官损于下"的状况，达到了极为严重的地步。在宗主督护之下，三五十家注册为一户的现象比比皆是，甚至百家千室合为一户的也不乏其例。这种状况既使北魏社会内的阶级矛盾不断加深，也使北魏王朝与宗主豪强之间的矛盾日益激化。一场北魏王朝向宗主豪强手中夺取民户的斗争迫在眉睫了。李冲勇敢地充当了急先锋的角色。

北魏太和十年（486年），李冲上书北魏王朝，建议废除宗主督护制，在全国范围内建立整齐划一的新的基层行政制度——三长制。三长制规定：每五家为一邻，设一邻长；每五邻为一里，设一里长；每五里为一党，设一党长；邻、里、党三长归地方行政长官管辖。又规定，三长的职责是检查户口，征收赋税和征发徭役。与此同时，还制定了相应的较以前轻的赋税制度。

李冲关于废除宗主督护制建立三长制的建议，直接触犯了他和他所代表的宗主豪强的利益，因此，他首先跳出来反对。在朝廷讨论李冲的上书时，他对孝文帝的祖母、执掌朝政的文明太后说："李冲的这个办法，看起来似乎很好，实际上是行不通的。"接着，他又以威胁的口吻说："不信你就试试，以后失败时就知道我说得不错了。"

出身鲜卑大贵族的拓跋丕与郑羲意见相反，他认为李冲的想法很好。他从整个北魏王朝的长远利益出发，看到三长制的推行无论对朝廷还是对个人都是有利的。因而，他积极支持李冲。

郑羲在士大夫中是很有影响的人物。他担任的中书令是中书省的长官，中书省是秉承君主意旨发布政令的机构，权力很大。因此，朝臣中的大部分人都奉迎郑羲，反对李冲的建议。有些人找借口拖延，说："眼下正是农忙时节，派人下去清查户口，废除宗主督护制，恐怕会使百姓骚动起来，影响农事。不如等到冬天农闲以后再来议论。"

对此，李冲坚决反驳道："要改，趁农忙时节最好。如果老百姓知道建立三长制以后可以减轻赋税和徭役的负担，那么，不仅改起来容易，而且会有利于今年的农作物收获。"

李冲力排众议，终于得到了文明太后的支持。她在听取了朝臣们的议论后作出结论说："建立了三长制，就可以使多年隐匿的户口清查出来，户口有了确切的数据，征收赋税就有了可靠的保证，那有什么不好呢？我看三长制是可以实行的！"

李冲的建议得到了批准，这是他一生中取得的最大成就。这一年，他37岁。

三长制从表面上来看似乎是一种复古的措施，实际上并非如此。三长制的依据虽然来自《周礼》，但《周礼》中的记载只是古人的一种理想，李冲却将这种理想变通成了现实。从此北魏王朝有了一套比较系统而完善的基层行政体制。这一体制使北魏王朝的政治触角深入到了中原地区的广大乡村之中，同时，也使北魏王朝达到了在基层检查户口，向基层直接催督租赋，征发徭役和兵役的目的。

三长制建立以后，大量原先荫附于宗主豪强的农民成了国家直接控制下的编户。这样，不仅减轻了农民的经济负担，而且也增加了北魏王朝的财政收入，从而在一定程度上限制了宗主豪强势力的恶性膨胀，缓和了阶级矛盾，它对于促进社会经济的发展和巩固中央集权的统治是有积极意义的。

不仅如此，三长制还是北魏实现另一项重大改革——均田制的保证，三长制是推行均田制的具体执行机构。可以说，如果没有三长制，均田制就只能是一座空中楼阁。

三长制的成功使李冲深受文明太后和孝文帝的宠信。数年之间，他的职务屡经升迁。他先后出任了中书令、侍中、吏部尚书，最后当上了尚书仆射。侍中执掌机要，接近皇帝，位置十分显要，人们将它比喻为小宰相；吏部尚书掌管官吏的任免、升降等事项，不是皇帝十分信赖者是不会被任命的；尚书仆射是尚书省的长官，尚书省是北魏王朝执行政务的总机构，因此，尚书仆射同于宰相之职。

由于李冲身居要职，他组织和参与了对于当时的官制、礼乐和律令制度等一系列上层建筑的重要改革。甚至有关改革的诏书也都是他和孝文帝一起刊定的。此外，北魏迁都洛阳时，他还主持了新都的营建工作。

李冲在北魏文治上的成就是多方面的，他是北魏一代出色的改革家和政治家。

李冲不仅政绩卓著，而且善于发现人才和使用人才。

北魏是门阀政治兴盛的时代。当时，世家大族享有许多政治特权，他们的子弟青少年时期就可以出任中央或地方官职，三十岁左右就可能一步登天，升居高位。相反地也有不少很有才干的青年，却因出身卑微而埋没终生。

李冲虽然出身世家大族，但他却唯才是举，不以衣冠取士。

李彪出身卑微，家境贫困，从小就死了父亲。但他胸怀大志，笃学不倦。李冲发现他以后，多次向孝文帝推荐，李彪遂被朝廷所器重。以后，他逐渐官升至御史中尉。御史中尉是专管检举臣僚们不法行为的官职。李彪担任御使中尉以后，向朝廷检举了许多大臣的不法行为，因而贪官污吏们对他十分畏惧，他们的行为也稍有收敛。孝文帝因此十分赞赏李彪，对大臣们说："我有李彪就如同汉代有了汲黯一样。"汲黯是西汉有名的无所畏惧敢于进谏和检举不法的直臣。从孝文帝给予李彪如此高的评价，可以看出李冲是很善于发现人才的。

蒋少游是北魏对宋战争中俘获的俘虏，他被俘后沦落于平城，以为人抄写图书为业，勉强糊口度日。他聪明能干，是一位颇有造诣的建筑大师。经人推荐，他依托于李冲门下。后来，经李冲荐举先后被委以营建平城和洛阳城的具体事务。他乐此不倦，常常亲自操作于现场。平城与洛阳的许多主要的宫殿建筑，是经他精心设计而建成的。其宏伟壮丽为众所公认。于此可见李冲又是很善于使用人才的。

当然，李冲毕竟出身于世家大族，他的用人路线中也不可避免地夹杂着维护本家族利益的营私现象。他的兄弟子侄都被授予了官职和爵位。他的亲属中，有的人虽然呆傻耳聋，也都被一再地破格提拔。

而且，由于世家大族的阶级烙印和仕途上的一帆风顺，他的性格中也存在着不足的一面。他功成名就以后，器量逐渐狭小起来，听不得反对的意见；感情也逐渐脆弱，经受不住精神上的刺激。太和二十二年（498年），曾经受他荫庇和荐举的李彪，由于性格刚烈豪放，在朝廷上争论政事时冒犯了李冲。李冲深为愤懑不平，感情上难以承受李彪的无礼，竟然突发暴病，言语错乱，扼腕谩骂。十几天后，李冲因肝脏伤裂而去世，时年49岁。

李冲死后，孝文帝和诸大臣对李冲十分怀念，丧葬之礼备尽哀荣。追赠司空，谥号"文穆"。以李冲这样的一代名臣，本来可以有更多的作为，仅仅由于一时的意气而致病故，实在可惜。

元 澄

元澄（467—520年），原名拓跋澄，字道镇，代郡平城（今山西大同）人。北魏宗室、重臣。

元澄的祖父是太武帝拓跋焘的长子——景穆太子拓跋晃，因过早逝世而未登上皇位；他的父亲是任城康王拓跋云，曾都督中外诸军事，后死于雍州刺史任上。

太和五年（481年），14岁的元澄因父亲的去世承袭父爵，成了一位少年王爷。当时，与他同岁的元宏恰巧当了皇帝，他经常亲切地称元澄为"任城"，并让他随自己南征北战。太和九年（485年）十二月，漠北大草原的柔然又贸然入侵北魏边境。为了消除边境的威胁，保卫边疆，孝文帝任命元澄为使持节、都督北讨诸军进行讨伐。柔然在北魏大军威慑下，仓皇北逃，元澄取得他仕途中的第一个胜利。

元澄回朝后，朝廷对他的功劳加以奖赏，加侍中，随后转任征东大将军，并开府，任徐州刺史。由于他治理有方，不仅在当地深得民心，而且在朝廷也有了一定的声望。当时北魏的首都还在平城，它地处边陲，不是水土丰饶之地，不便控御北方而统一全国。随着人口的增加，再加上交通不便，从外地运粮很难，使得本来就很少的物质供应更显得紧张。与此同时，南方中原大地上发达的经济和高度的文明是最吸

洛阳古城

引孝文帝的，所以迁都就成了他改革成功的基础和必要前提，因而必须慎重而周全地策划迁都大事。

鲜卑的王公贵族在平城一带已盘根错节，安居立业，迁都是很难令他们接受的。由于迁都阻力很大，于是孝文帝精心设计了一个"外示南讨，意在谋迁"的计策。

太和十七年（493 年）七月，孝文帝率步骑 30 万向南进发。一路连绵阴雨，到了洛阳以后，大雨还是不停，孝文帝依然下令六军继续向南。孝文帝身着戎装，手执鞭子，御马而出。六军将士都不愿意南伐，大臣们纷纷在孝文帝马前跪下，劝谏停止南征，孝文帝不听，下令继续南征。

安定王元休、任城王元澄等也出来一边哭泣一边劝谏。孝文帝认为时机已经成熟，可以公开提出迁都之事了，便对群臣说："今天劳师动众而没有结果，日后肯定会被后人耻笑。如果不南征，就迁都洛阳，二者选择其一，同意迁都的请站在左边，不欲迁都的请站在右边。"元澄马上站在了左边，其他人一看也纷纷站在了元澄的一边。

迁都大计定下之后，令孝文帝不放心的是在平城还有许多留守的鲜卑贵族和百官，还需要做广泛深入的说服动员工作，才能使大家接受迁都主张，顺利实现迁都大计。于是，他决定派任城王元澄回平城，让他去说服那里的官员同意迁都洛阳。

元澄宣布迁都的诏令后，果然引起了大家的恐慌。元澄便充分施展其辩才，引经据典，将迁都的道理向大家逐一说明，众人这才平静下来，并表示愿意从命迁都。任务完成后，元澄担心孝文帝着急，便马上兼程回洛阳汇报。孝文帝果然等不及，已经到了滑台，在那里孝文帝听了元澄的汇报，十分高兴，说："如果没有任城，朕的事业便不会成功！"不久，元澄被任命为吏部尚书。

孝文帝将都城从平城迁到洛阳后，留命元澄选拔旧臣。他本着量才录用、公正合理的原则从几万名冗官繁吏中选出了一批比较优秀的官员，并按优劣程度分为三等，以便任用于新都的职官体系中。而这些旧都官吏无论是否被任用，都毫无怨言地接受了安排，元澄本人也马上兼职尚书右仆射。

太和二十年（496年），以恒州刺史穆泰为首的一大批反对迁都及汉化改革的鲜卑贵族，企图拥立喜爱平城的皇太子元恂谋反。十二月，元恂趁孝文帝游幸嵩山，企图率众归平城，事情败露后，被削为庶人。随后，穆泰在恒州谋反，推朔州刺史阳平王元颐为主，不料元颐却向朝廷报告了这个机密。此时元澄正卧病在家，孝文帝将元澄召至凝闲堂，说明了原委，并决定派他负责征讨。元澄赶忙表态，并且以生命担保一定消灭穆泰。

元澄立即动身前往雁门，听说穆泰已经掌握重兵西奔阳平后，元澄下令命部队全速推进。当时右丞岳斌主张召集并肆的部队，然后再慢慢出动。元澄却认为只有迅速去镇平他们，才可以安定民心。于是下令从几条道路一起进发，打算出其不意，一举歼灭。他同时又派遣治书侍御史李焕先单车入城。突然到来的李焕向穆泰周围的人晓以祸福，劝诱投降，于是叛党离心，都站到了朝廷军队一边。穆泰见形势不妙，准备破釜沉舟，突围出城，结果被李焕擒拿。元澄也接着赶到，安抚民众，惩治参与谋叛者，将钜鹿公陆睿、安乐侯元隆等百余人都抓起来，投入了大牢。孝文帝看完元澄写来的表状之后大喜，召集公卿以下官员，让他们传阅元澄的表文，并让元澄做了正尚书。

太和二十三年（499年）正月，南齐大将陈显达率军进攻沔北，身患重病的孝文帝仍坚决亲率大军前往迎敌。临出发前，他在清徽堂会见元澄，并下诏对他委以大事。元澄听说此言，不禁潸然泪下，他答应孝文帝要竭尽股肱之力，死而后已。四月，孝文帝病逝于行军途中。元澄接受遗诏，与彭城王元勰秘密商议，为稳定政局决定暂不发丧。一面命人奉诏召太子；一面密报留守洛阳的于烈注意消除一切不安定因素。

孝文帝驾崩时安排的辅政大臣共有6位，除了元澄等4位皇族成员外，还有汉族人士吏部尚书宋弁、尚书令王肃。王肃本来是南齐人，孝文帝太和十七年（493年），由于其父兄都被杀害，所以从建康来投奔北魏。孝文帝见到王肃，很快便为他的才能智识所折服，大有玄德之遇到孔明的感觉。虽然元澄在他的改革活动中立有大功，但孝文帝依旧让王肃做了宰辅（尚书令），居于元澄之上。元澄对此心中非常不满，并时常对人说起。

宣武帝元恪继位的景明元年（500年）正月，南齐豫州刺史裴叔业以寿春（今安徽寿县）归顺朝廷。四月，彭城王元勰与王肃带兵前去攻打，沿淮而上，逼降寿春的南齐大将陈伯水等人。王肃等人凯旋而归，不料，降兵严叔懋报告说，尚书令王肃遣孔思达私通南齐皇帝萧宝卷，试图反叛。不经调查的元澄立即将王肃以谋反之罪囚禁起来。事后查明，严叔懋是在诬告，王肃也随即被释放。首辅六人中的咸阳王元禧、北海王元详平日槽权不法，贪聚财物，此时又对元澄落井下石，弹劾他擅自囚禁宰辅。无奈之下，元澄只好辞官回家了。后来，朝廷又改授他为安西将军、雍州刺史。政局极不稳定时，领军于忠、侍中崔光等建议让素有声望的元澄担任尚书令，于是，元澄在国家危难之际，再度出山担任宰辅。

孝明帝元诩继位，他的母亲胡氏在宗室诸王拥戴下临朝听政，人们称之为"灵太后"。灵太后不久便专权独断，完全以皇帝的身份处理朝政。元澄虽居宰相之职，但已无回天之术，只能尽自己最大的努力在各个方面进行改革。

首先，元澄针对宣武帝正始末年百官晋升一级，但刺史、郡守、县令却不能享受此待遇一事向灵太后提出异议。灵太后以前朝之事不准再提为由加以拒绝。元澄并不肯善罢甘休，再次奏明太后，作为君主应善于纳谏，有不正确的要及时纠正。随后，他奏上《皇诰宗制》及《训诂》各一卷，想让灵太后充分认识劝诫的裨益。灵太后接到这奏章让百官讨论，终因百官意见不一而没有实施这一举措。灵太后主持下的北魏政权，政局混乱，官僚腐败，贵族们竞相奢侈，太后自己又热衷于佛事，经常大兴土木，修建无数的寺庙，除了京师中的永宁寺、太上公寺之外，还在外州各造五级佛塔；又频繁举办各种斋会，赏钱动辄数万。百姓劳役沉重，国家财政吃紧，元澄对此忧心不已。于是又上奏太后，先是讲明与南朝关系，说明取外先要内强，图人先要自备的道理，强调要澄清吏治，促进经济，搞好防备，集中一切财力、物力治理国家，然后他又讲大兴土木之害，劝诫太后要积蓄财力。

神龟二年（519年），朝廷的太常卿占卜说"有相死"，还有人梦到任城王元澄家墙毁垣断。不久，53岁的元澄逝世，谥号文宣。灵太后除了大量赐丧物之外，还特加殊礼，并亲自送元澄的灵柩到郊外，扶棺悲哭，哀恸左右，文武百官也都哀叹不已。

宇文护

宇文护（513-572年），字萨保，代郡武川（今内蒙古武川县）人，鲜卑族。南北朝时期北周权臣，北周文帝宇文泰之侄，邵惠公宇文颢第三子。

宇文护11岁时，他的父亲战死于军中，叔父宇文泰就带着他生活在军营之中。宇文护从小就受着这种军旅生活的磨炼，弯弓射箭，纵

宇文泰像

马疆场，养成了他刚毅果敢的性格。

宇文护 17 岁时，宇文泰就让他管理家务。他威而不怒，治家严谨，府内上上下下的人都十分敬重他。宇文泰曾称赞他说："此儿志度类我。"宇文泰是北周政权的缔造者，也是南北朝末年的一位乱世枭雄，能得到他的如此称赞，实为难得。

宇文泰执掌西魏政权之后，宇文护就成了他的左膀右臂，长期随他东征西讨，立下了许多汗马功劳。西魏大统初年（534 年），宇文护因为征讨侯莫陈悦，破之有功，被封为水池县伯，食邑五百户，加封征虏将军。后又随宇文泰擒窦泰，复弘农，破沙苑，战河桥，累功被封为镇东将军，大都督。

大统八年（542 年），宇文护因战功晋封车骑大将军，仪同三司。长期的征战，使宇文护逐渐成为一位难得的将才。大统十五年（549 年），宇文护迁大将军，奉命出镇河东，与于谨征江陵。宇文护让大军缓缓而行，自己亲率轻骑，昼夜潜行。等他率军突然出现在江陵城下时，守兵措手不及，仓皇之中，弃城而逃。宇文护又遣 2000 轻骑，扼断江津，结集舟艇，以逸待劳，大破敌军。因此，他的儿子也被封为江陵公。接着，他又率军扫荡了南北朝时期势力强大的襄阳蛮向天保部，因此被拜为小司空，一跃而成为宇文泰手下第一大将。

北魏恭帝三年（557 年），宇文泰病重，急召宇文护觐见，将自己的儿子托付给他。宇文护含泪奉命。宇文泰刚死，诸子年龄都小，旁边的北齐又时时刻刻虎视眈眈，朝中上下，人心惶惶。宇文护在这个关键时刻处变不惊，一面整肃纲纪；一面抚慰众臣，于是众心乃安。把宇文泰安葬之后，宇文护又托言天命所归，派人劝说西魏帝禅位于宇文泰的儿子宇文觉。西魏帝惧怕宇文护的权势，只得下野，交出玉玺。宇文觉登位，是为孝闵帝，改国号北周。至此，宇文护终于完成了其叔父宇文泰的遗志，同时集大权于一身。先时，宇文泰常说："我得胡力。"当时人们都不能理解。此时，人们才知道，"胡"乃"护"也。

宇文护虽以军功起家，但他绝非有勇无谋的一介武夫。孝闵帝上台后，封他为大司马、晋国公，食邑一万户。从此，宇文护大权独揽，在掌权的 15 年里，内防暗算，外御强敌，始终牢牢地控制住了局面，显示了非凡的政治才能和应付复杂局面的能力。

孝闵帝初立，内忧外患，人心思动，赵贵、独孤信等一批原西魏元老重臣想乘机谋反。在他们看来，宇文护握有重兵，是他们作乱的最大障碍，就想先除去宇文护。谁知，宇文护早已洞察了他们的阴谋，乘他们入朝觐见之机，执而杀之，尔后又果断地诛其爪牙，有效地控制了局面，确保了北周政权的稳定。宇文护也因此被拜为大冢宰。

朝中大臣司会李植、军司马孙恒等，都是宇文泰手下的重臣，久居权要。他们看到宇文护独揽大权，心里甚为不满。于是他们阴谋联络孝闵帝身边的近臣乙弗凤、张光洛、贺拔提、元进等人，力图除掉宇文护。他们在孝闵帝面前进言道："宇文护自从杀了赵贵等人以来，威权日盛。文武百官争往附之，大大小小的政事都由他来断决。以臣观之，恐怕他将来会不守臣节。应该尽早想办法除去他，免得他犯上作乱。"孝闵帝是一个疑心很重的人，听他们这么说，暗生除护之心。

江陵城

孝闵帝和乙弗凤密谋，准备乘宇文护朝见之时，将他杀死。不想风声走漏，宇文护只得先下手为强，他召集文武大臣，将乙弗凤等人的阴谋公之于众，率兵进宫，杀了乙弗凤等人，又诛李植、孙恒等，后来又杀了孝闵帝，立宇文毓为帝，是为明帝。

宇文毓天性聪睿，有胆识，时刻想着从宇文护手中夺回朝权。宇文护对他也深有忌惮。武成二年（560年）宇文护命他的心腹、掌管膳部的李安在皇帝的饮食中加进毒药，将宇文毓毒死，另立宇文邕为帝，是为周武帝。周武帝降诏曰："大冢宰晋国公，智周万物，道济天下，所以克成我帝业，安养我苍生。自今诏诰及百司文书，并不得称公名，以彰殊礼。"宇文护上表坚辞不受。但由此他还是进一步巩固了自己的地位，成为北周政权实际上的统治者。

宇文护生性宽厚，能识大体，也极富政治头脑。然而他久居权力中心，难免树敌不少。加上他的手下和他的儿子也都身居高位，一个个皆恃宇文护的势力，飞扬跋扈，引得百姓怨言四起。武帝年龄渐长之后，也对宇文护长期把持朝政心有不满。但他表面上仍然十分敬重宇文护，见面不行君臣之礼，只行家人礼，暗地里却大力栽培自己的势力，等待时机。宇文护对此却毫无觉察。

元和七年（572 年）三月十八日，武帝佯招宇文护进宫赐饮，等宇文护毫无戒备进宫之后，武帝令左右乱刀将其砍死。又命宇文护的儿子、亲信逐次入宫，于殿中杀之。其后才宣布宇文护杀戮二帝、恃功欺君、把持朝政等诸罪状。

建德三年（574 年），宇文邕下诏恢复宇文护及其诸子原来封爵，追加谥号为"荡"（狂而无据曰荡），并将宇文护重新安葬。

第五章

隋唐五代时期的著名宰相

第一节　隋朝的著名宰相

李德林

李德林（530—590年），字公辅，博林安平人（今河北衡水市安平县）。

李德林出身于北魏官宦世家。其祖父李寿，曾任湖州（今浙江湖州）户曹从事。父亲李敬族，历任太学博士、镇远将军，并于北魏孝静帝时出任内校书，参与朝廷机密。富贵安逸的家庭环境使李德林从小就有机会饱读史书，并在达官贵人中显示自己的才华，为日后的飞黄腾达铺平了道路。李德林小时候有神童之称，16岁的时候已经以孝名闻天下了。由于李德林早已声名远播，定州（今河北定州）刺史王湝把他召入州馆。天保八年（559年），王湝通过推举秀才到朝廷参加考试的方式，把李德林作为秀才送到了都城邺京。王湝还亲自写了一封书信给尚书令杨遵彦，称赞李德林的才华和贤德。杨遵彦见王湝如此推崇李德林，也怀着好奇心想见识一番。当即要李德林写一篇《让尚书令表》，李德林下笔如飞，一气呵成，连文句都不用修改。杨遵彦看了李文赞叹不已，又把文章拿给吏部郎中陆印观赏，陆印看完后，也是极为推崇。陆印断定李德林必成大器，要儿子陆乂多与他交往，当时，尚书令杨遵彦主持考试选官，要求十分严格，参加考试的秀才很少有能选入一等甲科的。李德林在骑射、治国方略等五项考试中，样样名列前茅，得以选入甲科。因此，朝廷授给他殿中将军之职。这个官职只是一个既没有实权也没有具体事情可做的散官职位，当然不合李德林的心意。他满怀希望而来，却遭到冷落，于是一气之下，称病辞官回乡，闭门读书侍奉老母，过起了逍遥的生活。

北齐皇建元年（560年），孝昭帝高演下诏搜寻天下英才，李德林被选中送到晋阳（今山西太原）。得意之时，他即兴写了一篇《春思赋》，其文构思巧妙，文辞优美，被时人誉为文章典范。当时，长广王高湛为宰相，知道李德林是个人才，就把他招回邺京，与散骑常侍高元海等人共掌机密，授丞相府行参事之职。不久，高湛继位为帝，将李德林升为员外散骑侍郎，仍然让他掌管朝中机密。

天统元年（565年），北齐后主高纬继位，李德林又升为给事中，直中书，掌管诏书文件。不久，又升为中书舍人。武平元年（公元570年），李德林又升官至通直散骑侍郎，受命与中书侍郎宋士素、副侍中赵彦深一起共掌机密。武平三年（572年），朝廷任命李德林为中书侍郎，负责修订国史，后来，齐主认为他的文章写得漂亮，又把他调入文林馆，与黄门侍郎颜之推共同管理文林馆。武平五年，李德林因业绩升为通直散骑常侍兼中书侍郎，后又被授予仪同三司的礼遇。

不久，北齐灭亡，李德林的人生又揭开了新的一页。

具有雄才大略的周武帝在灭北齐的过程中，很注意收揽人才。由于李德林早已名声在外，当然也在被招揽之列。周武帝进入北齐都城邺京后，当天即派小司马唐道和到李德林家中传谕圣旨："朕灭北齐最大的收益，就是能得到您这样的人才。我很担心阁下跟着齐王向东逃跑。现在听说您还在家中，朕感到十分欣慰，请您赶快来与朕相见。"李德林受此恩宠，大为感激，当即跟随唐道和到行辕中参拜武帝。一番寒暄之后，周武帝免不了要向李德林询问治国方略。李德林对答如流，其真知灼见令武帝十分佩服。武帝又让内史宇文昂向李德林询问，了解北齐的政治制度、教育制度、人物善恶和风俗等状况，两人在内省之内一直谈了三天三夜，李德林才回家。周武帝对北齐故地进行了一番安排之后，起驾返回长安。李德林也随他前往，被授予内史上士，负责处理草拟诏书、文告以及选用原北齐人才为官等事项。从此，李德林又成了北周的宠臣，其受宠的程度远远超过了他在北齐的境况。宣政末年（578年），李德林升为御正下大夫，周静帝大象元年（579年），旋又被赐封为成安县男爵。

正当李德林准备大展宏图之时，北周的统治者却越来越荒淫无道。导致了社会矛盾的激化，政局动荡不安。外戚杨坚借机搜罗党羽，形成了一个庞大的统治集团。周宣帝死后，杨坚受命辅佐年轻的周静帝，控制了北周的军政大权。

大象二年（580年），杨坚任辅佐大臣之后，马上把李德林召入府中，同他商议大事。此后，李德林屡献奇谋，成为杨坚的重要谋士之一。公元581年，杨坚担当大丞相之后，李德林出任丞相府属，加仪同大将军的荣誉，参与丞相府的所有机密要事。开皇元年（581年），周静帝被迫退位，禅位于杨坚，杨坚登上皇帝宝座，改国号为隋，建元开皇。在演绎"禅让"这出戏的过程中，有关通知全国的文告、玺文、诏书以及杨坚身着龙袍登基的礼仪文章等，全部出自李德林的手笔。李德林在杨坚代周立隋的过程中立下了大功，所以，杨坚立隋称帝后，即任命李德林为内史省（决策机构）的内史令，使他与掌管尚书省的左仆射兼门下省长官纳言的高颎、内史省内史监兼尚书省吏部尚书的虞庆则同为宰相。

开皇元年（581年），李德林与高颎、苏威等人重新修订律令，制成《开皇律》。《开皇律》颁布实施后，律令的主要制定者苏威多次提出要对其中的某些条文加以修改。李德林每次都加以反对。他认为：法律条文一旦颁布实施后，应该在一定时期内保持它的稳定性。即使有小小的纰漏，只要不危害国家、祸及百姓，最好是不要朝令夕改，以免让老百姓无所适从。由于杨坚手下第一权臣高颎同意苏威的建议，认为李德林过于迂腐固执，不切合时宜，于是杨坚尽数采纳了苏威的建议，而李德林却落了个专与苏威作对的名声。

杨坚自立国以后，一直想征讨南陈，完成统一大业。李德林也多次向杨坚进献灭陈的计谋。开皇八年（588年），杨坚在完成对南陈作战的部署后，前往同州（今陕西大荔县）土地庙拜祭，李德林因病未能随行。灭陈战役打响后，杨坚又经常派人向李德林询问计策，然后转交给晋王杨广。统一江南之后，杨坚论功行赏，准备加授李德林上柱国，爵位升为郡公，还赏给了他大批土地财物，连诏令都由晋王杨广代为宣布了。这时有人对高颎说："灭南陈，是由皇上一手策划、晋王杨广和诸位将士齐心协力、奋勇杀敌的结果。现在把功劳都归于李德林，诸位将领必定愤愤不平。您自己的功劳也被李德林掩盖了。而且，在后人看来，您不成了无所作为、白白随军一场的人了吗？"高颎本来就排斥李德林，于是禀告杨坚，力陈不应重赏李德林，没想到杨坚真的听信了高颎的言论，下令收回对李德林的赏赐。李德林多年未得到升迁，心中早就不满，这次南灭陈国，自己献计献策，立下大功却得不到丝毫赏赐，免不了心中不满，却又无可奈何，从此便郁郁寡欢。不久，杨坚就在朝堂斥责李德林屡屡与自己作对，藐视皇上的权威，随即任命他为湖州刺史。李德林已年届60，不想离开自己长期生活的京城，只得叩头谢罪，杨坚无情地拒绝了他的请求，只是由湖州刺史改派为怀州刺史。

李德林到怀州就任刺史时，正好赶上当地发生大旱，李德林想干出点成绩来，就督促州里百姓四处挖井，想借此解决灌溉问题。谁知此举根本就于事无补，反而劳民伤财，使百姓怨声载道。因此，李德林受到了考司官员的严厉责备。开皇十年（590年），李德林在忧愤伤感中死去，享年61岁。

高　颎

高颎（541—607年），一名敏，字昭玄，鲜卑名独孤颎，渤海蓨（今河北景县东）人。隋朝著名宰相、军事谋臣。

高颎出身于官宦世家。父亲高宾先仕东魏，后投奔西魏，官至骠骑大将军、开府仪同三司、襄州总管府司录。

高颎"少明敏，有器局，略涉文史，尤善词令"，17岁时即步入官场。北周时，杨坚专断朝政，发现高颎"强明，久习兵事，多计谋"，引为心腹，委以重任。尉迟迥起兵反对杨坚。高颎自请率兵讨伐，大破之，因而升任柱国大将军，迁丞相府司马，"任寄益隆"。

隋文帝取代北周，建立隋朝，任命高颎为尚书左仆射、纳言，即宰相之一，同时兼任左卫大将军。高颎出任宰相所做的第一件大事是，领新都大匠，主持建造新的国都大兴城。大兴城规模宏大，布局严整，一年内主体竣工。高颎因功，又拜左领军大将军。

隋文帝开国后，在政治、经济、军事方面，实行了一系列的改革。高颎作为丞相，具体执行和落实各项改革措施，取得了显著的成效。他能文能武，明达政务，竭诚尽节，引荐贤良，苏威、杨素、贺若弼、韩禽等，都是由他推荐，而担任军政要职的。

开皇二年（582 年），隋文帝命高颎节制诸军，准备攻灭南方的陈朝，统一全国。恰逢陈宣帝病死，高颎出于礼不伐丧的考虑，建议暂缓发兵，以争取民心。隋文帝询问灭陈之策。高颎说："江北江南气候不一样，庄稼成熟时间也不一样。我们可趁江南收获季节，扬言出兵掩

高颎画像

杀，陈朝必定屯兵防御，足以废其农时。这样坚持数年，对方懈怠，那时我军齐集，登陆而战，事半功倍。"隋文帝采用这一计策，接连数年，果然使陈朝穷于应付，疲惫不堪。

开皇九年（589 年），隋文帝命次子晋王杨广为统帅，统领大军伐陈。高颎任元帅长史，"三军皆取决于颎"。就是说，杨广只是名义上的统帅，而实际指挥作战的则是高颎。高颎精于军事，水陆并进，调度有方，一举攻克建康，俘虏了陈后主陈叔宝及其宠妃张丽华等。张丽华雪肤花颜，天姿国色。杨广贪恋其美貌，想留她一命，占为己有。高颎严正地说："周武王灭商，戮妲己；今灭陈国，不宜取张丽华。"他果断下令，将张丽华斩首。此举激怒了杨广，埋下了杨广仇恨高颎的种子。隋军班师，隋文帝封赏功臣，高颎升任上柱国大将军，封齐国公。

高颎功高权重，必然招致一些人的嫉妒和仇恨。包括杨广在内，暗放冷箭，攻击和诋毁高颎，诬称他有反心。隋文帝当时还算英明，

真诚地告诉高颎说："公灭陈后，人云公反，朕已斩之。你我君臣道合，非小人所能离间也。"尽管如此，仍有人喋喋不休，中伤高颎。隋文帝大怒，把那些中伤者统统贬官。他说："高颎是一面镜子，每被磨莹，皎然益明。"一次，隋文帝让高颎和将军贺若弼讲述攻灭陈朝的详细情况。高颎非常谦虚，只顾推崇贺若弼，说："贺将军先献十策，后于建康城外苦战破贼。臣乃文吏，岂敢与猛将论功？"

其后，北方突厥侵犯隋朝边境。高颎出任元帅，深入大漠，予以回击。又有人放出流言，声称高颎意欲谋反。隋文帝尚在犹疑，高颎得胜还朝，流言不攻自破。开皇后期及仁寿年间，隋文帝变得不那么清醒了，武断多疑，猜忌功臣宿将。他听信谗言，决定废黜太子杨勇，改立杨广。高颎坚决反对这样做，跪地叩头说："长幼有序，万不可轻易废立太子。"杨广矫情饰行，得到母亲独孤皇后的支持。先前，高颎死了夫人。

杨坚像

独孤皇后曾跟隋文帝说："高丞相老矣，而丧夫人，陛下何以不为之再娶？"隋文帝把这话转告高颎。高颎流涕说："臣已年老，退朝唯斋居读佛经而已。虽陛下垂哀至深，至于纳室，非臣所愿。"不久，高颎爱妾生了个儿子。独孤皇后抓住把柄，恶意挑拨说："陛下还信任高颎吗？当初，陛下欲为他娶夫人，而他心存爱妾，面欺陛下。现在，他的诡诈终于显露出来了。"隋文帝细想，似乎是这么个理，从此开始疏远高颎。

辽东发生叛乱。隋文帝决定发兵征讨。高颎认为正值秋雨连绵季节，不宜用兵。隋文帝一意孤行，以儿子汉王杨谅为统帅，高颎为元帅长史，率兵出征。结果正如高颎所言，因淋涝疾疫，兵败而还。独孤皇后趁机进谗，说："高颎开始就不愿出征，陛下强之，妾固知其无功矣。"杨谅推卸兵败的责任，危言耸听地说："我没被高颎杀害，就算很幸运了。"隋文帝糊里糊涂，欲治高颎之罪。大臣贺若弼、薛胄、柳述等一起进谏，都说高颎无罪。这样一来，隋文帝更加恼怒，认为朝中有高颎私党，断然罢免了高颎的所有官职，只保留齐国公的爵位。"自是朝臣莫敢言"，开放的言路断绝。

隋文帝有时还想着高颎的功绩，一次召高颎参加一个宴会，说："朕不负公，公自负朕也。"高颎唏嘘沉默，不知该怎样回答。隋文帝转而对侍臣说："朕于高颎，胜过父子，虽或不见，常似眼前。作为臣子，不可以身胁君，自云第一。"原来，他是担心高颎权势过大，威胁自己的皇位。不久，有人告发高颎之子高表仁，称他曾对高颎说："从前司马懿托疾不朝，遂有天下。父亲现在如此，安知非福！"这一告发非同小可，触动了隋文帝的敏感神经。他勃然大怒，说："高颎与子言，自比司马懿，此何心乎？"他命将高颎逮捕下狱，由内侍省审讯。内侍省请求将高颎处斩。隋文帝权衡利害，未予批准，只将高颎除名，贬为平民。经此事件，高颎认识到了官场的险恶，"欢然无恨色"，以当一介平民而为庆幸。

仁寿四年（604年）隋炀帝杨广登基后，又起用高颎为太常卿。高颎性情耿直，对于隋炀帝滥用民力、沉湎声色、穷兵黩武的荒淫行径，屡屡提出非议，甚至说"近来朝廷殊无纲纪"。大业三年（607年）七月，隋炀帝因当初张丽华被斩一事，耿耿于怀，现在有了报复的机会，遂给高颎安了个"讪谤朝廷"的罪名，将其斩首，诸子连坐，流放边地。史载："高颎立功立事者，不可胜数。当朝执政将二十年，朝野推服，物无异议，时致升平，颎之力也。论者以为真宰相。及诛，天下无不伤惜，至今称冤不已。"

裴 矩

裴矩（547—627年），本名世矩，字弘大。河东闻喜（今山西闻喜）人。北魏荆州刺史裴佗之孙，北齐太子舍人裴讷之之子。隋唐时期政治家、外交家、战略家、地理学家。

裴矩自幼丧父，由伯父裴让之抚养成人。他勤奋好学，颇有心计，在北齐时历任司州兵曹从事、高平王文学。北齐灭亡后，裴矩被定州总管杨坚征辟为记室，深受器重，后因母丧返回家乡闻喜守孝。

大象元年（579年），北周静帝任命杨坚为丞相。杨坚遣使前往闻喜，召裴矩回京，授为丞相府记室。开皇元年（581年），杨坚称帝，建立隋朝，是为隋文帝。裴矩升任给事郎，主管内史省事务，代理内史舍人。

开皇八年（588年），隋文帝任命晋王杨广为元帅，率军南伐陈国，裴矩则任元帅府记室。隋军攻破丹阳后，杨广命裴矩与高颎一同收集陈国的地图、户籍。

开皇十年（590年），裴矩奉诏巡抚岭南地区。他尚未启程，高智慧、汪文进便在江南作乱，使得吴越一带道路难以通行。裴矩行至南康，聚集士卒数千人，与大将军鹿愿解东衡州之围，先后在大庾岭、原长岭击破叛军，斩杀周师举，一直打到南海。

后来，裴矩安抚岭南二十余州，并承制任命州中渠帅为刺史、县令。裴矩回朝后，被授为开府，赐爵闻喜县公，并担任民部侍郎，不久又改任内史侍郎。

当时，突厥强盛，而都蓝可汗之妻大义公主又是北周宗室之女，因此常入侵边境。开皇十三年（593年），大义公主与随从私通，被长孙晟揭发。裴矩趁机请求出使突厥，游说都蓝可汗，让他杀死大义公主。后来，大义公主果然被杀。

开皇十九年（599年），都蓝可汗与达头可汗联盟，大败启民可汗，启民可汗南下归附隋朝。隋文帝任命太平公史万岁为行军总管、裴矩为行军长史，出兵定襄道，趁机攻打突厥。同年十二月，都蓝可汗被部下杀害，达头可汗自立。

开皇二十年（600年），史万岁击破达头可汗，却在回朝后被隋文帝冤杀。裴矩的战绩也因此未被叙录，后奉命抚慰启民可汗，升任尚书左丞。仁寿二年（602年），独孤皇后病逝。裴矩与牛弘参照《齐礼》，制定殡葬制度，改任吏部侍郎。

隋炀帝杨广继位后，西域诸国纷纷前往张掖，同中原往来通商，裴矩奉命监管互市。他知道隋炀帝有吞并西域的打算，便借机查访西域的风俗、山川等情况，撰写《西域图记》三篇，回朝奏明朝廷。隋炀帝大喜，每日都向他询问西域情况。裴矩盛赞西域珍宝，又提议吞并吐谷浑。隋炀帝遂命裴矩经略西域，又拜他为民部尚书。不久，裴矩升任黄门侍郎、参与朝政，并前往张掖，引导西域番邦入京朝贡。隋炀帝祭祀恒山时，西域有十几个国家遣使助祭。

大业四年（608年），裴矩游说铁勒，让他们出兵攻打吐谷浑。吐谷浑大败，可汗伏允向隋朝遣使请降，并求取救兵。隋炀帝命杨雄、宇文述率军迎接，结果伏允畏惧隋军，不敢投降，率部西迁。宇文述攻入吐谷浑境内，夺取曼头、赤水二城，掠夺大量人口。吐谷浑大举南迁，其原有领土东西四千里、南北两千里皆被隋朝占领。

大业五年（609年），隋炀帝打算西巡河右。裴矩遣使游说高昌王麴伯雅与伊吾吐屯设等人，许以厚利，让他们派使者入朝。三月，炀帝西巡，到达燕支山。高昌王、伊吾设等人与西域27国国主亲自相迎，焚香奏乐，歌舞喧哗，还让武威、张掖等郡百姓穿着盛装跟随观看，车马堵塞，绵延十余里。隋炀帝非常高兴，晋封裴矩为银青光禄大夫。

大业六年（610年），隋炀帝到达东都洛阳。裴矩以"蛮夷朝贡者多"为由，建议隋炀帝召集四方艺人，在洛阳端门街陈列百戏，让官员百姓盛装华服，任意观看。三市店肆还设置帷帐，大摆酒席，对蕃民盛情款待。蕃民嗟叹不已，都称中原是神仙之地。裴矩因此得到隋炀帝的赞赏，并协助薛世雄修筑伊吾城。后来，裴矩又进献反间计，使射匮可汗进攻处罗可汗，处罗可汗只得随使者入朝。

大业七年（611年），裴矩随隋炀帝巡幸塞北，到达启民可汗属地。当时，高句丽已先遣使与突厥沟通。裴矩建议隋炀帝让高句丽入贡，结果高句丽国王高元却不肯入朝。隋炀帝大怒，于次年发兵征讨高句丽，

裴氏故里

裴矩兼领武贲郎将，随军出征，不料最终兵败而回。大业九年（613年），裴矩再次随征高句丽。当时，杨玄感叛乱，兵部侍郎斛斯政叛逃高句丽。裴矩兼掌军中事务，进位右光禄大夫。八月，隋炀帝回师涿郡，剿灭杨玄感，又命裴矩安抚陇右一带。裴矩前往会宁，抚慰曷萨那部落，并让阙达度设入侵吐谷浑，大肆劫掠，壮大其部落。回来后，隋炀帝又对他大加赏赐。

大业十年（614年），裴矩随隋炀帝前往怀远镇，并总领北蕃军事。他欲分化东突厥始毕可汗的势力，便建议将宗室女嫁给始毕之弟叱吉设，并封其为南面可汗。叱吉设未敢接受，而始毕可汗也心生怨念。裴矩命人将备受始毕信任的西域胡人史蜀胡悉诱骗到马邑互市，加以杀害，并遣使回报始毕可汗，称史蜀胡悉背叛可汗。但始毕可汗最后知道了事实真相，从此不再向隋朝朝贡。大业十一年（615年），隋炀帝巡狩北塞，被始毕可汗率领数十万骑兵围困在雁门关。裴矩与虞世基每日都留宿在朝堂之中，以备顾问。雁门解围后，裴矩随炀帝返回东都洛阳。

大业十二年（616年），裴矩随隋炀帝前往江都（今江苏扬州）。当时，天下大乱，义军四起，各处郡县纷纷上奏朝廷，裴矩奏知炀帝。炀帝大怒，让他回长安接待蕃国使臣，但裴矩却称病未去。后来，炀帝更加骄奢淫逸，裴矩只是逢迎取悦，不敢有所谏诤。

义宁元年（617年），李渊在太原起兵反隋。屈突通驻守河东，但却兵败归降，隋炀帝向裴矩问策。裴矩趁机劝谏，建议炀帝返回关中平叛，炀帝不听。当时，骁果军思家心切，纷纷逃离江都。裴矩向炀帝进言，建议将江都寡妇和未嫁女子配给士卒，让他们在江都成家。骁果军都对裴矩非常感激，军心逐渐稳定，但局势已难以挽回。同年十一月，李渊攻入长安，立代王杨侑为帝，自任大丞相、唐王。

武德元年（618年），宇文化及发动江都之变，弑杀隋炀帝。裴矩当时正在上朝途中，也被叛乱的骁果军擒获，但因当初为骁果军娶妇之举，未被杀害。宇文化及立秦王杨浩为帝，任命裴矩为侍内（即侍中）。后来，宇文化及篡位，建立许国。裴矩被授为尚书右仆射、光禄大夫、河北道安抚大使，封蔡国公。而这时，李渊早已在长安称帝，建立唐朝。

武德二年（619年），宇文化及兵败被杀，裴矩又被建立大夏国的窦建德俘获。窦建德认为裴矩是隋代旧臣，对他加以礼遇，任命他为吏部尚书。裴矩后又以尚书右仆射之职主持铨选，并制定朝纲礼仪，使得夏国法度完备。窦建德大悦，常向他咨询政事。武德三年（620年），窦建德渡过黄河，攻打孟海公，命裴矩与大将曹旦一同留守洺州。

武德四年（621年），窦建德在虎牢关之战中被秦王李世民生擒。曹旦接受长史李公淹与唐朝使臣魏徵的劝说，决定降唐，便让裴矩与李公淹、魏徵前往长安，并将崤山以东地区全部献给唐朝。裴矩被高祖授为殿中侍御史，封安邑县公。武德五年（622年），裴矩被拜为太子左庶子，后改任太子詹事。

武德八年（625年），裴矩兼任检校侍中。当时，西突厥统叶护可汗遣使入朝，请求和亲。唐高祖认为西突厥距离唐朝甚远，难以提供援助，因而犹豫不决。裴矩认为如今东突厥强盛，为国家当前的利益着想，应该远交近攻，答应和亲，以威慑颉利可汗。等中原国力殷实，能对抗东突厥，再考虑适宜的对策。唐高祖听从了他的建议。

武德九年（626年），李世民发动玄武门之变，诛杀太子李建成、齐王李元吉。二王余党退守东宫，欲与李世民决战。李世民命裴矩前往劝谕，东宫兵马纷纷逃散。不久，李世民被立为皇太子，并于八月继承帝位，是为唐太宗，任命裴矩为民部尚书。

贞观元年（627年），裴矩病逝，时年80岁。追赠绛州刺史，谥号敬。

苏　威

苏威（542—623 年），字无畏，京兆武功（今陕西武功西北）人。北周至隋朝大臣，曹魏侍中苏则十世孙，西魏度支尚书苏绰之子，大冢宰宇文护之婿。

苏威小时候，五岁丧父，悲哀如同成年人。

北周建立后，大冢宰、皇叔宇文护执掌朝政。他非常欣赏有才有德、老成持重的苏威，要把亲生女儿嫁给他。但宇文护独断专权，从不把皇帝放在眼里，与这样的家庭联姻，即使能带来荣华富贵，也并不是一向稳重的苏威所愿意接受的。为了逃避婚姻，他躲入山中，栖身古寺，专心读书，倒也显得逍遥自在。但宇文护是得罪不起的，苏威的叔叔派人四处寻找，要他不要因为个人的好恶而损害家族的利益。无奈之下，苏威只好接受这门亲事，成了宇文护的乘龙快婿。他也因攀上这门亲而很快得到了升迁，被封为使持节、车骑大将军、怀道县公，又按三司级别给他配备了仪仗，给了他很高的待遇。周武帝杀宇文护亲政后，赐封他为稍伯下大夫。所有的这些赐封，他都以身体有病为由，全部推辞不受。

苏威有一个堂妹，嫁给了元氏家族的元雄。元雄一家以前曾和突厥发生过冲突，使突厥在侵扰中遭受了不少的损失。突厥派使者到北周，声称只要将元雄一家送到突厥为人质就愿意臣服北周，北周当权者居然同意了这一无理要求。苏威知道后，对别人说："蛮夷之人只是贪图利益，可以用钱财贿赂他们，让他们改变主意。"当即出售了自己的田产房屋，准备倾家荡产赎回元雄一家。此举一时被传为美谈，人人都称赞他的义举。苏威一直以来都是有官不做，有爵不就，而是隐居山林，以吟诗作画、讽议时事为乐事。但他并不是一个甘于默默无为的隐士，而是在等待明主出现，伺机而动。

这一天机会终于来了。大丞相杨坚图谋大业，正在四方招揽人才，其心腹干将高颎多次向杨坚推荐苏威，称赞苏威是个贤德之人。杨坚对此人也早有耳闻，于是私下召见苏威。二人一见如故，交谈十分投机，大有相见恨晚之意。苏威觉得终于找到了明主，心情十分舒畅，就在杨坚府内住了下来。一个多月后，杨坚、高颎等人将准备代周立隋的事情告诉他，这使他觉得左右为难。一方面，跟着杨坚，能成就一番大事业，享受荣华富贵不说，还能名垂青史，这是所有人都梦寐以求的；另一方面，他毕竟是宇文家族的女婿，北周皇帝也待他不薄。他又是一个十分注重名节的人，考虑到直接参与这样的行动，恐怕会遭受他人的唾骂，有损自己忠义的名节。于是他只好选择了一个折中的办法，从杨坚府中不辞而别，悄悄跑回老家躲了起来。

开皇元年（581 年），杨坚自立为帝，改国号为隋，改元开皇，下令征召苏威为太子少保，并追赠他父亲苏绰为邳国公。接着，又让苏威兼领门下省纳言、民部尚书的职务，官居宰相之位。苏威上任后的第一件大事就是向杨坚奏请减轻百姓的租赋徭役，一切务必从轻，好让久经战乱的老百姓有一段喘息的时间，从而稳定全国局势。杨坚对他的建议悉数采纳，下诏除去一切苛政。一次，苏威看到宫中挂帐幔的钩子居然是用白银做的，立即严肃地向杨坚陈述节俭的必要性，杨坚马上下令将宫中一切奢华的布置装饰，全部撤换或毁掉。

经过几年的努力，隋朝已是天下太平，万物丰盛，呈现一派盛世之象。这期间，苏威先后出任过刑部尚书、民部尚书、吏部尚书等要职。他与尚书左仆射高颎一起革新政治，重订各种典章制度，其中影响最大的事情就是主持修订刑律。鉴于北周"刑政苛酷，群心崩溃"的教训，开皇三年（583 年），杨坚令高颎、苏威、牛弘等人重新修定刑律。苏威等人参照魏晋、北齐和南梁各朝的旧律，以宽简为原则，汲取其精华，删除某些严刑酷法，经过一年的时间，制定出了对后世产生很大影响的《刑律》。由于苏威熟悉前代各朝的法律制度，因此，整个《刑律》的体例、章节、条文，几乎都出自于他之手。所以说，《刑律》的制定与颁布，苏威的贡献最大。开皇九年（589年），苏威官拜尚书右仆射，正式升任宰相。

隋炀帝杨广继位之初，为装饰门面，颇为重用苏威、高颎、贺若弼等一些老臣，苏威由原来的大将军晋封为上大将军。也许是对新君充满了希望，他又开始敢作敢为了。大业三年（607年）七月，隋炀帝要征收徭役，修筑长城，他出面劝阻，认为新君继位，应首先稳定局势，不宜加重徭役赋税，以免引起混乱。隋炀帝还真的听了他的劝谏，暂时停止了修筑长城的举动。然而隋炀帝是一个刚愎自用、好大喜功，而又迷恋奢华生活的暴君。随着皇位的巩固，他开始为所欲为，再也听不进任何反对他的意见了。高颎等人因看不惯他的所作所为，时常流露出不满情绪。隋炀帝干脆下旨将他们杀掉，苏威也跟着受到牵连，被罢免了官职，他再一次失望了。

隋炀帝本人喜欢玩乐，无心朝政。尽管不希望有苏威这样德高望重的要臣在自己面前碍手碍脚，可他宠爱的那些阿媚之徒都是些无德无才之人，他需要有人帮他处理朝政，而这个人又不至于对他形成大碍，于是胆小谨慎的苏威就成了最佳人选。所以，大约一年后，苏威又被隋炀帝征召回朝，主持朝政，官拜太常卿、左光禄大夫、纳言等。苏威看到隋炀帝荒淫无度，滥杀无辜，害怕祸及自身，只得唯唯诺诺，随波逐流，小心从事，再也不敢在君王面前据理力争了。这反倒符合隋炀帝的心意，于是给他加官晋爵，委以重任。他与左翊卫大将军宇文述、黄门侍郎裴矩、御史大夫裴蕴、内史侍郎虞世基四人共掌朝政。

当时人们称他们为"五贵"。苏威又跟随隋炀帝几次下辽东远征高丽，虽然没建立什么功业，却在不断升官晋爵，先后做过左卫大将军、右位大将军、光禄大夫。辅助爵位先是宁陵侯，后又进为房公。苏威也知道这样的官做得没有什么滋味，想告老还乡，但是被拒绝了。

隋炀帝的暴政导致百姓饥苦不堪，各地义军纷纷揭竿而起，就连统治集团内部也有人想乘机夺取隋朝天下。大业九年（613年），炀帝第二次远征高丽，杨玄感、李密等人乘机在黎阳（今河南浚县）起兵反隋。起义的消息很快传到高丽前线，正在前线的隋炀帝惊恐不安，非常害怕，急忙把苏威召入帐中，问他："杨玄感聪明能干，他会形成气候，给我大隋形成祸患吗？"苏威看到隋炀帝害怕的样子，急忙为隋炀帝宽心："所谓聪明，是指能辨明是非，审视成败。杨玄感目光短浅，才识有限，算不得是聪明人，成不了大气候，不必为此焦虑。"接着，他又乘机委婉地劝谏隋炀帝："如果不及时改弦更张，采取有效措施，将来肯定要出大乱。"意指隋炀帝横征暴敛，才导致百姓生乱，劝其悬崖勒马，革新朝政。可隋炀帝根本不理睬他的话，急忙回师平叛，苏威也跟着到了涿郡（今北京西南一带）。战乱后安抚百姓的工作，在当时的隋朝，大概也只有苏威才有能力完成。于是，隋炀帝命他前往关中镇抚，并让他的孙子苏怀给他当副手。恰巧，苏夔此前已到关中出任简黜大使，这样，祖孙三人共同坐镇关中，在朝臣中传为美谈。当时已经天下大乱，隋朝江山岌岌可危。苏威心里很担忧，他虽知道隋炀帝已经不可救药，也不敢犯颜谏上，就抱着做一天和尚撞一天钟的态度混天度日。而隋炀帝身旁的几位宠臣如裴蕴、宇文述等人早就对苏威看不顺眼了，就乘机要一个叫张行本的人参了苏威一本。说他当年在高阳（今河北高阳县）为朝廷挑选人才时，私受贿赂，滥授官位，出使突厥时又畏怯害怕，有损国威。于是苏威再一次被削职为民。不久，苏威又跟随隋炀帝巡游江都（江苏扬州），隋炀帝还想重新起用苏威，但身边的几位宠臣如裴蕴之流却极力反对，说他年老昏花，已经没有什么用了，隋炀帝也就作罢了。

武德元年（618 年），宇文化及在江都发动兵变，绞死了隋炀帝。苏威此时正在江都，宇文化及命他做光禄大夫。宇文化及被瓦岗军打败后，苏威又依附李密。李密被王世充击破后，他又到东都洛阳再次做了上柱国、邳公。王世充称帝后，他又充当了太师。武德四年（621 年），当唐军攻下洛阳时，他又请求李世民召见。

李世民不耻他的为人，对他非常反感，就派人给他回话说："阁下身为隋朝的宰相，朝政危难却不能尽力拯救，造成天下大乱，生灵涂炭，君王被杀，国家灭亡。而你居然又丧失气节，先后拜倒在李密、王世充的脚下。你现在既然年老多病，也就不必经受劳累让我召见了。"李世民回到长安后，他又跟着追到了长安，在门外请求接见，也被李世民无情地拒绝。他只得回到家中，过起了平淡的生活。武德六年（623 年），苏威在寂寞中默默地死去，享年 82 岁。

杨　素

杨素（544—606 年），字处道。弘农华阴（今陕西华阴县）人。隋朝权臣、军事家。

杨素出身于魏晋南北朝时期的著名士族家庭，其祖、父都是朝廷重臣。杨素历经魏、周、隋三朝，处于南北分裂、大动荡到大统一的年代。他的政治生涯可分为前后两个阶段。他在前半生曾帮助周武帝伐齐统一北方，入隋后协助杨坚平定陈，而后又多次击败入侵的突厥，捍卫了隋朝的北部边疆。在消除南北分裂、统一中国的战争中，他充分发挥了军事才能，建立了不朽的丰功伟业。他的后半生，也就是从 52 岁

杨素像

起登上相位，特别是高颎被罢相，由他一人独揽相权的最后8年里，他嗜杀成性，嫉贤妒能，尤其是后来，他擅权误国，废太子杨勇而立杨广，并帮助杨广篡夺帝位，使自己堕落成奸雄。

杨素颇具军事才能。作为名将，他善于用兵，以严刑酷法治军而著名。每次作战，他必令一二百人冲锋，取胜则封赏士卒，失败则一律处死。因此，将士在战场上都能以死相拼，令敌方胆战心惊。加之赏罚分明，士卒都愿意为他用命。建德四年（575年）7月，周武帝亲征北齐，杨素为先锋。杨素不负众望，一路过关斩将，攻克河阴、晋州，并协同周军其他各部攻占了齐都邺，于建德六年（577年），消灭了北齐政权，由此深得皇帝的赏识。大象二年（580年），后周左大丞相杨坚与杨素同族，为拉拢杨素，拜杨素为大将军，将他倚为亲信。

以后，尉迟迥曾起兵反对杨坚，杨素率军打败了尉迟迥的部队，为杨坚称帝扫除了障碍。开皇八年（588年），杨坚为统一中国，派杨素、韩擒虎、贺若弼三位名将统帅主力军直指南方陈朝的都城建康。杨素率水军所向披靡，历经40余战，一举亡陈。开皇十二年（592年）十二月，隋文帝杨坚为表彰杨素的功绩，任命他为尚书右仆射，与尚书左仆射高颎共掌朝政，时年52岁。

杨素虽以军功而官至宰相，但政治才能上却远不及高颎。为维护自身利益，杨素施展权术，屡屡讨好隋文帝，甚至受命为隋文帝监造仁寿宫，从而获得了"忠孝"的美誉，使隋文帝对他深信不疑。

隋文帝晚年时，发生了争夺太子之位的事件。太子杨勇有治国之才，但喜好声色犬马，且不善掩饰，多次受到文帝的批评。文帝次子杨广，觊觎太子之位已久，为取得文帝的信任，就刻意矫饰自己的行为，还贿赂宫中官吏，上下皆称杨广"仁孝"。于是文帝欲废太子杨勇而立杨广为太子。此事遭到宰相高颎的反对，高颎因此而被罢官。杨素本对废太子之事沉默不语，欲坐收渔翁之利，及至独掌相权，便成为废立太子的关键人物。他与杨广的生母独孤皇后勾结，罗织杨勇的罪名，使文帝偏听偏信，将太子杨勇废为庶人。文帝废勇立广，最终导致隋朝在他死后不久便分崩离析。而这个恶果与杨素的助纣为虐有直接关系。

杨素在独掌相权的 8 年里权势膨胀，其族人虽无军功政绩，却官至柱国、刺史。他利用废立太子问题，大肆排斥政治异己。朝野上下阿谀奉承之徒得到重用。仗义执言或有违杨素之意者，却遭诛杀、流放。隋文帝的第四子蜀王杨秀对废太子之事不满，杨素便在文帝面前诋毁杨秀，杨广也乘机与杨素合谋，做伪证陷害杨秀企图谋反，文帝遂将杨秀废为庶人，囚禁在内侍省。

史万岁、贺若弼、韩擒虎都是开国名将，杨素害怕他们威胁自己的地位，视他们为眼中

仁寿宫

钉，多次在文帝面前进行离间活动，诬他们为"秀党"，以致史万岁被杀，贺若弼被囚。杨广执政后，将贺若弼与高颎一同杀害。尚书右丞李纲刚直不阿，不愿与杨素同流合污，杨素对他怀恨在心。当交州（今广西及越南境内）统帅李佛子叛乱时，杨素就推荐瓜州（今甘肃安西县）刺史刘方为交州道行军总管，又向文帝建议，让李纲为行军司马。接着，杨素又授意刘方任意凌辱李纲，几乎置李纲于死地。杨素以莫须有的罪名残酷迫害那些威胁自己相位的大臣，其阴险残忍令人发指。

杨素还利用自己的权势，肆无忌惮地兼并土地，霸占了无数田产、房屋。此外，他还巧立各种名目，横征暴敛，积聚钱财，使他成为隋朝最大的官僚地主。杨素的家中，有数千家童供其役使，家藏娇妻、美妾、侍婢、艺妓数以千计。他的宅第，足可与皇宫媲美。

大业元年（605年），杨素帮助杨广篡夺帝位后，杨广为报答他，任他为尚书令、太子太师，次年又进位司徒，成为隋朝独一无二的宰相。但隋炀帝杨广在自己地位稳固后，也开始对杨素日益膨胀的权势感到恐惧。

有一次隋炀帝邀请杨素一起钓鱼，并打赌二人同钓，先得者为胜，迟得者罚一杯酒。

过不多时，隋炀帝接连钓了两条鱼，并向杨素炫耀。杨素向来争强好胜，此时面上微有怒色，便说道："燕雀安知鸿鹄之志，待老臣施展钓鳌之手，钓一个金色鲤鱼，为陛下称万年之觞何如？"隋炀帝见杨素说此大话，全无君臣之礼，心中不悦，借口上厕所，起身回了后宫，满脸怒气。

隋炀帝的皇后萧氏问他为何怒愤还宫，炀帝道："杨素这老贼，骄傲无礼，在朕面前，十分放肆。朕欲叫几个宫人杀了他，方泄我胸中之恨。"萧皇后忙阻道："杨素乃先朝老臣，且有功于陛下，今日无故杀了，其他人必然不服。况他又是个猛将，几个宫人如何杀他，而且他兵权在手，一旦刺杀不成将有后患。"隋炀帝觉得有道理，便回到了杨素身边。

隋炀帝见杨素坐在垂柳之下，风神俊秀，相貌魁梧，几缕如银白须，趁着微风，两边飘起，恍然有帝王气象。隋炀帝看了有些妒忌，恰巧杨素这时钓上了一条一尺三寸的金色鲤鱼，向隋炀帝炫耀道："有志者事竟成，陛下以为老臣何如？"隋炀帝只好勉强作笑，实际上心中已经开始忌惮这个昔日功臣了。

隋炀帝的疑虑溢于言表，使精于权谋的杨素预感到灭顶之灾即将来临，因此忧郁成疾，于大业二年（606年），抑郁而终。获赠光禄大夫，谥号景武。

唐朝宰相魏征曾评价杨素前期"足为一时之杰"，后期"以阴谋智诈自立"。特别是在他登上相位后，不行仁义，做尽坏事，招致万人唾骂。杨素集人杰、奸雄于一身，从功臣宿将走向乱国的奸臣，充分表现出这一历史人物的特殊性。

第二节 唐代的著名宰相

李 靖

李靖（571—649年），字药师，雍州三原（今陕西三原县东北）人。唐朝重臣，杰出的军事家。

李靖出生于官宦之家，是隋朝名将韩擒虎的外甥。祖父李崇义曾任殷州刺史，封永康公；父李李诠，是隋赵郡太守。

李靖体貌魁梧，通史书，文才武略俱备，曾对父亲说："大丈夫若遇主逢时，正当立功立事，以取宝贵。"李靖常与舅父韩擒虎谈论兵法，韩擒虎赞不绝口地说："可以与谈孙、吴兵法的，除了李靖还有谁呢！"李靖刚刚走入仕途之时，只任地位很低的长安县功曹，30岁时，才任殿内直长、兵部驾部员外郎。官职虽然卑微，但其才干却闻名于隋朝公卿之中。吏部尚书牛弘称赞他有"王佐之才"，隋朝军事家、左仆射杨素也抚着坐床对他说："你终当坐到这个位置！"

隋朝末年，李靖出任马邑（今山西朔县）郡丞，他察觉太原留守李渊正密谋起兵造反，于是前往江都，准备向在那里巡幸的隋炀帝告发。但当到了京城长安时，关中已经大乱，因道路阻塞而未能成行。不久，李渊于太原起兵，并迅速攻占了长安，俘获了李靖。李靖满腹经纶，壮志未酬，在临刑将要被斩时，大声疾呼："您兴起义兵，本是为了天下，除去暴乱，怎么不欲完成大事，而以私人恩怨斩杀壮士呢？"李渊欣赏他的言谈举止，李世民赞赏他的才识和胆气，因而获释。不久，被李世民召入幕府，用做三卫。从此，李靖归附李渊、李世民父子，实现了他遇主逢时的愿望。

高祖武德二年（619年），李靖奉命讨伐萧铣，率军南

李靖像

下，但出师不利。高祖非常气愤，密令硖州都督许绍把李靖斩首。但许绍爱惜李靖的才干，上表请求赦免，李靖才免于一死。武德三年（620年），李靖随从秦王东进，平定在洛阳称帝的王世充，以军功授任开府。不久，开州蛮人首领冉肇则叛唐，率众进犯夔州，驻守夔州的李孝恭迎战失利，李靖率800士卒突袭冉肇则大营，继而又设伏兵于险地要塞，杀了冉肇则，俘敌5000余人。对此李渊特别高兴，对大臣们说："使功不如使过，李靖果然立了大功"为此还写了一道敕令给李靖，表示既往不咎。从此之后，李渊对李靖倍加重用。

武德四年（621年）正月，李靖经过慎重地思考，向高祖献十策以攻取萧铣，高祖极为赞赏。于是，任命李孝恭为开州总管，李靖为行军总管，兼李孝恭长史；军队的指挥工作由李靖负责。李靖急召巴、蜀酋长子弟，量才授任，安排在左右，此举表面上是提拔重用，实际上是作为人质，稳定了巴蜀局势。九月，唐军分四路自开州发兵浩浩荡荡南下。

当时，江水猛涨，诸将建议待水落以后再进军。李靖认为"兵贵神速，今吾兵始集，铣尚未知，若来江涨，倏忽抵其城下，掩其下备，擒获萧铣在此一举，机不可失也！"李孝恭听从了李靖的意见，大军乘二千余艘战舰，顺流而下。十月，进至夷陵，萧铣的部将文士弘率精兵数万屯扎于清江。李靖认为，文士弘是名将，不可速战，应待其气衰，然后奋击。李孝恭不听李靖的意见，命李靖驻守大营，亲自率师出战，结果大败。文士弘获胜以后，即纵兵四出抢掠，兵士肩扛手提，多有收获。李靖见敌军队伍大乱，遂不失时机，迅即指挥唐军出战。文士弘军一时难以收拢，措手不及，结果被唐军打得落花流水，被杀及溺水而死者将近1万人，获得舟舰400余艘。打败文士弘后，李靖率精兵5000围江陵，萧铣恐惧而降。诸将建议没收萧铣将士以及战死者财产，犒赏将士，李靖没有同意。他这一做法颇得人心，由是江、汉纷纷望风归降。萧铣投降几天之后，有十几万援军相继赶到，听说萧铣已经投降，唐朝的政策宽大，也都放下兵器不战而降。平定萧铣后，高祖论功行赏，授予李靖上柱国，封永安县公，检校荆州刺史。十一月，李靖为岭南抚慰大使，并授予"承制拜封"的特权，代表朝廷任命地方官员。李靖所到之所，招抚诸州，计得96州，60余万户，岭南之地尽为唐朝所有。高祖又命李靖检校桂州（桂州）总管，镇守岭南。

　　武德六年（623年）七月，原先归附唐朝的江淮农民起义军，在江南重新组织反唐，其领袖辅公拓自封皇帝，率兵向海州、寿阳进发。李渊以李孝恭为元帅，李靖为副元帅，带领李世勣等七总管的军队，由西、南、北三个方面，包围江淮军。武德七年（624年）三月，唐军至舒州，辅公拓部将冯慧亮、陈正通屯兵于博望山、青林山，深垒高墙，坚壁不战，一时双方形成对峙之势。李孝恭召集诸将商议攻战之策，大多将领认为，冯慧亮拥强兵把守，又据水陆之险，如果强攻，一时难以取胜，建议绕道直取丹阳（今南京）；丹阳一败，冯慧亮等定不战自降。李靖持反对意见，最后李孝恭采纳李靖的意见，以老弱士卒攻冯慧亮。冯慧亮不知是计，率军出城，遇到李靖率大队人马，被打了个措手不及，遭到惨败。于是李靖率水陆大军俱进，直逼丹阳，辅公拓知前方

李靖像

军败，弃城而逃，在浙江武康镇俘虏了冯慧亮。江淮军彻底被镇压下去，唐朝基本上统一了全国。战争结束后，在丹阳设立了东南道行台，李靖被任为行台兵部尚书。不久，行台制度废除，设扬州大都督府，李靖任都督府长史，协助都督李孝恭治理江南。

武德八年（625）八月，突厥进犯大原，才刚当了一年多扬州大都督府长史的李靖奉命北上，投入了反击东突厥的战争。李靖为行军总管，率江淮军万人驻扎太谷，诸军皆败北，李靖却打了胜仗，全师而归。武德九年（625年）四月，突厥又进犯灵川，李靖率兵抗击，在青铜峡附近展开激战，大败突厥。不久，李靖被任命为灵州大都，担负北方的防务。李世民即位后，任命李靖为刑部尚书，后来，又任命为代理中书令。

唐太宗是个励精图治的有作为的皇帝，对于不断扰边的东突厥他决定给予狠狠地打击。贞观三年（629年）八月，他任命兵部尚书李靖为行军总管，代州都督张公道为总管，征讨东突厥。李靖率骁骑3000从马邑直取恶阳岭，夜袭颉利可汗牙帐所在地定襄，颉利可汗大惊失色，往北逃遁铁山。唐太宗听到捷报，封李靖为代国公。颉利败窜铁山，派遣使者人朝谢罪，太宗知道突厥反复无常，出尔反尔，于是决定剿灭。他一面派鸿肿卿慰抚；又一面令李靖引兵打击。李靖遂定计偷袭，斩首万余，俘男女18万，获牲畜数十万。贞观四年（630年）三月，颉利可汗被俘，强大的东突厥汗国灭亡。

李靖虽建此殊勋，仍为文吏御史大夫萧瑀劾奏李靖治军无方，在袭破颉利可汗牙帐时，一些珍宝文物，都被兵士抢掠一空，请求司法部门予以审查。李靖入宫进见，唐太宗对他大加斥责，李靖也不予置辩，唯顿首叩谢。后来，唐太宗才知道误听谗言。

贞观四年八月（631年），任命李靖为尚书右仆射。李靖担任宰相后，虽身居富贵，功名显赫，但他为人沉稳厚道，态度恭顺，从不盛气凌人，被唐太宗誉为"一代楷模"。贞观八年（634）正月，太宗命李靖等13人分行天下，巡察各地，李靖为畿内道大使。十一月，李靖以足疾辞去宰相职务唐太宗准许了他，但给了他特殊的礼遇。

贞观九年（635年）三月，吐谷浑犯边，唐太宗谓侍从说："李靖能复起为帅乎？"李靖闻知后，说："臣虽年老，尚可一征！"唐太宗于是任命他为西海道行军大总管，率兵部尚书侯君集、刑部尚书李道宗等五总管出征吐谷浑。李靖采纳侯君集的建议，分兵两路，不顾缺水缺粮，穷追不舍，终于击溃吐谷浑王伏允。不久，伏允可汗为部下所杀，其长子大宁王慕容顺举国投降，唐军大获全胜，凯旋而返。在这次征讨吐谷浑的战争中，盐泽道部管高甑生延误军期，李靖以军法给予惩罚。回京后，高甑生为报私仇，诬告李靖密反。此事不辨自明，唐太宗以诬告罪将高甑生流放边疆。从此，李靖闭门不出，"杜绝宾客，虽亲戚不得妄进"。

贞观十一年（637年），李世民改封李靖为卫国公，授濮州刺史。贞观十八年（644年），准备亲征高句丽，把李靖召入阁内，询问对策。这位年过七旬的老将虽染病在身，仍表示愿意从行，但随行至相州，便因病重而无法再行进。贞观二十三年（649年）五月，李靖病死于家中，时年79岁。李世民册赠司徒、并州都督，给班剑、羽葆、鼓吹，陪葬昭陵。赐谥曰景武。

魏 徵

魏征（580—643年），字玄成，祖籍巨鹿下曲阳（现晋州市），后迁居相州内黄（今属河南省）。隋唐政治家、思想家、文学家和史学家。因直言进谏，辅佐唐太宗共同创建"贞观之治"的大业，被后人称为"一代名相"。

魏征出生于隋朝末年的一个官宦家庭。父亲魏长贤为政清廉,秉性刚直,而且博学多才,治学严谨,魏征自幼耳濡目染,受到了良好熏陶和感染。由于父亲英年早逝,家道随之衰落,但是魏征并没有因此而意志消沉,沦落颓废,反而更加胸怀大志,勤学苦读。生逢乱世,魏征深感入世无望,无法施展自己的才华,便出家当了道士。

当时,在河南一带翟让、李密领导的瓦岗军攻占了洛阳东北的最大粮仓洛仓。起义军开仓放粮,济贫救苦,深得百姓拥护,队伍迅速扩大,声威日盛。隋大业十二年(616年),隋武阳郡丞元宝藏起兵响应李密,元宝藏知魏征有学识,便动员他加入起义军,让魏征做了郡府的书记官,掌管军中的文书。

后来,元宝藏意欲投奔瓦岗寨首领李密,多次写信表明意愿。李密阅信深感措辞贴切、文采飞扬,常常赞叹不已。后来知道这些书信均出自魏征手笔,李密便请魏征到元帅府任文学参军,掌管记室。魏征向李密条陈十项,但李密在惊奇魏征才华横溢、深谋远略之余,却未采纳他的建议。隋大业十三年(617年),李密刺杀了瓦岗军首领翟让,瓦岗军的领导力量被大大削弱。

魏徵像

尽管如此，瓦岗军仍是一支很强的反隋力量，曾先后打败隋将王世充和宇文化及。

瓦岗军屡败隋军，声势日盛，李密便渐渐滋长了骄傲的情绪。当然他也很快为此付出了惨痛的代价。就在李密谋杀翟让不久，王世充又集中20万大军向瓦岗军扑来。魏征非常关心这次战斗的胜败。他找到李密的一个手下郑长史说："魏公（李密）虽骤胜，而骁将锐卒多死，战士心怠，此二者难以应敌，且世充乏食，志在死战，难与争锋，未若深沟高垒以拒之，不过旬月，世充粮尽，必自退。追而击之，无不胜矣。"魏征的意见无疑是正确的，但目光短浅的郑长史却斥之为"老生之常谈"。魏征非常生气，拂袖而去。结果，李密大败，瓦岗军全军崩溃，李密只得投降唐朝。魏征也随李密来到京城长安。

李密归唐后不久又举兵谋反，最终兵败被杀。魏征是李密的同党，自然也就不会受到李渊的重用。魏征苦于自己通晓天文地理、熟谙运筹帷幄，却落得个英雄无用武之地，于是便主动请缨，招抚太行山以东地区的李密余党。魏征先来到黎阳（今河南浚县东北），给据守在那里的徐世勣写了一封语重心长的信，晓之以理，动之以情，规劝其认清形势、归附唐朝，才能成就一番事业。在魏征的极力说服下，徐世勣不久便归降了唐朝。后来，魏征又直奔魏州，说服老朋友元宝藏也归附了唐朝。

武德二年（619年）十月，窦建德领导的农民军起兵南下，直攻黎阳。此时，魏征刚好从魏州返回黎阳。黎阳失守，魏征被俘。窦建德对魏征的才学早有耳闻，便任魏征为起居舍人。

武德四年（621年），李世民亲率大军东征洛阳。此时，占据洛阳的隋将王世充联络窦建德严防死守，双方对峙数日。最终被李世民击败，魏征才得以回归长安。

然而，重回长安的魏征仍然不被朝廷重用。就在魏征心灰意冷之时，极具慧眼的太子李建成发现了他，并对他的学识颇为赏识，便招为太子洗马。为报太子的知遇之恩，魏征尽心辅佐、积极谋划。

在李建成和李世民争夺皇位的斗争中，魏征竭力为李建成出谋划策。魏征看到李世民在创建唐王朝的过程中战功卓著，深得人心，就对李建成说："秦王功盖天下，中外归心，殿下却长处深居东宫，并没有威镇海内的丰功伟绩。您虽已被立为太子，但获得皇位的根基并不牢固。"这时，逃往突厥的窦建德残部刘黑闼经过几个月的休整，率部收复河北失地，恢复了许多州县。魏征认为这对太子来说是个壮大势力、提高威望的绝好时机，于是便向李建成进言说："今刘黑闼散亡之余，众不满万，资粮匮乏，以大军临之，势如拉朽，殿下宜自击之以取功名，因结纳山东豪杰，庶可自安。"李建成同意魏征的建议并向李渊请命。李渊诏李建成率军征讨刘黑闼，魏征随军出征。唐军兵至昌乐，刘黑闼引兵拒之，两军严阵以待。魏征向李建成建议：采用镇压和安抚相结合的政策，遣返俘虏，使刘黑闼的同党相信朝廷的赦免政策，以瓦解其军心。果然不出所料，敌军纷纷放下武器，很快便不战自败，河北大批失地又尽归唐朝。

魏徵塑像

统一天下后，李建成和李世民的矛盾激化，魏征屡屡劝说李建成早下决心，除掉李世民以绝后患。但是李建成优柔寡断，顾虑重重，并没有接受魏征的建议。李世民先发制人，在玄武门设下伏兵，一举诛杀了李建成和李元吉，取得了玄武门之变的胜利。李渊被迫接受了现实，改立李世民为太子，并将军国大政完全交由李世民处理。

玄武门事变后，李世民对东宫官属不计前嫌。一天，他把魏征召来责问道："你为什么要离间我们兄弟？"魏征从容答道："太子若听我的话，绝不会有今日之祸。"李世民早就知道魏征的才能，又见他临危不惧，更加器重他，任命魏征为詹事主簿，掌握东宫的庶务和文书。武德九年（626年）八月，李世民当了皇帝，是为太宗。唐太宗知人善任，提升魏征为谏议大夫。

贞观元年（627年），有人告发魏征利用职权徇私舞弊。太宗请御史大夫温彦博查办，结果查无实据。温彦博奉诏责怪魏征，说他不注意检点行为、远避嫌疑，以致惹来诽谤。魏征去见太宗说，臣不敢奉诏。他还说，君臣一条心，才叫作一体，哪有抛却大公无私，而专在检点行为上下功夫的？如果上下都走这条路，国家兴亡就难以预料了。他对唐太宗说："希望您让微臣成良臣，而不让我成为忠臣。"太宗问："忠臣和良臣的区别又在哪里呢？"魏征说："良臣身有美名，如稷、契，君主也获得好的声誉。而忠臣则不同，如商纣王时的比干，面折廷争，身诛国亡。"太宗听了非常高兴，接着问魏征："作为

玄武门

国君如何做才算得上英明，怎样做又算得昏聩？"魏征回答说："兼听则明，偏听则暗。"唐太宗听后非常高兴，拍手叫好。

贞观三年（629年）二月，魏征以秘书监参与朝政，当了宰相。

一代名君唐太宗，广采众意，虚怀纳谏，但是，没过多久，唐太宗便尝到魏征耿直性格的苦头。唐太宗刚刚继位，北方游牧部落的突厥人便向唐境进犯，抵达渭水之北。唐太宗虽然将敌兵智退，但是心中仍是愤愤不平。他总想扩大兵源，以示强盛。对此宰相封德彝出面奏道："凡年满16岁以上而未满18岁的男子当中，体型壮大者均可典为府兵。"这一意见最终得到了唐太宗的采纳，但是敕令下达之后却遭到魏征的极力反对。经过几次反复，唐太宗大动肝火，他责问魏征道："朕下达此诏令，是朕亲自得知有人为逃避兵役而将其实际年龄隐瞒。你为何三番五次拦阻于朕？"在盛气凌人的唐太宗面前，魏征并无惧色，他从容地说道："古人曾经说过，竭泽而渔，明年就会无鱼可捕；放火烧林猎取野兽，虽然可以大量捕捉，但明年就会无兽可捕。这个道理陛下应该明白。战争逼近，兵不在多，在于御之有道，陛下取其壮健，指挥有术，足以无敌于天下，何必将未成年之人拿来凑数呢？"魏征见唐太宗怒色渐消，又进一步劝唐太宗："陛下常说：'君主以诚信御天下'，欲使臣民皆无欺诈，陛下必先取信于民。如今继位时间不久，陛下就已经几次失信于民了。"唐太宗听了魏征的诉说后大吃一惊，他连忙说道："朕哪些地方失信了，请你详细说与朕听。"魏征便一一列举，一番话有理有据，说得唐太宗心服口服，从此改变了对魏征的看法。

贞观八年（634年），朝臣中进谏的人日益增多，但有许多人进谏要么不切实际，要么纯属无稽之谈，往往使得太宗龙颜大怒。中丞皇甫德参进谏说，社会上妇女梳高发型，是让皇宫里的宫女带坏了。唐太宗听人说宫女的坏话，自然很生气，骂道："难道让宫人都剃掉头发，你们才会满意吗？"他要以诽谤罪处罚皇甫德参。但魏征坚决反对这样做，他说："自古劝谏的奏章，往往用词偏激，不然，又怎么引起君主的重视呢？陛下您要始终清楚这一点，让大家放心大胆地去说，讲得有道理，自然于国于民都有好处，讲得不对，也不会有什么妨碍。若动不动就治罪，以后谁还敢开口呢？"魏征有力且有理的慷慨陈词，使唐太宗打消了处罚皇甫德参的念头。

有时候，魏征在劝谏唐太宗时言辞激烈，很不给唐太宗面子，只是由于太宗和魏征的情谊一直很深，所以不好发作，这令太宗有时竟然惧怕他，所以对他说："你以后不妨这样，如果你认为我有什么不对的，当着大家的面只管顺着朕的意思说，等没有人时悄悄告诉朕，朕一定照你说的办！"魏征却不同意，说："舜帝曾告诫群臣，不能当面顺从，背后反对。陛下虽没有这样告诫魏征，臣却天生是这样的人。"魏征讲得很有道理，唐太宗不好随便反对。

此外，魏征常常提醒唐太宗勿搅民扰民。一次，唐太宗要巡游南山，一切都准备好了，但好久不见出发的动静。魏征为此询问唐太宗，唐太宗告诉魏征，原先是有这种打算的，因为怕你怪罪，故中止了。贞观初期唐太宗虚心纳谏，躬行节俭，以省民力。632年，唐朝经济好转，国泰民安。文武官员再次请唐太宗封禅，也就是到泰山祭天，表示对天的敬畏。魏征却竭力反对，他说："兴师动众，远行千里，必然会劳民伤财。"经魏征这么一讲，唐太宗的封禅之举也就停止了。

贞观六年（634年），在众臣的请求下，唐太宗又准备前往泰山封禅，再次遭到了魏征的极力反对。太宗百思不得其解，便询问缘由。魏征回答说："眼下国家刚刚安定，百业待兴，国库尚为空虚。在这种情况下封禅，兴师动众，必然劳民伤财，与'抚民以静'的国策相悖。"

太宗听了这番道理，取消了封禅计划。

唐太宗庆幸有魏征这样的刚直不阿的大臣。他把魏征比喻为良匠，而他自己是一块混在石头中的美玉，必须经过良匠的打磨。魏征也果然如此，雕琢出了唐太宗这样的美玉。他先后进谏数十万言，提出诸如"载舟覆舟""十思"等杰出的论断，这些都可以为历代帝王提供参考和借鉴。

贞观十六年（642年），魏征病逝。唐太宗悲痛万分，亲自登门哭祭，辍朝五天，并用最高规格的礼仪送葬，让文武百官送出郊外。事后，唐太宗还亲自为魏征写了碑文。对于魏征的去世，唐太宗曾感叹地说："以铜为镜，可以正衣冠；以史为镜，可以知得失。如今魏征去世，使我失去了一面镜子啊。"

房玄龄

房玄龄（579—648年），名乔，字玄龄，以字行于世。齐州临淄人（今山东淄博）。唐初政治家、宰相，凌烟阁二十四功臣之一。

房玄龄出身世宦之家，父亲房彦谦在隋朝任泾阳县令，是一位饱学之士。房玄龄从小就受到良好的教育，加上他聪明好学，所以经史子集无所不读，擅长书法，文笔也非常好。少年时代的房玄龄不仅学问大进，立笔成文，而且能写出一手令人叫绝的草书和隶书。正由于他熟悉经典，立笔健美，所以，开皇十六年（596年），年仅18岁的房玄龄就被举为进士，很快又被隋朝朝廷授予羽骑尉一职。房玄龄在政坛一露头角，马上就引起一些宿旧名臣的注意，使他们不得不刮目相看。素有"知人"之称的吏部传郎高孝基对这位后起之秀就大加赞赏。他曾对当时的民部侍郎裴矩说："我这一生观察和接触的人多得很，但迄今为止，还没有发现有谁能比得上这位房玄龄。按照他的才识和

房玄龄像

能力，将来必成国家的栋梁之材、只可惜我年事已高，恐怕不能亲眼看到他大展宏图了。"后来，房玄龄也曾被补授过隰城尉。

唐军攻入关中，房玄龄毅然投向李世民麾下。李世民知人善任，让他做河北道行军记室参军。房玄龄也知道李世民是才德兼备的英雄，就尽心尽力地为他干事。他每次上表奏事，不用草稿，驻马立成。高祖李渊读了他写的奏章，赞叹道："这个人思虑谨密，能做大事。每次替我儿（李世民）奏事，都非常清楚明白。虽然远在千里之外，却好像就发生在眼前一样。"唐军每打了胜仗，将士们都贪求财物，只有房玄龄对奇珍异宝不屑一顾，而是尽心访求有才能的人，无论是谋臣策士还是武勇战将，只要有一技之长，一定设法搜罗到李世民幕府之中。他待人能推心置腹，因而别人也能为他出死力。这些人中许多日后成为辅佐李世民成就帝业和统治天下的干将。

李世民东征西战，担负起平定割据势力、统一全国的重任。每次征战，房、杜必然随行，参与帷幄机密。李世民攻占一地，许多将士争着抢掠金银珠宝。房玄龄不然，专为秦王物色和招揽人才，厚相交结，鼓励他们替秦王效力。这使李世民非常感动，他说："东汉光武帝得邓禹，门人益亲。今我有玄龄，犹邓禹也。"房玄龄掌管秦王印信和文书，井然有序，有时还代表秦王向李渊汇报前方战事。李渊称赞说："这人机敏，足以委任。每为吾儿奏事，千里外犹对面语。"

李世民四处征战，需要大量官员到地方上任职。杜如晦也被派到陕州（今河南陕县）任总管府长史。房玄龄及时提醒李世民说："去者虽多，不足吝，而杜如晦，王佐才也。大王若只想当个藩王，也就罢了。若想经营四方，舍杜如晦无其功者。"李世民顿有所悟，说："非公言，我几失之。"他立刻把杜如晦调了回来，封建平县令，任中郎。武德四年（621年），李世民创设文学馆，以秦王府幕僚为核心，任命文武贤才十八人为学士，号称"十八学士"。房、杜二人名列学士前两位，充当秦王智囊团的头脑人物。

唐朝逐渐平定天下，而统治者内部的矛盾也逐渐加剧。李渊的大儿子李建成有一定功勋，又因是嫡长子，所以被立为皇太子。但李世民战功卓著，为太子所望尘莫及。于是为了争夺皇位，弟兄俩各自树立党羽，培植势力。随着斗争的日益激烈，太子用计，把房玄龄等秦王的亲信逐出秦府。李世民感到大难将至，开始制定严密、周到的行动方案，就派长孙无忌密召房玄龄、杜如晦入府，商量对策。房玄龄、杜如晦以前曾建议李世民诛杀太子、齐王，未被采纳，现在怕李世民仍然犹豫不决，中途变卦，就设计用激将法激他一下。他们对长孙无忌说："我们现在已不是秦王幕下之士，如果私自入府，就是违背圣旨，有杀头之罪，因此请转告秦王，我们不能从命。"果然，李世民听了长孙无忌的汇报后勃然大怒，说："难道房玄龄、杜如晦已经背叛我了吗？"他解下自己的佩刀交给大将尉迟敬德，说"你再去请他们，如果他们执意不来，就把他们杀掉！"尉迟敬德和长孙无忌一起再次找到房、杜说："秦王已下定了决心，你们应该马上到秦王府去共商大计。"房玄龄、杜如晦这才按预定的计策，化装成道士模样，秘密进入秦府。经过一夜商量，终于定下大计，于是动手布置行动，发动了著名的玄武门之变，除掉了太子、齐王，使李世民成为皇太子。李世民继皇位后，论功行赏。房玄龄被任命为中书令，功劳列为一等，封梁国公。

唐太宗给宰相规定的主要任务是"广耳目，访贤才"，不必拘泥于狱讼等具体事务。一次，唐太宗问房玄龄和魏征说："创业、守文孰难？"房玄龄说："方时草昧，群雄竞逐，攻破乃降，战胜乃克，创业则难。"魏征说："王者之兴，必乘衰乱，覆昏暴，殆天授人与者。既得天下，则安于骄逸。人欲静，徭役毒之；世方弊，赋税穷之。国由此衰，则守文为难。"唐太宗笑了笑，说："玄龄从我定天下，冒百死，遇一生，见创业之难；魏征与我安天下，畏富贵则骄，骄则怠，怠则亡，见守文之难。然创业之不易，既往矣；守文之难，方与公等慎之。"

房玄龄为相，史籍是这样记载的："玄龄当国，夙夜勤强，任公竭节，不欲一物失所。无娼忌，闻人善，若己有之。明达吏治，而缘饰以文雅，议法处令，务为宽平。不以己长望人，取人不求备，虽卑贱者得尽所能。或以事被让（责怪），必稽颡请罪，畏惕，视若无所容。"他忠贞、勤恳、公正、谦逊的品格，受到唐太宗的高度赞赏，改封梁国公，加太子少师、太子太傅衔，进位司空，女儿为王妃，儿子尚公主，"权宠隆极"。唐太宗每次出巡，必留房玄龄镇守京师，说："公当萧何之任，朕无西顾忧矣。"房玄龄一方面总理朝政；另一方面深感责任重大，数次请求辞去一些显要官职。唐太宗不许，说："谦让，诚美德也。然国家相眷赖久，一日去良弼，如失左右手。顾公筋力未衰，不必推让。"

房玄龄追随李世民平定天下，出入生死，备尝创国立业之艰辛。他时刻不忘创业之难，警钟长鸣，力戒骄奢淫逸，以维持国家的长治久安。

房玄龄重视吏治，认为吏治问题是求治的根本，而官吏的公平正直又是治国之要道。在选举官吏的问题上，李世民主张"量才授职，务省官员"，"现在应当审查官吏，让他们都能够发挥各自的作用，那么国家就可以无为而治了。"房玄龄忠实地贯彻了他这一思想，大力简政，并省官吏，"于是所配置的文武官员总六百四十员"。

房玄龄精减官吏的做法，对经隋末大乱、人口锐减的唐初来说，既裁去冗官滥职，避免十羊九牧，提高朝廷各部门办事效率，同时也节省国家财政开支，减轻人民负担。

房玄龄精通典制政令。贞观初年，时值天下初定，朝章国典还很不完备，他与尚书右仆射杜如晦共掌朝政，亭台楼阁等建筑物的规模以及法令、礼乐、制度以及历代遗留下来的有价值的东西，都是他们二人所制定，在当时获得美誉。

在修定律令方面，房房玄龄秉持"审查并确定法律和命令，将宽厚平和（的风格）做为宗旨"的思想，简化律令，又除去了隋朝的苛酷刑法。自房房玄龄等更定律、令、格、式以后有唐一代都没有发生过多大变动。

贞观三年（629年）二月，房玄龄改封魏国公，为尚书左仆射，监修国史。房玄龄尽心竭诚，早起晚睡。加之他明达吏事，法令宽平，任人唯贤，不分尊卑，人们都称他为良相。

房玄龄尽心辅佐，深得太宗信任。有一次太宗巡幸

房玄龄像

中任命司农卿李纬为户部尚书。房玄龄当时在京师留守。太宗问从京城来的使臣："房玄龄听说李纬为尚书后有什么表示吗？"使臣回答："他只说李纬这个人胡须长得挺漂亮，别的再没说什么。"太宗马上下令改授李纬为洛州刺史，可见太宗对他的重视。房玄龄逐渐年老体衰，而且多病。唐太宗允许他乘坐肩舆入殿，卧榻理事。太宗还派人每天给他送去宫中的药品、食物，以便能每天都知道房玄龄的身体情况。房玄龄病情加重后，太宗令人凿开宫墙，以便及时派人问候。房玄龄在重病中向太宗上疏奏，劝太宗停止拓地开边的军事行动，注意节俭，以便让老百姓进行生产劳动。

晚年的唐太宗变得不那么英明了，建造宫室，迷恋声色，爱听恭维话，忽视民生疾苦，特别是执意征伐高丽，造成社会动荡。房玄龄看在眼里，急在心里，说："今天下事无不得，唯征高丽不止，皇上含怒意决，群臣莫敢谏。我若不言，抱愧没地矣！"他在病中毅然上书，陈述自己的意见，书中说："高丽违失臣节，诛之可也；侵扰百姓，灭之可也；能为后世患，衷之可也。今无是三者，而坐弊中国，为旧王雪耻，非所存小，所损大乎？臣愿陛下下沛然之诏，许高丽自新，焚凌波之船，罢应募之众，即臣死骨不朽。"唐太宗读了奏书，感动地说："玄龄病已危慑，还在忧吾国事啊！"

房玄龄为相期间，还兼着监修国史的任务。他是一位杰出的史学家，主持修撰了《晋书》130卷，成于贞观二十年（646年）。房玄龄不仅善于理政，而且善于治家，常恐儿子们骄侈放纵，仗势凌人，亲自集古今家训，书为屏风，分送诸子，叮咛说："留意于此，足以保身矣！"

贞观二十二年（648年），71岁高龄的房玄龄病情转重。唐太宗亲往探视，含泪握手诀别。房玄龄死后，追赠太尉、并州都督，谥曰"文昭"，陪葬昭陵（今陕西礼泉东北）。

杜如晦

杜如晦（585—630年），字克明，京兆杜陵（今陕西西安长安）人。唐朝初年名相。

杜如晦的祖上都是北周高官。隋朝取代北周后，他的祖父杜果在隋为工部尚书，封义兴公；父亲杜咤为隋朝昌州长史。

杜如晦自幼聪慧有悟性，喜欢与人谈论历史、文学方面的知识。隋朝大业（605—618年）年间，杜如晦被征为预备官员。吏部侍郎高孝基非常器重杜如晦，对他说："你有应付事态的才能，应该作为国家的栋梁，希望你能坚持住这份美德。我想先让你做个小官，就是俸禄少点。"于是用杜如晦为滏阳县尉，但不久之后，杜如晦便弃官而回。

大业十三年（617年），太原留守李渊父子在太原起兵，在李渊之子李世民的强烈建议下，李渊挥军杀入长安。长安平定后，杜如晦被李世民召入秦王府任为曹参军，而后被迁升为陕州总管府长史。

武德元年（618年），李渊建立唐朝政权，同年七月，陇西薛举进犯泾州，李世民率军前往讨伐，但被击败。而后薛举突然病

杜如晦像

死，李世民再次率军讨伐其子薛仁杲，并让杜如晦等随军参赞军事。薛仁杲兵败投降，后被斩首。

武德二年（619年），刘武周与宋金刚攻据太原，杜如晦随从李世民前往讨伐，将刘武周击退。

武德三年（620年），李世民率军进攻洛阳王世充，而王世充又与窦建德联合，杜如晦随李世民先破窦建德，后破王世充。李世民在征讨薛仁杲、刘武周、王世充、窦建德等割据势力时，杜如晦随从李世民参赞军事，为李世民运筹帷幄，判断军势，李世民根据杜如晦的判断准确出击，将各地反王一一消灭。

武德四年（621年），李世民被封为天策上将，并建立文学馆，用杜如晦为从事中郎，为十八学士之首，李世民常常到文学馆与杜如晦等讨论经义，而且经常说到晚上。但太子李建成却对对此非常忌惮，他对齐王李元吉说："秦王府中能让人担心的，只有房玄龄和杜如晦两人。"于是李建成上言李渊，将房玄龄与杜如晦逐出京师。

玄武门事变事成之后，李世民被立为皇太子，杜如晦被任命为太子左庶子。十月，李世民论功，拜杜如晦为兵部尚书，晋封蔡国公，赐实封食邑1300户。

贞观二年（628年），李世民命杜如晦以检校侍中之职兼任吏部尚书，仍然总管东宫兵马。杜如晦在任内非常称职。

贞观三年（629年），因发生大旱，李世民让房玄龄、杜如晦、长孙无忌等于名山大川祈雨。同年，杜如晦代替长孙无忌为尚书仆射，仍旧管理官员的选拔，与房玄龄一起辅佐朝政。建立台阁规模以及表彰人物的事情，都是由房玄龄与杜如晦所定。二人在当时获得的赞誉非常高，被称为良相。

贞观四年（630年），杜如晦染病，于是向李世民请求辞官，李世民仍然按照杜如晦以前的官职给他发俸禄，但李世民还是非常担心杜如晦的病情，多次派遣使者和名医前去救治杜如晦，派遣到杜如晦府上的人在路上前后都能望见。但杜如晦最终还是病死，终年四十六岁，李世民为此大哭不止，三天不能处理朝政。唐太宗非常悲痛，追赠开府仪同三司、司空，谥曰"成"，后又转封杜如晦为莱国公。

一次，唐太宗赐给房玄龄一条金带，潸然流泪，说："如晦与公共同辅朕，今独见公耳！"他另外取了一条金带，命房玄龄送至杜如晦家中，以寄托自己的哀思。

裴　炎

裴炎（？—684 年），字子隆，绛州闻喜（今山西闻喜）人。唐朝著名宰相。

裴炎年轻时就读于弘文馆，勤奋好学，精研《左传》。每当同学出外游玩时，仍旧苦读不辍。曾以学业未精为由，拒绝官府征辟。苦学十年后，他参加科举，以明经及第，被授为濮州司仓参军，后历任御史、起居舍人。

调露二年（680 年），裴炎升任黄门侍郎，加授同中书门下三品，成为宰相。是年八月，术士明崇俨被刺杀，武则天怀疑是太子李贤指使，便命裴炎与薛元超、高智周一同到东宫审讯，结果在东宫搜出铠甲数百具。李贤因此被废为庶人。

开耀元年（681 年），裴炎进拜侍中。永淳元年（682 年），唐高宗前往东都洛阳，命裴炎留守长安，辅佐皇太子李显。

永淳二年（683 年），唐高宗病重，命李显前往洛阳监国，并让裴炎与刘齐贤、郭正一在东宫处理政务。同年十二月，高宗去世，李显继位，是为唐中宗。裴炎受遗诏辅政，改任中书令。他执掌政事笔，将政事堂由门下省迁往中书省。

嗣圣元年（684年）正月，唐中宗欲封岳父韦玄贞为侍中，又欲任命乳母之子为五品官，结果遭到裴炎的极力反对。中宗负气道："我就算把国家让给韦玄贞都没什么，何况区区一个侍中！"裴炎便将此事禀告太后武则天，决定废黜皇帝。武则天命裴炎与宰相刘祎之、羽林将军程务挺、张虔勖率军入宫，宣布太后懿旨，废中宗为庐陵王。

唐中宗被废后，武则天又立豫王李旦为帝，是为唐睿宗。当时，唐睿宗虽是皇帝，朝权却都掌握在武则天手中。武承嗣请求立武氏七庙，并追封先祖为王。裴炎进谏道："太后母仪天下，不应偏私于亲属。难道太后忘记吕氏败亡的教训吗？"武则天道："吕后封生者为王，而我是在追尊死者，情形并不相同。"裴炎道却认为应防微杜渐，武则天为此很不高兴。后来，武承嗣又建议武则天诛杀韩王李元嘉、鲁王李灵夔，以绝宗室之望。武则天询问宰相的意见，刘祎之、韦思谦都一言不发，只有裴炎极力反对，武则天更加不高兴。不久，裴炎晋爵为河东县侯，打算趁武则天出游龙门，以武力劫持，逼她还政给唐睿宗。但武则天却因连日大雨，取消了出游的计划，裴炎的谋划未能施行。

光宅元年（684年）九月，英国公徐敬业在扬州起兵，反对武则天。裴炎趁机进言道："皇帝已经成年，却始终未能亲政，才让小人有了造反的借口。如果把朝政还给皇帝，叛军不用征讨便会自行瓦解。"御史崔詧当即弹劾裴炎，道："裴炎身为顾命大臣，不思讨平叛乱，却让太后还政，必是怀有异心。"武则天遂将裴炎关入诏狱，命御史大夫骞味道、御史鱼承晔审问。凤阁侍郎胡元范、纳言刘齐贤上书为裴炎辩护，并以身家性命力保裴炎不反，武则天却坚称裴炎有谋反之意。裴炎抱定必死之心，叹道："宰相入狱，再无生理！"

是年十月，武则天将裴炎斩杀于洛阳都亭驿，抄没其家产，但裴炎家中毫无积蓄。不久，曾为裴炎申辩过的官员相继获罪，胡元范被流放巂州（治今四川西昌），刘齐贤贬任吉州长史，大将军程务挺也被斩于军中。

景云元年（710年），唐睿宗为裴炎平反，追赠他为太尉、益州大都督，赐谥号为忠。

长孙无忌

长孙无忌（594—659年），字辅机，河南洛阳人。唐初宰相、外戚。

长孙无忌本是鲜卑贵族后裔，其先祖为北魏献文帝之兄，姓拓拔氏。在魏室功勋卓著，世袭"大人"之号。后人更姓跋氏，因为宗室之长，又更姓长孙氏。其七世祖长孙道生，官至北魏司空、封上党靖王，以后又数代封王。其祖父长孙兕为北周开府仪同三司、封平原公。其父长孙晟为隋代著名的将领和外交家。母亲为北齐乐安王高励之女，文德皇后同母兄。

长孙无忌虽为贵族武将之后，家门显耀，但他却酷好读书，精博文史，又聪颖敏慧，很有谋略，人称有大器。

隋大业五年（609年），官至右骁卫将军的长孙晟去世。长孙无忌与母亲高氏和幼妹相依为命，饱受异母兄长孙安业等人的欺凌。后来实在无法在长安永兴坊的府邸住下去了，母子三人便走依临洮（今属甘肃）刺史、高氏之父高励。不久，高励亦病故，长孙无忌兄妹便靠舅舅高士廉抚养。大业九年（613年），由高士廉做主，将长孙无忌的妹妹嫁给了卫尉少卿李渊的次子李世民。长孙无忌与李世民年龄相仿，他们在一起学文习武，成为一对好朋友。

大业十三年（617年），时任太原留守的李渊在太原起兵南下，直逼长安。李世民率领先锋部队渡过黄河后，长孙无忌便投奔了他，被李世民用为渭北道行军点签，负责文书和传达军令。这年十一月，李渊父子进占长安。次年，李渊称帝，建国号为唐，李世民被封为秦王，长孙无忌的妹妹成为王妃，长孙无忌则成为秦王府的得力干将，随从李世民东征西讨，立下赫赫战功，官至比部郎中，封上党县公。

李世民继位后，王妃长孙氏被立为皇后。长孙无忌以力安社稷有功，先授左武侯大将军，再转吏部尚书，晋封齐国公，食邑 1300 户。唐太宗以其功勋、外戚、故旧三者的关系，对长孙无忌极为亲宠，礼遇远殊于其他大臣，常让他出入自己的寝殿，商议机密。长孙无忌不善统兵打仗，却善谋断大事，对唐太宗忠心赤胆，在唐太宗继位初期稳定政局中发挥了重要作用。贞观元年（627 年），长孙无忌被提升为尚书右仆射，成为宰相。

长孙无忌在贞观群英中，是最不善谏诤的一位，在君臣治道议论中极少建言。他崇拜唐太宗，表现得忠心顺从。但他在大是大非面前却头脑清醒，以持重见长，并固执己见，态度坚决。贞观十一年，李世民颁诏，赐 14 名佐命元勋世袭州刺史，让他们子孙后代拱卫唐室。长孙无忌坚决不干，他认为，世袭刺史会给国家的长治久安带来不利。从维护唐室将来的稳固统治计，长孙无忌与房玄龄等人上书，力陈世袭刺史的弊端：其一，一家一姓占据一州，时间一长，难免曲树私党，破坏地方吏治；其二，

长孙无忌像

佐命元勋已蒙重赏，不可再裂土以赐；其三，若孩童袭职，不谙世务吏职，必然造成政无约束，为害地方，一旦触犯刑律，便自取灭亡；其四，此制一开，后世仿效，遗患无穷。唐太宗在他的一再坚持下，终于收回成命。

正因为长孙无忌有这些优点，在关键时刻，他总是被推入决策群的中心，受到唐太宗的倚重。在唐太宗晚年，皇嗣问题又一次成为唐室的重大难题。唐太宗的皇后长孙氏生有三子：长子承乾，已被立为太子；次子魏王李泰；幼子晋王李治。太子承乾有腿疾，少年时代也受太宗的喜爱，但随着年龄的增长，他的性情越来越怪诞，幸男宠，好游畋，为非作歹，没有作为一个储君的体统。而魏王泰素有父风，行为检点，礼重贤士，还效古贤王邀集文士著书立说，有觊觎太子位的野心。唐太宗厌恶承乾而喜欢李泰，常有废长立幼之心。李泰善察言观色，见承乾为父所憎，便玩弄阴谋，着意表现自己，以求恩宠。李承乾见大势已去，便联络对李世民有不满情绪的汉王李元昌和悍将侯君集等人，图谋举兵反叛，夺取帝位。不料事泄，贞观十七年，李承乾被废为庶人。

太子既废，李世民便欲立李泰为太子。大臣岑文本、刘洎也表赞阿。但长孙无忌、褚遂良等却主张立李世民幼子晋王李治。李治性情温和懦弱，太宗不喜，但又不想驳回元老派长孙无忌的面子，犹豫不决。

李泰得知舅父反对，便大肆活动，向唐太宗恳求，甚至恫吓年方15岁的晋王李治。他玩弄阴谋的事暴露后，李世民大为伤感和恼火。李世民靠杀兄屠弟取得皇位，但不希望自己的儿子们也步其后尘，这使他心中逐步认可了长孙无忌的意见，想通过立怯懦的晋王治来保全其他的儿子。

晋王治被立为皇嗣后，李世民希望以对他一直忠心耿耿的长孙无忌辅佐李治，以保证他百年之后李治能坐稳皇位。长孙无忌因此被任命为太子太师。

但是，李世民对李治并不真心喜欢，觉得他太仁弱，只是看在长孙无忌等人的面子上，才立了他。后来，李世民越瞧李治越不顺眼，想改立吴王李恪。李恪是隋炀帝之女杨氏所生，英武类太宗，很受太宗喜爱。但其母只是皇妃，李恪系庶子，按嫡长子继承制，他又不可能僭越李治而为皇太子。李世民在征询长孙无忌意见时，长孙无忌坚决反对。李世民火了，说："你是不是觉得他不是你外甥，将来不会保全舅家？"长孙无忌劝谏道："晋王宽厚仁爱，是守天下的贤明君主。举棋不定是要失败的，何况是立储这样的大事呢？"李世民这才打消了另立李恪的念头。

贞观二十二年（648年），唐太宗感到自己身体不佳，开始为李治继位做准备。他不惜杀掉他感到不放心的大臣和武将，以消除他死后可能出现的隐患，而把政事更多地委予长孙无忌，命他检校中书令，知尚书、门下省事，实际上是总领三省政务。他认为长孙无忌老成持重，对他忠心不二，又是李治的拥立者，定能帮助他顺利交接皇权，辅佐李治走上统治天下的正轨。

李世民死后，李治继皇帝位，是为高宗。顾命大臣长孙无忌进位太尉，兼检校中书令，知尚书、门下事。长孙无忌力辞知尚书，乃以太尉同中书门下三品，仍总朝政。李治治政经验很少，又无决断能力，政事全凭长孙无忌、褚遂良等人办理。李治初继位的几年，在长孙无忌、褚遂良的辅佐下，唐室天下倒也波澜不惊。

随后，长孙无忌卷入了一场始料不及的宫廷争斗——皇后的废立之争。

高宗的皇后王氏，也是关陇贵族之后，她是关陇贵族继续尊荣不衰的象征，也是唐太宗临终嘱长孙无忌保全的"佳妇"。但永徽四年（653年），唐高宗开始宠爱武则天。武则天是文水（今属山西）人，唐开国功臣武士彟之女。贞观十一年被李世民召入宫中为才人，赐号"媚娘"。她26岁那年，李世民病死，按惯例她削发入感业寺为尼。李世民死后两周年忌日，唐高宗入感业寺进香，遇见武则天，由于他早已钟情此女，便重新召她入宫，不久即封昭仪。武昭仪富于心计权谋，她觊觎王皇后那顶凤冠，便不择手段地诬陷、谗毁王皇后。高宗被她迷惑，又加上王皇后没有生育，便决定废黜王皇后，另立武则天。

围绕皇后的废立，朝廷中展开了激烈的斗争。以长孙无忌、褚遂良为首的实权派认为武则天出身低微，又曾侍奉过先皇，并在后宫兴风作浪，没有统率六宫的风范，因而极力反对立武则天为后；而以中书舍人李义府、卫尉卿许敬宗等受排挤的庶族官员则企图借机邀功，以打击实权派，跻身于权力中心，所以他们积极拥戴武则天。

长孙无忌德高望重，兼具国舅和顾命大臣身份，没有他的支持，废立皇后之举难免有些棘手。李治与武昭仪便思拉拢软化长孙无忌。他们夫妇亲临太尉府第，赏赐给长孙无忌金、银、珠宝各一车，绫锦十车，并当面授其三个儿子以朝散大夫的官衔。嗣后，武则天的生母杨氏也去长孙无忌家求情。然而，长孙无忌礼物照收，就是不肯表态。他把唐太宗临终嘱托保全佳儿佳妇的遗言奉为神明，认为，以他的身份和地位，加上其他宰相们的支持，仁弱的李治必定会知难而退，废后风波自然会平息下来。

但他低估了李治。这时的李治有城府很深的武昭仪在背后打气献谋，又有许敬宗等臣僚的鼓噪支持，加上另一元老大臣李绩表示"此乃皇上家事，不必预闻于外臣"，他便强硬起来。

永徽六年（655年），唐高宗正式颁诏，册立武则天为后，并将

长孙无忌墓

褚遂良贬为潭州都督，以李义府为宰相。不久，支持武则天的大臣许敬宗也被提升为宰相。长孙无忌和其他老臣被排挤到了一边。

武则天入主后宫以后，开始疯狂报复反对她做皇后的大臣，长孙无忌如果此时急流勇退，远避嫌疑，或许还可以逃过这场报复。但此时的长孙无忌被第一元老重臣的地位蒙住了双眼，已失去了他在太宗时期的明智，竟毫不退让，仍自信地昂立于朝中。武则天认为，有长孙无忌在，关陇贵族集团的权势就无法动摇，被贬被流放的那些人又会毫发无损地卷土重来。因此，她把长孙无忌视为眼中钉，必欲除之而后快。

不过，要扳倒长孙无忌不是件容易的事，他身为国舅、顾命大臣、三朝元老，在唐室权力核心历四十余年，如果没有个十恶不赦的罪名是整不倒他的。武则天与她的亲信许敬宗等经过密谋，在显庆四年（659年），他们终于鼓足勇气开始行动了。

许敬宗遣人上书，密奏监察御史李巢与长孙无忌勾结，图谋不轨。接着，许敬宗通过刑讯逼供，捏造出长孙无忌、褚遂良以及关陇贵族出身的大臣柳奭、韩瑗等串通谋反。李治先是怀疑，后来竟也相信了。他下令革去长孙无忌的官位，流放黔州（州治彭水，今属四川）。不久，武则天又派人去黔州，逼迫长孙无忌自缢，其他追随者被杀殆尽。他的子孙、亲戚也多受牵连，惨罹祸殃。

上元元年（674年），唐高宗追复长孙无忌官爵，陪葬昭陵。

狄仁杰

狄仁杰（630—700年），字怀英，并州太原（今山西太原）人，唐代武周时期政治家。狄仁杰一生为官，两次做宰相，终身清廉，为民请命，剿匪除恶，惩治腐败，铲除贪官，辅助武则天建立起盛唐大业。他为治理国家和许多地方立下过汗马功劳，却命运多舛，屡屡遭受别有用心的朝廷官员或同僚的陷害与打击，几起几落，甚至于数次危及到人身安全；但他为了大局利益，敢于在朝廷上犯颜直谏，置自己的生死于度外。

狄仁杰少年时就聪明过人，勤于学习。一次家中仆人被害，县吏前来查办，众人争相辩白，唯独狄仁杰专心读书。官吏问他为何无动于衷，狄仁杰回答说，我正在与书中的圣贤交流，哪有时间与你们说话。

狄仁杰苦学成才，入仕后，曾任汴州判佐、并州都督府法曹，转大理丞（审判官）。在大理丞任，一年内处理了各类积压案件，涉及17000人，无一人喊冤时人称赞他断案公正宽大。

有一次，左威卫大将军权善才、右监门中郎将范怀义违法砍伐昭陵柏树，论罪应当免官，高宗却下诏将他们处死。狄仁杰上奏称他们不够死罪。高宗发怒说："他们这样做会使我成为不孝之子，必须杀了他们才能告慰先祖。"狄仁杰反驳说："汉

狄仁杰像

朝曾有人偷了高祖庙的玉环，汉文帝要诛杀其全族人，张释之谏诤，后来文帝只处死了盗贼。今天陛下发布的法令张挂在宫门两侧，清楚地写着犯罪处罚有等别，如果以误砍一棵柏树，就诛杀两名将领，后世之人将会如何议论陛下呢？"高宗平息了怒气，免了他们的死罪。几天后拜狄仁杰为侍御史，负责监察、弹劾中央各部司官员的过失。

狄仁杰曾以司农卿韦宏机为皇帝修建豪华宫殿，引诱皇帝追求奢侈生活而弹劾之；又弹劾左司郎中王本立滥用权力，请求皇帝治其罪。高宗下诏赦免他们，而狄仁杰说："如果赦免他们，宽恕有罪之人，就违背了祖宗制定的法律，我愿以被流放的惩罚，作为对群臣的警戒。"于是，高宗不得不治了他们的罪，朝廷上下肃然。

女皇武则天雕像

调露元年（679年），狄仁杰改任度支郎中，并加散朝大央。后随唐高宗巡幸汾阳宫（在今山西静乐），充任知顿使。

唐高宗去世后，武则天把她的儿子李显赶下帝位，将他安置在房州，另一个儿子李旦虽然做了皇帝，却徒有虚名。武则天以太后身份独揽大权，于垂拱二年（686年），任命狄仁杰为宁州刺史。他因治理有功，回朝任冬官侍郎，后于垂拱四年（688年），奉旨出巡江南各地。当时江南的吴、楚一带盛行祭祀之风,狄仁杰下令禁止,总共拆毁祠堂庙宇1700处,只保留了夏禹、吴太伯、季札、伍员四祠。同年九月,狄仁杰又出任豫州刺史。原豫州刺史李贞为唐太宗之子,被封越王,因反对武则天临朝称制而起兵。武则天派宰相张光辅领兵30万镇压,平定了叛乱。狄仁杰与张光辅同时进入豫州。张光辅要将被迫参与叛乱的六七百人处死,还要治他们家属的罪。此事遭到狄仁杰的反对,他上奏劝说武则天施仁政,武则天遂将拟处死之人流放丰州(今内蒙古河套西北部)。

宰相张光辅及其手下将士以讨平越王之功,敲诈勒索地方,狄仁杰拒绝供给。张光辅发怒说:“刺史难道轻视本帅?”狄仁杰针锋相对地回答:“作乱河南的只有一个越王,你率领三十万大军平叛,听任将士横行不法,无辜百姓遭此涂炭,这无疑等于消灭了一个越王,又涌现出一百个越王。您为何放纵部下以杀戮降者邀功,使冤声惊天动地?如果我能得到尚方宝剑,杀了你,我虽死而无憾!”张光辅奏狄仁杰对宰相无礼,但武则天对狄仁杰颇有好感,贬其为复州刺史,意在敷衍张光辅而已。

天授二年(691年)九月,武则天命狄仁杰为地官侍郎同风阁鸾台平章事(即宰相),后为来俊臣陷害下狱,继而又被贬为彭泽县令。北方契丹族犯边,狄仁杰为魏州刺史,转任幽州都督。武则天曾赐他紫袍,亲自绣上12个金字,表彰其忠心。神功元年(697年),狄仁杰恢复相职。

狄仁杰一生中最重要的活动是恢复唐皇室,复立李姓皇帝。武则天的两个儿子李显和李旦被囚禁。为将李显推上皇位,狄仁杰利用了武则天宠养的两个男色张易之与张昌宗兄弟。张氏兄弟备受武则天宠爱,富贵无比,又担心将来会有灾难,遂向狄仁杰请教安身之策。狄仁杰说，只有劝说武则天将李显迎回洛阳，立为太子。一旦武则天去世，李显继位，二张便是有功之臣，自会消灾，二张从之。狄仁杰也利用与武则天接触的机会，劝说武则天。一次，武则天说她梦见一只美丽的大鹦鹉折断了两个翅膀，要近臣们释梦。狄仁杰说："我以为梦中的鹦鹉就是陛下，因为陛下姓武；两翅就是陛下的两个儿子，翅膀折断，是指他们被囚禁。没有翅膀的鹦鹉不能飞翔，陛下起用二子，鹦鹉就能飞了。"

经过不断的努力，武则天终于同意迎回太子李显。为了巩固李显的地位，狄仁杰把张柬之、桓彦范、敬晖、姚远之等人推荐给武则天，让他们能够掌握实权。张柬之初为洛阳司马，后调升为秋官侍郎，狄仁杰去世四年后被拜为宰相，后来发动政变，将李显推上皇位。

狄仁杰与武则天关系甚密，年长的武则天称狄仁杰为"同老"，而不直呼其名。每次朝见，武则天叫他不必下拜，还说看见你下拜，连我的腰也感到疼痛。一次，狄仁杰陪武则天游玩，狄仁杰的马受惊狂奔，武则天急命太子前去解救，直至狄仁杰安全下马。狄仁杰所受到的武则天的尊重和礼遇，无人可以相比。久视元年（700年）九月，狄仁杰病逝，武则天流着泪说："朝堂空矣！"废朝三日，随后追赠狄仁杰文昌右相，赐谥文惠。

姚 崇

姚崇（651—721年），本名元崇，字元之，陕州硖石（今河南三门峡）人。其父姚懿在贞观年间曾任州都督。武则天、中宗、玄宗时宰相。

姚崇自幼便勤奋好学，敏而好问。成年之后为人正直爽快，崇尚节操。后以科举入仕，始授濮州司仓参军，后又任司刑丞。他因执法公正，作风端正特别受上司器重，所以连续晋升。

到武则天万岁通天元年（696年）时，姚崇已官至夏官（即兵部）郎中。此时，东北有契丹族不断侵扰边境，武则天一再派大兵抵御，因此兵部的事务特别繁忙，姚崇的才干在此时得到了充分的发挥。那些纷繁复杂的事务，到了他的手里都处理得干净利索，井然有序。兵部是中央机关，皇帝自然对里面的事情知道得一清二楚。爱才的武则天对姚崇的才干很是赏识，立即就提拔他为兵部侍郎。

圣历元年（698年），姚崇升任宰相，兼任兵部尚书。他对兵部的职掌非常熟悉，举凡边防哨卡，军营分布，士兵情况，兵器储备，他都烂熟于心。玄宗初年，作为宰相，他带头裁减冗员，整顿制度，任用官吏，注重才能，使得以皇帝为首的大唐封建国家职责分明，指挥灵敏。他与庐怀慎同做宰相时，请假十多天，政事积压很多，姚崇假满上班，很快裁决了积压下来的政事。然而，正因为姚崇为人正直，不畏权势，得罪了骄横跋扈、横行不法的武则天的宠臣张易之，于长安四年（704年），被调出京城，任灵武道大总管。临行前，武则天要他推荐一位宰相，他推荐了张柬之。此前狄仁杰曾两次向武则天推荐张柬之，张柬之每被推荐一次，就升一次官，但一直未登上宰相的宝座。这一次姚崇再次推荐，张柬之很快就走上了宰相的职位，而此时张柬之已是80高龄。

神龙元年（705年），唐中宗李显复位后，以姚崇、张柬之为宰相，因姚崇有功，加封他为梁县侯，食邑200户。后武则天迁居洛阳上阳宫，已继位的中宗李显带领文武百官至上阳宫问候

姚崇像

起居。王公群臣相互庆贺，唯独姚崇呜咽流泪。张柬之对姚崇说："今日岂公流泣之时，恐公祸由此始。"姚崇说："我侍奉则天皇帝的时间已经很久了，现在要与她辞别，不禁悲从中来。日前助你诛杀奸邪小人，此乃人臣之义也；今日别旧君，亦人臣之义也，虽获罪，实所甘心。"中宗李显听到姚崇的这些话，心中非常不悦，故没过几日便将姚崇调离京城，出任亳州刺史。

姚崇罢相后，先后在亳州、宋州、常州等地当刺史，远离了京城，远离了是非之地。这时朝廷已为武三思和韦后所掌握，武三思渴望他们武氏重掌政权，韦后希望能够效仿武则天也当女皇帝，而中宗只是傀儡。太子李重俊对武、韦早已积恨在心，于景龙元年（707年）七月，矫诏发羽林军，杀死武三思及党羽十余人，昏庸的中宗在韦后和女儿安乐公主的包围、逼迫下，发兵杀了太子李重俊。韦后和安乐公主野心越来越大，两人合谋毒死了中宗。朝中大权完全掌握在她们手中。可是，好梦不长，李隆基策动禁军又一次发动政变，杀死韦后、安乐公主及其党羽。相王李旦在儿子李隆基和妹妹太平公主的支持下，恢复帝位，是为唐睿宗，立三子李隆基为太子。景云元年（710年）六月，拜姚崇为兵部尚书、同中书门下三品，姚崇第二次当了宰相。

睿宗李旦登基之后，却依然没有完全摆脱受制于人的情况，这次干预朝政的却是武则天的亲生女儿、睿宗的妹妹太平公主，她也想走其母武则天的道路。为了预防太平公主发动政变，威胁到太子的地位，景云二年（711年），姚崇和宋璟联名上奏，建议将太平公主安置在东都洛阳，其余掌握兵权的诸王派往各州当刺史。谁知单纯而昏庸的睿宗竟将姚、宋的想法毫不隐瞒地告诉了太平公主，太平公主大怒，李隆基也慌了手脚。为稳住太平公主以防突发事件，李隆基指控姚崇等挑拨皇上兄妹关系，应加严惩。于是，姚崇被贬为申州刺史，后又任扬州刺史、淮南按察史。在地方官任上，姚崇为官清廉公正，颇受百姓爱戴。

这一切都被英明神武的李隆基看在眼里。因此，开元元年（713年），唐玄宗李隆基发动政变，诛杀太平公主党羽。他继位后，决定再次起用姚崇为相。玄宗在新来驿讲武期间，秘密召见了姚崇，并听取了他对目前时事朝政的看法及建议。姚崇针对武则天以来的弊政和历史教训，提出十条挽救政治衰败的革新主张。玄宗听后，精神为之大振。他对姚崇的这些主张一一采纳，并且当时就拜其为兵部尚书、同中书门下三品。

姚崇第三次出任宰相，得到了玄宗的充分信任。借此机会，他实施了一系列改革。

姚崇首先从整顿吏治入手。自武后统治以来，皇亲国戚多居省以上要职，各个封王又多掌握朝中禁军，手握兵权。为了争权夺利，他们勾结朝官，迭相为乱，一时间，政治被他们整得混乱不堪，政局动荡不安。短短的八九年间，接连发生了五次政变。为了防止这种情况的发生，姚崇协助玄宗，于开元二年将诸王改任外州刺史，并规定诸王"不任以职事"，"到官但领大纲，自余州务，皆委上佐主之。"这样，诸王便等于只享有尊荣，即地位与利益，但没有了兵权，从而亦失去了犯上作乱、胡乱征伐的基础。

姚崇还规谏唐玄宗，"戚属不任台省"。所以，开元初没有大封戚属。王皇后之父王仁皎，仅历任将作大监、太仆卿等职，史称"仁皎不预朝政"。姚崇还设法抑制功臣的权势，把一些官高势盛、居功自傲的功臣贬到地方做州刺史。这些措施如同釜底抽薪一样，消除了中央政局动乱的隐患，结束了多年来动荡不安的局面，使得社会经济发展，百姓安居乐业，因此，姚崇被人们称为"救时之相"。

在任用人才方面，姚崇要求德才并重。他推荐的广州都督宋璟，刚正不阿，为官清廉，是唐代的四大贤相之一。姚崇大力整顿吏治，严格诠选制度，罢免了以前的"斜封官"。

任人唯贤、量才录用，是姚崇吏治的主要做法。开元二年（714年），申王李成义未经有关部门，私自奏请玄宗，把府中的阎楚珪由录事提拔为参军，这次授官属于私自请托，并没有经过吏部的审核。因此，虽然玄宗已表示同意，但姚崇上书反对。他说："臣窃以量才授官，当归有司，若缘亲故之思，得以官爵为惠，踵习近事，实紊纪纲。"由于姚崇据理力争，玄宗才收回敕命。

开元四年（716年），姚崇辞去宰相职务，被授予开府仪同之司，但有关军国大事，玄宗还是常常听取他的看法及意见。开元五年（717年）春，玄宗即将巡幸东都洛阳，太庙突然倒塌。玄宗询问身边大臣，大臣回答说："陛下服丧未满三年，巡幸东都不合天意。"因为睿宗是开元四年病死的。玄宗召姚崇询问此事，姚崇回答说："太庙大殿乃前秦符坚所建，年久失修，木质腐朽，皆是自然之事，倒塌即是情理之中，陛下不必为之烦心。但倒塌之日与行期相合，只是巧遇。"姚崇劝玄宗，巡幸东都已准备就绪，不可误期，太庙修复重建就可，玄宗听从了姚崇的意见。开元九年（721年）九月，姚崇病逝，终年72岁。追赠扬州大都督，谥号文献。开元十七年（729年），又追赠为太子太保。

宋 璟

宋璟（663—737年），邢州南和（今河北南和县）人，睿宗、玄宗朝宰相，是与房玄龄、杜如晦、姚崇齐名的唐代四大名相之一。

宋璟自幼勤勉好学，爱好广泛，所以小小年纪便已博览群书，善于文辞。17岁时因科举入仕，授义昌（今汝城）令，后又升任监察御史、凤阁舍人，为官正直，颇受武则天的赏识。不久，宋璟调任御史中丞。这时武则天年事已高，张易之、张昌宗兄弟更加飞扬跋扈，但宋璟对其却更加蔑视、不屑。张氏兄弟几次三番欲讨好宋璟，无奈却被宋璟严词驳回，使得二人对宋璟怀恨在心。此后又多次中伤于他，但因武则天深知其情，宋璟才得以免祸。

中宗李显复位后，宋璟任吏部尚书兼谏议大夫、内供奉，不久又改任黄门侍郎。然而中宗昏聩无能，朝政大权完全掌握在皇后韦氏和武三思手中。

神龙二年（706年），京兆人韦月将因实在看不惯武三思与韦后私通，祸乱朝纲，便上书中宗，告发武三思"潜通宫掖，必为逆乱"。武三思闻知后，暗使手下人诬陷韦月将大逆不道。此时的中宗早已不辨是非，武三思说什么便是什么，因而特令处斩韦月将。宋璟请求查证之后再加定罪，中宗不听，宋璟抗言说："请陛下先将臣斩首，不然不能奉诏。"中宗无奈，才免韦月将死刑，发配岭南，后来又将他处死。不久，宋璟被排挤出了朝廷。武三思还利用手中的权力，将宋璟调到杭州、扬州做刺史，后又迁任洛州刺史。

当时，韦后、武三思相互勾结，权倾朝野。为实现自己的政治目的，扫除政治道路的障碍，韦、武二人企图废掉太子李重俊，但后来武三思却被太子李重俊杀死。景龙四年

宋璟像

（710年），韦后毒死中宗，企图效法武则天做女皇。中宗之弟李旦的儿子李隆基联合武则天的小女儿太平公主发动政变，杀死韦后和安乐公主，睿宗李旦复位。

睿宗复位后，宋璟为检校吏部尚书、同中书门下三品，成为宰相。他和姚崇同朝为臣，二人同心协力，为改变从中宗以来所积留的弊政而努力。

中宗时期，外戚和诸公主干预朝政，吏治腐败，贪污成风。当时有一种授官形式称"斜封官"，即只要出钱三十万，不论何人都可以为官，并且不经中书、门下批准，直接由皇帝降墨敕授予。这无异于助长恶风恶习，由于这些斜封官大多是富豪商贾，有的斗大的字都不识，只知对百姓肆意搜刮、施虐，一时间，民怨四起。姚崇和宋璟上书睿宗，请求罢免斜封官，进忠良，退不肖，共罢免斜封官数千人，纲纪为之一振。同时，宋璟还从整顿制度着手，恢复三铨制度，在候选的上万人中，铨选了两千人。其选拔、考核官员，不畏地位高低，不论交情亲疏，唯贤是举，赏罚公平，时人以为有贞观遗风。

后来，因为太平公主欲夺权谋反，宋璟被罢相贬为楚州刺史，后调动极其频繁，最后转任广州都督、五府经略使。宋璟依旧严格执法，公正无私，使治下的吏民无不信服。然而对当地的百姓却是充满人情味的：他将违法乱纪的豪强和官吏绳之以法，就是为了让百姓能安居乐业；制定一系列切实得体的利民措施，将砖瓦结构的建筑引进广州，教百姓烧砖瓦、盖房子，使得原来由竹和茅屋引发的火灾大幅度减少。民众为感激他的恩德，特地还为其立了"遗爱碑"。

延和二年（712年），睿宗传位给太子李隆基，是为玄宗。唐玄宗决心革除弊政，使国家快速地复兴起来。开元之初，唐玄宗任用姚崇为宰相，整顿吏治，开创了开元之治的繁荣局面。开元四年（716年），姚崇辞去宰相后，唐玄宗又采纳姚崇的建议，任命宋璟做宰相。

宋璟为宰相期间，不仅能够选贤任能，更能量才用人、人尽其才。他注意到括州员外司马李邕、仪州司马郑勉有才略，有文采，但思想和性格上有不少毛病，宋璟感到"若全引进，则咎悔必至；若长弃捐，则才用可惜"。于是，根据各人的特点，分别拜任渝州刺史和硖州刺史。大理卿元行冲在人们的心目中才行兼备，但上任之后，却发现并不称职，于是调其为左散骑常侍。

宋璟选拔官吏，大公无私，对人对己无一例外，即使是自己的亲属也不例外。他有个堂叔叫宋元超，在吏部选拔官吏时，特别说明自己是宰相宋璟的叔父，实际上是想借宋璟的名声得到一官半职。宋璟知道后，特别给吏部交代，说宋元超既表明了他和自己的关系，就更不能予以任用。宋璟的用人，不论皇亲国戚，一视同仁。岐山县令王仁琛，是玄宗称帝前的藩邸故吏。唐玄宗特降墨敕令授五品官，宋璟上书以为不可，请求由吏部考核，按制度办事。玄宗只得听从宋璟的意见，收回成命。

宋璟为人耿直，做宰相时，因为敢于犯颜直谏，唐玄宗很敬畏他，对于他的意见，亦是常常听从。开元五年（717年），宋璟随同玄宗巡幸东都，路过崤谷（今河南陕县），山高路窄，难以行走。玄宗十分恼怒，要罢免河南尹李朝隐和负责旅途事务的知顿使王怡。宋璟进谏说："陛下方事巡幸，今以此罪二臣，臣恐将来民受其弊。"玄宗听后自觉理亏，遂免去了二人之罪。

也许是由于社会经济的发展及政治的宽松，人民的生活也比较富足，所以社会风气趋向奢华，讲求厚葬。王皇后的父亲去世，请求建造高五丈二尺的坟茔，玄宗答应了。宋璟和同朝宰相苏颋上书玄宗，指出厚葬和薄葬是俭与奢的大事。玄宗完全接受了宋璟的劝谏，还特意赏给宋璟、苏颋彩绢 400 匹。

开元八年（720 年）正月，由于民间私造的恶钱质量低劣，它的流行导致贫者日贫富者日富。宋璟和苏颋奏请皇帝下令禁止恶钱的铸造。这一举措伤害了铸钱富豪的利益，引起了他们的不满。于是，唐玄宗只得将宋、苏二人罢相以缓和矛盾。宋璟任开府仪同三司，不再握有实权。

宋璟罢相后，仍然刚正不阿，不畏豪强，敢于犯谏，忠直不改。开元十二年（724 年），玄宗东巡泰山，宋璟留守京师。玄宗出发时对宋璟说："卿是国家元老，为朕之股肱耳目，现在将分别一段时日，有什么话要嘱咐朕的吗？"宋璟一一直言相告。玄宗并将宋璟"所进之言，书之座右，出入观省，以诫终身"。开元十七年（729 年），称为尚书右丞相。

开元二十年（732 年），宋璟因年老体弱，请求辞职。开元二十五年（737 年）十一月十九日，宋璟去世，享年 75 岁。追赠太尉，谥号"文贞"。

张柬之

张柬之（625—706 年），字孟将，唐朝襄州襄阳（今湖北襄阳）人。唐朝名相、诗人。

张柬之年轻时涉猎经书史籍，补缺为太学生，后中进士，调任清源县丞。

永昌元年（689 年），朝廷以贤良科目召试。这时张柬之七十多岁了，结果在对答策问的一千余人中名列第一。授官监察御史，后累迁为凤阁舍人。

突厥首领默啜请以女儿和亲，武则天想让武延秀娶她。张柬之进言说："自古从无天子娶异民族女子的事。"因此触犯了武则天，被调出朝廷，任合、蜀二州刺史。
朝廷旧例，每年都要派兵500
驻守姚州，但此地险恶有瘴气，
大多到此即死。张柬之上书力
陈其弊端，未被采纳。不久调
他任荆州大都督府长史。

长安年间，武则天问狄仁
杰："从何处能得到一位奇士
使用他？"狄仁杰说："荆州
长史张柬之虽然年老，却是宰
相之才。用他，他必定为国家

张柬之像

尽心竭力。"于是武则天立即召请张柬之任洛州司马。经狄仁杰再荐，
被授官为司刑少卿，迁升秋官侍郎。其后姚崇出任灵武军使，即将启程，
武则天诏另举荐宫外百官中可任宰相的人，姚崇说："张柬之深沉稳
重有谋略，能决断大事，他已年老，要赶快任用。"武后当天就召见他，
授官同凤阁鸾台平章事，晋升凤阁侍郎。

神龙元年（705年）正月，武则天病重，麟台监张易之和春官侍郎
张昌宗居宫中执政，张柬之、崔玄暐与中台右丞敬晖、司刑少卿桓彦
范以及相王府司马袁恕己谋划杀掉张易之和张昌宗。张柬之于是联合
右羽林卫大将军李多祚等人，一同定下了铲除张易之和张昌宗的计谋。

此前，张柬之还任用了桓彦范、杨元琰、敬晖以及右散骑侍郎李湛，
都让他们担任左、右羽林将军，把禁军交给他们指挥。这件事引起了
张易之等人的怀疑和忧虑，张柬之于是又任用他的党羽武攸宜为右羽
林大将军，张易之等人才放了心。

不久，姚崇从灵武回朝，张柬之和桓彦范于是把商量好的计谋告

诉姚崇。当时太子李显都是从北门入宫向武则天问安，桓彦范和敬晖前往拜见，秘密地把他们的计策告诉李显，李显同意了。

二十二日，张柬之、崔玄暐、桓彦范与左威卫将军薛思行等人率领左右羽林兵五百余人来到玄武门，派李多祚、李湛及内直郎、驸马都尉王同皎到东宫去迎接李显。王同皎将李显抱到马上，并陪同李显来到玄武门，斩断门栓进入宫中。此时武则天在迎仙宫，张柬之等人便在迎仙宫的走廊里将张易之和张昌宗斩首，然后进至武则天居住的长生殿，在她周围环绕侍卫。武则天吃惊地坐起来，问道："是谁作乱？"张柬之回答说："张易之、张昌宗阴谋造反，臣等已奉太子的命令将他们杀掉了。因为担心可能会走漏消息，所以没有向您禀告。在皇宫禁地举兵诛杀逆贼，惊动天子，臣等罪该万死！"武则天看见李显也在人群之中，便对他说："这件事是你让干的吗？这两个小子已经被诛杀了，你可以回到东宫里去了。"桓彦范上前说："太子哪能还回到东宫里去呢？当初天皇把心爱的太子托付给陛下，现在他年纪已大，却一直在东宫当太子，天意民心，早已思念李家。群臣不敢忘怀太宗、天皇的恩德，所以尊奉太子诛灭犯上作乱的逆臣。希望陛下将帝位传给太子，以顺从上天与下民的心愿！"事已至此，武则天也已无可奈何。

接下来逮捕了张昌期、张同休、张昌仪等人，将他们全部处斩，并在神都天津桥的南边与张易之、张昌宗二人一道枭首示众。在这一天里，为防范突然事变的发生，袁恕己随从相王李旦统率南牙兵马，将张易之的同党韦承庆、房融及司礼卿崔神庆等逮捕下狱。

二十三日，武则天颁下制书，决定由李显代行处理国政，大赦天下；任命袁恕己为凤阁侍郎、同平章事；派遣十位使者分别携带天子的玺书前往各州进行安抚工作。二十四日，武则天将帝位传给李显。

诛除张易之、张昌宗，是张柬之首先设谋，论功提拔为天官尚书、同凤阁鸾台三品、汉阳郡王,封给实纳租税的食户500户。不到半年,又以汉阳郡王加"特进"衔,免除治理政事。

然而不久,张柬之遭武则天的侄子武三思排挤,武三思以张柬之等五大臣诬陷韦后为由,向李显中伤他们。李显下诏,同时免去他们的宰相职务。

张柬之失权后,想回襄州养病,李显便任命他为襄州刺史。启程前,李显为他赋诗祭路神,还下诏群臣到定鼎门外给他饯行。到襄州后,他以法纪对待下属,即使是亲朋旧故也不放纵宽免。适逢汉水暴涨侵及外城,张柬之利用军营壁垒筑堤,遏制洪水。不久之后,再次遭贬,被流放到泷州,最后于神龙二年(706年)忧愁愤懑而死,享年82岁。

景云元年(710年),唐睿宗追赠张柬之为中书令,谥号文贞。开元六年(718年),唐玄宗下诏张柬之配享中宗庙庭。

张 说

张说(667—730年),字道济,一字说之。河南洛阳人,唐朝政治家、文学家。

张说的祖先原是范阳(今河北涿州)人,世代居于河东(今山西永济),后迁至河南洛阳。张家世代为官,张说的祖父张烙曾官庆州都督,父亲张骘曾官洪洞丞。

689年(永昌元年),武则天在洛阳南门亲自举行制科考试,命吏部尚书李景谌考核策论,张说的应对排名第一。授太子校书郎,不久,升迁左补阙,为常向皇帝进行动谏的官员。久视元年(700年),武则天在三阳宫避暑,到了秋天还不回京。张说上书进谏,并提出四条不能留下的理由。武则天虽一时没有采纳他的意见,但对张说如此敢于直言相谏的精神还是非常欣赏的。长安二年(702年),张说擢升为凤

张说像

阁舍人，成为朝廷要员。

长安三年（703 年），张易之与张昌宗诬陷宰相魏元忠谋反，并让张说做证。张说在武则天面前不但没做伪证，反而揭露张易之逼他诬陷魏元忠的真相。魏元忠因此得以免死，而张说却因忤旨被流放钦州（今广西钦州县）。

神龙元年（705 年），唐中宗复位，把张说从广西召回京都，任兵部员外郎，后升为工部侍郎。不久张说因母亲去世而离职，服丧期满，仍为工部侍郎。后改兵部侍郎，加弘文馆学士。

景云元年(710 年)，睿宗继位，张说拜任中书侍郎兼雍州长史。七月，中宗次子、谯王李重福在洛阳起兵造反，兵败被杀。东都留守捕获李重福同党数百人，审讯很久都没有结果。睿宗派张说前往洛阳审理此案，张说很快把谋反主谋张灵均和郑愔抓获，审得实情，其他胁从者全部释放，案件处理得干净利落。睿宗对张说的才干十分赞赏，把他提升为太子李隆基侍读。这样一来，张说与太子的关系就非同一般了。

景云二年（711）正月，睿宗任命张说为中书侍郎、同中书门下平章事，成为宰相，并监修国史。当时正是皇室内部的斗争十分激烈之际，太子李隆基和他的姑母太平公主之间的斗争已趋白热化。太平公主野心勃勃，一心要易太子，而太子集团有姚崇、宋璟支持。二月，有善于星相占卜的人说，五日内有急兵入宫。睿宗听信，急令为之戒备。

张说对此十分反感，建议以太子李隆基监国，睿宗听从了张说的建议。

712年（先天元年）八月，睿宗以"传德避灾"而让位给太子李隆基，是为玄宗。太平公主引荐萧至忠、崔湜为宰相，设计迫使睿宗把姚崇、宋璟等大臣赶出朝廷，贬为地方官。接着，又罢去张说相职，贬为尚书左丞，令往东都洛阳留司。太平公主迫不及待，广引党羽，准备谋反，张说知道情况紧急，自东都遣人以佩刀献玄宗，请他迅速决策，除掉太平公主之党。玄宗当机立断，先下手为强，在太平公主发动政变前，一举杀了太平公主及其党羽，政局开始稳定。

张说由于协助玄宗除掉太平公主，立了不小的功劳，被召为中书令，封燕国公，第二次当了宰相。但张说与同州刺史姚崇关系不和睦，玄宗打算任命姚崇为相，张说便指使御史大夫赵彦昭弹劾姚崇。玄宗不予理睬，张说又让殿中监姜皎提议，任命姚崇为河东总管，以阻止姚崇入朝拜相。玄宗明知是张说的计谋，仍任命姚崇为兵部尚书、同中书门下平章事。姚崇任相后，张说非常害怕，私自到岐王李范府中申述诚意，结果被姚崇告发。张说被贬为相州刺史，充任河北道按察使。不久，张说又被他事牵连，再贬为岳州刺史。不久，宰相苏颋在玄宗面前为张说表功，并说张为人忠诚正直，不宜外迁，于是，张说被任命荆州长史，不久，又出任右羽林将军，检校幽州都督，入朝以戎服拜见玄宗。开元七年（719

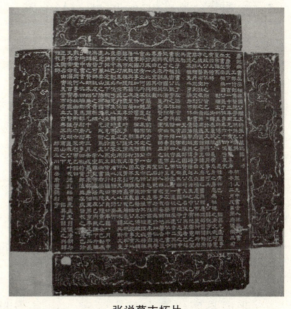

张说墓志拓片

年），张说任检校并州大都督长史兼天兵军大使，代理御史大夫，同时在军中修撰国史。

开元八年（720）六月，朔方大使王㕲诱杀突厥降户于受降城，死者千余人。大同等地的突厥闻之感到惊惧不安，边塞的局势开始动荡起来。当年秋天，张说亲自带领 20 骑前往大同等地安抚。诸部落深受感动，得以安心。

开元九年（721 年）四月，突厥降将叛，自称叶护，攻陷兰池（宁夏盐池县）六胡州，聚众 7 万，进逼夏州。后与党项联结，攻银城（陕西神木县）。唐玄宗命王㕲率兵讨伐，又命张说参与军机。张说率 1 万人出合河关（今山西兴县）袭击，大破康待宾，并乘胜追击。当康待宾逃到骆驼堰时，党项反戈，叛军溃散。张说招抚党项流散人员，上奏请设置麟州，使他们各安其业。张说因平乱有功，任兵部尚书，同中书门下三品，再次当了宰相，掌握朝廷文武大权。开元十年（722 年）四月，张说兼知朔方节度使，常常亲自到朔方巡边。九月，康待宾余党反叛朝廷，自称可汗。张说发兵征讨，将河曲六州胡人分散到各州。

此时驻扎边塞的军队已高达 60 余万，耗费巨大，张说以无强敌压境为理由，说服玄宗，最后裁边兵 20 余万。张说根据实际情况，建议改府兵制为募兵制。当时，诸卫府兵贫弱，大多在轮班休假时逃跑了。张说建议招募壮士，修改条令，减少劳役，不到 10 天，便选得精兵 13 万，分别补给各卫，增强京师的守卫。这就是后来的彍骑卫队。

开元十一年（721 年），张说兼中书令，他把政事堂改在中书门下，政事堂下设五房：吏房、枢机房、兵房、户房、刑礼房，分曾掌管总务。政事堂办事机构的设立，加强了政事堂的权力和地位，使政事堂的发展进入新的阶段。

张说是唐代有名的文学家，也是当时文坛的领袖。其文以俊丽、缜密著称，号称"燕许大手笔"。朝廷有很多重要文章，大多出于他的手笔。他最擅长碑文，当代人莫能及。不久，玄宗设立丽正书院，招纳秘书监徐坚、太常博士贺知章、监察御史赵冬曦等文学之士，让他们著书立说、讲论文史，并任命张说为修书使，主持其事。后来，丽正书院改为集贤书院，五品以上为学士，六品以下为直学士，任命张说为知院事。张说为相时，提拔和重用了一批文学之士，其中的张九龄，后来成为唐代的名相。

726年（开元十四年），玄宗打算重用河南尹崔隐甫，结果在张说的干涉下，任命他为御史大夫。张说虽有才智，但脾气暴躁，生性贪财，对同僚常当面驳斥，甚至呵斥谩骂。他与御史中丞宇文融不和，因此对宇文融所提出的建议，大多加以压制。不久，崔隐甫、宇文融和御史中丞李林甫一起上书唐玄宗，弹劾张说勾引术士占星、徇私舞弊、收受贿赂。唐玄宗便命源乾曜与崔隐甫、刑部尚书韦抗、大理少卿明珪等人一起在御史台审讯张说，结果罪状大多属实。玄宗命令拘捕他，并发兵围其家。经过这次挫折，张说精神受到极大打击。事后，玄宗派宦官高力士探视，见张说蓬头垢面，坐在席上，"食以瓦器，惶惧待罪"。高力士在玄宗面前为他说好话，说张说曾为侍读，于国有功，玄宗因而赦免张说，仅罢免其中书令之职。

张说被罢政事后，就在集贤院专修国史，又要求免去右丞相一职。唐玄宗不许，并且在遇到军国大事时，仍旧派人去询问他的意见。崔隐甫等人怕玄宗还会起复张说，对他百般诋毁。727年（开元十五年），唐玄宗勒令张说致仕退休。

728年（开元十六年），唐玄宗命张说兼任集贤殿学士。729年（开元十七年），张说被任命为尚书右丞相、集贤院学士，随后接替源乾曜为尚书左丞相。不久，张说又因修撰《谒陵仪注》有功，加封开府仪同三司。

开元十八年（730年），张说患病，唐玄宗每天都派中使前去看望，并亲自为他书写药方。同年十二月，张说病逝，终年64岁。唐玄宗在光顺门为他举哀，亲自撰写神道碑文，并罢元旦朝会，追赠太师，赐谥文贞。

张九龄

张九龄（678—740年），字子寿，一名博物，谥文献。世称"张曲江"或"文献公"。韶州曲江（今广东省韶关市）人。唐朝开元年间名相、诗人。

张九龄是西汉留侯张良之后，西晋壮武郡公张华十四世孙；曾祖父张君政，曾任韶州别驾；祖父张子虔出任过窦州（治所在今广东信宜县）录事参军；父亲张弘愈，曾为新州索卢县（今广东新兴县南部）县丞。

张九龄像

张九龄少时聪敏，饱读诗书，13岁时以文干谒广州刺史王方庆。王方庆大为赞叹，20岁时进士及第，任左拾遗。

先天元年（712年）十二月，唐玄宗继位后，张九龄上了一份长篇奏书，系统论述对于政事和用人的见解，指出："刑政自清，此兴衰之大端也。"因此升任左补阙，迁司勋员外郎。宰相张说欣赏张九龄的文才,说:"不久的将来,九龄必出词人之冠也。"开元四年(716年)秋,张九龄又以"封章直言,不协时宰",招致了姚崇不满,这年秋天,他以秩满为辞,去官归养。张九龄回到岭南,住了一年多时间。开元六年(718年)春,张九龄被召入京,因修大庚岭路有功,拜左补阙,主持吏部选拔人才。开元七年(719年),改任礼部员外郎。开元八年(720年),又升迁司勋员外郎开元九年(721年),张说入拜宰相。靠张说的赏识和提拔,张九龄提升为中书舍人内供奉。同年,张九龄随唐玄宗封禅泰山,负责起草诏书,言简意赅,文笔优美。开元十一年(723年),张九龄被任为中书舍人。

开元十四年(726年)四月,张说罢相,张九龄受到牵连,改任太常卿,出为洪州、桂林都督,兼岭南按察选补使。开元十九年(731年)三月,被召回京城,任秘书少监、集贤院学士,迁工部侍郎。开元二十一年(公元733年),拜中书侍郎、同中书门下平章事,为宰相之一。次年升任中书令,为第一宰相。

其时,唐朝处在全盛时期,但却又隐伏着种种社会危机。张九龄针对社会弊端,提出以"王道"替代"霸道"的从政之道,强调保民育人,反对穷兵黩武;主张省刑罚,薄征徭,扶持农桑;坚持革新吏治,选贤择能,以德才兼备之士任为地方官吏。他的施政方针,缓解了社会矛盾,对巩固中央集权,维护"开元盛世"起了重要的作用,因而被后世誉为"开元之世清贞任宰相"的三杰之一。

张九龄姿容伟美,风度翩翩。唐玄宗说过:"朕每见九龄,便会精神顿生。"他决定任用其他官员以前,总会问:"风度能若九龄乎?"张九龄擅长诗文,因而被誉为"文章元帅"。兴庆宫勤政务本楼里,设有一个特别的座位,玉石砌成,镶嵌七宝,称"七宝山座"。唐玄宗会见群臣、学士,讲论经典和商略时务,凡有真知灼见并被大家公认为第一者，方可坐上此座。数年中，只有张九龄享受过坐上七宝山座的荣誉，此外再无第二人。

开元二十二年（734年），唐玄宗驾幸洛阳。"口蜜腹剑"的李林甫时为吏部侍郎。李林甫为了继续高升，千方百计巴结唐玄宗的宠妃武惠妃和宦官高力士。武惠妃需要外援，企图使自己的儿子寿王李瑁成为太子，所以竭力鼓动唐玄宗，提拔李林甫为宰相。唐玄宗征求张九龄的意见。张九龄熟知李林甫的为人，直话直说："宰相之职，四海瞩目，若任人不当，则国受其殃。据臣所知，李林甫心术不正，擢为宰相，恐怕日后会祸延宗庙社稷。"但是，唐玄宗的思想已开始向昏庸方向转变，还是任命李林甫为宰相，兼礼部尚书。

开元二十四年（736年）三月，范阳节度使张守珪部将安禄山进讨契丹，大败而归，获罪当斩。临刑时，安禄山大叫说："张帅要灭契丹，奈何杀一壮士？"张守珪暗暗称奇，改将安禄山押解洛阳，交给朝廷处治。张九龄先前见过安禄山一面，发现其人长相粗壮，气概骄蹇，预言说："乱幽州者，此胡雏也！"现在，安禄山兵败获罪，正宜铲除祸根。因此批示说："春秋时司马穰苴出师而诛庄贾，孙武习战犹戮宫嫔，军法如山，何容瞻徇？守珪法行于军，禄山不容免死！"谁知唐玄宗过问此案，看到安禄山身材魁伟，相貌奇异，居然下诏特赦。张九龄据理力争，说："失律丧师，不可不诛。且安禄山狼子野心，貌有反相，不杀必为后患！"唐玄宗老大不快，说："不就是一个胡人吗？何必说得那么严重？"李林甫迎合唐玄宗，阴阴地说："张相未免耸人听闻，凭着安禄山的长相，就能预见他的未来？"就这样，安禄山硬被赦免，毫发无损地回幽州去了。

李林甫阴险奸诈，渴望取代张九龄的位置，升任第一宰相。他和武惠妃结成巩固的联盟，沆瀣一气，蒙蔽唐玄宗，合力把黑手伸向张九龄。张九龄和李林甫的矛盾骤然紧张起来。此时的唐玄宗已不是当初的唐玄宗，热衷于淫逸和享乐，对于忠奸善恶，已经很难分辨。因此，他更喜欢李林甫这样的人，而对张九龄等，逐渐产生了厌恶心理。

李林甫用心险恶，故意激化唐玄宗的这一心理。他推荐张守珪为侍中。侍中为门下省首长，也算宰相。唐玄宗表示同意。张九龄却提出反对意见，说："宰相代天治物，先有其人，然后授职，不可因功而滥赏。这，关系到国家的盛衰。"唐玄宗说："假其名若何？"张九龄还是反对，说："名器不可假也。张守珪升任侍中，倘若再建军功，那么陛下该加他什么官衔呢？"

张九龄像

事情未果，李林甫又推荐凉州都督牛仙客，声称此人具有宰相才能，应予重用。唐玄宗满口答应，决定提拔为尚书。尚书是尚书省的首长，也算宰相。张九龄仍提出反对意见，说："尚书系古代纳言，此职不可轻授。牛仙客只是一名胥吏，用为尚书，天下人会怎么说？"唐玄宗很不乐意，气恼地说："卿是嫌牛仙客为寒士不是？那么，卿就是门阀出身吗？"张九龄顿首说："臣荒陬孤生，陛下贤明，以文学而用为宰相。牛仙客乃一边将，目不知书，陛下若用这样的人为尚书，好比韩信羞于与周勃、灌夫同列一样，臣实耻之！"唐玄宗越发恼怒，说："卿的清高，未免过分了吧？"李林甫阴阳怪气地插话说："牛仙客，宰相才也，任为尚书，绰绰有余。再说了，天子用人，何不可者，还用旁人说三道四吗？"

李林甫的奸猾，唐玄宗的昏迷，导致了张九龄的失意。唐玄宗容不得一个敢于坚持原则而经常犯颜直谏的"刺头"，于是于当年十一月，将张九龄免职，改用李林甫为中书令，封晋国公。张九龄担心会遭到李林甫的毒手，在唐玄宗赐予的羽扇上写了这样几句话："苟效用之得所，虽杀身而何忌。纵秋气之移夺，终感恩于箧中。"

李林甫如愿以偿地登上第一宰相的宝座，又联合武惠妃，内外进谗，捏造罪名，唆使唐玄宗将张九龄贬为荆州长史。

张九龄晚年，并不怨天尤人，唯以文史自娱。他是一位诗人，诗歌格调刚健，名句"海上生明月，天涯共此时"，就出自他的笔下。

开元二十八年（740年）病死，被追赠为荆州大都督，谥曰"文献"。

唐玄宗拒绝张九龄的忠告，重用李林甫，接着又宠信安禄山，最终导致了"安史之乱"。20年后，他逃亡至蜀郡，退出权力的政治舞台，方才认识到张九龄的忠正，后悔莫及，专门派人到韶州祭祀，追赠其为司徒，并厚恤张九龄的家人。

李林甫

李林甫（683—753年），小字哥奴，祖籍陇西。唐朝宗室、宰相。李林甫担任宰相十九年，是玄宗时期在位时间最长的宰相。他大权独握，闭塞言路，排斥贤才，导致纲纪紊乱，还建议重用胡将，使得安禄山做大，被认为是使唐朝由盛转衰的关键人物之一。

　　李林甫是唐朝皇族的后裔，是唐高祖李渊堂弟长平肃王李叔良曾孙，画家李思训之侄。李林甫初为下层的禁卫军官"千牛直长"，开元年间改任太子中允，后累迁至国子司业。

　　其后，李林甫通过结交朋党，很快进入尚书省，历任刑部、吏部侍郎他官运亨通，久居要职，与他善于玩弄政治权术和阴谋诡计是分不开的。李林甫为人阴险、狡猾、毒辣，却装得厚道、和善，口上甜言蜜语，暗中陷害异己。因此，时人说他"口有蜜，腹有剑"。

　　他还善于巴结权贵的夫人，如暗中取悦于侍中裴光庭的夫人，通过裴妻疏通宦官高力士谋取相位。他还不惜重金贿赂皇帝的后宫。当时武惠妃受宠，她的两个儿子为皇帝所喜爱，皇太子却被疏远。李林甫通过宦官向武惠妃表露，愿扶其子为皇帝。武惠妃很感激，就在皇帝面前为李林甫说情。开元二十三年（735年），李林甫被拜为礼部尚书、同中书门下三品，加银青光禄大夫，与侍中裴耀卿、中书令张九龄一同担任宰相，后又历任户部尚书、兵部尚书。

李林甫像

当初中书令（系宰相）张九龄曾谏阻玄宗以李林甫为相。李林甫为相后，视张九龄为眼中钉。这时的玄宗追求豪奢享受，懒于政事。侍中裴耀卿、张九龄同玄宗的矛盾日渐暴露，李林甫一面讨玄宗的欢心；一面寻觅事端，排挤张、裴二相。这时，武惠妃为使其子能登太子位，开始谋害太子，上奏诬告太子谋害其母子，对圣上不尊。玄宗愤怒，欲废太子，张九龄却坚决反对。李林甫散布说，皇帝家事，何必与外人商量！表示赞同废黜太子，并影射攻击张九龄，以致玄宗对张九龄更加不满。

开元二十四年（736年），唐玄宗欲为朔方节度使牛仙客加实封，并让他兼领尚书。张九龄认为牛仙客学识不高，极力劝阻，引起玄宗不悦。李林甫私下言道："只要有才识，何必满腹经纶。天子用人，有何不可？"唐玄宗后以结党为由罢去张九龄、裴耀卿的宰相之职，任命李林甫、牛仙客为宰相。李林甫被授为中书令、集贤殿大学士、修国史。后来，监察御史周子谅奏称牛仙客非宰相之才，被玄宗杖杀。李林甫又趁机进言，称周子谅是张九龄所引荐，张九龄又被贬荆州长史。

开元二十五年（737年），唐玄宗听信李林甫之言，将太子李瑛、鄂王李瑶、光王李琚同时废为庶人，并将李瑛的妻兄驸马都尉薛锈流放瀼州。不久，唐玄宗又将三庶人赐死，时人无不称冤。

李林甫为扩大自己的势力，极力拉拢一批一心投靠他的小人，想提拔一个名叫萧炅的人为户部侍郎。一次，大臣严挺之让萧读文书，他把"伏腊"读成了"伏猎"。严挺之对张九龄说：朝廷怎能任用"伏猎"侍郎呢？让他当个地方官算了。由此李林甫与严挺之结下仇怨。后来有位地方官犯错，要被押解到京城审判，严挺之设法营救。李林甫借机向玄宗奏称，严挺之与张九龄包庇罪臣。玄宗一气之下，罢了严挺之的官，革了张九龄的职，让李林甫顶替张九龄的职位。为阻塞大臣言路，李林甫还把那些谏官召集在一起，威胁他们说：圣上英明，做臣子的顺从他都来不及，还用得着你们说东道西吗？你们没看见皇宫仪仗队用的马吗？它们吃的是三品草料，待遇很高，可一旦发现有哪匹马嘶叫一声，就立刻被淘汰，那时候，后悔也来不及了！谏官们自然明白了此话的寓意，从此不敢进谏，李林甫更加肆无忌惮。

李林甫在生活方面极力迎合玄宗的胃口。武惠妃死后，玄宗霸占了儿媳杨氏。身为宰相的李林甫对此事无动于衷。为了保证皇帝的消费，他不断地增加赋税。玄宗对他恩宠有加，常把贡物转赐给他，使李林甫家藏巨财，富贵已极。

天宝元年（742年），唐玄宗更改官制官名。李林甫改为右相兼尚书左仆射，加光禄大夫，但却被免去兼任的节度使之职。天宝六年（747年），李林甫又加开府仪同三司，获赐实封三百户。唐玄宗对他非常宠信，宫中每有御膳珍馐、远方珍味，便命宦官到他府中赏赐，以致道路相望。当时，李林甫将性格柔弱的陈希烈引荐为宰相。他在家中处理政务，百官都集聚到府前等候召见。而陈希烈虽坐镇政事堂，却无人谒见，也从不敢参与意见，只是在公文上署名而已。

李林甫作恶多端，一生以害人为务，却不曾想自己也为他人所陷害。最先向他发难的原是他的亲信吉温。吉温依附于李林甫时，始终不能高升，就投靠奸臣杨国忠，替杨出谋划策，以取代李林甫。吉温首先剪除李林甫的心腹党羽，接着又与安禄山约为兄弟，同安联手排挤李林甫。天宝十一年（752年），王鉷之弟王焊与邢縡图谋作乱，欲杀死李林甫、陈希烈、杨国忠，却遭到镇压。唐玄宗命杨国忠与陈希烈一同审讯。杨国忠奏称王鉷也曾参与密谋，并借此案牵引李林甫，称他暗中勾结王鉷。先前对李林甫唯命是从的另一位宰相陈希烈，此时也伙同他人做旁证。玄宗由此疏远李林甫。

此时，李林甫已无力再对付杨国忠。同年十一月二十四日（753年1月3日），李林甫病逝，由诸子护灵返回长安，发丧于平康坊府邸。唐玄宗追赠他为太尉、扬州大都督，并赐班剑武士、西园秘器。不久，杨国忠拜相。

天宝十二年（753年），李林甫尚未下葬，杨国忠又诬奏李林甫结党谋反，并有安禄山做证。于是，玄宗削去李林甫的官爵，其子孙除官并流放到岭南和黔中。李林甫死后，玄宗终于认清了他的真实面目，但为时已晚。李林甫为相19年，导致政治日趋腐败，社会矛盾尖锐。唐玄宗晚年的昏庸和腐败是李林甫久居要职的重要原因之一。

杨国忠

杨国忠（？—756年），本名钊，蒲州永乐（今山西永济）人，祖籍弘农华阴（今陕西华阴市），唐朝宰相。东汉太尉杨震之后，张易之之甥，杨贵妃族兄。

杨国忠年轻时，赌博饮酒，劣迹昭彰，因不务正业而穷困潦倒。适逢杨国忠的远房亲戚杨玉环入为玄宗之子寿王李瑁妃。不久，玄宗所宠爱的武惠妃病故，杨玉环以其姿色为玄宗所倾倒，遂霸占为己有，始号太真。玄宗对她恩宠无比，待之如皇后。这时的唐玄宗已不问政事，整日寻欢作乐，沉湎于酒色。杨太真就向玄宗夸耀杨国忠擅长博戏，于是，杨国忠被任为金吾卫兵曹参军、闲厩判官。

天宝四年（745年），杨太真被晋封为贵妃。她的三位姐姐都因有姿色，而为玄宗所喜爱，直呼她们为姨，任其自由出入宫廷。杨钊利用杨氏这种特殊关系，体察玄宗的好恶，专事奉迎，博得玄宗的好感，很快迁至监察御史，很快又迁升为度支员外郎，兼侍御史。在不到一年的时间里，他便身兼十五六职，成为朝廷的重臣。天宝九载（750年）

十月，杨钊因为图谶上有"金刀"二字，请求改名，以示忠诚，玄宗赐名"国忠"。

杨国忠在与宰相李林甫的关系上，起初，二人一唱一和，杨国忠为了向上爬，竭力讨好李林甫，李林甫也因为杨国忠是皇亲国戚，尽力拉拢。李林甫初为宰相时，杨国忠就与他勾结，大兴冤狱，还共同策划废太子的阴谋。他们先从太子妃韦氏之兄韦坚下手，伙同侍御史杨慎矜，诬奏韦坚与边将私通，并策划奉太子夺皇位。玄宗大怒，下令审问。杨国忠受李林甫指使审理此案，他欲急树其威权，就大打出手，不惜严刑逼供，以莫须有的罪名，加害与韦坚来往的大臣，甚至连参与办案的侍御史杨慎矜也不放过，将他们一同贬杀，受牵连而被诛杀者竟达数百家之多。

李林甫虽然没有达到废太子的目的，杨国忠却因此大树淫威，更加得到玄宗的赏识，使他升为给事中兼御史中丞。此后，杨国忠为迎合玄宗，大肆搜刮民脂民膏，以充实天子库藏。玄宗视察库藏时，看见货币财物堆积如山，愈加宠幸杨国忠，赐他紫衣、金鱼，令他兼权太府卿事。

后来，李林甫与杨国忠由于新旧贵族之间的争权夺利产生了矛盾，主要表现在对待王鉷的问题上。因王氏的宠遇太深，本是李林甫和杨国忠共同嫉妒的对象。但是为了牵制杨国忠，李林甫则极力提拔王氏；当杨国忠陷害王氏时，李林甫又竭力为其开脱罪责。由于杨国忠做了手脚，玄宗便开始疏远李林甫。终于在天宝十一年（752年）十一月，李林甫死后，玄宗命杨国忠担任右相，兼文部尚书，判使照旧。杨国忠以待御史升到正宰相，身兼40余职，终于掌握了朝政大权。李林甫死后，杨国忠代李林甫为右相，兼吏部尚书。杨国忠并不因李林甫已死而罢休，他蛊惑李林甫在任时受迫害的人们做证，指控李林甫企图谋反。于是，死后的李林甫被夺去官爵废为庶人，以致家破人亡。

杨国忠执政期间，唐朝两次发动了征讨南诏的战争，由于承平日久，战力下降而先后失败。

天宝十载（751 年），攻打南诏，结果大败，士卒阵亡六万人，南诏投附吐蕃。杨国忠请求第二次发兵攻打南诏。玄宗便命令在长安、洛阳、河南、河北各地广泛招兵，父母、妻子哭声遍野。

天宝十三载（754 年）六月，杨国忠又命令留后、侍御史李宓率兵，再次攻打南诏，结果又遭惨败。两次攻打南诏，损兵折将近 20 万人。杨国忠专权误国，好大喜功，穷兵黩武，动辄对边境少数民族地区用兵，不仅使成千上万的无辜士卒暴尸边境，给少数民族地区造成了灾难，而且使内地田园荒芜，民不聊生。

杨国忠对人民的疾苦漠不关心。天宝十二载（753 年），关中地区连续发生水灾和严重饥荒。玄宗担心会伤害庄稼，杨国忠便叫人专拿好庄稼给玄宗看，并说："雨水虽多并未伤害庄稼。"玄宗信以为真、以后，扶风太守房（王官）奏报当地出现水灾，杨国忠便叫御史审问他，从此再没有人敢汇报实情。范阳、河东节度使安禄山，善于阿谀奉承，曾拜年龄小于自己的杨贵妃为母，甚得玄宗喜爱。安禄山见玄宗年老，朝政腐败，就积极准备兵变，企图取代玄宗称帝。杨国忠见安禄山拥兵自重，且受宠于玄宗，就通过亲信了解到安禄山行动可疑，屡次上奏称安禄山要造反。这也是他一生中唯一可以称道的事情。

天宝十四年（755 年），安禄山在范阳聚集诸军，谎称奉玄宗密旨，起兵入朝讨伐杨国忠。他亲率 15 万人的部队，南下反唐。由于多年来朝廷政治腐败，军备废弛，叛军所向披靡。玄宗闻报后，惊慌失措，杨国忠却以自己之言得以证实而自鸣得意。他不仅以种种轻率的举动刺激安禄山提前发动兵变，还为讨玄宗欢心，极力掩饰事态的严重性，以致临时拼凑军队，使许多未经训练的兵士仓促迎战。安禄山很快就进逼长安天险——潼关。为了铲除异己，杨国忠逼迫驻守潼关的主帅哥舒翰率军出关，与叛军决一死战。哥舒翰带病出征，结果唐军大败，潼关失守，长安告急。杨国忠上奏玄宗迁往四川。天宝十五年（756年）六月，玄宗在杨国忠、杨贵妃及其太子、亲王等亲属陪同下，仓皇逃出长安。

当玄宗一行行至马嵬驿（今陕西兴平县西）时，士兵因饥饿难忍停止不前。禁卫军将领陈玄礼惧怕发生兵变，就对将士们说："现在天下分崩离析，如果不是杨国忠作孽深重，扰乱朝纲，何至于到这般地步？如果不杀了他，以谢罪天下，怎么能够平息上下的恩怨！"将士闻听，异口同声说："这件事我们已经盼望许久了，与之同死也值得。"于是，呼喊杀贼，奔向杨国忠，箭射其马鞍，杨国忠落荒而逃。在马嵬驿西门，士兵追上他，肢解其体，用枪挑着他的头悬于驿门外示众。接着，杨贵妃也被缢死，杨国忠的大儿子太常卿兼户部侍郎杨暄以及韩国夫人和虢国夫人也一并被杀。杨国忠的妻子裴柔和幼子杨晞以及沈国夫人逃至陈仓（今陕西宝鸡市），裴柔在竹林中让虢国夫人用剑刺死自己。虢国夫人然后自刎，但没有死，被县吏押回狱中，后血凝至喉而死。

马嵬驿之变，表面上看来是一场士兵哗变，实质上是由太子李亨和宦官李辅国、高力士等策划的一场争权斗争。太子李亨自天宝五载（746年）遭李林甫和杨国忠的打击后，极为孤立；杨国忠任宰相后，又连遭倾轧；安禄山叛乱时，玄宗本想让太子李亨接替皇位，由于杨国忠及其姐妹的反对而未成事实；后又弃京幸蜀，如果到了蜀中，李亨在杨国忠势力的控制下就更无出头之日了。因此，太子李亨主谋，借机除掉了杨国忠。

杨国忠为政期间，擅权乱政，滥施淫威，迫害异己，搜刮天下财富，给唐朝的政治和经济带来了灾难性的后果。"安史之乱"后，藩镇割据，唐朝从此一蹶不振。

郭子仪

郭子仪（697—781年），华州郑县（今陕西渭南华州区）人。唐代名将、政治家、军事家。

郭子仪出身官宦之家，父亲郭敬之，曾官绥、谓、桂、寿、泗五州刺史。郭子仪体貌使伟，以武举成绩优异，补左卫长史，长期供职北方，过着戎马生活。天宝八年（749年）任横塞军（今内蒙乌拉特中旗）使、左卫大将军。天宝十三年（754年），郭子仪年近花甲之年，任天德军（内蒙五原）使，兼九原太守。朔方节度右兵马使。

郭子仪像

天宝十四年（755年），"安史之乱"爆发，唐玄宗任命郭子仪为湖方节度使、灵武郡太守，由北路东进，屡败叛军，斩叛将围万顷，继而收复云中（大同）、马邑（山西朔县），向东进入东险关，这一连串的战绩，使郭子仪得到御史大夫的官职。

天宝十五载（756年），叛将蔡希德攻陷常山郡（河北正定），河北尽失。郭子仪和河东节度使率师下井径，拔常山，然后攻日赵郡，俘敌4000。叛将史思明收集亡散士卒，合兵5万，郭子仪、李光弼屯驻恒阳（河北曲阳），深沟高垒，坚壁自固。叛军来则守，叛军去则追；白天炫耀军威，夜间偷袭敌营，使史思明将士终日不得休息。当敌军疲惫不堪之际，郭子仪率军出击，于嘉山大败史思明，杀敌4万，史思明狼狈逃至博陵（河北定县）。河北中部十余州郡深受鼓舞，纷纷诛杀叛军，归顺朝廷。

正当郭子仪在河北胜利进军，准备直捣叛军老巢范阳的时候，唐军在潼关坚守的哥舒翰被叛军打败，全军覆没。叛军长驱直入，占领了长安。郭子仪听到潼关失守，率军退入井隆，河郡县又为叛军占领。长安陷落，玄宗仓皇出逃四川，马嵬驿发生兵变，奸臣杨国忠被处以极刑。最后，玄宗逃到成都，太子李亨即在灵武继帝位，是为唐肃宗。唐肃宗任命郭子仪为兵部尚书、同中书门下平章事，做了宰相，并兼朔方节度使。郭子仪大力调整部署，准备反击叛军。当时肃宗周围，文武官员不满30，军事完全依赖郭子仪。先是叛将阿史那从礼率众数万，并攻朔方，郭子仪主动进攻，双方大战于榆林境内，郭子仪大败叛军，歼敌3万，俘虏1万，保卫了灵武。接着，郭子仪挥师南下。当时两京均在叛军手中，唐军要取两京，必须先得河东。于是郭子仪先派心腹潜入河东为内应，然后又率大军过黄河，河东收复。

唐肃宗急于收复两京，于至德二年（757年）四月，任命郭子仪为司空、天下兵马副元帅，攻克两京的重任落到了他的身上。郭子仪率军进亚凤翔，及后再由凤翔向长安推进。在长安西，郭子仪与十多万叛军展开激战，歼敌6万余，长安叛军首领张通儒弃城东逃，被叛军占领一年多的都城长安遂为唐军收复。休整三日后，郭子仪率军继续东进。十月，安庆绪遣兵10万至陕州，经过激战，叛军大溃。安庆绪闻主力溃败，渡河退保相州。郭子仪不战而攻克洛阳，继而河南、河东、河西之乱皆平。十一月，郭子仪自洛阳入朝，肃宗遣仪仗队迎于坝上，他感激地说："吾之家国，由卿再造。"唐肃宗即加封郭子仪为代国公，封代国公，食邑千户。

唐肃宗乾元元年（758年），郭子仪拜为中书令。九月，朝廷令郭子仪等七节度使及平卢兵马使董秦为主攻部队，李光弼两节度使为配合，讨伐安庆绪。肃宗为了协调两军的关系，又任命宦官鱼朝恩为观军容宣慰使，负责节度诸军，实际上成了部队的最高统帅。

十月，郭子仪率兵过黄河，进攻卫州，叛军被斩首3万，安庆绪遭到惨重的打击。他走投无路，只得退走邺城，向史思明救

郭子仪像

援，于是史思明从范阳发兵13万，南下攻占魏州，与安庆绪遥相呼应。

乾元二年（759年）二月，史思明率军抵达邺城，他们假扮成唐军，抢掠唐军运粮船只，唐军缺粮军心不稳，加上鱼朝恩又从中掣肘，唐军被史思明击败。这样一来，各节度使只得相继退兵，郭子仪也被迫退保洛阳。史思明进入邺城，叛军发生内讧，史思明杀了安庆绪，把儿子史朝义留守邺城，自己返回范阳，当了大燕皇帝。

郭子仪退保洛阳后，唐肃宗任命他为东畿、山东、河东诸道行营元帅，暂时为东都留守。对邺城之败应负主要责任的鱼朝恩，反倒打一钉耙，向唐肃宗进谗言，把邺城之败归罪于郭子仪。唐肃宗偏听谗言，七月郭子仪被召回京师，免去朔方节度使、诸道行营元帅之职，而以李光弼代之。郭子仪罢官以后，在京赋闲。

宝应元年（762）二月，太原、绛州两地驻军作乱，杀将帅，抢掠不止，朝廷才又起用郭子仪为朔方、河中等节度使行营及兴平、定国等军副元帅，晋封为汾阳郡王，出镇绛州。离京赴任之前，郭子仪要求进见唐肃宗，当时肃宗正生病，推托不见。郭子仪说："老朽受命，将死于外，此次不见到陛下，死不瞑目。"唐肃宗这才把这位六十多岁的老将召进卧内，并对他说"河东之事，全权委托爱卿去办了。"郭子仪到达治地后，诛杀为首作乱的王元振等几十人，新任河东节度使辛云京也处死作乱者，各地将领尽皆恐惧，不再敢作乱。

八月，郭子仪处理完军务回朝，当时肃宗已死，唐代宗继位，宦官程元振专权于朝政。程元振嫉妒功高任重的郭子仪，屡屡进谗言诬陷他，郭子仪自己请求解除节度使和副元帅的职务，唐代宗顺水推舟将郭子仪的兵权再度剥夺。程元振对郭子仪继续进行诬陷、迫害，郭子仪感到非常恼火，上书申诉，唐肃宗这才没有追究。

宝应二年（763年），历时七年之久的"安史之乱"被平定。当年十月，吐蕃又攻入关中，占据奉天、武功，整个京师为之震动。代宗急令郭子仪为关内副元帅，出镇咸阳。郭子仪长期闲居在家，出征时仅随行人马 20 人。郭子仪刚到咸阳，吐蕃军已经过渭水，沿着南山东进，郭子仪使王延昌入奏，请给自己增加军队，但是被程元振阻止，不让皇帝见郭子仪、王延昌。等到唐代宗开始治兵时，吐蕃军已过便桥，唐代宗仓促间不知所措。后来唐代宗逃往陕州（今河南陕县），官员藏匿、军队逃散。郭子仪听闻后，急忙从咸阳回长安，达到长安后，唐代宗已离开了。郭子仪于是率军前往商州，在商州招集逃亡士卒，得 4000人，军势才稍微旺盛。他从蓝田出发，虚张声势，夜间点燃无数火把，吐蕃以为唐军众多，惊惧弃城而去。郭子仪进入长安，京城这才安定，代宗从陕州回到长安，任命郭子仪为长安留守。

郭子仪的一生，大部分是在马背征战中度过的。晚年，他长期坐镇西北，处理吐蕃、回鹘、吐谷浑等部落的关系，继续为唐王朝的稳定竭尽力量。仆固怀恩在广德二年（764 年）叛乱，郭子仪被任命为关内、河中副元帅。朔方将士原是郭子仪的部下，他们纷纷说："我们跟从仆国怀恩造反是不义的行为，我们有什么面目见汾阳王？"郭子仪擒杀叛军中作恶多端者 14 人，杖 30 人，河中遂定，仆固怀恩部众全部归顺。不久，仆固怀恩逃走，又屡次进犯，都被郭子仪击退。

大历三年（768 年），郭子仪为防止吐蕃入犯，移镇邠州等地。大历十四年（779 年），唐代宗病死，遗诏令郭子仪在治丧期间代理朝政，郭子仪奉命入朝。唐德宗继位后，尊郭子仪为尚父、加大尉，兼中书令。

唐德宗建中二年（781 年）六月十四日，郭子仪去世，享年 85 岁，追赠太师，谥号忠武，配飨代宗庙廷，陪葬建陵。德宗废朝五日，命群臣吊唁，又亲临安福门送葬，并违反礼制，将他的坟墓加高一丈。

历史人物传奇系列

花好还要
绿叶扶 中国历代

谋臣

写真

■ 李 楠
■ 张 蕊 —— 编著

中国文史出版社
CHINA CULTURAL AND HISTORICAL PRESS

第三节　五代十国时期的著名宰相

冯　道

冯道（882—954年），字可道，号长乐老，瀛洲景城（今河北沧州西北）人。五代宰相。冯道早年曾效力于燕王刘守光，历仕后唐、后晋、后汉、后周四朝，先后效力于后唐庄宗、后唐明宗、后唐闵帝、后唐末帝、后晋高祖、后晋出帝、后汉高祖、后汉隐帝、后周太祖、后周世宗十位皇帝，期间还向辽太宗称臣，始终担任将相、三公、三师之位。

冯道祖上有时务农，有时教书，地位都很低，但冯道却从小受家庭的影响，酷爱读书，文章也很有水平。他沉稳忠厚，闻名当地，占据幽州的刘守光慕名将他召去做了幕僚。刘守光不自量力，总想扩充地盘，还想称帝。冯道此时年轻气盛，多次劝阻，惹得刘守光一怒之下将他打入大牢，幸好朋友相救，这才脱险。也许这次事件使冯道开始变得谨慎起来，也变得圆滑了许多。

刘守光被李存勖俘虏杀死后，冯道也被收入河东，张承业很欣赏他的文章，将他保举给了李存勖，做了掌书记。同光元年（923年），李存勖在邺都称帝，是为后唐庄宗。升冯道为郎中、翰林学士，灭了后梁又授户部侍郎。不久冯道父亲去世，按封建法律规定，要暂时辞官回乡守孝。服孝期间，家乡闹饥荒，冯道便将自己家里的财物全部拿出来周济乡亲，自己住在茅草屋里，当地的官吏送来的东西他都没有接受。当时契丹也素闻冯道大名，想偷袭将他抢走，由于边境守军严密防备，这才没有得逞。

天成元年（926年），被征拜为翰林学士，到洛阳赴任。这时，李嗣源在邺都被叛军拥立为帝，并反攻京师洛阳。冯道正行至汴州，不顾孔循的劝阻，疾速赶赴洛阳。四月，唐庄宗在兵变中遇害，李嗣源继位，是为后唐明宗。明宗素知冯道之名，授其为端明殿学士、兵部侍郎。天成二年（927年），冯道被拜为宰相，担任中书侍郎、同中书门下平章事。他对有才识的孤寒士子加以引荐任用，而对品行浮躁的士人子弟则加以抑制。当时，百官为明宗加徽号，都由冯道起草奏章。他的文章浑然一体，不是一般流俗的风格，举朝臣僚无不钦服。后来，冯道改任门下侍郎、吏部尚书、集贤殿弘文馆大学士，加授尚书左仆射，封爵始平郡公。

清泰元年（934年），潞王李从珂在凤翔起兵反叛，攻打洛阳，后唐愍帝逃往卫州。冯道便率百官开城迎接李从珂，并拥其继位为帝，是为后唐末帝，三日后愍帝被杀害。同年五月，唐末帝罢去冯道的宰相之职，让他出镇同州，授任匡国军节度使。清泰二年（935年），冯道被召拜为司空。

天福元年（936年），石敬瑭勾结契丹灭了后唐，为稳定政局，又让冯道当宰相。这次冯道经受了一次考验，那就是出使契丹。契丹原来就想抢走他没有得逞，现在直接要他去，名义是出使，实际是想把他留下。为回到中原，冯道用心周旋。有次契丹王话中流露出留他的意思，他说："南朝为子，北朝为父，两朝为臣，岂有分别哉！"得到赏赐后，冯道便都换成薪炭，有人问他为什么这样，他说："北地太冷，我年老难以抵御，所以早做准备。"像要久留的意思，见冯道这样，契丹王很感动，就让他回去，冯道却三次请求留下来，契丹王仍让他走。冯道又在驿馆驻了一个月才启程上路，路上也走得很慢，契丹的官员让住就住，两个月才走出契丹边界。左右随从不解地问：

"从北边能回来，我们都恨不得插上翅膀飞，您还要住宿停留，为什么这样啊？"冯道说："纵使你疾速返回，那契丹的良马一夜就能追上，根本就逃不掉，慢慢走反倒能安全返回。"大家听了，叹服不止。

出使契丹顺利归来后，冯道受到石敬瑭的进一步重用。后晋不设枢密使后，将其职权归入了中书省，由冯道主持，政务不管大小，石敬瑭都问冯道如何处理。辅佐石敬瑭的时候，冯道也提出过退休，但石敬瑭不准，连他的申请也不看。

天福七年（942年），石敬瑭病死，冯道拥立石重贵继位，是为后晋出帝。谁知新皇帝并不喜欢冯道，先是加授冯道为太尉，晋封燕国公。后来有人对石重贵说冯道只能做太平时代的宰相，没能力挽救危难，做兴亡时期的宰相，于是石重贵就将他打发到地方上任节度使。重贵在景延广等人的支持下，和契丹开战，大战了三次，最后终因杜重威投降，无兵可调，后晋灭亡，石重贵等也被迫流亡契丹。

天福十二年（947年），冯道前去见耶律德光，遭到斥责，耶律德光问他："你为何来见我？"冯道答道："无兵无城，怎敢不来。"耶律德光又刁难他："你是何等老子？"冯道说："无才无德，痴顽老子。"耶律德光不禁笑了，免了他的罪，又授予他太傅的荣誉职衔。但契丹军队在中原的掠夺终于导致军民的大反抗，耶律德光只得退兵，没等回到老家，就死在了栾城（今河北栾城）。接着，阿保机长子耶律倍的儿子耶律阮被将领拥立为帝，北上囚禁了述律后。契丹的内争又给中原的抵抗提供了有利时机，被耶律德光一起带走的冯道等人到镇州（今河北正定）时，契丹军被驱逐，获得自由。当时，造反的众将士要推举冯道为帅，冯道推辞说："儒臣怎么能做成这样大的事呢，都是众将的功劳。"九月，冯道自镇州入朝，归附后汉。乾祐元年（948年），冯道被授为太师，以"奉朝请"的名义参加朝会。

广顺元年（951 年），监国郭威继位，建立后周，是为后周太祖。冯道被拜为太师、中书令。周太祖对冯道非常敬重，每逢冯道觐见，从不直呼其名。不久，河东节度使刘崇（刘赟之父）也在太原称帝，建立北汉。显德元年（954 年），周太祖病逝，养子柴荣继位，是为后周世宗。刘崇趁机入寇，攻打上党。

同年三月，周世宗亲征北汉，不让冯道随行，命他担任太祖皇帝山陵使，主持太祖丧事。不久，周世宗在高平之战中大败北汉。四月，周太祖入葬嵩陵，还没来得及祔祭太庙，冯道便在十七日病逝，终年73 岁。周世宗听闻，废朝三日，册赠尚书令，追封瀛王，赐谥文懿。

桑维翰

桑维翰（898—947 年），字国侨，河南洛阳人。五代十国时期后晋大臣、宰相。

桑维翰长相丑陋，身短面长，可他自认为"七尺之身，不如一尺之面"，立志要做公辅。然而他参加科举考试，主考官却因讨厌"桑"与"丧"同音而不予录取。后来经过他父亲桑拱向其上司张全义做工作，得到推荐，终于在后唐同光三年（925 年）进士及第。

长兴二年（931 年），石敬瑭任河阳节度使（治孟州，今河南孟县南）时，桑维翰被罗至帐下，任掌书记，此后就一直追随左右，成为石敬瑭的心腹谋士。

清泰三年（936 年）五月，后唐末帝李从珂因石敬瑭在河东拥兵有异志，下令移镇郓州（今山东东平西北）。石敬瑭打算借助契丹力量拒命反唐，属下将佐都恐惧不敢表示意见，只有桑维翰和刘知远极力赞成。桑维翰表示："今主上以反逆见待，此非首谢可免，但力为自全之计。契丹主素与明宗约为兄弟，今部落近在云、应，公诚能推心屈节事之，万一有急，朝呼夕至，何患无成？"于是石敬瑭令桑维翰写信向契丹求援，信中的内容就是事成后割让幽云十六州，石敬瑭称"儿皇帝"，用侍奉父亲的礼节来对契丹主耶律德光（辽太宗）。桑维翰起草的这份屈辱的求援书虽然得到石敬瑭的首肯，却连另一名支持者刘知远也觉得过分，但耶律德光同意了石敬瑭的要求。谁知卢龙节度使赵德钧也贿赂契丹主耶律德光，石敬瑭听说后害怕事情有变，急忙派桑维翰直接前往契丹面见耶律德光，力辩援石敬瑭之必要，表示"将竭以中国之财以奉大国"，并且"跪于帐前，自旦至暮，涕泣争之"。耶律德光被桑维翰"感动"，于是决议帮助石敬瑭。因此史书上说："灭唐而兴晋，维翰之力也。"

在契丹的大力支持下，石敬瑭终于灭亡后唐，自称皇帝，建立后晋，是为后晋高祖。在耶律德光的建议下，桑维翰被任命为中书侍郎同平章事兼权知枢密使事，相当于宰相的地位。后又任翰林学士，相当于"内相"的地位。就这样，桑维翰身兼宰相、枢密院、翰林学士三大要职，成为后晋王朝名副其实的股肱之臣。

后晋建国以后，桑维翰成为了权倾朝野的开国第一功臣，但后晋臣民大多数都反对石敬瑭和桑维翰这种丧权辱国的外交政策。天福三年（938年），桑维翰出主意将杨光远移镇洛阳，引起杨光远的不满，上书指责桑维翰"去公徇私，除改不当，复营邸肆于两都之下，与民争利"。石敬瑭于次年将桑维翰外调相州（今河南安阳）节度使，一年后又移镇兖州（今属山东）。天福六年（941年）六月，镇州成德节度使安重荣耻臣契丹，上书请讨契丹，引来巨大响应，这可以说是后晋朝野反抗情绪的总爆发。在这种关键时刻，桑维翰立刻密奏，力陈对抗契丹的"七不可"，从安重荣抗疏原因，后晋、契丹双方力量对比，国家内政状况，对抗与和亲利弊等方面论证了维持与契丹修好的关系，有利于国家大局。其疏末云："臣愿陛下训农习战，养兵息农。俟国无内忧，民有余力，然后观衅而动，则动必有成矣。"这说明桑维翰并非绝对主张对契丹屈从，一旦形势有变，时机成熟，还是要求改变这种屈辱现状。石敬瑭同意了他的意见，没有反叛契丹。

桑维翰虽然有卖国之嫌，但他的政治才能还是相当不错的，也有一些值得称道的政绩。后晋建立之初，他就建议朝廷"务农桑以实仓廪，通商贾以丰货财"，重视农业生产和商品流通。他治理相州除民弊二十余事，在兖州擒豪贼过千人。尤其在相州任上，革除"罪一夫而破一家"之积弊，诏天下诸州普遍实行，"自是劫盗之家皆免籍没，维翰之力也"。而且，桑维翰才望素重，其助后晋立国之才得到史家充分肯定。

桑维翰经邦治国之才还表现在健全国家机构、选拔人才上。如复置学士院，注意选贤任能，除官公正。如除前耀州团练推官襄邑张谊为左拾遗，抵制以亲旧用事的冯玉授官不当

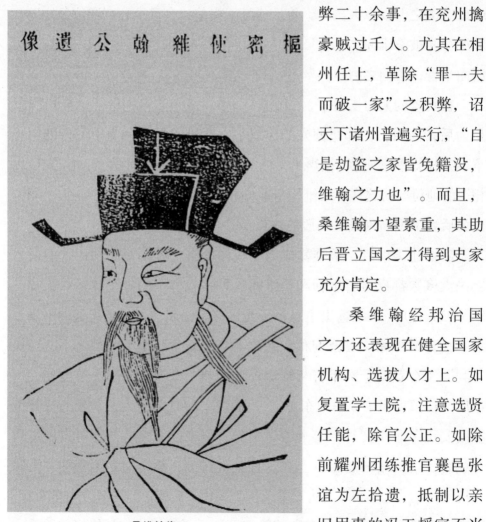

桑维翰像

之举。

天福九年（944年），晋出帝石重贵继位后，桑维翰被调回中央，任命为侍中，但是实权在主张与契丹绝盟的大将景延广手中。桑维翰多次上言与契丹请和，都被否定。由于后晋不"恭顺"的态度，天福九年（944年）契丹大举南侵，劫掠贝州（今河北清河）等地后北返，造成后晋不少损失。桑维翰乘机让人在石重贵面前说："制契丹而安天下，非用维翰不可。"于是石重贵就把景延广调离朝廷出守洛阳，桑维翰得以重返宰相之位，被擢升为中书令，同时又恢复设置枢密院，以他为枢密使，再度成为后晋最有权势的人物。

桑维翰第二次掌权，充分发挥了他的政治才能，达到了"数月之间，百度浸理"的效果。可是他凭借权势，广收贿赂，引起朝野非议。李彦韬、冯玉等在石重贵面前攻讦桑维翰，石重贵想立即罢黜他，后经刘昫、李崧等劝解，才采取逐步分权的做法，由冯玉先任枢密使再任相职来削夺桑维翰的实权。于是桑维翰乘石重贵生病之时，向太后建议"为皇弟石重睿置师傅"。石重贵病愈后获悉此事大怒，就罢去他的相职，出任开封府尹。此后他就称有"足疾"，很少去朝见。

桑维翰被贬谪以后，后晋向契丹称臣的政策发生改变，这直接为后晋政权带来灭顶之灾。开运三年十二月（947年1月），契丹出兵将灭后晋，桑维翰四处奔走，求见当政者冯玉及出帝石重贵，但都拒不接见。随后契丹攻入开封灭晋，桑维翰被降将张彦泽缢杀。

范　质

范质（911—964年），字文素，大名宗城（今河北邢台市威县）人。五代后周时期至北宋初年宰相。

范质的父亲范守遇，曾任郑州防御判官。范质自幼好学，博学多闻，

9 岁能诗文，13 岁攻读诗经，14 岁开始招生收徒做教师。后唐长兴四年（933 年），范质考中进士，被任为忠武军节度使推官，后迁升封丘令。

后晋天福年间（936—947 年），范质向宰相桑维翰进献文章，深得桑维翰的器重，当即上奏封他为监察御史。到了桑维翰出京师去镇守相州，历任泰宁节度使、晋昌节度使时，桑维翰都请求朝廷让范质给他当从事。桑维翰第二次任宰相时，范质迁升为主客员外郎、直史馆。一年多后，召范质入朝任翰林学士，加任比部郎中、知制诰。

契丹侵扰边境，石重贵命刘知远等 15 位将领出征。当天夜晚，范质在朝中值班，石重贵命令召诸位学士来起草诏令，范质说："宫城已经关闭，如再召人恐怕事机泄露。"随后，范质单独起草诏令进送石重贵，文辞事理都很优秀，当时即受称道。后汉初，加封范质为中书舍人、户部侍郎。

郭威征伐叛乱，每次朝廷派遣使者下诏处理军事，都很符合机宜。郭威问使者是谁起草的诏令，使者答称是范质。郭威感叹道："真是宰相之才啊！"后来，郭威从邺地起兵攻向皇宫，京城纷乱，范质藏匿民间。郭威派人到处寻找，找到后非常高兴。当时正下大雪，郭威解下自己的袍衣让给范质穿，并命范质起草太后诰命及商议迎湘阴公礼节。范质急速起草完毕，很合郭威心意。于是郭威任命范质为兵部侍郎、枢密副使。

后周广顺初年（951 年），郭威加拜他为中书侍郎、平章事、集贤殿大学士。次日，兼任参知枢密院事。郊祀完后，升迁官位左仆射、门下侍郎、平章事、监修国史。跟随郭威征伐高平回来后，又加官司徒、弘文馆大学士。

显德四年（957 年）夏天，范质跟随柴荣征伐寿州回来，增加封爵食邑。范质提出因为法律条例繁冗，轻重没有依据，官吏得以因缘为奸。

柴荣特命他详细审定修改法律，这就是《刑统》。

显德六年（959年）夏天，柴荣北征，范质因病留在京师，柴荣赐给他钱百万用来就医买药。军队回到京师，柴荣任用枢密使魏仁浦为宰相，任命范质与王溥一同为参知枢密院事。柴荣病重时，范质入宫接受临终遗命。柴宗训继位，加范质为开府仪同三司，封萧国公。

赵匡胤北征至陈桥兵变还都，率领王溥、魏仁浦来拜见。赵匡胤对他呜咽哭泣，陈述拥戴被逼之状。范质等还未对答，军校罗彦环举刀对范质比画着说："我们没有主上，今天必须得到一个天子。"赵匡胤斥骂罗彦环。范质走下殿廷，握住王溥的手说："仓促遣将，是我们的罪啊！"指甲掐得王溥的手几乎出血了。又当面质问赵匡胤说："先帝世宗抚养太尉您就像儿子一样，现在他遗体未寒，您怎么就这样做？"在一旁的赵匡胤之弟赵匡义泪流满面。但范质知道大势已去，便说："事已至此，就不要太仓促了，自古帝王有禅让之礼，现在可以举行了。"因而详细陈述，又说："太尉既然通过礼仪接受禅让，就应该侍奉太后如母，赡养少主如子，千万不要辜负先帝旧恩。"赵匡胤流涕许诺，然后在范质、王溥等百官的拥戴下登基。宋太祖也因此对范质甚为敬重，继续以他为宰相。

宋初，加官兼侍中，罢参知枢密一职。乾德初年（963年），赵匡胤将在圜丘祭天，任命范质为大礼使。范质与卤簿使张昭、仪仗使刘温叟讨论旧的典章制度，审定《南郊行礼图》呈上，从此礼仪制度开始完备。礼仪完毕后，晋封范质为鲁国公。

范质性格偏急，爱当面驳斥人，使对方屈服。以廉洁耿介自持，从未接受各方人士的馈赠，前后的优厚俸禄赏赐常常送给孤寡之人，家里没有多余的钱财。范质的侄子范杲上奏请求迁升秩阶，范质作诗晓谕他，当时人遍为传诵作为劝诫。

乾德二年（964 年）正月，范质与王溥、魏仁浦同日罢相，范质被授为太子太傅。同年九月，范质去世，终年 54 岁。

范质临终前，告诫他的儿子范杲，不要向朝廷请赐谥号，不要刻墓碑。赵匡胤闻讯后，为之悲痛而罢朝。追赠中书令，赐绢 500 匹及粟、麦各 100 石，给范家办丧事。

第六章

宋元时期的著名宰相

第一节　北宋的著名宰相

<u>赵　普</u>

赵普（922—992 年），字则平。幽州蓟（今天津蓟县）人，后徙居洛阳。至北宋初年著名政治家，北宋开国功臣。

赵普出生于五代后期，当时国家动乱，群雄蜂起，各自割据为政。当时，石敬瑭为讨得契丹的欢心，将幽云十六州献于了"父皇"契丹国主耶律德光。赵普的父亲赵迥不愿意生活在异族统治之下，就率领家族迁往河北常山（今河北正定），这一年赵普 15 岁。

在常山，赵普一家居住了 6 年多的时间。正是在这里，沉默寡言的赵普娶了镇阳豪族魏氏的女儿，组建了自己的家庭。常山后来被赵普的后代看作"祖乡"，并立庙于此。6 年后，驻常山的节度使安重荣起兵反晋，战乱再起，21 岁的赵普和妻子只好跟随父亲又举家迁到河南洛阳。

五代是一个重武轻文的时代，文人最多也只是投奔武人的帐下做

赵普像

一名幕僚，赵普走的也是这条路。大约从移居洛阳开始，赵普开始了他的从军入幕生涯，从此"托迹诸侯十五年"，这段时间中，赵普曾一度客居长安。唐代帝陵在五代战乱时期被军阀挖掘了，赵普在长安访求到唐太宗的遗骨，重新安葬到昭陵下。

后周显德元年（954年）七月，周世宗柴荣手下的亲信将领刘词被任命为永兴军节度使，驻守长安，赵普也是在这个时候被任为从事，进入刘词的幕府。

次年十二月，刘词去世，遗表将赵普、王仁赡推荐给周世宗。结果到了洛阳之后，王仁赡投奔了年轻的禁军将领赵匡胤，而赵普未有归处，就暂时失业了。

显德三年（956年）春，周世宗亲征南唐。滁州地势险要，为历代兵家必争之地。周世宗特命禁军统帅殿前都虞侯赵匡胤率部强攻，占领滁州。宰相范质根据刘词的推荐，任命赵普为新得滁州的军事判官，在这里他初次见到了赵匡胤。赵匡胤的父亲赵弘殷在滁州病重，赵普朝夕侍奉，非常尽心，赵弘殷非常感谢。当时捕获了盗匪百余人，在斩首盗匪时，赵普怀疑其中有无辜之人，经细心考察确如其所料，遂救了不少无辜性命。因此，赵普的才智受到了赵匡胤的赏识。

宋太祖雪夜访赵普

　　赵匡胤因为滁州的战功擢升为匡国军节度使，后又被任命为殿前都点检，成为后周最年轻有为的将领。这个职务是总领禁军和统帅出征诸军的最高指挥官，是军队的最高权力机构。由此可见，周世宗柴荣对赵匡胤的信任。后来赵匡胤领同州节度使，赵普被任为推官，开始进入了赵匡胤的幕府。显德六年（959 年）七月，赵匡胤移镇宋州，赵普做了掌书记。掌书记通常是武将幕府中最重要的幕僚，此前后梁的敬翔、后晋的桑维翰都是从掌书记做到了宰相。做了掌书记，赵普实际上等于已经成了赵匡胤幕府中的核心人物。

　　显德六年（959 年）六月，周世宗柴荣去世，年仅 7 岁的儿子柴宗训继位，但主弱君轻之势已成事实，这种情势无疑给握有禁军大权的赵匡胤提供了很好的机会。显德七年（960 年）正月初一，朝廷得到契丹勾结北汉大举进犯中原的消息。当朝宰相范质、王溥未察虚实，便决定派已升任殿前都点检的赵匡胤率军出征。

正月初三，赵匡胤整军出发，当晚宿营在开封东北的陈桥驿。安营之后，军中将士开始议论纷纷，军心思变。第二天黎明，拥立之声震荡原野，赵匡胤在酒醉酣睡中猛醒。赵普和赵匡胤的弟弟赵匡义已带领武装将领破门而入，对赵匡胤说"诸将无主，愿立点检为天子"。并不由分说便把象征皇位的黄袍披在赵匡胤身上，大家跪在地上叩拜，高呼万岁。这就是历史上著名的"陈桥兵变、黄袍加身"的故事。军队返回京城后，后周在朝百官见大势已去，无可奈何之下只能承认了现实，以宰相王溥、范质为首的百官跪拜臣服。

就这样，赵匡胤成为宋朝的开国皇帝，而直接参与策划、指挥这一兵变的赵普也理所应当地成了开国元勋。赵匡胤取代后周后，国号为宋，即宋太祖，改元隆勋。赵普因拥立有功，迁升为右谏议大夫、枢密直学士。

建隆元年（960年）末，太祖在平定南汉之后，一日来赵普家闲坐，却正赶上吴赵王钱俶送书信给赵普，同时送来的还有十几瓶海产，就放在廊屋之下。忽然听说皇上驾到，赵普仓促出迎，还来不及将海产收藏起来。太祖进来看见，问是何物，赵普不敢欺君，只有据实奏对。太祖很高兴地说："海产一定不错，不妨一尝！"赵普战战兢兢地打开，这下可吓了一跳，里面哪里是什么海产，分明是黄灿灿的瓜子金。赵普顿时紧张得气都不敢出一口，他解释说："臣还没有打开书信，实不知情。"

太祖由此事又联想起李煜送银之事，心中很不高兴。他明白自己当上皇帝赵普功不可没，但是对玩弄自己的臣子，他特别的讨厌，尤其要防着那些打算暗中夺权的人。一方面他感激赵普；另一方面深忌赵普。任何一个皇帝，都不希望自己的臣子比自己还聪明，他只需要他们的绝对效忠。宋太祖多次微服出行，巡访臣子之家的目的，并不仅仅只是一种亲密的表示，事实上是为了监视臣下。对赵普也不例外。结果赵丞相这次碰上这么一个说不清的事情，算是触了霉运。

太祖听了他的解释，没有多说什么，只是随便感叹道："你不妨就收了它。看他的来意，大概以为国家大事，全都由你们书生做主了，所以格外厚赠呢。"说完便走了。赵普匆匆送出，懊悔了好几天。后来看到太祖仍像以前那样对待他，才放下心来。

所谓"福无双至，祸不单行"，真是一波未平一波又起。赵普准备修建住宅，派亲吏到秦陇一带采购大号木料。亲吏将这些木料联成大型排筏，放流至汴京。为了牟取暴利，亲吏趁此机会便多购了一些，以图在城中销售。了解情况的百姓，凑在一起议论纷纷。有司得知此事，一查方知秦陇一带的大号木料，已有诏书明令禁止私人贩运。赵普以权谋私，已是违旨，贩卖牟利，更是不法，当即将详情奏知太祖。

有了上次的瓜子金事件，太祖已对赵普有所防范，如今又见他违旨贩木，明明是玩弄自己，不把自己放在眼里，不禁怒从中来，但仍然忍着没发作，口中只说道："他还贪得无厌么？"接着就命翰林学士拟定草诏，打算即日罢免赵普。多亏了前丞相王溥竭力规劝，才留诏未发。谁知道时隔不久，太祖又发现赵普的儿子丞宗娶枢密使李崇矩的女儿为妻，违背了朝廷为防止臣子权势过大而威胁皇帝，不准宰辅大臣间通婚的禁令。同时，翰林学士卢多逊及雷有邻又揭发赵普受贿，包庇抗拒皇命不去赴任的外籍官员，这更是欺君罔上。接着，嫉贤妒能的卢多逊在太祖召问时，又谈及赵普学问不足、排挤窦仪之事。

多方的指责与控告，以及自身的诸多过错加杂在一起，使得太祖完全失去了对赵普的信任，但是他冷静一想，赵普毕竟不同于别人，他不仅推举自己登上了皇帝宝座，更帮助自己逐步巩固帝位，可谓功不可没，朝中无人能及，因此便没有下诏罢免，而是故意疏远他，使他自省，以免伤了和气。然而事情发展到这步田地，赵普只得请求罢免自己。开宝六年（973 年）八月，太祖下了诏书，调赵普外出为河阳三城节度使，卢多逊被擢升为参知政事。

开宝九年（976 年），宋太祖去世后，他的弟弟赵光义继位，是为宋太宗，改元太平兴国。

太平兴国二年（977），宋太宗诏令赵普入朝，改任太子少保，迁太子太保，留在京都供职。在留京师的开始几年，由于宰相卢多逊的诋毁，宋太宗对赵普仍怀有猜疑之心，使得赵普一直没能入相。后来赵普冲破卢多逊的障碍，积极支持宋太宗对秦王廷美（太宗弟）的斗争，才使得宋太宗赵光义对赵普有所信任。太平兴国六年（981 年）九月，赵普被任命为司徒、兼侍中，后又出任宰相。然而这次没过多长时间，于太平兴国八年（983 年）十月，赵普又被免去宰相职务，出任武胜节度使。以后开封尹陈王元僖上书太宗，推荐赵普再次入相。端拱元年（988 年）二月，赵普再任兼侍中，淳化元年（990 年）正月，赵普自己主动要求免去宰相职务，以太保兼中书令充西京留守、任河南令尹，以后封为梁国公，又改为许国公。

淳化二年（991 年），赵普已年届花甲，身体也一日不如一日，于是让留守通判刘昌言奉表到京，请求辞去官职。太宗闻讯，立即派中使前来抚问，授赵普太师之衔，封魏国公，并给以宰相的俸禄，同时嘱咐赵普好好养病，等病好之后还要委以重任。

赵普一听，皇上如此厚爱，顿时感动不已，辞官的事情也不再提，又投身到繁重的公务里去。但是，死亡并没有放过这位年迈体弱的老臣。淳化三年（992 年）七月，赵普因病去世，享年 71 岁。宋仁宗闻此噩耗，下令辍朝五日，追赠其为尚书令，追封真定王，谥忠献。宋真宗咸平元年（998年），追封为韩王。咸平二年（999年），配飨太庙。

寇 准

寇准（961—1023年），字平仲，华州下邽（今陕西渭南）人。北宋政治家、诗人。

寇准先世曾居太原太谷昌平乡，后移居冯诩，最后迁至华州下邽。寇準出身于名门望族，其远祖苏岔生曾在西周武王时任司寇，因屡建大功，赐以官职为姓。

他的父亲寇湘学问很好，文章写得也不错，在五代后晋时中了进士，应召担任魏王府的记室参军，可不久就因病辞世了。这时候寇准出生才几个月，抚养孩子的重任就落在他母亲的肩上。寇准小时候家境非常清苦，父亲虽做过几年小官，但根本没有留下什么贵重的家产。据说，有一次母亲想给小寇准做一套衣服，却连买一匹绢的钱都凑不齐。

寇准的母亲是一位了不起的女性，她本是一个能诗会画的大家闺秀，丈夫的早逝让她备尝生活的艰辛，可是，她对小寇准的教育从来没有放松过。在母亲的教诲下，寇准在少年时代就显露出很高的悟性和非凡的才华。十几岁时，他

寇准像

就能把《左传》《公羊传》《谷梁传》这三部深奥难懂的史书背得滚瓜烂熟，并且能细致透彻地分析每部书的异同，令一些饱学的儒士惊叹不已。

母亲见儿子敏而好学，非常高兴。为了激励儿子有更远大的志向，她精心绘制了一幅《寒窗课子图》，送给寇准。在寇准将要进京赶考时，她又作诗相送。

"勤俭家风慈母训，他年富贵莫忘贫"。对于母亲十几年来的辛勤教诲，寇准时刻铭记在心中，并以此作为自己努力进取的动力。太平兴国五年（980年），寇准赴京考试，一举中了进士，这一年他才19岁。寇准少年得志，不但在当时，而且在我国整个的封建社会里，也不多见。中进士的第二年，寇准被派到归州巴东（今四川奉节县东）做知县。

后来，寇准又在其他地方做了几任地方官，所到之处都留下了很好的口碑。由于政绩显著，不几年，寇准就被提拔到中央任职。他先后担任过三司度支推官、盐铁判官、同知枢密院事、参知政事等重要官职。同知枢密院事是一个相当于副宰相的军职，担任此职时，寇准年仅31岁。

寇准廉洁正直、不畏权势，很得皇帝的信任，同时也引起一帮人的嫉妒。同知枢密院事张逊多次在朝中与寇准争论政事，二人关系非常紧张，张逊一直想寻个时机惩治一下寇准，以泄私愤。一次，寇准出行时，一个疯子迎着他的坐骑直呼万岁，张逊听说后，立刻以谋反罪弹劾寇准。寇准气愤至极，在朝中极力为自己辩护，二人唇枪舌剑，后来居然互相指责对方的缺点，进行人身攻击。太宗大怒，怒斥了心胸狭小的张逊，寇准也被罢为青州知州。

太宗非常熟悉寇准的性格，寇准的仗义执言是其他一些巧言令色的大臣永远做不到的。所以，寇准离京赴任后，太宗非常想念他，经常向人打听他的情况，第二年，他又把寇准调到自己的身边，拜为参知政事。

景德元年（1004年）六月，真宗任命寇准为宰相。

九月，辽军包围了瀛洲，直逼贝州、魏州，朝廷内外震惊恐惧。参知政事王钦若主张逃跑，他暗劝真宗放弃汴梁，迁都金陵；又有人劝真宗逃往成都。真宗犹豫不决，便召寇准商议。寇准力主抗辽，对主张逃跑之人恨之入骨，他心知是王钦若等人的主张，却佯装不知说："谁为陛下出的这种计策，罪该处死。如今陛下神明英武，将帅团结一致，如果御驾亲征，敌军自然会逃走，为什么要抛弃宗庙社稷，远逃楚、蜀之地呢？如果那样，大宋必然人心崩溃，军心涣散，敌军会乘势进攻，长驱直入，大宋的江山还能保住吗？"一席话说得那些主张逃跑的人羞愧难当，真宗受到震动，决定御驾亲征。

十月，真宗和文武大臣率军从京师出发，向北进发。当大军到达韦城（今河南滑县东南）时，听说辽军已攻到澶州（今河南濮阳南）北城，真宗惊恐万分，信心全无，又打算南逃。寇准坚定地说："目前敌人已经临近，人心恐惧，陛下只可前进一尺，不可后退一寸！北城的守军日夜盼望着陛下的车驾，一旦后退，万众皆溃。"在寇准的坚持下，真宗率众臣勉强到达了澶州南城。

此时，隔河相望的北城战事正酣，真宗和众臣不敢亲临前线，不愿渡河，寇准坚决请求真宗过河，他说："陛下如果不渡过黄河，那么人心就会更加危急；敌军的士气没有受到震慑，他们会更加嚣张。只有陛下亲临北城，才是退敌的唯一办法。更何况我军救援部队已经对澶州形成了包围之势，陛下的安全已经有了保障，还有什么顾忌不敢过河呢？"他见仍说服不了真宗，就把殿前都指挥使高琼叫到跟前，要他力劝真宗。高琼对战事相当了解，他对真宗说："寇大人方才所言极是，将士们都愿拼死一战，只要陛下过河亲临阵前，士气必然大振，定能击退敌军。"真宗无奈，只得答应过河。

到了北城，真宗登上城楼观战。正在城下浴血奋战的宋军将士看到城楼之上的黄龙御盖，欢呼震天，声闻数十里，军威大振。他们呐喊着冲向敌阵，辽军被宋军士气所慑，锐气顿消，溃不成军。

寇准西安石刻像

此战胜利后，真宗回到行宫，留寇准在城楼之上继续指挥作战。寇准治军有方，命令果断，纪律严明，很受士兵拥护。在他的指挥下，辽军几次攻城都被杀得大败而还，主帅萧挞览也被射死。真宗在行宫之中对前线战事不太放心，多次派人前来打探战况，探子每次都见到寇准和副帅杨亿在一起饮酒说笑，就回去禀报真宗。真宗高兴地说："寇准这样，我还有什么不放心的呢？"

当时，辽军虽号称20万，却是孤军深入，粮草不继，随时有被切断归路的危险。萧挞览一死，辽军人心惶惶，更无斗志，于是便派人送来书信，请求讲和。条件是，只要宋朝每年给辽国大量绢银，辽军就退兵，并且永不再犯中原。寇准想乘胜收复幽云十六州，所以坚决不答应议和。真宗对战争早就厌倦，在求和派的劝诱下对两国结盟议和表现出了极大的兴趣。无奈主帅寇准的反对使议和出现了很大的阻力，于是一帮贪生怕死的官员就在背后放出谣言，说寇准利用打仗以自重，野心很大。迫于谣言的压力，寇准只得同意两国议和，缔结盟约。

真宗派大臣曹利用作为使节到辽军帐营中签订结盟条约，并商讨"岁币"之事。临行之前，真宗对他说："只要辽兵速退，'岁币'数目在百万之内都可以答应。"寇准却又把曹利用召到帐内，对他说："虽然有皇帝的敕令，但你在与辽使签约时，答应的数目不得超过三十万，否则，提头回来见我。"

这年十二月，宋辽双方终于在澶州达成协议：辽军撤出宋境，辽皇帝向宋皇帝称兄，两国互不侵犯，和平共处；宋每年拨给辽"岁币"，银十万两，绢二十万匹。这就是历史上著名的"澶渊之盟"。

澶渊之盟后，河北战事平息，北疆人民安居乐业，寇准功劳很大，声望更高了。

人们对寇准的赞誉之声，参知政事王钦若听起来尤感刺耳。由于积怨和嫉妒，他一直想方设法诋毁、挤垮寇准。有一天会朝，寇准先退，真宗目送他离去，王钦若趁机进奏道："陛下敬重寇准，是因为他对国家有功吗？"真宗点头称是。王钦若冷笑道："澶州之战，陛下不以为耻辱，反而认为寇准有社稷之功，想不到陛下会这样想。"真宗十分吃惊，忙问原因。王钦若进一步说道："敌军兵临城下而被迫订立盟约，《春秋》认为这是耻辱，澶渊之举，就是城下之盟啊！以陛下至高无上的尊贵而签订城下之盟，还有什么耻辱能与之相比呢？"真宗脸色大变，很不高兴。王钦若又说："陛下听说过赌博吗？赌博的人钱快输光了，于是把自己的所有财物都拿出来，称为孤注。陛下成了寇准赌博的孤注，这也太危险了！"

不光王钦若，朝廷中的一些庸碌之辈也对寇准多方诋毁。寇准为相，用人不论资历，而以才干大小为标准。有一次选授官职，同僚让堂吏持着官位条例而进，寇准说："宰相的职责在于选用贤能之人，罢黜不肖之徒，假如按照官位次序的条例，只不过是堂吏的职能罢了。"他喜欢选用那些出身贫寒而敢于讲真话的人。那些想靠资历来升官的同僚们对寇准的做法深为不满，他们多次在真宗面前搬弄是非，说寇准目无国法，刚愎自用。多方的谗言终于让真宗对寇准的礼遇越来越少。景德三年（1006 年）二月，真宗罢寇准为刑部尚书、陕州知州，任命王旦为宰相。

寇准被罢相以后，经常被召回京师跟随皇帝左右，渐渐又被升为户部尚书、兵部尚书、枢密使、同平章事等职。有一次，他又因阻挠三司使林特向河北地区征收绢帛而激怒了真宗，真宗很不高兴地对王旦说："寇准刚强愤激的性格一点都没改变。"王旦附和道："寇准喜欢别人记住他的好处，又想让别人害怕他，这些都是大臣应当回避的，而寇准却专门这样做，这是他最大的缺点。"不久，寇准又被降职为武胜军节度使，接着又移任永兴军节度使。

天禧三年（1019 年），寇准升任为尚书右仆射、集贤殿大学士，在被罢相十几年后，第二次担任宰相之职。这时，宋真宗因疾病在身，很少过问政事，朝中专权弄事的是参知政事丁谓。丁谓原是得到寇准的举荐才逐渐当上副相的。他资浅望低，专持权柄后，朝中大臣非常不满，弄得朝政紊乱。于是，他主动向真宗进言，仍启用寇准为相，自己甘为副职。丁谓这样做，是想借寇准的声望来巩固自己的地位，所以在寇准入相后，他极力巴结，处处讨好。

据说，有一次寇准与丁谓在政事堂共同进餐，菜汤玷污了寇准的胡须，丁谓马上起身，慢慢为寇准拂拭干净。寇准对这种阿谀讨好的行为非常反感，他讥讽道："参知政事是国家重臣，怎么能替长官拂起胡子来了呢！"丁谓羞愧难当，从此怀恨在心，预谋陷害寇准。

真宗患病期间，刘太后在宫内参与大政。寇准对此十分忧虑，他秘密奏请皇上道："皇太子是人心所向，希望陛下以宗庙社稷为重，把皇位传给太子，选择正派的大臣辅佐他。丁谓等人都是巧言谄媚之徒，不能让他们辅佐太子。"真宗认为很对。于是寇准暗中命令翰林学士杨亿起草奏章，请求皇太子监国，并且想和杨亿共同辅政。没想到这件事被刘太后和丁谓等人知晓，丁谓上报朝廷，诬告寇准是当时震动京师的宦官周怀政谋反案的同伙。寇准再次被罢去宰相之位，贬为相州知州，后移任安州知州，不久，再次被贬为道州司马。这一切，病榻之上的真宗全然不知，有一次他询问左右大臣："我好久没有看到寇准，这是怎么回事？"左右大臣都不敢如实回答，胡乱编个谎言搪塞过去。可怜的真宗直到弥留之际仍然在惦念着他的爱臣寇准，他对后继者说："只有寇准和李迪可以托付大事，他们对大宋江山丹心可见，其他人都是巧言昏碌之辈，切不可轻信。"只可惜此时的真宗对寇准的命运已经无能为力了。

宋仁宗乾兴元年（1022 年），年逾花甲、两鬓染霜的寇准，再次被贬到远离中原故土的雷州（今广东海康县），担任小小的司户参军。四十多年起起落落的官宦生涯，到头来落得个这样的结局。

天圣元年（1023 年）九月，寇准疾病缠身，自觉离去不远，于是命人到洛阳家中取来了通天犀腰带。这条腰带是当年太宗赐给他的，世间只有两条，太宗本人留下一条。寇准一直把这条通天犀腰带视若生命，珍藏在家中。几天之后，寇准沐浴全身，穿上官服，系好腰带，向北方跪拜两次，喊左右仆人搬好床具，躺在床上安然而逝。享年 63 岁。

明道二年（1033 年）十一月，仁宗为寇准昭雪，恢复太子太傅、莱国公之职，赠中书令，谥号"忠愍"，归葬下邽。

范仲淹

范仲淹（989—1052 年），字希文，苏州吴县（今江苏吴县）人。北宋杰出的思想家政治家、文学家。

范仲淹的父亲范墉当过小官，去世很早，母亲改嫁朱姓男子。范仲淹两岁，随继父姓，取名说。直到他步入仕途后，才恢复本姓。

范仲淹少时家贫，但志向远大。成人后独自外出求学，生活极其艰苦，读书异常勤奋。大中祥符八年（1015 年），他参加科举考试，以渊博的知识，得中进士，被授为广德军司理参军，转集庆军节度判官。天禧五年（1021 年），出任泰州西溪（今江苏东台）盐官。

范仲淹像

乾兴元年（1022 年），13 岁的宋仁宗赵祯继位，其母刘氏以皇太后身份，临朝决事。范仲淹出任大理寺丞，再经晏殊推荐，出任谏官秘阁校理。天圣七年（1029 年），宋仁宗已过亲政的年龄。可是，刘太后仍抓住权力不放，并在冬至时，要皇帝率领文武百官，向她行朝拜大礼。范仲淹认为这有损祖制和君体，上书表示反对，接着又上书，要求刘太后归政于皇帝。这惹恼了刘太后，范仲淹因此被贬为河中府通判。明道二年（1033年），刘太后死，宋仁宗得以亲政。范仲淹被召回朝廷，任右司谏。

宋仁宗荒淫好色，宠幸尚、杨美人，无端地废黜了郭皇后。范仲淹上书劝谏，反对这样做。他的劝谏又使自己遭到贬斥，出知睦州（今浙江建德），又转知苏州。在苏州任上，他克服一系列困难，组织民工开通五条河流，解除了当地的水涝之患，促进了农业生产的发展。

景祐二年（1035年），范仲淹因政绩突出，出任尚书礼部员外郎，兼文章阁待制，判国子监；继迁吏部员外郎，知开封府。当朝宰相为吕夷简，这是一个玩弄权术、擅权用事的人。范仲淹不改初衷，遇事必谏，揭露吕夷简的种种劣迹，曾绘制一幅《百官图》，标明吕夷简结党营私、排斥异己的情况。吕夷简立即实施报复，把这个政敌赶出朝廷，出知饶州（今江西波阳）、润州（今江苏镇江），再知越州（今浙江绍兴）。许多大臣上书，为范仲淹鸣不平。而范仲淹坦然到地方任职，因为只有在州县，他才能为百姓做更多的事情。

宝元元年（1038年），党项族人元昊称帝，建国号为夏,定都兴庆府(今宁夏银川)，史称西夏。元昊好战，时时入侵宋境，宋朝西北边境吃紧。宋仁宗赶忙调整军事部署，紧急任命韩琦、范仲淹为陕西经略安抚招讨副使，协助统帅夏

范仲淹青铜坐像

竦，共御西夏。范仲淹作为文官，由此开始了四年多的军旅生涯。

范仲淹被授为龙图阁直学士，以户部郎中兼知延州（今陕西延安），主持延州一线防御，着力整顿军制，训练士卒，修城筑寨，安抚边民。宋朝原先的军制规定，部置官带兵 1 万人，钤辖带兵 5000 人，都监带兵 3000 人，打仗时按将官职位高低为序，官小者居前。范仲淹改变了这种制度，设置六将，各带兵 3000 人，根据敌情，灵活机动作战，以利进退。他在训练士卒的基础上，提拔有战功有能力的人担任将校，行伍出身的名将狄青，就是在这时崭露头角的。范仲淹观察地形，决定深入西夏境内筑一座大顺城，以作攻可进退可守的前沿阵地。他料定元昊必来争锋，故预先做了精心准备。临筑城时，发兵而随，10 日城成。元昊发觉后，派出骑兵 3 万，前来攻城。久攻不下，佯装败走。范仲淹下令但令其去，不得追击。后来知道，元昊果有伏兵，范仲淹知己知彼，没有上当。

范仲淹以其特有的军事才干，构筑了一道坚强防线。夏军屡犯不能得逞，遂自相告诫说："我们别再打延州的主意。今小范老子胸中有甲兵数万，不比大范老子可欺也。""小范老子"指范仲淹，"大范老子"指其前任范雍。范雍在知延州时，只会祈求佛祖保佑安全。

范仲淹《岳阳楼记》书法

范仲淹的成功，更重要的是执行了安抚边境羌民的正确政策。原先，边境羌民迫于宋军的骚扰，大多背井离乡，投奔西夏。范仲淹到任后，明令将士不得扰民，而且修建城寨，招抚流亡，帮助羌民解决土地、耕牛、种子、口粮等问题。因此，大批羌民相继归业，重返家园。范仲淹还很注意团结各族上层人士，诚挚礼遇六百多位酋长，引以为助。酋长们亲切地称范仲淹为"龙图老子"，以示敬重。为长久计，范仲淹还在边境实行屯田，保证军粮供应。韩琦仿效范仲淹的做法，收到了同样的效果。因而，边民编出歌谣唱道："军中有一韩，西夏心胆寒；军中有一范，西夏惊破胆！"

庆历三年（1043 年），范仲淹被调回京城，任枢密副使。时任谏官的欧阳修等推重范仲淹，认为他有宰相之才。宋仁宗于是决定提拔范仲淹为参知政事。范仲淹说："执政可由谏官而得乎？"拒而不受，要求和韩琦一起，效命边疆。但是未能如愿，这才勉强接受了任命。

当时的朝廷政治腐败，尤其是"三冗"（冗官、冗兵、冗费）问题严重，弊端丛生。范仲淹既在其任，便谋其政，果断地上书《答手诏条陈十事》，指出："纲纪法度，日削月侵，官壅于下，民困于外，夷狄骄盛，寇盗横炽，不可不更张以救之。"为了"更张以救"，他提出十条革新措施：明黜陟，抑侥幸，精贡举，择长官，均公田，厚农桑，修武备，推恩信，重命令，减赋税。这些措施都是切中时弊的，具有很强的针对性。当年十月，范仲淹的"条陈"以诏书形式颁行全国执行，史称"庆历新政"。

范仲淹的周围，聚集起韩琦、富弼、欧阳修等支持者，坚定地推行新政，使死气沉沉的朝廷出现了一些新的气象。但是，新政触动了守旧官僚的根本利益，他们群起而攻之，污蔑范仲淹等结成"朋党"，甚至伪造事实，攻击富弼，企图另立皇帝。宋仁宗立刻动摇和退缩了，新政难以维持。范仲淹自请巡边，出任陕西、河东宣抚使。庆历五年（1045年）正月，他被罢去参知政事职务，出任邠州兼陕西四路沿边安抚使，十一月改知邓州（今河南邓县）。韩琦、富弼、欧阳修均遭贬黜，历时一年多的新政不了了之。

"庆礼新政"虽以失败而告终，但它对北宋腐朽政治和达官权贵构成了一次有力的冲击，更为后来的王安石变法提供了经验，其意义和作用值得肯定。

庆历六年（1046年），范仲淹在邓州任上，曾经南游巴陵郡（今湖南岳阳），写下千古名文《岳阳楼记》。这篇散文以优美的笔调，描绘了岳阳楼一带壮美奇幻的景色，通过写景阐发议论，赞扬古代仁人"先天下之忧而忧，后天下之乐而乐"的宽广胸怀，实际上是表达了作者自己进退皆忧，不甘沉沦，决意奋发有为的抱负。

晚年的范仲淹仍然遭到奸佞的迫害，再被迁徙荆南（今湖北南）、杭州和青州（今山东德州）。皇祐四年（1052年），范仲淹自请迁徙颍州（今安徽阜阳），病死于途中，死年64岁。宋仁宗追赠他为兵部尚书，赐谥"文正"。

王安石

王安石（1020—1086年），神宗朝宰相，字介甫，号半山。江西临川（今江西抚州）人，世称临川先生。北宋著名思想家、政治家、文学家、改革家。

王安石的父亲王益，做过几任地方官，王安石便自小跟随父亲奔波于南北各地，到过江宁、扬州、韶州、开封等，生活虽然不很安定，但也增长了很多知识，开阔了眼界。景祐四年（1037年），王安石随父亲到江宁。从此，便在江宁定居下来，江宁成为他的第二故乡。但是，在江宁不到两年，王安石的父亲就去世了，那年他19岁。由于父亲的去世，家境逐渐困难起来，他和母亲过着十分清贫的生活。

庆历二年（1042年）春，22岁的王安石参加科举考试，一举及第，名列上等，从此步入仕途，被任命为签书淮南节度判官厅公事，给扬州地方长官韩琦当幕僚。任职三年后，按宋制可以有资格献文求试，以取得馆阁的职位。然而自幼就体察到民生疾苦的王安石，却非常想为百姓做点事，他愿继续在地方做官，因而在庆历七年（1047年）出任鄞县知县。

希望能有一番作为的王安石来到任地，他看到鄞县地区跨江负海，有丰富的水资源，但由于水利失修，不能充分利用，使水白白流入大海。遇到不雨之年即出现严重旱情，这是老百姓最害怕的事。因此王安石到鄞县的第一年，便决定永久地解除患祸，他号召百姓利用冬闲之时挖渠修河疏通水道，并且还亲自到各地督促检查。由于这件事深得民心，百姓无不效力。在两三年里建造堤堰，修整陂塘，为当地水利建设做出不少成绩。

王安石在鄞县任满后，皇祐三年（1051年）又转任舒州通判、群牧司通判、群牧司判官等职。这时的王安石已展现出他卓越的政治才

王安石像

能，每任一方就造福一方；同时，他又以学问和文章知名于世，欧阳修推举他在朝廷任职，但他依然没有接受，仍要求外任，于嘉祐二年（1057 年）被派到常州任知州。

嘉祐三年（1058 年）春，王安石调任江南东路提典刑狱，到任后，王安石发现现行的榷茶法存在严重弊端，官卖的茶叶不仅质量低劣，而且价钱昂贵。因而他上书仁宗，请求取消榷茶法，要求将茶叶市场放开，交由商人经销、官府只要从中抽税就可以了，这样可使民间得到好茶和贱茶。经实施，成绩不错，不仅国家通过行政税收增加了国库收入，而且老百姓还可以买到价格低廉的好茶，真可谓利国利民。

同年十月，仁宗召王安石进京，任三司度支判官。王安石无法再推辞，只得去上任。经过十几年地方官生活，王安石对民间疾苦、社会人生有了更深刻的感受和认识。

嘉祐四年（1059 年）夏，他写成了《上仁宗皇帝言事书》，洋洋万言，陈述了自己力图改变北宋王朝自开国以来便形成的内忧外患、积贫积弱局面的愿望。

王安石的万言上书，没有得到仁宗的重视，因此也就没能得到采纳。但这次上书无疑是王安石变法思想的集中体现。

嘉祐六年（1061 年），王安石被任命为知制诰，两年后仁宗去世，赵曙继位，是为英宗。这时王安石也因母亲去世，回到江宁守丧。

英宗继位后，无所作为，在位四年就因病去世。治平四年（1067 年）赵顼继位，是为宋神宗。他起用王安石知江宁府，熙宁元年（1068 年）四月，王安石到开封，受命为翰林学士兼侍讲。

年轻的宋神宗，不同于仁宗和英宗，是一位颇有作为的年轻君主，他渴望能像唐太宗那样，征服四海，天下一统，也想寻求一个像魏征那样的宰相，辅佐他建功立业。因而他对改革寄予了厚望，希望能够借此实现他的政治理想。

神宗于熙宁二年（1069年）二月，任命王安石为右谏议大夫、参知政事。王安石在神宗的支持下，建立"设置三司条例司"，作为主持变法的专门机构，由王安石亲自负责。王安石又推荐吕惠卿作为自己的主要助手。一场变法革新的运动开始了。

王安石的变法，在当时称之为新法。为了将新法切

王安石像

实地推行下去，王安石特地选了四十多名提举官，来向大家推广、宣传新法。熙宁二年（1069年）七月，王安石的改革方案陆续出台，内容包括理财、整顿治安和军备、改革科举与学校制度诸多方面。其中，理财是其核心内容。王安石主张"以天下动以生天下之财，以天下之财以供天下之费"。其具体内容概括如下。

（1）均输法：宗旨是"徙贵就贱"，也就是京城所需物资的采购要以价格低廉、路途较近为原则。此法可有效调整物资的供求关系，改进了对京师贡物的供应，增加政府财政收入。但同时也存在弊端，如信息滞后、无法及时调整，富商大贾得以操纵市场从中渔利，以及农业、手工业和矿业产品无法自由流通等。

（2）青苗法：即政府在青黄不接之时贷"青苗钱"给百姓，夏秋收获时还粮或还钱。此法的推行有利于抑制高利贷商人对农民的盘剥。

然而其弊端也依然存在，官吏在散敛青苗钱时也有敲诈勒索、折价计钱的不良行为，借贷的农户仍是受尽盘剥，陷入还债的深渊之中。

（3）农田水利法：主要内容是发展农田水利，开辟大量的荒田，制定整治河道的规划，促进农业生产的发展。此法实施之后，取得的成就有目共睹，耕地面积得以大大增加，黄河得到治理，兴修了很多水利工程。

（4）免役法：代替了以往实行的差役法。主要内容是承担徭役义务的人不再服徭役，而是出钱募役，并把此下到单丁、户，这使得原本不必服役的家庭也得出钱。免役法的推行使各等户都得出钱，豪富之家财产多，出役钱也自然多。同时使轮流充役的农民得以回乡务农，有利于发展农业生产，亦增加了政府的财政收入，同时也抑制了豪强，实施的效果确实达到了目的。但它仍是一项弊端极大、争议最多的措施，地方官员收钱后募人充役可以任意出入，农民将劳动成果换成货币时又会遭受到商人的一层剥削。同时因为免役法每年都在实施，而差役数年才轮流一次，实际上等于加重了农民的负担。

（5）市易法：即以国家所藏库帛"置市易务于京师"，不久就在各路推行。此法有利于保护中小商贩和外来客商，但从经济的角度讲，政府干预商业活动不利于商业自身的发展，同时政府的干预亦使得官员与豪商勾结起来，控制价格，反而坑害了平民百姓。

（6）方田均税法：该法包括方田法和均税法两个方面的内容。由于北宋并不反对土地兼并，因此富豪地主大量兼并、侵吞土地，并千方百计隐瞒土地的数量以逃避税收，这便大大地减少了国家的土地税收，方田法旨在解决隐瞒土地的问题，但在实际推行过程中，一整套既定措施根本得不到实行，成为一纸空文。

（7）保甲法：旨在解决"寇道充斥、劫掠公行"的现象，控制人民，增强国家的军事力量。但此法不利于农民安心生产，不利于人员的流动。

除上述各项措施之外，王安石也在科举制度和学校制度方面采取了不少改革措施。为了通过考试选拔更多的具有真才实学的官员，他废除明经科和科举诗赋，以《诗》《书》《易经》《周礼》《礼记》为本经，《论语》《孟子》为兼经，要求考生联系实际回答问题，只有这样，才能找到真正能够经国治世的人才。王安石还注重学校制度的改革，"立太学生三合法"，分生员为三等，上舍生成绩优异的，可"免发解及礼部试，召试赐第"。

王安石的变法在一定程度上抑制甚至是损伤了大地主、大贵族、大商人的利益。由于对某些特权阶级的抑制，使得新法遭到了守旧势力的猛烈反扑及围攻。随着变法高潮的到来，双方斗争的形势也愈加激烈和复杂。反对派们虽被逐出朝廷，却不肯善罢甘休。他们抓住变法过程中出现的一些偏差，对改革派发动了一次又一次的猛烈攻击。

熙宁五年（1072年），就连华山崩裂也成了他们反对变法的理由，枢密使文彦博乘机对神宗说："市易司不当差官自卖果实，致华山山崩！"偏偏旱灾又接踵而至，反对派们以所谓天怒人怨为依据，反对新法。他们的反对之词使得神宗有些动摇，神宗还真以为是触犯了天神。王安石对这些目光短浅、荒诞可笑的议论视之为流俗，认为不足顾惜。他反复开导神宗，说天崩地裂、河水泛滥等都是非常正常的自然现象，与人事毫不相干，虽然有时碰到一起，也只是偶然，正确的态度应当是更修人事，以应付天灾。然而，神宗疑惧难消，而反对派的攻势却愈益猛烈。

除了文彦博之外，参知政事冯京又上言，对新法予以全面否定。更严重的是皇宫后院也加入了反对派的队伍，因为市易法实行"免役钱"直接触犯了皇族、后族和宦官们的利益。原来宫廷用品是由市易司供给，在购置用品的过程中，宦官们经常借着皇帝近侍的特殊身份对商人进行勒索、诈取。实行免役钱后，各行户按收利多少向宫廷交钱，不再交物，宫廷所需物品要按市易司规定的市场价格出钱购买。这样，皇帝的亲属近侍便无利可图，他们便将一切的罪责都推到王安石的身上，皇太后和太皇太后泪流满面地向神宗诉说"王安石变法乱天下"，要神宗把王安石赶出朝廷。

在这关键时刻，支持改革的神宗变卦了。从熙宁六年（1073年）起，各地发生灾荒，河北的灾民四处流亡，纷纷流入京城，有人借此绘了

王安石塑像

一幅《流民图》，上书神宗，说这些灾荒是王安石变法的结果，最后说："去安石，天乃雨！"处在反对派的包围之下的王安石，很难继续执政，便在熙宁七年（1074年）四月上书要求辞去宰相之职。不知所措的神宗竟然下诏，命王安石出知江宁府（古时又称金陵），安心休息。

接任王安石为相的是韩绛，吕惠卿为参知政事，这两个人都是中坚的变法力量。但对一些具体问题，两人意见

经常不一致，往往使许多法令不能及时地实施。且吕惠卿为人又颇跋扈，韩绛为了牵制他，便密请神宗复用王安石。作为神宗本人，他也不想变法中途失败，所以在熙宁八年（1075 年）二月，他又派使臣到江宁召回王安石。王安石见诏后十分激动，便立即上路，昼夜兼程，仅用七天时间就回到京城开封，再度为相。

王安石复相后，虽然还想继续推行变法，但变法派内部却出现了分裂，且分裂越闹越大。而导致分裂的重要原因却是变法派内部的核心人物吕惠卿。吕惠卿是个出类拔萃的才子，对几项重要新法的制定和推行是有功劳的。但他个人野心太大，权势欲极强。对于王安石的再度为相，他深感不安与不满，处处给王安石出难题。吕惠卿又公行不法。熙宁八年十月，终于因罪被解除副相职务。变法派的另一主将章惇，因与吕惠卿"协力为奸"，也被罢免。变法派的分裂，大大削弱了变法派的战斗力，也使王安石的改革锐气受到极大挫伤。而新老反对派的攻击依然火力不减，在这种情况下，本来就摇摆不定的神宗更加动摇了，根本不像以前那样对王安石言听计从了。

正值王安石日益消沉的时候，王安石的儿子又因病去世。丧子之痛，又给他病弱的身心沉重的一击。内忧外困，使已届古稀的王安石再难拥有当初的雄心壮志，一连四五次上书，坚决请求解除宰相之职。熙宁九年（1076 年）十月，神宗终于同意了他的请求，给他"判江宁府"的官衔，王安石于是又回到了他熟悉的金陵。

元丰八年（1085 年）三月，宋哲宗继位，太皇太后高氏听政，保守势力控制了政权。不久，司马光出任宰相，尽废新法。元祐元年（1086 年）三月，"罢免役法"。此事对王安石打击很大，并因此一病不起。四月，王安石去世，时年 66 岁。获赠太傅。绍圣元年（1094 年），配享神宗庙庭，谥号"文"。

司马光

司马光（1019—1086年），字君实，号迂叟。汉族。陕州夏县（今山西夏县）涑水乡人，世称涑水先生。北宋政治家、史学家、文学家。

司马光出身于官僚家庭，其父为朝廷四品官。传说司马光6岁时，偶得一颗青胡桃，婢女帮他剥去坚硬的外壳，司马光取桃仁吃，味道鲜美，乐不可支。其兄问他谁为他剥去胡桃壳，司马光随口称自己所为。不料，早已看到此事全过程的父亲出来训导司马光说，诚实是做人的根本，做人就要取信他人。司马光顿时羞愧难当，深责自己的行为。父亲言传身教，对司马光的影响很大。少时司马光聪明好学，曾用一根圆木作为枕头，一旦被滚落的枕头惊醒，便继续读书，如此持之以恒。宝元六年（1038年），他20岁时中进士甲科，被授以奉礼郎，不久改任苏州判官。

庆历六年（1046年），司马光被调京城担任评事、直讲、大理寺丞等一般官职，后又任馆阁校职、同知太常礼院等职。这些官职虽不重要，但对于司马光熟悉朝廷内部斗争十分有利。宰相庞籍被免职，

司马光像

因司马光为他所荐，便弃官追随庞籍到了郓州（今山东东平），做了郓州典学和通判（考察官吏政绩的官员）。又随庞籍入并州，任并州通判。

皇祐元年（1049年），司马光调入京城，担任开封府推官，后被提升为起居舍人，同知谏院。谏院是专门批评朝政得失的机构。司马光任谏官五年，积极向朝廷提出各种建议，对北宋的内政外交提出许多尖锐的批评。

嘉祐八年（1063年），宋神宗赵顼继位后，锐意改革，十分看重司马光的才学，提升他为翰林学士兼御史中丞，并有意让司马光主持朝政，领导改革。但是，司马光与王安石在改革问题上有严重分歧，认为王安石新法对百姓不利。王安石在变法之前，曾提出发展生产的主张和意见，但是变法之后，却把生产放在次要地位，急于解决财政困难，从而加重了税收。北宋中期，尽管国家财政收入增加了几倍，国库仍然空虚，入不敷出。司马光反对加重地主、农民、商人、手工业者的负担，主张节省朝廷上下开支。由于司马光和王安石各执己见，矛盾尖锐，司马光被罢翰林学士等职，到永兴军（今陕西西安）任地方官。不久，司马光又辞永兴军公职，改判西京（今河南洛阳）留司御史台，在任15年。

在洛阳期间，司马光完成了举世瞩目的史学巨著《资治通鉴》的编写。此前，司马光在钻研历史著作中发现缺乏一部比较完整的通史。经过多年的思考，他用了两年时间，用编年体，即按年代顺序编写了一部从战国到秦末的史书，共8卷，取名《通志》。他把《通志》呈给当时的宋英宗御览。英宗看后非常满意，令司马光设置机构，继续编写这部书。

赵顼继位后，称赞此书有助于了解历代治乱兴衰，像一面镜子用以借鉴。因此，宋神宗将《通志》改名为《资治通鉴》。"资治"是帮助统治的意思；"鉴"是指镜子，含有警戒和教训的意思。为了编写这部书，司马光付出了巨大的劳动，初稿堆满了两间屋子，整整花了19个年头才完成了这部历史巨著。《资治通鉴》上起韩、赵、魏三家分晋，下至五代后周政权的灭亡，记载了从公元前403年到公元959年，共1362年的历史，按着年代编成294卷，具有内容丰富、取材广博、叙事清晰、文笔生动简练等特点，是一部很有参考价值的历史著作，也是我国宝贵的文化遗产。

司马光墓前雕像

这部书往往从政治得失入手，从统治者的利益着眼，揭露并谴责了历史上封建帝王的生活奢侈，刑罚过重，赋税众多，以致激起民众反抗等事实。

元丰八年（1085年）三月，宋神宗病死后，皇太后让司马光为相。早在洛阳时，百姓都称司马光为司马相公。他被召入京时，围观百姓之多几致道路阻塞。被拜为尚书左仆射兼门下侍郎后，对于已进入暮年的司马光来说有些力不从心。但司马光不负众望，在他主持朝政期间，鉴于言路不畅、君臣隔阂的弊端，提出广开言路的主张。他废除了王安石新法中仅存的青苗法、免役法和保甲法，这是司马光一生中的一大缺欠。

司马光为官近40年，在洛阳时仅有薄田3顷，其妻死时，只能用卖田所得购置棺椁，这就是人们千古传颂的司马光"典地葬妻"的故事。凭借他的显贵，本来可以富甲天下，但除所得俸禄外，他不谋取外财，始终两袖清风。他还用自己的俸禄周济他人。庞籍死后，曾遗一孤儿寡母，无以为生。司马光就将他们接到自己家中赡养，待之如父母兄弟。宋仁宗曾赐司马光金银珠宝，他上书称，国家正处于多事之秋，百姓贫困，故不接受赏赐。后来，在无法推辞的情况下，就用作谏院的办公费用和救济一些贫困的亲戚朋友。他年老后，其友想用50万钱买一个婢女供其使唤，他即复信回绝说："我几十年来，食不敢常有肉，衣不敢有纯帛，怎敢奢侈呢？"司马光在洛阳时，冬天，外面北风呼啸，大雪纷飞，室内无炭火，以致客人冻得瑟瑟发抖，司马光见此就向客人致歉，让人熬碗姜汤给客人驱寒。此情此景令客人感慨万千，赞叹其为一代廉士。

元祐元年（1086年）九月初一，司马光因病去世，享年68岁。获赠太师、温国公，谥号文正。

司马光作为一名政治家、思想家和历史学家，其功绩是不可磨灭的。在他死后，百姓纷纷为其送葬，并竞相购买他的画像，以示悼念。

蔡 京

蔡京（1047—1126年），字元长，兴化仙游（今福建仙游）人。北宋权相之一、书法家。

蔡京于宋神宗熙宁三年（1070年）进士及第，极善投机钻营，先追随王安石，再迎合司马光和"新党"章惇等，仕途一帆风顺，从县尉起步，历任中书舍人、龙图阁待制、知开封府、龙图阁直学士、权户部尚书、翰林学士兼侍读等职。

元符三年（1100 年），宋徽宗登基，许多大臣指斥蔡京奸诈，心如蛇蝎，蔡京因此被贬为地方官，历知太原府、江宁和杭州。蔡京不甘远离权力中心，针对宋徽宗喜好书画的特点，倾心巴结宦官童贯，搜刮大量书画和奇珍异玩，进献给皇帝。蔡京本人写得一手好字，书法水平为北宋"四大家"（米芾、黄庭坚、苏轼、蔡京）之一。鉴于此，宋徽宗很欣赏蔡京，调为知定州（今河北定州），改任大名府。

崇宁元年（1102 年），宋徽宗将蔡京召回，任翰林学士承旨，次年即任命为宰相。宋徽宗单独召见蔡京，说："昔日神宗皇帝创法立制，未尽施行。先帝（指宋哲宗）继位，国是未定。朕欲上述父兄之志，历观在朝诸臣，无可与为治者。今朕相卿，卿将何以教朕？"蔡京本无多大才学，只是磕头说："臣愿尽死力以报陛下。"宋徽宗发现蔡京机巧玲珑，因而视他为第一知己忠臣。

蔡京为相，有仇必报，凡过去弹劾过他的大臣，没有一人能逃脱被贬官或被放逐的厄运。相反，凡依附他的小人，不管德才怎样，一律加以擢用。真是顺者昌、逆者亡，就连他的弟弟蔡卞也不例外。蔡卞先于蔡京显贵，官拜右丞，改知枢密院事。蔡卞妻子王氏，乃王安石之女，号称七夫人，知书能诗。蔡卞入朝议事，必先受教闺中，以致有人嘲谑说："大人奉行各事，想是床第余谈了。"一次宴会上，伶人甚至说："右丞今日大拜，都是夫人裙带。"蔡卞回府，曾称蔡京功德，七夫人冷笑说："你哥哥比你晚发达，如今地位在你之上，你还吹捧他，难道不感到羞耻吗？"蔡卞一想也是，遂与蔡京存了芥蒂，时有龃龉。蔡京拟用童贯统兵，图谋西夏。众人莫敢异议，独蔡卞说："若用宦官统兵，必误大事。"蔡京由此怀恨弟弟，鼓动宋徽宗，贬其出知河南府。

蔡京的为官诀窍，就是说话办事一切以皇帝的意志为意志，满足皇帝各方面的需要。宋徽宗追求享乐，有着多方面的爱好。一天手持玉盏、玉卮，遍示群臣说："朕制此器已久，唯恐人言过奢，故未尝用。"蔡京忙说："事苟当于理，人言不足畏也。陛下当享天下之奉，区区玉器，何足计哉！"宋徽宗正需要这样的谀臣，遂加封蔡京官爵，进位司空、嘉国公，再进位开府仪同三司、魏国公。蔡京迎合皇帝心理，提出"丰亨豫大"（丰盛、亨通、安乐、阔气）之说，建议不惜人力物力财力，建造皇家宫殿和园林。宋徽宗求之不得，于是便有了延福殿、"花纲石"等劳民伤财之举，"视官爵、财物如粪土，累朝所储扫地矣"。

宋徽宗信用蔡京，而正直的朝臣反对蔡京，一天也没有停止过。大观三年（1109年），谏官交论其恶，从14个方面概括蔡京的罪行。蔡京因此被罢相，贬为太子少保，出居杭州。政和二年（1112年），蔡京又风风光光地回到京城，照

蔡京像

样任宰相。这时的蔡京，老到圆滑，要办某件事情，必先以皇帝口气拟成诏书，再让宋徽宗亲抄一遍，称之为"御笔手诏"。这样，大臣们必须遵行，违者以抗旨论处。按照惯例，凡属军国大事，皆由三省、枢密院议定，再面奏皇帝定夺；任用和处置官吏，先由宰相提出意见，皇帝认可，才由中书省发文，尚书省执行，门下省把关。自从蔡京发明"御笔手诏"以后，三省官员形同虚设，只是在文件上签字画押而已。凭着这一窍道，蔡京呼风得风，唤雨得雨，没有他不敢做的事情，没有他做不成的事情，权势达于顶点。

统治阶级骄奢淫逸，劳动人民则备受荼毒。他们切齿痛恨奸臣贪官，编出民谣唱道："打破筒（指童贯），泼了菜（指蔡京），便是人间好世界。"宣和二年（1120年），江浙地区爆发了方腊领导的农民起义，迅速攻占6州60多个县；山东一带也爆发了宋江领导的起义，劫富济贫，"替天行道"。宋徽宗惊恐万状，一面让蔡京致仕；一面派童贯率领大军，残酷镇压。

宣和六年（1124年），78岁的蔡京第四次担任宰相。他年迈目吒，不能视事，朝中大事悉取决于小儿子蔡绦。凡蔡京决定的事情，都由蔡绦代为处理，并代表蔡京入奏宋徽宗。蔡京不独自身荣显，而且推恩及其儿孙，再及其袍泽故旧，盘根错节，牢不可破。从朝内到朝外，从京城到州郡，执政、将帅、地方官吏等，多是其门人亲戚。他有三个儿子和一个孙子同为大学士，位同执政；另有一个儿子娶宋徽宗之女为妻，封驸马都尉。

蔡京攫取了政权，还想控制兵权，建澶、郑、曹、拱四州为京城"四辅"，各屯兵二万，郡守皆为蔡京姻亲。整个宋徽宗朝，王公卿相，几乎都出自蔡京门下。所以，不管风云怎样变幻，权力总在蔡京手中，形成一门生死、另一门生上，一故吏被逐、另一故吏补缺的局面。宋徽宗尽管有时也怀疑过蔡京，但总体上是离不开蔡京的。蔡京第四次为相时，宋徽宗专门下诏褒美，竟称他是"忠贯金石，志安社稷"。

宣和七年（1125年），金太宗完颜晟攻灭辽国后，十一月又兵发两路，大举南侵，直捣汴京。关键时刻，宋徽宗不想着如何抵抗，只想着自保性命。情急之下，慌忙把皇位传给太子赵桓，自称太上皇，然后带着蔡京、童贯一伙奸贼，以"烧香"为名，逃往亳州蒙城（今安徽蒙城）避难，美其名曰"南巡"。

赵桓继位，是为宋钦宗，次年改元靖康。太学生领袖陈东等上书，揭露蔡京为"六贼"之首，请求诛之，以谢天下。李纲组织军民，展开了轰轰烈烈的京城保卫战。宋钦宗却派人去金营求和，答应给金军黄金500万两、白银5000万两、锦缎100万匹、牛马1万头，割让太原、中山（今河北定州）、河间（今河北河间）三镇土地，而且答应尊金太宗为伯父皇帝。金军暂且撤退。

靖康元年（1126年）四月，宋徽宗又大模大样地回到汴京。这时蔡京已不再是宰相，谏官们揭露他的罪行，无所畏忌。其中，以右正言崔晏的奏书说得最为透彻："贼臣蔡京，奸邪之术，大类王莽，收天下奸邪之士，以为腹心，遂致盗贼蜂起，夷狄动华，宗庙神灵，为之震惊。"宋钦宗为了显示姿态，分别处治"六贼"。其中，蔡京连续被贬为秘书监、崇信军节度副使，放逐儋州（今海南儋县）、潭州（今湖南长沙）；儿子蔡攸、蔡涤等赐死，余子及诸孙皆分徙远方，遇赦不赦。

蔡京作恶太多，途中购买饮食，店家和小贩知是蔡京，没有人肯售，并高声辱骂奸臣。蔡京苦笑着叹息说："（蔡）京失人心，一至于此！"七月，蔡京抵达潭州，百病缠身，一命呜呼。当时的潭州知府是蔡京的仇人，听任其尸暴露，不予殓葬，数日后方裹以布条，草草一埋了事。年底，金军攻破汴京，宋徽宗、宋钦宗被俘，北宋灭亡。

第二节　南宋的著名宰相

秦　桧

秦桧（1090—1155年），字会之，生于黄州（今湖北黄冈黄州区），籍贯江宁（今江苏南京）。南宋初年宰相、奸臣。

秦桧的父亲秦敏学，做过玉山县令、静江府古县（今广西永福县）县令。秦桧早年做过私塾的先生，靠微薄的学费度日，他对自己的生活处境很不满意，曾作诗说："若得水田三百亩，这番不做猢狲王。"

政和五年（1115年）进士及第，任密州教授，改太学学正。

秦桧像

早期的秦桧，并不像后来那样阴险奸诈。靖康元年（1126年），金军进攻汴京，求割太原、中山、河间三镇，作为许和的条件之一。宋钦宗畏敌如虎，满口答应。秦桧上书，陈述兵机四事："一言金人要请无厌，乞只许燕山一路；二言金人狙诈，守御不可缓；三言乞集百官详议，择其当者载其誓书；四乞馆金使于外，不可令入（城）门及引上殿。"这说明秦桧对于金人的贪婪和狡诈是有认识的，提醒皇帝务要警惕和有原则，不能一味退让。

秦桧作为割地使之一，参加了与金人的谈判。金人提出，必须先得三镇，然后撤军。为此，宋钦宗专门召开会议予以讨论。范仲尹等70人附和皇帝，主张"予之"；而秦桧等36人反对，"持不可"。这表明，秦桧还是有爱国心的，故而被提升为御史中丞。

这年底，金军再度南侵，包围汴京。宋钦宗屈节投降，北宋灭亡。秦桧是被金军俘掠北去的宋朝大臣之一，他的妻子王氏随行。北去途中，秦桧夫妇和宋徽宗、宋钦宗一样，饱受艰辛和屈辱。金太宗封宋徽宗为昏德侯，宋钦宗为重昏侯。二帝辗转迁徙至韩州（今辽宁昌图北）。宋徽宗听说南宋建立，写信给金太宗，提出和议问题。信经秦桧润色，情文格外凄婉。金太宗破例召见秦桧，并把他交给弟弟完颜挞懒。挞懒发现秦桧极有心机，用为军府参谋。接着，挞懒又发现秦桧妻子王氏饶有姿色，遂与通奸。从这时起，秦桧的思想发生了根本的变化，心目中只有金国而没有故国了。

金国攻灭北宋后，继续对南宋发动进攻。宋高宗一路南逃，中原军民则高举义

秦桧铁跪像

旗，反击入侵者。金太宗实行以战为主、以和辅战的双重策略，命挞懒把秦桧放回临安，主持和议，以便从内部分化和瓦解南宋，达到不战而胜的目的。挞懒向秦桧交底，秦桧甘心投降，当了卖国贼，带着妻子王氏于建炎四年（1130年）从海上回到临安，诡称是"杀了监守，夺船而归"。但是这个理由太荒唐，唯宋高宗坚信不疑，因为秦桧带回了宋徽宗、宋钦宗和宋高宗生母韦太后健在的准确消息，而且秦桧力主和议，正中宋高宗下怀。宋高宗高兴地对人说："秦桧朴忠过人，朕得佳士，岂非一大幸事？"因此当即用为礼部尚书，绍兴元年（1131年）二月，再用为参知政事。

但是秦桧不满足于副相职位，放话说："我有二策，可以安抚天下。"别人询问其策。秦桧故意说："今无宰相，不可行也！"八月，宋高宗以秦桧为右仆射同中书门下平章事，正式为宰相，同时兼知枢密院事，使之军政大权集于一身。宋高宗对秦桧的所谓"二策"也感兴趣。秦桧亮出计谋，说："如欲天下无事，南人归南，北人归北。"这话说白了，就是南北分治。若此，南宋军民就无须开展什么抗金斗争，更无须收复什么失地和重整什么河山了。

事实上，当时南宋军民的抗金斗争正进行得如火如荼。太行山有"八字军"，中条山有"红巾军"，还有韩世忠、张浚、吴玠等，同时在各个地方给予入侵的金军以沉重的打击。最出名最坚强的是岳飞领导的"岳家军"，活动于中原一带，抗击金军，神出鬼没，战果辉煌。岳飞听说宋高宗和秦桧正积极与金军议和，愤然上书说："金人不足信，和议不足恃，相臣谋国不善，恐贻讥后世。"把矛头直接指向秦桧，引起了秦桧的无限忌恨。

绍兴十年（1140年），金军统帅完颜兀术率领大军再度南侵，遭到各路宋军的顽强抗击。其中，岳飞一军最为勇猛，尤其是七月在郾城（今河南郾城）之战中，大败金军主力，大破兀术的"拐子马"，乘胜追击，直至朱仙镇，距离汴京只有40余里。岳飞的胜利，震撼了中原大地，父老乡亲携牛带酒，头顶香盆，欢迎和慰劳岳家军。岳飞兴高采烈，上书朝廷，请求各路宋军发起总攻，歼灭金军。他高兴地对部将们说："直抵黄龙府（今吉林农安），与诸君痛饮耳！"

兀术龟缩在汴京城，一面感叹"撼山易，撼岳家军难"；一面决定舍弃汴京，率兵北撤。这天，他已上马准备起程，忽有一个书生上前拉住马缰，说："大帅且留勿走，岳飞很快就会退兵！"兀术诧异，说："郾城一战，我骑兵主力尽丧于岳家军麻扎刀下。朱仙镇一仗，岳飞又以五百精骑破我十万大军。城中百姓，日夜盼望岳家军，汴京焉能守住？"那个书生不慌不忙地说："自古以来，哪有权臣在内而将帅能立功于外的呢？岳飞自身性命尚且难保，又怎能期望成功呢？"

兀术听书生说得有理，遂留下不走，并派密使去见秦桧。宋高宗心中只有一个"和"字，秦桧又百般忌恨岳飞，他们奉妥协投降为国策，绝不容许岳飞得罪金人。因此，他们在一天之内，连发12道金牌，催促岳飞班师。岳飞接到金牌，痛心疾首，悲愤泪下，叹息说："十年之功，废于一旦！"岳飞班师，继被召至临安。宋高宗和秦桧给岳飞安了个枢密副使的职衔，削夺了他的兵权。兀术的密使携带密信，责备秦桧说："汝朝夕请和，奈何令岳飞掌兵，欲图河北？汝必杀（岳）飞，然后可和。"秦桧忠于金人主子，精心设计，谋害岳飞。

岳飞一生光明磊落，无懈可击。秦桧谋害岳飞，只能靠无中生有，栽赃陷害。他伙同亲信万俟卨、张俊，共同诬陷岳飞，声称岳飞企图"谋反"，而且涉及岳飞儿子岳云及部将张宪，把他们一起关进监狱，严刑逼供。

秦桧在审讯岳飞的同时，根据宋高宗的旨意，一手主和，命令各路宋军停止作战。绍兴十一年（1141年）十一月，宋、金签订"和议"：宋向金奉表称臣，"世世子孙，谨守臣节"；宋每年向金贡献白银25万两，绢帛25万匹；宋、金疆域，东以淮河中流，西以大散关（今陕西宝鸡西南）为界，宋割唐（今河南唐河）、邓（今河南邓县）二州及商（今陕西商县）、秦（今甘肃天水）二州之半予金。史称"绍兴和议"，记录了宋高宗和秦桧等投降派无耻的卖国行径。

"和议"达成，秦桧派人继续审讯岳飞。老将韩世忠当面质问秦桧说："所谓岳飞谋反，证据何在？"秦桧没有证据，却狡猾地说："其事莫须有。"意思是说"当须有"。韩世忠十分愤怒，说："'莫须有'三字，何以服天下！"绍兴十一年（1141年）十二月二十九日，秦桧得知有人会集士民，准备为岳飞请命。他颇费踌躇，犹豫不决。他的妻子王氏出主意说："这有何难？干脆杀了他，缚虎容易纵虎难！"这句话提醒了秦桧。秦桧奏请宋高宗，就凭"莫须有"的罪名，硬将岳云和张宪腰斩于市，将岳飞秘密处死于狱中。岳飞临刑前，索笔写下八个大字："天日昭昭！天日昭昭！"

秦桧害死岳飞，宋高宗认为他是忠臣和功臣，加官晋爵，使之成为太师、魏国公，其母封国夫人，其子秦熺（实是王氏外甥）授秘书少监，领修国史。秦桧为相，继续呼风唤雨，名将韩世忠、张浚等，皆因受他排斥而愤愤离开朝廷。

绍兴十五年（1145年），秦熺居然升为翰林学士，兼官侍读。宋高宗礼待秦氏父子，赏赐豪华府第和无数金帛；御书"一德格天"四字，让秦桧制匾悬挂府中；再许秦桧立家庙于京城，御赐祭器。真是"恩遇优渥，荣华无比"，就连宋徽宗时的蔡京，恐怕也远远不及！

权势和野心往往是连在一起的。晚年的秦桧野心勃勃，意欲将平生的反对派一网打尽，使其子子孙孙不得翻身，然后便可为所欲为，即便夺取南宋江山，也是唾手可得的事情。宋高宗对于秦桧，经历了奇之、恶之、爱之、畏之四个阶段。他担心秦桧会成为王莽、董卓之类的人物，所以平时在靴中总藏着一把利刃，以作防身之用。

绍兴二十年（1150年）发生一件大事，壮士施全刺杀秦桧未遂，反而被秦桧杀死。此后，秦桧加强警戒，每外出，侍卫前呼后拥，生怕遭人暗算。秦桧害人心虚，常做噩梦，身体一天不如一天。绍兴二十五年（1155年）十月，秦桧又兴起一个包括53人的大冤案，随后病倒。宋高宗立命秦桧和秦熺致仕，但表面上仍封秦桧为建康郡王，授秦熺为少师。二十二日，秦桧呜呼哀哉，终年66岁。追赠申王，谥曰"忠献"。不久，王氏亦死。宋宁宗时，秦桧被削去王号，改谥"缪丑"。

秦桧夫妇跪像

秦桧两次为相，共 19 年。他人在宋朝心在金，除一心一意主和外，完全按照金人的意图，基本上把宋朝的忠臣良将诛斥殆尽。他为相期间，参政变换了 28 人，贿赂公行，富可敌国，党羽曾向他献"王气诗"，请他坐金银车，他俨然就是未来的皇帝。秦桧死后，宋高宗松了口气，对人说："朕今日始免靴中藏刃矣！"

秦桧死后 8 年，也就是岳飞死后 22 年，宋高宗在内忧外患无法解决的情况下，禅位给太子赵昚，自己当了太上皇。赵昚登基，就是宋孝宗。

隆兴元年（1163 年），宋孝宗为岳飞平反昭雪，恢复岳飞官职，悬赏购得岳飞遗骨，以礼迁葬于西湖栖霞岭，建成"精忠园"（一称岳墓或岳坟）。后来又在附近建成岳庙。岳墓和岳庙，是民族正气的象征，世代受人景仰。淳熙六年（1179 年），岳飞被追谥"武穆"。嘉定四年（1211 年），岳飞被追封为鄂王。秦桧夫妇、万俟卨、张俊，生前逃避了应得的惩罚，死后被人铸像，长跪在岳墓前。墓阙楹联书刻："青山有幸埋忠骨，白铁无辜铸佞臣。"这历史的裁判，大概就是"天日昭昭"吧。

虞允文

虞允文（1110—1174 年），字彬父，一作彬甫。隆州仁寿县（今属四川省眉山市仁寿县藕塘乡）人。南宋名臣、宰相。

虞允文的父亲虞祺是政和年间进士，官至太常博士、潼川路转运判官。在家学的熏陶下，虞允文成长为少年才子。他 6 岁能背诵"九经"，7 岁下笔成文。青年时期，他为了孝敬父母，不愿出外为官，因此长期没有参加科举考试。绍兴二十三年（1153 年），他年已 43 岁，才赴京考中进士，历任彭州通判和黎州、滁州知府等地方官。

秦桧死后，他的党羽左相汤思退轻信金国希望两国和好的谎言，置边防战备于不顾。绍兴三十年（1200年）正月，虞允文上书说："金国必定背叛盟约南侵，到时主力必定经淮西，奇兵必定走海路，希望陛下诏令大臣制定防御措施。"十月，朝廷命他以工部尚书的身份出使金国。他目睹金国正在大举转运粮食和制造船只，因此回朝后极力陈述加强两淮守备的必要性。不久，朝廷任命他为中书舍人。

绍兴三十一年（1161年）五月，金国使臣王全、高景山来朝，转达金主完颜亮要求宋室割占淮南地区的无理要求。宋廷召集文武百官商讨对策，决定拒绝割地，并迅速调兵遣将以御敌。任命吴璘为四川宣抚使，负责川陕防务；成闵为京湖制置使，率领禁卫军5万人防守长江中游；刘锜为淮南、江南、浙西制置使，主持江淮战事。七月，金主完颜亮移驻汴京（开封）。虞允文对陈康伯说："成闵部按行程计算还位于江州、池州两地，应当让两支队伍分别就地驻扎。如果敌兵从上游出动，那么荆湖军队在前面抵抗，江州、池州的军队在后面援助；如果敌兵从淮西出动，那么池州军经巢县、江州军经无为，可以作为淮西军的后援。这

虞允文像

样，一支军队就能起到两种作用。"陈康伯认为他言之有理。九月，完颜亮亲自率领大军南侵，任命李通为大都督，派人在淮河上架设浮桥。抗金名将刘锜抱病北上，严密部署淮东防务，派兵进驻宝应、盱眙、淮阴。但是负责淮西防务的王权贪生怕死，畏缩不前，使淮西几乎成为无防之地。十月，金军从淮西从容渡河。驻守在庐州的王权闻风而逃，因此刘锜被迫退守扬州。

十一月，完颜亮率大军抵达采石对岸。朝廷决定改换将领，以成闵代替刘锜，以李显忠代替王权。虞允文奉命到芜湖催促李显忠赴任，八日到采石犒师。当时双方力量悬殊，金兵达40万，宋军仅1.8万人。虞允文与诸将商议，决定把步兵和骑兵沿着江岸排列，把战船分成五队：两队沿岸往来奔走；一队位于中流伺机而动；两队藏在小港中，预备应付紧急情况。宋军刚刚布置妥当，完颜亮就指挥百艘船只蔽江而来，瞬间就有70艘到达南岸。在金兵的强大攻势下宋军被迫后退，形势万分危急。这时，虞允文鼓舞将士直冲金兵，人人奋不顾身，拼命杀敌。中流的宋朝水军在当涂民兵的配合下，用海鳅船撞沉敌船。金兵伤亡惨重，但督战的完颜亮以死相逼，因此也不敢退却。正在胜负难料之际，恰巧从光州溃退的300名宋军路过这里。虞允文让他们摇旗呐喊，虚张声势，一起从山后冲出。金兵以为是宋朝的援军到了，因此丧失斗志而争相逃命。虞允文率部乘势反击，宋军大获全胜。金兵有的被杀死，有的落水淹死，有的被俘获，损失近5000人。

虞允文犒赏将士，对他们说："敌军今天失败，明天必定重来。"于是半夜分拨部分海船到上游布防，派遣盛新率水军拦截杨林口。第二天，金兵果然再次发动攻势。部署得当的宋军进行夹击，烧毁金兵船只300艘。完颜亮黔驴技穷，派人致信王权，仿佛他们之间早就达成什么协议。虞允文说："这是反间计。"他回信说："王权已被依法论处,新任将领是李显忠,愿意与你进行决战。"完颜亮恼羞成怒,处死了主张渡江作战的梁汉臣和造船的工匠,率军直奔瓜洲,三面储水,堵塞瓜洲口。

李显忠到达采石后,虞允文对他说:"敌军进入扬州,必定会与瓜洲兵会合。京口缺乏防备,我应当前去,您能分兵相助吗?"于是李显忠命李捧率1.6万人随虞允文增援京口。这时,宋军杨存中、成闵、邵宏渊各自率领军队共约20万齐集京口,但严重缺乏战船。虞允文与众将商议,把马船改装成战船,并向平江征调船只;又派遣张深率军驻扎在滁河口扼守大江,苗定驻守下蜀作后援。

此时,完颜亮得知完颜褒已经在国内发动政变的消息,暴跳如雷,命令金兵在三天内全部渡江,否则一律处死。金兵进不能打败宋军以渡江,退必然遭到完颜亮杀戮,于是内部矛盾激化。十一月二十七日,完颜亮被都统耶律元宜所杀,各路金兵纷纷溃退。宋军乘机收复两淮地区。

绍兴三十二年(1162年)正月,虞允文上书说:"完颜亮已经被杀死,完颜褒刚刚继位,金国正处于混乱之中,这是上苍保佑我国复兴的好机会。和则令人丧气,战则振奋民心。"四川守将吴璘率军收复凤翔、巩州等地,抗金形势一片大好。但参知政事史浩为首的主和派声称,宋军进讨金国在东面不应越过宝鸡,在北面不应越过德顺,实际上是要求放弃川陕前线收复的土地。虞允文极力抗争,先后上书15次,但由于主和派的极力阻挠而失败。吴璘被迫奉命退兵,途中遭到金兵截击,损失近3万人,秦凤、熙河、永兴等地区再次失陷。

隆兴元年(1163年)初,虞允文奉命从四川宣谕使任上回朝奏事。他用笏画地,对孝宗陈述割地的危害,支持张浚倡导的北伐计划。不久,他以兵部尚书衔出任湖北京西宣抚使(后改为制置使)。

同年八月，金国乘宋朝北伐新败之机，遣使索取唐、邓、海、泗诸州和岁币，并要求宋朝仍然称臣纳贡。右相汤思退力主议和，并得到太上皇高宗的支持。虞允文五次上书，坚决反对割让四州。汤思退大怒，上奏说："这些人都因为利害与自己无关，说大话贻误国家，以博取好名声。"次年六月，虞允文拒不执行放弃唐、邓二州的命令，因此被解除职务。金国得寸进尺，十月再次派兵入侵，直达长江北岸。

乾道六年（公元 1170 年）夏，在虞允文的推动下，孝宗派遣使臣向金国索取河南之地，并要求改变两国的不平等关系。由于虞允文等抗战派的激励和支持，孝宗的抗金意志更加坚定。他决心励精图治，凭借武力收复中原。

虞允文先后三次镇守四川，为加强西线防务做出了重大贡献。绍兴三十二年（1162 年），虞允文在川陕宣谕使任上协助吴璘收复了陕西部分地区。乾道三年（1167 年），吴璘病故，孝宗拜虞允文为资政殿大学士、四川宣抚使，兼知枢密院事。

虞允文到任后，裁汰冗兵，以提高军队的战斗力为急务。他把士兵按照体质、胆量分为三等，年龄太大和太小的一律裁减。他又利用裁汰冗兵节省的经费招募丁勇，扩充军队，以适应抗金斗争的需要。兴州、洋州的忠义民兵英勇善战，在绍兴初年发展到 7 万人，后因大散关之战损失严重。虞允文命令利州帅晁公武核实，录用了 2.39 多人，使民间抗金武装的力量得到充分利用。他命人根据陕西弓箭手法，参照绍兴年间的模式写成了一本书，让将领和官吏掌握。他还企图策反敌将，招募蕃人夹击金兵。

虞允文体察民间疾苦，注意安定社会秩序。从金州、洋州、兴元来归顺的 2 万多人，拦在路上诉说遭受压迫的痛苦。虞允文把官田分给他们耕种，使之能够安居乐业。邛、蜀 14 郡出现饥荒后，他在剑州筹集 5 万缗捐款以赈灾。

乾道五年（1169 年）四月，虞允文应召从四川宣抚使任上回朝担任枢密使。八月，升任右仆射（右相）、同中书门下平章事兼枢密使。乾道八年（1172 年）二月，朝廷任命虞允文为左丞相兼枢密使。虞允文位极人臣，受皇帝信赖达到无以复加的程度。但他感到韶华已逝，力不从心。不久，虞允文推荐梁克家，认为他老成持重，有宰相之才，于是孝宗任命梁克家为右相。九月，孝宗拜虞允文为少保、武安军节度使、四川宣抚使。孝宗命其再度赴四川总理军政事务。他在到任一年多的时间里，不断筹划由四川出师北伐，以图光复中原。由于虞允文长期在危局之中担当重任，为国家大事殚精竭虑，因此积劳成疾。淳熙元年（1174 年）初，他不幸病逝于四川任所。而此时宋金矛盾激化，战争有一触即发之势。孝宗派遣特使持亲笔信奔赴四川与虞允文，相约同时起兵迎敌。可惜当书信送到时，虞允文已经病逝。孝宗大失所望，被迫放弃北伐的计划，再次向金国屈服。

淳熙四年（1177 年），宋孝宗下诏追赠虞允文太傅，谥号"忠肃"。

贾似道

贾似道（1213—1275 年），字师宪，号悦生。浙江天台屯桥松溪人。南宋晚期权相。

贾似道的父亲贾涉，曾任淮东制置使的官职，其秉性狡猾，善阴谋诡计。贾涉在万安县（今属江西）做县丞时，一天路过钱塘（今浙江杭州）风口里，见一妇人正在洗衣，且颇有姿色，便跟至其家，买下了她做妾，生下贾似道。后来贾涉离开万安时，只携贾似道相随，胡氏流落在外，嫁给了一个石匠为妻。及至贾似道年长，任两淮制置大使时，才访得其母，竟用计将石匠沉于江中，其手段实在毒辣，以

贾似道像

后胡氏跟随贾似道得以享尽荣华富贵。

贾似道少年时，家境因父亲的去世而一度破落，浪游放荡，不务正业，后以父荫当了一名管理仓库的小官。后来，他的一个同父异母姐姐被选进宫中，由于容貌出众，很快便受到理宗赵昀的宠爱。绍定五年（1232 年）十二月，贾氏被晋封为贵妃，贾似道成了"国舅"。

嘉熙二年（1238 年），25 岁的贾似道居然一举中第，很快便由正九品的籍田令升为正六品的太常丞、军器监。原本是个浪荡公子的贾似道，凭着理宗对贾贵妃的恩宠，更是放浪形骸，有恃无恐，每日纵情于烟花柳巷，晚间更是通宵流连于西湖之上，泛舟燕游。有一天晚上，理宗登高远眺，只见西湖中灯火通明，便对左右说："此必似道也。"次日一问，果然言中。

虽然品行不端，生活放荡，不学无术，但贾似道依然官运亨通。刚满 32 岁时，他就以端明殿学士的身份移镇两淮。宝祐二年（1254 年），被召回朝廷，加同知枢密院事，封临海郡开国公。宝祐四年，贾似道当上了参知政事。一年后，又升为知枢密院事。又过一年，改任两淮宣抚大使。

端平二年（1235 年），蒙古灭金后，挥兵直指南宋。宝祐六年（1258 年）春，蒙古蒙哥汗决定以四万之众兵分三路全面侵宋，旨在消灭南宋。开庆元年（1259 年）正月，蒙哥汗所率主力围攻合州（今属四川），由于宋军的顽强抵抗，蒙军久攻不下，迫使其主力转攻重庆。七月，蒙哥汗在合州钓鱼山被宋将王坚的炮石击中，重伤而死。四川的蒙军只得退去。九月，蒙哥汗的弟弟忽必烈所部东路蒙军抵达长江沿岸。按理说，元首死去，部下应该垂头丧气退回才是，但是蒙哥汗的弟弟忽必烈却恰恰相反。此时，他更是信心百倍地准备攻城，希望凭借显赫的战功来夺得蒙古大汗的宝座。于是从阳逻堡（今湖北黄冈境）渡江，进围鄂州（今湖北武汉市武昌）。

长江重镇鄂州被围的消息传至临安（今浙江杭州），宋理宗大惊，命令贾似道驻扎在汉阳的兵力赶快增援鄂州，任贾似道为右丞相兼枢密使，仍兼京湖、四川宣抚大使，以吴潜为左丞相兼枢密使。在鄂州城防备加强之后，鉴于鄂州以东比较空虚，丞相吴潜命贾似道移防鄂州下游要地黄州（今湖北黄冈）。

贾似道本来就不是什么治国良相，更谈不上运筹帷幄统率千军万马，在强大的蒙古军队面前，他只是个贪生怕死的无能之辈。

忽必烈在围攻鄂州时，战事特别激烈。蒙军多次击破鄂州的城门，但在守城将士的拼死抵抗下，鄂州并没有惨遭沦陷。鄂州久攻不下，忽必烈又准备进军临安，这下可吓坏了身为统帅的贾似道。他私自派人向忽必烈求和，表示愿意割江为界，对蒙称臣，每年缴纳银、绢各20万，忽必烈不予答应。开庆元年（1259年）十一月，蒙古诸宗王在漠北策划拥立阿里不哥为汗。急于北归争夺汗位的忽必烈，就势答应了贾似道的求和条件。

开庆二年（1260年）正月，蒙军主力北撤之后，贾似道却上演了一场抗蒙获胜的闹剧，用水军袭杀了负责殿后的170名蒙古兵。

援鄂之战后，贾似道隐瞒了私自求和的真相，向朝廷献上所俘杀的蒙古士兵，声称蒙古军队全被消灭。

被蒙在鼓里的理宗哪里知道还有割地、称臣、赔款的和约，真以为贾似道为宋朝社稷立下了天大的再造之功。于是在景定元年（1260年）三月，理宗以少傅、右丞相召贾似道回朝廷，并命满朝文武百官到京郊迎接贾似道"凯旋"。四月，晋升贾似道为少师，封卫国公。

这下，贾似道成了理宗身边的股肱之臣。加之手握重权，贾似道便露出了专横霸道、穷凶极恶的丑陋嘴脸，开始诬陷打击那些曾与他

贾似道塑像

有矛盾的朝臣们。当时，蒙古军队曾攻到潭州，江西大震，丞相吴潜将贾似道调往要冲重镇黄州（湖北黄冈）防守。贾似道在途中遇上一股蒙古兵，简直害怕得要死，然而这些都是些老弱病残，很快就被宋军歼灭，即便如此，他也一直认为这是吴潜在害他，从此便怀恨在心。

还朝以后，贾似道听说宋理宗已经对吴潜相当不满，便乘机指使爪牙沈炎弹劾吴潜，将他贬到循州（广东龙川），并将所有追随吴潜的大臣都扣上"党人"的帽子，贬出朝廷。在鄂州时，将领曹世雄、向士壁曾经对贾似道的行径表示过轻视，贾似道就给他们加上"盗取官钱"的罪名，贬谪到边远穷困的地方去，最后

迫害致死。为了大权独揽，专享殊荣，贾似道还设法将宋理宗向来宠信的宦官内侍董宋臣、卢允升及其党羽贬黜出朝，禁止他们干预朝政。最后，贾似道甚至肆意更改各种法律和规章制度，以巩固自己的地位。

景定五年（1624年），宋理宗病逝，贾似道拥立宋度宗继位。这时贾似道的权势已是如日中天，就连度宗对贾似道也是感激涕零，两人相见竟不行君臣之礼。可他还要施展特有的手腕，故弄玄虚。当贾似道料理完理宗的丧事后，竟弃官返回自己在绍兴（今属浙江）的私宅，暗中又指使人谎报元军将要来袭的消息。朝中顿时人心惶惶，无能的度宗和谢太后立即下诏请贾似道复职，并特拜他为太师，封魏国公。可知贾似道完全是将皇帝如同戏偶一般玩弄于股掌之间。

咸淳三年（1267年）二月，贾似道再次故伎重演，向度宗提出要返乡休养，度宗又慌了，一天四五趟地派大臣、侍从去传旨挽留，还施以各种赏赐物品，直到授以贾似道平章军国重事，派左、右丞相轮流替他掌印，许他三日一朝，才将其挽留下来。原本贾似道在西湖已有理宗赐予的集芳园，这原是高宗用过的旧所，有楼阁堂观数十处，尤以半闲堂、养乐园最为出名，这次度宗又在西湖葛岭赐给他私宅一所，令他在此休养。从此贾似道不到都堂议事，而由胥吏抱着文书送到葛岭私第请示，大小朝政皆由廖莹中和翁应龙办理，宰执形同虚设，仅在公文纸尾署名而已。

咸淳九年（1273年）初，被元军围攻达五年之久的南宋重镇襄阳（今湖北襄樊）终于失陷，南宋朝野大为震动。当初襄阳被围时，贾似道曾装模作样地要亲往救援，暗地又指使党羽上书阻留。等到襄阳失守后，贾似道将其失守的原因推至先皇理宗的头上，说是理宗当初阻止他去救援。襄阳失守后，国家存亡受到严重威胁，许多大臣纷纷献策，然而，贾似道却置南宋王朝存亡于不顾，不仅不加布置边防问题，反而把上书者罢免流放，继续文过饰非，过着歌舞升平的享乐生活。

咸淳十年（1274年）七月，宋度宗去世，贾似道立年仅四岁的赵熙为帝。不久鄂州守将程鹏飞投降，元丞相伯颜率军东下。由于沿途宋军早已疲惫至极，无力应付，所以元军一路长驱直入，临安城局势危急。在太学生的强烈要求之下，贾似道只得率军出征，来到芜湖。谁知他又用了当年对付忽必烈的那招，先派人馈送荔枝、黄柑等水果美食给伯颜，又派宋京到元军中请求称臣纳币，但遭到伯颜的拒绝。咸淳十一年（1275年），在元军的强大攻势下，宋军主力损失殆尽，贾似道只身逃回扬州。

如此误国误民的奸臣贾似道，在众多官员的激愤要求下，被朝廷罢了官。然而，众愤难平，朝廷的从轻发落遭到天下人的一致反对，太学生及台谏、侍从官强烈要求斩杀贾似道。贾似道看到众人的气愤之举非比寻常，不禁有些担心，上表乞求活命，并将鲁港兵败之责全部推给孙虎臣、夏贵。众怒之下，朝廷将他降三级官职，流放婺州（今浙江金华），但贾似道早已臭名昭著，婺州民众到处张贴通告，拒绝让他入境。朝廷又将他改放建宁府（今福建建瓯），但朝臣中有人认为，"建宁乃名儒朱熹的故里，虽三尺童子粗知向方，闻似道来呕恶，况见其人！"在朝臣不断的口诛笔伐之下，朝廷只得将贾似道贬为高州（今广东高州境内）团练副使，到循州（今广东龙川）安置，并抄了他在临安和台州的家。

押送贾似道到循州的是会稽县尉郑虎臣。郑虎臣果然不负众望，一上路没多久，就立即赶走了贾似道所带的十几个侍妾，行至途中，郑虎臣又撤去贾似道轿子上的轿顶，让他暴晒于秋初的烈日中。轿夫也以杭州方言唱歌，嘲骂贾似道。

途中一日，他们在一所古寺歇了下来，墙上有因贾似道迫害而流放过此的吴潜的题字，郑虎臣怒曰："贾团练，吴丞相何以到此？"贾似道无言以对。乘船行至南剑州黯淡滩时，郑虎臣暗示贾似道，这里的水很清，可以自尽。然而贾似道仗着太皇太后的庇护，不肯寻死，企望能躲过风头，说："太皇太后许我不死，有诏即死。"

九月，走到距漳州（今福建漳州）城南五里处的木绵庵时，贾似道多次腹泻。郑虎臣不肯让他多活，遂就此将蹲在便桶上的贾似道处死，结束了他恶贯满盈的一生。贾似道死后不久，南宋都城临安被元军攻破，四年后（1279年），南宋灭亡。

李庭芝

李庭芝（1219—1276年），字祥甫，随地（今湖北随州）人。南宋末宰相。

李庭芝祖籍汴州（今河南开封），李家十二世同居一堂，忠信节义，代代善武，人称"义门李氏"。南宋端平元年（1234年），金朝灭亡，襄、汉一带遭受战乱，李家徙居随州。

嘉熙末年（1240年），蒙军大举南下，南宋的长江沿线防务十分紧急。已中乡举的庭芝面对危局，毅然放弃参加更高一级的考试机会，来到荆州，投奔当时赫赫有名的军帅孟珙帐下，向其献策，并请求奋身效命。孟珙向来善于识别人才，见他相貌魁伟，谈吐不凡，知道他是一个难得的人才，当下就留下了他，。此时，四川告警，孟珙便任命李庭芝代理施州（今湖北恩施）建始县的知县。庭芝一上任，就加强军务建设，训导农民演习军事，选举精壮之士与官军一齐训练。一年之后，建始县的百姓"皆知战守，善驱逐，无事则植戈而耕，兵至则悉出而战"，具备了较强的战斗力。夔州路军帅见此状况，非常赞赏，立即将这一方法推广到其所辖县郡实施。

淳祐初年（1241 年），李庭芝离任，不久就考中了进士，被委派到孟珙帐中主管机要文字。孟珙死后，留下遗嘱推举贾似道代替自己，并且把李庭芝推荐给贾似道。李庭芝为了感激孟珙当年的知遇之恩，亲自护送其灵柩安葬于兴国（今属江西），而且不顾众人的挽留，当即辞官还乡，为孟珙执丧三年。

后来，贾似道镇守京湖，起用李庭芝为制置司参议。不久，由于李庭芝表现极佳，受到朝廷的提拔，命他移镇两淮。开庆元年（1259 年），贾似道任京湖宣抚使，留李庭芝管理扬州。李庭芝初到扬州时，这里刚刚遭受战火之灾，到处是残垣断壁，一片凋蔽。为了尽快恢复经济，李庭芝下令全部免除扬州百姓所欠的赋税，同时借钱款给当地老百姓重建家园，待百姓居舍建成后，又免除其贷款。这样，只用了一年左右的时间，当地百姓与官兵都有了居室。渐渐地，扬州城的面貌焕然一新。

咸淳三年（1267 年）十一月，在宋廷叛臣刘整的建议下，忽必烈决定进攻襄阳和樊城，且命令征南都元帅阿术与刘整共同负责指挥。咸淳八年（1272 年），襄阳已被围困了五年，朝廷立即诏令李庭芝率部进驻郢州，将帅都带兵驻扎在新郢和均州等河口以守住关键。襄樊失陷之后，李庭芝及其部将刘义、范友信被贬至广南。后来，李庭芝又被罢官于京口。

元军攻破襄阳以后，乘胜追击，势如破竹，大举进攻两淮和四川。不久，元军就包围了扬州，两淮安抚制置使印应雷暴死，朝廷立即起用李庭芝制置两淮。李庭芝为了能够集中力量应付淮东局势，就请求分配夏贵负责淮西，朝廷同意了他的意见。

咸淳十年（1274 年）十二月，元军攻破鄂州，度宗诏令天下勤王。李庭芝首先响应，遣兵入卫京师，以激励各地军帅。德祐元年（1275 年）

春，贾似道兵溃于芜湖，沿江诸将官或降或逃，没有一人能够坚守。十月，元军元帅阿术率军驻扎镇江，以扼制淮南的宋军。但阿术久攻扬州不下，于是就在城外筑起长围，想通过长久围困，使其粮尽援绝而不攻自破。果然，不久后扬州城中粮食已尽，死者满道。德祐二年（1276年）二月，情况更加糟糕，人们几日未沾一粒米，只得竞相去食人肉。不久，南宋谢太后以恭帝的名义向元朝请降，元军进入临安。三月，恭帝以及皇亲、官员等数千人被押解北上。五月，恭帝被元世祖降封为瀛国公。南宋实际上已名存实亡。谢太后和瀛国公赵㬎送来诏谕，劝李庭芝投降。李庭芝拒绝降元，登上城楼大义凛然地对来使说："我奉诏守城，没听说过有诏谕投降的。"

就在南宋降元前夕，益王赵昰和广王赵昺在属下的护送下，逃离临安，辗转来到福州。德祐二年五月，赵昰继位于福州，改元景炎，册淑妃杨氏为太后，一同听政；授陈宜中为左丞相兼都督；并遥授李庭芝为右丞相，召他返回朝廷，共图抗元复宋之事，李庭芝欣然从命。临行前，他委托朱焕坚守扬州，然后与姜才率兵7000向福州赶来。但当行至泰州，阿术领兵追踪而

李庭芝与姜才雕像

来，将泰州城围了个水泄不通。不久，守卫扬州的朱焕也投降了元朝，还驱使李庭芝将士的妻儿来到泰州城下逼他投降。当时姜才疽发于肋，无法出战，偏将孙贵、胡惟孝等随即打开泰州城门出降。李庭芝闻听此变，知道事已不可为，遂投莲池自杀。但水浅不得死，后被叛军所执，押回扬州。而姜才卧病在床，被都统曹国安所执，献给了元军。

阿术对两人忠贞之举非常赞叹，本想劝降并重用他们，但朱焕担心李庭芝与姜才降后于己不利，竟向元军请求杀死二人，于是庭芝与姜才被元军杀害。

文天祥

文天祥（1236—1283 年），初名云孙，字履善，一字宋瑞，号文山。吉州庐陵（今江西吉安）人。南宋末政治家、文学家、抗元名臣，民族英雄。

文天祥少时饱读诗书，胸怀大志，于宝祐四年（1256 年）参加科举考试，得中状元，任承事郎、签书宁海军节判官厅公事。期间，蒙古军大举南侵。宋理宗受奸臣和宦官的控制，主张放弃临安，迁都四明（今浙江宁波）。文天祥坚决反对，据理力争，终于使宋理宗打消了迁都的念头。

景定四年（1263 年），文天祥改任著作佐郎兼景献太子府教授，因耻于在宦官董宋臣手下做事，上书求去，知瑞州（今江西高安），转江西提刑。宋度宗咸淳五年（1269 年），文天祥知宁国府（今安徽宣城），次年被调回京城，任学士院权直，负责给皇帝起草诏书。

文天祥鄙夷宰相贾似道，曾通过诏书形式，斥责他的种种劣迹。贾似道大怒，罢免了文天祥官职。直到咸淳十年（1274 年），文天祥才又复出，知赣州（今江西赣县）。这时，元世祖忽必烈以伯颜为统帅，率领铁骑南侵，攻占襄樊和鄂州，然后沿长江东下，直扑临安。宋度宗病死，宋恭帝继位，谢太后主事，下令各地勤王。文天祥招募起一支三万人的队伍，开往临安。贾似道临阵脱逃，新任宰相陈宜中和兵部尚书吕师孟均是投降派。文天祥提出建立方镇的主张，建议设长沙、隆兴（今江西南昌）、鄱阳（今江西波阳）、扬州四镇，各置都督，率领军民，抗击元军。

陈宜中、吕师孟拒不采纳，以文天祥为浙西、浙东制置使、江西安抚大使，知平江（今江苏吴县），率兵增援常州。常州兵败，文天祥退守余杭（今浙江余杭）。德祐二年（1276年）正月，元军进抵临安城外，谢太后焦头烂额，通知元军统帅伯颜，决定投降。

伯颜让宋朝宰相赴元营商谈投降事宜，陈宜中怕死，逃之夭夭。无可奈何，谢太后只得给文天祥一个右丞相兼枢密使的职衔，命其前往元营谈判，同行的还有安抚使贾余庆等人。

文天祥临危受命，意在通过谈判拖住元军，保住临安，为军民抗元争取时间。谈判中，文天祥提出，元军必须撤退到平江一带，以显示谈判的诚意。伯颜大怒，将其扣留，改

文天祥像

而威胁贾余庆。贾余庆一副软骨头，乖乖地俯伏在伯颜面前，接受了元军提出的所有条件。贾余庆被放回，反说了文天祥的许多不是，主张立即投降。谢太后计无可施，只好再任命贾余庆为右丞相，率监察御史杨应奎等，向伯颜献上降表。

其实，这时的南宋事实上已经灭亡。伯颜把宋恭帝及其生母全太后以及文天祥等，押解大都（今北京）。在镇江，文天祥经义士相救，得以逃脱，辗转扬州、高邮（今江苏高邮）、海陵（今江苏泰州）、通州（今江苏南通）等地。

五月，宋臣张世杰、陆秀夫等，在福安（今福建福安）拥立宋恭帝之兄益王赵昰为帝，是为宋端宗。文天祥火速赶到福安，出任枢密使同都督诸路军马，并至南剑（今福建南平），招募兵马，高举起抗元的大旗。文天祥在人民心目中还是丞相，所以响应者甚众。元军加紧向福建发动进攻，张世杰、陆秀夫等保护宋端宗，转移到广东。文天祥也以退为进，移军龙岩（今福建龙岩）。

景炎二年（1277年），文天祥指挥大军挺进江西，攻占会昌（今江西会昌）。元军则把主力摆在雩都（今江西于都）。六月的一天，文天祥和将军赵时赏、邹㵍、巩先等一起，联络赣州、吉水（今江西吉水）的宋军，围歼雩都元军，大获全胜。湖南、湖北、福建的宋军奋起攻杀元军，惩治汉奸，一时形成了抗元战争以来从未有过的大好局面。文天祥驻军兴国（今江西兴国），号令直通江淮地区。元世祖忽必烈派遣南宋降将张弘范、李恒，率兵十万围剿文天祥。文天祥寡不敌众，赵时赏为掩护文天祥，英勇战死。文天祥退守潮阳（今广东潮阳），并向海丰（今广东海丰）转移。景炎三年（1278年）四月，宋端宗病死。张世杰、陆秀夫再拥立其弟赵昺为帝，迁移至崖山（今广东新会南海中）。海盗引导元军，追击文天祥。文天祥遭元军重重包围，自杀未果，终被俘。

祥兴二年（1279年）初，无耻的张弘范押着文天祥由海道去崖山，途经一个叫作零丁洋的地方。文天祥想到异族入侵，国家灭亡，自己无力回天，义愤填膺，写下千古名诗《过零丁洋》：

> 辛苦遭逢起一经，干戈寥落四周星。
>
> 山河破碎风飘絮，身世浮沉雨打萍。
>
> 惶恐滩头说惶恐，零丁洋里叹零丁。
>
> 人生自古谁无死？留取丹心照汗青。

李恒奉张弘范之命，劝文天祥写信给张世杰和陆秀夫，让二人归附元朝。文天祥痛斥汉奸卖国贼，严词拒绝，命其将新写的《过零丁洋》诗交给张弘范。张弘范读诗，且羞且怒，无言以对。二月，崖山海面发生一场海战，宋军惨败，陆秀夫怀揣传国玉玺，背负皇帝，跳海殉国。张世杰突围而出，亦投海殉难。

文天祥悲痛欲绝，几次跳海，欲死不能。他被押往大都，沿途所见，都是国破家亡的悲惨景象。

文天祥到了大都，忽必烈考虑他有崇高的威望，一心想让他降元。为此，忽必烈先派宋恭帝赵㬎前去劝降。

文天祥蜡像

哪知一幕"君劝臣"，反而变成了"臣讽君"，赵㬎自讨了个没趣。忽必烈再派宰相阿合马、博罗，软硬兼施，以力相逼，以利相诱，务要文天祥降元。文天祥坚持民族气节，始终坚贞不屈。忽必烈无奈，只得把文天祥关进监狱，企图以时光消磨他的意志。文天祥在狱中饱受艰辛和屈辱，同时创作了大量诗歌，编成《指南录》《指南后录》《吟啸集》，以抒发自己强烈的爱国感情和忠贞操守。

文天祥被关在狱中整整三年。他成了抗元民众的一面旗帜，有人扬言要劫狱，救出文丞相。忽必烈大为恐慌，进行最后一次努力，亲自出面，劝告文天祥投降，许诺拜为中书宰相。文天祥拒不跪拜忽必烈，破口大骂，只求早死。至元十九年十二月初九（1283 年 1 月 9 日），文天祥被押赴刑场，从容就义，时年 47 岁。

完颜宗翰

完颜宗翰（1080—1137 年），本名黏没喝，又名粘罕，小名鸟家奴。女真族，金朝名将、名臣。完颜宗翰是女真族杰出的政治家和军事家，内能谋国，外能克敌，文才出众，见解超群，乃大金国文武双全的一代开国名将，为金政权的建立和发展立下了卓越功勋。

完颜宗翰的祖父完颜劾者是景祖乌古乃的长子，按照女真族"父死子继"的"世选制"原则，景祖死后，劾者理应继承大位。当时的女真完颜部正处在辽廷失御、各部族竞相称雄而征战不已的时候，作为完颜部首领的继承人，必须首先能在军事上胜任。完颜劾者性情柔和宽厚，而弟弟乌古乃的二儿子劾里钵则是一个有气量、有胆识、能征惯战的女真族英雄。因此，乌古乃临终前，把大位传给次子劾里钵（阿骨打之父），劾里钵又按照景祖制定的标准，以"兄终弟及"的"世选制"传位方式，把大位传给了他的弟弟肃宗颇剌淑，颇剌淑又传位给他的弟弟穆宗盈歌。在此过程中，他们的大哥劾者，一直是无怨无悔。这使穆宗盈歌很是过意不去，有心给大哥高位，使其心理平衡，无奈劾者已垂垂老矣。盈歌斟酌再三，还是把劾者的儿子撒改安排到国相的高位上，其地位仅次于穆宗。这位国相撒改，就是完颜宗翰的父亲，阿骨打的同祖父长兄。

少年时期，完颜宗翰便是个特别强悍的孩子王，有非凡的组织能力。17岁时，宗翰已经成为一个体魄强健、仪表堂堂、精骑善射、剑法奇绝的青年勇士了，并且从这一年开始，随父亲征战，在统一女真诸部的战斗中屡建奇功，备受阿骨打的重视。

完颜宗翰雕像

阿骨打于辽天庆四年（1114年）九月举义旗伐辽，十月攻陷宁江州。在胜利面前，宗翰认为，如果叔父阿骨打不尽快称帝，则无法扩大战果。撒改赞同他的看法，就派他和完颜希尹一起去宁江州向阿骨打祝捷，并转达撒改劝阿骨打及早称帝之意，阿骨打婉言谢绝。此后吴乞买、撒改等人再次劝阿骨打登位，阿骨打还是谦让不受。最后，宗翰等人又找阿骨打最信任、文化修养很高的渤海人杨朴进劝，阿骨打这才答应登位。

收国元年（1115 年）一月，宗翰随太祖进军黄龙府，参加了著名的达鲁古战役。阿骨打委托他统率中军，配合宗雄和娄室、银术可等，扫除了攻取黄龙府的外围障碍，并于同年九月，随太祖攻取了黄龙府。十二月，辽天祚帝率 70 万大军出驼门，几乎动用了辽朝的全部兵力，企图一举歼灭总数只有 2 万人的金军。阿骨打乘辽廷政变、天祚帝回救之机，驱兵奔袭歼敌，辽国的 70 万大军顷刻土崩瓦解。此战中，宗翰以非凡的勇略，协助金太祖连下黄龙府和东京所属的 50 余州，致使辽国元气大伤，一蹶不振。

　　金对辽的节节胜利，震惊了中原的北宋政权。趁着辽朝屡败的机会，宋廷主动提出与金订立共同灭辽的盟约。金天辅二年（1118 年），阿骨打委托宗翰为谈判的全权特使，很快与宋廷缔结了对自己大为有利的盟约。

　　在金兴师伐辽，攻占辽东、上京，金宋联盟和辽外戚耶律余睹降金的新形势下，许多人乐而忘忧，但宗翰却能居安思危，审时度势，并及时向太祖阿骨打提出乘胜灭辽的建议。天辅五年（1121 年）四月，宗翰献《西征灭辽之策》，金太祖对他的建议十分赞许。五月，太祖拜天射柳，赐宴群臣，并升宗翰为移赉勃极烈，使他成为大金政权高级的军事领导成员之一。

　　十二月，太祖下诏攻辽，以斜也为诸军都统，以宗翰和昱、宗干、宗望、宗盘等为副都统，耶律余睹为向导，金军长趋直入，一鼓作气克辽国首都中京和泽州。宗翰以偏师进军奚王霞末盘踞的北安州（今河北隆化），与娄室、徒单绰金分进合击，很快占领了北安城。

　　天辅六年（1122 年）二月，宗翰以 6000 精兵，一昼夜之间追至鸳鸯泺，天祚帝望风逃遁。宗翰派完颜希尹率兵追击，一日三败辽兵，只是不知辽帝所终。后来从降将口中得知，天祚帝已入大漠，欲带辐重逃往西京（今山西大同）。希尹率兵紧追，天祚仅率轻骑兵逃走，宗翰军遂取西京，尽获其内府宝物。四月，西京降而又叛，金将蒲察乌烈等在西京城东40里处与辽援军耿守忠战，杀辽兵千余。宗翰、宗雄、宗干、宗峻军赶到，宗翰首先率兵冲击辽中军，耿守忠5000援兵败走，宗翰军复取西京。经过激烈战斗，金军已占据山西诸州城，直抵西夏边境。斜也派宗望回京师奏捷，并请金太祖亲征。六月，金太祖从京师出发，八月至金大本营白水泺，十二月兵不血刃而取燕京。至此，辽之五京俱破。太祖重赏宗翰、希尹、挞懒、耶律余睹等将士。

天辅七年（1123年）元月，太祖任宗翰为都统，蒲家奴、宗干副之，驻军云中（今山西大同）。从此，宗翰以都统身份在此进行灭辽的新的战略部署。八月，太祖自燕京北归，途中病逝。九月，其弟完颜晟继位，是为金太宗，改年号为天会。由于太祖对宗翰由来已久的信任和宗翰无人可望其项背的累累战功，金太宗决定给他"将在外，君命有所不受"的特权，以利于加速金灭辽的历史进程。天会元年（1123年）十月，太宗把空白圣旨百道赐给宗翰，让他全权决断有关灭辽事宜。

天会二年（1124年）五月，西夏断绝了与辽的关系，向金始奉誓表，以事辽之礼向金称藩。辽天祚帝企图逃往西夏的最后一条路也至此断绝，遂躲在夹山，终日不出。宗翰听说天祚是畏惧自己统军而至此，便假装离任回京。天祚闻讯，率兵5万南进，不料宗翰及时归任，率军出战，速命完颜希尹和娄室追剿。天会三年（1125年）一月，终于在山西朔县余睹谷将天祚帝擒获。降封天祚帝为海滨王，移送长白山东，其不久去世。至此，辽政权名实俱亡，灭宋战略也同时提上日程。

同年十月，金太宗以斜也为攻宋的都元帅，西路军宗翰为副元帅，经略使完颜希尹为元帅左监军，左金吾上将军耶律余睹为元帅右监军，从西京攻打太原；东路军宗望为南京（平洲）路都统，自南京径取燕山。十二月，宗望的东路军大败宋军于白沟，宋燕京守将郭药师投降，燕京重新为金占领。东路军在郭药师的引导下，迅速南下，直指汴京。

宋钦宗一面抵御金兵进攻；一面派使到金营议和。宗望提出，要宋缴纳黄金 500 万两，银 5000 万两，绢、绵各 100 万匹，牛马各万匹，另割太原、中山、河间三镇以及宋对金称侄等十分苛刻的条件，宋钦宗都一一答应。宗望军这才鸣金而去。

天会四年（1126）初，由宗翰统领的西路军宗翰平定招降了各县以及威胜军，攻下隆德府，即潞州。军队到了泽州，宋朝使臣来到军营中，宗翰才知道割三镇讲和的事。路允迪把宋朝割让太原的诏书带来，太原人却不接受诏书。宗翰见太原城兵精粮足，城防甚为得法，料一时难下，便于城外箭射不到的地方筑环形城以困守，围城时间长达 8 个半月，创造了中国乃至世界战史上"围点打援"的典型战例。在援军云集的情况下，宗翰处险不惊，指挥若定。宋廷先后派往太原的樊夔的 10 万援兵、刘臻的 10 万援兵、折可求的 2 万援兵，韩权、罗称的 1.5 万援兵以及孙翊的援兵等，相继被宗翰军打得大败。五月，宋将种师中率 10 万大军来解太原之围，被宗翰歼灭，并斩种师中于熊岭；又击溃姚古 6 万援救之师于榆次，致使大宋朝的精锐之师溃不成军。六月六日，宋钦宗下诏诸路援救大军分进合击，务必解太原之围。八月初，宗翰军败解潜于太原南关，娄室溃张灏 5 万之众于汶水县，其他几路军见此，早已望风而逃。为解太原之围，宋朝先后动用了 50 余万的兵力，但却都被宗翰的 6 万雄兵以变幻莫测的战法击溃、歼灭或重创。至此，宋援救太原的所有努力，均以失败告终。

八月二十日，宋廷派李若水为使求和。然而就在此时，出现了一个"蜡丸书事件"。宋钦宗赵桓诱使萧仲恭写信给耶律余睹，用复兴辽国社稷的话打动他。谁知萧仲恭向金军献出了蜡丸书信，完颜晟下诏再次攻伐宋朝。八月，宗翰从西京出发。九月三日，宗翰攻克太原，捉住宋朝经略使张孝纯等人。鹘沙虎攻取平遥，收降了灵石、介休、孝义等各个县。十一月三日，宗翰从太原赶往汴京战降了威胜军，攻克隆德府，于是占领泽州。撒刺答等人已经先攻破天井关，进逼河阳，打败宋兵上万人，收降了宋兵的城邑。宗翰进攻怀州，把城攻破。二十六日，大军渡过黄河。闰十一月，宗翰到达汴州，与宗望军队会合。宋朝约定划黄河为界，再次请求讲和修好。讲和没有成功。二十五日，银术可等人攻占汴州。三十日，宋钦宗来到军队中，舍弃了青城。十二月二日，宋钦宗呈上奏表投降，标志着北宋封建统治政权的结束。

天会五年（1127）四月，宗翰等人带着宋朝两个君主及其宗族470多人，以及王圭璋、宝印、衮冕、车辆、祭器、乐器、灵台、图书等物品，与大军一起北还。七月，完颜晟赐铁券给宗翰，另外又给了丰厚的奖赏。

五月一日，康王赵构继位于南京（今河南商丘），即宋高宗，改元建炎，史称南宋。面对新的形势，远见卓识的战略家宗翰，首先看到了四川、陕西之地对大金国的潜在威胁，占领这些地方对金军南征的重要战略意义。因此，他在牢固占领山西之后，又挥军经略陕西、四川。金太宗尊重他的意见，一边等待伐灭南宋的战机，一边调遣诸路大军，实行了进军川陕的战略转移。

十二月，宗翰军从河南的河阳渡过黄河后，很快占领了洛阳。此时，赵构已逃往江南。在攻破河南大部分城池后，宗翰深感中原大地如燎原烈火般的抗金武装（达70余万人）的威胁，因此，留下一部分女真将士驻守黄河要道，又将洛阳、襄阳和颍汝、郑、均、房、唐、邓、陈、蔡等地的百姓强行迁移到河北，然后班师云中。

天会七年（1129年）二月，宗翰命西路军娄室、银术可等兵临陕西，连下麟、府、丰三州；四月，尽占富县和黄陵坊之地；十月，攻取京兆、延安两府，拉开了大金国拓疆川陕的序幕。宗翰与宗辅合兵南下，追击宋高宗，史称此举为"搜山检海"。十月，宗翰军先到了濮州。他见濮州是个小郡，根本就没把它放在眼里；又见天色已晚，便驱兵包围了此城，说等明日再攻。濮州守将姚端，深夜率兵袭击金营，直冲中军大帐，宗翰从睡梦中惊醒，慌乱中未及穿鞋便跑出大帐，幸亏左右卫士拼力挡住姚端的冲杀，宗翰才免于一死。第二天，宗翰攻陷濮州，为报昨夜之仇，他竟然下令屠城，全城男女老幼无一人幸免。

东西大军在濮州会合后，宗翰和宗辅率军南下，横扫东平，攻取徐州，循宋军踪迹，奔袭宋高宗于扬州。后来，他认为捉住赵构已绝非可能，而且女真将士不服水土，就于天会八年（1130年）一月，带着大批财物北还。

完颜宗翰雕像

宗翰自天辅五年（1121年）六月，担任国论移赉勃极烈后，除了参议国家重要军政大事外，还主管金朝的外交。天辅七年（1123年），太祖又任命宗翰为西南、西北两路都统，使他成为中央诸勃极烈中唯一兼任地方长官的勃极烈。太宗天会三年（1125年），成立了元帅府，宗翰任左副元帅。都元帅斜也一直身居京师，元帅府则设在云中（今山西大同），大权实际操纵在宗翰手里。在灭亡北宋以后，元帅府由单纯的军事机构演变成军政合一的地方统治机构，专管华北地区的政治、军事和经济等，具有任免文武官吏、司法和征税等权力，成为相对独立于中央的权力机构。元帅府下设两个枢密院，云中枢密院由宗翰掌握，燕京枢密院由副元帅宗望掌握，时人称之为"东朝廷、西朝廷"。后来宗望和燕京枢密院使刘彦宗相继病故，天会六年（1128 年），两个枢密院合并为一。从此，整个华北地区都在宗翰掌握之中。天会十年（1132年），宗翰升任国论右勃极烈兼都元帅，成为名副其实的军事最高统帅。当时华北地区是金朝经济最发达、最富庶的地方，金朝最精锐的部队大多驻守于此。宗翰身兼中央和地方的军政要职，真可谓权势齐天。

在宗翰统治华北的 10 余年（1123—1135 年）中，始终贯彻全面发展女真奴隶主贵族势力，压制、排斥汉族封建官吏和士大夫的方针，实行"三三制"政策。凡州以上的各级官员，都由女真、契丹、渤海、汉人分别担任，女真人最尊贵，契丹或渤海人低一等，汉人等次最低。汉人中，就是官至枢密使的刘彦宗、时立爱和宰相韩企先等人，也不敢轻易得罪下级的女真官吏。为了进一步排斥汉人异己，天会十年（1132年），宗翰又主使西京留守高庆裔等人，搞了一个"磨勘法"。内容是文武官员中，凡是在宋宣和（宋徽宗）年间做过汉官的人，一律免职。这样，过去由宗望和刘彦宗荐拔的许多有才能的官吏便纷纷被解职。宗翰通过此法，打击异己，培植党羽，达到了独揽华北大权的目的。

随着战争的进展，金朝的疆土迅速扩大，宗翰的官位也不断晋升，其财产、占有的奴隶也急剧增加，然而这仍然不能满足他的贪婪欲望。天会八年（1130 年）以后，金宋战争告一段落，这使宗翰失去了大量的奴隶来源，于是，开始在华北人民身上打主意了。当年冬，宗翰密令河北和河南所有州县在同一天内紧闭城门，然后派官兵到城乡各处，一连搜捕三日，将离家外出的人全部抓住，送往云中，在每个人的耳朵上刺上"官"字，入籍为官户。一夜之间，成千上万的平民变成无端的官府奴隶。宗翰把这些人的一部分驱赶到西北的回鹘等国换马匹；还有一部分卖到萌古子、迪烈子、室韦等少数民族地区和高丽国做奴隶。由于抓的人太多，一时卖不出去，宗翰竟派军队将3000多人骗至城外全部杀死。

宗翰在华北一贯我行我素，拒不执行金太宗亲自规定的"劝课农桑，恢复生产"的施政方针，对汉族人民采取敌视的态度，残暴地实行毒政、淫刑、重赋，使中原人民陷入水深火热之中。天会六年（1128年）六月，宗翰以元帅府的名义下令，禁止汉人穿汉服，留汉人发式，违令者格杀勿论。即使汉人削去长发，改成女真发式，不符合规格者也要处死。宗翰不顾百姓的死活，一味横征暴敛，还强令以人口抵债。在宗翰的淫威、毒政之下，北方人民纷纷逃亡、反抗，聚众上山，在险要处安营扎寨，组织起千百支抗金队伍，沉重地打击了以宗翰为首的女真奴隶主统治集团。

当主持燕京枢密院的汉臣刘彦宗病故后，太宗将燕京枢密院合并于云中，宗翰因此而成为号令金国的军政统领、金在汉人统治区的太上皇，甚至凌驾于太宗之上，无论大小事；包括宰相的任命、更换，都要由他决定。一次，金太宗动用军资修建京师宫阙，宗翰竟将太宗绳之以法，打了20军棍。到了后来，他见到太宗也不参拜。至于宰臣，就更不在眼里了。这时的宗翰，已经明显地利令智昏，专横跋扈达到了极点。

天会十年（1132年），宗翰升任为国论右勃极烈、都元帅。他自17岁从军至此，已在战场上度过了33个春秋，从一名勇士成长为军队最高统帅。他随太祖聚众率兵，从"白山黑水"一直打到黄河南岸，身经百战，为金朝打下了半壁河山。在军事上的成功，一方面，是因为他本人具有非凡的军事天才；另一方面，则是敌方的软弱和他手下名将如云的结果。如希尹、娄室、银术可、婆卢火、斡英、拔离速等人，都是英勇善战的宿将。这些有利条件，保证了他在征战的数十年中，几乎是百战百胜，所向无敌。

天会十年（1132年），宗翰返回上京。此时，太宗因患中风之疾，已是卧床不起。皇位继承人谙班勃极烈斜也（昊）已死去两年，太宗长子宗盘（蒲鲁虎）自认为当立为皇储。而宗翰根本没瞧得起他，而是积极拥立太祖嫡长孙合剌为储君。因为合剌此时只是个14岁的无知少年，可以随意摆布。太宗死后，合剌继皇位，是为熙宗。

天会十三年（1135）正月，金熙宗继位，他在完颜宗干等人的辅佐下，废除朝廷的勃极烈制，改行三省制，以相位易宗翰一派的兵权。先是免去宗翰的国论右勃极烈兼都元帅职，任太保、尚书令、领三省事，封晋国王，位居宗磐、宗干之下；完颜希尹被免去元帅右监军职，改任尚书左丞相兼侍中。高庆裔被免去西京留守职，改任尚书左丞；萧庆被免去平阳尹职，改任尚书右丞。至于韩企先在太宗朝即已被召入京，任尚书右丞相。至此，宗翰及其心腹丧失了军权，又离开了他们所控制的华北地区，完全被架空了。

宗翰渐渐醒悟，开始认识到在崇兵尚武的时代，失去兵权意味着什么，可是已悔之晚矣。天会十五年（1137），金熙宗以贪赃罪斩高庆裔，并株连宗翰亲信多人。生性暴躁的宗翰，坐视心腹亲信被杀，无能为力，未及一月便愤懑而死于狱中，终年58岁。死后，其心腹除韩企先外，完颜希尹等人相继罢官被杀。

但宗翰依然被金朝历代君主视为开国第一功臣，死后，熙宗追封他为周宋朝王。海陵王正隆二年（1157年），封为金源郡王。世宗大定年间，又改封为秦王，谥号桓忠，配享太祖庙。

第三节　元朝的著名宰相

耶律楚材

耶律楚材（1190—1244 年），字晋卿，号湛然居士。因曾在北京玉泉山居住，故又称玉泉居士。燕京（今北京）人。契丹族。蒙古帝国时期的政治家。

耶律楚材出生于金后期，其父耶律履在金世宗时任尚书右丞。耶律楚材虽然是契丹人，但他自幼就接受汉文化教育，深受儒家思想的熏陶，成年后，他在治国方面便遵循儒家济世安民之道。耶律楚材天资过人，博览群书，能过目成诵。他 12 岁时入闾山显州书院读书，17

耶律楚材读书堂

岁入仕，24 岁为并州（今河南濮阳）同知（州的副长官），后迁左右司员外郎。

此时，北方蒙古族军队在成吉思汗的率领下，一举吞灭了金王朝。成吉思汗听说耶律楚材才学过人，下诏要亲自召见他，耶律楚材仰慕成吉思汗的雄才大略，认为追随这样的君主，可以施展其远大的抱负，于是欣然应召。成吉思汗一见耶律楚材身材伟岸，声音洪亮，便心生爱意。耶律楚材以渊博的学识受到成吉思汗的宠信，让他跟随自己西征。成吉思汗运用军事手段扩大统治领域，无心改变蒙古族原有的社会政治制度，不重视耶律楚材以儒治国的主张，只把他作为汉文书记官和占卜星相家使用。在成吉思汗统治的十年中，耶律楚材很不得志，曾在诗中流露："致军泽民本不难，言轻无用愧偷安；十年潦倒功何在，三径荒凉盟已寒。"

成吉思汗病逝后，暂由其四子拖雷监国，耶律楚材受命回燕京，负责收集图书经籍。原来，蒙古军队攻下城池，只顾抢夺财物和人口，耶律楚材却搜集图书和药材。不久，军中疾病流行，耶律楚材用所收的药材救活了数万将士，此事引起蒙古统治者对汉族文化的重视，拖雷派耶律楚材到燕京搜集图书，耶律楚材出色地完成了任务。他还协助拖雷整顿统治秩序。由于各州郡官吏任意杀戮，掠夺财物，兼并土地，因而耶律楚材受命与宗王塔察儿共同惩治"剧贼"。耶律楚材通过调查发现，这些"剧贼"都是燕京权贵的亲属，便将"剧贼"全部逮捕入狱。权贵们大为震惊，纷纷向塔察儿行贿，以求免罪。在耶律楚材的劝诫下，塔察儿处死了"剧贼"首恶 16 人，安定了燕京。惩治"剧贼"，显示了耶律楚材的政治才干和清廉刚正的节操，因而获得蒙古统治集团的信任。

拖雷监国两年后，按照成吉思汗的遗诏，由窝阔台继承汗位。在

耶律楚材像

举行登基大典时，耶律楚材为使会议开得庄严隆重，就说服亲王察合台率先遵守君臣之礼，实行跪拜，以尊君权。窝阔台继位后，为树立自己的威严，试图惩戒那些未按时来朝拜的王公大臣。耶律楚材劝窝阔台以宽厚待人，防止扩大矛盾，稳定政局。窝阔台采纳了他的建议，从前不拥护他的人都前来归附。耶律楚材为了帮助窝阔台建立各种制度，撰写了《便宜十八事》，它涉及官吏设置、赋役征收、财政管理、刑法条例等方面。窝阔台汗三卓（1231 年），窝阔台对耶律楚材的才能大加赞赏，当即授命他为中书令，典颁百官，会决庶务，使他成为一人之下、万人之上的宰相。

耶律楚材协助窝阔台进行了一系列政治改革，以适应"汉化"地区高度发达的封建社会需要。首先，逐步废除屠城杀掠的政策，稳定社会经济，避免被统治地区的反抗斗争，从而有利于蒙古国的统一与安定。其次，耶律楚材谏阻"裂土分民"，主张建立军、民、财分治的中央集权制。窝阔台曾打算按照蒙古国的惯例，将新占领的中原地区分赐给亲王和功臣。耶律楚材当即指出，"裂土分民"只会扩大彼此间的矛盾，不利于国家的统一。不如由政府派遣官吏到各州县负责税收，收入作为俸禄发给诸王和功臣，不让他们擅自征税。这样地方征税的权力收归中央,可以加强中央集权的实力,压制地方势力的滋长,避免分裂局面的发生。窝阔台接受了他的建议,令耶律楚材制定地方官军民财三权分立的制度。耶律楚材还及时向窝阔台建议说,天下虽得之马上,而不可在马上治理,道出以文治国的道理。窝阔台便让耶律楚材选拔一批文臣到政府部门任职。为推进"汉化",还将当时一些著名的儒士请到燕京,充实到政府各级机构,从而改善了官员的文化素质。

耶律楚材在窝阔台统治时期,较充分地发挥了自己的治国之能,促使蒙古统治集团接受"汉法",建立起一整套政治经济制度,促进了蒙古社会经济文化的发展,奠定了元代统一国家的规模。明朝的张溥认为他"相二帝辟草昧,开基元德",可比周召二公之功。然而耶律楚材的结局十分悲惨,他所实行的改革措施遭到蒙古贵族们的反对。窝阔台去世后,耶律楚材受到各方面的排挤,于乃马真后三年五月十四日(1244 年 6 月 20 日)悲愤而死。享年 55 岁。后追谥"文正",封广宁王。

阿合马

阿合马(？—1282 年),回纥人,出生于费纳喀忒(今乌兹别克斯坦境内)。元世祖忽必烈时的近臣之一,官至宰相。

阿合马本为蒙古弘吉那部按陈的属民,早年生平不详,只知他是察必皇后的父亲按陈那颜的陪嫁奴隶。中统元年(1260 年)三月,忽必烈在部分诸王的拥戴下,在开平即大汗位;中统三年(1262 年),阿合马被任命为中书左右部,兼诸路都转运使,元政府专门把国家的财赋的职权委托他进行管理。阿合马上奏世祖下令分条规划,向各路运司宣布晓谕。次年,因为河南钧州、徐州等州都有炼铁设备,请朝廷授予宣牌，以振兴冶炼的利益，世祖把开平府升格为上都，又任命阿合马为同知开平府事，兼管中书左右部照旧不变。阿合马上奏请求任命礼部尚书马月合乃兼管已经清查到的 3000 户没有户籍的百姓，加强炼铁行业，每年上缴铁 103.7 万斤，用这些铁铸锻农具 20 万件，换成粮食上缴给公家的一共有 4 万石。

至元元年（1264 年）正月，阿合马上奏说："太原的百姓熬煮私盐，越境到处贩卖。各地百姓贪图他们的盐价钱便宜，争相购买食用，解州的官盐因此而卖不出去，每年上缴的盐税银子只有 7500 两。请朝廷从今年开始增加太原的盐税银子 5000 两，不论和尚、道士、军士、匠人等各户都要分摊缴纳盐税，民间通用私盐可以根据他们自己的方便。"秋十一月，裁撤领中书左右部，合并到中书省，越级任命阿合马为中书平章政事，进官阶为荣禄大夫。

至元三年（1264 年）正月，设立制国用使司，阿合马又以平章政事的身份兼任制国用使司的事务。至元七年（1270 年）正月，设立尚书省，裁撤制国用使司，又任命阿合马为平章尚书省事。

阿合马为人智谋多而又善于言辞，以功利和取得的效益自负，人们都称赞他有能力。世祖急于使国家富起来，就试着让阿合马办事，很有成绩。又看到阿合马和丞相线真、史天泽等争辩，阿合马屡次有理由使他人屈服，由此更加相信阿合马的才能，授予他政治大权，对他的话无不听从。丞相安童认为阿合马专权，上奏世祖，世祖认为安童的话有道理。五月，尚书省上奏要求清查全国的户口，御史台则认为现在到处在捕捉蝗虫，百姓劳苦，清查户口的事情应当稍稍缓办，于是就停止不办。

开始设立尚书省的时候，有圣旨说："凡是加以考核选举的大小官员，由吏部拟定他的资历，呈报尚书省，由尚书省咨送中书上奏。"

到这时，阿合马提拔他自己的人，不经过吏部拟定，也不咨送中书省。丞相安童因此上奏，世祖命令去问阿合马，阿合马说："事情不论大小，统统委任给臣下。所任用的人员，臣下应当自己挑选。"安童因此请求："从今以后只有严重刑事以及调任上路总管，才归臣下管理，其余的事情一并交给阿合马，以便事情职责分明。"世祖都同意了。

至元九年（1272 年），朝廷把尚书省合并于中书省，又任命阿合马为中书平章政事。第二年，又任命他的儿子忽辛为大都路总管，兼大兴府尹。右丞相安童看到阿合马专权一天比一天厉害，就上奏说大都路总管以下的官员大多不称职，请求派人代替他们。不久又上奏说阿合马、张惠仗着宰相的权势会经商，以此一网打尽了天下的最大利益，严重毒害百姓，使他们走投无路而没有地方可以申诉。后来枢密院上奏请求让忽辛同企枢密院事，世祖没有答应。

至元十二年（1275 年），伯颜领兵攻打宋朝，渡江以后，捷报频传。世祖命令阿合马和姚枢、徒单公履、张文谦、陈汉归、杨诚等人，商讨在江南推行盐法、钞法和贸易药材的事情。阿合马上奏说宋朝江南地区的交会应当尽快更换，世祖同意了。阿合马又上奏设立了各路转运使，任命亦必烈金、札马剌了、张、富珪、蔡德润、纥石烈亨、阿里和者、完颜迪、姜毅、阿老瓦丁、倒剌沙等人为转运使。

至元十五年（1278 年）正月，世祖因为西京发生饥荒，发出粮食一万石加以赈济，又告诉阿合马应当广为贮藏积蓄，以准备缺乏。阿合马为了阻挠压抑监察部门，上奏说："从今以后，御史台如果没有禀告尚书省，不能随便召见管理仓库的官吏，也不能随便查究银钱谷物的数字。以及集议中书不到的，就要判罪。"四月，中书左丞崔斌上奏阿合马任用私人，一门之中都处在重要地位上，且用人不当，世祖下旨全都加以罢免，但始终不把这当成阿合马的罪过。

至元十六年（1279 年），阿合马要清理计算江淮行省平章阿里伯、右丞帖木儿设立行省以来所有的钱粮数字，上奏派遣不鲁合答几、刘思愈等前去清查，查到了他们擅自调换朝廷任命的官员 800 人，擅自分设左右司官以及铸造铜印等事，上奏世祖，阿里伯、燕帖木儿两人最后竟因此被杀。

当时阿合马在位时间很久，更加肆意贪婪骄横，提拔奸党郝祯、耿仁，一下子迁升到和自己同在中书省任职，阴谋勾结，蒙蔽皇帝，表面上做得执法严明，暗地里接受贿赂。朝中百官只敢互相用眼神表示不满，但没有人敢于公开议论。有一个值宿禁卫的秦长卿，激昂慷慨地上书揭发他的种种罪恶，竟然被阿合马害死在监狱里。

忽必烈像

至元十九年（1282 年）三月，有个益都千户叫王著的人，一向疾恶如仇，由于人们对阿合马的愤怒怨恨，就秘密铸造了一把大铜锤，准备杀死阿合马。当时有一个妖僧高和尚，自称有秘密法术在军中行使，但毫无效果而逃走，假装身死，杀了一名徒弟，把尸首欺骗大众，自己又逃走，使人也不了解事情的真相。王著和一个叫高和尚的僧人一起谋划，伪装成太子的人，砸死了阿合马。中书左丞郝祯也被杀，右丞张惠被囚禁。枢密院、御史台和留守司的官员都远远看着，没有人能推测究竟是什么缘故。事情败露后，高和尚逃走，王著挺身而出要求把自己囚禁。世祖听到此事以后大为震怒，下令在高梁河抓住了高和尚，把他与王著一起在市上诛杀，剁成肉酱。王著临刑前大喊说："王著为天下除害，现在死了，将来一定有人为我写下这件事的！"

阿合马死后，世祖还不详细了解他的种种邪恶，命令中书省不要追查他的妻子儿子。等到询问孛罗，就全部知道了阿合马的罪恶，这才大怒说："王著把他杀了，的确是对的。"于是下令掘墓开棺，在通玄门外斩戮尸体，听任狗去吃他的肉。朝廷百官和士人百姓，聚在一起观看，拍手称快。阿合马的子侄都被诛杀，家属和财产没收入官。

崔 斌

崔斌（1222—1278 年），字仲文，又名燕帖木耳，元初马邑（今山西朔州朔城区）人。元世祖时宰相。

崔斌相貌堂堂，身材魁梧，善于骑射，武艺高强，其为人机警敏锐，足智多谋，并且酷爱文学，具有多方面的政治才干，是元初杰出的汉人地主阶级政治家。

崔斌对历代兴衰治乱的经验非常熟悉。忽必烈曾在府第召见崔斌，他对答如流，其主张完全符合元世祖的旨意。世祖令他辅佐大将卜怜吉带，因崔斌才略出众，卜怜吉带对他十分敬重。卜怜吉带军驻扬州本城，命崔斌率骑兵侦察敌军形势。崔斌发现敌军阵脚已乱，马上派兵进行偷袭，杀获众多。

元世祖即位后，励精图治，大力推行汉法，采用汉族地方阶级的政治制度，大量吸收并重用一些汉人地主阶级中杰出人才，以巩固和扩大自己的统治基础。元世祖曾让杰出政治家安童给他举荐汉人中"识治体者"，安童推荐了崔斌。崔斌晋见时尽情地陈述自己对时政得失的见解，既精辟又透彻，元世祖对他相当赏识。元世祖视察上都，召崔斌及朝廷近臣陪同。世祖与崔斌肩并肩地骑着马，世祖问崔斌："治理国家首先应该抓什么？"崔斌回答说："宰辅如何是最首先要考虑的。"世祖又请崔斌给他推荐理想的宰相人选，他向世祖举荐安童、史天泽。世祖考虑了很多，崔斌对世祖说："陛下是否认为我为人猥鄙，所举未允公议，因而有所怀疑？今朝廷近臣都在，请允许我征求一下大家的意见，再请上裁决。"世祖答应了他的请求。崔斌立即对群臣说：'皇上有问安童为相，可否？"众人高呼"万岁"。世祖十分高兴，遂以安童、史天泽为相，并授崔斌左右司郎中之职。正因为崔斌思维敏捷，才华横溢，深得元世祖的信任，每论事帝前，群言终日不决者，斌以数言决之。进见，必与近臣皆，其所献替，虽近密之臣，有不得与闻者，以此人多忌之"。

崔斌负有才略，且善于权变，具有很强的行政能力。至元四年（1267年），崔斌出守东京。第二年，大军南征，取道寿张。军中有士卒骚扰百姓，滥杀无辜，强占民房。崔斌了解这一情况，立即快马赶到军营，对军中主将说："未至敌境，先杀吾民，国有常刑，你也跑不了。"于是，犯法的士卒被关进监狱，处以重罚。由此军纪肃然，再也不敢骚扰百姓了。这年正遇灾荒，朝廷征税仍然和往年一样。崔斌奏请给予减免，又请求朝廷"发币十万缗，以赈民饥"。

至元十一年（1274年）九月，元朝发动伐宋的襄樊战役。当时崔斌为河南行省金事，当商议进攻虎门山战斗方案时，崔斌提出："自视山西抵万山，北抵汉江，筑城浚堑，以绝怕援，那么襄阳就可以得到了。"为支援襄樊前线，巩固后方基地，朝廷准备征调曹、濮民丁，屯田南阳，崔斌请求以近地兵多者补之。为筹集军需，户部给滨、棣、清、沧盐券，崔斌决定招募农民以大米来进行盐米贸易，结果远近商贩争先恐后，络绎不绝，不仅远近农民得到实惠，增加收入，而且军费也很快就筹集到了。同年，世祖命丞相伯颜总兵南征，改河南行省为河南宣慰司，加崔斌为中奉大夫、充宣慰使。伯颜大军既渡长江，即令阿里海牙进取湖南，世祖派崔斌做他的副手，并拜其为行中书省参知政事。

至元十二年（1275年）十月，元军围困潭州，守军在守臣李奇率领下顽强抵抗，元军三月攻之不下。崔斌率兵进攻铁坝，阿里海牙中箭负伤，不能指挥。在初战失利的情况下，诸将采纳了崔斌"焚烧敌人角楼，断绝敌人后援，堑城为三周"的计谋，猛攻铁坝，一举攻克。铁坝既克，崔斌又向阿里海牙献计招降。第二天，即张贴告示，晓以利害，陈述祸福，潭州城中军民纷纷争出投降。诸将怒其顽抗多时，对出城投降的军民想全部杀戮。崔斌力劝，诸将才放弃了"欲屠其城"的打算。由此，湖南诸郡，闻风皆下。世祖得到潭州及湖南胜利的捷报，特别嘉奖崔斌，进他为资善大夫，行中书省左丞。潭州人民对崔斌非常感激，为他建立生祠，以表彰和纪念他为湖南人民所推行的德政。

至元十三年（1276年），崔斌奉命巡谕广西以后，又回来湖南任职。当时，潭州属邑安化、湘乡、衡山以南，周龙、张唐、张虎等聚众在各地起义。为镇压起义，崔斌驻军南岳，为分化瓦解起义军，他力排众议，断然拒绝同僚们对来降者"议欲尽戮，以惩反侧"的建议，采取只"诛其首恶，胁从者尽释之"的英明政策，湖南的社会治安于是得到改善。

至元十五年（1276年），崔斌升任中书左丞相，随元世祖到察罕脑儿。世祖问崔斌："江南各省抚治如何？"崔斌乘机借题发挥，阐述他对吏治和用人的主张，并历数权奸阿合马结党营私，安插亲信，致使吏治腐败的情况。世祖听后，立即命令御史大夫相威、枢密副使孛罗查问，并汰其冗员，黜其亲党，检核其不法，罢天下转运司，天下为此事感到欢欣鼓舞。不久，世祖命崔斌为江淮行省左丞，以加强江淮行省的管理。崔斌到任后，大刀阔斧整顿吏治，为除积弊，抚慰百姓，政绩卓然。此外，崔斌还主张以德治民，反对过多剥削和压迫人民，以缓和阶级矛盾。他无论是任地方长官，还是为朝廷重臣，都尽力减轻人民的差役和赋税负担，实行比较宽缓的政策。

崔斌不仅有勇有谋，通晓为政之道，而且其秉性刚直不阿，为官清廉，疾恶如仇，敢与横行不法、蠹国渔民的权奸做坚决斗争。他当着元世祖的面，就能够敢于直面指斥奸党，并且有时也敢于指责皇上的过失。权奸阿合马权倾朝野，一方面极力采取追征赋税、官办矿冶、实行钱钞和盐法等一系列"理财"措施，对广大人民横征暴敛；另一方面，千方百计提拔其亲信，安插党羽到机要部门，收揽人心，把众多子侄、亲戚和心腹安插到朝廷各要害部门。就这样在朝廷上形成了一个以阿哈马为首的官商"理财派"集团，他们欺君罔上，专横独断，把持朝纲，并极力破坏和阻挠元世祖推行的汉法，压制、排挤和打击推行汉法派大臣。崔斌是汉族大臣中的重要成员，便挺身而出，与其他汉族大臣一起与之进行坚决斗争。他在元世祖面前，多次指责阿合马的不法行为。

至元十三年，元灭南宋，江南初平，官制草创，由于权臣阿合马纳赂鬻爵，整个官僚机构臃肿，吏治腐败，江南官僚冗滥尤其严重。这些官吏加狼似虎，鱼肉百姓，人民遭受了巨大的压迫和剥削。世祖听说这些情况后，命平章哈伯、崔斌等人进行"减汰"，并发布诏书，告谕江淮军民，使之家喻户晓。哈伯、崔斌等人接受任务后，铁面无私，大刀阔斧进行整顿，不仅使江南的吏治得到一定程度的改善，对阿合马的势力也是一次沉重打击与削弱。

至元十五年四月，崔斌以阿合马把自己的家人、亲戚全都安排进朝廷要职为由，弹劾阿合马。此时元世祖也感到阿合马做得太过分了，遂接受了崔斌的建议，一并罢免了阿合马家人及亲属的官职，这其中包括罢免被阿合马提拔为大都路总管兼大兴府尹的长子忽辛。阿合马上下活动，不久又官复原职，甚至被晋升。阿合马权高势重，气焰十分嚣张，公然宣称："事无大小，皆委之臣；所用之人，臣宜自择。"这也就是说他能够独断专行，而他人不得干涉。一时间，他在朝廷上下的同党竟多达700多人。他们互相勾结，狼狈为奸，贪赃枉法，坏事做绝。天下人一提起阿合马，无不咬牙切齿。

阿合马为了巩固自己的地位，想尽办法排除异己，陷害忠良。凡是反对他的汉族大臣，如史天泽、刘秉忠、许衡、廉希宪等，无不受到他的排挤、打击和陷害，甚至连元世祖忽必烈的亲戚、丞相安童也被他排挤出朝廷，到极北的边境地区达10年之久。因崔斌在元世祖面前屡斥其奸，阿合马对他恨之入骨，千方百计寻找机会，一定要把他杀死才罢休。至元十五年（1276年）秋七月，因江淮行省至关重要，崔斌被任为江淮行省左丞，以加强对江淮地区的管理。崔斌赴任后，阿合马心中有鬼，即以恶人先告状的惯用伎俩，罗织罪名，进行诬告，最后以擅自改任官吏、私铸铜印、增支粮食等莫须有的罪名，把崔斌和阿里伯逮捕下狱。元世祖看到阿合马诬告崔斌等人的材料，有点怀疑，但阿合马一方面以假材料欺骗元世祖；另一方面又把崔斌等人的申辩截留，不让它到达元世祖手里。最终元世祖听信了阿合马等人的谗言，下令将崔斌和阿里伯处死。至元十七年（1276年）十二月二十五日，元朝历史上一桩震动朝野的大冤案终于铸成，崔斌含冤被杀，终年56岁。

桑 哥

桑哥（？—1291），出身于畏兀儿族，长于吐蕃。元朝宰相。

桑哥少年时代，曾拜吐蕃国胆巴为师，识字读经，还学会西域好几种语言。但是他贵显之后，便讳言曾以胆巴为师，并背叛了老师。年龄稍长以后，做过西域各国的译史。西域地处中西交通要道，商旅往来频繁，商贸兴盛。畏兀儿、吐蕃商人很多，他们的足迹遍于全国，远至中亚、西亚地区。蒙古征服吐蕃、畏兀儿后，这一带商贸如前一样火热。桑哥从小生活在这里，耳濡目染，学会经商牟利，并且深谙商道的门径，这使他步入仕途后，能够熟练地理财，并且时刻暴露出贪婪狡黠、好言时利的特征。

至元年间，社会经济衰落，财政出现严重危机，元蒙统治者极需发展经济以摆脱困境。桑哥由于精通"发财"之术，因而迅速发迹。元朝崇尚佛教，桑哥因懂得吐蕃以及其他多种语言，被忽必烈从译文提升到总制院正院使，负责全国佛教事务兼治吐蕃政教。桑哥由此进入朝廷政教中心，开始有机会接触元世祖忽必烈。其实桑哥对于佛教事务并无多少兴趣，但这个地位却可以有机会向忽必烈言及财利之事，陈述如何"盈利"求息的智术。这正好迎合了忽必烈聚财强兵的胃口，由此忽必烈开始重用桑哥。

有一次，中书省要为僧寺买一批灯油，派一名汉人官员李留判去经办。桑哥知道了，强烈要求中书省将油钱交给他，由他亲自去购买，最后终于从中书省领取了购买一万斤油的钱。他利用这笔钱在市场上先以"和买"的方式，即以低廉的官价购买油，再高价卖出，获利丰厚，既买回了油，又以"所营息钱"进献朝廷。又有一次，元世祖忽必烈因要赏赐外地王爷一批银两、币帛，需要一批驴子运载，忽必烈并答应到达后可将官驴一并赏赐诸王，桑哥乘机建议说："不如以官驴载玉而回，这样既可节约官费又捎回了财富，"忽必烈听了很是兴奋，下令按桑哥说的办。果然，以后桑哥用带回的西域玉石发了一大笔财，他将其中的一部分献给了忽必烈，忽必烈心中大悦。桑哥通过诸如此类小事博得了忽必烈的欢心，很快被忽必烈视为心腹人员。朝中各种大事，包括人事进退，忽必烈都不避桑哥，甚至经常要听听桑哥的意见，桑哥由此渐渐得宠于忽必烈。

桑哥得宠以后，贪赃的嘴脸逐渐暴露出来，其手段也越来越放肆。

至元十九年（1282 年），擅权朝政的奸相阿合马因侵盗财赋、强占民田被千户王著除掉后，受到处罚，家财全部抄没入官，祸及子侄。此时桑哥却幸灾乐祸，原来桑哥看中了阿合马一位美妾，早已垂涎三尺。阿合马倒台，妻妾皆贬为平民，桑哥利用手中的权力，把这位美妾据为己有，对她宠爱无比。这位美妾原是河间转运使张庸之女，张庸也因此与桑哥认为姻亲。桑哥借此机会把张庸收为爪牙，利用姻亲关系，放手让张庸在外面利用职权，侵盗增运官钱，数额多达 3100 万锭。

桑哥身为总制院使，不管佛教事务，但却喜欢利用主管全国佛教事务的职权，大肆贪赃纳贿。桑哥接受了佛教官员杨涟真伽的大批钱物，马上为杨涟真伽谋得佛教总摄一官，并让杨涟真伽去主管江南一带的佛教事务。杨涟真伽是出自佛门的一个贪得无厌的和尚。他到达江南临安后，托庇于桑哥的支持，借口修复寺庙，在江南大肆搜刮民财，而且为非作歹，引起了当地人民的愤怒。有人因此而上书朝廷，但桑哥充耳不闻，把奏书压下不报，只求从中渔利。后来这件事情被忽必烈知道，桑哥赶紧在忽必烈面前为这个贪僧千方百计开脱庇护，杨涟真伽最终还是免受重罚，长期逍遥法外。

由于经常接触忽必烈，桑哥也渐渐地摸到忽必烈嗜财重利的特点，于是，便进陈了许多敛财之术，迎合忽必烈的需要，以求升官揽权，忽必烈不知道桑哥使奸和他的罪恶目的，竟事事放手让桑哥去办。

至元二十四年（1287年）闰二月，诏立尚书省，分别任命了尚书、中书两省官，以桑哥为尚书平章政事。中书六部彼改为尚书六部，各行中书省也改为行尚书省，统归尚书省领导；除任命行省官要与中书省议行外，其余事务都由尚书省从便奏闻。同年十一月，进桑哥为尚书右丞相，仍兼总制院使，于是独揽了朝廷大权。

桑哥执政后相继采用了几项措施来解决财政问题。一项是更定钞法，于当年三月颁行至元宝钞；另一项，最重要、反响最大的，是钩考中书省和全国各地钱谷。首先检校中书省，查出亏欠钞4770锭，昏钞1345锭。桑哥志在严厉整治中书以张声威，遂审问省官，参政杨居宽自辩"实掌铨选，钱谷非所专"，桑哥令左右拳击其面，责以用人不当。参政郭佑被责"多所通负，尸位不言，以疾为托"，也遭到殴辱。十月，杨、郭二人均被处死。接着，世祖任命桑哥为尚书省右丞相，兼任总制院使，领功德使司事，进升官阶为金紫光禄大夫。十一月，桑哥进言："臣先前因各道宣慰司以及路、府、州、县官吏，行动迟缓误事，奉行圣旨派人遍加鞭笞斥责；现有真定宣慰使速哥、南京宣慰使答失蛮，都是有功勋的元老旧臣之子，应听凭圣上裁决。"敕令罢免二人的职务。次年正月，因甘肃行尚书省参知政事铁木哥无心处理政务，又不与桑哥同心，桑哥奏报由乞牙带代替。不久，又以江西行尚书省平章政事忽都铁木儿不称职，上奏请求罢免。兵部尚书忽都答儿不勤勉任职，桑哥令人殴打之后上奏，世祖说："这些人不被罢免，你的事怎么能推行。"

狡黠的桑哥又打着推行新制的名义，重新调整任用一批官员、他借此机会买官纳贿，中饱私囊；同时也乘机起用了一批他的狐朋狗党，他的昆弟、故旧、妻族皆得到安插。被桑哥新任的一批死党及其一大批以路得官的贪徒，上任以后，即拼命搜刮，公开收取贿赂，此时官场贪污成风，浊乱无比。桑哥为了保护自己的一班朋党，也为了防止自己的劣迹暴露，又做出一条规定：凡百司百官收受贿赂，不须台宪官员审问，只需本行了断。自从设立尚书省，所有的仓库诸司，无不检查考核，先是委派六部负责，后又认为职责不专，于是设立征理司，以惩治应被追回财物、粮谷的人。当时桑哥以清理核算粮谷、钱财为主要任务，条分缕析，管理仓库的人无不破产；及至应该更换替代时，人们抛弃家小四处逃避。在桑哥的疯狂迫害下，朝中上下再也无人敢与桑哥作对，无人敢轻易奏劾桑哥及其同党。

桑哥占有了大量财赋，他又以财赋不断地向忽必烈邀功希宠，以求继续加官晋爵。忽必烈一生"黩武嗜利"，谁能为他聚敛财富，他就可以慷慨封官，所以很快又任命桑哥兼任宣政院使，并赐给开府仪同三司的待遇。桑哥每窃取一份权力都设法以权谋私，谋私取利。

至元二十五年（1288年）年底，桑哥又在忽必烈手中窃取了一部分封赏大权。这样，谁要得到赏赐，必须通过桑哥这一关，桑哥也因此也"广开财路"了。接着，桑哥又把手伸向中书省，夺取了中书省向外颁发和宣布皇帝"敕""诏"的大权。至此桑哥不仅控制了财政大权，也控制了封赏大权和控制了官吏升黜大权，"凡控调内外官，皆由于己"，同时又控制了宣诏大权，几乎控制全部朝政，不仅取得了一人之下、万人之上的高位，而且也驾空了忽必烈。

至元二十六年（1288年）十月，桑哥又想出一个敛财新招：增值钞引，增加盐、茶赋税。此外，桑哥又上奏，加征迁移户的赋税。

桑哥贪赃不法、残暴聚敛的各种倒行逆施，虽然受到大部分大臣的参奏弹劾，但由于忽必烈视若无睹，放任自流，致使桑哥越发有恃无恐。在残暴聚敛的政策统治下，各地民不聊生，饿殍遍野。官逼民反，人民不得不揭竿而起。自至元十六年（1278年）起，全国起义反抗者一直不断，其中最为著名的是云南贫民钟明亮起义，此外，广东的黄贤举、福建的立老大，漳州的陈机察、建昌的丘元、泉州南安的陈师七、兴化的朱三十五、浙东台州的杨镇龙，基州与处州的吕重仁和杨元六等人，都先后举起反抗压迫的大旗。农民起义如火如荼，给统治者以沉重的打击。

严酷的事实迫使元王朝的最高统治者对引起农民起义的原因进行思索。也先帖木儿等相继参奏桑哥专术黜货、奸贪不法的种种罪恶勾当，语言皆无比犀利。忽必烈受到震动，于至元二十八年（1290年）二月，忽必烈下诏罢免桑哥所有职务，清算桑哥旧账，没收桑哥的家产。300禁卫军包围了桑哥住宅，抄出金银财宝无数，几乎是皇家内府所藏之半，朝野震惊。四月，开始清查桑党，桑哥党人自此纷纷落网。七月，桑哥在京师街市被砍头，其党羽陆续受刑严惩。元朝花了近三年的时间才推倒了桑党，诛杀了部分贪官污吏，但是，元王朝的政风并未得到改善。

伯 颜

伯颜（1236—1295年），蒙古八邻部人。元朝大将、宰相。

伯颜的曾祖名叫述律哥图，曾在元太祖成吉思汗时，任蒙古八邻部左千户之职。其祖阿剌，袭父职，兼断事官。因平定忽禅有功，成吉思汗就把八邻部这块土地赏赐给他，由他管理。伯颜父亲晓古台，也世袭父职。由于随宗王旭烈兀（成吉思汗之孙、拖雷之子）开拓西域，所以伯颜随父亲生活，在西域长大。

元世祖至元初（1264年），旭烈兀派晓古台进大都（今北京）入朝奏事,伯颜随行。当时伯颜30岁左右,世祖忽必烈见其相貌英俊、身材魁梧、谈吐文雅、出口不凡,甚是欣赏,于是说:"伯颜非宗王之臣也,留在京城让他随朕办事。"于是伯颜留在京师,在世祖忽必烈手下当差。忽必烈曾与伯颜谈论国事,伯颜的所谈所识总比当时的朝臣要高出一筹,这令世祖更加礼待于他。忽必烈还下敕书,让安童的妹妹嫁给伯颜。

伯颜像

至元二年(1265年)七月,伯颜由于忠心耿耿,办事干练,由一名侍臣官被越级提拔为光禄大夫、中书左丞相。当时,朝中大臣遇有难办之事,伯颜总能从容地用一两句话解决、了断。这种高超的决策能力和果断的处事作风赢得群臣们一片赞赏,许多朝中大臣跷起拇指叹服地说:"真宰辅也。"至元四年,伯颜改任中书右丞,至元七年,迁同知枢密院事。至元十年(1273年)春,伯颜持节奉玉册立燕王真金为皇太子。至元十一年(1274年),元世祖决定大举进攻南宋。是年秋七月,元世祖忽必烈任命伯颜为统帅,率大军20万征讨南宋。九月,伯颜率领蒙古铁骑会师于襄阳,然后兵分三路向南挺进。十二月,元军采用声东击西之计,从汉口巧渡长江之后,袭取荆湖重镇鄂州(今湖北武汉)。伯颜命阿里海牙领兵4万镇戍鄂州,分兵攻取湖南、广西等地,自己与阿术率水陆大军沿江东下。

元军飞渡长江，沿江东进，令宋廷沿江各州郡极度恐慌。至元十二年（1275 年）正月，黄州、涟水、蕲州、安庆、池州等州郡的宋朝知官、将领纷纷献城请降。二月，伯颜大败南宋"蟋蟀宰相"贾似道于丁家洲。是役之后，伯颜与取道淮西南下的合答、董文炳会合。溧阳、镇江等地宋军皆请降，淮西滁州诸郡亦相继归降。三月，蒙古大军拿下建康（今江苏南京）。忽必烈闻此捷报，十分高兴，遂诏伯颜以行中书省驻建康，阿塔海、董文炳以行枢密院驻镇江。

十一月，伯颜派军在占据无锡州、太湖和平江后，派宋降臣游介实，奉世祖诏书副本出使宋朝，以诏书的形式劝谕宋朝的诸位大臣投降元朝。十二月，元大军驻无锡。宋朝柳岳等奉宋国主及太皇太后书及宋诸大臣给伯颜的书信来见伯颜，流着泪对伯颜说："太皇太后年迈体衰，我们国君又太幼小，况且我们正处于国丧期间，自古礼不伐丧，望哀怜体谅宋主的情况，能退兵班师。此后宋朝岂敢不每年进奉修好？之所以落到今日这步田地，都是那个奸佞之臣贾似道背信弃义失言于贵国造成的呀。"伯颜回答说："我主上即位之初，曾奉国节至宋，愿与宋修好，而汝国却羁留我使者 16 年，因此今天才兴师问罪。去年，宋又无故杀害我廉奉使等，这是谁的过错？如要使我师不进，请效法当年钱王纳土与宋，李后主出降于宋。你们宋朝当日得天下于奸佞小人之手，今日失天下者，不也是失之于权奸小人之手吗？这一切都是天意啊，不用多说了。"柳岳只有顿首哭泣不已。

至元十三年（1276 年）正月，元军进军临平镇，军至皋亭山。宋主遣临安府守贾余庆同宗室尹甫、吉甫等人，奉传国玺及降表到军前，伯颜接纳。伯颜派遣忙古歹与贾余庆还临安，召宋宰相来谈议降事。当时宰相陈宜见大军压境弃城而逃，宋廷只好任命文天祥为代丞相去处理议降一事，但遭到了文天祥的拒绝。

正月下旬，谢后遣丞相吴坚、文天祥、枢密谢堂等人来见伯颜。伯颜抚慰后，便让他们回返临安。但看到文天祥言谈举止与一般人不同，怀疑他有二心，便扣留军中。文天祥数次请归，伯颜均笑而不答。伯颜命令忙古歹、唆都将文天祥羁留。又令程鹏飞、洪双寿同宋臣贾余庆交换宋主削帝号、递降表。

三月，伯颜入临安，令唐兀歹、李庭护送宋君臣北上。伯颜兵发临安，宋主求见伯颜，伯颜说："没有归降进入朝廷，还谈什么相见的礼仪！"五月，伯颜与宋主到了上都，世祖忽必烈在大安阁接受朝拜，降授宋主为开府仪同三司，检校大司徒，封瀛国公。至此，平定了宋朝。

正当元廷上下沉浸在欢呼胜利的喜庆氛围时，突然北方传来宗王昔里吉、玉木忽儿、脱脱木儿、撒里蛮等自阿力麻里叛乱的消息。叛军进掠和林（今蒙古人民共和国哈尔和林），弘吉剌部只儿瓦台等起兵响应，大漠南北为之震动。在这危急时刻，忽必烈命伯颜火速率军北上，平定叛乱。

伯颜亲率大军，大败昔里吉于斡鲁欢河（今蒙古鄂尔浑河）。不久，叛军内讧，昔里吉败走南方海岛，病死。至元十八年（1281 年）二月，伯颜奉命从皇太子真金戍守漠北。

至元二十二年（1285 年）秋，长期驻守畏兀儿、哈密力（今新疆哈密）的宗王阿只吉，被察合台汗国之汗笃哇所击

伯颜像

败，忽必烈一气之下，削除了他的军权，让伯颜取而代之，镇戍西北。当时，驻守西北的蒙古军队缺乏粮食，伯颜下令将士采掘蒺怯之叶和蓿敦之根贮藏，盛冬时节，士兵和战马皆以此为食充饥。又传令，凡捕食塔剌不欢的野兽军士，可收集它们的毛皮，经过动员，一下收集了几万张，伯颜既而遣使运至京师。忽必烈见状，笑着说："伯颜以边地寒，军士无衣，欲易吾缯帛耳。"遂令廷臣，大量补充边关将士的衣物。

至元二十四年（1287年）春二月，有人密告乃颜欲反，忽必烈诏令伯颜前去打探虚实。乃颜是元宗王，铁木哥斡赤斤玄孙，塔察儿孙，承袭斡赤斤分地，据有哈剌温山（大兴安岭）东西两侧和辽东大部。伯颜临行前让随从人员携带大量的衣裘，沿途均赠与驿人。抵达乃颜驻地后，乃颜设宴欢迎伯颜，暗中却派人做好埋伏，准备擒拿伯颜。极具洞察力的伯颜一眼就察觉出乃颜的阴谋，他借故与随从溜走，分三路奔往驿站。驿人因为得到过伯颜赠送的衣裘，纷纷前来敬献骏马。伯颜等人飞身上马，把乃颜的追兵远远地甩在了后面。

乃颜的谋反之心路人皆知，于是，忽必烈决定铲除这个祸根。是年夏四月，乃颜联络诸王势都儿、哈丹等举兵反叛，进军潢河（今西拉木伦河）流域。忽必烈勃然大怒，决定亲自征讨逆贼，伯颜相从。伯颜奏请召大将李庭、董士选至上都，令其指挥诸卫汉军，运用汉军战术对付叛军。忽必烈接受了伯颜的建议，遂命李庭和董士选率汉军、玉昔帖木儿率蒙古军同时进发，又命伯颜自别失八里移军驻守哈剌和林，阻挡海都和乃颜两军会合。当时，乃颜的部将金家奴、塔不歹进逼乘舆，李庭、董士选指挥步兵迎战获胜。不久，乃颜在不里古都伯塔哈之地（哈拉哈河与诺木尔金河交汇之三角地带）兵败后被杀，势都儿投降，哈丹逃至朝鲜后自杀。

三年后，阿里不哥之子、宗王明里帖木儿在海都的支持下举兵反叛。伯颜奉诏征讨，军士抓获叛军一间谍，忻都挥刀就砍，伯颜急忙制止，并赏赐叛军间谍大量财物，并让他带一封书信给明里帖木儿。此书信晓以大义、明以祸福，规劝明里帖木儿回心转意，拥戴元廷。明里帖木儿看信后热泪盈眶，长泣不止，事后不久便率众归降了元朝。至元三十年（1293 年）冬十二月，伯颜被已身患重病的忽必烈召回京都。第二年正月，忽必烈去世，伯颜以朝廷重臣、顾命大臣身份总领百官。

至元三十一年（1294 年）四月，即忽必烈去世三个月后，铁穆耳在伯颜等人的拥戴下，于上都大安阁正式继帝位，是为元成宗，次年改元元贞。当时，许多诸侯王对铁穆耳继承帝位表示不服，有人甚至公然表示抗议。伯颜手握宝剑，站在殿堂之上，威严无比。他陈述祖宗宝训，宣示顾命，阐明所以拥立铁穆耳的理由，声色俱厉，怒目相向，诸王无不胆寒，纷纷下拜。

五月，伯颜拜开府仪同三司、太傅、录军国重事，依前知枢密院事，赐金银各有差。当时，江南三省多次恳请罢行枢密院，成宗问计于伯颜。伯颜正在病中，他睁开双眼说："内而省、院各置为宜，外而军、民分隶不便。"成宗点头称是，三院遂罢。

是年冬十二月，伯颜因病不起，溘然长逝，时年 59 岁。大德八年（1304 年），元成宗特赠他宣忠佐命开济功臣、太师、开府仪同三司，并追封他为淮安王，谥忠武。元顺帝至正四年（1344 年），又给他加赠宣忠佐命开济翊戴功臣，晋封淮王。

铁木迭儿

铁木迭儿（？—1322），身历元世祖、元成宗、元武宗、元仁宗、元英宗五代君主，贪财有术，行贿有方，敛财聚货，中饱私囊，迫害忠良，最后身败名裂。

铁木迭儿前期经历不详，曾事元世祖。元成宗大德年间，授同知宣徽院事，兼通政院使。宣徽院掌宫廷饮膳等事，铁木迭儿久任此职，有亲近内宫之便，得到元武宗母答己太后的宠信。元世祖忽必烈之子成宗死后，先后继位的武宗、仁宗和英宗时期，元朝的实际大权实际上是皇太后在左右着。武宗至大元年（1308 年）夏四月，加右丞相，又先后出任江西行省平章政事和云南省左丞相。铁木迭儿在云南期间，由于"贪暴擅诛杀"，受到安抚使法花鲁丁的监督与挟制，使他不能随心所欲，于是铁木迭儿就罗织法花鲁丁各种罪名，准备把他杀了。云南康访使朵儿赫闻讯大为吃惊，他亲自查明缘由，并为法花鲁丁纠正名声，当面申斥铁木迭儿，身为地方官，无权"擅杀"朝廷大臣，法花鲁丁于是才免于一死。

云南当时各少数民族之间经常发生矛盾，铁木迭儿作为地方长官不是调解矛盾，而是利用矛盾从中渔利。当各少数民族村寨经常相互仇杀时，双方酋长为了争取官府支持，都纷纷向衙门送礼行贿。铁木迭儿又向上"诈奏"，说蛮人叛乱，派出大批官兵镇压，并趁机大肆掠劫。这事以后也被廉访使朵儿赫巡察，奏劾于朝廷，云南行省官员全被罢免。铁木迭儿在云南待不下去，就偷偷溜到京城，买通后宫宦官夫烈门联络皇太后，企图获得重用。但是他"擅离职赴阙"，又被尚书省检举弹劾，遭皇上下旨"诘问"。关键时刻，又是皇太后出面支持，让他"戴罪还职"。铁木迭儿不仅度过了危险，而且仕途从此获得了新的转机。

答己皇太后是当时的铁腕女人，史书记载她"不事检饬""淫恣益甚"，身居宫中，不甘寂寞，企图操纵内外。当时皇上年幼，她便玩弄权术，拉拢幸臣失烈门、纽邻等相互勾结。现在铁木迭儿又成了后党的人物，使皇太后"内有黑驴母亦烈失八用事，外则幸臣失烈门、纽邻、铁木迭儿相率为奸", 形成了一股黑暗势力。他们"浊乱朝政, 无所不至, 把元代昏暗的政治推向灭亡的深渊。

至大四年(1311年)正月, 武宗在位仅四年就病死了, 幼子仁宗继位, 大权当然还是掌握在皇太后手中。当时朝廷准备推用完泽、李孟为中书平章政事, 但是太后在宫中传旨: "召铁木迭儿为中书右丞相"。

元代制度行政大权、军事大权、监察大权, 各由中书省、枢密院、御史台所执掌, 铁木迭儿出任丞相后还想把持军权。于是他以退为进, 以"抱病"辞职, 背里又去活动皇太后, 终于达到目的, "拜开府仪同三司, 监修国史, 录军国重事", "复拜中书右相", 与左丞相共同分掌朝中军政大事。

仁宗新政在经济上的一个重要问题就是如何增加国家的赋税。铁木迭儿入主中书省后, 除了竭力控制任用僚属的权力, 也集中朝中诸老臣共议补救国家赋税欠缺的办法, 而且主张以敛财的手段谋之。他向仁宗提出三条意见: 一、征收再货贸易商税, 举凡向诸幕经商者须经国家统一实行"纲谋"管理; 十舟一"纲", 发"徽"放行, 回程一律按规定征税。当时规定"细物十分抽二, 粗物十五分抽二", 元朝实际上推行的是"关禁"政策, 即"禁人下蕃", 然而铁木迭儿为了敛财媚上, 不惜违禁, 来弥补当时十分空虚的国库。二、预卖山东、河南第二年的"盐引及各冶铁货"。所谓"预卖", 即是提前征收明年的盐税和各种冶金税, "以足今岁之用"。三、"禁私匿民田", "括田增税", 并按江浙、江西一带租税和田亩数制定征收标准。这一带人多地少粮食单产高, 照此括田增税法推广到全国, 朝廷当然会是财源滚滚。这几种办法, 却是重重地加重了人民的负担, 使本来阶级矛盾已经十分尖锐的元朝统治, 更处在火山口上。仁宗不审国情, 贸然批准了铁木迭儿的三个意见。铁木迭儿大为得意, 立即派遣使者, 分赴各省，推行他的一整套掠夺人民的措施。推行的结果，由于"括田增税，苛急烦扰"，引起社会动荡，江南一带受害最为严重。人民对野蛮落后的元王朝统治无比愤恨，终于导致武装斗争。延祐二年（1315年）四月，赣民蔡五九举起了义旗，领导农民起义，反抗元王朝统治。一时之间，"南方骚动，远近惊惧"。铁木迭儿遣张驴率兵往剿，蔡五九率众抵抗，终因势穷力蹙而被杀。

仁宗皇帝此时十分恐慌，立即下令，停止在江南"经理及冒括田租"，并将逼死人命的张驴逮捕审问。同时，宣布废除铁木迭儿的三条措施。铁木迭儿遭受了沉重的打击，他开府治事，开头就失败，不仅没有赢得仁宗皇帝和朝廷大臣的信任，反而暴露了自己的无能和偏狭。仁宗为了防止他继续胡作非为、倒行逆施，又拜御史中丞萧拜住为中书平章政事，以牵制铁木迭儿。

但铁木迭儿贪欲的本性不改，一有机会仍然勒索纳贿，不顾一切中饱私囊。延祐四年（1317年）六月，上都有户人家叫张弼，其家奴杀人，嫁祸于主人，张弼被缉拿下狱。张弼喊冤，但铁木迭儿接受其奴贿赂，不为他申冤。张弼无奈，也贿其巨额赃款，铁木迭儿便要上都开平府尹贺伯颜放出张弼。贺伯颜早就厌恶铁木迭儿贪暴卑劣的人品，不屑与之为伍，因而不肯答应铁木迭儿的要求。铁木迭儿愤恨不已，盛怒之下以官事为名，向贺伯颜兴师问罪。贺伯颜知道自己势孤力单，敌不过铁木迭儿，就联合御史中丞杨朵儿只，杨朵儿只又联合监察御史玉龙帖木儿、徐元素二人，共同调查察访，查明了张弼及家奴贿赂铁木迭儿的犯罪事实。于是，杨朵儿只与贺伯颜又联合丞相萧拜住一起，上朝奏明皇上，揭露铁木迭儿的贪财纳贿，知法犯法。朝廷大臣见此，也都一个接一个跟着揭露铁木迭儿其余的各种贪污纳赃、巧取豪夺的事实，当场被揭发出来的贪赃受贿数十起。朝堂上顿时形成轩然大波，仁宗闻奏"震怒"，发诏逮捕追查。

铁木迭儿见势不妙，慌忙躲入皇太后的兴圣宫。皇太后把他保护起来，公差无法搜捕。杨朵儿只紧密搜捕，却被皇太后召到宫门，斥责他违抗太后旨意。仁宗无法，不敢违抗皇太后的旨意，只好从轻发落，罢免了铁木迭儿的相位，仅仅"尽诛其大奴同恶数人"。

铁木迭儿并未甘心失败，延祐六年（1319年）四月，被罢相后闲居在家不到半年，在皇太后的支持下，他又重新被起用为太子太师。朝廷大臣对铁木迭儿重新上台纷纷表示抗议，但皇太后无视众怒，一意孤行。铁木迭儿在皇太后的庇护下，一直逍遥法外。延祐七年（1320）正月二十一日，年仅30岁的仁宗皇帝死了。仁宗死后只有四天，铁木迭儿秉承皇太后旨，重新进入中书省，出任首席右丞相。这时，英宗还未继位，尚在东宫读书。铁木迭儿欺英宗年幼，又仗自己是英宗的老师，便勾结皇太后，大权独揽。宫廷的这种反反复复的斗争，使得铁木迭儿从中渔利，也使所有的人都瞠目结舌，不知所措。

当初铁木迭儿因为贪赃纳贿，在"张弼案"中栽了一个大筋斗，差点要了命，对此一直怀恨在心。他夺回相印后，首先第一步就是翻案；翻案不成，就迫不及待地实行报复。但他又慑于众怒难犯，便诡诈地玩弄各个击破的手段，利用既得的权势，频频大兴大狱，逐步地向自己的政敌发起进攻。二月十四日，铁木迭儿派人逮捕了曾奏劾他13条罪状的四川行省平章政事赵世延。二十七日，夺前中书平章政事李孟所受秦国公印，"仍仆其先墓碑"。二十八日，又伙同其党羽徽政使失列门、御史大夫秃忒哈，以违太后旨之罪，"矫命"宣旨，枉杀曾弹劾过他的杨朵儿只、萧拜住二人。

铁木迭儿连连兴起大狱，打击政敌，萧拜住、杨朵儿只、贺伯颜、月鲁帖木儿、赵世炎等相继遭受陷害、屠戮之后，他并不愿就此收手，继续恃其权宄，乘间肆毒，不管大大小小的仇恨他一概要报复到底，"日诛大臣不附己者，中外疑惊"。监察御史里帖木儿曾经揭露铁木迭儿贪暴，并"历诋其奸"，铁木迭儿此时也不放过。他借故山东受水灾，盐课大损，让里帖木出任山东转运使副使，逐出京城。监察御史马祖常曾率领同僚弹劾过铁木迭儿的十条罪状，铁木迭儿就把马祖常迁为开平县尹，并打算以别的罪名加害于他。马祖常不得已，隐退逃亡，居光州不出。户部尚书韩若愚不依附铁木迭儿，铁木迭儿就罗织他的罪名上奏。"以旧憾诬若愚罪，欲杀之，帝不从，复奏夺其官"，最终韩若愚被削职为民。金紫光禄大夫上往国、韩国公李孟德高望重，因不附铁木迭儿，铁木迭儿即"谗构诬谤"削去他所有的荣誉衔，把他降为集贤殿讲学士；他打的主意是如果李孟稍有不满怨愤言语，便以定他居功自傲的罪名，但李孟欣然受命，铁木迭儿才未得逞。

铁木迭儿恃势贪虐，肆意生杀予夺，整个朝政被笼罩着一片恐怖之中，人人道路侧目，内外大臣都心怀恐惧，思退思散。国史院编修官王约见铁木迭儿专权，"辞职不出"；监察御史孛术鲁因"铁木迭儿专事刑戮"，也心寒胆惊，因而辞官归隐。最后连铁木迭儿的同党张思明也"惧祸"及己，多次上表辞职。铁木迭儿由此气恼，便无端诬告张思明"扣发蒙古子女口粮"，饿死400人，遂废于家。"张思明顺势隐退居家，"杜门六年。

在铁木迭儿专横自恣的淫威下，整个朝廷暗无天日，无人敢言。所有不愿依铁木迭儿的大臣，无不被诛、被黜、被逐、被废，元王朝在此期间已是气息奄奄，朝不保夕了。

英宗硕德八剌自小在父亲仁宗身边长大，曾受过相当程度的儒家思想的影响，颇思大有为于天下，对答己对自己的束缚十分不满。延祐七年三月十一日，他继位于上都，尊皇太后答己为太皇太后，进铁木迭儿开府仪同三司、上柱国、太师。二十五日，又诏"中外毋沮议铁木迭儿"。但在有关朝廷中枢机构的人事安排问题上，英宗与答己、铁木迭儿之间却开始了越来越明显的斗争。铁本迭儿有答己太后为依仗，愈加无所顾忌，以为英宗小儿不足畏，继续对以前弹劾过他的人打击报复。铁木迭儿疯狂横行，专权自恣，贪赃不已的恶劣行径，引起了英宗对他的强烈不满，尤其是许多元老旧臣被铁木迭儿谗毁杀害，有的接二连三地隐退，或杜门不出，因此英宗开始对铁木迭儿渐渐疏远。

五月十一日，英宗以拜住（名相安童之孙）为中书左丞相，遂开始对答己的党羽进行大规模的诛杀。二十日，英宗将当时岭北行省平章政事阿散、中书平章政事黑驴及御史大夫脱忒哈、徽政使失列门、要束谋妻亦列失八等以"谋废立"罪而尽加诛戮，并籍其家。答己之党"势焰顿息"，木迭儿由是日不见用，从此抱病不出，但仍然操纵其朝中党羽为其通风报信。

至治二年（1322 年）拜住又参铁木迭儿二本：一是司徒刘夔私买累代失业之田，贿赂宣政使八里吉思，托词田是卖给僧寺，矫诏出库钞 650 万贯，偿付买田钱款，铁木迭儿父子及御史大夫铁失等"上下蒙蔽，分受之，为赃巨万"。二是道士蔡道秦以奸杀人，下至狱中，私下打通关节，贿赂铁木迭儿，减免了死罪。英宗得拜住奏本，命御史台拘拿审问，尽得其情，于是判刘夔、蔡道秦和八里吉思皆坐罪死刑，未治铁木迭儿父子之罪。但八月十五日，铁木迭儿终以老病惊恐死于家中。死后，御史大臣愤怒地奏劾了他的各种罪状。英宗下诏，毁掉他的功业碑，"连夺其官爵及封赠制书，籍没其家"。铁木迭儿的三个儿子也没有好下场，一个儿子八刺吉思在机轰贪污集团案中被诛。另一个儿子班丹不久也因"赃败"，第三个儿子锁南后因叛逆被处死。

脱　脱

脱脱（1314—1355年），蔑里乞氏，字大用，蒙古族蔑儿乞人。元朝末年政治家、军事家。

脱脱出身于蒙古贵族，出生时容貌奇特，非同常人。年幼时，他天性活泼好动，不喜雅静沉郁。及年龄稍长些，少年脱脱长得粗壮结实，加之喜好武艺，臂力过人，勇猛无比，十几岁便能开一石重的弓。十五岁那年，他便被征为皇太子侍从。

脱脱书法

天历元年（1328年），脱脱被按成制授袭提举司达鲁花赤。次年，他奉诏入朝觐见皇上，文宗见脱脱气质独特，极口盛赞，于是，升迁脱脱为内宰司丞，兼任前职。五月，又任命脱脱为府正司丞。至顺二年（1331年），文宗亲自授予他虎符，同时升调他为忠翊侍卫亲军都指挥使。元统二年（1334年），又让他兼管宣政院事务。五月，朝廷迁他为中政使，六月，又任命他为知枢密院。从他进京起，不到六年时间，脱脱由于深得宣帝的信任，一连官升数级，成为朝廷省、部级大员。

至元元年（1335 年），唐其势阴谋起事，事发被杀。其党羽答里、刺刺等人见势，忙起兵发难。脱脱亲自挑选精兵强将讨伐答里、刺刺部队，最终将他们全部擒获，押解大都听候处置。因平叛有功，脱脱被拜为御史中丞、虎符亲军都指挥使，不久又被提升为左阿速卫。至元四年，他被升迁为御史大夫，仍兼任前职。担任御史大夫后，脱脱如鱼得水，充分施展了自己的才能。

当时，元朝已是日薄西山，朝政趋于腐败，法度不行，贪腐横行。脱脱大胆改革、重振纲纪，朝廷内外一片肃然。至正元年（1341 年），皇上任命脱脱为中书右丞相，掌管全部军国大事。就任后，脱脱恢复科举取士，重新启用太庙四季祭祀的制度，脱脱还开马禁，恢复先前经筵讲学的制度，遴选儒生学士治经讲学，并且亲自掌领经筵讲学的具体事宜。脱脱颁行的一系列恢复社会经济的政策和大刀阔斧的改革，赢得了朝廷上下仕人及普通百姓的好评和称赞，人人都称他为贤相。

至元四年（1338 年），元朝廷开始着手编写宋、金、辽史，但因为当时学者为宋、金、辽三朝谁为正统的问题争论不休，所以也就一直未能撰成。

直至至正三年（1343 年），脱脱以都总裁右丞相的身份领衔主修三史，他断然裁定："三国各与正统，各系其年号，以此为三史之义例。"于是三史才得以正式开始编撰。

《宋史》是二十四史中篇幅最为浩繁的一部官修纪传体史书。于元顺帝至正三年（1343 年）开始编修，至正五年（1345 年）十月，历时仅两年半，即修成《宋史》。全书共 496 卷，包括本纪 47 卷，志 162 卷，表 32 卷，列传 255 卷，约 500 万字。该书的体例完备，融汇了以往纪传体史书所有的体例，纪、传、表、志俱全，而且有所创新。

但由于元朝史官史识低下，《宋史》存在一些缺点，如详略不一，删除了宋元战争史实及否定王安石变法等。

《辽史》具体由廉惠山海牙、王沂、徐昺、陈绎曾4人分撰。从至正三年（1343年）四月开始编修，至第二年三月完成，前后仅用了11个月。全书共116卷，包括本纪30卷，志32卷，表8卷，列传45卷，国语解1卷。该书系统地记述了我国古代契丹族建立的辽国200多年的历史，并兼载辽国以前契丹的状况以及辽灭亡后耶律大石所建西辽的概况，是研究辽、契丹和西辽的重要典籍。

《金史》于至正四年（1344年）四月始修，次年十月完成。全书135卷，包括本纪19卷，志39卷，表4卷，列传73卷，书后还附有《金国语解》一篇。此书是反映女真族所建金朝的兴衰始末的重要史籍。

脱脱主修三史虽因急于求成，无暇细心综合浩繁资料加以分析，加之修史诸人又并非什么"史才"，所以芜陋之处很多，但三史卷帙众多，对后人研究宋、金、辽的史籍极具参考价值。

至正七年（1347年），别儿怯不花担任右丞相，因过去与脱脱的父亲马扎儿台有宿怨，便利用手中特权诬陷马扎儿台，并将他贬谪甘肃，脱脱生性孝道仁慈，不忍心让年迈父亲忍受痛苦，于是便向朝廷请求与父亲同行。马扎儿台在西域死后，左丞相太平和哈麻向朝廷请求，想让脱脱将父亲的棺木运回京师，但朝中许多人作难反对。在太平、哈麻的坚决请求和不断努力下，脱脱才得以返回京师，加上皇帝也念及脱脱的功劳，便同意他回京任职。

至正八年（1348年），朝廷擢升脱脱为太傅，随即提调宫傅，总理东宫之事。第二年，朵儿只、太平都被罢相，重新启用脱脱为中书右丞相，赏赐上尊、名马、裘衣、玉带无数。脱脱第二次入相后，又开始重新整顿朝政，先是开设端本堂，供皇太子专门学习，并亲自管理端本堂的事情。脱脱大胆提拔乌古孙良桢、龚伯遂、汝中柏、伯帖木儿等人为僚属，共同商议朝政。

　　元末，由于阶级矛盾的激化，各地农民起义时有发生，尤其是汝、颍之间的红巾军声势和影响最大。不久，襄、樊、唐、邓各地的起义军也纷纷响应，势力范围涉及中国大部分地区。南方张士诚占据高邮。朝廷诏令脱脱统领各路军马征讨张士诚。大队人马行至高邮，脱脱采用分兵合击的战术，连续几次战争都取得胜利。随后又派小部军队平定了六合，农民军的情势十分紧迫。脱脱正准备对农民军采取最后行动，不料朝廷突然下诏以劳民伤财的罪名剥夺了他的兵权，削除一切官职，贬居淮安，听候处置。全部兵马由河南行省左丞相太不花、中书平章政事月阔察儿、知枢密院事雪雪代为统领。

　　至正十五年（1355年）三月，脱脱案件提至中央御史台。起初，台臣都仰慕脱脱的功勋，尽力轻判，但因哈麻一直追究，而且皇上也支持哈麻，所以最终还是列数脱脱兄弟所谓的罪状，将脱脱兄弟分别流放于云南大理宣慰司镇西路和四川碉门。脱脱长子哈刺章、次子三宝奴也分别谪居肃州和蓝州，家产簿录全部入官充公。在行至大理腾冲时，知府高惠想用女儿来侍奉脱脱，遭到脱脱断然拒绝："我是朝廷罪人，怎么还敢有这种荒唐的想法呢？"九月，朝廷又下诏将脱脱移贬到阿轻乞。高惠因为脱脱先前不肯接受他的女儿，对脱脱百般刁难。十二月，哈麻假借圣旨，派使者鸩杀脱脱。朝廷听到讣告后，派尚舍卿（官名）七十六（人名）赴阿轻乞，"易棺衣以殓"。

　　至正二十二年（1362年），监察御史张冲等人上奏朝廷，替脱脱平冤昭雪。不久，皇帝下诏恢复脱脱官爵，并发还已被没收的全部家产。同时召脱脱的儿子哈刺章、三宝奴回京都，并授予哈刺章中书平章政事官职，晋封申国公，三宝奴则担任枢密院事职务。

成　遵

　　成遵（？—1359年），字谊叔，元南阳穰县（今河南南阳）人。元代宰相。

　　成遵自幼机敏聪慧，过目成诵。15岁时，父亲去世，他不得不一边力田耕耘，同时又发愤苦读。20岁左右能写出一手文辞严谨、辞藻清雅的好文章，名声开始远播。

　　元朝科举长期废而不举，仁宗时才实行科考取士，考试严格而复杂，令人视科举为畏途，几乎断了士人的仕进之路。成遵不怕艰苦，顽强自励，作文数十篇毛遂自荐，晋见科举及第而出任穰县知县的杨惠。杨惠抚卷大喜："凭着这种本领去参加科考，就像俯首拾芥一样容易。"

　　至顺二年（1331年），成遵来到京师，就学于国子监，欲得名师指点。当时国子监助教陈旅对他的文章很是欣赏，多次向名儒宗师奎章阁大学士虞集推荐。虞集见过成遵后对他非常器重，成遵也的确不负厚望，两年之后，便进士及第，授为将仕郎、翰林国史院编修官。

　　成遵入仕之初，还是比较顺利的，很快便升至监察御史。当时他年轻气盛，血气方刚，以为在元末政治舞台上大可一显身手。

　　当时正值元朝末年统治腐败，政治黑暗，成遵不畏强权，极力整顿百官百司。至顺四年（1333年），顺帝妥欢帖睦尔继位，年仅13岁。他继位之后没有把精力放在治国方面，而是过起了糜烂的生活，对此，成遵为此上书，希望天子"宜慎起居，节制嗜欲"。针对司法、监察制度的腐败，尤其是御史台的腐败，成遵上书，尖锐地指出以上部门存在的四大疾患：一是差遣台臣，越职问事；二是左迁御史，杜塞言路；三是御史不思尽言，循序求进；四是体覆廉访事迹不实，贤愚混淆。奏疏所提的意见及建议，得到顺宗称善嘉纳，并获赔褒奖。成遵并没有由此而罢手，对国体的关心，促使他连连上书王廷，在论及时务大策时，他提出四个方面的建议：一为效法祖宗；二为节用财赋；三为压抑奔竞；四为明确激劝。顺宗阅后，随即命令中书省尽快讨论施行。成遵仅在他任监察御史的第一年，就举劾了七十余事，事事切中时弊，而且非常深刻。但是，在一个王朝的衰败末世，许多良言良策，很难施行，尤其是元朝末年这样一个时代里，成遵的意见要施行，无疑要侵犯一大批官僚权臣的既得利益，得到的必然是仇视和打击。因此，成遵不仅没有实现鸿鹄之志，反而在至正三年（1343 年）降为刑部员外郎。后母亲亡故，又守庐戴孝，从此过起了普通百姓的生活。

至正八年（1348 年），成遵服丧期满，被擢为淮东肃政廉访使，不久改授礼部郎中，奉命出使山东、淮北，察访各地官员政绩。在重新出仕后，成遵一如既往，满腔热血，兢兢业业，很快访得政绩显著、名高声良者 9 人，同时也察得贪赃懦弱、道德败坏、徇私枉法者 21 人。成遵如实上奏，使善者奖掖，恶者悉黜，在一定程度上抑制了恶势力的发展。

至正九年（1349 年），改刑部郎中，不久又升任御史台都事，旋又升为户部侍郎。成遵遵循儒家的伦理学说，主张以孝治天下。

至正十年（1350 年），成遵迁为中书司郎中，这个职位既是个中书省的部门行政长官，又是监察商辖兵、刑、工等机构的监察官员，因而具有司法方面的监察权。元朝本来就缺少完整的法典，断狱量刑一般是因时立制因事制宜，再加上当时吏治败坏，违法乱纪，断案量刑随心所欲，因而当时或无法可依，或有法难施，导致狱案堆积如山。成遵受命于危难之时，与僚属同心协力，分别阅视，共议罪之轻重，量罪定刑，各当其罚，很快将积压的案件处理完毕。朝野为之拭目，无不叹服。

不久，成遵上书朝廷，指斥输粟补官及其弊病。元末统治者昏庸无能，但敛财有法，为了应付佛事、赏赐等的巨额耗费，使得过去的卖官鬻爵又时髦起来。成遵力排众议："卖官鬻爵，已成盛典，况又卖官与奸淫之人，其将何以为治？必夺其敕，还其粟，著为令，乃可。"此番论理切中时弊，抓住了恶性循环的坏政根本，不可辩驳，中书省群臣也认为言之有理，只得表示赞同。不久，成遵升为工部尚书。

黄河是条泥沙河，下游经常淤积改道，元朝末年，由于疏于治理，黄河流域十年九灾，民不聊生，饿殍遍野，惨不忍睹。成遵作为主管"天下营造百工之政令"的工部尚书，肩负朝廷的使命，带领人马到黄河地区进行了实地考察。至正十一年（1351 年）春，成遵巡视济宁、曹、模、汴梁、大名等地，行程数千里，掘井以量地势之高下，测岸以究水势之浅深，又遍阅史籍，博采众议，最后认为修复黄河故道已是不可能再做到的事情，但此时右丞相脱脱却已接纳并赞同贾鲁黄河勒回故道的方略。成遵返力陈不可，最后脱脱所赞同的治河方案被通过，成遵的异议当然也就被搁置一边。当年四月，数十万民工赴疏凿黄河故道的工地。五月，韩山童、刘福通等发动了规模巨大的农民起义。

此时，成遵因顶撞了丞相而被逐出京师，为大都、河间等处都转运使。在地方上，他依然踏实勤政，决心为政一地，造福一方，所至之处，政声远扬。成遵的不懈努力和卓著政绩为朝廷所知，至正十五年（1355 年），擢为江南行台治书侍御史，召拜为参议中书省事回到朝廷，侍位经筵，成为君主的高级顾问，不久又擢拜参知政事。

至正十六年（1356 年），他与平章政事帖里帖木儿等参议变钞，挽救财政危机。本意原想稳定市场，结果物价飞涨，国家财政日趋崩溃。成遵更绞尽脑汁，呕心沥血地来应付这败乱的局面。

至正十七年（1357 年），成遵官升中书左丞相，升士阶资善大夫，跻身于最高行政长官之列。但元朝这时已腐败至极，成遵不仅无力回天，而且自己成了统治阶级内部斗争的牺牲品。

当时宫廷发生了一场复杂而尖锐的斗争，即皇后奇氏、太子爱猷识理达腊与丞相太平等之间的"内禅"之争。由于顺帝沉溺怠政，奇氏与太子密谋内禅，逼迫顺帝传位太子，并遣内侍向丞相太平转达此意，并希望得到宰相们的支持。太平，字允中，本名贺惟一，是元朝名臣贺仁杰之孙，其父贺胜也曾位尊名著。他本人素性开朗，光明磊落，喜荐才士。在内侍传达皇后和太子的意图后，他深感事关社稷江山，不敢随便发表意见；对于皇后和太子的旨意，他只是唯唯诺诺，不置可否，因而深为皇后、太子忌恨。

成遵与内禅之事本无直接关系，也未表明态度，但太子为了孤立、打击太平，便利用"结党营私"之名将成遵罢职。此时，一些趋炎附势之徒，为了讨好主子，大兴诬陷之风。至正十九年（1359年），有人诬告成遵受贿贪赃。太子闻此喜出望外，即遣爪牙监察御史买住、桑哥失理前去审查。成遵很快被打入监狱，被拷打致死。五年之后，至正二十四年（1364年），在元朝行将灭亡际，朝廷给成遵平反昭雪，诏复其原所授官职、朝衔。四年之后，元朝灭亡。

第七章

明清时期的著名宰相

第一节　明朝的著名宰相

李善长

李善长（1314—1390 年），字百室，濠州定远（今安徽定远县）人。明朝开国功臣，著名宰相。

李善长自幼家境尚可，无须为衣食担忧。他从小读书不多，只能算是粗通文墨，但为人机智，善谋划，"策事多中"，喜好法家学说。他虽没有得过功名，但在家乡，颇有些名气，很受乡人的敬重，曾被推选为祭酒（举行仪式时酹酒祭神的人）。

至正十一年（1351 年）五月，在刘福通的号召下，有近 20 万农民在颍州（今安徽阜阳）发动起义，共同反抗元朝的腐朽统治。这就是历史上著名的"红巾军起义"。在转瞬之间，起义之风就席卷了中原各地，各处频频爆发新的起义。

元末乱世，朱元璋以红巾军起兵。在他帐下，有一位淮西老乡，随他鞍前马后，出谋划策，此人就是明朝开国丞相李善长。凭着出众的才智和忠心，李善长很快就赢得了朱元璋信任，并被委以重用。

朱元璋曾称赞李善长："昔汉有萧何，比之于尔，未必过也。"李善长的功绩，主要在后方供应给前线充足丰盛的补给，为朱元璋开创帝业提供了必要的基础。也正因为此，朱元璋建立明朝后，李善长论功居第一。

在攻克镇江之后，朱元璋派李善长留守应天府，自己亲率部队继续在前线作战。至正二十一年（1361年），朱元璋取得一系列胜利，先后攻克江州（今江西九江），洪都（今江两南昌）、救援安丰（搭救小明王韩林儿）、取得鄱阳湖大捷、攻破庐州和武昌。

在朱元璋在外作战的时期，奉命留守应天府的李善长，深知此地是朱元璋的重要根据地，只有管理好这个大后方，才能让朱元璋无所顾虑地全心征战。朱元璋之所以将应天府交给李善长，自然是出于对他的信任，而李善长也没有让朱元璋失望，他全力以赴，尽忠职守。将应天府管理得妥妥当当，百姓安居乐业，生产稳定，社会治安良好，各种行业都蓬勃发展，充足的军需补给不断地送往前线，让将士们毫无后顾之忧。

李善长像

其实，在李善长刚刚留守时，曾经号称富庶之地的应天府早因连年战乱而遭到极大破坏，各种生产陷于停顿，经济状况也堪称糟糕。李善长在了解了具体情况后，积极谋求对策，重建应天府。

李善长十分清楚，当务之急是要将当地的农业生产恢复和发展起来，以保证前方军队的粮草补给。他遵照朱元璋所制定的屯田垦荒措施为基础，普遍推行屯田制度，同时大兴水利建设，鼓励农民耕种和开荒增加田地。

在帮助农民恢复、发展农业生产的同时，李善长还颇有远见地采取措施控制城市中的手工业和商业。他对比元制，并改革弊端，最终提出了一系列具有实效的措施，比如立盐茶课、制钱法、开铁冶、定鱼税等。至正二十一年（1361 年），在李善长的推动下，开始实施茶盐法，即统一由政府控制茶、盐产的买卖，商人可以出钱请引贩卖。盐税为二十取一，茶税每百斤纳钱二百。这一年，他还推行了制钱法，即在江西行省置货泉等三局，设大使、副使各二员，颁布大中通宝大小五等钱式，最初铸钱四百余万，短短两年后，这个数额就猛增了近 10 倍。至正二十七年（1367 年），实行铁冶，一开始以湖广地区为主，由政府直接招募工匠冶炼。

针对各种重要的经济发展，李善长都深入调查，而后精心制定措施加以实行。这实在是一个细致而繁杂的工作，但李善长"裁取有衷"，条理分明，成效显著，使得朱元璋的临时政权"国用益饶，而民不困"。也为明朝建立后的经济典制，作了示范和先导，影响极为深远。

经过长期的征战，朱元璋消灭了各地的割据势力，已经具备了称帝的条件，以李善长为首的文臣谋士为朱元璋登基而积极筹备开来。刘基与陶安等人建议先行制定完善的律令，以整顿纲纪，获得朱元璋的许可，朱元璋还特别指出旧朝律法中的连坐法过于残酷，可考虑改变。

李善长便提请自大逆以外都予以废止。随后，李善长与刘基等裁定律令，李善长为总裁官。至正二十七年（1367年）十月，律令成，颁布于天下。

至正二十八年（1368年）的正月初四，朱元璋在六朝古都南京的南郊，于刘基事先勘选的一块"风水宝地"上祭祀天地，登基称帝，是为明太祖。李善长率领百官和百姓跪拜庆贺，连呼万岁。在登基仪式结束后，明太祖到太庙追尊四代祖父母、父母为皇帝皇后，再祭告社稷。封结发妻子马氏为皇后，世子标为皇太子，接着册封诸王。所有的仪式，都是由李善长充当大礼使来主持进行的。

朱元璋称帝后，李善长被任命为明朝第一位宰相，统领朝臣，他一跃而为一人之下，万人之上的开国勋臣。

洪武元年（1368年）五月，明太祖去汴梁（今河南开封）视察三个月，命李善长在京留守，期间大小事务都可由李善长按照律法来决断。后来，朱元璋将军事以外的朝中事务都交给李善长负责管理，如建置地方各级职官、制定官民丧服仪礼、三师朝贺东宫仪礼、规定朝臣大小服色、俸赐以及封建藩国、功臣爵赏、民间诉讼等，大事小事，细则烦琐，但李善长全都耐心处理，安排妥当。

明朝初期，军事作战还是暂居重要的位置，由于元朝的残余势力还在北方活动，明朝必须时时提高警惕，并且长期北伐。徐达、常遇春等开国大将常常在外征战，率部队北伐中原，南取闽越，仍然兵戈铁马、出生入死。

朝中有一些文臣武将，认为和徐达等大将相比，身为文臣的李善长，长期留守在安全的后方，却安享着高官厚禄，实在是不公平。其中，杨宪、高见贤等并非淮人的大臣，就常在明太祖前指责李善长不具备宰相的才能。但明太祖不为他们的议论所动，表示李善长在连年征战中身在后方却为前线将士做出了极大的贡献，其功劳不可磨灭。故而，叫太祖在朝堂上当着满朝文武的面，坚持道："我既为君，善长当为相。"

洪武三年（1370年），明太祖大封功臣。他再次公开表示："善长虽无汗马劳，然事朕久，给军食，功甚大，宜晋封大国。"于是，授李善长开国辅运推诚守正文臣，特进光禄大大、左柱国、太师、中书左丞相，封韩国公，岁禄四千石，子孙世袭。另外赐予铁券，可免两次死罪，子孙免一死。那一次，明太祖一共封了六位国公，分别为徐达、常遇春、李文忠、冯胜、邓愈及李善长，其中以李善长位居第一，但年给岁禄四千石，要比徐达少一千石。明太祖采用位比徐达高、俸禄比徐达少的方法，来求得文臣武将间的平衡。

另外，又特赐李善长文绮帛百匹。明太祖对李善长的厚爱，充分说明了他对李善长多年来忠诚奉献的认可。

无可否认的是，李善长确实为创建明朝立下不少功劳，但当他位极人臣之后，他身上的一些缺点就暴露无遗了。从李善长到胡惟庸当权的十七年里，以李善长为首的淮人集团在朝中占了统治地位，处处排斥其他大臣。生性猜忌的朱元璋当然不愿见到淮人集团权力膨胀，威胁到自己的皇权。最终导致了李善长的悲剧结局。

在胡惟庸案败露后，作为其举荐者的李善长，按律难辞其咎，应当连坐。但明太祖还是感怀其旧日的功勋，并没有查办他。

洪武十八年（1385年），有人告发说，李善长的弟弟李存义父子为胡惟庸余党，明太祖下诏免李存义父子一死，但徙置崇明。

洪武二十二年（1390年），胡惟庸一案已将相关人等追查殆尽，此时的李善长已古稀之年，"耄不检下"了。监察御史却再次状告他本人与胡惟庸案有牵连。偏偏此时，李善长向信国公汤和借调了三百士兵，来为自己营建私宅，这件事情也被人禀报给明太祖，并指称李善长私自借兵，心怀不轨。一直对李善长心怀不满的明太祖，终于决定痛下杀手。于是，他假称天生异象，必须要杀一名德高望重的大臣来消除天灾，以此为由逼李善长自杀。

年迈的李善长并不糊涂，他很清楚明太祖的用意，自觉"进亦疑，退亦疑，东西南北唯命是从，毋宁束身以听于上耳"。返回家中后，李善长当天就自缢而亡，终年77岁。

崇祯十七年（1644年），南明弘光帝追补开国名臣赠谥，李善长获追谥"襄愍"。

胡惟庸

胡惟庸（？—1380年），濠州定远（今属安徽）人。明朝开国功臣，最后一任中书省丞相。

胡惟庸与李善长是同乡，而且，娶了李善长弟弟李存义的女儿，算是李善长的从女婿。当初朱元璋领兵南下，经李善长推荐，胡惟庸到了朱元璋手下，历任主簿、通判、知县等官。明太祖开国后，胡惟庸进位太常少卿。

洪武三年（1370年），还是李善长的推荐，胡惟庸升任中书省参知政事。此人心术不正，渴望拥有更大的权力，出任左丞相后，明里暗里排挤汪广洋。洪武六年（1373年），汪广洋出镇广东，胡惟庸独专中书省事。这时，他故意显能，迎合上意，宠遇日隆。明太祖受其蒙蔽，当年就提升他当了右丞相，而且一当就是七年。

洪武十年（1377年），明太祖曾再任汪广洋为右丞相，胡惟庸改任左丞相。但是，汪广洋为人平庸，生杀黜陟，皆由胡惟庸专断。大臣奏事，必先告知胡惟庸，否则就无法见到皇帝，更严重的是，胡惟庸利用权势，拉帮结派，陷害忠良，名臣刘基就是被他派人毒死的。胡惟庸的种种恶迹，汪广洋知情不报，实际上起到了庇护和帮凶的作用。

洪武十二年（1379年），明太祖追查刘基的死因，遂把汪广洋处以流放，继赐死。

胡惟庸从汪广洋之死中嗅出了凶险的气味。他由此萌生出异志，网罗党羽和武士陆仲亨、费聚、涂节、陈宁、刘遇贤、魏文进等，私下招兵买马，偷阅天下兵马图册，积极为谋反做准备。他甚至派人称臣于北元政权，密通倭寇，请兵为外应。他还通过岳父李存义，拉拢李善长参加谋逆集团。李善长大惊失色，说："尔言何为哉？若此，九族皆灭！"可是，这位年老的故相也忒糊涂，对于这样的大事，居然不向明太祖报告，从而铸成大错。

洪武十三年（1380年）正月，胡惟庸准备就绪，只需一声号令，便可造反。恰在这时，他的儿子在大街上驰马，坠车而死。胡惟庸怪罪于车夫，杀了车夫偿命。明太祖大怒，追究宰相的罪责。胡惟庸请求多给车夫家属金帛，不获允许。这样，胡惟庸只有狗急跳墙，铤而走险，孤注一掷了。

胡惟庸暗设计谋，决意杀害皇帝。这天，他奏告明太祖说："臣府井中冒出一股醴泉，古云：天降甘泉，地出醴泉，国家瑞兆也。故请皇上驾幸臣府，一睹为快。"明太祖一时高兴，忘了胡惟庸还是戴罪之身，乘车就要前往。一名叫作云奇的宦官知道内情，向前拦住车驾，因为过分紧张，舌头发直，急得说不出话来。明太祖怒他失礼，命人拉开，处以杖击。云奇被打得气息奄奄，仍然手指胡惟庸府第的方向。明太祖顿有所悟，返回宫中，登高远眺，但见胡府隐隐伏有甲兵。他不由冒出一身冷汗，立刻发兵包围胡府，把胡惟庸及其家人都杀了。

胡惟庸伏诛，罪有应得。明太祖从中悟出个道理：大臣哪怕是开国大臣，一个也不可信。因此，他改革官制，废除中书省，也废除了秦汉以来的宰相制度，改设大学士，分掌宰相的职权；把原来由宰相统辖的六部（吏、户、礼、兵、刑、工）升格，直接听命于皇帝；同时改革兵制，使所有大权全都集中到自己一人手中，皇权统治达到了登峰造极的地步。

胡惟庸死后，其谋逆的罪行陆续被揭露出来，触目惊心。10 年后，明太祖为了剪灭功臣，借机兴起大狱，凡与胡惟庸有牵连的人，全部处斩，共杀死 3 万多人。李善长尽管有免死铁券，也被赐死。

"胡党"而受株连至死或已死而追夺爵位的开国功臣有李善长、南雄侯赵庸、荥阳侯郑遇春、永嘉侯朱亮祖、靖宁侯等 1 公、21 侯。胡惟庸被杀后，朱元璋遂罢丞相，革中书省，并严格规定嗣君不得再立丞相；臣下敢有奏请说立者，处以重刑。丞相废除后，其事由六部分理，皇帝拥有至高无上的权力，中央集权得到进一步加强。

杨士奇

杨士奇（1366—1444 年），名寓，字士奇，号东里。江西泰和（今江西省吉安市泰和县澄江镇）人。明代大臣、学者，官至礼部侍郎兼华盖殿大学士，兼兵部尚书。历 5 朝，在内阁为辅臣 40 余年，首辅 21 年。与杨荣、杨溥共同辅政，并称"三杨"。

杨士奇自幼丧父，随母改嫁罗家，后恢复原来的杨姓。虽然家境贫寒，但杨士奇刻苦攻读，终于学业有成，为了生计，杨士奇便设馆以教授学生为业。

建文帝初年，召集各地儒生纂修《太祖实录》，杨士奇被召入翰林院，担任编纂官。不久，建文帝命吏部考试评定史馆中各位儒生的文化程度和素质修养。吏部尚书看到杨士奇写的对策，说："这不是平常儒生所能说的话"，于是上奏他为第一名。朝廷由此任命杨士奇为吴王府副审理，但仍然让他在实录馆里供职。明成祖朱棣继位，改任编修。

后来，选入内阁，掌管机密的军国大事，几个月后提升了侍讲。

永乐二年（1404年），成祖立长子朱高炽为皇太子，按惯例要挑选品行学问俱佳的大臣入太子东官，对太子进行教育辅导。杨士奇被任命为左春坊左中允（东宫官），成为太子诸多老师中的一员。

当初朱棣起兵靖难时，其次子汉王朱高煦屡建战功，成祖曾许诺朱高煦，靖难成功后立他为太子。朱棣很喜欢这个类似于自己的英武善战的儿子。但是这个朱高煦不喜欢读书。长子朱高炽身体肥胖，不善骑射，并有足疾，朱棣不喜欢他。但朱高炽笃好经史，仁爱宽厚，这一点很得他的那些文人出身的老师们的喜爱。后朱棣在群臣的建议和习惯法统的压力下，不得不立长子朱高炽为皇太子，但他本人内心依然不满。汉王朱高煦也为此心中怨恨。成祖又很怜爱幼子汉王，恩宠有加。永乐六年（1408年），明成祖北巡，命杨士奇与蹇义、黄淮一同留守辅佐太子监国。

永乐十二年（1414年），成祖带兵北征，杨士奇等人仍辅佐太子留守京师。这时汉王朱高煦更加激烈地诬陷、中伤皇太子，成祖班师回京时，太子迎驾迟缓，一气之下，朱棣下令将东宫官员黄淮

杨士奇像

等人都缉拿下狱，唯独宽免了杨士奇。成祖把太子严厉申斥一顿，又把杨士奇叫来问太子的状况。杨士奇说："太子的孝顺诚敬一如既往，所以接驾迟缓，都是我们臣子的罪过。"经过杨士奇的一番好言相慰，朱棣的怒气才慢慢平息下来。在杨士奇的竭力进言下，皇太子又度过了一次信任危机。

永乐十四年（1416 年），成祖在北京听说汉王朱高煦有异心，有图谋取代太子等不轨迹象，立即从北京赶回，召问太子詹事蹇义。蹇义说不知此事。成祖又召见杨士奇，当成祖问及汉王之事时，杨士奇则直言不讳地请皇上认真考虑汉王的用心。成祖默然不语。王子谋反之事，关系重大，蹇义不敢说，但机智的杨士奇含蓄而有分寸地向朱棣暗示了汉王的异心。

汉王朱高煦图谋反叛的事情完全败露。朱棣大怒，下令削夺汉王的护卫，将他安置在乐安州（今山东广饶）。乐安州距离北京较近，即使作乱，也能很快将他擒获。至此，汉王朱高煦对太子地位的威胁基本解除。

永乐二十二年（1424 年）秋，明成祖朱棣最后一次北征蒙古，于南返途中病逝。同年，太子朱高炽继位，是为仁宗。杨士奇晋升为礼部侍郎兼华盖殿大学士。

仁宗刚一继位就令杨士奇草拟诏书，将诸如制造下西洋的宝船，在云南取宝石，在交陆(今越南)采金珠，在撒马儿等处取马和其他采办、烧铸、进供等事项一概停办，以节省财政开支，同时减轻了百姓的负担。

洪熙元年（1425 年），仁宗驾崩。六月，宣宗继位。宣宗继承其先父的事业并将其推向前进。

宣宗继位后很快就改革了科举制度。新的科举取士法是由杨士奇提出的。仁宗在位时，杨士奇建议科举考试兼取南、北士人。原来由于文化水平高低的不同，严重出现了会试多取南方士人的现象。改革后，朝廷将考卷分南卷和北卷，让考生在试卷上标明，并分配录取比例，北四南六，从地域上加以平衡。宣宗继位后，就按这一改革方案录取士人。科举取士的改革，扩大了明王朝的统治基础，在一定程度上控制了地区差距的扩大。

这时，明王朝同安南（越南）的关系又趋恶化。安南企图独立，明军几次征讨都失利，王通损失约3万人，柳升损失7万人，物资损耗则不计其数。是否放弃安南的议题摆到了内阁的桌面上。英国公张辅、尚书蹇义以下的大臣都认为放弃安南，只能表明明王朝向其示弱。出于现实的考虑，杨士奇和杨荣都主张放弃安南，并以汉代放弃珠涯为例，向宣宗说明了利害关系。宣宗下令遣使承认安南独立。双方罢兵，明王朝因此每年节省了大量军费。

宣德十年（1435年）正月，宣宗病死，年仅9岁的太子朱祁镇继位，是为英宗。而70岁高龄的大学士杨士奇受命辅佐，又开始了他辅佐第四个君主的历程。

皇帝年幼，军国大政实际上由张太皇

杨士奇像

太后裁决，太皇太后又委任德高望重的"三杨"——杨士奇、杨荣和杨溥主持政务。凡朝廷政务，都先决于内阁"三杨"，而后送太皇太后核准，最后交百司执行。而"三杨"从政日久，经验丰富，精明强干，也很自信，指挥若定，锐气不减当年。

正统元年（1436年），逐渐强大起来的蒙古瓦剌部严重威胁着明朝的北部边境。杨士奇深知北方边军物资短缺，武备松弛，担心边患一起，无力抵御。因此在正统初年他所建议实施的第一件事就是训练士兵，巩固边防力量。

不久，太监王振为英宗所宠信，逐渐干预朝廷政务，诱导英宗用严酷的的手段驭臣下，大臣们往往被投入监狱。朝廷大臣个个胆战心惊，如履薄冰，面对如此局面，杨士奇心急如焚，却也无能为力。

杨士奇的儿子杨稷傲慢狠毒，曾经侵害平民并用暴力杀人。主管监察的官员纷纷上奏弹劾杨稷。朝臣议论应立即对他依法惩处，于是便将杨稷押入监牢候审。杨士奇此时年老生病休假在家，英宗害怕他一时难以接受而伤了身体，便急忙下诏予以安慰勉励。杨士奇十分感动，但又因忧虑而使病情加重，卧床不起。正统九年（1444年）三月，杨士奇去世，享年80岁。追赠太师，谥"文贞"。

解 缙

解缙（1369—1415年），字大绅，一字缙绅，号春雨、喜易，江西吉水人。明朝宰相。

解缙的父亲曾参加元末朱元璋农民起义军，明朝建国之后，朱元璋曾召见他，要委任其官职，但为其婉言拒绝而回乡务农。解缙自幼颖悟绝人，又受父母的良好教育，有"神童"之称。洪武二十年（1387年）参加江西乡试，名列榜首。第二年京都会试考中进士，任中书庶吉士。

解缙有治国安邦之才，初入仕时，就鲜明地表示了自己的政治见解，显示了他的正气和才干。后由于他知识渊博，回答皇帝的咨询准确得体，甚受朱元璋宠爱，常奉伺左右。朱元璋常称赞解缙有经帮济世之才、治国平天下之略。解缙曾指责兵部僚属玩忽职守，尚书沈潜对此极为恼怒，上书诬告解缙。朱元璋斥责解缙恃宠，散漫自恣，当应薄惩，贬为江西道监察御史。不久韩国公李善长因参与胡惟庸谋反案，议罪当死，解缙代郎中王国用上奏为其申冤；又为同官夏长文起草文书，弹劾都御史袁泰，因此遭到袁泰等的深深嫉恨，多次寻其一些过失加以攻讦。洪武二十四年（1391年），朱元璋召解缙父亲进京，对他说："解缙当大器晚成，你带子还乡，督令其再学。过十年后再来，当大任亦未晚也。"解缙只好随父回归吉水，在老家8年，闭门著述，校改《元史》，补写《宋书》，删定《礼记》。

洪武三十一年（1398年），朱元璋病逝，解缙进京吊丧。时明惠帝朱允炆临朝，袁泰乘机进言，责其此时母丧未葬，父年九十，却为其官职不事子孝。朱允炆听信谗言，贬解缙为河州（今甘肃兰州附近）

解缙像

卫吏。建文四年（1402年），当时的礼部侍郎董伦为朱允炆所信任，在朱允炆面前为解缙说了不少好话，这样，解缙才被召回京师复职，任翰林待诏。十一月任内阁首辅。

永乐元年（1403年），成祖朱棣登基，擢解缙为翰林侍读，与黄淮、杨士奇、胡广、金幼孜、杨荣、胡俨等文渊参与机务，奉命总裁《太祖实录》《列女传》。这时，成祖对解缙很信任，曾对大臣们说："天下不可一日无我，我则不可一日少解缙。"此时的解缙依旧是刚正不阿、坚持正义的气节，对不合礼仪之事，他还是要反对的。解缙在朝时，以贤德论士，好就说好，坏就说坏，毫不掩饰自己的观点。

永乐二年（1404年），解缙晋升为翰林学士兼右春坊大学士，为内阁首辅，这是他仕途最得意之时。一日朱棣召解缙等人说："你们七人与朕朝夕相伴，朕嘉奖你们勤于职守，但慎初易，保终难，愿你们共勉。"

永乐三年（1405年），朱棣召解缙入宫，磋商立太子之事。当时明成祖的意思是想立次子汉王朱高煦为太子，解缙说："皇长子朱高炽仁孝，天下归心已久。"朱棣听后，默默不语，解缙又跪下磕头说："况且皇上如此还有一个好圣孙（指朱高炽的儿子朱瞻基）！"朱棣听到，这才决定立朱高炽为皇太子。这件事后来被汉王知晓，因此对解缙恨之入骨。

当时恰逢朱高炽带兵平定安南，解缙予以力谏，但朱棣未予采纳。以后经过艰苦征战予以平定，明在安南设置了郡县。此时朱棣对于皇太子常有不满之处，而汉王朱高煦却一天比一天得宠，大有夺嫡之势，解缙为此忧心忡忡。一天，他又对朱棣说："如果易嫡引起朝争，国家为此不宁，不可擅行。"这次朱棣听后大怒，认为解缙有意离间其骨肉。

永乐四年（1406年），朱棣提升黄淮等为二品官衔，却让解缙仍以原品供事，此事为其政敌提供了攻击解缙的信心。淇国公丘福等把解缙反对立汉王为太子的事传与外庭，汉王朱高煦遂向其父多次造谣说："解缙经常泄露宫中秘事。"第二年解缙又被人告发他廷试中读卷不公，因此被贬职到广西任布政司参议。途中又被人告发对这次贬职心怀不满，因此又被改到交趾。永乐八年（1410年），解缙入京奏事。此时正值朱棣率军北征蒙古，解缙只好在进谒了皇太子之后返回。这一事情被汉王朱高煦得知之后，向朱棣上奏说："解缙伺机在皇帝外出期间进京私见太子，而后不经请示又自行返回，这是目无君上。"朱棣得知这一消息后大发雷霆，命令逮捕解缙下狱，严刑拷问，并将与解缙有关的一大批官员皆逮捕下狱，很多人被拷打而死。

永乐十三年（1415年）正月十三日，锦衣卫指挥使纪纲向皇帝呈送在押狱囚名册，朱棣见有解缙的姓名，就问解缙还在牢里关着呢？解缙的政敌听到这一消息后，大为恐慌，他们怕解缙将被重新放出重用，遂指使纪纲将解缙用酒灌醉，埋入雪中冻死。解缙去世后，家中财产被抄没，妻子、儿女、宗族都流放到辽东。

解缙一生最大的功绩是他亲自主持了《永乐大典》的编纂工作，这是解缙在中国文化发展史上的一大贡献。作为总负责人的解缙，白天参与朝政，晚上参加修纂，统领全书。他学识渊博，才华卓著，领导3000纂修人员得心应手，并且亲自翻阅资料，查检经典，认真补写、勘校无错。经过四年的通力合作，书稿在永乐五年（1407年）十一月编辑就绪，明成祖亲自撰写序言。这部卷帙浩繁，规模庞大的类书计有22877卷，凡例、目录60卷，装订成11095册，共3.7亿字，辑入经、史、子、集、释藏、道经、北剧、南戏、平话、医学、工技、农艺、志乘等各类著作七八千种。这是我国最大的一部类书，在世界文化史上，

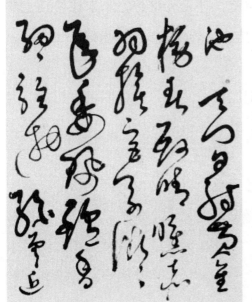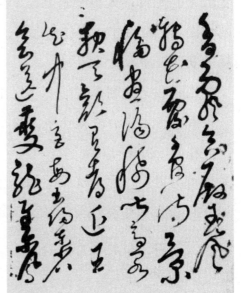

解缙《草书诗帖》书法

《永乐大典》被誉为编纂最早，规模最大、内容最广的百科全书。

解缙除了主编纂《永乐大典》之外，他还具有多方面的才能，在学术、诗歌、书法、散文等方面也很有成就。

正统元年（1436 年）八月，明英宗朱祁镇下诏赦还所抄家产。成化元年（1465 年）明宪宗朱见深下诏为解缙平反昭雪，恢复官职，赠朝议大夫，谥文毅。

杨 荣

杨荣（1371—1440 年），原名道应、子荣，字勉仁，建安（今福建建瓯）人。明初著名政治家、文学家、内阁首辅，与杨士奇、杨溥并称"三杨"。因居地所处，时人称为"东杨"。

建文元年（1399 年），杨荣参与福建乡试，中第一。建文二年（1400年）中进士，授编修之职。建文四年（1402 年），燕王朱棣（即明成祖）取得"靖难之役"胜利。进入南京时，杨荣迎谒在朱棣马前说：

"殿下是先拜谒太祖（朱元璋）陵呢，还是先继位？"朱棣便马上驱驾拜谒太祖陵后才回宫登上帝位，从此视杨荣为心腹。朱棣继位之后，杨荣立即被命入值文渊阁。

当时在文渊阁入置的七人之中以杨荣年龄最少，但最为机敏。有一天晚上，宁夏有战报送来，说宁夏一城被叛兵所围，当时只有杨荣一人在值，朱棣向其询问应对之策。杨荣说，宁夏被围之城十分坚固，人也英勇善战，此奏从该地到此已十有余日，如没有问题城围已解，如有问题应早已被攻破，再怎么商议，也无济于事了。果然到半夜另有奏报送来，说城围已解。朱棣非常赞赏他预测的准确，升他为侍讲。永乐二年（1404 年），朱高炽被立为太子后，杨荣升任太子右谕德，仍兼前职。

永乐五年（1407 年）杨荣被派往甘肃经略军务。杨荣对所过山川形势多有所了解、审核，对当地军民多方安抚。回京之后，将所见所闻所做之事汇报给朱棣，朱棣大为高兴。第二年杨荣因其父丧，请求丁忧归葬，朱棣令其葬后立即回朝任事。不久其母又亡，杨荣乞求为父母守制，朱棣以大军即将北征，朝中期以重任为由没有批准。

杨荣像

永乐八年（1410年），朱棣率军出塞，北征蒙古，特意精选勇士300人为前卫，直接由杨荣指挥，作为大军的前导，后大获全胜而返。永乐十一年（1413年），朱棣再一次北征，并命胡广、金幼孜与杨荣共同随行。在征战期间，凡大军的诏令及旗帜符验，必得杨荣验看之后才得发出。当时大军北征，多因粮草缺乏，半途而退。杨荣向朱棣建议说："我军要得持久之胜利，必须在所占之地屯军、屯田，如此不仅减少转输之劳，且可使兵食无忧。大军远征，要想取得决定性的胜利，必须处理好粮草的问题。所以我建议在当地进行屯军、屯田，这样可以减少周转运输的过程，保障军士的粮草供应。"这一建议获得朱棣同意。

明永乐十六年（1418年），胡广病卒，朱棣命杨荣掌翰林院，对其亲任无比，因此引起众大臣的嫉妒。有人上书举荐杨荣为国子监祭酒，其实是想让朱棣疏远他。朱棣对众臣说："朕知道杨荣担任该职这一职务是非常合适的，但朕需要他时刻在朕左右。"大臣们由此得知杨荣被朱棣的信任程度，不敢再对他有任何微词。

为了从根本上解决北部的边患，朱棣决定迁都北京。明朝官吏大多生在江南，要他们远离故土，远赴塞下，困难重重。一些官吏便利用这种情绪，反对迁都。杨荣看到迁都北京对于解除蒙古部的威胁有不可低估的战略作用，与户部尚书夏原吉、吏部尚书蹇义等坚决支持迁都。永乐十九年（1421年）朱棣正式迁都北京。永乐十八年（1420年），杨荣进为文渊阁大学士。

永乐二十年（1422年），朱棣再次率大军出征，此次因敌情不明，粮草购运接应不上，士兵死亡十之二三，大军不得不班师回京。朱棣因为此次远征的失败，加上年事已高，郁闷成疾，到榆木川时病逝。当时众人不知如何是好，手足无措，杨荣与随军的金幼孜等人立即商议说，大军在外，离京师尚远，恐朝中发生不测，应该秘不发丧。因而每天为朱棣进膳如常，每天仍以朱棣的名义发布诏令，同时秘密派人飞驰赴京师密告皇太子。随后，杨荣和少监海寿先回京师，向太子朱高炽报告情况，决定处理方法。结果，朱高炽顺利地继位，国家政局未发生丝毫的骚动。仁宗朱高炽继位之后，杨荣进职为太常寺卿，谨身殿大学士。不久由于杨荣在朱棣去世时所决定的诸事得到褒奖，并厚予赏赐，擢升为工部尚书，食三职俸禄享受三职俸禄。

宣德元年（1426年），汉王朱高煦谋反，宣宗朱瞻基诏杨荣商议计策。杨荣请帝亲征，他说："汉王以为陛下新立，威不服众，必不敢亲征。如果我们在此时由陛下亲自进行征讨，一定会打乱叛军的部署，到时天下必将为之震动，叛军也就会从内土崩瓦解了。"宣宗认为他说得很有道理，果然大军行至汉王叛乱的乐安，朱高煦的叛军立即如鸟兽散，汉王朱高煦不得不出降。大军凯旋回师，杨荣由于决策英明也受到厚赏。

宣德十年（1435年）正月，宣宗驾崩，太子朱祁镇继位，即明英宗。英宗继位之后，杨荣仍然受到倚任如故。正统三年（1438年），加杨荣太子少师。正统五年（1440年），杨荣乞求回乡扫墓，明英宗特

杨荣像

命中官及大批人马护送。七月二日（7月30日），杨荣在扫墓完后归途中病故，享年70岁。英宗为他辍朝一日，追赠杨荣为光禄大夫、左柱国、太师，赐谥号文敏。

杨 溥

杨溥（1372—1446年），字弘济，号澹庵。湖广石首（今湖北石首）人。明朝著名政治家、诗人、内阁首辅。

杨溥与杨荣同时于建文二年（1400年）中进士，授职编修。永乐初年，改任皇太子洗马，成为皇太子朱高炽的东宫僚属。永乐十二（1414年）九月，因东宫官属迎接明成祖朱棣北征凯旋迟缓，朱棣大怒，将杨溥等一并下狱，家人也被囚禁，在狱期间随时均有被杀可能。但杨溥毫不在意，在狱中发奋自励，每天读书不止。因而在狱10年，他把经书史籍通读了好几遍，学识大长。

永乐二十二年（1424年）八月十五，太子朱高炽继位，是为明仁宗。仁宗继位之后杨溥获释出狱，被授官翰林学士。之后数月之间，连授三职，足见仁宗对于杨溥的关切之心。同年，明宣宗朱瞻

杨溥像

基继位，罢设弘文阁，把杨溥召入内阁，与杨士奇、杨荣等人共同主管枢机事务。四年后，因母亲去世辞职，守孝期满后又出来任职。宣德九年（1434年）升任礼部尚书，仍以学士衔在内阁当值。

宣德十年（1435年），宣宗驾崩，太子朱祁镇继位，即明英宗。明英宗继位之后，杨溥与杨士奇、杨荣共同奏请为其开设经筵讲习，要求讲官必须学识渊博，言行端重，老成练达；又请求慎重选择在宫中朝夕侍从皇上的内臣，太皇太后（诚孝张皇后）对此非常高兴。

一天，太后在便殿落座，英宗面西站立，召英国公张辅和杨士奇、杨荣、杨溥、礼部尚书胡濙入内，太后对明英宗皇帝说："此无位老臣历仕三朝以上，忠心耿直，皇帝今后事无论巨细均要与五位大臣共议而行。"

正统三年（1438年），《明宣宗实录》修成，杨溥升太子少保、武英殿大学士。杨溥比杨士奇、杨荣晚二十年入阁，此时却与他们并称"三杨"。时人以府第所在的方位称杨士奇为"西杨"、杨荣为"东杨"，而杨溥曾自称自己的郡望是南郡，所以被称为"南杨"。此时大太监王振，尚未形成势力，皇帝亦在年幼，故朝政在三位大臣的主持之下，天下清平，人民安居乐业，中外臣民无不称颂，并称为"三杨德政"。

正统六年（1441年）之后，杨荣、杨士奇相继去世，此时在内阁的马愉、高谷、曹鼐是新进大学士，人微言轻。杨溥独木难支，权宦王振便开始进一步专权用事。杨溥年老力衰，势单力孤，无力阻止。

正统十一年七月十四日（1446年8月6日），杨溥病卒。追赠特进光禄大夫、左柱国、太师，谥"文定"。

正统十四年（1449年），王振引导英宗北征，结果在土木堡陷入包围，遭遇惨败（即"土木之变"）。时人因而怀念"三杨"，认为如果他们还在，绝不会发生这样的结局

于 谦

于谦（1398—1457年），字廷益，号节庵。杭州府钱塘县（今浙江省杭州市上城区）人。明朝政治家、军事家，是两袖清风的救世名臣，是中国历史上有名的"清官"，民族英雄。

于谦的祖父于文明洪武年间任工部主事，父亲于彦昭隐居家乡钱塘不仕。他少年时就十分仰慕文天祥，他希望有朝一日像文天祥那样报效祖国。永乐十九年（1421年），于谦考中了进士。之后，他为官35年真正做到了一尘不染。

宣德元年（1426年），汉王朱高煦在乐安州起兵谋叛，于谦随明宣宗朱瞻基亲征。于谦被任命为御史，待高煦出降，宣宗让于谦数落他的罪行。于谦正词崭崭，声色震厉，朱高煦在这位御史的凌厉攻势下，被骂得抬不起头，趴在地上不停地发抖（伏地战栗），自称罪该万死。宣宗大悦，当即下令派于谦巡按江西，平反数百起冤狱。

宣德五年（1430年），宣宗知道于谦可以承担重任，当时刚要增设各部右侍郎为直接派驻省的巡抚，于是亲手写了于谦的名字交给吏部，越级提升为兵部右侍郎，巡抚河南、山西。于谦到任后，轻装骑马走

于谦像

遍了所管辖的地区，访问父老，考察当时各项应该兴办或者革新的事，并立即上书。一年上书几次，稍有水旱灾害，马上上报。

正统年初，杨士奇、杨荣、杨溥主持内阁朝政，都很重视于谦。于谦所奏请的事，早上上奏章，晚上便得到批准，都是"三杨"主办的。到了"三杨"去世，宦官王振专权，朝廷上下贿赂成风。当时，地方官进京办事都要先给上司送礼，只有于谦从来不送礼。有人劝他说："你不肯送金银财宝，难道不能带点土特产去？"于谦甩动两只袖子，笑着说："只有两袖清风。"之后他还写了一首诗表明自己的态度，诗的后两句是："清风两袖朝天去，免得闾阎话短长。"于谦的廉洁刚正让王振极为不满，便想尽办法给于谦安了一个罪名，把他投进了监狱。河南、山西的地方官员和百姓听到于谦入狱的消息，联名向明英宗请愿，要求释放于谦。迫于压力，王振只好放了于谦，并让他官复原职。正统十三年（1448 年），于谦被召回京，任兵部左侍郎。

正统十四年（1449 年）七月，蒙古草原上鞑靼瓦剌军南下侵犯明朝边境。明英宗听信太监王振的建议，带兵亲征。结果全军覆没，明英宗被俘，史称"土木堡之变"。明英宗被俘的消息传到北京后，一时间京城里人心惶惶。有人主张南逃，有人主张投降，这时于谦站出来，义正词严地说："京城是国家的根本，朝廷一撤，国家就完了。大家难道忘了南宋的教训吗？"最后，皇太后将守卫北京城的重任交给了于谦。接受重任后，于谦一面调兵遣将，加强京城的防御兵力；一面整顿内部，逮捕了一批瓦剌军的奸细。

瓦剌军俘虏了明英宗后，以他为人质不断骚扰明朝边境，对此，于谦等大臣力荐郕王当皇帝，不久，皇太后正式宣布郕王登基，他就是明代宗。瓦剌军知道此事后，便大举进攻北京。于谦决定主动出击，他分派将领带兵出城，在京城九门外摆开阵势，又叫城里的守将把城

于谦像

门关闭，表示有进无退的决心。将士们被于谦的勇敢和坚定感动，士气大振，经过五天五夜的激战，终于打退了瓦剌军。北京保卫战取得了辉煌的胜利。

景泰元年（1450年）八月，太上皇被留在北方已经一年。也先见明朝没有什么事端，更想讲和，使者接连前来，提出把上皇送回。大臣王直等商议派使者前往迎接，明代宗不高兴地说："朕本来不想登大位，当时是被推上来的。"于谦从容地说："帝位已经定了，不会再有更改，只是从情理上应该赶快把他接回来罢了。万一他真有什么阴谋，我就有话说了。"明代宗看看他便改变了面色说："听你的、听你的。"先后派遣了李实、杨善前往。终于把上皇接了回来。

景泰八年（1457年）正月，明代宗朱祁钰病重，石亨和曹吉祥、徐有贞迎接上皇恢复了帝位。宣谕朝臣以后，立即把于谦和大学士王文逮捕入狱。正月二十三日，于谦被押往崇文门外处斩。

于谦死后，人们传诵着他年轻时写的一首诗："千锤万凿出深山，烈火焚烧若等闲。粉骨碎身浑不怕，要留清白在人间！"人们认为，这正是于谦一生的写照。

明宪宗成化初年，于谦的儿子于冕被赦免回来，他上书申诉冤枉，得以恢复于谦的官职。

明孝宗弘治二年（1489年），采纳了给事中孙需的意见，追赠于谦为特进光禄大夫、柱国、太傅，谥号肃愍。赐在墓建祠堂，题为"旌功"，由地方有关部门年节拜祭。万历十八年（1590年），改谥为忠肃。

商 辂

商辂（1414—1486年），字弘载，号素庵。浙江淳安人。明朝名臣、内阁首辅。

商辂自幼天资聪慧，才思过人。宣德十年（1435年），乡试第一为解元，正统十年（1445年）会试、殿试皆为第一。整个明朝的官员，三试都是第一的，只有商辂一人而已。由于其科举高中榜首，先任修撰，不久即被选入东阁，为侍讲学士。

正统十四年（1449年）八月，"土木之变"爆发，英宗被俘，由郕王朱祁钰监国。此时，商辂经阁臣陈循、高谷推荐，得以进入内阁，参与机要事务。翰林院侍讲徐珵倡议迁都南京，商辂与兵部侍郎于谦等持相同立场，极力反对南迁。不久后，朱祁钰继位为帝，即明代宗，并尊英宗为太上皇。同年冬，商辂晋升为翰林院侍读。景泰元年（1450年），商辂等奉命前往居庸关，迎接被瓦剌释放的太上皇朱祁镇，晋升为学士。景泰三年（1452年），代宗将太子朱见濬废为沂王，改立自己的儿子朱见济为太子。太子改换后，商辂晋升为兵部左侍郎兼左春坊大学士，获赐一处位于北京南薰里的宅第。

景泰八年（1457 年）正月，代宗病重，群臣都请求立太子,但景帝不许，商辂再次上书说："陛下为宣宗皇帝之子，当立宣宗皇帝的子孙。"群臣对于商辂的直言切谏非常感动，但商辂的奏书还未达朝廷，当天夜里石亨等拥立太上皇英宗复辟。第二天，大学士王文、兵部尚

商辂像

书于谦被捕。因商辂与高谷皆主张立英宗之子为太子，英宗将二人诏入便殿，慰勉之后命其草拟复位诏书。石亨等得知之后，把商辂叫出，让其在复位诏中为己表功。商辂说："诏书拟定，自有定制，不敢轻易。"石亨等人听后相当不满，不久就指使人弹劾商辂结党朋奸，把他逮捕下狱。英宗帝念及商辂为三试榜首并为其亲取，不忍处死，将其贬职为民，逐出京师。终英宗天顺一朝，商辂最终没再被获任用。

成化三年（1467）二月，商辂被召回京师，宪宗朱见深命以原官入阁办事。商辂上书委婉予以拒绝，宪宗帝特地使人对商辂说："先帝已知卿等受冤枉，请进京勿辞。"商辂进京之后，立即上书提出八

事：勤学、纳谏、储将、备边、裁冗官、设仓、崇先圣，重科举。这些都被宪宗皇帝所采纳。不久被升职为兵部尚书，后又转任户部尚书，并改任文渊阁大学士。成化七年（1471 年），皇子朱祐极被立为皇太子，商辂获加官太子少保，晋升为吏部尚书。仁寿太后名下的田户与百姓争夺田地，皇帝想把百姓迁徙到塞外。商辂说："天子以天下为家，哪里用得着庄园。"事情于是得到平息。乾清宫大门发生火灾，工部请求到四川、湖广采集木材。商辂进言说应该稍微延缓一下，以保持警戒畏惧，皇帝听从了他的建议。

商辂像

成化八年（1472 年），太子朱祐极去世，宪宗因继承人的事而忧虑。纪妃生有皇子（即后来的明孝宗朱祐樘），现今已经六岁，左右侍从畏惧万贵妃，没有人敢进言。直至成化十一年（1475 年），才被报告给宪宗，宪宗非常高兴。商辂请求诏礼部拟定上报皇子的名字，朝廷大臣相互祝贺，宪宗于是命令皇子出宫会见朝廷大臣。过了几日，宪宗又御临文华殿，皇子侍奉，召见商辂及众内阁大臣。商辂叩首说："陛下在位十年，未立太子，天下盼望已久了。应当立即立为太子，安定朝廷内外的人心。"宪宗点头同意。同年十一月，皇子朱祐樘被立为皇太子。

期间，商辂又上奏消除灾祸的八件事：为番僧国师法王，不要滥赐印章；四方日常的贡奉之外，不要接受玩赏的物品；允许众臣直言进谏；分别派遣刑部使者审查囚犯案卷，减少冤假错案；停止不急需的修建项目；充实三边军队的储备；守卫沿边的关隘；设置云南巡抚。宪宗一一采纳，并下诏嘉奖。成化十三年（1477 年），商辂晋升为谨身殿大学士。

中官汪直监督西厂时，多次造成大案。商辂率领同僚分条列出汪直的 11 条罪状，汪直一日不除，天下一日不安。九卿阁臣一起弹劾汪直，宪宗于是罢免了汪直在西厂的职务。汪直虽然不管理西厂事务，但还是像原来那样受到宠幸。他诬陷商辂曾收受指挥使杨晔的贿赂，想解脱自己的罪行。商辂于是竭力请求致仕。宪宗同意，下诏加商辂为少保，赐命用驿车送他回去。

商辂为人平易持重，待人宽厚，每到重要时刻却毫不含糊，当机立断，受到同僚的尊重。商辂致仕后，刘吉前去探望。刘吉见他子孙众多，感叹说："我与您共事多年，未曾见您笔下妄杀一人，上天回报您如此礼厚，实是应该的。"商辂谦逊说："只是不敢让朝廷妄杀一人而已。"

家居十年后，商辂于成化二十二年七月十八日（1486 年 8 月 17 日）去世，享年 93 岁。宪宗深加悼惜，辍朝一日，追赠特进荣禄大夫、太傅，谥号"文毅"。

李 贤

李贤（1409—1467 年），字原德，邓（今河南邓州市）人。明代名臣。宣德七年（1432 年），李贤考中乡试第一名。宣德八年（1433 年），登进士第。奉命到河津考察蝗灾，被任为验封司主事。正统初年，他曾上奏疏给英宗，建议将塞外投降的蒙古人逐步迁出北京之外，这样不仅可减少费用支出，且可以消除遗患于未萌。但这一正确建议未被采用。正统十四年（1449年），朱祁镇在权宦王振的怂恿下下令亲征瓦刺，当时本应随征的吏部侍郎因病告假，于是由李贤扈从。同年，"土木之变"爆发，明军全军覆没，李贤等少数人死里逃生，回到北京。

景泰二年（1451年），李贤又向皇帝上奏，提出建议十策：一曰勤圣学；二曰顾过警；三曰戒嗜欲；四曰绝玩好；五曰慎举措；六曰崇节俭；七曰畏天变；八曰勉贵戚；九曰振士风；十曰结民心。景帝对此非常赞赏，命翰林官员将其写成条幅挂于左右，以便随时阅览警醒自己。不久李贤又上书建议改革军队，广泛采用车战、运用火器以提高军队战斗力，也受到景帝的赞赏。同年冬他被提升为兵部右侍郎，不久转任户部侍郎。李贤曾上书陈述边防守备松弛的情况，兵部尚书于谦请将他的奏章传阅到边塞，以激励诸将。改任吏部右侍郎后，他选取古代二十二

李贤像

位君主可以效仿的行事作风，编成《鉴古录》，上呈给朱祁钰。

景泰八年（1457年），石亨等发动"夺门之变"，迎接被囚禁在南宫的朱祁镇复位。英宗复位后。李贤仍任翰林学士，不久为文渊阁大学士，与徐有贞同预机务。不久又提升为户部尚书。由于李贤性格端庄。出言谨慎，每有奏时都能切中时弊，故深得皇帝的信任。

天顺三年（1459年），山东发生灾荒，英宗诏徐有贞与李贤商议，徐有贞说："负责赈灾的官员，多有贪污中饱之人。应该立即停止赈灾。"李贤说："如果仅考虑有贪污中饱而不赈灾，那么视民于水火而无动于衷，也是因噎废食。"英宗听到这里，立时下定了决心，命增加赈济的钱粮。

夺门之变后，石亨、曹吉祥日益骄横，引起了英宗的厌恶，曾将所有人屏退后对李贤说："这班人现在专横干政，四方奏事先要至其府内，这样一定会出乱子的，怎样解决才好呢？"李贤说："陛下应当机立断，否则日久必生祸患。"不久石亨与曹吉祥果然密谋叛乱，为李贤发觉，他协助英宗将其平叛。一日英宗与李贤议及夺门之变，李贤说："这一事件应该叫作迎贺，而不能叫作夺门。天下本来就是陛下的，如果叫作夺门就不能体现顺应天意了。"英宗醒悟，认为李贤的提法一语中的，从此之后英宗对李贤更是言听计从。终天顺年间，李贤一直为内阁首辅。

天顺五年（1461年），曹钦举兵造反，击伤在东朝房当值的李贤，并要杀他，逼李贤起草奏章为自己开脱罪行。依赖王翱一力相救，李贤才得以幸免，秘密上书请擒拿贼党。当时正纷扰不安，不知道李贤在哪。朱祁镇得到奏疏后，非常高兴。李贤裹伤入宫觐见朱祁镇，朱祁镇加以慰劳，特加李贤为太子太保。李贤于是说叛军既已伏诛，应尽快下诏天下停止不急之务，广求直言以疏通被困塞的政事，朱祁镇一一采纳。

李贤务持大体，尤其以珍惜人才、广开言路为急务。他所推荐的年富、耿九畴、李秉、程信、姚夔、崔恭、李绍等人，都是名臣。李贤时常劝朱祁镇召见大臣，凡有所推荐，必定先与吏部、兵部讨论后再定。他入宫应对朱祁镇时，朱祁镇询问文臣情况，李贤请他问王翱；问武臣，则请他问马昂。这两人在左右辅佐，因此李贤言无不行，而人们也不担忧李贤专权，只有众小人与李贤为难。

当时，锦衣卫指挥使门达弄权，而锦衣卫的官校也恣行残暴，造成严重的祸患。李贤多次请求禁止，朱祁镇召来门达，予以告诫、劝谕。然而门达恃宠更加骄横，李贤找机会又向朱祁镇陈述门达之罪，朱祁镇又召门达前来，多加告诫。自此以后，门达对李贤恨之入骨。他曾在朱祁镇面前进谗，称李贤接受大臣陆瑜的贿赂，助其升任刑部尚书。朱祁镇颇感疑惑，以致在半年内都没有下达陆瑜升官的诏命。

不久英宗生病，这时有人向英宗挑拨太子与帝的关系，英宗犹豫不决，特将李贤秘密召入宫内向其询问。李贤听到这件事后，跪拜在地说："外间小人，流言蜚语，不足为据。太子为天下根本，如

李贤像

此大事望陛下三思。"英宗帝又问是否只有传位给太子，他最合适吗？李贤又跪拜回说："如此宗社幸甚。"英宗听到这里后，扶病立起，立即召见太子。太子来后看到英宗病重抱英宗哭泣，英宗也泪流满面。经此事故，英宗方才信任太子，而谗言也不攻自破。

天顺八年（1464 年）正月，宪宗继位后，李贤被进太子少保衔，华盖殿大学士。门达被逐出后，他的党羽多投匿名信陷害李贤，李贤因此请求辞官，朱见深下诏慰留，特命侍卫保护其家，护送其出入。后由于李贤后多病，多次请求退休才获朝廷批准。

成化二年十二月十四日（1467 年 1 月 19 日），李贤去世，终年 59 岁。朱见深闻讯后，十分悲痛，为其辍朝一日，按例赐祭葬。并追赠特进光禄大夫、左柱国、太师，谥号"文达"。

李东阳

李东阳（1447—1516 年），字宾之，号西涯。祖籍湖广长沙府茶陵（今属湖南），因家族世代为行伍出身，入京师戍守，属金吾左卫籍。明朝内阁首辅大臣。

景泰元年（1450 年），4 岁的李东阳即工书法，曾被景帝召见，赐给他许多物品。景泰六年（1455 年），8 岁时以神童入顺天府学。天顺六年（1462 年）八月，李东阳参加顺天乡试中举。天顺八年（1464 年）三月，考中进士，选为庶吉士，后授编修，以后历任侍讲学士、东宫太子讲官。成化元年（1465 年）八月，李东阳被授编修之职，参与修纂《英宗实录》。成化三年（1467 年）八月，《英宗实录》修纂成书，皇帝赐李东阳白金文绮，品秩升为从六品。

进入仕途之初，李东阳升迁很不顺利，基本上是九年任满一迁，而且做了很长时间的侍讲学士，却仍没有参与经筵和日讲等活动，这是因为李东阳"以貌寝，好诙谐，不为时宰所重"以致"士论哗然不平"。但是李东阳年轻时对此毫不在意，表现出宽阔的心禅和难得的政治成熟。

弘治四年（1491），升任左庶子兼侍讲学士，连又擢升太常寺少卿。弘治八年（1495年），以本官进入文渊阁参与机务，后不久晋升为礼部尚书兼文渊阁大学士。当时在内阁共同办事的有首辅刘健及谢迁等，李东阳与他们一起，兢兢业业辅助皇帝，对政务的缺失尽力极谏。由于李东阳工书法擅长诗文，故内阁中的各种诏谕都由他草拟。诏谕传出之后因朗之上口，为天下人传诵。

李东阳像

弘治十一年（1498年）二月，皇太子出阁读书，赐李东阳太子少保、礼部尚书衔，兼文渊阁大学士，负责教导太子。弘治十八年（1505年）二月二十一日，李东阳以疾病原因乞求退休，皇帝不准。三月，李东阳充殿试读卷官。五月，明孝宗下召李东阳与刘健、谢迁入乾清宫共同领受顾命，明孝宗死后，明武宗继位。七月，李东阳以辅导太子之功与谢迁同升少傅仍兼太子太傅。八月十三日，李东阳与谢迁同授光禄大夫，勋柱国。正德元年（1506年），十二月十六日，皇帝赐李东阳少师兼太子太师、吏部尚书、华盖殿大学士。正德五年（1510年），九月，李东阳因为宁夏民乱平定，被皇帝加勋为特进左柱国，恩荫其继子李兆蕃为尚宝丞。

武宗继位之后，刘瑾成为司礼监秉笔太监，不久专权骄横。李东阳与刘健、谢迁多次向武宗劝谏，均未能被采纳。为抗议刘瑾的胡作非为，三人同一天向武宗提出辞职。在刘瑾的授意下武宗同意刘健、谢迁去职，而独留李东阳。李东阳深感耻辱，再次上书恳请但仍未获准。刘瑾为何对李东阳网开一面，这是由于当初刘健、谢迁坚持要武宗诛死刘瑾，言辞激烈，只有李东阳言辞稍微舒缓的缘故。刘瑾除去刘健等人后，更加飞扬跋扈，将其死党焦芳升入内阁，将原内阁中的老臣、忠直之士驱逐殆尽。李东阳在内阁中抑郁不得志，为保身家性命，只得与宦党虚与周旋。由于刘瑾专权擅政，使得朝纲紊乱，民不聊生。李东阳在任期间，力求补救，尽可能保护朝中一些正直臣子。

李东阳秉政以后，虽然贵为内阁大学士，又"以文章领袖缙绅"，但他平易近人，广交朋友，终日"谈文论艺，绝口不及势力"。可见李东阳在政治人更多采取的忍让的态度，不管和士林还是宦官、外戚等都相处都还算不错，在政治上没有明确的个人主张，特别是在正德年间，更被世人讥为"伴食宰相"。

正德七年（1512年），李东阳以京师山西、陕西、云南、福建等相继发生地震，而武宗帝长期朝政不听，经筵不讲，宗庙不祭，而终日或沉溺于后宫，或佚游无度，因而上书切谏，指出由于帝德不修而上天示警，要求皇帝改弦更张，勤于政务，关心民生，但武宗仍不听。不久李东阳以老病坚决乞休，在多次坚请之下，终获批准。正德十一年（1516年）七月二十日，李东阳病逝。明武宗追赠李东阳太师，谥文正。

刘 健

刘健（1433—1526年），字希贤，号晦庵。洛阳（今河南洛阳）人。明朝中期名臣、内阁首辅。刘健历仕英宗、宪宗、孝宗、武宗，为四朝元老。他入阁十九年，任首辅八年，对明朝中叶弘治、正德两朝政治产生了较大的影响。他崇儒兴学，注重实务，居官敢言，为当时世称的"天下三贤相"之一。

刘健像

刘健的父亲刘亮，官至三原教谕，有学问品行。他少年时就端正持重，曾跟随著名理学家薛瑄读书。明英宗天顺四年（1460年），刘健中进士科，被选为庶吉士，授任翰林编修。进入翰林院后，他闭门读书，谢绝交游，众人都称他为"木头"。他熟读经书，有经世济民之志。

明宪宗成化（1465—1487年）初年，刘健升为翰林修撰，不久再升迁至少詹事，并担任东宫（太子朱祐樘）

讲官，和朱祐樘关系十分融洽。

弘治元年（1488 年），朱祐樘继位为帝，刘健也升为礼部右侍郎兼翰林学士，进入内阁，参与国家大事。弘治四年（1491 年），升为尚书兼文渊阁大学士，加太子太保，改武英殿大学士。弘治十一年（1498 年）春，成为首辅，加少傅兼太子太傅。

刘健学问博大精深，敢于仗义执言，以天下为己任。当时太监李广因清宁宫火灾而畏罪自杀，刘健与李东阳、谢迁上书说："古代帝王没有不遇到灾害而恐惧的，向来奸人佞臣炫惑圣明皇帝的视听，贿赂流行，赏罚失当。灾异的积累，正是这些原因，现在所幸首恶消除，陛下开始醒悟，然而余恶尚未除尽，过去的积弊尚未革除，臣愿意奋发有为于政事，举荐贤才，贬退奸恶，赏罚分明。凡是所应当施行的，果断处置毫不犹豫，不再因循守旧，以免后悔。"孝宗正赞赏接纳刘健的意见，而李广同党蔡昭等却随即取到圣旨，给予李广祭祀安葬和祠堂牌匾。刘健等极力劝谏，仅停祠堂牌匾。

由于他位高权重，朝中谏官有时候弹劾他专权，但他从不放在心上。弘治十一年（1498 年）三月，国子监学生江瑢弹劾刘健、李东阳阻塞言路。孝宗为了安慰二人，将江瑢下狱，刘、李二人不计较私人恩怨，大力为江辩护，将他救了出来。

弘治十三年（1500 年）四月，蒙古骑兵南下侵犯明朝，大同告急，京师戒严。刘健建议提拔有军事才能的将领守卫京城，保卫了京城的安全。弘治十四年（1501 年），孝宗想增加军饷，让大臣们商议。刘健力主减轻百姓负担，通过缩减宫廷费用、土木工程、裁减冗官等保证军饷供应，都被孝宗采纳。弘治十五年（1502 年），《大明会典》修成后，刘健加少师兼太子太师，任吏部尚书、华盖殿大学士。

当时，刘健、李东阳、谢迁三人同心辅政，尽职尽责，竭尽所能，知无不言。开始的时候孝宗还不是全部接受，后来由于他们所奏都见成效，于是再有所奏，孝宗无所不纳，还尊敬地称呼刘健为"先生"。刘健每次进见，孝宗都屏退左右和他密谈。无论是刘健提出或是罢免文武大臣，还是他所建议实行的政治措施，孝宗绝大部分都能接受。

弘治十八年（1505年），孝宗驾崩，遗诏命刘健等辅政。孝宗死后，朱厚照继位，即武宗。武宗被身边以刘瑾为首的宦官诱惑，贪玩享乐，不理政事，刘瑾便与马永成、谷大用、魏彬、张永、邱聚、高凤、罗祥等八人乘机干预朝政，时称"八党"。刘健等人多次上书要求武宗上朝处理政务，清理后宫的玩乐设备，武宗总是表面答应，实际并不执行，反而变本加厉地在后宫玩乐。身负先帝重托的刘健看着年轻的武宗这么不争气，十分自责，于是只得上书请求退休，武宗婉言相留，但仍然不理朝政。于是，刘健等人不断上书，指出政令错误的地方，尤其指斥贵戚、宦官。由于奏章很多，呼声很高，武宗迫不得已，假装命令下面商议。刘健十分失望，再次请求退休回家养老，李东阳、谢迁也跟着提出退休。武宗没有办法，只得按刘健等人的意见处理朝政。

刘健等人眼看武宗被宦官诱惑，沉迷享乐，不理朝政，于是决心铲除"八党"，朝中大臣纷纷响应。刘瑾等人非常害怕，于是哭着向武宗求救。武宗听了他们的哭诉，非常恼怒，于是下令将部分反对宦官很积极的官员下狱。"八党"不仅没有除掉，刘瑾还被任命为司礼监，大权在握。在努力没有结果的情形下，失望的刘健、谢迁再次请求退休回家，这次武宗批准了。于是刘健告老还乡。

刘健回家后，刘瑾等人更加嚣张，增设特务机构，四处活动，镇压异己，排斥忠臣，引进私党。由于大肆掠夺农民土地，导致阶级矛盾迅速激化，河北、河南、山东、山西、湖广、江西等地都爆发了大规模的农民起义。退休在家养老的刘健痛心疾首，却毫无办法。而刘瑾也一直在寻找机会想陷害刘健。在他退休的第二年三月，刘瑾等人诬陷53人为奸党，榜示朝堂，而刘健位列第一。正德五年（1510年），刘健被削职为民，并夺去一切封号。同年，刘瑾被诛杀，刘健官复原职。刘瑾被杀后，武宗仍然宠幸宦官张永等人，数次南下巡游，沿途不断骚扰人民。刘健听说后，气得吃不下饭，连连叹息说："我辜负了先帝的重托啊！"

嘉靖元年（1522年），明世宗朱厚熜继位后，专门命行人来慰问刘健，把他比作北宋名臣司马光、文彦博，并大加赏赐。这年刘健已年满90，世宗下诏命令大臣专门到刘健家里送上束帛、饩羊、上尊等，并封他的孙子刘成学为中书舍人。

嘉靖五年冬十一月六日（1526年12月9日），刘健逝世，享年94岁。刘健死后，留下数千言的奏章，劝世宗正身勤学，亲近贤才，远离奸佞。世宗闻讯后，十分悲痛，为其辍朝一日，派官员按例赐祭葬，并追赠刘健为太师，谥号"文靖"。

刘健前后辅佐四帝，忠于职守，呕心沥血，气度威严，以身作则，《明史》称其"事业光明俊伟，明世辅臣鲜有比者"。

谢 迁

谢迁（公元1449—1531年），字于乔，号木斋，浙江绍兴府余姚县人。明代中期著名阁臣。与刘健、李东阳同朝辅政，政绩卓著。

成化十年（1474年），谢迁参加科举乡试，取第一。成化十一年（1475年），考中状元，授编修之职，后累迁至詹事府少詹事兼侍讲学士。

弘治八年（1495年），被命与李东阳一起入内阁参与政务。时逢谢迁正在家守丧，故力辞其职，后孝宗帝同意其服丧期后任职。任职后不久升任兵部尚书兼东阁大学士，并任太子的老师。皇太子出阁时，又加封为太子少保、兵部尚书兼东阁大学士。谢迁上书皇帝，劝告太子亲贤者，远佞臣，勤学问，戒安逸。孝宗帝闻知后对谢迁大加赞赏。孝宗在其晚年，对于当政时的某些弊政有所醒悟，想予以革除，谢迁乘机进言说："仅想设禁无益，宜命令有关衙司搜求弊端，明白奏闻。后宜严立条文，有犯必诛，如此诸多弊端，即可根除。"孝宗帝听后采纳其建议。当时谢迁与刘健、李东阳同为大学士辅政，而谢迁遇事果敢，为人沉毅，善发议论，当时世人都说："李公为谋，刘公善断，谢公尤侃侃。"意思是说谢迁善于出谋划策。因此，天下人称其三人为贤相。

谢迁像

武宗继位之后，加谢迁为太子太傅衔，谢迁多次坚决推辞，未获许。宦官刘瑾乘皇帝年幼，独揽大权，排斥忠良。谢迁认为事关国家兴亡，决心"触危机而罔恤，当逆峰而直犯"，多次向皇上陈述己见，但都遭到拒绝。直到要求诛杀刘瑾的建议没有被采纳，谢迁就同刘健一起辞官回家了。回乡不久，刘瑾以莫须有的罪名，兴起大狱，打算把刘健、谢迁等逮捕入狱并剿灭其家产，后由于李东阳从中力劝乃止。一个叫焦芳的人由于投靠刘瑾而挤入内阁,对谢迁也深感不满。这时焦芳大声说:"就是不将他们下狱,亦当予以薄惩。"为此周礼等人等被发配戍边。

正德四年(1509 年)十二月,刘瑾倚仗权势,撤销了皇帝给予刘健、谢迁等人赐爵授官的诏命,并追回皇帝赏赐的玉带、官服等物品。此时人人皆为谢迁的安危担忧,而谢迁在家中与朋客弈棋如故。以后刘瑾被诛除,谢迁被官复原职,但他推辞不受。

明世宗继位后,派遣使者慰问谢迁,起用他担任参议。谢迁派儿子谢正入朝谢恩,并劝明世宗要勤奋学习,效法祖宗,善于纳谏。嘉靖六年(1527 年),明世宗亲自下诏令派传令官到谢迁家去征召他入阁复职,并命令浙江的巡抚、按察使敦促谢迁起程赴京。此时,谢迁已是 79 岁的高龄,不得已只好奉命北上。明世宗待谢迁十分优厚,天气寒冷时叫他不用上朝参见。一旦得知谢迁生病,又是派太医,又是送药物,还叫专管酒宴的光禄卿送上美酒佳肴。第二年三月谢迁终算告老还乡。

嘉靖十年(1531 年),谢迁在家去世,享年 83 岁。明世宗特赠太傅的官衔,谥号文正。

严 嵩

严嵩(1480—1567 年),字惟中,号介溪,又号勉庵分宜(今江西分宜)人。明代著名的权臣,擅国专政达 20 年之久。

明太祖朱元璋废除了宰相制度,改设华盖殿、谨身殿、武英殿、文华殿、文渊阁、东阁等大学士,备皇帝顾问,分掌原宰相的职权。明成祖时,命一些官员在文渊阁当值,参与机务,称内阁。明仁宗时,内阁权位渐高,入阁者多为尚书、侍郎,实际掌握宰相权力。其中,一人为内阁首辅，就是宰相，其他人则是副宰相。明世宗朱厚熜时，奸臣严嵩为内阁首辅，专权乱政，祸国殃民，使明朝的社会危机进一步加深，国家几乎到了崩溃的边缘。

严嵩自幼聪颖，被誉为神童。明孝宗弘治十八年（1505 年）中进士，步入官场。严嵩小有文才，明武宗时任南京翰林院事、国子祭酒。明世宗嘉靖七年（1528 年），出任礼部右侍郎，改吏部左侍郎，再任礼部尚书兼翰林学士。

严嵩雕像

明世宗迷信神仙道学，渴望长生不老，常命朝臣写些"青词"（祭文之类），祭祀天地神灵。严嵩善于此道，所写青词多合皇上口味。明世宗因此器重严嵩，加其官为太子太保。严嵩之子严世蕃，聪明狡诈，专摸皇帝的脾性。明世宗批阅大臣的奏书，爱用道家和佛家语言，群臣莫知其意。唯独严世蕃懂得其中奥妙，并让父亲按照旨意去做。这一招果然灵验，明世宗觉得满朝文武，只有严嵩才是具有真才实学的忠臣。

嘉靖二十一年（1542年），夏言被罢相，明世宗便任命严嵩为武英殿大学士，成为内阁首辅。这时，严嵩已60多岁，"不异少壮，朝夕值西苑椒房，未尝一归洗沐"。明世宗庆幸得到一位勤劳能干的宰相，从此二十多年不举行朝会，只在宫中求神拜佛，寻欢作乐，所有军国大事，统统交给严嵩处理。

严嵩迅速在自己身边培植了一群党羽，除了儿子严世蕃外，还有赵文华、鄢茂卿、罗齐文等。这几人无耻地认严嵩为义父，甘愿充当严嵩的政治打手。严嵩奉行"顺我者昌、逆我者亡"的哲学，凡是跟他过不去的人，一律贬黜和杀害。因此，百余位正直的、有功的大臣均栽在他的手里，大多死于非命。

嘉靖二十九年（1550年），蒙古大举入侵，兵锋进至北京郊区，烧杀抢掠，气焰十分嚣张。严嵩奏请明世宗，让自己的亲信仇鸾为大将军，节制各路兵马。兵部尚书丁汝夔、兵部侍郎马守谦向严嵩请示战守之策。严嵩说："塞上打了败仗，可以隐瞒；失利辇下（指京城），皇上必知。敌虏抢掠够了，自会退去，不用管他。"丁、马二人以为这是皇上的旨意，自然不敢言战，只命将士坚壁守御，甚至不发一箭。蒙古军队纵横京郊，烧杀抢掠整整八天，然后押着掠得的无数辎重返回大漠。严嵩欲使仇鸾建功，命其追击。不想仇

严嵩像

鸾是个草包，追击受挫，死伤千余人。为了冒功，他竟收斩遗尸八十余具，谎称大捷。严嵩立刻报告明世宗，使仇鸾加官为太保。丁汝夔、马守谦感到事关重大，准备奏报实情。严嵩大怒，先发制人，以"消极怯战"为由，把丁、马两位高官弃市。那个仇鸾也与严嵩约为父子，得意忘形，居然到处吹嘘严世蕃贪婪暴虐的内情，这引起了严嵩的愤恨。两年后，仇鸾病死。严嵩指使锦衣都督陆炳，揭发仇鸾曾经通敌纳贿。于是，明世宗命把仇鸾破棺戮尸，传首九边。

严嵩的儿子严世蕃，其貌不扬，身体肥胖，一目失明，无功无德，却任尚宝少卿，进至工部左侍郎。他的能耐就是揣摩皇上的心理和爱好，然后指导父亲的言行，千方百计地讨好皇上。因此，时人称严嵩为"大丞相"，严世蕃为"小丞相"。这个恶少依仗父亲的权势，招权纳贿，专干卖官鬻爵的勾当，行贿求官之人，络绎不绝，门庭若市。严世蕃由此聚敛了巨额财富，自家居所富丽堂皇，犹如宫禁。而且欺男霸女，拥有数十房妻妾，另见美貌女子，一概强抢入府，恣意凌辱。什么天理，什么法纪，在严世蕃眼里，都不存在，一钱不值。

严嵩父子操纵权柄，败坏朝纲，杀戮大臣，呼风得风，唤雨得雨。很多人上书弹劾过他们的罪行，均遭严嵩的毒手。嘉靖三十二年（1553年），兵部员外郎杨继盛满腔怒火，愤然上书，再次弹劾严嵩的"十罪五奸"。弹劾奏书最后请求或将严嵩正法，或令严嵩致仕，说："陛下奈何爱一贼臣，而使百万苍生，陷于涂炭哉？"明世宗看到了这份奏书，召问严嵩。严嵩假装惶恐，大喊冤枉，并且反咬一口，攻击杨继盛心怀叵测，无端诬陷辅臣，恳请皇上明察。明世宗一门心思向往成仙，根本不知朝事，袒护严嵩，反命将杨继盛处以廷杖，再交刑部审讯定罪。审讯进行了三年，人人以为杨继盛蒙冤。严嵩的心腹胡植、鄢茂卿说："公不见养虎者邪？将自遗患！"严嵩咬着牙说："不错，是这个理！"恰巧，明世宗决定杀害抗倭将领张经和李天宠。严嵩把杨继盛的名字添加进去，获得"朱批"（皇帝御笔）。可怜杨、张、李三人，同日被弃市。

凡是权臣必有野心，严嵩已是老态龙钟，便寄希望于儿孙。严世蕃幼子严鹄，深得严嵩喜爱。严嵩竟然在府中仿设朝廷，让孙子戴金冠，穿龙袍，做起了"小皇帝"，全家人跪拜，高呼万岁。

嘉靖四十一年（1562年），严嵩父子的种种不法行为终于暴露。御史邹应龙掌握了大量证据，义正词严地弹劾严嵩父子。术士蓝道也在宫中进言，陈述严嵩的罪恶。明世宗说："天下为何不治？"蓝道假装求神，说："原因在于严嵩父子弄权。"明世宗说："上仙为何不惩治他们？"蓝道说："上仙明示，留待陛下惩治。"这使明世宗下了决心，诏令严嵩罢职，严世蕃下狱。

刑部官员大多是严嵩党徒，审讯严世蕃，只将其流放雷州（今广东海康）。严嵩回归老家分宜，请求把儿子流放至老家近处，未获批准。谁知严世蕃神通广大，滞留在南昌，派人把北京家产全部运走。有人说："南昌具有王气。"严世蕃便在那里修建府第，大治园亭，"势焰不少衰"。嘉靖四十四年（1565年），严世蕃的猖狂行径激怒了新任宰相徐阶等人，他们联名上书，再次揭露其"阴伺非常，多聚亡命，南通倭寇，北通贼虏"的罪行。明世宗这才下令，逮捕严世蕃，弃市，籍没家产，抄得黄金3万两，白银300万两，其他珍玩无数。严嵩及孙子贬为庶民。严嵩风光一世，到头来却，贫困交加，遭人厌恶，寄居于一处看墓人的石房中，两年后活活饿死，终年87岁。

张居正

张居正（1525—1582年），字叔大，号太岳，幼名张白圭。湖北江陵人，时人又称张江陵（今湖北荆州）。明朝中后期政治家、改革家，万历初期的内阁首辅。

张居正从小就被全家视为掌上明珠，爱护备至。无论是生活和启蒙学习方面，都得到特殊的照顾。由于天资聪颖，5 岁时即被送到学校念书，入学后，张居正的天赋更加彰显，加之其学习用功，因此，不到 10 岁就懂得经书大义，诗词歌赋更是出口成章，信手拈来。

嘉靖十五年（1536 年），12 岁的张居正才华出众，以童试考中头名秀才，成为名震荆州的小秀才。嘉靖十六年（1537 年）八月，恰逢三年一度的举人考试，张居正应试未中。嘉靖十九年（1540 年），16 岁的张居正又参加乡试，此次，张居正终于如愿高中举人。当时的主考官顾璘对张居正说："古人说，大器晚成，此为对中才的说法罢了。而你并非中才，乃是大才。你千万不能以此为满足，再不求进取了。"嘉靖二十六年（1547 年），张居正 23 岁时又考中二甲进士，授庶吉士，从此进入官场。

庶吉士只是一种见习的官员，没有实际的政务。而且作为一个新科进士，张居正没有发言权，也左

张居正像

右不了政局半分。但他那时却目睹了内阁大学士夏言与严嵩等人之间的明争暗斗，尤其是严嵩为了取得首辅地位竟然置国家利益于不顾，借收复河套之事陷力主抗蒙的夏言和曾铣于死地。残酷的现实使张居正认清了当时局势的紧张和政治的腐败。嘉靖三十九年（1560 年），徐阶从少傅晋升为太子太师，张居正也从翰林院编修升为右春坊右中允兼国子监司业。此时的国子监祭酒是新郑人高拱。1562 年 5 月，御史邹应龙给了严嵩致命一击，在他的弹劾下，严嵩政权倒台了，徐阶进为首辅。不久，徐阶和高拱的对立逐渐尖锐起来。在明争暗斗中，高拱和徐阶相继罢职而去。

隆庆元年（1567 年）二月，张居正晋升为左侍即兼东阁大学士，入内阁参与机要政务。张居正凭那套谨慎小心的作风，还是时时感到位置不稳。徐阶离任时曾托张居正照应自己的三个儿子，后来他的三个儿子都因犯事被问罪。在严重的局势下，张居正还是尽力为他们周旋。高拱的心腹们便在这件事上寻找机会，搜求张居正帮助徐阶的动机。

隆庆六年（1672 年）五月，穆宗中风而亡，皇太子朱翊钧才 10 岁。这又是一个权力重新更替组合的时期，高拱和张居正的决战就在这个时期展开了。

冯保在这一时期起了重要作用。穆宗在世时，冯保屡次想升任司礼监掌印太监，都因高拱从中作梗而告吹。他现在有了报复的时机，他乘穆宗新丧的机会，在皇后、皇贵妃和张居正之间频繁活动起来。六月十六日，冯保向众臣宣读了皇后、皇贵妃和皇帝的手谕，指陈高拱揽权专政，蔑视幼主，下令革职回乡。

高拱被革职后，文渊阁仅剩下张居正一人独守，他也因此顺理成章地升为首辅。

张居正出任内阁首辅后，对朝中空议盛行、不务实事、人浮于事、政令不通的现状很是担忧。他下决心要彻底改革吏治，为其他改革铺平道路。万历元年（1573 年）十月，张居正上书请行考察绩效的"考成法"，神宗批准了他的请求。由于考成法赏罚分明，官员们办事的效率大大提高。明朝中叶以来，随着土地兼并的发展和吏治的腐败，豪强地主与衙门吏胥相勾结，大量隐瞒土地，逃避税粮，无名征求，多如牛毛，致使民力殚竭，不得安生。为削除这种现象，他首先在全国大量清查土地。万历十年（1582 年），全国土地丈量工作基本完成。这次清丈查出隐占的田地 300 万顷，达到了预期的成功。虽然执行丈量的官吏有的改用小弓丈量以求田多，有的地方豪强也千方百计进行抵制，致使这一数字不很准确，但毕竟把大地主隐瞒的土地清查出一部分，对他们起了一定的抑制作用。

万历九年（1581 年），张居正在清丈土地的基础上，在全国范围内实行赋

张居正雕像

役改革，推行著名的"一条鞭法"。早在嘉靖年间，潘季驯、海瑞等人就在广东、江南等地推行过"一条鞭法"，但把"一条鞭法"推向全国，并使其在中国历史上产生重大影响的却是张居正。

"一条鞭法"，即是将赋役中的各项名目，如杂泛、均徭、力差、银差等合为一种，一律征收银两，并以田赋分担徭役钱，二者有一定比例，或"丁四粮六"（即将徭役钱的十分之六摊入田赋征收），或"丁粮各半"。同时简化征收手续，由地方官直接征收赋役银。

推行"一条鞭法"时，张居正采取了循序渐进的策略。他在嘉靖、隆庆年间局部地区推行"一条鞭法"的基础上，于万历四年（1576年）先把"一条鞭法"推行到湖广。当时有人提到"一条鞭法"的不利，甚至有人说"一条鞭法"便于官而不便于民。张居正只是说："法令贵在利民……所以近来拟旨说，如果有利于民，则听任推行，如果不利于民，就不必强行实施。"经过一年的推行，情况有了好转，说"一条鞭法"不利于民的人只有十之一二了。张居正对"一条鞭法"更加有兴趣，他说："'一条鞭法'如果真能适宜于人民，何须分什么南方与北方呢？"于是他下令将"一条鞭法"向更广阔的地域推广，至万历九年（1581年）正月，再用诏令通行全国，"一条鞭法"逐渐成为通行的制度。

张居正在改革整顿中得罪了不少人，他们对张居正的改革触及自己的利益十分仇恨，也有的人是因为与张居正政见不和，甚至嫉妒其才能和权力。他们认为张居正以宰相自居，挟天子以令天下，太专权霸道了。这些人都在伺机向张居正发难。后来，张居正的父亲去世，按旧例他要在家守孝三年，万历帝诏令张居正不必回家守制。正在张居正犹豫不决的时候，以吏部尚书张瀚为首的一批张居正的门生却对他刀剑相逼，逼他离阁回家守制。经受了几次门生发难的沉重打击和

张居正故居北门

为父奔丧的长途跋涉，张居正不幸身患重病，卧床不起，经多方医治也不见好转。

张居正自知行将不起，遂连上两疏，恳求万历帝准允致仕归去，以求生还江陵故土，但万历帝始终不准，万历十年（1582 年）六月二十日，张居正撇下老母去世，终年 58 岁。

张居正病重期间，明神宗万历皇帝十分伤心，送给他许多珍贵药物和补品。张居正病逝后，神宗罢朝数日，并赠他为上柱国，赐谥"文忠"。然而没过几个月，明神宗就变脸了，加上那些在改革中被张居正得罪的人添油加醋地告状，张居正立刻遭到自上而下的批判，万历十一年（1583 年）三月，明神宗诏夺张居正上柱国封号和文忠谥号，并撤销其第四子张简修锦衣卫指挥的职务，还抄了他的家。

但是，张居正的改革业绩有目共睹，不可磨灭。因此，明熹宗天启二年（1622年），熹宗帝下诏为张居正平反昭雪；崇祯三年（1630年），礼部侍郎罗喻义挺身而出为张居正论冤；崇祯十三年（1640年），崇祯皇帝终于下诏恢复张居正长子张敬修官职，并授予张敬修的孙子张同敞为中书舍人。

史可法

史可法（1601—1645年），字宪之，号道邻，开封府祥符县（今开封市双龙巷）人。明末抗清名将、民族英雄。

史可法早年以孝闻名于乡，师从左光斗。

崇祯元年（1628年），27岁的史可法金榜题名，成为"天子门生"，被任命为西安府推官，从此踏上仕途。后迁户部主事、员外郎、郎中。

由于岳父病故，史可法从崇祯十二年到崇祯十四年（1639—1641年），回家服丧守孝。丧期一满，朝廷立即予以重任，升任他为户部侍郎兼右佥都史，总督漕运，巡抚凤阳、淮安、扬州等地。当时漕运每年总是误期，难以准时上交运载物资，缺额以百万计。史可法到任后，马上罢免了三个不称职的督粮道，增设漕储道七人，亲自组织民工大规模地疏通南河，慎重挑选运官，革除漕运中侵钱占粮的种种弊端，使漕运的面貌焕然一新。

然而明朝已是千疮百孔，少数忠臣良将的励精图治已难挽其颓势。崇祯十七年（1644年）三月，李自成攻进北京城，崇祯帝知大势已去，连杀数名妃嫔，并刀劈爱女长平公主，最后自缢而亡。五月初三，众大臣议国事，推举内阁大臣，于是文武大臣推举史可法为吏部尚书兼东阁大学士，仍掌管兵部，高宏图为礼部尚书。

史可法任首辅，开始一系列的治理。在政治方面，主张裁撤东西厂、锦衣卫、西北镇抚司等特务机构，肃立官纪，以安人心；军事方面，主张裁汰南京内外守备、参赞等空费粮饷的虚衔，制定京营制度，充实海防；经济方面，主张在江北招募流亡百姓，开垦屯田，又制定新税法，废除"练饷"。大奸臣马士英本想通过拥立无能的福王以猎取权位，但谁知仍被派去督师凤阳，首辅之位由史可法担任。他顿时妒意大发，满腔怨气，最终把史可法排挤出内阁。史可法则以忠奸势不两立的姿态，自动请求督师江北，出朝镇守淮、扬。

弘光元年（1645年）三月，雄踞武昌的左良玉打着"清君侧"的旗号率师东下，声讨马士英、阮大铖，途中病死，其子左梦庚继续向

南京进兵，马士英急调黄得功抵御左军。四月初，清军由亳州（今亳县）下颍州（今阜阳），兵锋锐不可当。史可法连章告急，乞请朝廷选将添兵，阻止清军南进。但史可法的呼请得不到支持，马士英认为："北兵至犹可议款，若左逆得志，若辈高官，我君臣独死耳。"弘光帝诏令史可法率军援助南京。史可法率军到达近郊，黄得功已破左军，弘光帝又命史可法回守防地，不必入朝。史可法登上燕子矶头，望着滚滚东去的长江，不禁泪流满面。

史可法像

满清豫王久闻史可法大名，多次致书史可法，要其为清廷效力。史可法采用国书形式予以拒绝，言辞慷慨。他随即呈报弘光帝，既激励朝廷自励，也表明自己忠于弘光的决心。

同年四月，清军已渡过淮河，每日推进五十里，情势紧迫。史可法急忙回师扬州。四月二十一日，清豫王多铎率军进占泗洲（今安徽泗县）后，直逼扬州。总兵李栖风和监军副使高岐风投降清军，抗清力量大大削弱，且军心动摇。

史可法屡次上书朝廷得不到支援，血书请援也没有结果。正在史可法焦急万分之际，有一位谋士向他建议，请决高邮湖，以灌清军。史公摇头回答说："民为贵，社稷次之。"献策的人又向他建议，借湖水灌城，以作背城之战，史公拒不答应。他命刘肇基守北门，施风仪守便义门，黄位守钞关门，自己则坚守城墙低矮的西门。

当时，围城的清军兵力在10万人以上，而扬州守兵只有1万多人，尽管兵力悬殊，清兵仍遭受较大伤亡。满清豫王多铎先派降将李遇春带招降书到城下，史可

史可法像

法痛斥他"辜负朝恩"，表示坚守不屈。首次诱降未成，后来又数次派人送招降书至城内，史可法原封不动地将招降书扔入火中，毅然说："我为朝廷首辅，岂肯反面事人？"二十五日，多铎下令总攻，城西北角被清军密集的炮火轰开缺口，清兵蜂拥而入。城陷，史公拔剑自刎，被参将许瑾双手抱住，鲜血已浸湿衣襟。史公又令德威杀之，德威已泣不成声，不忍下手。众将护卫史公到小东门，清兵迎来，他大呼："史可法在此！"清兵将史可法绑至豫王营帐，临刑前，请求豫王多铎："扬州百万生灵，既属于你，当示以宽，万不可杀。"说罢，他慨然就义于南城楼上。

史公就义后，他的部将、扬州百姓仍在苦战，不愿屈服于清军。文武官吏壮烈殉难者在 200 人以上，悲壮场景到处可见。

史可法殉国后，南明赠谥"忠靖"。乾隆三十七年（1772 年），赠谥"忠正"。

第二节　清朝的著名宰相

洪承畴

洪承畴（1593—1665 年），字彦演，号亨九。福建南安英都（今英都镇良山村霞美）人。清前期重臣。

洪承畴的父亲洪启熙因家境贫寒，外出谋生，母亲傅氏被父母接回娘家居住。后来，洪承畴就出生在丰州锦田村外祖父傅员外家。

洪承畴童年事入溪益馆读书，因家境贫寒，11 岁时辍学，在家帮母做豆干、卖豆干。当时西轩长房的才子洪启胤在水沟馆办村学，发现洪承畴极有天分且抱负不凡，便免费收洪承畴为徒，使其重返校门。洪承畴学习用功，博览群书，从小就表现了治国平天下的愿望，甚得洪启胤赏识。洪启胤曾在洪承畴的一篇文章中批下"家驹千里，国石万钧"的评语。洪承畴在水沟馆读了5年书后，又到泉州城北学馆读书。

万历四十三年（1615年），23岁的洪承畴赴省参加乡试，考中第19名举人。万历四十四年（1616年），洪承畴赴京会试，考中二甲第14名进士。洪承畴从此进入仕途，历官刑部主事、郎中，两浙提学道金事、江西兵备道按察副使等职。天启七年（162年），任陕西督粮道参政。

崇祯二年（1629年），农民军王左挂、苗美率兵进攻韩城。陕西总督杨鹤手中无将，情急之下，令当时还是参政的洪承畴领兵出战。洪承畴斩杀敌兵300人，解了韩城之围，顿时名声大噪。崇祯三年（1630年），洪承畴迁延绥巡抚，征剿各路农民起义军，与总兵杜文焕击败张献忠于清涧县。崇祯四年（1631年），任陕西三边总督，于陇东晋西追剿义军。崇祯七年（1634年）十二月，明思宗朱由检撤掉围剿失败的陈奇瑜，洪承畴仍任陕西三边总督，但以

洪承畴像

年（1646年）初，南明唐王政权的大学士兼领安徽各军的黄道周被清军俘虏并处以死刑，洪是主持者，另外还有不少在江南领导抗清的明朝官吏和明朝宗室也遭到他的镇压。但是洪永畴却经常受到满族官员的怀疑，多次被指控与明廷有秘密联系。在南京的三年间，他右目失明，其后左目亦近失明。顺治四年（1647年），洪承畴因父丧，回乡守制。顺治五年（1648年）四月奉召返京，再次入内院佐理机务。摄政王多尔衮对其慰劳备至，宠信有加，一连数日召见垂询各省应兴应革之事，所有建议，无不采纳。

顺治八年（1651年）闰二月，兼理都察院左都御史。为了对该官署进行改革，他同陈名夏和陈之遴曾进行密议，结果三人皆被指为蓄意谋叛；又因私进其母归里不曾奏报再受弹劾。尽管如此，洪永畴仍被准许留任。

顺治九年（1652年）五月，洪承畴母亲于福建去世，但洪承畴未获准离任守制。同年，清军在广西、湖南、四川诸省与南明将领李定国和孙可望交战失利，北京朝廷颇为忧虑。孔有德的死讯使年轻的世祖皇帝决意派一强将出任南方清军的主帅，于是选中了洪承畴，于顺治十年（1653年）授其湖广、广东、广西、云南、贵州五省总督之职，统领五省文武官员，加太保，衙署设在长沙。不久南明内部内讧，孙可望为李定国所败，于顺治十四年（1657年）末投降。吴三桂自四川，赵良栋自广西，洪承畴亲领汉军组成第三路自湖南出发，并与各旗所部满洲军队会师。清兵在数月之内便占领贵州并迅速开入云南，而洪承畴则驻守贵阳以筹措军饷。顺治十六年初（1659年），明桂王朝廷所在地——云南首府亦被攻克，桂王逃往缅甸。洪承畴似乎有意不愿听从清廷之命去穷追明军，而以年迈体弱和目力不济为借口乞请返京，所请获准。吴三桂遂受命去征剿最后一位明王。

洪承畴于顺治十七年（1662 年）抵北京，任大学士一年余。顺治十八年（1661 年）正月，顺治帝驾崩，玄烨嗣位。五月他获准致仕。尽管他是清朝征服中原最得力的干将之一，清廷却仅仅授予了他较低的世职——三等轻车都尉。康熙四年（1665 年）二月十八日，洪承畴卒于京师私邸，享年 73 岁。清廷恩赐祭奠如制，谥文襄。

范文程

范文程（1597—1666 年），字宪斗，号辉岳，辽东沈阳（今沈阳）人。北宋名相范仲淹十七世孙。曾事清太祖、清太宗、清世祖、清圣祖四代帝王，是清初一代重臣。清朝开国时的规制大多出自其手，更被视为文臣之首。

范文程自幼好学，才智过人。万历四十三年（1615 年），年仅 18 岁的范文程在沈阳县学考取了生员（秀才）。万历四十六年（1618 年），后金八旗军攻下抚顺，范文程与兄范文寀主动求见努尔哈赤，成为清朝开国元勋之一。

天命七年（1622 年），努尔哈赤攻西平入广宁，范文程都跟从出征，参与指挥谋划事宜。天聪三年（1629 年）十月，清太宗皇太极统率满、蒙大军五万余伐明，从喜峰口突入塞内，入蓟门，克遵化。范文程当时还在皇太极的文馆，被称为书房官、文臣或生员、秀才，没有正式官衔。他虽然是儒生，但相貌堂堂，体格魁伟，倒很像是一员虎将，临阵不惧，随军从征时，奋勇冲杀；又长于用计，能言善辩，招抚潘家口、马栏峪、山屯营、马栏关、大安口五城，因而立下不少功劳。因战功显著，范文程被授予游击世职。天聪五年（1631 年）八月，皇太极再次进攻明朝，统军七八万围攻大凌河城。初十日，范文程奉皇太极命，前往大凌河城之西山的一台劝降。明兵据险死守，他单骑至台，晓譬详切，守兵听后下台投降。

天聪六年（1632年），范文程随清军侵入关内。出发之前，范文程与宁完我、马国柱同时给皇太极上书，认为如果出兵攻击宣化、大同，不如攻击山海关，但皇太极没有采纳。等清军到了归化城，皇太极召集范文程等商议，范文程等人再次说："观察我军的情况，志在对明朝腹地进行打击，因此应当直接攻击北京决定和议可否，然后攻取山海关而归，以宣扬我军威。若这样做，现在最好从雁门关而入，这样道路既没有险阻，附近的居民也十分富庶，可以解决粮草供应。如果怕这样做师出无名，可以宣告明朝的军民说察哈尔汗逃跑，他的所部尽归于我大清，这些人随我们回到辽东不可能徒步远行，需要借道而行，而且我们是与你们来议和，并借马匹来帮助我国新附之众归附的。如果议和成，我国可以付马价；如果明拒绝，我们就兴师，依靠上天的帮助，攻取他的版图，并告之明朝军民，凡我军所经之处以后将免赋税数年，这样就是堂堂正正之师了。再则，可以作书送给明朝的守边将吏，让他们转达明朝的皇帝，关于我们请求和议的诚意并期限作答，然后决定我军进退，由此引起他们朝内外的争议。到过了我们要求的期限，

范文程

我军即乘衅而入。我们进入明境，利在深入，多得人畜财物；否则利在速归。如果像现在这样半途而返，将徒劳无益。"皇太极听后大为赞赏，清军依计而行。

天聪七年（1633 年），明将孔有德派人到清要求投降。当时正好明朝军队对其围攻很急，皇太极命令范文程与诸王贝勒同率军队增援，范文程到后转达了皇太极的旨意，孔有德等遂率所部归顺。之后破旅顺，攻收皮岛，讨伐朝鲜，抚定蒙古，范文程都参与谋划。

崇德元年（1636 年），皇太极改文馆为内三院，任命范文程为内秘书院大学士，并封他为二等甲喇章京。清王朝立国之初，设立八旗制度，每旗设旗主固山额真。当时许多大臣都推范文程为固山额真之一，皇太极对诸臣说："范章京才识过人，固山只管一旗，我把他作为心腹，将另有重用。"以后范文程所经管的都是军国机密，每次皇太极召问，必有好几个时辰才出来；有时刚刚回来还没得及吃饭休息，又被召入宫内。皇太极非常重视范文程的建议，每次议论军国大政的时候，总说："这件事范章京知道了吗？"如果有的事情商议不决，他就说："你们干吗不去找范章京商量？"如果有人向皇太极报告说，范章京也这样认为，皇太极均马上表示同意。范文程曾经因为有病告假，才不多几日，就使政务受到影响，许多重大政务都只有等到范文程病愈后才能裁决。清王朝对各国的书信，都是范文程起草的。开始的时候，皇太极还审阅一下，后来就不再看了，说："你起草的就没问题了。"范文程曾将其父范楠接到住所侍养，有一次范文程陪皇太极吃饭，席上有很多美味佳肴，范文程看到有许多是他父亲没有吃过的，犹豫几次都不肯下箸，皇太极明白了他的意思，当即命人将宴席撤掉，送到范文程家给他的父亲。范文程对此十分感激。

清世祖继位之后，范文程因是两朝老臣被提升入镶黄旗。在清初，镶黄、正黄、正蓝（后正白）是上三旗，地位要高于另外五旗。当时李自成农民军进军北京，范文程立即上书摄政王多尔衮，请求伐明以争夺中原天下，并上书说："中原的百姓久经战乱，备受摧残，都思有明主出世，以安居乐业。我们以前攻入明境，曾经屠永平，以后又曾多次深入抢掠而返，他们必以为我们没有大志，只是想多抢金银子女而已，因此对我们并不放心。这次我们出兵，应严申纪律，秋毫不犯，宣传我们这次进取中原之意，将官仍居其职，民仍安其业。如果这样做，黄河以北，可传檄而定。"范文程上书不久之后，李自成农民起义军攻入北京，消息传到清王朝，范文程当时正在盖州温泉养病，多尔衮命人快马将他立即召回。范文程一到就对摄政王说："李自成涂炭中原，杀君灭后，此必灭之贼。他现在虽拥众百万，但必然失败，有三个原因：一是他逼死崇祯皇帝造成天怒；二是刑辱乡绅，追拷财货，造成士怨；三是掠人财，淫人妇，火人居，造成民恨，由这三条加上其骄傲无比，我军可一战将其击败。而我国军民上下同心，兵甲精练，代天讨伐，拯救明朝百姓。兵以义动，何愁大功不成？"他又对多尔衮进一步说："保护百姓是天之德也，从古至今没有滥杀而得天下者。如果我们只想在关外称帝那就罢了，如果想统一华夏，非得安抚百姓不可。"第二天，范文程奉命以自己的名义，向明朝官吏宣布："我军兴义师是为报你朝君父之仇而来，不杀百姓，今所杀者只有闯贼乱军。凡来归降者，官复其位，民复其业。大军纪律严明，将秋毫不犯。"

清军攻入北京之后，百废待兴。多尔衮接受范文程的意见，为收揽人心，为崇祯帝隆重发丧，任用大批明朝的降官，考定大批的律令，并广开言路，征集人才。明朝末年赋税繁重，由于战乱赋役册籍均毁于战火，只有明万历年的赋役册籍尚存，有人要求编定新的赋役册籍。范文程说："明晚年赋役繁重，万历年间的数额尚可，即以此为额，尤有可能民不堪其重，怎么能编制新册增加呢？"于是决定即以明万历年间赋税为额。

清入关之后，直隶因久经战乱钱粮多不能按额征收，有时一年缺好几百万两，造成国库亏空。范文程为此上书说："湖广、江西、河南、山东、陕西五省历经战乱居民稀少，请实行民屯，设置机构，命督抚选廉洁能干的官吏任职，督促百姓垦荒复业，执行不力者，将唯督抚是问。"世祖对他的建议立即采纳。

顺治九年（1652 年），范文程被任命为议政大臣，这是在此之前汉人从未得到过的宠遇。之后他向顺治上奏请为"劾冯铨罢官诸臣疏"，并奏曰："诸臣疏劾大臣，无非为君为国，皇上当思所爱惜之。"顺治接受了他的奏议，晓谕吏部："原任科道官许作梅、李森先、桑芸、向玉轩、庄宪祖诸人内，系参冯铨降革者，俱起用。"

顺治十年（1653 年），范文程又与同官一道上书，请求命令各部院三品以上的大臣，推举所知道的人才，不问满汉新旧，也不视官品高下，亦不避亲属恩怨，唯才是举，命他们上书推荐，以备随时招用。他的上书立即被批准实行。

顺治勤于政事，曾多次到内院视察，并就有关事情询问诸大臣，每次范文程都因为率先回奏受到嘉奖。有一次，范文程恰好在端午节值班，诸臣均不在，顺治看后十分感动，对他说："借此节日一图安乐，人之常情，卿工读不休，以国事为重，诚国之重臣也。"范文程借这个机会，又向皇帝说："君明臣良，必相互督促，始能承天意，尽国事。"顺治说："自今以后，如果我有过都改，卿也应勤加提醒，毋忘其责。"

顺治十一年（1654 年）八月，顺治特加范文程荣衔太子太保，范文程上书辞谢，同时自陈年老多病乞求退休。九月，顺治特降诏旨挽留并晋升范文程为太子太师，不久同意他退休。顺治因范文程是历经三朝的老臣，有大功于国家，对他礼遇甚厚：范文程患病时，顺治不仅亲自去探视，还亲自为他选药；并命画工到其家为他画像，藏之以宫内，至于赏赐御用之物更是数不胜数；因范文程身材高大，顺治为此曾多次命人特制衣服鞋帽赏他使用。康熙继位之后，范文程受命回沈阳祭告太宗的陵墓。范文程想起与太宗朝夕相共，哀痛不已，从此一病不起，康熙五年（1666年）八月去世，享年70。康熙皇帝亲自为他撰写了祭文，并遣礼部侍郎亲去祭祀，赐葬在怀柔红螺山，并立碑记绩，谥文肃，赐御书匾额"元辅高风"。

多尔衮

爱新觉罗·多尔衮（1612—1650年），出生于建州左卫赫图阿拉（今辽宁省新宾县老城）。清太祖努尔哈赤第十四子。清初杰出的政治家和军事家。

多尔衮的生母名阿巴亥，乌喇那拉氏，是乌喇贝勒满泰的女儿。在对明战争节节胜利中，后金内部的矛盾斗争也不断发生。天命五年（明万历四十八年，1620年）九月，努尔哈赤宣布废黜大贝勒代善的太子名位，而"立阿敏、莽古尔泰、皇太极、德格类、岳讬、济尔哈朗、阿济格、多铎、多尔衮为和硕额真"，共议国政。也就是说，从此时起，多尔衮以八龄幼童跻身于参与国政的和硕额真行列。这样一个改变后金政治格局的重大行动，是从当年三月努尔哈赤休弃衮代皇后富察氏开始的。富察氏被休弃之后，取代她作为大福晋的正是多尔衮之母阿巴亥。这样，努尔哈赤爱屋及乌，多尔衮及其兄弟阿济格、多铎地位上升便在情理之中了。此外，代善由于处处计较而失去乃父的欢心，又听信后妻的谗言而虐待己子硕讬，这就为觊觎其地位的人们带来了反对他的口实，造成其"太子"名位被黜。

天命十一年（明熹宗天启六年，1626 年），努尔哈赤病死，阿巴亥被逼殉葬。其子皇太极（清太宗）继位，多尔衮被封贝勒，不久改女真族名为满洲。天聪二年（明崇祯元年，1628 年），17 岁的多尔衮随皇太极出征，征讨蒙古察哈尔部。因为军功被赐号"墨尔根戴青"，成为正白旗旗主。天聪五年（明崇祯四年，1631 年），皇太极初设六部，命多尔衮掌吏部事。在攻打大凌河之战中，多尔衮亲自冲锋陷阵，直抵大凌河城下，城上炮矢猛烈，后金军多有伤亡。可惜祖大寿约定献出锦州投降，十月二十九日夜，多尔衮与贝勒阿巴泰等率领 4000 兵马，与祖大寿所属旧部 350 人，装作溃败的样子，打算袭取锦州。锦州明军迎战，被多尔衮击败。天聪九年（1635 年），多尔衮等率军前往收降蒙古林丹汗之子额哲并获得传国玉玺。

多尔衮像

天聪十年（明崇祯九年，1636 年）四月，皇太极称帝，改后金国号为清，多尔衮被封为和硕睿亲王。随后不断兴兵，力图入主中原。皇太极在更定官制时，便把六部之首的吏部交给多尔衮统摄。根据他的举荐，皇太极将希福、范文程、鲍承先、刚林等文臣分别升迁，利用他们的才智治国。根据他的建议，皇太极又对政府机构做了重大改革，确定了八衙官制。此外，文臣武将的袭承升降、甚至管理各部的王公贵胄也要经他之手任命。在统辖六部的过程中，多尔衮锻炼了自己的行政管理能力，为他后来的摄政准备了条件。

崇德三年（明崇祯十一年，1638 年），他任奉命大将军，越过长城，绕过北京，在保定大败明将卢象升，扰河北，下济南，攻下城池 58 座，掳掠人口 46 万。其后，围绕锦州及附近松山、杏山诸城，清军和明军对峙数年。多尔衮奉命在义州（今辽宁义县）筑城屯田，进而包围锦州、松山、杏山。

崇德六年（明崇祯十四年，1641 年），爆发了著名的松锦之战。皇太极亲自指挥，打败了明将洪承畴的 13 万兵马，洪承畴被俘后投降，锦州一带，尽归清政权所有。

崇德八年（明崇祯十六年，1643 年），皇太极病死。由于生前没立太子，皇家成员为新帝人选问题，展开了激烈的争夺，主要在豪格和多尔衮之间进行。努尔哈赤和皇太极创立的八旗制度，构成这场争夺的背景。八旗中正黄、镶黄、正蓝是皇太极的嫡系，他的长子豪格为正蓝旗主，且封肃亲王，这三旗便拥护豪格为帝；而皇太极之弟多尔衮，功勋卓著，得到了正白、镶白二旗旗主的拥护。豪格和多尔衮均有强大的力量作后盾，剑拔弩张，各不相让。这时，皇太极宠爱的庄妃博尔济吉特氏（小名大玉儿，即后来的孝庄太后），表现出了过人的才智。她为了制止叔侄间的争斗，拉拢有权威的满洲贵族，取得礼亲王代善和郑亲王济尔哈朗的支持，迫使豪格退出竞争。豪格表示，自己可以不当皇帝，但多尔衮也不能当皇帝。这样，鹬蚌相争，渔翁得利，作为矛盾双方的缓冲，庄妃的儿子福临，意外地被推上政治舞台，当了皇帝，就是顺治帝。鉴于皇帝年龄太小，多尔衮和济尔哈朗共同辅政。皇家诸王聚在一起，共同发誓说："有不秉公辅理，妄自尊大者，天地谴之。"

顺治元年（崇祯十七年，1644年）三月，李自成的农民起义军攻克北京，崇祯帝吊死在煤山（今北京景山），明朝灭亡。五月，多尔衮即驱兵南下，入关抢夺胜利果实。他进入北京做的第一件事，是为明崇祯帝发丧三日，并用皇帝礼仪，葬于思陵（今北京十三陵）。亡明的降官降吏，一律保留原职，继续任事。清军到达北京后，在是否

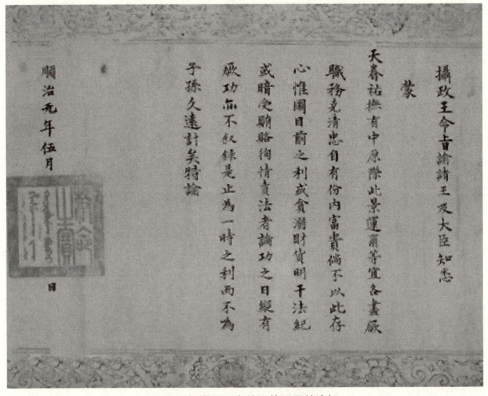

顺治元年摄政王发给明故军民的谕旨

将首都由沈阳迁到北京的问题上，统治集团内部曾发生了争论。以阿济格为首的反对派，主要以清军入关太快、补给不足为理由，反对迁都。而多尔衮从统一和管辖整个中国的总战略出发，主张迁都北京。顺治元年（明崇祯十七年，1644 年）六月，多尔衮终于统一诸王、贝勒、大臣的意见，决定迁都北京，派遣辅国公吞齐喀等携奏章迎驾。九月，他把顺治帝迎至北京。顺治帝即封多尔衮为叔父摄政王，赐予貂蟒朝衣。十月，顺治帝在北京举行开国大典，从一个地方政权的皇帝，一跃而为统治全国的皇帝。

多尔衮作为摄政王，为顺治帝规划一切，功不可没。军事上，他利用汉族官僚地主和满洲族骄兵悍将，镇压李自成农民起义军和各地抗清义军，李自成和张献忠相继败死。史可法转而改变态度，镇守扬州，积极抗清，多尔衮命其弟豫亲王多铎进攻扬州。史可法坚守孤城十余日，最后城破被俘，慷慨就义。多铎残酷地屠杀了扬州数十万军民，史称"扬州十日"。政治上，多尔衮主持制定了清朝入关后的各项制度，特别是制定了《大清律》，维护和巩固了清王朝的统治地位。

在政治体制上，多尔衮接受了明朝的现成制度，在中央机构中，仍以六部为最重要的国家权力机关，尚书皆由满人担任，但诸王贝勒亲理部事的制度却在入关前夕废除掉了。到顺治五年（1648 年），多尔衮于六部实行满汉分任制度。多尔衮力图表现得比较开明，因此除原有的都察院之外，六科十三道也保留了下来，并一再鼓励官员犯颜直谏。总的来说，中央机构中虽承明制，但也保留了某些满族特有的制度，还引进了议政王大臣会议、理藩院等机构，其内院的权力比起明朝内阁要小得多，并对原明臣试图增大内院权力的努力加以压抑。

清朝入关，百废待举，多尔衮令戒饬官吏，网罗贤才，收恤都市贫民。用汤若望议，厘正历法，定名曰时宪历。他倚重汉官范文程、洪承畴、冯铨等人,设大学士,行使原先明内阁的职责。承袭了明代"票拟"制度,即内阁对内外大小臣工的题奏本章草拟出批复意见,供皇帝审阅定夺。

除此之外,多尔衮入关后还有"六大弊政",即剃发、易服、圈地、占房(侵占房舍)、投充(抢掠汉人为奴隶)、逋逃(逃人法)。

1. 剃发易服。清入关之初,多尔衮颁布"剃发易服"令,清廷明令清军所到之处,限全体汉族人十日之内尽废明朝衣冠,依从满族剃发垂辫、着马蹄箭袖的服饰习俗,违抗者处死,引起全国各地民众的强烈反抗,很多人为此献出生命。

2. 占房圈地。清军入关后,以明末战乱造成大批无主土地为由,强行将京畿土地无偿分给八旗王公贵族,造成大批被圈土地的百姓流离失所,社会更加动荡。清朝定都北京,大批满族官民随同迁入关内,分布在北京及京畿地区。为了解决他们的生计,多尔衮下令做了两件事:一件事是把北京内城(又叫北城)的几十万汉民强迫迁往外城(南城),腾空内城安置清朝皇室和八旗官兵。汉人搬迁时虽然给一点搬家费,但根本不够买房或盖房。许多汉民倾家荡产,或流离失所。另一件事,是在京畿地区跑马占地。清廷派出官员,骑在马上,拉开户部发给的绳索,纵马圈占百姓良田,俗称"跑马占地"。名义上是圈占无主荒田,分给王公贵族和八旗官兵,实际上是把农民的大量土地无偿占有了。

3. 投充逃人。清朝王公旗人富户并不从事农业生产,他们在圈占的田地上设立农庄,因为缺少劳力,便实行逼民"投充"的政策,招收农民供其役使。许多汉人不愿离开故土,或经济破产,充当奴仆。他们的处境非常悲惨,又引发大批逃亡问题。多尔衮制定了严禁奴仆逃亡的法律,规定:抓获逃人,鞭一百,归还原主;隐匿者正法,家产没收;左邻右舍,各鞭一百,流放边远。这种肆意株连、刑罚过重的做法在社会上产生了严重恶果,与多尔衮"满汉一家"的思想当然也是南辕北辙。

顺治三年（1646 年）五月，多尔衮以为顺治皇帝信符收贮于皇宫之中，每次调兵遣将都要奏请钤印，十分不便。于是，即遣人将皇帝玺印都搬到自己的府中收藏备用。从是年起，多尔衮所用仪仗的种类与皇帝等同，均为 20 种，只是在每一种类的具体数目上比皇帝略少一些。而辅政王的仪仗则只有 15 种，明显逊于多尔衮，说明多尔衮与皇帝的差距越来越小。

顺治四年（1647 年）以后，如果官员奏书中将"皇叔父摄政王"还称作"九王爷"，或是不用全称而丢字漏字的话，都会受到革职处分。而且"以后凡行礼处，跪拜永远停止"，多尔衮再不用向顺治帝行礼了。

顺治五年（1648 年）末，多尔衮又向前进了一步，变成了皇父摄政王。其后，多尔衮"所用仪仗、音乐及卫从之人，俱僭拟至尊"，即是说多尔衮不仅实权在握，而且在礼仪排场上也开始向皇帝看齐。凡一切政务，多尔衮不再有谦恭请示之举，未奉皇帝旨意，却一律称诏下旨，俨然如同皇帝。而且，他任人唯亲，任意罢免和提升官员。特别是"不令诸王、贝勒、贝子、公等入朝办事，竟以朝廷自居"，命令上述人等每日于自己的王府前候命。

多尔衮生性渔色，既爱权势，又爱美人。他的侄儿豪格平定四川，立了军功。多尔衮担心这个政敌东山再起，便胡乱捏个罪名，便将其幽禁致死。豪格的福晋年轻貌美，顺治七年（1650 年），多尔衮将这个侄媳占为己有。接着，又偷偷地娶了两名朝鲜女子。就在他穷奢极欲、春风得意的时候，不想发生了意外。这年底，他出塞射猎，不小心从马上摔了下来，竟至猝死，年仅 39 岁。

多尔衮死后，顺治帝得以亲政。他先是称赞多尔衮"至德丰功，千古无二"，按照帝王礼仪予以安葬，尊其为"懋德修道广业定功安民立政诚敬义皇帝",庙号成宗。其实,他和他的母亲早就痛恨多尔衮了。两个月后,大臣苏克萨哈等,揭发了多尔衮的许多罪行,主要是"独擅威权""妄自尊大""仪仗、音乐、侍从、府第,僭拟至尊""谋篡大位"、诬杀豪格、殓服僭用黄袍等。顺治帝据此,征得太后的同意,毫不客气地宣布多尔衮"逆迹皆实",公布其罪行,削夺所有的尊号,抄没家产,而且毁墓破棺,斩首暴尸。多尔衮的弟弟及党羽等,或被贬黜,或被处死。

从实而论,多尔衮是一位很有作为的政治家和军事家。正是他的辅佐和谋划,少年顺治帝才能定鼎北京,坐稳皇位。清高宗时,乾隆帝为多尔衮平反昭雪,恢复其睿亲王封号,追谥曰"忠",配享太庙。

鳌　拜

鳌拜(?—1669年),出身瓜尔佳氏,满洲镶黄旗人。清朝三代元勋,康熙帝早年辅政大臣之一。

鳌拜出身将门。祖父索尔果为苏完部酋长,明万历十三年(1585年),率所部五百余户投归清太祖努尔哈赤,努尔哈赤建立八旗,命隶镶黄旗。其父卫齐,清太宗皇太极时,任盛京八门提督。他的叔父费英东早年追随努尔哈赤起兵,是清朝的开国元勋。其兄卓布泰,顺治时任镶黄旗固山额真,曾授征南将军。其弟巴哈顺治时为领侍卫内大臣。

鳌拜是卫齐第三个儿子,从小就受到骑射训练。长大后,技艺超群,弓马娴熟,并且臂力过人。初任护军校尉,因功授甲喇章京世职,参领等职。崇德元年(1636年)十二月,太宗皇太极率军第二次攻打朝鲜,鳌拜任职护卫,随侍皇太极左右。

天启年间,辽东失陷于后金之手,明将毛文龙率军退守皮岛(今朝鲜椵岛),与关外宁锦一线的明军遥相呼应、互为掎角,骚扰和牵制后金的兵力，使后金腹背受敌。后金一直将皮岛视为心腹大患，从努尔哈赤到皇太极，都日夜筹划，企图拔掉这颗钉子。崇德二年（1637年），皇太极命贝子硕讬与孔有德、耿仲明、尚可喜诸将往攻皮岛。由于硕讬久攻不下，皇太极又命武英郡王阿济格接手，鳌拜从征军中。阿济格与众将反复商议后，制定了兵分两路、声东击西的进攻方案：一路从海上以巨舰摆出正面进攻的态势，故意吸引守岛明军的注意力；另一路则以轻舟精锐，快速推进，直插该岛西北角之要害阵地。后一路是这次进攻的关键所在，鳌拜主动请缨，并与准塔一同向阿济格立下军令状，"誓必克岛而回"。鳌拜与准塔遂率部渡海发动进攻，不

鳌拜像

料明军早已严阵以待，一时炮矢齐发，清军进攻受挫，形势紧急。鳌拜见状，奋起大呼，第一个冲向明军阵地，冒着炮火与敌人展开近身肉搏。清军遂一举跟进，登上皮岛，举火引导主力来攻，皮岛终于被攻克。

皮岛之战攻克皮岛当属鳌拜所立下的第一个大战功，皇太极以首功晋爵三等男，赐号"巴图鲁"（勇士）。

崇德六年（1641），鳌拜从郑亲王济尔哈朗进

围锦州。明蓟辽总督洪承畴率领 13 万大军来援，于八月初进至松山，与锦州守军祖大寿部遥相呼应，大放火器，猛攻清军。在明军猛烈炮火的攻势下，济尔哈朗指挥的清军右翼失利，武英郡王阿济格派遣精锐护军前来增援。其时鳌拜率领镶黄旗护卫军纛，路遇明军骑兵，于是迎头而上，击败对方。鳌拜这时又不待军令，果断决定乘胜追击，打到明军步兵阵地之前，遂令部下将士下马步战，再败明军。鳌拜冲锋陷阵，一马当先，五战皆捷，因功晋爵一等梅勒章京。八月，皇太极亲率大军西援锦州之师。洪承畴指挥明军分路突围，总兵吴三桂、王朴、唐通等人率军沿海边撤退。清军从锦州大路至塔山大路沿途截杀。鳌拜与阿济格、尼堪等率部排列至海截击之，明军大败而溃。自此以后，明朝势力更衰，败局已定。次年六月，鳌拜升为护军统领，成为八旗将领中具有较高地位的人物。此后，鳌拜依旧战功赫赫，升迁频频。

入关以后，鳌拜主要的任务是追击农民军。顺治元年（1644 年）十月，鳌拜随靖远大将军英亲王阿济格取道陕北，进攻已经退守西安的李自成农民军，率军由内蒙入陕北，攻陷 4 城，降 38 城，随即挥师南下。后来多铎率军攻进潼关，直逼西安。李自成被迫放弃西安，退往湖广。阿济格奉旨率军剿除"流寇余孽"，鳌拜等遂分翼出师，水陆并进，于河南邓州和湖北承天、德安、武昌等地前后 13 战，重创大顺军。顺治二年（1645 年）六月，李自成于湖北九宫山遇害，大顺军瓦解。

打垮李自成的大顺军后，清军开始对付张献忠大的大西军。顺治三年（1646 年）正月，鳌拜随肃亲王豪格等率军进攻大西军。时张献忠率军已退到西充一带，鳌拜再次充当先锋，率领先头部队前往狙击。两军相遇，鳌拜等人又是身先士卒，往前猛冲，大西军抵挡不住而溃败，张献忠也于此役中被杀。打败大西军主力之后，鳌拜等又继续深入，基本上肃清了四川一带的农民军。击破大西军，鳌拜实居首功。大西军余部在孙可望、李定国率领下退往云贵地区，继续抗清。

鳌拜早年转战南北，立下汗马功劳，是当之无愧的清初开国功臣。

鳌拜不仅是战场上的一员骁将，也是皇太极忠心耿耿的心腹。崇德八年（1643年）八月初九皇太极逝世，满洲亲贵在帝位继承上出现矛盾。皇太极长子肃亲王豪格与皇太极之弟多尔衮争立，双方争持不下，形势极其严峻。

鳌拜时为镶黄旗护军统领，手握重兵，成为这场皇位之争中的核心人物之一。他与两黄旗的其他大臣索尼、谭泰等八人会集于豪格府邸，"共立盟誓，愿死生一处"，密谋拥立肃亲王为帝。鉴于当时紧张的局面，鳌拜等严加戒备，密令兵丁守卫门禁，以防不测。八月十四日，代善于崇政殿召集会议讨论继承人选。鳌拜于当天清晨与两黄旗大臣盟誓于大清门，坚决拥立先帝（皇太极）之子，并命两旗精锐护军全副武装环卫崇政殿，做好了不惜兵戎相见的准备。最终，多尔衮不得不作出让步，提出拥立皇太极第九子、6岁的福临继位，由自己和郑亲王济尔哈朗一同辅政。鳌拜是黄旗的重要代表，当初拥戴豪格，继而拥戴福临，在稳定清朝内部的继承秩序方面起到了非常重大的作用。

多尔衮权势欲极强，也非常有才干。他摄政之后，党同伐异，擅权自重。他首先打击的就是他的争位对手豪格及其拥护者。鳌拜本是豪格的坚定拥护者，又不阿附多尔衮，遭到残酷打击自是情理之中。在多尔衮摄政期间，鳌拜有功而无赏、无罪而受罚，三次论死，备受打压。

第一次发生在顺治初年。顺治元年（1644年），鳌拜随英亲王阿济格征讨退守陕西的李自成大顺军，立有大功。顺治二年（1645年）八月，阿济格因为没有及时奉旨班师，而且谎报战功，受到处罚。阿济格是顺治帝的叔父，为人粗暴，藐视小皇帝，私下呼为"孺子"。清廷谕令正黄旗固山额真谭泰会同护军统领鳌拜召集部众，将阿济格"称上为孺子"之语传示晓谕。谭泰顾及英亲王情面，没有照办。鳌拜也因听从了谭泰之言未奉行谕旨，结果征讨李自成的军功不准议叙。后来谭泰又与索尼相仇，互相攻击，鳌拜因庇护索尼再次获罪，几被革职。

第二次发生在顺治五年（1648 年）。当年二月，征讨张献忠大西军的豪格大军凯旋回京。参领希尔良因冒功邀赏一事遭到处罚，鳌拜也以勘察不实而被议处"应革职，罚银一百两"。三月，贝子屯齐告发郑亲王济尔哈朗当年拥立肃亲王豪格、后又包庇豪格的种种罪状，鳌拜诸人谋立肃亲王之事也被同时告发。多尔衮借此事兴起大狱，严讯诸人。最后，鳌拜以欲立豪格、与诸人盟誓等罪名论死，得旨"罚锾自赎"。四月，侍卫廓步梭又告发鳌拜在皇太极死时"擅发兵丁守门"，再次论死，改革职为民，得旨免革职。

第三次是在顺治七年（1650 年）。这年七月，多尔衮生病，暗示贝子锡翰，想请顺治帝亲临探视自己。锡翰遂秉承其意"请驾临幸"，多尔衮却又以"违令渎请"罪之，并追究鳌拜包庇之罪论死，后改免死罚赎、降爵。

顺治七年十一月，多尔衮死，顺治亲政。顺治亲政后，鳌拜可以说是在政治上获得了新生。顺治闻知鳌拜、索尼等人曾经盟誓"一心为主，生死与共"，忠心耿耿，遂对鳌拜极为敬重，视为心腹重臣。从此以后，鳌拜随侍顺治身边，直接参与管理国家各类事务。应该说，鳌拜在这一段时间内表现得非常出色。正是由于这个原因，顺治对他也十分关心和信任。顺治十三年（1656 年），鳌拜旧伤复发，卧床不起，顺治亲临鳌拜府邸去看望慰问。

顺治十八年（1661 年）正月初八，顺治帝驾崩。临终前立下遗诏，指定由皇三子玄烨嗣位，以索尼、苏克萨哈、遏必隆、鳌拜为辅政大臣。顺治死后，四位辅政大臣在顺治灵前盟誓，表示同心同德辅佐小皇帝玄烨。

康熙初年，以四辅臣为执政核心的清廷不断调整统治政策，稳定秩序。这些调整包括：在经济上，实行轻徭薄赋、更名田（即被清廷免价给予佃户耕种的明代藩王庄田），发展生产；在政治上，注意整顿吏治，有步骤地打击江南汉族地主阶级，放慢攻打南明势力的进程以存实力，等等。这样，清朝统治者对全国的统治逐渐巩固。不过，清朝统治者内部的矛盾却在加剧。

鳌拜是一个赳赳武夫，历事三朝，但表现前后有异，原因或许在于他辅佐顺治，皇太极余威、余恩犹存，而且顺治也是他力争而立的，所以还能忠心耿耿。可康熙玄烨就不一样了，此时他是三朝老臣，且掌握辅政大权，对年幼的康熙就不那么看得入眼了。在朝堂之上，鳌拜常常当面顶撞小皇帝，或者当着皇帝的面，呵斥大臣。朝贺新年时，鳌拜身穿黄袍，仅其帽结与康熙不同。有一次，鳌拜装病，康熙去探望他，鳌拜卧床，席下放一把刀。康熙的侍卫搜出这把刀，局面很是尴尬而紧张。小皇帝却从容镇静，笑着说："刀不离身是满洲故俗，不要大惊小怪！"鳌拜的跋扈，小皇帝的机智应变，都可以想见。

鳌拜虽居四辅臣之末位，但由于资格老、军功高，常常气势夺人，日益骄横，开始走上专权的道路。费扬古之子倭赫是康熙身边的侍卫，在御前对鳌拜表现得不怎么礼貌，鳌拜对此深为衔恨。康熙三年（1664年）四月，鳌拜遂以倭赫等人擅骑御马、取御用弓矢射鹿之罪名将其处死。费扬古对鳌拜痛恨不已，鳌拜又以"怨望"的罪名，将他及其子尼侃、萨哈连一并处死，家产籍没，给予都统穆里玛（鳌拜之弟）。

清初圈地时，多尔衮凭借摄政的便利，将冀东肥沃之地圈给正白旗，而于保定、河间、涿州等处别拨土地给镶黄旗。康熙五年（1666年），鳌拜提出圈地应按八旗排列顺序，冀东的土地按顺序应归黄旗所有，要求和正白旗换地。当时户部尚书苏纳海、直隶总督朱昌祚、巡抚王登联都反对换地，以免引起大骚动。苏克萨哈属正白旗，也坚决反对。但索尼、遏必隆则支持鳌拜，形成四辅臣之间的利益冲突。鳌拜没有想到却有三个不怕死的官员敢于违拗自己换地的要求，极为恼怒，分别以苏纳海"藐视上命"、拨地迟误，朱昌祚、王登联"纷更妄奏"的罪名，俱论死罪。康熙虽然年幼，但心知苏纳海等三人并没有什么大罪，只不过是惹怒了鳌拜而被妄加罪名而已，于是召集辅政四大臣询问意见。鳌拜坚持要将三人处以极刑，索尼、遏必隆附和，苏克萨哈知道自己若反对极易惹火烧身，只好沉默不语。最后康熙帝未允鳌拜所奏，只是批准刑部拟定的处罚，即将三人各鞭一百，没收家产。谁知鳌拜公然无所顾忌，最终竟矫旨将三人处死，随后强行换地。

康熙六年（1667年）玄烨已年满14岁。索尼上书请小皇帝遵循先帝顺治14岁亲政的先例，开始亲政。七月，康熙亲政，加恩辅臣，仍命佐理政务。六月，索尼病死。随后，苏克萨哈上书请求解除辅臣之任，愿往遵化守护顺治陵寝。这个举动别有意味，那就是既然苏克萨哈已经卸任（此时他已经排名第一），那么鳌拜、遏必隆两人按理也应辞职。这一招触及到鳌拜的要害，可鳌拜却不想就这样退出政治舞台。于是鳌拜给苏克萨哈罗织了心怀奸诈、久蓄异志、欺藐幼主、不愿归政等24款罪名，提出应处凌迟、族诛之刑。康熙同样深知苏克萨哈并不该杀，但却仍然无力保全苏克萨哈一命。鳌拜气势汹汹，竟在御前"攘臂上前，强奏累日"，最终将苏克萨哈处以绞刑，并诛其族。苏克萨哈的被杀，使鳌拜与康熙之间的矛盾急剧上升，几乎达到了令康熙不可忍受的地步。至此，索尼已故，苏克萨哈被杀，四大辅臣只剩下一个无足轻重的遏必隆，鳌拜更加肆无忌惮，为所欲为。虽然康熙已经亲政，但鳌拜根本不把他放在眼里，并不想归政于他。此时的鳌拜已经对康熙的皇权构成了严重威胁，康熙决意铲除鳌拜集团。

其时鳌拜党羽已经遍布朝廷内外，行动稍有不慎，必将打草惊蛇，酿成大变。康熙决定不露声色，于是挑选一批身强力壮的亲贵子弟，在宫内整日练习布库（满族的一种角力游戏，类似摔跤）为戏。鳌拜见了，以为是皇帝年少，沉迷嬉乐，不仅不以为意，心中反暗自高兴。康熙八年（1669 年）五月，康熙先借故将鳌拜的亲信派往各地，又以自己的亲信掌握了京师的卫戍权，然后他召鳌拜入宫觐见。鳌拜不疑有他，大大咧咧地来了。等到鳌拜一入宫，康熙一声令下，少年们一拥而上，鳌拜猝不及防，被摔倒在地，束手就擒，一代骁将就这样戏剧性地败在一群少年手下。

接着，康熙命议政王大臣等审讯鳌拜。大臣们审实后，宣布鳌拜30 条罪状，应处以革职、立斩。康熙念及鳌拜资深年久，屡立战功，且无篡弑之迹，遂对他宽大处理，免死禁锢，其党羽或死或革。不久，鳌拜就在禁所死去。康熙五十二年（1713 年），康熙帝复念鳌拜战功卓著，追赠一等阿思哈尼哈鲁。雍正时复赐鳌拜一等公，世袭罔替，封谥"超武"。

希 福

赫舍里·希福（1589—1653 年），女真哈达部赫舍里氏人。隶满洲正黄旗。清初大臣，历官内国史院承政、内弘文院大学士，晋封世职至三等精奇尼哈番。兼通满、汉、蒙三种文字，屡次出使蒙古、察哈尔、喀尔喀、科尔沁诸部，处理军政大事。

希福世居都英额，后迁至哈达部。清太祖努尔哈赤吞并哈达部之后，希福与他的兄弟硕色率领他们部落的人归附了清太祖。天命年间后期，因希福通晓满、汉、蒙古文字，被任命在文馆任职，以后屡次被派往蒙古诸部出使,赐号巴克什。清太祖定满洲八旗时,希福隶属洲正黄旗。

皇太极天聪二年(1628)时,清太宗率军攻打察哈尔,派希福到蒙古科尔沁部征调援兵。蒙古土谢图部额附奥巴反对说:"寇骑塞路,如何能去得了,倘若有损失,谁负得了责任?"希福回答说:"君王的命令怎么能不服从呢?为国家死得其所,但事情不能耽误。"土谢图部额附只得同意出兵。两天之后希福回到了皇太极驻兵之处向皇太极报告说:"科尔沁的兵不听命令,土谢图所率的兵要边走边筹集给养,要等一段方能到达。"皇太极听后非常生气,重新下令让希福率8个壮士一同再去。希福等人又经过4昼夜艰苦行军,道上遇到阻敌,希福率众奋力击杀了30余人,终于到达了科尔沁部,最后说服科尔沁兵来增援。到了第二年,土谢图部额附来朝,皇太极命希福与其他大臣斥责他,土谢图额附献上驼马表示服罪。希福因此受到奖励,被提升为备御。以后希福跟从皇太极攻打明军直抵北京城下,并参与攻击明关外重要堡垒大凌河。明朝派大量援兵从锦州进行增援,希福与固山额真谭泰率军争先奋击,把明军打得落花流水,希福等率军奋力追击,后因功被提升为游击。

崇德元年(1636年),清太宗将职掌机务的文馆改设为内三院,希福被任命为国史院承政,过了一段时间又任其为内弘文院大学士。崇德三年(1638年),希福协同大学士范文程定部院官制。后常出使蒙古诸部,编户口,定旗制,颁布法令,清理诉讼等。又奉命到军前宣布有关军机事宜,考察情况,某些时期还代皇太极向前线的将领颁奖励及招降有关部落等。每次回奏都得到皇太极的称赞或奖励。

顺治福临元年(1644),希福释译了辽、金、元三朝正史呈给清世祖,大受清世祖的嘉奖。此后不久,与希福素有过节的谭泰向摄政睿亲王多尔衮进谗,说希福有"构衅乱政"等罪名议死。多尔衮命罢希福官、削世职，并抄家。顺治八年（1651年）二月，摄政王多尔衮暴死，清世祖福临亲政后，为其平反昭雪，仍任命他为内弘文院大学士。到了顺治九年（1652年），清世祖又以希福历经太祖、太宗二朝，期间效命驰驱，竭精殚虑，在入主中原、定都北京中均立有大功，但没有得到应有的赏赐，因此一岁三迁，提升他为三等精奇尼哈番，并世袭。十一月，希福因病去世，被赠号太子太保，谥"文简"。

徐元文

徐元文（1634—1691年），字公肃，号立斋，江苏昆山人。探花徐乾学、徐秉义之弟，兄弟三人皆官贵文名，号称"昆山三徐"、斋号"集义居"。清初重臣，官至文华殿大学士兼翰林院掌院学士。

徐元文的曾祖父是万历年间的进士，任官至太仆寺少卿。祖父和父亲都是贡生，母亲是昆山顾家的女儿。徐元文与他的哥哥徐乾学、弟弟徐秉义都是进士，在当时很有名望，号称"昆山三徐"。

徐元文在少年时代就非常喜欢读书学习，14岁时经考试被录取为当地生员。顺治十一年（1654年），在乡试中考中举人。顺治十六年（1659年），在殿试中又高中进士第一名。顺治皇帝福临在乾清门召见了徐元文，对他抚慰有加，下旨赐予徐元文冠带、蟒服，任命徐元文为翰林院修撰。翰林院的日常事务很简略，徐元文就利用空闲时间研究学问。他不但钻研诗文，且努力通晓历史，求本探源，总结可以借鉴的历史经验。

自清初以来，江南地区拖欠钱粮现象一直非常严重。康熙初年，皇帝责成当地巡抚、按察使严加查办。江宁巡抚朱国治细加勘查后，发现徐元文老家也在其列。依照惯例，对徐元文应予以处罚，降职调任銮仪卫。徐元文以此事为借口请假回家，分辩解释这件事情的原委。

经过四年的时间，事情终于澄清，才恢复了徐元文的原职。

康熙八年（1669年），徐元文充任陕西乡试主考官。他主持陕西乡试期间，注意选拔人才，被录取的多数是政治上无所攀缘，出身于下层的地主阶级知识分子或贫寒之士，在陕西很有影响。随后，迁任秘书院侍读。

康熙九年（1670年），徐元文升任国子监祭酒，充任经筵讲官。他感慨学校废弛，毅然以师道自任，他请求按照顺治八年（1651年）和十一年（1654年）的旧例，让各省两年或三五年推举一批优等生，选送品学兼优的青少年入太学；并请求按照顺治时的办法，各

徐元文石刻像

置省乡试，取副榜生若干名，送入太学。这样，各地的才智出众的学士都集聚于太学，对培养经世致用的人才大有好处。他的建议被采纳，并颁布实施。对于捐纳一事，徐元文说那是因为平定"三藩"叛乱所需的军饷既多又急、朝廷迫不得已采取的权宜之计，请求等到收复云南后，立即降诏停止捐纳，并指出捐纳的四大弊端。皇帝令吏部商议，最后决定：捐纳之事"自河工外，得一切停止"。

徐元文就任国子监祭酒四年，任职期间各种规章制度得以认真遵守执行，端正了学风。他还同其他学者一起致力于教授众监生。徐元文举止文雅端庄，学识广博，他的讲解流畅明了，声音洪亮，学生们都很敬佩。他离开国子监以后，康熙皇帝曾经对群臣说："徐元文为祭酒，条规严肃，满族子弟不认真学习的，也一定要加以斥责，甚至鞭挞，至今监生们还畏服他，以后难得这样的人了。"

康熙十三年（1674年）五月，徐元文升任内阁学士兼礼部侍郎、重修《太宗实录》副总裁。第二年四月，改任翰林院掌院学士，兼礼部侍郎，充任日讲起居注官，每天在弘德殿进讲，颇受康熙皇帝赞许。

康熙十五年（1676年）冬，徐元文母亲去世，去官回家服丧。康熙十八年（1677年），朝廷设立史局。二月，徐元文丧服尚未满，康熙皇帝诏令他出任《明史》监修总裁官。康熙十九年（1678年），徐元文升为都察院左都御史，兼经筵讲官。

徐元文在中央官署任职，遇事敢言，从不阿谀奉承。有一次，朝中举行九卿会议推举江西按察使人选，有人推举兴泉道张仲举。御史唐朝彝说张仲举在福建没有做出好的成绩，不能出任。九卿准备上书弹劾唐朝彝，可是副都御史李仙根、给事中李宗孔二人不愿在书上签名，于是连这两人一起弹劾。经吏部商议，把李仙根、李宗孔降五级调用，将唐朝彝革职。经徐元文认为他们无罪，上书力陈，最后没有处分。

当时三藩之乱即将平定，吴三桂的几十万叛军陆续投降，如何处置他们关系重大。徐元文上书说："对于受胁迫而参与叛乱的人，应格外施恩宽赦，允许他们悔过自新。但如果让他们留在云南，却不是长久之计；移调到其他地方又耗资巨大；如果改换将领，会导致兵将的互相猜疑，终将留下隐患；划归各旗，又怕难以管理，所以应该区别对待。凡是可以留用的，应该与绿营、八旗将士一样录用，剩下的一律遣散为民，由各道安置，参加生产。这样既可以减少俸禄的开支，军需用品也可以逐渐宽裕。至于耿精忠、尚之信、孙延龄的老部下与嫡系，尤其应予解散，决不能让他们仍用藩旗的名目。三藩作乱期间，受害严重的是广东、福建、云南、贵州等省，叛贼在这些省份广征关税、贸易税，加重盐税，圈占了大量土地，无恶不作。现在，三藩已相继被消灭，而他们占夺民利破坏国政的事却由来已久，朝廷应当先发布敕令，命令将军、总督、巡抚自进入贼境之日，马上废除以往所有的苛政。"康熙皇帝对这些建议很赞赏，下令讨论实行。

三藩之乱平定以后，有的大臣对康熙皇帝歌功颂德，请求登封泰山，而徐元文独持反对意见，认为国家当务之急，不是搞那些礼仪活动，而是"振纲纪""核名实""崇清议""厉廉耻"。乘此武定功成之时，应该明白告谕大小官员，清除疑虑，共成千秋大业。疏文写好后，同僚们觉得他的言辞太直，劝他不要上奏。而徐元文却坚持己见，毅然上奏。康熙皇帝对徐元文的建议颇为称赞，认为是合理的，于是登封泰山的典礼就被免除了。

清朝初期曾经多次下令清查大户人家隐占土地，来充裕国库的税收，规定：凡查出隐占田地的人户，或充军，或下狱。州县官吏为了升级晋爵，捏造事实上报，以冒领功俸，这种现象不断出现，造成极大危害。因此，徐元文极力陈述朝廷下令清查隐占田亩案，在具体实施中的弊端，请求进行整治："凡是以前假报的，实行自己检讨、主动坦白和互相检举，这些姑且予以宽免，始终掩盖不讲实情的，应加重给予治罪"。

徐元文任左副都御史3年，兢兢业业，致力于重振纲纪，整顿吏治。他与同他同属一个等级的官吏相处非常融洽、和睦，但是遇到问题却敢于极力争辩非弄清楚不可，没有什么顾忌。关系到八旗之内的事，众人大多退缩畏惧，不敢直言，唯独徐元文敢于讲话，敢于坚持自己的主张。他先后上奏弹劾福建总督姚启圣纵恣橘诈，妒功喜能；浙江副都统高国相纵兵虐民，两淮巡盐御史徇私包庇贪官。徐元文认为，吏治清明首先要严格官吏的选拔。清朝初年连年用兵打仗，国库已告贫匮，于是决定实行捐纳授官。规定凡是捐纳做官的人，任期满3年以后，称职的给予升迁或转任，不称职的则予以罢免。但是，却没有坚持实行下来。后来又规定3年满期，如果再有捐纳，则一律升迁转任。这样一来，难免造成吏治腐败。那时各部有数千名笔帖文书一类的小官，他们一致要求依照旧例捐纳当个州县官吏。徐元文极力主张不可以这样，有些人惧怕激成事端，主张让步，满员大臣也好言相劝。徐元文和他们争论了3天，始终没有让步。

康熙二十二年（1683年）冬，因推举道员王垓、胡悉宁为湖北按察使一事，徐元文受到牵连，吏部商议后将他降三级调用。康熙二十三年（1684年）二月，康熙皇帝又命他专门管理史局，负责监修《明史》。当时，史局已建立5年，但修书未成。徐元文为修史，终日孜孜不倦，经过一年的努力，完成了大部分传记，缮写7卷本纪，撰稿15卷列传，呈进宫内。南明诸王及为其尽忠的大臣们的史事，由于徐元文的力谏，也在《明史》中得以展现。

徐元文为人外和内刚，直言无忌。他为政不畏权贵，尊礼守法。然而由于家门子侄不贤，巧取豪夺，为恶乡里，给政敌提供不少口实，使得徐元文一再遭到弹劾。先是副都御史许三礼劾他入阁拜相后，收受贺银5000两，康熙帝置之不究。康熙二十九年（1690年），两江总督傅拉塔纠劾他及其子侄家人"以官生理，公然受贿，扰害地方"。此次是满族封疆大臣的弹劾，康熙帝不能不问，追查结果，所讦各条虽多为徐元文子侄和家人所为，但他也难辞其咎。康熙帝法外加恩，让他致仕回籍。徐元文回乡后,昔日煊赫热闹的门庭变得门可罗雀。他感慨人情万端,官场险恶,终于抑情成疾,一病不起,康熙三十年(1691年)闰七月二十七日郁郁而终。

纳兰明珠

纳兰明珠(1635—1708年),字端范,叶赫那拉氏,满洲正黄旗人。康熙朝重臣,历任内务府总管、刑部尚书、兵部尚书、都察院左都御史、武英殿大学士、太子太傅等要职。

明珠的祖父叶赫那拉·金台吉是叶赫部统领,曾联合九部联军征讨建州女真,后在征战中败亡。父亲尼雅哈,在清太祖努尔哈赤灭叶赫部时,与兄德勒格尔归降,授佐领之职,屡次从征有功,顺治元年(1644年)授骑都尉世职,顺治三年(1646年)去世,长子振库袭骑都尉,明珠为其次子。金台吉的妹妹孟古哲哲是努尔哈赤的妃子、皇太极的生母,因此纳兰家族与爱新觉罗皇室有亲戚关系。后来纳兰明珠娶英亲王阿济格之女,论辈分成为康熙皇帝的堂姑父。

康熙初年,纳兰明珠担任侍卫、治仪正,再迁内务府郎中。康熙三年(1664年)擢内务府总管,康熙五年(1666年)授弘文院学士,康熙六年(1667年)充任纂修清世祖实录副总裁。康熙年(1668年),奉命与工部尚书玛尔赛视察淮河、

纳兰明珠像

长江与黄河水利工程问题，建议恢复兴化县白驹场旧闸（在今江苏大丰西南），增凿黄河北岸引河以备蓄泄，此议有可取之处。后历任刑部尚书、都察院左都御史。

康熙十二年（1673 年）二月，充经筵讲官；八月，奏停巡盐御史遍历州县之例；十一月，迁兵部尚书，坚决主张平定"三藩之乱"。

康熙十二年三月，平南王尚可喜上书，因年老要求退休，归老辽东海城，并请求以其子尚之信嗣封王位，继续驻镇广东。康熙不同意，命其撤藩，还驻辽东。七月，平西王吴三桂以退为进，也假意要求撤藩，进行试探，康熙立即同意。同月，嗣靖南王耿精忠也上表请求撤藩，康熙也予批准。这三藩坐镇南方，虽然对镇压当地人民反抗、巩固清朝初期对南方的统治有利，但他们在位日久，飞扬跋扈，不受节制，特别是吴三桂更加骄横无忌。如不改变这种状况，势将形成尾大不掉、分裂割据之势，所以撤除三藩，对巩固国家统一是必要的。清廷早想对三藩加以调动，但总感觉时机不成熟。如今三藩自己上书请调，自然是求之不得的事，所以就来个顺水推舟，从其所请。

由于三藩力量不可小视，撤藩关系重大，为慎重起见，康熙就召集议政王大臣及九卿（中国古代中央政府的九个高级官职，各代不一样，清朝以都察院、大理寺、太常寺、光禄寺、鸿胪寺、太仆寺、通政司、宗人府、銮仪卫为九卿）会议，讨论处置方略。

会上，关于撤不撤藩问题，形成两种尖锐对立的意见：一种意见认为吴三桂应当久镇云南，不可撤也不敢撤；另一种意见，以户部尚书米思翰、刑部尚书莫洛与纳兰明珠为一方，认为应当撤。康熙也同意纳兰明珠等的意见，说："吴三桂等人的造反之心由来已久，不早日除掉，将会养痈成患，后悔莫及。今天的问题是，撤也反，不撤也反。既然这样，不如先发制人为上策。"果然，康熙十二年（1673 年）

十二月，吴三桂首先举兵反清，自称周王；康熙十三年（1674年）三月，耿精忠反，建元裕民；康熙十五年（1676年）四月，尚可喜之子尚之信反，史称"三藩之乱"。直到康熙二十年（1681年）清军入云南城（今昆明市），吴三桂之孙吴世璠自缢死，清军将吴三桂戮棺碎尸，吴世璠枭首示众，历时前后九年的三藩之乱才全部平息。

康熙十四年（1675年），纳兰明珠调任吏部尚书。康熙十六年（1677年）七月，授武英殿大学士，成为内阁首辅之一（相当于宰相之职）。期间担任实录、方略、一统志、明史等重要皇家著述的总纂官，不久后加封太子太师，权倾朝野。纳兰明珠成为朝廷重臣后独揽朝纲，表面上为人谦和，实际利用康熙皇帝的信任结党营私，甚至贪污纳贿。

在朝中，纳兰明珠与索额图不和而相互仇轧。索额图生性乖张，朝中有不依附自己的大臣就立即排挤，与李光地关系亲密。纳兰明珠则为人谦和、乐善好施，擅于拉拢朝中新进，对政敌则在暗地里构陷，与徐乾学结成一派。当时索额图是太子党的成员，纳兰明珠就把朝中依附太子的人全都构陷排挤出去。

纳兰明珠自康熙十六年七月授武英殿大学士之后，由于在平定三藩之乱中与汉相杜立德多有赞襄之功，受到康熙皇帝的特别眷顾，康熙亲自为他书写条幅，以酬他佐理勤劳、朝夕问对之功和体现君臣美恶皆可相劝之意。康熙二十一年（168年），正月十五，康熙大宴百僚臣工于乾清宫，赋诗联句纪胜；第二年元宵节又赐宴，并赏给群臣马匹等物。这些盛事，纳兰明珠都参与了。康熙二十三年（1684年）冬，康熙初下江南，又以纳兰明珠为扈从。这种种特殊的恩遇，使纳兰明珠志得意满。同时，纳兰明珠又注意结纳权臣如班布尔善、图海等人。纳兰明珠口若悬河，辩才无碍，又精通满汉两种语言文字，再加上既获主眷，又多内援，使得他在朝廷中更显得特别突出，炙手可热。

康熙二十年（1681年）郑经病死，后嗣发生纠纷，郑经长子被杀，12岁的次子郑克塽袭延平王，部将刘国轩、冯锡范主事。福建总督姚启圣请求朝廷出兵进剿，纳兰明珠也认为应该利用这一机会彻底解决台湾问题。康熙和纳兰明珠商议后，命福建总督、巡抚等人同心合力平定海疆。纳兰明珠指出总督和巡抚共同指挥会相互牵制，应由一人来统一指挥。康熙接受了明珠的建议，让福建提督施琅独自统兵进剿。康熙二十二年（1683年），郑克塽遣使求降，清朝顺利收复台湾。清军占据台湾后，对于郑氏集团人物的安排，康熙最终接受了纳兰明珠的建议，任用一些台湾投诚的人，结果从中涌现不少有作为的人。而关于是否弃守台湾，纳兰明珠态度十分明确，就是坚决固守，并最终得到康熙的支持。清政府此后设立台湾府，隶属福建省，从此将台湾纳入中央政府的直辖范围。

　　康熙二十一年（1682年），纳兰明珠陪同康熙到东北考察，最远抵达乌喇地区。经过精心准备，纳兰明珠协助康熙调派黑龙江将军萨布素两次围攻雅克萨，迫使俄方同意和平谈判。康熙二十五年（1686年），俄国谈判使团抵达北京，与以纳兰明珠为首的中方代表会谈。纳兰明珠遵照康熙指示，义正严词地驳斥了俄方的无理取闹，指出："我国向无侵犯尔国之处，尔国人却无故施放枪炮，杀我居雅克萨等地徒手虞人（即猎人），并屡次纳我逃人。"俄方最终同意撤出雅克萨的俄军。纳兰明珠与俄国使团的谈判为日后《尼布楚条约》签订创造了重要条件。

　　纳兰明珠为人狡猾阴险，外表慈善，内使机关。与人谈话，总是和颜悦色，甜言蜜语，能使人不由自主地向他倾诉衷曲。他又轻财好施，以招徕新进及海内名士，因而不少人为他所笼络，甚至投靠了他。他还利用职务之便，收买人心，凡是康熙称誉或准备提升的，他就向此人卖好，说是他的用力举荐；如果康熙对谁不满，称其不善，他则向当事者说："这是皇上不喜欢，不过我当从容尽力挽救。"以此来要结群心，挟取货贿。正因为这样，所以每天纳兰明珠奏事完毕出中左门时，满汉部院诸臣和他的心腹们都在门两旁拱立以待，向他打听消息，和他站在一起，交头接耳密语好久。这样一来，康熙的许多旨意或动静很快就泄露出去了。部院衙门中谁与康熙的言谈话语有了干系，就求纳兰明珠给出主意想办法，对他也就唯命是听。纳兰明珠又非常揽权，内阁中的文件均由他一人指挥拟定，轻重任意，即使有问题，同官也不能过问驳正，以致皇帝经常指责，他也毫不省改。

纳兰明珠与索额图都因贪赃弄权声名狼藉，早在康熙十八年（1679年）七月，康熙皇帝就借京师地震事向二人及群臣发出警告，要他们"洗涤肺肠，公忠自矢"，指出他们做官后，家里都发了财，生活挺富裕，却还要拉帮结派，徇私舞弊，更加贪得无厌；如果再让发觉了，就要国法从事，绝不宽容！后来康熙还单独与纳兰明珠谈了一次话，旁敲侧击地说："如今当官像于成龙那样清廉的人非常少，十全十美的人确实难得。但是，如果把'性理'一类谈修养正人心的书多少看一些，就会使人感到惭愧。虽然人们不可能全照书上说的那样做，但也应该勉力而为、依理而行才好。"这里说的于成龙（1617—1684年），是康熙朝前期公认的"天下廉吏第一"的一位清官。在直隶巡抚任时，即被康熙褒为"清官第一"，为官清正廉能。后任两江总督，兼摄江苏、安徽两巡抚事。原籍山西永宁（今山西离石），历官未尝带家属，去世时身旁仅有一竹箱，内装绨袍一件，床头放点食盐、豆豉之类家常调味品而已。市民为之罢市聚哭，家家绘像祭祀。康熙想借称扬于成龙来提醒纳兰明珠要收敛一点，但纳兰明珠还是无动于衷，毫不觉悟悔改。

纳兰明珠由于贪污受贿，广有钱财，所以生活极其豪华奢侈。家中有上千的姬妾奴婢；大多是江南的大官买来进奉给他的，所以明珠家里的吃穿器用俨然是江南豪门。他又大兴土木，广治园亭，在风廊水榭间，全以白玉凿雕为百花镶嵌四壁。园中有一个大水湖宽广十亩，每到冬天，婢仆们就用五彩绫罗绸缎剪成荷花、菱角浮于水面，又用杂色羽毛编成野鸭子、大雁的形状放游在湖里。

康熙二十六年冬（1687年），直隶巡抚于成龙（小于成龙）向康熙密奏："官已被明珠和余国柱卖完。"康熙帝问高士奇："为什么没有人参劾？"高士奇回答："人谁不怕死？"康熙二十七年（1688年），御史郭琇上书奏劾纳兰明珠八大罪状。康熙皇帝决意打击纳兰明珠一党，随即罢黜纳兰明珠大学士，交给侍卫酌情留用。

康熙二十九年（1690年），厄鲁特蒙古准噶尔部首领噶尔丹变本加厉勾结沙俄等反动势力起兵叛乱，康熙命裕亲王福全为抚远大将军统兵前往平叛，纳兰明珠被派去参赞军务。乌兰布通一战，噶尔丹战败，假装乞和，夜间自大碛山遁走，清军未予追剿，纳兰明珠被降四级留任。康熙三十年（1691年），复授保和殿大学士。康熙三十五年（1696年）四月，康熙帝亲征噶尔丹，纳兰明珠负责督运西路军饷。五月，昭莫多（今蒙古乌兰巴托东南图拉河上游南岸）之战，噶尔丹败遁，清军班师。

纳兰明珠府邸（今宋庆龄故居）

康熙三十六年（1697年），皇帝再次亲征，纳兰明珠扈从至宁夏，奉命调拨驼队运饷，并运送银两颁发鄂尔多斯随征兵众。大军追至洪郭罗阿济尔罕，噶尔丹死，班师回朝。明珠因两次从征有功，恢复原级。康熙三十九年（1700年），复授内大臣之职。康熙四十七年（1708年），纳兰明珠病故，终年74岁。

纳兰明珠凭借自身的勤奋和才华，从一名普通侍卫成长为武英殿大学士兼太子太傅，成为权倾一时的朝廷重臣。官居内阁十三年，纳兰明珠在议撤三藩、收复台湾、抗御外敌等重大事件中起到积极作用，同时又独揽朝政、贪财纳贿，并与另一重臣索额图互相倾轧，最终被参劾倒台。纳兰明珠一生经历荣辱兴衰，但失势的结局并不能掩盖他一代权臣的功绩。

李光地

李光地（1642—1718年），字晋卿，号厚庵，别号榕村。福建泉州人，清朝康熙年间大臣、理学名臣，历任翰林编修、吏部尚书、文渊阁大学士等职。

李光地出身书香门第，清初战乱中家道中落。康熙三年（1664年），李光地乡试中举。康熙九年（1670年）中进士，选为翰林院庶吉士，命学满文。康熙十一年（1672年）九月，他得授翰林院编修之职。

康熙十三年（1674年），靖南王耿精忠举兵造反，郑锦占据福建泉州。李光地与家人藏匿山谷间，郑锦和耿精忠派人招安，被李光地坚决拒绝。康熙十四年（1674年），李光地暗中书写密折，藏在蜡丸中，派人暗中送往京城，最后通过内阁学士富鸿基呈给皇帝。康熙皇帝看到密折后深为感动，嘉许李光地的忠诚，并下命兵部录其为领兵大臣。康亲王杰书自衢州攻克仙霞关，收复建宁、延平，耿精忠被迫请降。康亲王的军队进驻福州，命令都统拉哈达和赉塔讨伐郑锦，并打听李光地的所在。康熙十六年（1677年），朝廷收复泉州。李光地在漳州拜谒拉哈达。拉哈达向康亲王上书称："李光地矢志为国，即使颠沛流离也不曾改变志向，应当予以褒奖。"康亲王下令优待，并提拔为侍读学士。李光地赴京时行到福州，恰遇父丧，乃归籍服丧。

康熙十七年（1678年），同安蔡寅部起义军打着复明旗号，以万余人围攻安溪。李光地招募百余乡间勇士固守，断绝敌方粮道得以解围。不久后，郑锦派遣将领刘国轩攻陷海澄、漳平、同安、惠安等县，进逼泉州，断万安、江东二桥，断绝了清军的南北援助。李光地派遣使者赶赴拉哈达军告急，正遇大江涨水道路阻塞。于是李光地带兵从漳平、安溪小道进入，与叔父李日煌以及弟弟李光垤、李光垠合作进攻。大军进驻泉州，击破刘国轩部。拉哈达上报其功，李光地再次得到优叙，升迁翰林学士，不久后因功官至永州总兵。

康熙十九年（1680年）七月，守制已满的李光地返回京城，康熙谕示其不必候缺，即任内阁学士。李光地建言推举施琅担任平台将领，皇帝采纳了推荐，得以顺利收复台湾。

李光地像

康熙二十一年（1682年）六月，李光地请假送母亲返回原籍，获得恩准。康熙二十五年（1686年），李光地回京，被授予翰林院掌院学士，在御前讲席上值讲，并兼任日讲官和起居注官，还负责指导庶吉士。过了一年，因为母亲患病，李光地上书请求回家探望。在家中不到一年，遵制回京赴孝庄皇后之丧。在这期间，李先地所举荐之能臣与文学之士有数人被劾获罪，他因举人不当也受朝廷申斥。康熙二十八年（1689年）五月，他奏进的文章令康熙皇帝十分不满意，指斥他假冒道学，不能表率翰林，将他降为通政使司通政使。当年十二月，重新被擢升为兵部右侍郎。

康熙三十三年（1694年）正月，李光地奉旨提督顺天学政。同年四月他得知母亲去世，乞请遵制丁忧，蒙恩准命他在京守制地。他母丧未能回家守制一事引起许多人的非难，责备他留恋禄位有失孝道。李光地素以宋代理学的笃行者自许，这些指责无疑使他受到很大的伤害。于是提请康熙给予九个月假，让自己往返治丧。在丁忧期间，李光地编纂过几部朱熹和程氏兄弟的书，用以证明他仍然是宋代儒家学派的忠实信徒。

康熙三十五年（1696年），李光地服丧期满，康熙命其官复原职。康熙三十六年（1697年）并兼工部侍郎。康熙三十七年（1698年）十一月，康熙帝命李光地为直隶巡抚。在任期间，李光地很好治理了当地水患，得到康熙的褒奖，不久被拔擢为吏部尚书。康熙四十年（1701年），李光地主持的治理永定河的河务工程顺利竣工，获得了康熙手书"夙志澄清"匾额及御制永定河诗、御服衣冠等赏赐物品。

康熙四十四年（1705年），吏部接到康熙谕旨："李光地居官甚好，才品俱优，着升为文渊阁大学士。"这样，年过花甲的李光地正式登上了相位。

李光地故居

康熙四十九年（1710 年）后，李光地数次上书请求休致。而晚年的康熙因立储不当之事心中郁郁，身体多病，对李光地这位老臣很是眷恋，没有允准。康熙五十二年（1713 年），李光地应邀出席千叟宴，获赐"夹辅高风"御匾。"夹辅"，意即左右辅佐；"高风"指李光地德才兼优，口格高尚。康熙五十三年（1714 年）六月，李光地再次请求休致，康熙暂准给假两年，让其处理完家中事宜即返京办事。八月，李光地陛辞之时，康熙赐其"谟明弼谐"匾额。

康熙五十五年（1716 年）四月，李光地返京。康熙五十七年（1718 年）五月，因疝疾速发，卒于任所，享年 77 岁。死后被谥"文贞"，加赠太子太傅。

隆科多

佟佳·隆科多（？—1728 年），字竹筠，满洲镶黄旗人。清朝重臣。

隆科多的祖辈、父辈都为清廷建有很大功勋而封官晋爵：祖父佟图赖，是顺治帝孝康章皇后的父亲，入关以后多次出征山东、山西、河南、湖广等地，军功卓著，历任定南将军、礼部侍郎，晋爵至三等子，死后又特赠为一等公。父亲佟国维，是康熙帝孝懿仁皇后的父亲，所以佟国维既是康熙的舅舅，也是康熙的岳父，地位自然尊崇。他又曾三次跟从康熙亲征噶尔丹，立功颇多。因此，佟国维也是仕途一路畅达，历任侍卫、内大臣、领侍卫内大臣，晋爵一等公。另外，佟国维还有一女做了康熙的贵妃。

因其祖父和父亲的缘故，隆科多与康熙也有着双层的亲戚关系，既是康熙的表弟，也是康熙的内弟，自然受到重用。康熙二十七年（1688年），隆科多开始任一等侍卫，不久就提拔为銮仪使兼正蓝旗蒙古副都统。康熙四十四年（1705年），康熙发现其部属违法，下谕斥责隆科多不实心办事，革去其副都统、銮仪使之职。但到康熙五十年（1711年），他又重新受到重用，被授为步军统领，掌握京师警卫武力。康熙五十九年（1720年）十一月，任理藩院尚书，仍管步军统领事务。隆科多成为康熙晚年最得力的大臣之一，经常秘密执行一些重要使命，如监视废太子、大阿哥，掌握其他宗室王公的动向等，随时将情报密报康熙。隆科多尽职尽责，表现出色，康熙生前多加赞赏。

隆科多像

康熙六十一年（1722 年）十一月，康熙在畅春园病重，隆科多奉命于御榻前侍疾。十三日，康熙驾崩。当时在园内的皇子、后妃以及很多重要大臣都被封锁在了康熙的寝宫之外，康熙几乎是在与外界隔绝的情况下突然死去，而又未宣布继承人。在这种千钧一发之际，按照常理，隆科多应该告知当朝大臣，然后共同遵照康熙遗诏（如果康熙生前没有旨意，那么应该遵照康熙的心意共同拟定）拥立新君。在畅春园内，布满了隆科多的警卫部队，他首先接到了侍候康熙的太监密报。隆科多知道，他将康熙猝死的消息首先通知哪位皇子，哪位皇子就可以抓住这一瞬即逝的机会，先入为主，登上皇位，而他以重兵拥戴之功必将得宠于新朝。当时，他面临的可能选择有三个：第一个是皇十四子胤禵，第二个是皇八子胤禩，第三个是一直不起眼的皇四子胤禛。至于其他的皇子，都不成势力，所以隆科多不会考虑。康熙重臣有领侍卫内大臣 6 人和大学士 5 人，但隆科多显然没有跟他们通气。隆科多此刻显出包天大胆，撇开了宗室王公，撇开了当朝大臣，一个人拥立了新君胤禛，这就是雍正。

　　雍正帝继位之后，因为隆科多拥戴有功，所以命他与大学士马齐总理事务，并且承袭一等公的爵位，被授为吏部尚书。很快就因为总理事务办得好，加封为一等阿达哈哈番，并令他的长子岳兴阿承袭。而他的次子玉柱，从侍卫的身份被授为銮仪使。当时隆科多极其受雍正帝的宠信，称呼他舅舅而不称呼其名。

　　雍正帝继位之初清廷铨选官吏，隆科多可以不经奏请，任意挑选，当时被称为"佟选"。雍正元年（1723 年），隆科多与川陕总督年羹尧一起被加封为太保。雍正二年（1724 年），隆科多兼领理藩院的事务。充任纂修《圣祖实录》《大清会典》的总裁，并且监修《明史》。不久又与年羹尧一起被赏赐双眼花翎、四团龙补服、黄带、紫辔。

　　然而好景不长，到雍正二年下半年，雍正已经对他有所责难，并开始有步骤地实施打击。究其原因，主要在于隆科多居功自傲，擅权结党，已对雍正的皇权产生了不利的影响。比如，自比诸葛亮，奏称"白帝城受命之日，即是死期已至之时"一语，又称康熙死日他曾身带匕首以防不测。这虽是在他快倒台的时候说的，但难保在平日不会有此类话语流露。还有，隆科多曾自夸九门提督（步军统领）权力很大，一声令下就可以聚集两万兵马。这些话语多少暴露了隆科多拥立胤禛的真相，自然为雍正所忌讳。

　　隆科多对雍正的疑忌不是不知，也想自留退路，于雍正二年（1724年）年底主动提出辞去步军统领一职。这一招正中雍正下怀，他早就不想把这个要职留在隆科多手里，而且准备让与隆科多不甚亲密的巩泰来接手这个职位。雍正三年（1725年），隆科多被撤掉了步军统领的职务。次子玉柱因为品行恶劣，被夺职罢官，交由隆科多管束。时

隆科多像

值年羹尧获罪，雍正帝下旨"责隆科多有意扰乱，削太保及一等阿达哈哈番世职，命往阿兰善等处修城垦地"。

雍正四年（1726年），隆科多家仆牛伦挟势索贿，事发后被逮下法司，结果却审出隆科多曾收受年羹尧、总督赵世显、满保以及巡抚甘国璧、苏克济的贿赂。雍正帝命斩牛伦，罢免隆科多的尚书职务，令他料理阿尔泰等路的边疆事务，不久又命他前去勘察中国与俄罗斯的边界。起初，隆科多与阿灵阿、揆叙结党营私，与年羹尧交结。等雍正帝尽发阿灵阿、揆叙及年羹尧罪状，宣示中外，而受隆科多引荐的侍郎查嗣庭又被诛，雍正帝诘问隆科多，隆科多不以实对。

雍正五年（1727年），隆科多与沙俄谈判边境问题，即将成功，但由于被弹劾其结党营私，并私藏玉牒，被雍正帝抓到罪证立即遣其回京逮捕、抄家。十月，定隆科多41条大罪，幽禁于畅春园；长子岳兴阿撤职、次子玉柱发配黑龙江。雍正六年（1728年），六月，隆科多死于禁所。朝廷赐银1000两治丧，其弟庆福袭一等公爵。

马 齐

富察·马齐（1652—1739年），富察氏，满洲镶黄旗人，清朝大臣、外戚。

马齐是顺治朝内大臣哈什屯之孙，康熙朝户部尚书、首议撤藩的著名大臣米思翰的次子，孝贤纯皇后的伯父。马齐属于清朝入关后第二代满族贵族，自幼生长在以汉文化为主体文化的大环境中，受到汉文化的长期浸染，另外，满族传统制度与习俗对他仍有较深的影响。康熙八年（1669年），马齐以当时满族贵族后代中较为普通的方式"荫生"步入仕途，进入国子监读书，经过考试被授为工部员外郎，后外放为山西巡抚。

马齐明敏干练，敢于任事，非人云亦云之辈。这是他为官前期的一个突出特点，也是其所以为康熙帝所赏识，并在满汉同僚中具有较大影响力的一个重要原因。

康熙二十六年（1687年）四月，大学士余国柱等遵旨奏举外任官内居官甚好者，所举数人内即有马齐。当时，首席满洲大学士纳兰明珠把持朝政，"凡内阁票拟，俱由明珠指麾，轻重任意"，表明明珠对他较为重视，抑或有拉拢之意。对于一位外任官员来说，这是一个逢迎巴结朝中权贵，以此作为升迁之机的难得机会。可是，马齐却并没有"领情"。不久，御史陈紫绶弹劾湖广巡抚张汧贪婪不法事，康熙帝命于成龙、马齐等前往查核。张汧乃由纳兰明珠所保荐，此前被派去审理该案的钦差大臣色楞额，虽曾当面向康熙帝保证要"尽心研审"，但奏报中"唯恐累及保举张汧之人，竟为庇护"。后该案经马齐等审理，"皆得实，论罪如律"。马齐因此声名大显，称他是廉洁奉公，无所畏惧的清官。马齐以刚直不阿而深受康熙帝的嘉赞，是年三月升为左都御史。

康熙二十七年（1688年），马齐参与筹议同俄罗斯定界事宜，奏称中俄边界谈判"所关最巨"，"其档案宜兼书汉字，汉官一体差往。"翌年（1689年）十一月又疏言："臣办事理藩院，见凡所题所理之事，止用满洲、蒙古文字，并未兼有汉文。今请……兼用汉文注册，庶化服蒙古之功德，昭垂永久。"这两项建议都被康熙帝采纳。可见，敢于任事的马齐，并非有勇无谋之人，他颇有见识，且善于思考，而这两方面的较好结合，恰是其优于诸多同僚之处。

康熙二十九年（1690年），任左都御史的马齐与理藩院尚书阿喇尼一起列位议政大臣，这在清朝历史上并无先例。康熙三十五年（1696年），康熙第一次亲征噶尔丹期间，命令马齐与大学士阿兰泰、尚书佛伦等人为首，分三班值宿紫禁城，辅佐代理政务的皇太子允礽，逐步成为康熙帝的股肱之臣。马齐于康熙三十八年（1699年）担任武英殿大学士，开始步入仕途的高峰。康熙四十三年（1704年）七月，康熙帝御书"永世翼戴"匾额颁赐马齐。此前，还有两事需要提及。

康熙四十七年（1708年）九月，康熙帝第一次废黜皇太子允礽，但旋生悔意，拟行复立。可是，他又认为如此出尔反尔大失颜面，故有意透露出这一想法后，采取让众臣于诸皇子中推举的方式，希望众臣能保奏允礽为太子。十一月，康熙帝在令全体朝臣推举太子之前，"特谕马齐勿预其事"，然而马齐却没有服从这一旨意。在他与国舅佟国维的暗中倡导下，领侍卫内大臣阿灵阿、鄂伦岱等积极配合，全体朝臣共同保举皇八子允禩为太子，康熙帝的期望完全落空。康熙四十八年（1709年）初，马齐等人受到康熙帝的严责。马齐被革去大学士，交与允禩"严行管束"，他的三弟马武、四弟李荣保及其族人都受到牵连。这是马齐的宦海人生中第一次也是唯一一次遭受重大挫折。

康熙四十九年（1710年）年底，马齐被重新启用。康熙五十五年（1716年）五月，康熙认为满洲大学士内没有能令汉族大臣心服的，所以仍命马齐为首席满洲大学士，兼任户部尚书。直至康熙六十一年（1722年）康熙去世，马齐的职位始终未变。可见，他依然在满汉大臣中具有很高威信和较大影响力，并依然受到康熙帝的重用。

康熙六十一年（1722年）十一月十四日，康熙去世的第二天，尚未继位的雍正命贝勒允禩、十三阿哥允祥、大学士马齐、尚书隆科多等4人为总理事务大臣。康熙六十一年（1722年）十二月，恢复马齐曾被削去的世职，令世袭罔替。不久，马齐奏请纂修圣祖实录，雍正帝随即任命他为圣祖实录监修总裁官。

雍正五年（1727年）中俄签订《布连斯奇条约》，划定中俄中段边界，中国因此丧失了部分领土。签约期间，主管中俄交涉事务的马齐，把中国大臣们的态度和意见全部告诉了（俄国代表团团长）萨瓦。作为回报，马齐曾接受过后者 1000 卢布的贿赂。马齐在中俄边界谈判中的上述表现，与一般的索贿行为不能相提并论，其性质要严重得多。

雍正十三年（1735 年）九月，即雍正帝去世后第二个月，马齐"引疾乞休""以原品休致"。

乾隆四年（1739 年）五月，马齐病危之际，乾隆帝对他做出的很高评价，称他"历相三朝，年逾大耋，抒忠宣力，端谨老成，领袖班联，名望尊重，举朝大臣未有若此之久者"。在马齐病重期间，乾隆帝曾派御医调治，并差其弟和亲王弘昼、皇长子永璜代为看视。马齐去世后，乾隆赏银治丧，赐谥文穆，数年后又令入祀贤良祠。乾隆十五年（1750 年），加封号曰敦惠。

鄂尔泰

鄂尔泰（1677 年—1745 年），西林觉罗氏，字毅庵，满洲镶蓝旗人。清朝重臣。

鄂尔泰的先祖早期投归清太祖努尔哈赤，为世管佐领。其曾祖图门，于天聪年间在大凌河战役中受重伤于战场，赐世袭骑都尉世职。其父鄂拜曾任国子监祭酒。

鄂尔泰 6 岁入学，攻读四书五经；8 岁开始作文，练习书法；16 岁应童子试，次年中秀才；19 岁补廪膳生，20 岁中举，从此进入仕途。21 岁袭佐领世职，充任侍卫，此后一直活跃在官场。

鄂尔泰精通满汉文字，在康熙三十四年至康熙三十八年（1695—1699 年）任本旗佐领。同年，授三等侍卫。但直到康熙五十五年（1716 年），他 37 岁时才出任内务府员外郎。可是又淹滞不进，这时他很为自己的官场不利而烦恼，对自己的前途很悲观，绝没有想到后来能出将入相。

但在此任内，他仍以严格奉公、遵循各项规章著称。他曾谢绝当时尚为皇子的胤禛之私人召见，此举深得雍正的赏识。雍正元年（1723年）正月，即任命鄂尔泰为云南乡试主考。云南返回不久，授江苏布政使。他在此任上，极力奖励当地文士赋诗为文，并选辑优秀者，以及他本人的某些作品，编为《南邦黎献集》16卷刊行。

鄂尔泰像

雍正三年（1725年）又晋升为广西巡抚。在赴任途中，雍正帝觉得他仍可大用，改封为云南巡抚，兼管云南、贵州、广西三省。就在此时，朝廷发生了关于"改土归流"的争议。原来，云南、贵州、广西、四川及湖南、湖北等地，居住着苗、彝、壮、白、瑶等少数民族。这些地方交通闭塞、习俗痼弊，经济、文化落后，直至清初仍实行着野蛮的土司制度。各处的大小土司如同部落主，广大土著居民皆是他们的奴隶和部卒，土地、山林、水源，包括土著居民人身全被土司占有，土司与土民成为世代不变的主仆关系。土司所到之处，土著居民都要跪在地上膜拜。土司有权对其"子民"任意处置，任意占有、转让、出卖；吃酒游乐时，常以射杀土著居民为戏；祭祖敬神，也把土著居民杀死作为牲祭。稍不如意，便用割耳、断指、抽筋、剥皮、宫阉等酷刑。至于夺其财物、勒交赋税更是随心所欲了。土司都拥有军队，林立的大小土司，如同大小王国，对中央形成威胁；临近的官兵略加过问，马上刀兵相见。土司制度妨碍国家统一，阻碍地方经济、文化的进步。数百年来，也曾有过治理行为，但没有一个成功。雍正帝继位，西南各省地方官纷纷上奏，要求解决这一重大问题。众臣认为，解决问题唯一办法是"改土归流"，即取消土司制度，改为一律由中央政府派官的流官制度。此时雍正帝派鄂尔泰到云南，目的就是让他去解决土司之患。所以，名义上的云贵总督杨名时只管理云南巡抚的事务，鄂尔泰实际上行使着总督的职权。鄂尔泰所部军队刚刚扎营，便遭土司甲兵骚扰，营房亦被焚烧。经过调查研究，他感到发兵出击，只能解决暂时的问题，若从长远计议，必须彻底根除土司统治制度，坚决实施"改土归流"方针大计。他在奏折中阐述"改土归流"的原则：以用兵为前锋治其标，以根本改制治其本。对敢于反抗的土司，剿抚并用，顽抗到底者坚决剿灭；只要悔改，对抗过官兵的土司也一律宽免。重点策略是促土司投献，投献者给以安抚，表现好的可任其政府的流官，尽量减少敌对情绪，减轻"改土归流"的阻力。

雍正四年（1726 年）十月，鄂尔泰正式出任云贵总督，加兵部尚书衔。与前几任不同的是，鄂尔泰一开始便"著《实政四条》：一戒因循；一严朋比；一重彝情；一正风俗"，不仅坚决主张改流，而且还有针对性地向雍正皇帝阐明改土归流的重要性、迫切性，并提出一整套治理方案。雍正皇帝立即批准了鄂尔泰的建议，并先将闹事的东川、乌蒙、镇雄三土府由四川划归云南，交鄂尔泰处置。雍正六年（1727年），鄂尔泰改任云、贵、广西三省总督，次年加衔为少保，全权办理改土归流事宜。

鄂尔泰任职云南六年有余，在削弱土司头人权力方面，颇具成效。鄂尔泰在原土司地区实行和汉族地区相同的政治制度，如丈量土地、征收赋税、编查户口、组织乡勇等；加强了边远地区和内地经济、文化交流，也加强了中央对边远地区的统治。鄂尔泰在云南政绩颇多，其中包括改进食盐及铜矿工业，并改组铸钱，凡此种种皆获实利。

雍正十年（1732年）初，鄂尔泰应召回京，授大学士兼兵部尚书、军机大臣。因其平苗有功，进世袭一等伯。九月，他奉命督巡陕甘，经略军务，为征讨厄鲁特运送军资。第二年，返京后，即上书奏陈征讨厄鲁特一事劳民伤财，莫如议和。此奏获准，不久战事暂告平息。

雍正十三年（1735年），贵州台拱地区爆发一场动乱，且有愈演愈烈之势。鄂尔泰奉命随同宝亲王、张廷玉及两位皇子，前往监督平乱。鄂尔泰以其本人在前总督任内未能预见有此大患，团奏请免其世袭封爵，所请获准，但仍保留其三等男爵。

同年，雍正病危。弥留之际，诏谕鄂尔泰及张廷玉，立弘历为太子，并敕令鄂尔泰、张廷玉及其他两位亲王辅弼太子主持朝政，许鄂尔泰与张廷玉身后配享太庙。乾隆皇帝继位不久，即赐鄂尔泰一等子爵，后晋三等伯，出任总理事务大臣。乾隆元年（1736年）为钦点会试大总裁，除大学士职务以外，他又兼任军机大臣、领侍卫内大臣、议政大臣、经筵讲官，管翰林院掌院事，加衔太傅，国史馆、三礼馆、玉牒馆总裁，赐号襄勤伯。乾隆四年（1739年），他奉命前往勘察黄河水利工程。乾隆十年（1745年），他因病奏请致仕回乡，但只获准留任自养。时隔不久，乾隆还亲临其家询问，赠太子太傅。不久鄂尔泰去世，乾隆帝亲临丧所致祭，谥"文端"，配享太庙，入贤良祠。乾隆二十年（1755年），因其侄鄂昌与门生胡中藻之狱，被撤出贤良祠。

刘统勋

刘统勋（1700—1773年），字延清，号尔纯，山东诸城人。清朝政治家，官至宰相，为政四十余载，清廉正直，敢于直谏，在吏治、军事、治河等方面均有显著政绩。

刘统勋的父亲刘棨为康熙二十四年（1685年）进士，由知县累迁至四川按察使，是当时以清廉闻名的少数官员之一。刘统勋受其父影响，自幼刻苦读书，注重品德修养。雍正二年（1724）中进士，选翰林院庶吉士，从此步入仕途。他一生都在中央机构任职，曾做过刑部尚书、吏部尚书、军机大臣，还曾任协办大学士和大学士，兼管过数部衙门，并一度受命为上书房总师傅，是清朝名相之一。

雍正时期，刘统勋历任南书房行走、上书房行走和詹事等职务。乾隆元年（1736年），皇帝将刘统勋提拔为内阁学士，跟随大学士嵇曾筠到浙江学习海塘工程和治水之法。乾隆二年（1737年），刘统勋升任刑部侍郎，留在浙江继续工作，翌年返还京城。乾隆四年（1737

刘统勋像

年），刘统勋因母亲病逝而辞官回家守孝。

乾隆六年（1739年），刘统勋守孝期满，被朝廷任命为都察院左都御史，负责监察朝廷官员言行。不久后刘统勋向皇帝上书，参奏大学士张廷玉和尚书讷亲，称："大学士张廷玉历经三朝重用，名望很盛，但晚年实在应当谦谨些，外面对他的责备已经很多。有舆论说现在缙绅望族里，张、姚两姓占据一半，他们互相通婚，为官举荐时互相包庇。请皇上三年内不要提拔重用张廷玉。"又称："尚书讷亲管辖吏部和户部，部中议论大事，讷亲说什么别人必须执行，完全没有心存谦诚、集思广益。请皇上给予他批评，让他反省改正错误。"随后乾隆将两人革职，并将刘统勋直言敢谏的奏疏公开给众臣看，刘统勋由此名闻朝野。

乾隆十一年（1746年），刘统勋出任漕运总督，开启了自己督修河道、治理水患之路。乾隆十三年（1748年），刘统勋与大学士高斌巡查山东赈灾情况，并勘察河道。当时运河涨水很快，刘统勋上书请求通过濬聊城引河分流，将运河之水引出大海。并下令将德州哨马营和东平戴村两处堤坝的高度降低，秋天后又将沂州江枫口两处堤坝的高度提升，使得河水有所阻截，防止了溃坝和水灾。不久后刘统勋升任工部尚书兼任翰林院掌院学士，后又调任刑部尚书。乾隆十七年（1752年），刘统勋进入帝国的核心权力机构，担任军机处行走，从此成为皇帝的左膀右臂。

乾隆十八年（1753年），江南邵伯湖减水二闸和高邮车逻坝决口，刘统勋与尚书策楞前往视察，查出河道官员账目亏空、延误治河，据实上奏。河道总督高斌和协办河务巡抚张师载被撤职，贪污钱款的官吏遭到严惩。同年九月，铜山小店汛河决口，刘统勋又查办出一批贪污渎职的官吏，上书将不作为的官员李焞和张宾处死，并亲自驻守铜山监督塞河，直到十二月工程告结。

乾隆十九年（1754 年），刘统勋升任太子太傅兼陕甘总督，得到赏赐孔雀花翎。乾隆命他巡视巴里坤和哈密驻兵，负责筹办军营、官兵和马驼粮饷，刘统勋忠于职守。此后遇到睦尔撒纳（回部首领）出兵扰乱新疆伊犁，定西将军永常被迫退师巴里坤。因赞同永常退兵哈密，刘统勋直言上奏请求舍弃巴里坤改为退守哈密，置空城以避敌锋。皇帝看后责备刘统勋附和永常，是置军威于不顾，下令将刘统勋和永常革职押解回京。不久后敌军败，乾隆怒息，认为主要责任在将军永常，刘统勋虽然进谏不当，但比起缄默不言的人忠心可恕，决定从宽免罪，补授刑部尚书。乾隆二十一年（1756 年）六月，铜山县孙家集黄河漫溢，河务总督富勒赫因无能被撤职，刘统勋暂代其职，督促修筑堤坝事宜，至到冬天得以竣工。同年，乾隆下旨修纂《西域图志》，由刘统勋、傅恒、褚廷璋、何国宗等负责。刘统勋亲率测绘队历经艰难险阻踏遍天山以北地区，远涉巴尔喀什湖以西的吹河、塔拉期河，获取了大量实地测绘资料，直到乾隆二十六年（1761 年）书成。《西域图志》成为后来新疆地图的蓝本。

乾隆二十三年（1758 年）五月，云南巡抚郭一裕怂恿总督恒文购买金铜制作禁物，刘统勋受命前往调查。乾隆二十五年（1760 年）二月，西安将军都赉克扣军饷，刘统勋再受皇帝钦命查案，又会审山西归化将军保德侵吞公款案，皆如实向皇帝奏明，深得乾隆的信任。

乾隆二十六年（1761 年），刘统勋任东阁大学士兼礼部、兵部事务。乾隆二十九年（1764 年）升任翰林院掌院学士、尚书房总师傅、殿试阅卷大臣。乾隆三十年（1765 年）任东阁大学士、国史馆总裁。乾隆三十四年（1769 年），刘统勋七十大寿，乾隆皇帝亲笔御赐"赞元介景"四字匾额。乾隆三十八年（1773 年）出任《四库全书》总裁官。

刘统勋任官数十年，一直是自奉节俭。即使做了大学士，也依旧省吃俭用。史书上说，他"所服朝珠无值十金以上者，故缨断即弃之，不更拾取"。

乾隆二十六年（1761），刘统勋奉旨前往开封视察。按照当时的惯例，像他这样身为大学士的钦差，都是鸣锣开道，卫士护从，前呼后拥，威风凛凛。每到一处，地方官员还需接风洗尘，设宴饯行，不知花费多少银两。但是，他"所挈只二奴，用驿马不过六七匹"，还命令各级官吏不要迎送。这一举措，曾一度震惊朝野，传为佳话。大名鼎鼎的国史馆纂修官洪亮吉曾专此写道："使皆如公挈二奴，用马六七，又事事不过令甲，则民生吏治困坏，岂至此哉？"

为节省迎送之花费，减去百姓负担，同时又便于了解民情，掌握第一手材料，刘统勋还特别喜欢微服私访。他曾数次奉派审理官员贪黩案，经常出典各省乡试，三次督修黄河溃堤，一次主持疏浚运河，还长期署理河道总督。期间，大多装扮过往各类行人深入百姓之中，和他们同甘共苦，帮他们分忧解难。

刘统勋一向为政清廉，从不收受任何人财物之类。有一次，有个用钱买官当了"资郎"的人于深夜带着厚礼登门拜访刘统勋。守门人通报之后，刘统勋拒不接见，并让门人转告来者"明日再议"。第二天一早，刘统勋当着许多人的面，传那"资郎"入见。他说："昨夜不见，是老夫之过。然而深夜叩门，恐怕不是贤者所为吧！"那"资郎"支支吾吾，说不出一句囫囵话。刘统勋遂又大声训斥道："明人不做暗事，今后，有什么要说的话，就当着众人说清楚，绝不许偷偷摸摸到家中搞名堂！"

刘统勋担任东阁大学士兼军机大臣期间，他的一位老友的儿子出任湖北巡抚。这位老友为利于儿子仕途亨通，让仆人给刘统勋送去了1000两白银。刘统勋十分理解老友的用意，但又不想驳老友的面子，思来想去，终于想出了一个两全其美的办法：他让人将那位仆人叫到面前，正言厉色地说："你家主人是我的至交，也是位十分重视节操的人。他让你来，一定是要你代他向我这个老朋友转达问候，你为何私自做主带这么多银子呢？何况我有那么多朝廷俸禄，用不着任何人资助。你回去告诉你家主人，可将这笔钱施舍给那些贫寒的故亲旧友！"那仆人带着礼金回去后，立即将其经过原汁原味地禀报给了主人。主人思忖片刻，突然叹了口气，自言自语地说："我真是一时糊涂，儿子将来如何，靠的是他自己的才学和品行啊！"

刘统勋在严于律己的同时，也理直气壮地要求他人。乾隆七年（1742）初，时任都察院左都御史的他就上书说：安徽桐城张、姚二姓当官的人太多，今后 3 年内应停其升转，从而使其他官员得到更多的晋升机会。他所说的张姓，指的是皇上倚重的大臣张廷玉。在乾隆帝看来，张廷玉一家的势力并不像刘统勋所估计得那么大，但他敢于奏呈的精神还是值得赞许的。

至于对那些贪官污吏，刘统勋更是恨之入骨，从不宽容。当时颇有影响的一些大案、要案，如广东粮驿道明福、云贵总督恒文、云南巡抚郭一裕、山西布政使蒋洲、西安将军都赉、江西巡抚阿思哈等人贪污、受贿案，都是他外出审查处理的。

刘统勋像

他"皆论如律"，也大多被皇帝核准。所以，好几名满洲显要死于他的手下。

乾隆二十六年（1761），刘统勋以大学士身份视察河南河工时，发现那儿的杨桥工程久拖未完，一问，河吏都异口同声地说：这是刍茭（干草，牛马的饲料）收不上来的缘故。刘统勋半信半疑，又开始了微服私访。结果，发现"大小车载刍茭凡数百辆"，只因主事者索贿未遂，"置而不收也"。刘统勋大怒，立即更衣升堂，将那主事的县丞捉拿归案，还命他戴着枷锁去各工地游街、谢罪。随之而来的是：刍茭一夜之间便收纳完毕，杨桥工程一月之内也得以竣工。

乾隆三十八年（1773年）十一月十六日，刘统勋赴紫禁城早朝，行至东华门外时，轿内忽然倾斜，抬轿人拉开轿帘发现刘统勋双目紧闭。乾隆听说后赶忙派御前大臣福隆安携药赶往救治，但刘统勋已经故去。乾隆帝闻讯，"亲奠其宅"，发现他家"门闾湫隘"入室一看，"见其俭素，为之恸"。这也充分说明：刘统勋的节俭，是一贯的，时时事事皆如此。回宫尚未进乾清门，乾隆就忍不住涕泣，对群臣说："我失去了一位得力助手""刘统勋不愧是真宰相！"还亲自作挽联和怀旧诗，将刘统勋列为五阁臣之一，追授太傅，赐谥号文正。

舒赫德

舒赫德（1710—1777年），舒穆鲁氏，字伯容，号明亭。籍隶满洲正白旗，吉林珲春人。

舒赫德的前半生是在京城度过的，安定而平稳。雍正六年（1728年），由笔帖式升至内阁及军机处中书，后擢都察院立副都御史、兵部左侍郎、户部右侍郎。

乾隆二年（1737）八月，上书请将闲散八旗安置东北屯垦；赎还典于民人之旗地，皇帝下诏允准。在此期间他所做的最有意义的一件事情就是上书要求改革科举制度。乾隆三年（1738年），兵部侍郎舒赫德攻击科举考试的不合理，要求改革科举，他说："时文徒空言，不适于用，墨卷房行，辗转抄袭，肤词诡说，蔓衍支离……实不足以得人。"八股文是一种除了科举在现实社会中没有使用价值的文体，只是士子考试的敲门砖，而科举考试的其他内容也存在问题。

乾隆十四年（1749年），舒赫德升任工部尚书不到一个月，就奉命随傅恒入四川平大小金川之乱。同年，受命周历云南、湖广、河南巡查营伍。乾隆十六年（1751年），两次赴浙江，一次视察治洪工程，一次审理某武将受贿案。后奉命巡视北路军营，刚刚回到北京，又奉命往江南治水。当年又奉派前往驻扎于漠北蒙古地区的鄂尔多次军营，筹划对乌梁海用兵事，至次年春始抵达。但是，此次用事，由于他临

舒赫德

事畏怯，执行上谕不力，皇上大怒，几被夺官。乾隆十九年（1754年），他由于未能从优安置阿睦尔撒纳的家眷，有违乾隆笼络厄鲁特人之意，终于受到夺职处分。乾隆二十二年（1757年），复兵部尚书职，旋即由于小过而降为右侍郎。次年又以策略失误、抗上并有玩忽职守等，罢去一切职衔恩赏，仅仅因为皇帝恩赦才免于一死。

但为时不久，舒赫德又有了报效自赎的机会。当时新疆大小和卓兄弟企图在喀什噶尔建立独立政权，兆惠率师前往征讨，被围困于叶尔羌附近达三月之久。清廷调富毛赴援往救，即命舒赫德为其参赞。舒赫德趁机上奏，献上了一项高明的战略，而复其官，授吏部侍郎，不久擢工部尚书。乾隆二十四年（1759年）末，富德、阿桂、舒赫德与其他将领合兵解去兆惠之围，这一战役是清廷将南疆归入清帝国版图的最后几场决战之一。舒赫德以此役之功得授云骑尉世职。喀什噶尔虽然平定，舒赫德却未离去。这以后他任驻阿克苏大臣两年，曾上书奏请重整南疆各城的经济、政治。乾隆二十六年（1761年）调任喀什噶尔参赞大臣。

数年后舒赫德奉旨还京，授刑部尚书。乾隆二十九年（1764年），他与裘日修赴厦门，审理总督杨廷璋收受通商官员贿赂案。乾隆三十二年（1767年）复赴湖南、湖北审狱。乾隆三十三年（1768年），被派往边境办理军务。时明瑞所率清军在缅甸新近大败，乾隆皇帝急于雪耻，便命傅恒统军远征该国，以舒赫德为参选大臣。但舒赫德上书建议对缅甸人应采取克制态度，由此引来祸端。乾隆对其建议斥之为"舛谬失当"，第三次夺官，削云骑尉世职，派往边远的南疆任乌什参赞大臣。

不久复官的机会又来了。原先在明万历四十六年（1616年）前后远徙伏尔加河下游的土尔扈特部，在其首领阿玉奇之曾孙渥巴锡带领下，打算返回伊犁定居。乾隆三十五年（1770 年）十二月，3.3 万户、约 16.9 万名土尔扈特人东归，一路上不断遭受到沙俄军队的追截、哥萨克的袭击以及布鲁特人的抢劫。第二年六月抵达伊犁境界之前，半数以上的人员已在途中丧生，牲畜及其他财产丢失过半。此时土尔扈特人已一无所有，只得仰赖当地官府赈济。舒赫德是奉乾隆皇帝之命负责接待的官员之一，向他们发放衣服、牲畜、粮食及其他必需品。土尔扈特部首领以后被召往热河，渥巴锡封为卓理克图汗，渥巴锡的某些属下则封为台吉。清政府在乌鲁木齐和塔尔巴哈台定下游牧地界，土尔扈特人因而在此定居至今。舒赫德由于安置土尔扈特培卓有劳绩，钦命嘉奖，并于乾隆三十六年（1771 年）年底升伊犁将军。此后两年他在伊犁供职，同时兼任户部尚书。

乾隆三十八年（1773 年）八月，舒赫德回京，授内阁大学士并兼领其他数职。乾隆三十九年（1774 年）十月，任命为钦差大臣，督剿山东临清王伦起义。王伦当时曾率领一批秘密宗教教徒在攻克山东寿张，几次得手之后，农民起义军攻向临清新城，但未能得手，仅攻占了防守薄弱的旧城。京、津等地官军集结于临清，在舒赫德统率下，于十一月二日攻破旧城，王伦及全家在居室举火自焚，城内居民多遭屠戮。舒赫德坐镇临清月余，大肆捕杀王伦部属。舒赫德因此获得褒奖，得授云骑尉世职，赏戴双眼孔雀翎。乾隆四十一年（1776 年），任文渊阁领阁事，命绘像紫光阁。

乾隆四十二年（1777 年），舒赫德去世，赐谥"文襄"，入祀贤良祠。

张廷玉

张廷玉（1672—1755 年），字衡臣，号研斋，桐城（今安徽桐城）人，清代名臣。

张廷玉出身于官僚家庭。父亲张英官至大学士兼翰林院编修，为康熙帝最早选用的南书房翰林之一。张廷玉自小受到良好的教育，诚实正派，学识渊博。

　　康熙三十九年（1700年）考中进士，步入官场，历任庶吉士、检讨、洗马、庶子、侍讲学士、内阁学士等职，入值南书房。康熙五十九年（1720年）任刑部侍郎。期间，他赴山东处理一件大案：盐贩王美公等纠合一帮人，利用民间宗教，聚于运河一带，劫掠商旅。山东巡抚奉命镇压，捕捉150余人，以反叛案定为死罪。张廷玉经过审讯和调查，发现这是一起抢掠案，而非反叛案。因此只批准诛杀首恶7人，流放次恶35人，而其他受蒙蔽者，均予释放。这一处理，得到康熙帝的认可。次年，张廷玉调任吏部侍郎。

　　康熙六十一年（1722年），康熙帝病死，其第四子爱新觉罗·胤禛继位，就是清世宗雍正皇帝。张廷玉升任礼部尚书，仍入值南书房。他出任顺天府乡试考官，出以公心，谨慎主持考试，圆满地完成了任务，因而又被授为太子太保，再兼任翰林院掌院学士，继调任户部尚书。

　　当时，江南地区还存在着零散的反清势力，他们不堪忍受朝廷的压迫和剥削，逃进深山老林，开荒种地，结棚而居，称作"棚民"。天长日久，棚民人数越来越多，其强悍者，不时外出剽掠，严重扰乱了社会秩序。张廷玉认为，这是一个不安定的因素，特向雍正帝建议：各地督抚应该选用一些能人，约束棚民的行为；最好把他们编入户籍，视为平民；对于其中读书向学、勇武有力者，酌情任用，以为朝廷效力；对于棚民的后代，也应给予文化教育，不得歧视。雍正帝采纳了这一建议，诏令各地督抚参考执行。从雍正四年（1726年）起，张廷玉陆续被授为文渊阁大学士、文华殿大学士、保和殿大学士，加少保衔，兼吏部尚书，成为朝廷重臣。

　　雍正帝继位后，进一步加强中央集权制，削弱内阁和议政王大臣会议的权力。首先收回诸王军权，八旗中除"上三旗"（正黄、镶黄、正白）原先就归皇帝直接统率外，又把"下五旗"（正红、镶红、镶白、正蓝、镶蓝）的统率权收归皇帝所有。接着在雍正七年（1729年），把南书房改称军机房，并在雍正十年（1732年），正式把军机房改称军机处。军机处成员由皇帝在满、汉大学士及各部尚书、侍郎中选定，名称有"军机大臣""军机大臣上行走"等，为首者称"领班"，亦称"首枢"，也就是宰相，其他人则是副相。从此，大学士只有充任军机大臣，才有机会参与国家机务。张廷玉是最早进入军机房和担任军机大臣的官员之一。由于领班（首辅）通常由皇家亲王或满洲王公兼任，他们只是名义上的，不管具体事务，所以实际主持军机处工作的是张廷玉。

　　张廷玉为军机处制定了各项规制，主要是：军机大臣必须是皇帝的亲信，完全听命于皇帝；皇帝通过军机处，将机密谕旨直接寄给地方督抚，称"廷寄"；各地督抚也将重大事项，直接寄给军机处转呈皇帝，称"奏折"。军机处在奏折上拟旨，皇帝朱笔御批后，即下达执行，中间不再经过内阁这道手续。凡是军国大事，皇帝和军机大臣一起决断和处理，无须经过议政王大臣会议。军机大臣以下设若干辅助人

张廷玉像

员，称"章京"，任务是誊写谕旨，记载档案，查核奏议。张廷玉为相期间，身兼多职，公务繁杂，每天在官署时，总会有数十或上百名官员排队，等候接见、请示和汇报问题。即使坐在车上，也要批阅文书，处理事情。他的权力很大，但从不专权，一般事情自己决断，重大事情，必奏告雍正帝，执行皇帝的旨意，不打任何折扣。因此，雍正帝绝对信任张廷玉，曾御赐"天恩春浩荡，文治日光华"的对联。为了表彰其功劳，诏令张英祀京师贤良祠，并赐帑银，让张廷玉在家乡为父张英建祠。

雍正十三年（1735 年），雍正帝病重期间，遗诏由张廷玉和另一位军机大臣鄂尔泰同为顾命大臣。遗诏特别强调张廷玉"器量纯全，抒诚供职"的品格，并做出一个异乎寻常的决定：张廷玉死后配享太庙。太庙是祖庙，供奉着清朝过世皇帝的灵位，极少数功勋卓著的满洲王公死后方可"配享"，外族人和外姓人死后，是没有"配享"资格的。雍正帝的决定是一破例，等于给了张廷玉最崇高的荣誉。

清高宗乾隆帝继位后，张廷玉仍为军机大臣，总理事务，受封三等子爵，准予世袭。乾隆元年（1736 年），张廷玉任总裁的《明史》编

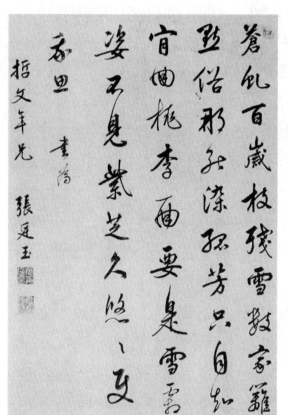

张廷玉手书

纂定稿，开始付印。《明史》编纂始于顺治年间，先有万斯同、王鸿绪等编纂的《明史稿》。雍正年间，张廷玉出任总裁，以《明史稿》为蓝本加以增删，付出了艰辛的劳动。全书 332 卷，本纪 24 卷，志 75 卷，表 13 卷，列传 220 卷，取材丰富，体例严谨，基本上反映了明朝历史的真实情况。除《明史》外，张廷玉还任《会典》《皇清文颖》《世宗实录》《玉牒》等典籍的编纂总裁，算得上是一位成果丰硕的史学家。

乾隆十四年（1749 年），张廷玉既老且病。他一辈子以国事为重，这时却生出私心，唯恐死后受到不公正的对待，请求乾隆帝赐一言为券，以作配享太庙的凭证。乾隆帝心中不乐，但还是写了手谕，重申雍正帝的遗诏。手谕写好，张廷玉没有亲自前来领取，只派了儿子张若澄入朝谢恩。这引起了乾隆帝的不快，"遂发怒，降旨诘责"。张廷玉听到风声，赶忙入朝谢罪。事后，满洲王公纷纷进言，要求削夺张廷玉的官爵，罢去配享太庙的资格。乾隆帝为了显示皇帝的威严，削夺了张廷玉的爵号，保留"配享"。

乾隆十五年（1750 年）二月，乾隆帝因皇长子病死，心情悲痛。张廷玉恰在这时请求还乡。乾隆帝大怒，命把配享太庙大臣的名单送给张廷玉过目，让他审定自己配不配"配享"。张廷玉十分惶惧，疏请把自己的名字从名单中去掉，并予治罪。乾隆帝与大臣廷议，罢其"配享"，但不予治罪。偏偏这时候四川编修朱荃犯事获罪，而朱荃正是张廷玉推荐的，双方且是儿女亲家关系。乾隆帝因此切责张廷玉，收回历年来颁赐的诸物。

张廷玉是怀着惶恐、失落的心境回归老家的。从此，他深居简出，淡泊自适，不再过问世事。乾隆二十年（1755 年）三月，平静地死于家中。这时，乾隆帝表现出了"宽宏"，仍然遵从雍正帝的遗诏，批准张廷玉配享太庙，赐祭葬，谥曰"文和"。

于敏中

于敏中（1714—1780年），字叔子，一字重棠，号耐圃。江苏金坛人。清朝重臣。

于敏中出身宦门，其曾祖于嗣昌，曾任山西襄阳县知县，祖父于汉翔曾督陕西学政，其父于树范当过浙江宣平县知县。于敏中小时过继给其叔于枋为嗣，于枋为雍正二年（1724年）进士，曾任翰林院编修，广西、山东主考官。于枋后来得子，于敏中又归其亲生父母。

于敏中幼承家学，天资聪慧，5岁启蒙，力学《四书》；10岁时即通读《五经》，认真评点。乾隆二年（1737年），于敏中24岁时得中状元，授翰林院修撰，供职7年。于敏中年少夺魁，春风得意。他文思敏捷，通熟掌故，文章冠绝一时，书法亦清秀洒脱，且能熟练掌握汉、满、蒙、梵多种语言文字。因受乾隆帝的赏识，直懋勤殿，累迁侍讲，掌读讲经史，撰著朝事。

乾隆九年（1744年），于敏中奉旨主持山西乡试。乾隆十年（1744年）初，督山东学政，第二年改督浙江学政。于敏中为朝廷选拔人才，建修学宫，革除积弊，颇得士林赞誉。后奉旨回京直上书房，教习皇子皇孙，督课教学，严谨善教，深得帝宠，累迁内阁学士。乾隆十五年（1780年）返京，复督山东学政。乾隆十九年（1784年）召回北京，升兵部侍郎。两年后因父丧，归籍服丧。守制不久，乾隆二十二年（1757年）即受特诏赴京起署刑部左侍郎。乾隆二十四年（1759年），御史疏劾敏中匿报母丧，皇帝因于敏中职任不可替代，未予深究。当年年底，授户部侍郎。

乾隆二十五年（1760年）十月，命于敏中在军机处任职，以后在此职位上20载。在此期间，他又兼任户部尚书、协办大学士、大学士。

乾隆三十年（1765年），擢户部尚书。乾隆三十三年（1768年），加太子太保。乾隆三十六年（1771年），于敏中升为协办大学士兼户部尚书。

乾隆三十七年（1772年），安徽学政朱筠上书《开馆校书析》，奏请搜书及校办《永乐大典》，当时内阁大学士刘统勋认为此非政务要事，不与动议。而于敏中对此奏议则深为赞赏，他力排异议，据理力争，认为朱筠所奏"合我朝文治天下之大计，应予纳用"。乾隆皇帝亦认为"真合朕意"，即被采纳，下诏开四库全书馆，并命于敏中为《四库全书》正总裁，主持其事。于敏中在办理其他军政职事的同时，十分重视《四库全书》的编纂工作，从分别部类、厘定体例，到制定取舍标准及纂修规则，都提出了许多建议，做了大量工作。当朝廷在全国范围搜访征集图书时，他还亲自进献珍本图书17种。，这应该是他一生中最大的贡献之一，可惜的是，直到他去世两年之后，第一部《四库全书》才编纂结束。

乾隆三十八年（1773年），于敏中又晋升为文华殿大学士兼户部尚书、首席军机大臣。此后六年半中，他一直是当朝

于敏中像

第一权臣，深为乾隆皇帝所眷顾，常以国家之大计相垂询。朝中的许多重要决策，有些就是皇帝采纳他的意见作出的。无论是在朝廷，还是巡幸在外，他都是御前须臾不可离开的最显眼的人物。

与其前任张廷玉、鄂尔泰、傅恒及其后继者和珅不同，于敏中虽为朝中的掌权者，但于敏中既不像前任备受尊崇，也不像其后任和珅独获宠幸。他年纪比高宗皇帝小三岁，用事正当乾隆盛年，因而他大小事都是谨慎奉旨行事。他当然不是廉吏，也曾接受贿赂，但比起大贪官和珅来就显得微不足道。乾隆三十九年（1774年），太监高云把皇帝对几名官吏的评价泄露让几位大臣知道，因此高云被鞫。高云称他在某案中曾求助于敏中，并曾向于敏中透露过皇帝对某官吏的批语。皇帝获悉于敏中与内监交接，非常生气，对他严加斥责，并免赐世职以惩。但乾隆四十一年（1776年）金川平定后，下诏仍嘉其劳，授其轻车都尉世职，图其像于紫光阁。乾隆四十四年十二月初八（1780年1月14日）于敏中因病喘而亡。死后谥"文襄"，入祀贤良祠。

乾隆四十五年（1780年）六月，于敏中的孙子于德裕到官府控告其堂叔于时和侵吞其祖父在京资产，于本年三月转移回金坛。乾隆帝十分重视，命大学士阿桂、英廉查办。由于于时和已先行回原籍，传谕江苏巡抚吴坛立即亲赴金坛，查明于时和所占于敏中原籍家产。查办的结果令人震惊，素有廉直之名的于敏中，其京中及原籍家产竟值银二百万两。乾隆帝十分恼怒，认为于敏中巨额遗产"非得之以正者"。但仍然欲保全他的名节，谕示办案大臣不必去追究于敏中生前之罪。

乾隆四十六年（1781年），浙江巡抚王亶望、陕甘总督勒尔谨及甘肃通省官员在捐监折收之中捏灾冒赈的贪污大案败露。经过一年多的调查核实，共计处死正法者56犯，免死发遣者46犯，冒赈贪污银款达280多万两，涉嫌此案的甘省贪官无一漏网。乾隆五十一年（1786）

的二月初八，乾隆帝在把玩古董时，为了一件明朝嘉靖年间的古瓷触动了情思。他由嘉靖皇帝的昏庸想到权奸严嵩的专擅，又由严嵩而想起了于敏中。为此，乾隆再次颁发谕旨，指责于敏中借着皇帝恩眷，招权纳贿，并联系甘省贪污大案，推断"于敏中拥有厚资，亦必系王亶望等贿求略谢"。因此，将于敏中撤出贤良祠，以昭警诫。

阿　桂

　　阿桂（1717—1797 年），章佳氏，字广廷，号云崖。满洲正蓝旗人，后以新疆战功抬入正白旗。清朝名将，历任内大臣、汉军镶蓝旗都统、军机大臣、满洲正红旗都统、伊犁将军、四川总督等职。

　　出身于达官显贵之家，父亲阿克敦是乾隆朝协办大学士、刑部尚书，很受乾隆帝的器重。他自幼聪敏过人，"闻人谈史事，即了了，能记其大略"。雍正十年（1732 年），十六岁的阿桂入官学读书，两年之后补为禀生。乾隆元年（1736 年），为副榜贡生，随后以父荫授大理寺丞，乾隆三年（1738 年）中举，第二年补授兵部主事。此后，他春风得意，步步高升。乾隆八年（1743 年）以郎中的身份，充任军机章京。然而，接二连三的打击，却几乎使他身陷囹圄。乾隆十一年（1745 年），出任户部银库郎中的阿桂，因为库项被窃，以失察之罪被降调为吏部员外郎。

　　乾隆十三年（1747 年）初，随兵部尚书班第被派往四川边界地区任职，在征讨金川军中担任幕僚。然而当他抵任时，适逢张广泗、讷亲因作战失败，互相推卸责任、互相攻击而获罪。阿桂也与他们一起被指控而判处死刑，不过后来乾隆念其因阅历不足，又念及其父年迈，遂宽免释放。乾隆十五年（1749 年），他复任吏部员外郎。乾隆十七年（1751 年）迁吏部郎中，不久奉派赴江西任按察使。第二年回京任内阁侍读学士，不久擢升为内阁学士。

　　阿桂年轻时的飞黄腾达，主要是凭借其贵族世家的显赫地位，而他建功立业的真正起点是参与清朝对西北地区的用兵和经营。乾隆二十年（1755年），雄才大略的乾隆帝利用厄鲁特蒙古准噶尔部发生内乱之机，决心完成康熙、雍正两朝未竟之业，命清军分两路向以达瓦齐为首的准噶尔部发动了大规模的进攻。同年六月，阿桂被派往西北，投身疆场。开始，阿桂奉命在乌里雅苏台管理台站，传递来往公

阿桂像

文，供应前方所需。他办事谨慎，很得乾隆帝之宠臣靖边副将军、蒙古亲王成衮札布的信任，先后被授予参赞大臣、镶红旗蒙古副都统和工部侍郎等职。期间，阿桂之父阿克敦于乾隆二十一年（1756年）正月病故，阿桂被准回京办理丧事。为时不久，即于同年七月奉命返回西北。在清军的打击下，准部割据势力土崩瓦解。到乾隆二十二年（1757年）年底，清军已基本平定准部，但仍有一些残余分子还在顽抗。于是阿桂先是率军策应清军唐喀禄部，追击图

谋遁入俄国的辉特部首领舍楞，后又与副将军富德一起追捕其余人员。

乾隆二十三年（1758年），阿桂因未能防止厄鲁特首领逃亡，被召还京。这时新疆穆斯林首领发起动乱，被派往平乱的兆惠被围困在叶尔羌附近，阿桂奉命与富德同往解救。乾隆二十四年（1759年）初围解，年内平定动乱。大军凯旋后，阿桂督责来自阿克苏以及其他城市的穆斯林屯垦伊犁河谷，以便为驻军提供军粮。由于土地肥沃，加以阿桂管理有方，头一年就获得大丰收，伊犁地区的屯民与驻军于是就能够以自给自足，安居乐业达百余年。乾隆二十六年（1761年），他被授予内大臣、工部尚书、议政处行走和镶蓝旗汉军都统等职。乾隆二十七年（1762年），又授予骑都尉世职，并返京"供职询问方略"。乾隆二十八年（1763年）正月，阿桂到北京后，又被授予军机大臣，给予在紫禁城内骑马的殊荣。六月，乾隆帝颁旨："阿桂在军营殊为出力，且在伊犁办事亦甚妥协，著加恩将阿桂一族由正蓝旗抬入上三旗。"七月，又被补授正红旗满洲都统，晋太子太保。

乾隆二十九年（1763年），阿桂一度署理四川总督，第二年奉命赴新疆镇压喀什穆斯林动乱，经过半年围困，平定动乱。然而阿桂在这次战役中，乾隆责以未尽全力征战，令其协助伊犁将军明瑞统筹屯垦事宜。乾隆三十二年（1767），阿桂被委任为伊犁将军，一跃而升为封疆大吏。

阿桂遭到的另一次挫折，是在他参与清朝对缅甸的战争时发生的。乾隆三十三年（1768），明瑞征缅兵败自尽身亡以后，乾隆帝即授阿桂为副将军，偕同经略大学士傅恒、副将军阿里衮再次进攻缅甸。同年三月，阿桂奉召回京，四月授兵部尚书，六月又出任云贵总督。十一月，阿桂抵达云南永昌后，便与阿里衮率军攻取缅甸旧都木梳，然后，阿桂则率另一路军往蛮暮（今缅甸八莫）、野牛坝等地督造战船，以备水军进战之用。清军连续进攻，一再获胜，但因缅军持续抵抗和水土不服，士卒大量病亡，副将军阿里衮病故，经略傅恒身患重病，乾隆帝令阿桂筹划撤军事宜，并于乾隆三十四年（1769年）年底与缅甸议和。阿桂于十二月被任命为礼部尚书，因尚在云南，先由索尔纳代理其职。时木邦、蛮暮和孟连土司头目为躲避缅甸侵害，请求清政府将他们安置于内地，阿桂建议将云南大理、蒙化一带旧有的马厂官庄田拨给他们居住为生，朝廷予以批准。乾隆三十五年（1770年）八月，乾隆帝以缅甸不遣使臣进贡，将阿桂的领侍卫内大臣、礼部尚书和镶红旗汉军都统等职均革去，"著以内大臣革职留任，办副将军事，令其自效"。乾隆三十六年（1771年），又令阿桂出偏师骚扰缅甸，待其疲惫，再兴师攻之，阿桂则上书请求大举攻缅，乾隆帝认为阿桂的建议不合时宜，下诏斥责，并夺其官，留军营效力。

阿桂像

正当阿桂因办理缅甸事务屡遭贬斥时，四川金川地区的形势再趋紧张，清朝的注意力从缅甸转向金川，这就给阿桂提供了洗刷旧耻、建功立业的大好机会。在从缅甸撤军之前，四川西部的大、小金川已经发生动乱，金川地形险要，难以进入。

当时土司又分外强悍，善于利用本地的有利条件，在山隘要道修筑石头碉堡，以抵抗官军。乾隆三十六年（1771年）末，温福奉调率军从云南前往四川，证讨大小金川。阿桂亦随军前往，任温福的副手。温福从小金川东面进攻，阿桂率军自南面进攻。年底，攻下小金川，但动乱头目进入大金川，清军又挥师进攻大金川。乾隆三十八年（1773年）年中，小金川土司再度发生动乱。温福所部在未果木几乎全军覆没，温及将领多人在战斗中丧生。阿桂撤至安全地带并放弃已经收复的大部分地区，只将少数精兵留驻战略要地，以为反攻基地。不久，他被授为征西将军，统率全军，奉命从东面进兵。他在南路的旧部则留交富德和明亮指挥，年内收得小金川，而大金川虽只有数千叛乱守军，却坚守三年之久。乾隆三十九年（1774年）秋，乱军大营所在地最后被包围，大金川首领索若木投降。两个月后，阿桂率领凯旋大军浩浩荡荡回到北京，乾隆亲自出城迎接，并陪宴宫中。阿桂因战功获得殊荣，乾隆四十一年初（1776年）受封为一等城谋英勇公，另授协办大学士

平定金川得胜图

并兼吏部尚书。当年又被派抵云南，准备再次用兵缅甸，同时升任大学士。乾隆四十二年（1777年），奉诏返京，授武英殿大学士，管理吏部兼正红旗满洲都统；六月，调镶白旗满洲都统，充玉牒馆、国史馆、四库全书总裁，文渊阁领阁事经筵讲官；十月，调镶黄旗满洲都统，管理户部三库。乾隆四十三年（1778年）闰六月，兼管理藩院事，七月署兵部尚书，十一月为上书房总师傅；乾隆四十五（1779年）年任军机处首席军机大臣；第二年，于敏中死后，又位居大学士班次第一。短短五六年的时间，阿桂已成为清廷"综理部务，赞襄枢要"的第一重臣。

不过，从乾隆四十二年（1777年）至乾隆五十四年（1789年），阿桂的职务虽是军机大臣及大学士，但在京城处理政务的时间并不多，他经常以朝廷重臣的身份，被乾隆帝派往各地，解决紧急和棘手的难题，或负责修筑河南境内的黄河大堤，视察水利工程；或按察各省贪污案件，同时又督师镇压上述回民动乱。他在京时，每当皇帝巡幸热河或其他地方，照例都是阿桂主持京城政务。乾隆欣赏阿桂老成练达，故委以如此重任。当时权臣和珅或许出于个人的考虑，担心阿桂在乾隆身边会受宠对自己不利，故而总是想方设法把阿桂派往外地。尽管如此，阿桂直到80岁因病去职前，却一直保有自己的地位和皇帝对他的信任。

乾隆六十年（1795年），乾隆帝禅位于其子颙琰，自己则称太上皇。次年，颙琰正式继位，是为嘉庆元年（1796年）。这年阿桂已80岁，他因身体不适被准休假养病。谁知从此不起，于次年八月病死，终年81岁。阿桂死后，被赠太保，入祀贤良祠，谥号文成。

孙士毅

孙士毅（1720—1796年），字智冶，号补山，浙江仁和县临平（今杭州市余杭区临平镇）人。清朝大臣。

　　孙士毅少时家贫，历尽艰苦，参加科考二十余年不第，直到乾隆二十四年（1759）始中举人；两年后中进士，以知县的身份归班等待授官。乾隆二十七年（1762年），乾隆第三次南巡，行抵杭州，孙士毅奉诏应试，以第一名授内阁中书，其时他年届43岁。乾隆三十四年（1769年），随傅恒赴云南参加对缅甸作战，掌管奏章。因草拟奏章非常出色，返京后迁户部郎中；同年被派往湖南主持乡试，不久授贵州学政。几经升迁，乾隆四十年（1775年）授云南布政使，四年后升为巡抚。乾隆四十五年（1780年），云贵总督李侍尧因为贪赃被罢官，孙士毅因为没有事先弹劾李侍尧而被牵扯，因此被罢职，被发往伊犁，抄录家产，变得不名一钱。所幸不久他被一纸特诏赦回。乾隆因赏识其文采，命他为纂修《四库全书》的三位总纂之一，同时又加授翰林院编修。乾隆四十七年（1782年），《四库全书》修成付梓，他出任山东布政使，第二年升广西巡抚，乾隆四十九年（1784年）调任广东巡抚。乾隆五十一年（1786年），两广总督富勒浑被控贪污，命孙士毅署理总督审理此案。孙士毅查明富勒浑的两名仆役在富勒

孙士毅像

浑授意下，索贿银数千两。审讯中富勒浑对其多次非难与威胁，但孙士毅不为所动，直接将此情详细上奏，孙士毅遂被实授两广总督。

乾隆五十二年（1787年），台湾林爽文发动起义，孙士毅亲自到达潮州进行戒备。大军出发之后他快速筹备兵丁粮饷，待接到支援赴台平乱之命令时，业已准备就绪。乾隆认为孙士毅办事机敏，加太子太保，赏戴双眼花翎，封世袭三等轻车都尉。

乾隆五十三年（1788年），台湾平定之后，孙士毅图像被挂于紫光阁。此时安南国正处于内战之中，安南军阀阮文岳之弟阮文惠去年派兵占据首都河内，国王黎维祁逃离首都，同年黎氏家族来到中国广西请求当局庇护。此时孙士毅与广西巡抚孙永清把此事奏报北京，奉命对黎维祁妥善保护。在黎氏家族被安置在广西南宁的同时，乾隆决定对安南用兵，以恢复黎氏王位。十一月，孙士毅率清军主力出广西镇南关，与另外两路清军同时进兵安南；一路经云南走陆路，一路经广东钦州走海路。由于安南北方群众忠于黎氏王朝，因而多方援助中国军队，孙士毅接连打了几次小胜仗，于十二月十七日进入河内。阮文惠稍做抵抗即撤往南方，黎维祁从避难之地返国，重登王位。捷报传到京师，乾隆封孙士毅为世袭一等谋勇公，孙部主将许世亨封为子爵。但是，乾隆五十四年（1789年）一月二十七日，时值中国新年正月初二，正当朝廷封诏到达河内几天之后，孙士毅的远征军即被阮文惠的援军击溃。第二日，他率领所部官兵8000中之一部，逃出河内，向北溃退，其余4000官兵包括许世亨在内都被安南军所杀。

乾隆接到奏报，传诏安抚，许世亨追封三等壮烈伯；孙士毅应负战败之责，削去世爵及两广总督官职，受命协助新任总督福康安消弭战火，然后返京另候新职。三月初，阮文惠改名阮光平，请求清廷宽恕，并愿称臣纳贡。乾隆迅即允诺，战争遂告结束。

　　孙士毅罢去总督官职不久，又受命任兵部尚书并充任军机处，入值南书房。同年冬，命他署理四川总督，过了一年，免除了总督之职。不久，两江总督书麟因为高邮书吏用假印冒收税银被治罪，清廷以孙士毅代替他，让他在江南认真办差。

　　乾隆五十六年（1791 年），清廷下诏授孙士毅为吏部尚书、协办大学士廓尔喀侵略西藏，清廷命孙士毅署理四川总督，负责监督大军的饷银。孙士毅自打箭炉而出，驻扎在察木多。清军进入后藏，他又亲自到达前藏，监督饷银的运输状况。因为他办事得力，清廷再次赏赐双眼花翎。

　　乾隆五十七年（1792年），廓尔喀平定之后，孙士毅的图像再次被挂于紫光阁。不久清廷授他为文渊阁大学士，兼礼部尚书。他又与福康安、和琳驻扎在前藏商议善后事宜。福康安率金川土司入觐乾隆帝，命孙士毅再署理四川总督。福康安不久迁移为云贵总督，和琳代替了

孙士毅像

福康安。乾隆帝令孙士毅留在四川打理清军征讨廓尔喀之役的军需奏销，孙士毅上奏将福康安、和琳留任，乾隆帝不许。

乾隆六十年（1795 年），湖南的苗匪为乱，进入四川秀山境内，孙士毅率兵驻守当地击贼。嘉庆元年（1796 年），湖北的白莲教匪为乱，进入四川酉阳境内。孙士毅又移军来凤剿贼，屡战屡胜，因功被封三等男。六月，孙士毅卒于军中，清廷赠公爵，追谥文靖。

明 亮

富察·明亮（1736—1822 年），富察氏，字寅斋，满洲镶黄旗人。清朝中期将领、外戚，都统广成之子，大学士傅恒之侄。清朝重臣，官至大学士。

明亮出身于本朝最显赫的家族，其家族中有一人封王，三人封公爵，多人封有世职。祖父李荣保有十余子及一女，女儿就是乾隆皇帝的第一位皇后。其父广成，曾为某镶黄旗都统。

明亮初为生员，乾隆十八年（1753 年）娶清圣祖康熙第十二子的孙女为妻。乾隆十九年至乾隆三十年（1754—1765 年）在銮仪卫供职，期间曾在北京参加乡试。乾隆三十年，高宗皇帝命他停止应考前往伊犁，在其堂兄明瑞将军部下任领队大臣。乾隆三十一年（1766 年）返回，不久授吉林副都统，三年后从征缅甸。乾隆三十八年至乾隆四十一年（1773—1776 年），跟随阿桂征讨四川西部金川动乱。明亮统率南路军北上，阿桂则同时从东路进击，后因战功卓著封一等襄勇伯，图绘紫光阁。

乾隆四十一年四月，金川乱平，清廷在四川设置成都将军，统领金川及四川西境唐古诸部事务，明亮受命为首任成都将军。成都将军和其他地方驻防将军不同，不仅统辖驻防八旗兵，并节制绿营地方官员。乾隆四十二年（1777 年）初，明亮率 29 名唐古特土司赴京入觐。在京时，明亮曾一度受命在军机处任职，不过几天以后即返回四川原任。乾隆四十三（1778 年）年，兼领四川提督。乾隆四十六年（1781年）从征甘肃回乱，授乌鲁木齐都统。乾隆四十八年（1783 年），因优待一受刑讯的囚犯，致使该犯得以寻机自尽，明亮被解职，押解回京师，定罪待斩，职衔尽革。约半年后，明亮从狱中获释，赐蓝翎侍卫，命戴罪从征甘肃，镇压回民起义，因作战勇敢升头等侍卫。乾隆五十年（1785 年）任侍卫领班大臣。乾隆五十年至乾隆五十七年（1792）初提升为黑龙江将军。乾隆六十年（1795年）初迁伊犁将军，同年十月，因在黑龙江时曾以低价强令部下输物购置貂皮事发被革职，命往乌鲁木齐以平民身份效力自赎。

嘉庆元年（1796 年），受命去湖南随军征苗民起义，但途经陕西时为总督宜绵所留。当时宜绵正率领陕兵征剿鄂西北白莲教起义，明亮屡战屡胜，复升头等侍卫，并授予兵权。八月，在平定孝感地区的白莲教起义之后，赐轻车都尉世职。

明亮像

九月，仓促受命前往湖南，接替相继猝然死亡的福康安、和琳统率平乱大军。

嘉庆二年（1797年）初，苗民起义被平定，复封二等襄勇伯。其时，白莲教起义正在川东迅速蔓延，明亮与副手遂奉命移兵四川。自嘉庆二年至嘉庆四年（1799年），二人一直在这一地区作战。在此期间，明亮转战多处，焚金峨寺，破重石子、香炉坪，克分水岭、火石岭，可以说立下了无数战功。嘉庆三年（1798年），明亮团因为追击高汉潮、张均德不符合朝廷的行军方略，被指斥为指挥失误被而夺去世职，后又遭逮捕审问。但因战事需人，准他在德楞泰手下戴罪自效。同年，他在湖北郧西歼灭乱军主力，遂授副部统衔。

嘉庆四年初，仁宗皇帝任命明亮为经略大臣勒保的副手，前往陕南，和永保、孙庆成协同作战。勒保被解职后，明亮曾一度任经略大臣，但不久以贪污罪被劾。因为被永保妒忌产生纠纷，永保和孙庆成也同时指责明亮，声称其部队失利是因明亮指挥混乱所致。结果三人皆遭逮捕审问并被治罪，由额勒登保继任经略大臣。

嘉庆五年（1800年）初，明亮被判死罪，但嘉庆皇帝念他有功，赦免了他，命他往湖北受松筠差遣。在湖北作战的七八个月中，他渐次升迁，但年底又因着力清剿小股乱军而忽视义军主力被再度贬官。其后，他又在鄂西屡胜，并击退了四川义军的进攻。嘉庆六年（1801年）湖北略定，明亮以年老被召还京师，其后的一年间连任闲职。嘉庆七年（1802年）八月再赴新疆，授乌鲁木齐都统。嘉庆八年（1803年）初奉召回京，迁兵部尚书，一年后进子爵，嘉庆十四年（1809年）进三等伯爵。嘉庆十五年（1810年）授协办大学士，但第二年因隐瞒家中轿夫聚赌之事被免去此职。嘉庆十七年（1812年）出为西安将军，在任约一年，后又任左都御史、兵部尚书。嘉庆十九年（1814年）九月复授协办大学士，嘉庆二十二年（1817年），授武英殿大学士加太保。嘉庆二十四年（1819年），进三等襄勇侯。明亮为朝廷效力达七十余年，道光元年（1821年）致仕。道光二年（1822年）去世，宣宗亲自到府祭奠，谥"文襄"，入贤良祠。

刘　墉

刘墉（1719—1805年），字崇如，号石庵。因生来罗锅，世称刘罗锅。祖籍安徽砀山，出生于山东诸城。清朝政治家、书法家，历任翰林院庶吉士、太原府知府、江宁府知府、内阁学士、体仁阁大学士等职，以奉公守法、清正廉洁闻名于世。刘墉的书法造诣深厚，是清代著名的帖学大家，被世人称为"浓墨宰相"。

山东诸城的刘氏家族是当时的名门望族，通过科举走上仕途的人很多。刘墉的曾祖父刘必显为顺治年间进士，祖父刘棨是康熙朝有名的清官。父亲刘统勋更是一代名臣，官至东阁大学士兼军机大臣，为官清廉果敢，乾隆帝说他"遇事既神敏，秉性复刚劲，得古大臣风，终身不失正"。

刘墉生长在这样世代书香、以科举仕进为荣的家庭，从小受到良好的教育自不必言，后来他成为《四库全书》副总裁也证明了其学识的渊深。但不知什么原因，满腹经纶的刘墉却迟迟没有参加科举考试，至少目前尚未发现他在30岁之前参加科举考试的记录。直到乾隆十六年（1751年），刘墉才因为父亲的关系，以恩荫举人身份参加了当年的会试和殿试，并获进士出身，旋改翰林院庶吉士。翰林院庶吉士是翰林的预备资格，一般从科考成绩优异的进士中选拔，然后在庶常馆学习深造，期满考试合格者，授翰林院编修。清代翰林虽然薪俸较薄，但作为皇帝身边的文学侍从近臣，号称"清贵"，有清一代宰辅，多由此选。而且，大臣死后如果想得到皇帝赐谥的"文"字，必须是翰林出身。所以，清代以科举仕进者尤重翰林出身。应当说，刘墉在仕途上开局良好。

刘墉像

乾隆二十年（1755 年）十月，刘墉的父亲刘统勋因为办理军务失宜被下狱，刘墉受牵连也被惩治。后来父子得到宽释，刘墉被降为翰林院编修。乾隆二十一年（1756年）起，刘墉被外放为地方官，此后 20 余年主要在地方为政，先后担任过安徽学政、江苏学政、太原知府和江宁知府等职。为官期间，刘墉基本秉承了父亲刘统勋的正直干练与雷厉风行，对科场积弊、官场恶习进行了力所能及的整顿，为百姓做了实事。同时积极贯彻皇帝意旨，查禁书、捉拿会党，得到皇帝赞许。乾隆二十四年（1759 年）十月，刘墉调任江苏学政，赴任前乾隆皇帝仍有诗相赠，可见其对刘墉抱有厚望。刘墉也不辱使命，为政严肃认真，出任学政时按试扬州，因为把关严格，使得一些想以作弊蒙混过关者最后不敢入场。

乾隆二十七年（1762 年），

刘墉被任命为山西太原知府。乾隆三十年（1765 年）升任冀宁道台。第二年，刘墉因失察所属阳曲县令段成功贪侵国库银两，按律革职被判极刑。但乾隆皇帝爱其才，加恩诏免，仅发配军台效力赎罪，第二年被赦免后在修书处担任行走。乾隆三十四年（1769 年），刘墉因父亲的缘故被重新起用，授予江宁知府。刘墉十分珍视这次机会，为政公正清廉，声名远播，百姓叹服刘墉的品行，将其比为宋朝的包拯。

　　乾隆三十七年（1772 年），刘墉调任陕西按察使。第二年父亲刘统勋病故，刘墉辞官回家服丧。乾隆四十一年（1776 年），刘墉服丧期满还京，清廷念刘统勋多年功绩，诏授内阁学士，任职南书房。十月又任《四库全书》馆副总裁，并派办《西域图志》及《日下旧闻考》总裁。次年七月，充江南乡试正考官，不久后复任江苏学政。在任期间，刘墉曾劾举秦州举人徐述夔著作悖逆，要求按律惩办，年底因办事有功和督学政绩显著，迁户部右侍郎，后又调吏部右侍郎。

　　刘墉于乾隆四十五年（1780 年）为湖南巡抚，乾隆四十七年（1782 年）调回京师，任左都御史，这两个职务都是中央与地方的最高长官。不久，刘墉又升任吏部尚书。如果按此发展，刘墉应很早任大学士，或进入军机处成为军机大臣。刘墉于乾隆五十年（1785 年）任协办大学士，而和珅先于刘墉几个月，也是以吏部尚书任协办大学士的。但和珅发展极快，早在乾隆四十一年（1776 年）即是军机大臣，乾隆五十一年（1786 年）即由协办而升为大学士。与之相比，刘墉的协办当了四五年，不但未"转正"，还于乾隆五十四年（1789 年）因上书房事件丢了"协办"，直到嘉庆二年（1797 年）才成为大学士。

　　早在嘉庆元年（1796 年）正月二十七日，也就是嘉庆皇帝登基不到一月的时候，刘墉书写了《与会稽王笺》，明确指出君主不能一人"独治天下"，必须有贤人辅佐。也可能是刘墉认为嘉庆不如乾隆，才发出这番议论。尽管内外多艰，继位之初的嘉庆并不能有所作为，一切军政大权仍操于父皇乾隆之手，嘉庆只视上皇之动静，而"一不转嘱"，"上皇喜则亦喜，笑则亦笑"。

但刘墉无疑受到嗣皇帝嘉庆的信任，这不仅因为刘墉是当时少有的不与和珅同流合污的老臣，而且，他们早有上书房相处的经历。嘉庆三年（1798 年）三月，朝鲜使者说："和珅权力之专擅，越来越严重，朝廷内外人皆侧目，莫敢谁何……"新皇帝平时居处或与临朝听政，沉默持重，喜怒不形于色。而当开经筵讲席、引接大臣则毫不疲倦，虚心听取大臣们的意见，所以参与经筵的大臣，讲解文义时，都能尽心尽意地去讲解。阁老刘墉的话，新皇帝采纳最多。皇上眷注他，超过其他诸臣。大致说来，刘墉一向负朝野之望，为人正直，独不阿附于和珅。

也许正因为嘉庆皇帝的眷注，刘墉终于在嘉庆二年（1797 年）三月获授早已应授予的大学士一职。但在所发上谕中仍加入了此前乾隆给予的责备之语："大学士缺出已有数月之久，现在各尚书内，刘墉资格较深，著补授大学士。但他向来不肯实心办事，行走颇懒，兹固无人可选，令他擢升此任。朕既加恩，务当知过，倍加感激，勿

刘墉像

自满足，勉除积习，以副恩眷。"意思很明白，刘墉有不肯实心办事的毛病，本不该升大学士，只因现时缺乏合适人选，故让其补大学士缺；刘墉应感激皇恩，克服自己行走懒惰的坏习惯。

有关此事，朝鲜使者曾说："刘墉为人耿直，随事向皇帝进行规谏，皇帝为体谅他年老勤苦，特拜体仁阁大学士，使之闲养，体仁阁大学士一职因此而创设。而阁在太和殿东，别无所管之务，故人皆以外示优老之礼，而内售疏远之意。"

需要说明的是，体仁阁大学士一职并非此时始创，而是早有此位，只不过是因清代内阁大学士职能弱化，不参与军国大事，故三殿、三阁大学士一直不设全员而已。但当时大学士中，因阿桂病逝，和珅晋升首席阁老，王杰又因年老体弱不能管理实务，只刘墉与董诰尚能与和珅地位相匹，故应为嘉庆所倚重则是事实。

嘉庆四年（1799 年）三月，刘墉被加封为太子少保，奉旨办理文华殿大学士和珅植党营私、擅权纳贿一案。刘墉再次展现出不畏权势的一面，查明和珅及其党羽横征暴敛、搜刮民脂、贪污自肥等罪行 20 条，奏报朝廷。嘉庆随即处死和珅。

嘉庆四年（1800 年）底，刘墉上书陈述漕政，对漕运中的漏洞体察至深，忧国忧民之情溢于言表，嘉庆皇帝看后，深以为然。嘉庆六年（1801 年），刘墉充任会典馆正总裁。嘉庆七年（1802 年），皇帝驾幸热河，命刘墉留京主持朝政。

嘉庆九年十二月（1805 年 1 月）病逝，时年 85 岁。赠太子太保，赐谥号文清，入祀贤良祠。

和 珅

和珅（1750—1799 年），钮祜禄氏，原名善保，字致斋，自号嘉乐堂、十笏园、绿野亭主人。隶属满洲正红旗。清朝中期权臣，曾担任和兼任了清王朝中央政府的众多关键要职，封一等忠襄公和官拜文华殿大学士，其职务主要包括内阁首席大学士、领班军机大臣、吏部尚书、户部尚书、刑部尚书、理藩院尚书，还兼任内务府总管、翰林院掌院学士、《四库全书》总纂官、领侍卫内大臣、步军统领等数十个重要职务。

和珅自幼聪明，相貌出众，甚得人喜爱。乾隆三十四年（1769 年），和珅参加科考落第，但却以祖上因功享有二等轻车都尉世职而做了皇帝出行护轿的校尉。

和珅读书不多，但记忆力强。有一次，乾隆皇帝出宫，坐在轿子里阅读各省的奏章。一份四川的奏章称，那里的农民造反，领头的"要犯"逃走了。乾隆看后十分生气，脱口说："虎兕出于柙，龟玉毁于椟中，是谁之过欤？"周围的官吏弄不懂皇帝所说何意，都不敢回答。和珅知道乾隆所言出自《论语》，就上前以《四书》上注解之言应对说："岂非典守者之过邪？"说明守土的官员有不可推卸的责任。一句话

和珅像

得到乾隆帝的称赞，还把和珅叫到轿旁问话。乾隆帝见和珅口齿伶俐，对答如流，而且仪容俊雅，更加喜欢，当即提拔和珅做了仪仗总管。和珅摸透了皇帝的心思，处处按皇帝的意图办事，几个月后就又升为侍卫兼副都统。

乾隆三十八年（1773年），23岁的和珅就任管库大臣，管理布库。他从这份工作中学习到如何理财，令布库的存量大增，得到乾隆的赏识。

乾隆四十一年（1776年）正月，任命户部右侍郎，三月任命军机大臣，四月，任命总管内务府大臣。八月，调任镶黄旗满洲副都统。十一月，任国史馆副总裁，赏一品朝冠。十二月，任总管内务府三旗官兵事务，赐紫禁城骑马。乾隆四十二年（1777年）六月，任户部左侍郎，兼署吏部右侍郎。十月，兼步军统领。

乾隆四十三年（1778年），有位叫安明的笔帖式送礼给和珅，希望能够升为司务。和珅起初清廉为官，当然不会接受贿赂，但他向安明保证会向尚书丰升额提拔安明。这令安明十分高兴，所以安明对和珅百般依顺，和珅便向丰升额保举安明就任司务。安明任司务后立即送了一颗玉给和珅，和珅婉拒不收。五日后，安明收到老家来信，让他回家奔父丧。安明刚升职，不想回家守丧，所以就隐瞒下来。但被尚书丰升额查出，丰升额联同权臣永贵一同弹劾和珅包庇安明。不料和珅提前从永贵之子伊江阿处得到了消息，连忙写了两份奏折，一份送交军机处，一份自己留下来。次日，永贵上奏弹劾和珅包庇安明。和珅立刻呈上奏折，指出安明不回家奔丧，是为不孝，自己失察，亦应处罚。永贵大惊，忙指责和珅徇私舞弊，弃属下于不顾，有违人伦，理应处罚。乾隆帝说自己已收到军机处呈交的和珅弹劾安明的奏折，证明和珅并不是蓄意包庇安明。故乾隆认为和珅被安明蒙蔽，将安明凌迟处死，全家籍没，而和珅则因失察降两级留用，监督崇文门税务，总管行营事务。

到乾隆四十五年（1780年），和珅已为御前大臣、军机大臣、内务府大臣，赏戴一品朝冠。此时，云贵总督李侍尧贪污案发，和珅被乾隆帝派往云南进行查办。和珅办案精明干练，不仅查清了李侍尧贪赃枉法的事实，而且调查出云南吏治败坏、各府州县财政亏空严重等重大问题。回京后，和珅向乾隆帝陈述了云南方面的盐务、钱法、边防、边境贸易等问题和现状，以及他对解决这些问题的想法，乾隆帝对他极为满意，升他为户部尚书、议政大臣。后来，和珅几乎获得了当时全部最显赫的头衔，如御前大臣兼都统、领侍卫内大臣、大学士、《四库全书》正总裁、理藩院尚书，和珅的儿子还娶了公主。这样，和珅成为一人之下、万人之上的权倾朝野的重要人物。乾隆帝还将管理户部三库（银库、缎匹库、颜料库）的大权交给了和珅。

由于安明案中和珅被文官们轮番弹劾，加之自己科举未第，总感觉自己低人一等，故令他对朝中文官怀有仇恨之心，这可能是后来文人派大多数被和珅残杀的原因。此时，和珅大权在握，开始对文官实行报复。

和珅就任四库全书馆正总裁后大兴文字狱，把反对他的一部分文人派一律诬陷为"私藏逆书""禁逆不力"或针对作者本身的"多含反意""诋讪怨望"等作为谋反的罪证。

和珅另外入翰林院任满翰林院掌院学士，与汉翰林院掌院学士嵇璜一起掌管翰林院，不过嵇璜年老力衰，主要事务大多为和珅代理。和珅从此控制科举制度，肆意从秀才处纳贿，形成"价高者得"的一种交易。和珅更用此垄断朝廷士子，要中进士必先通过和珅的审核，如有"问题"者则除名，令乾隆末期的士子"几出和门"。

乾隆四十九年（1784年），调正白旗满洲都统，充清字经馆总裁，授轻车都尉世职。不久调任吏部尚书、协办大学士，管理户部。此时和珅已经成为朝中四大势力之一，四大势力分别是以阿桂为首的武官派、以刘墉为首的御史派、以钱沣为首的反对派、以和珅为首的贪官们。和珅并不急于和他们争斗，他将自己的触手伸向商人和犯罪集团。和珅迫令商人们臣服于他，假如不臣服便会遭到犯罪集团灭门。浙江富商曾氏，因拒绝交和珅的帮费，竟在一夜之间全家被杀，金银财宝全部被掠去，对外称被强盗抢劫，后来被御史平反。和珅因此得到了庞大的利益，亦因此有了资本进行政治斗争。

和珅像

乾隆五十一年（1786年），任文华殿大学士，仍兼吏部、户部。乾隆五十三年（1788年），和珅封三等忠襄伯。此时他已将大部分朝中反对势力打倒，独揽大权，主要敌人阿桂和福康安长年在外，朝中只有王杰、范衷和钱沣在与和珅进行政治斗争。但和珅党羽布满全国，对比起来拥有绝对优势。

随着权力的成长，和珅的私欲也日益膨胀，利用职务之便，结党营私，聚敛钱财，并用贿赂、迫害、恐吓、暴力、绑架等方式笼络地方势力、打击政敌。此外，和珅还亲自经营工商业，开设当铺75间，设大小银号300多间，且与英国东印度公司、广东十三行有商业往来，成为后人所称权倾天下、富可敌国的"贪官之王""贪污之王"。和珅亦同时是18世纪世界首富，超越了同时期的梅耶·罗斯柴尔德。以嘉庆帝、监察御史钱沣、大学士刘墉、翰林院编修范衷、军机大臣王杰、户部尚书董诰和礼部侍郎朱圭为代表的朝中清议力量，曾多次弹劾和珅，但和珅均能化险为夷。

乾隆帝晚年怠于政事，大兴土木，喜好巡游，每年所用经费亿万之巨都由和珅经办。和珅乘机假公济私，中饱私囊。他还利用手中掌握的生杀予夺之权，向地方官索要贡献。地方官则向自己的下级敲诈勒索，上下仿效，层层索贿受贿，造成官吏贪污成风且彼此相互包容。和珅利用权力横行霸道，满汉大臣，不论谁犯了罪，只要舍得送厚礼给他，他就趁皇帝心情好的时候，为那人开脱罪责，常常大事化小，小事化了。

和珅还利用掌管国家财政收入，又负责皇帝宗室财产的机会，随便掠取财物。地方督抚进献给皇帝的贡物，乾隆帝仅能收到十之一二，其余全被和珅截留。有一次，两广总督孙士毅进京，在宫廷外等候乾隆帝接见，正巧遇见和珅。和珅询问孙士毅手中何物，孙士毅告诉他是只鼻烟壶。和珅见鼻烟壶是一颗明珠做成的，大如雀卵，雕琢精巧，晶莹剔透。他赞不绝口，爱不释手，要孙士毅送给他。孙士毅吞吞吐吐地回复说，已经报告给皇帝，正待候旨进献，不敢转手。和珅冷笑道，我不过是开句玩笑罢了。过了几天，和珅请孙士毅看自己的鼻烟壶，孙士毅一见大惊，原来正是自己进献的那只，但和珅称是皇帝所赠。孙士毅后来多方打听，才知是和珅从宫中偷来的。

和珅为奸作恶，还包庇其手下爪牙。御史曹锡保参劾和珅的家奴刘全仗势欺人，所盖住宅不合制度。和珅暗中指使刘全在乾隆帝派人调查前拆毁豪华逾制的房屋，曹锡保反以所告不实，受到革职留任处分。乾隆帝80大寿，举行盛大庆典，工部尚书金简与和珅负责筹备。内阁学士尹壮图上书说各省金库空虚，大搞庆寿财政上有困难，令人查库。和珅立即派户部侍郎庆成前往，实际上是进行监视破坏。本来应该突击式查库，庆成却每到一地，先花天酒地玩乐多天，等该省官员将金库亏空填满后，再行盘库，结果尹壮图反以"妄言"被治罪。和珅残害异己而不择手段，又受到乾隆皇帝的庇护，朝臣们都敢怒不敢言，和珅更加肆无忌惮。他不仅从皇宫中偷出大批珍贵楠木，为自己大兴土木，还常常在夜深人静之时，穿上皇帝的服饰，对着镜子发笑。

乾隆帝老年后，忘性越来越大，懒得管理朝政，就禅位给皇太子，是为嘉庆皇帝。适逢白莲教大起义的麻烦事，嘉庆皇帝坐卧不安。而更让他气恼的是，乾隆帝虽然把皇位让给他，却自称太上皇，仍主持要政，经常通过和珅传达旨意。嘉庆皇帝感到自己的权力还不如和珅，但又不敢得罪他。每次见面，嘉庆皇帝都恭敬地称呼和珅为"相国"，什么事都通过他请示太上皇。其实他心里早就恨透和珅了。

嘉庆四年（1799年）正月，太上皇寿终正寝，和珅失去了靠山。嘉庆皇帝将和珅革职拿问，并派人查抄了他的家。在家产清单109项中，仅26项的估价就合白银22389万余两。查抄金银玉等器物几百件、金银元宝各1000个、生沙金200余万两、赤金480万两、白银940万两、洋钱5.8万、银号42座、当铺75座、古玩铺15座、土地8000余顷。全部估算，合白银8亿～10亿两。和珅的贪污数额堪称中国乃至世界历史第一位，时称"和珅跌倒，嘉庆吃饱"。正月十八，和珅在家中自尽。

和珅当政20年，其财产超过了清政府十余年的总收入，而和珅的年俸禄不过 300 余两白银和禄米百余石。他能获得天文数字的赃款赃物，与乾隆帝的庇护是分不开的。乾隆帝虽对和珅屡加裁抑，但是，和珅受的处分越多，官却升得越大，这反映出乾隆时期的政治日益腐败，清朝已走向衰亡的道路。

松　筠

松筠（1752—1835 年），姓玛拉特氏，字湘圃。蒙古科尔沁部玛拉特氏部族人，隶属正蓝旗人。清朝大臣。

乾隆三十七年（1772 年），20 岁的松筠由翻译生员考补理藩院笔帖式。乾隆四十一年（1776 年）担任军机章京。由于踏实能干，松筠颇得乾隆帝赏识，随后连续升迁至户部银库员外郎。乾隆四十八年（1783 年），破格升为内阁学士兼礼部侍郎，并兼任副都统。

乾隆五十年（1785 年），松筠奉乾隆帝命办理俄罗斯贸易差事。此前，俄属布哩雅特人劫掠蒙古库伦的商货，俄国官员不按照两国约定向清廷移交案犯，仅仅将他们处以罚款或流放之刑罚。清中央政府发文书公函交涉此事，而俄方却不予理睬。因此，清政府只能宣布停止边境贸易往来。松筠来到库伦，任办事大臣。松筠在任期间，对边境管理

清黄均《松筠书屋图》

严格但不扰民，对待俄方人民，皆以诚相待。乾隆帝闻之，下旨嘉奖松筠，擢升其为户部侍郎。松筠在俄国贸易事件中积极斡旋，前后历经七年时间，与俄国使臣塞尔巴特在恰克图签订《新恰克图条约》，终于得到双方均满意的圆满解决。乾隆五十八年（1783 年），松筠随后被召还至京城，任御前侍卫、内务府大臣、军机大臣。

乾隆五十九年（1784 年）正月，松筠代理吉林将军。六月，奉命到湖北荆州查办税务。道经河南卫辉，恰逢连日大雨，卫河暴涨，淹浸居民，松筠亲自带领地方官员开仓赈恤。此举受到乾隆皇帝称赞。同年七月，松筠升工部尚书衔，任镶白旗汉军都统，不久，任驻藏办事大臣。因当地有人谎称西南边界有廓尔喀之兵。松筠查访得知，是境外部落带兵催索欠债，并无他故。松筠恐边民疑惧，特地前去安抚，并向四川省藩库借银 5000 两抚恤贫穷的藏民，修建边卡。当时，朝内和珅用事，松筠不为之屈服，因此久留边地，在藏共五年。

嘉庆四年（1799 年）春，和珅倒台，松筠被召回京，任户部尚书，不久，出任陕甘总督，加太子少保衔。川鄂陕三省白莲教起义方兴未艾，松筠奉命驻扎汉中督办粮饷，参与了制定镇压教民的军事部署。

嘉庆五年（1800 年）他暂署湖广总督，同年又调任伊犁将军，不久以一再奏请弛禁私盐、私铸钱币而遭斥革。嘉庆七年（1802 年）复职，任职至嘉庆十四年（1809 年）。在他的主持下，几位流放伊犁的学者编出一部有关新疆的历史著作，共 12 卷，名《西陲总统事略》。道光元年（1821 年）由武英殿修书处刊印，宣宗皇帝为之作序。

嘉庆十四年松筠复调任陕甘总督。第二年初，转调两江总督，任职到嘉庆十六年（1811 年）。此时，他还兼管治河事务。嘉庆十六年任两广总督，同年秋授协办大学士，奉诏还京，兼吏部尚书。嘉庆十八年（1813 年），授御前大臣衔，第二次出任伊犁将军。先后加东阁大学士，武英殿大学士衔。又因此曾前参与镇压河南滑县八卦教有功，加太子太保衔。

嘉庆二十二年（1817年），松筠上奏章说：京城附近太旱，请求暂缓明年祭拜盛京祖陵。嘉庆帝大怒，因此将他革去大学士并各项职务，让他出任察哈尔都统。嘉庆二十三年（1818年）十月，松筠代理绥远将军。此时，他的儿子熙昌病逝。嘉庆皇帝怜悯他老年丧子，召回任正白旗汉军都统，赏还头品顶戴花翎，再次赐予紫禁城骑马。不久，松筠任礼部尚书。嘉庆二十四年（1819年）六月，调任兵部尚书，恢复御前大臣兼职。不久，出任盛京将军。嘉庆二十五年（1820年）四月，兵部遗失行印，经查系松筠任兵部尚书并佩戴印钥时丢失。因此，松筠被革去盛京将军，降为山海关副都统。随后又因在盛京将军任内审案拟罪将罪名颠倒，又被降为本旗骁骑校。

嘉庆二十五年（1820年）秋，嘉庆皇帝在热河驾崩。新登基的道光皇帝扶柩回朝，看见年迈的松筠，不胜悲怜，扶住他哭了起来。第二天就任命他为都察院左副都御史，十月又提拔他为都察院左都御史，执掌监察政治得失。十一月，松筠又出任热河都统。道光元年（1821年），松筠被召回任兵部尚书，又调任吏部尚书、军机大臣，赏戴花翎。道光二年（1822年），松筠临时代理直隶总督。不久因私下删改理藩院议复乌里雅苏台将军的公文被劾，降为六部员外郎。此后，又逐步升迁。道光十年（1830年）秋，因以前赴科布多审理案件时让道员代购备赏什物有差错，以三品顶戴离职退休。道光十二年（1832年）六月，浩罕汗国(今乌兹别克斯坦)遣使要求通商。因松筠过去曾奏言"浩罕通商，边境即可绥靖"，皇帝想起他的话，赏还他头品顶戴，并让他代理正黄旗汉军副都统。

道光十四年（1834年），松筠以都统衔休致。道光十五年（1835年）

逝世，享年 82 岁。赠太子太保，按照尚书之例赐恤，谥号文清，并入祀伊犁名宦祠。

长　龄

长龄（1758—1838 年），号修圃，字懋亭。蒙古萨尔图克氏。理藩院尚书纳延泰次子。清朝大臣。

长龄的祖先源出蒙古科尔沁部，初编蒙古正蓝旗，乾隆十二年（1747年）以其父纳延泰有功进入显赫的蒙古正白旗。纳延泰任理藩院尚书长达 24 年，为清代此职任期最长者。乾隆三十年（1755 年），长龄授翻译生员，两年后补工部笔帖式。乾隆四十二年（1767 年）调理藩院，后至乾隆五十九年（1784 年）一直在理藩院各属供职。这期间曾三次随军远征，参赞军机，入甘肃平定回民起义，平定尼泊尔境内廓尔喀的入侵。三次从征丰富了其阅历。乾隆五十九年（1784 年），长龄提升为内阁学士，五年后授右翼总兵，驻守北京西城。

嘉庆五年至七年（1780—1782 年），在平定白莲教起义之战中，他初次率领一支自东三省北部调来的军队，多次打了胜仗后提升为湖北提督，转战鄂西北，歼灭起义军数支，以功授云骑尉世职。后因病离开前方，于嘉庆八年（1783 年）返回北京，授直隶提督，驻古北口。不久任安徽巡抚、山东巡抚。嘉庆十二年（1787 年）提升为陕甘总督，率军平定与藏族同源、被称作"番"民的青海土著之乱。长龄率领 8000 人马攻剿，并在 40 天内迫其首领归降。

长龄任山东巡抚期间，由于下属侵吞公款失察，嘉庆十三年（1788年）事发，长龄以此被朝廷罢职，贬谪伊犁。同年下半年授蓝翎侍卫，充科布多参赞大臣。嘉庆十五年（1790 年）调乌里雅苏台，后来逐渐重新获得嘉庆皇帝的信任，次年授河南巡抚，两年后复投陕甘总督。

嘉庆十九年（1794年）初，以剿陕西歧山岭伐木工起义有功授世职骑都尉。后因天理教密谋起义时，长龄正在河南，因未能及时察报，下诏贬至伊犁。朝廷发布贬调令之后，随即传来他在陕西告捷的消息，因而他仅仅贬官而已。同年冬，长龄再度奉命赴伊犁，初任参赞大臣，后任伊犁将军。嘉庆二十二年（1797年），长龄第三次出任陕甘总督。

道光元年（1821年），宣宗皇帝加其协办大学士衔。道光二年（1822年）初，入京朝觐，又因青海战乱再起而重返甘肃。战事从五月持续至七月，清军终于在黄河与青海湖之间剿灭乱军。大捷之日，长龄拜大学士，于年底返京，并于道光三年（1823年）初授军机大臣。但他并未在京消停多长时间，又于道光五年（1825年）初即赴云南任云贵总督。

此时新疆边境一带张格尔作乱。张格尔是曾经割据南疆的和卓后裔，他的祖父布拉尼敦在喀什噶尔被逐杀，他的父亲萨木克托庇于浩罕。张格尔长大以后厌弃流亡生活，图谋夺回喀什噶尔。由于祖上的关系，张格尔颇得当地穆斯林的支持。嘉庆末年，驻守喀什噶尔的参赞大臣是一名品行恶劣的满族官员，当地人对他非常痛恨，张格尔乘机纠集数百布鲁特人越过边界，但不久就被赶走，但仍屯聚于边疆附近，企图骚扰边境。尽管清廷已把那位参赞大臣撤换查办，但当地穆斯林受张格尔挑唆，还是纷扰不已。道光五年，道光皇帝打算在当地施行改革，授庆祥为驻喀什噶尔参赞大臣，转长龄为伊犁将军。七月，就是长龄抵伊犁之后四个月，张格尔率部众越过边境，仅一个月内即占领新疆四镇——喀什噶尔、英吉沙尔、叶尔羌、和阗。庆祥自尽，清朝驻军亦多被杀。但长龄及时派援军赶赴阿克苏、乌什，使张格尔不能够进一步骚扰。阿克苏成为清朝屯兵基地，长龄以扬威将军统领军事。道光七年（1827年）三月初，长龄同参赞武隆阿、杨遇春率兵两万进军征讨。清军几次战役后告捷，于三月二十八日进占喀什噶尔，不久其余各镇也相继收复。但道光因张格尔在逃而大怒，并严斥长龄。长龄上书请求任命一名和卓为喀城首领，道光很不高兴，马上派遣那彦成接替长龄职务。那彦成还在接任途中，长龄、杨芳已设计把张格尔擒获。原来不久前长、杨二人派人散布喀城城防空虚、城唾手可得的消息，张格尔认为机会已到，再次犯边，当他得知上当，急忙退兵，为时已晚，已处在杨芳监视下。清军追击数日，于道光八年（1828年）二月十四日生擒张格尔。消息传到北京，清廷授长龄二等威勇公，世袭不用替代。宣宗决定大开祝捷仪式，即命长龄返京，并仿效以前乾隆做法，下令将40位文臣武将的肖像悬紫光阁。六月，张格式尔被解往京城，"祭祀"太庙，然后被碎尸。长龄也得以封公，他是有清一代最后一个受封公爵的大臣。

长龄奉命返京，将喀城善后事宜移交那彦成，子道光八年七月抵京，续任大学士、军机大臣，同时身兼其他显职。同年底在他71寿辰时，皇上特降殊思封赏。清廷以浩罕国庇护张格尔遗族禁其贸易通商，道光十年，浩罕再犯喀城及叶尔羌，长龄再度以扬威将军衔出征。在他抵阿克苏之前，浩罕人已撤离边界。在听取浩罕人申诉之后，双方达成协议，同意再度启关互市，减轻商税；浩罕则答应不再纵容和卓。

长龄于道光十一年（1831年）平定新疆地区叛乱，功拜太傅。道光十二年（1832年）返京。道光十七年（1837年）长龄80寿辰时，晋一等公。第二年去世，身后皇帝亲自哀悼，极尽哀荣，谥"文襄"，入祀贤良祠、伊犁名宦祠。

穆彰阿

穆彰阿（1782—1856年）字子朴，号鹤舫，郭佳氏，满洲镶蓝旗人。

出身于满族官僚家庭，父广泰，官至内阁学士、右翼总兵。清朝大臣，鸦片战争时主和派的代表人物。

穆彰阿于嘉庆十年（1805年）中进士，选庶吉士，累迁礼部侍郎，历任兵部、刑部、工部、户部侍郎。嘉庆二十五年（1820年）后，穆彰阿逐渐掌握朝权。嘉庆皇帝在热河驾崩，由穆彰阿护送梓宫回京，事毕，以沿途谨慎筹划擢加一级官衔。道光元年（1821年），穆彰阿充总管内务府大臣。此后，由于受到道光帝的信任，由内务府大臣擢左都御史、理藩院尚书、两署漕运总督，继授工部、兵部、户部尚书等职，并自太子少保晋太子太保，充上书房总师傅，拜武英殿大学士。由于穆彰阿善于处理公事，诏授工部尚书，并且他开始于道光七年（1827年）入军机处学习行走，次年授军机大臣，道光九年（1829年）兼充翰林院掌院学士，随驾到辽宁盛京谒陵。此后授户部尚书，奉命赴江南、湖北结案并查勘防洪工程。道光十四年（1834年）调吏部，第二年初授协办大学士，道光十六年（1836年）授大学士，很快取代权臣曹振镛的职位。同年充上书房总师傅，拜武英殿大学士，管理工部事务。第二年，又升任首席军机大臣，晋封文华殿大学士。"终道光朝，恩眷不衰"，前后担任军机大臣凡20多年。

穆彰阿长期当国，专擅大权。对上奉承迎合，固宠权位；对下结党营私，排斥异己。他利用各种考试机会，招收门生，拉帮结派，形成一个极大的政治势力集团。穆彰阿出仕之后，主持乡试三次、会试五次，并在复试、殿试、朝考等考试中评选文章，还充任编纂国史、玉牒、实录等史料的总裁官，门生故吏遍布天下，很多知名之士都受过他的引荐，因此在朝中党羽众多，号称"穆党"。

在禁烟运动和鸦片战争期间，穆彰阿主张维持鸦片走私现状和对外妥协投降，在道光帝的对外决策中起着很恶劣的作用。鸦片战争爆发前，他包庇鸦片走私和官吏层层受贿，阻挠禁烟，对于道光帝授予林则徐以钦差大臣的大权，深为嫉妒；战争爆发后，他极力打击以林则徐、邓廷桢为代表的抵抗派，主张向英国侵略者求和。他先赞同琦善对英军妥协求降，以后更支持派遣耆英等为代表与英国侵略者签订《南京条约》，继而与美国、法国等签订其他不平等条约。在林则徐被任命为钦差大臣派往广州查禁鸦片时，穆彰阿虽不敢公然反对和出面阻挠，暗地里却伺机进行破坏。1840年（道光二十年），第一次鸦片战争爆发。英军见林则徐防御甚严，便转而进犯福建、浙江，骚乱沿海。八月，英军战舰抵达天津，并致书直隶总督琦善，指责林则徐挑起战争。当英舰北上大沽口进行威胁时，他看到道光帝"意移"，即由主战动摇为倾向于妥协，便以"开兵衅"的罪名加给林则徐，表示赞同和议，促使道光帝"罢林则徐，以琦善代之。"而当琦善在广州向侵略者委曲求全，擅自与义律谈判赔款与割让香港的问题败露以致被革职锁拿回北京等候审判时，他又示意直隶总督讷尔经额等出面要求道光帝对琦善从轻处理；到奕经被任命为扬威将军派往浙江主持战事，他又保举琦善随军"戴罪立功"。另外，他颠倒黑白，混淆是非，在鸦片战争和战后推波助澜，为英国侵略者张目，连续制造冤案，阻挠抗英反侵略斗争的进行，林则徐、邓廷桢的被远戍伊犁，在台湾坚持抗英斗争的姚莹、达洪阿被革职押解进京，都与他从中陷害有关。

　　清廷议和的消息引起抗战派的强烈不满，廷臣王鼎、祁隽藻等每逢上朝时，就与主和的穆彰阿争论。穆彰阿时为首席军机大臣，当道光主战时，他随声附和，但骨子里主降，一有机会就散布投降言论，每有战败的消息传来，他总要对人说："如何？不出我所料吧！"当英舰进入南京江面时，他公开散布说："兵兴三载，糜饷劳师，曾无尺寸之效，剿之与抚，功费正等，而劳逸已殊，靖难息民，於计为便。"

竟全盘否定东南沿海四省广大爱国军民浴血抗战、流血牺牲的反侵略斗争，将两年多的抗战、牺牲一笔抹杀。而也正是他有资格劝说道光帝接受英国侵略者所提出的全部不平等条款。此后，他更进而支持战后一系列不平等条约的签订。

穆彰阿的投降言论遭到军机大臣王鼎等的痛斥。每逢相见，王鼎必责斥穆彰阿议抚误国，穆彰阿则作出大度的样子，笑一笑，避开去。一次，两人同时被召见，王鼎在殿上责骂穆彰阿为秦桧、严嵩，穆彰阿保持沉默，不与争辩。当时的爱国士人曾赋诗道："海外方求战，朝端竟议和。将军伊里布，宰相穆彰阿。"反映了人们对他作为投降派首要人物的一般看法。

道光三十年（1850年）道光帝驾崩，咸丰帝继位后，随即启用林则徐、姚莹等人以镇压刚刚兴起的太平天国农民起义。不久，咸丰帝指责穆彰阿"保位贪荣，妨贤病国"，将他革去职务，永不叙用。诏令下达后，天下无不拍手称快。

咸丰三年（1853年），穆彰阿通过向朝廷捐纳钱物以补充军饷，被赐予五品顶戴。咸丰六年（1856年），穆彰阿病逝，终年75岁。

琦 善

琦善（1790—1854年），字静庵，博尔济古特氏，满洲正黄旗人。清朝大臣，鸦片战争时主和派的代表人物。

琦善世袭一等侯爵，父亲成德当过热河都统。嘉庆十三年（1808年），由荫生被授为刑部员外郎。嘉庆二十四年（1819年）升河南巡抚，被褫职以主事衔留办河工。历任布政使、巡抚等职，官至直隶总督、文渊阁大学士。他是满洲贵族，受到道光皇帝的宠信和倚重，又任封疆要职多年，平日与穆彰阿相结纳，因而权倾内外，傲视一切。

　　琦善的弛禁主张，代表了满洲权贵、大地主大官僚的既得利益，他们都是鸦片走私的受益者，因而极力主张维持现状，使烟毒进一步泛滥，以便从中取得更多的好处。他的所谓以"不准通商"使"鸦片无自而来"的"正本清源之道"，纯然是一句空话，不仅完全做不到，而且也不想这么做。他发表这些言论唯一的目的是阻挠禁烟运动的实行和开展。

　　道光十九年（1839 年）第一次鸦片战争爆发于广州，道光二十年（1840 年）清朝海防吃紧，英军攻占浙江定海，战争波及北方。琦善被调往天津筹办海防事务，七月，当英舰窜到天津大沽口对清政府进行威胁时，琦善即主动派人向英军馈送牛羊及其他大批食品，以取悦侵略者。英军海军舰队于八月十一二日驶抵大沽口外，琦善会见并宴请了英国的领事义律以及英军将领，答应替洋人向皇上奏明情况。十六日收受巴麦尊勋爵致清帝信件，该信索求赔偿林则徐在广州销毁的鸦片烟价以及英军军费。信中还要求为义律所受之侮辱雪耻；香港岛割与英国做商埠；广州商行清偿其巨额债款；将来中英官吏平等等等。八月二十日道光命琦善同英国人谈判，意在使其回广州商谈解决。

琦善像

琦善在大沽特设帐篷款待英使，并在那里举行谈判。琦善指责林则徐办事不妥，答应代为惩办，谈判成功，九月十七日英国人应允返粤。琦善被派为钦差大臣前往广州取代林则徐，不久署两广总督。

琦善抵粤不久，于十一月二十九日向道光皇帝密奏林则徐引起冲突的原因是："林允诺赔偿英人由他所毁之鸦片烟价，但未兑现；林坚持出具甘结后方可继续贸易，从事鸦片贸易者格杀勿论。"琦善在广州告谕沿海一带的清军将领只准防守要塞险隘，遇到英国兵舰时不得开炮还击。但英国人的要求有增无减，要求惩处林则徐并割给英国一个新的贸易中心。道光二十一年（1841年）一月七日，英国人无意再拖延谈判，攻陷川鼻要塞。次日琦善首次奏报此战时称"不分胜负"，但十日获悉实情后即奏报要塞已陷，英军炮火难以抵挡。他主张将香港割与英国，迅速重开广州贸易以安抚英国人，并使广州幸免于难。于是他开始同英国人谈判，二十日达成《川鼻草约》。该草约规定香港本岛割与英人，赔款600万元，英国人有权同中国官员直接交涉，立即重开广州贸易。不待中英两国政府任何一方批准，义律就占领香港，并正式宣布它为大英国一部分。广东巡抚怡良马上将此奏报皇帝，同时公开表示《川鼻草约》的条款事前一无所知。怡良的奏报，使道光皇帝确信琦善阳奉阴违。道光皇帝命广东大量增兵加强防务，致使英国人也疑心琦善对他们耍花招。琦善后来向皇帝辩解说，香港地势无险可守，兵械短缺，人力不足，民无斗志，北京当然难以为信，朝廷乃重申要剿灭英国人。一月二十七日和二月十三日，琦善同义律的两次私人会谈已使国内反对派深信他在暗通英国人。二月二十三日他未能阻止英国人进攻虎门，二十六日虎门炮台失陷，清军水师提督关天培以身殉国，谴责琦善之声尤甚。二十六日道光皇帝颁诏斥责琦善擅自把香港割让给英国，擅许与洋人议定通商，并以上述罪名免去琦善的官职，将其逮捕法办，籍没家产；并命将琦善革职逮捕回京，褫夺全部爵衔。奕山接替其军权，怡良暂取代其总督职位。三月十二日琦善被囚解出广州，到了京师，朝廷议定其罪为大辟之刑，不久又宽赦了他，让他戴罪到浙江清兵军营中效力。还没有到达目的地，琦喜又被改派到军台。

道光二十二年（1842 年），第一次鸦片战争结束后，琦善东山再起，充叶尔羌参赞大臣。道光二十三年（1843 年）授热河都统，御史陈庆镛当即对此上书指责，因而他未能就职。但年末又被派充驻藏大臣，次年初派任四川总督。道光二十八年（1848 年）末再接协办大学士，同时留川督任。道光二十九年（1849 年）调为陕甘总督，因苛待该地及青海回部，咸丰元年（1851 年）他被革职并流放吉林。但数月后又将其召回，受命署河南巡抚，督办楚、豫交界防务。咸丰三年（1853 年）春，文宗皇帝命他在江苏协守江北大营。咸丰四年（1854 年）夏病死，朝廷赠予太子太保、协办大学士称号，依照总督的贯例赐物抚恤，谥"文勤"。

耆 英

耆英（1787—1858 年），字介春，爱新觉罗氏。隶满洲正蓝旗，多罗勇壮贝勒穆尔哈齐六世孙，嘉庆朝东阁大学士禄康之子。清朝宗室、大臣。

耆英的祖父炳文是乾隆朝中期御史，由于在一奏折中触犯皇帝被谪戍伊犁。父亲禄康，一开始为宗人府主事，后官至东阁大学士兼步军统领。嘉庆十六年（1811 年），以因为放纵其家奴仆与他家大臣奴仆聚赌而遭弹劾、降职。嘉庆十八年（1813 年），充任职正黄旗都统时，手下几个士兵加入攻打北京皇宫之匪伙，于是作为流放的宗室，被发配盛京，最终死在那里。

耆英与父亲一样，由供职宗人府步入仕途，先为主事，后为副理事官，迁理事官。在此期间，曾充山海关税关监督一年。嘉庆二十四年（1819年），推内阁侍读学士，两年后为内阁学士。道光皇帝继位后，耆英历任理藩院、兵部右侍郎、工部、户部、兵部侍郎、礼部尚书、工部尚书、户部尚书和吏部尚书。在此期间，还身兼多职，如包括总管内务大臣、步军统领和各旗都统，是属于较受宠信的臣子。道光十六年（1836年），曾赴江西按事，并赴广州审理案件。但离京不久，有人弹劾他释放一名犯赌的宦官张道忠。因此于道光十六年降职为兵部侍郎。道光十七年（1837年）初，再投兵部右侍郎，同年四月为热河都统。从道光十八年（1838年）六月至道光二十二年（1842年）三月，受命担任盛京将军。这些年，耆英忙于查禁鸦片走私，在辽东半岛沿海设防，以防当时正与中国交战之英舰的突然袭击。当璞鼎查所率之英国远征军

耆英像

占领浙江镇海后,北方各省沿海严加防卫,耆英更加严督东北沿海防务。

当时,广东方面的战事紧急,琦善已经被道光帝撤职贬黜,朝廷下诏授耆英为广州将军,特授为钦差大臣,并且督办浙江方面的洋务,并令火速到任。五月十一日,耆英抵杭州,七天后英军陷沿海城镇乍浦,杭州受威胁,耆英赴嘉兴加强防务。五月二十五日,诏促耆英赴广州本任,但是六月五日,又令其留浙江主持与英国人议和事宜。这时英军扩大侵略至江苏,六月十九日上海陷落,于是,耆英前往松江、苏州。此时道光皇帝仍希望抗敌下去,七月十五日,耆英奏陈军事抵抗已无望,速为前途定大计。耆英之奏报未及抵京,道光皇帝已知不得不议和,并于七月二十六日密谕耆英接受英国条款,10天后又重下此谕。与此同时,英舰进入长江,七月二十日攻陷镇江,威胁南京。八月十一日,耆英以签约全权大臣身份抵南京,开始会商,结果于八月十九日签订了丧权辱国的《南京条约》。第一期赔款如数付清后,英舰撤离长江南下广州,在广州再举行进一步会商,朝廷下令伊里布为广州将军和钦差大臣赴广州与英国人商谈。十月,耆英接任牛鉴为两江总督。道光二十三年(1843年)三月五日,伊里布去世,诏令耆英赴广州继续协商。六月二十六日,耆英和璞鼎查在香港互换《南京条约》批准文本,并签署《过境税声明》。十月八日,签署附约《虎门条约》,此约包括实行《南京条约》的细则,《虎门条约》允给英国领事裁判权和其他治外法权,并包括"最惠国待遇"。根据"最惠国待遇",中国允给一国任何特权,英国均也可以要求均沾。

与璞鼎查签约后,耆英回到南京。道光二十四年(1844年)二月,美国使臣顾盛抵澳门,告知署理总督,美国使团拟进京。为阻止顾盛进京,诏令耆英为两广总督速离南京赴任,并授予办理五口外交全权。六月十七日,耆英与顾盛开始会商,七月三日签订《望厦条约》。这一条约将英国所享之一切特权给予美国，包括外国人享受治外法权的明确规定。十月二十四日，耆英与法国又签定了《中法黄埔条约》。

作为这些条约的签署者，耆英完全不懂得条约对中国产生的恶劣影响。领事裁判权这一最关键的条款，可能被当时的中国官员认为是最得意之计，借此可以避免审理洋人所带来的麻烦。甚至当道光皇帝议及《南京条约》时，似乎也仅关注赔款的偿付，并令耆英本人设法办理赔款事宜，耆英乃迫使先前之行商承担。道光二十五年（1845年），耆英虽驻广州，却提升为大学士。这可能是皇帝认为耆英在和英国议和上有功，从而使清王朝保存住力量以统治中国。

耆英刚开始回京时，身受各种荣誉，充协办大学士，兼崇文门税关监督一职。道光二十八年（1848年）末，擢大学士。道光三十年（1850年），宣宗驾崩，文宗继位，耆英及其一派逐渐失宠，此后他称病在家。一月三十日，文宗手诏斥耆英抑民奉夷，面陈夷情，所奏言的外交事务都言过其实。同一诏内，还谴责穆彰阿欺瞒宣宗，压制林则徐等爱国者。结果，穆彰阿被革职，耆英降至五品官员，任兵部院员外郎。

咸丰二年（1852年），耆英充工部员外郎。咸丰三年（1853年）初，广东太平军北上，国库空虚，诏今耆英、穆彰阿、卓秉恬和其他在京15名富人捐饷助剿。咸丰四年（1854年）初，耆英以捐饷获四品顶戴。然而咸丰五年（1855年），其子庆锡因向部属员借贷，又未经允准就在近京处设衙门和各营分配马匹而遭谪戍，耆英亦被革职圈禁，不久即获释。

咸丰八年（1858年），英国军队纠集法国、美国、俄国等国兵舰进犯天津，直接威胁北京清廷。英法称如不速派全权大臣前去议和，即进兵北京，并强迫清政府修改以前订立的不平等条约。五月二十八日，桂良和花沙纳作为钦差大臣赴津。六月一日，诏示桂良、花沙纳允诺不伤中国大体之任何条款。次日,耆英奉命赴津协助他们与联军及美、俄公使协商。诏加耆英侍郎衔,授权办理外交。六月三日,皇上授权耆英用直隶总督印以调兵和发令,并希望如桂良和花沙纳会商遇困难时,耆英有权作更多让步以协助他们。清廷为三使臣各备特制印绶,英使怀疑耆英会给会商设置障碍,宁与经验较少之桂良和花沙纳商谈。及耆英到了天津,英国人拒不会见耆英。威妥玛和李泰国的态度使他深感恐惧,次日便离津而去。桂良和花沙纳也许怀疑耆英是奉派来监视他们的,故上奏说如果耆英之出面将对议和有利,咸丰命令耆英留在天津,但他不从。

不久耆英连因为违命擅自离职回京在通州被捕,解京讯鞫,曾荐耆英出面的亲贵们亦遭到一定的惩罚。众多王公大员审理此案,定耆英绞监候。六月二十八日,与英签订条约之奏报抵京。次日,咸丰颁一长谕谴责耆英违命,诿过于人,并无充分理由擅离职守,为"情法两全",赐其自尽,耆英于是服毒而死。

曾国藩

曾国藩(1811—1872 年),初名子城,字伯涵,号涤生。湖南湘乡人。宗圣曾子七十世孙。中国近代政治家、战略家、理学家、文学家,湘军的创立者和统帅。与李鸿章、左宗棠、张之洞并称"晚清中兴四大名臣",官至两江总督、直隶总督、武英殿大学士,封一等毅勇侯。

曾国藩出生于一个普通的耕读家庭,父亲曾麟生为县学生,以孝闻名。曾国藩 6 岁入塾读书,8 岁随父学五经,读八股文,14 岁赴长沙应童子试,成绩颇佳。

道光十二年(1832 年),曾国藩考取秀才,当时 22 岁。同年十二月成婚。道光十四年(1834 年),就学于长沙岳麓书院。同年,应乡试中举人。次年入京会试，但是未中。道光十八年（1838年），28岁的曾国藩再次进京参加会试，得中进士。

自道光十九年至咸丰二年（1839—1852年），十余年间曾国藩都在京供职。清沿明制，凡进士再经朝考（有皇帝和大臣参加的殿廷考试），可录取为庶吉士。庶吉士入庶常馆学习，优秀者则选入翰林院任编修、检讨等官。曾国藩经朝考取为庶吉士，进入庶常馆。道光二十年（1840年）散馆，授翰林院检讨。道光二十三年（1843年）升为侍讲，六月主持四川乡试。道光二十四年（18442）转为侍读。道光二十五年（1845年）三月，充会试同考官，五迁詹事府，九月升翰林院侍讲学士。道光二十六年（1846年），充文渊阁直阁士，次年升内阁学士兼礼部侍郎衔，时年37岁。道光二十八年（1848年）任稽察中书科事务。道光二十九年（1849年）升礼部右侍郎，八月署理兵部左侍郎。道光三十年（1850年）道光帝死，咸丰帝继位。

咸丰帝继位后，下旨群臣就如何重振朝纲详议具奏。曾国藩在咸丰元年（1851）、二年（1852）连续上呈了四个奏折，其中《应诏陈言疏》中提出天下有三大患及解决办法，即人才、财用、兵力三大问题，认为解决人才问题是关键所在。但清廷态度漠然，曾国藩不由得深为失望。这时正好派他前往江西主持乡试，随即悄然南下。到太湖小池驿时，得讯母亲亡故，即星夜奔回家乡，丁母忧守制。到武汉时，湖北巡抚常大醇来吊唁，告以长沙正被太平军围攻，方知太平军已入湖南。他绕道抵家，湘乡正谣言四起，人心惶惶。曾国藩极力安抚乡亲，并提出自卫办法。

解长沙之围后，曾国藩奉谕组建湖南乡勇进行自卫。不久，咸丰帝谕令在江南北在籍官绅组织地方武装进行自卫。曾国藩受命会同湖南巡抚张亮基办理团练。

先是湘乡儒生罗泽南，受知县委托，招募乡人千名，加以训练，以防卫县城，号称湘勇。曾国藩与罗泽南同为儒教信徒，素相钦慕。于是就以湘勇为基干，曾国藩又亲自招募扩展，统一加以编练，遂成湘军。数日之后，曾国藩接受江忠源和郭嵩焘的建议，建造炮舰，训练水军。曾国藩编练出一支所谓"诸将一心，士兵一气"的湘军，在晚清可谓异军突起。

咸丰三年（1853年），太平军攻占南京后，开始向两个主要战场进军：一向华北进军，另外西进安徽、江西及湖北。顿时，各方求援告急的文书纷沓而至。由于大部分湘军已驰援江西，而"水军"又在筹

曾国藩像

建之中，确实已无他力救援湖北。如此一来使得太平军迅速越过湖北扑向湖南，面对大兵压境，曾国藩于咸丰四年二月二十五日动用新建水师240艘船只及5000水军仓促应战，然而由于暴风雨的袭击，船舰无法行动，加之军队缺乏水战的经验，致使曾国藩在湖南两次败北，一在岳州，一在靖港。一次次的惨败令曾国藩无比的羞愧和愤慨，巨大的压力竟让他产生了以死谢国的念头。幸而其他几路清军获胜，曾国藩后来也在田家镇获得大捷，北伐的太平军才被阻止。

咸丰五年（1855年），曾国藩命水军南下九江，不料却遭到太平军将领林启容部的顽强阻击。曾国藩的一部分水军被太平军困于鄱阳湖，在长江的另一部湘军水军被太平军击败，甚至曾国藩的座舰亦为太平军俘获，余下的舰只又大多毁于一场风暴之中。由于连遭失利，曾国藩部士气低落。曾国藩为此心灰意冷，再次投水自杀，但被人救起。四月三日，太平军为削弱清军对九江的攻击，第三次攻占武昌。但曾国藩不顾武昌失守，命塔齐布继续攻打九江，另派罗泽南及胡林翼前往攻取武昌，而自己则坐镇南昌，吸引太平军主力。不久，塔齐布及罗泽南双双战死，曾国藩自己也遭到太平军无敌将领石达开的侵扰，几乎面临绝境。幸亏曾国藩早有预见，遇事沉着，善于应付意外，加之知人善用，胡林翼与李续宾终于在咸丰六年（1856年）十二月十九日最后一次收复武昌。由于彭玉麟的协同作战，曾国藩之弟曾国荃又率军自湖南来援。曾国藩在南昌之困境，得以缓和。

咸丰十一年（1861年）九月五日，曾国藩的弟弟曾国荃终于攻占安庆。此后，曾国藩即以安庆为基地，准备收复南京。为避免在南京一线集结过多的军队，以防止太平军趁机夺取清军后方地盘，曾国藩建立起三个战区：一在江苏，由李鸿章统辖；二在浙江，由左宗棠统辖；三在安徽，由他自己统辖。清军在这三个地区频频对太平军发动攻击，各地的太平军逐渐被围困，此时，曾国荃亲自请愿攻取南京，经过长期围困及殊死战斗，曾国荃于同治三年（1864年）七月十六日攻克南京。曾国藩被封为太子太保，赐一等侯爵。两年后，太平军余部彻底失败。

同治九年（1870年），曾国藩被派去查办"天津教案"，他奏称："中国目前之力，未便遽启兵端。唯有委曲求全之一法。"结果判处20名良民死刑，充军25名（包括天津知县刘杰），赔款50万两，并派崇厚去法国道歉以了结此案。他的这一处理遭到全国人民的强烈反对，居京的湖南士大夫开除他出同乡会，砸了他所书写的湖南会馆匾额。后来他自己也承认："外惭清议，内疚神明，为一生憾事。"但他仍认为"驭夷之法，以羁縻为上"。这些话此后被李鸿章、袁世凯直到蒋介石奉为圣条。

早在同治六年（1867年），他从维护清朝封建统治的需要出发，即向同治帝奏请："制造轮船，为救时要策，请将江海关税酌留二成，一成为专造轮船之用，一成酌济淮军及添兵等事"。他自己首先购买船炮武装湘军水师。

接着曾国藩派李鸿章资取洋人长技，筹办洋务军工，并令以洋枪洋炮武装淮军。他自己即着手在安庆创办了"安庆军械所"，试制枪炮炸弹，全用汉人，未雇洋匠，还制造了一艘小轮船，起名"黄鹄"，但行驶迟钝。因没有机器设备，这些全系手工制作，其制作质量之差可想而知。但它是中国最早制造枪炮的军工厂。曾国藩还罗致了一批科技人才，为引进西方科技和近代工业建设开了一个头。留美学者容闳建议"应先建一母厂，再由母厂以造出其他各种机器厂"，曾国藩欣然同意，即派容闳赴美购买机器，为上海江南制造局的建设，创造了条件。

此外，曾国藩还提出"煤矿系自然之地利，借洋人之机器，俾华人仿效，而永收其利，未始不可行"。这是举办民用企业的最早设想。

曾国藩又与李鸿章联衔合奏派学生出洋留学。以容闳为副委员，每年选派 30 名，学生如唐绍仪、严复等都是一时之俊。国内则立学馆来培养人才，他认为程朱理学是孔孟思想的正统，后世的君臣都应引以为师，曾国藩自己不仅极力学习并赋予实践。湘军之不同于清朝其他军队，即在他重视用封建伦理来教育军队，用一条看不见的绳索束缚其兵勇。

此外曾国藩还为清廷保举了大批人才，充任各地督抚和各部官吏，大多成为晚清军政界的骨干分子。湘军将领如鲍超、塔齐布、罗泽南、李续宾兄弟、彭玉麟、杨载福等，都是曾国藩识拔于基层。他推荐江忠源任安徽巡抚，胡林翼为湖北巡抚。李鸿章原是他的门生，他认为其"才大心细，劲气内敛"，初举为江苏巡抚，后成为清朝相国地位的人物。左宗棠与曾国藩意见不合，他不介意，认为"才可独当一面"，保举为浙江巡抚。还保举在籍道员沈葆桢为江西巡抚。李、沈是进士授知县，左是举人。但他用人唯才，这是他取得事业成功的重要原因。

曾国藩所做的一切，虽然最终没能挽救清朝灭亡的命运，但培养了一批科技人员和工人，对于打破中国闭关自守的落后局面，学习和引进西方先进技术，起到了积极的作用。作为一代政治家，曾国藩可谓是文韬武略。他有魄力、有胆识，勇于打破旧制度，组建了具有战斗力的新式军队；他虽身为封建官僚，却具有长远的眼光，积极主张向西方学习、兴办洋务，力图实现国家自强。正是具备了以上品质，曾国藩才能实现书生报国的宏愿。

同治十一年（1872 年）二月五日，曾国藩在南京两江总督任所，由儿子曾纪泽陪同下到花园散步，突然连呼足麻，扶回书房，端坐而逝，终年 62 岁。死后追赠"太傅"，谥"文正"。

翁同龢

翁同龢（1830—1904 年），字叔平，号松禅，别署均斋、瓶笙、瓶庐居士、并眉居士等，别号天放闲人，晚号瓶庵居士。江苏常熟人。中国近代史上著名政治家、书法艺术家。历任户部、工部尚书、军机大臣兼总理各国事务衙门大臣，先后担任清同治、光绪两代帝师。

翁同龢出身于一个封建官僚家庭，祖父咸封，官海州学正；父心存，咸丰朝历官至体仁阁大学士，后为同治帝师；长兄同书、三兄同爵均官至巡抚。翁同龢自幼禀性好学，通读四书五经，并以优异成绩考入常熟县学游文书院。道光二十五年（1845 年）应院试考中秀才。咸丰二年（1852 年），应顺天乡试中举人。咸丰六年（1856 年），殿试考中状元，授修撰，任实录馆协修。咸丰八年（1858 年），任陕甘乡试副考官，旋授陕西学政。同治四年（1865 年），翁同龢接替父业，入值弘德殿，为同治师傅，前后教读九年。同治十年（1871 年），授内阁学士，兼礼部侍郎。

同治病逝后，光绪继位，慈禧又命翁同龢入值毓庆宫，与夏同善授读光绪帝。从光绪启蒙识字到翁同龢因支持维新变法削籍归里，师生相处达 24 年。在学习上，翁同龢是光绪的师傅，在生活上是监护人。在政治上，他又是光绪最宠信的大臣，曾历任刑部、工部、户部尚书，协办大学士，两度入军机，兼任总理各国事务大臣，会典馆正总裁、国史馆副总裁等。他为官廉正，提携后进，在对内对外一些重大问题上的主张充分体现了他的爱国主义思想，与李鸿藻、潘祖荫等大臣同属清廷中的清流派。

翁同龢在中状元前，曾在刑部当差七年，中状元后，又曾暂代刑部右侍郎。因此，他对刑部的内幕和法律方面的知识比较了解。同治十二年（1873 年），浙江余杭县杨乃武案发生，此案经杭州知府、浙江巡抚、刑部侍郎三审具结，草率奏报，使杨乃武、葛毕氏枉坐重罪。光绪元年（1875 年）十二月，浙江绅士汪树屏等以"复审疑狱有官员

翁同龢像

间相袒护的事实"联名向都察院控诉，于是皇帝和太后开始关注此案。此时，恰值翁同龢擢升刑部右侍郎，直接负责重大案件的审办，他细阅全部案卷，发现供词与诉状的疑点和漏洞甚多。在询阅了杨乃武姐姐的呈词和浙江绅士的联名控诉，走访了浙江籍的京官，听取了刑部经办人员的各种意见之后，经过认真研究，讯问犯人，调查证人，重新检验尸骨，终于查清葛品连系病死而非中毒死亡。至此，杨乃武与小白菜冤案得以平反。办理此案的大小官员以及做伪证的证人全部受到惩治。在刑部任上，翁同龢还推翻了两起量刑不当的案件；并针对狱囚多逃跑的情况，采取了改善狱囚生活待遇、严

禁滥施刑罚等措施。在吏治腐败的封建统治下，翁同龢这种认真执法的精神是难能可贵的。

光绪八年（1882年），翁同龢第一次入军机，当时法国侵略者入侵越南，并把矛头指向中国。法军连续进犯越南谅山，窥伺广西，海军以游历为名，驰入福建马尾军港。在严重的边疆危机面前，翁同龢、李鸿藻为首的一部分大臣极力主张援越抗法，而以李鸿章为首的一批守旧官僚，抱着息事宁人的态度，主张放弃越南，承认越南为法国的保护国；恭亲王则更是安尊保荣，但求战争不打到国内，认为求和是唯一办法，于是清廷内部形成了对立的两派。

在对待黑旗军刘永福的问题上，翁同龢与主和派的斗争更加激烈。刘永福领导的黑旗军是应越南政府邀请与法军作战的，曾多次挫败法国侵略军，在著名的纸桥战役中歼敌二百余，并击毙了法军头目李威利，翁同龢称赞是对法战争"第一捷音"。在军机会议上，他提出要犒赏黑旗军，授予刘永福武职游击的官衔，提供军饷和

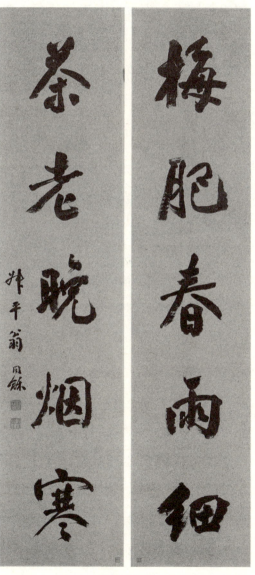

翁同龢书法

器械。而法国侵略者视黑旗军为眼中钉，把驱逐黑旗军作为停战条件。对此，李鸿章曲意逢迎，认为不消灭黑旗军，将来由法军自行驱逐，则边患更大。翁同龢极力反对，气愤地指责李鸿章"直视刘团为眼中钉，不知安于何心"！但是，由于军权掌握在李鸿章手中，加上慈禧、奕䜣犹豫不决，黑旗军终因孤军无援，节节败退。中法战争失败后，国内爱国人士纷纷上书参劾恭亲王奕䜣和军机大臣，主张"杀李鸿章"。慈禧下令罢免军机全班人马，翁同龢加恩革职留任，退出军机处，仍在毓庆宫行走，教授光绪读书。

光绪十六年（1890年），户部上奏，以海军规模已具和国家度支艰难为由，请求暂停海军向国外购买军火，致使北洋海军的发展就此停滞，落于世界之后。当时有一副讥讽对联描写二人："宰相合肥天下瘦，司农常熟世间荒。"上联"合肥"指安徽合肥的李鸿章，下联"常熟"即江苏常熟的翁同龢。李翁二人的恩怨直接导致日后中日甲午战争北洋舰队的失利。当时英国人建议中国："必添购快船两艘，方能备日制胜。"未料翁同龢不断拖延，两艘快船为日本购去。新日舰速度快、炮门多，其中一艘日舰"吉野号"成为甲午战争中击沉中国舰队最多的船舰。

光绪二十年（1894年），光绪帝亲政，翁同龢再次入军机处。这年二月，日本出兵朝鲜，准备以朝鲜为跳板，对中国发动蓄谋已久的侵略战争。战争爆发后，光绪传谕翁同龢："甲申办理失当，此番须整顿。"并连发迎战上谕，力主对日一战。但是，手握军权的北洋大臣李鸿章故伎重演，主张静守勿动，命令陆军"可守则守，不可守则退"，造成日军步步进逼、清军一战即溃的局面。甲午战争一开始，翁同龢电促李鸿章出兵援朝，李鸿章却以兵力不足拖延时间，仅以3000兵屯仁川、牙山一带，徘徊不进，以致失去战机。中日战争爆发后，翁同龢先后从全国调集数 10 万援军开往关外前线，他还以户部名义向外商银行借贷 600 万英镑，充作军饷和用以购置器械，又与海军衙门筹商向英国、智利、阿根廷等国购买军舰。在督办军务中，他做了大量的工作。黄海战役中，北洋海军受到重创。主战派纷纷上书要严办李鸿章，光绪下旨严责其罪，拔去李鸿章三眼花翎，褫夺黄马褂。为了扭转危局，翁同龢提出陆军宜催援军速进；海军修好六船，严扼渤海。而李鸿章却命令北洋海军躲进威海卫，结果导致坐守待毙、全军覆没的下场。陆军也节节败退，终于丢掉了辽东。

中日和议期间，翁同龢与李鸿藻极力反对割地，指出："宁增赔款，必不可割地。"又联合俄、英、德三国谋阻割地，最终情势无法挽回。当慈禧下旨批准《马关条约》后，翁同龢与光绪相顾挥泪。他还在日记中写道："覆水难收，聚铁铸错，穷天地不塞此恨也。"

中日甲午战争的失败，进一步促进了中华民族的觉醒。一代相国翁同龢也逐渐认识到西人治国有法度，认为西法不能不用，于是"大搜时务而考求之"。

光绪二十一年（1895 年），康有为、梁启超等得悉签订《马关条约》，于是联络在京会试的 1100 多名举人联名上书，提出拒和、迁都、变法等主张。翁同龢见到比书后，大为赞赏，为了识拔奇才，他以朝考官的职权，准备引进康有为。他还不惜一品大臣的身份屈尊私访康有为。当两人会见时，足足谈了两个多时辰。临别，翁同龢还向康有为要了有关变法的书。从此，他日读变法书，和前判若两人。翁同龢在与康会见的第二天，就向光绪密报会见情况。平日授读时，也是大讲西法之良，还介绍光绪看《日本变法考》《泰西新政摘要》《俄彼得变政记》等书。

光绪二十四年（1898 年），光绪毅然实施改革，翁同龢和辅佐草拟变法谕旨，颁布《明定国是》的诏书，正式宣布变法。就在光绪实施变法的同时，一批顽固守旧的满人刚毅、荣禄、怀塔布等唯恐变法后受排挤，抱定"祖宗成法不可变"，他们与甲午主和派联合起来，迎合慈禧，挑拨慈禧与光绪的关系，加紧策划政变。为了阻挠变法，顽固派把斗争矛头集中对准翁同龢，指使亲信接连上书慈禧，弹劾翁同龢"结党私政""揽权误国"，攻击维新运动。变法酝酿期间，慈禧下令撤去翁同龢毓庆宫授读。变法后第五天，慈禧又迫使光绪下诏贬黜翁同龢开缺回籍。这对维新派和光绪来说是个沉重打击。

为了免遭不测，翁同龢的学生张謇等人力劝他即速离京。于是，他怀着沉痛的心情离开京都，回到阔别数十载的家乡常熟，开始他半隐居的庐墓生活。他在虞山鹁鸪峰祖茔旁筑瓶庐山庄，基庐前开凿了一口能容纳他肥大身躯的井，随时准备自裁之用。光绪三十年（1904年）七月，卒于常熟故居。临终前，他还口授遗疏，希望光绪励精图治，使中国逐渐富强。并口占绝笔诗一首："六十年中事，伤心到盖棺；不将两行泪，轻向汝曹弹。"宣统元年（1909年），诏复原官，后追谥文恭。

左宗棠

左宗棠（1813—1885年），字季高，一字朴存，号湘上农人。湖南湘阴人。清末名将，湘军首领之一，洋务派中坚人物，与曾国藩、李鸿章、张之洞并称"晚清中兴四大名臣"。

左宗棠出生于书香之家，父亲名观澜，是个禀生，有很好的学问及修养。道光十年（1830年），左宗棠进入长沙城南书院读书，并拜访长沙的著名务实派官员和经世致用学者贺长龄，贺长龄"以国士见待"。道光十一年（1831年），左宗棠又入湖南巡抚吴荣光在长沙设立的湘水校经堂。他学习刻苦，成绩优异，在这年的考试中，7 次名列第一。

道光十二年（1832 年），左宗棠参加在省城长沙举行的乡试中中举，以后三次参加礼部考试都没有考取，于是断绝仕途发展的打算，专心致志研究地理与兵法。同年，左宗棠与周诒端成婚。左宗棠不仅攻读儒家经典，而且涉猎经世致用之学，对那些涉及中国历史、地理、军事、经济、水利等内容的名著视为至宝，这对他后来带兵打仗、施政理财起了很大的作用。他平时喜欢故作豪言壮语惊人，在公卿士大夫中间颇有名声。他曾经自比诸葛亮，大家都觉得他狂妄，胡林翼却非常欣赏他，认为看遍全国，没有一个人才能超过左宗棠的。左宗棠快 40 岁时，对身边的亲友说："除非帝王一心想求得贤相，否则我这辈子大概是没什么指望了。"

道光十三年（1833 年），左宗棠首次进京应会试，与胡林翼在北京订交。道光十六年（1836 年），左宗棠在湖南醴陵主讲渌江书院期间，结识两江总

左宗棠像

督陶澍。1838 年（道光十八年）左宗棠第三次落第归乡，途中于南京拜见陶澍，后者主动提议让他的独子陶桄与左宗棠的长女定婚。不久陶澍去世，左宗棠于道光二十年至道光二十七年（1840—1847 年）在安化陶家任教 8 年，并协助料理陶家事务。期间他广读陶家藏书，经营柳庄，钻研农学、舆地，编成《朴存阁农书》，并对鸦片战争予以关注，提出"更造火船、炮船之式"等应对方针。不久，左宗棠返回湘阴柳庄。

咸丰元年（1851 年），太平天国起事。此时张亮基巡抚湖南，礼聘左宗棠为僚幕，但左宗棠没有应召。胡林翼诚恳相劝后，左宗棠才去做了长沙县知县。以后因守卫长沙有功，从知县提拔为直隶州同知。以后张亮基转任山东巡抚，左宗棠回乡隐居。骆秉章任湖南巡抚后，再次用计谋硬拉左宗棠出来辅助军务，依赖左宗棠如同自己的左右手。下属幕僚向骆秉章禀报军务，骆总是问："季高先生的意见怎么样啊？"由于这样，嫉恨左宗棠的人越来越多，诽谤四起，但他的名声也越来越响亮。

咸丰六年（1856 年），曾国藩攻克武昌，上奏陈述左宗棠训练部队、筹集军饷的功劳，朝廷诏谕授予左宗棠兵部郎中听候调用，不久又加四品卿衔。不久，有人在湖广总督官文面前构陷左宗棠有罪，骆秉章上书为左宗棠极力辩护；胡林翼、曾国藩也都说左宗棠无罪，极力称赞其才能出众可以重用；后来京官潘祖荫也说总督是被别人的表面言辞所迷惑，所以最后左宗棠得以免遭逮问。不久朝廷下旨，命令左宗棠以四品京堂身份跟从曾国藩治理军务。曾国藩命他自己招募一支军队，由此左宗棠的才华终于得到了施展的机会。左宗棠招募了 5000 人马，经过训练号称"楚军"。

咸丰十年（1860 年）八月，楚军建成后挥师向东。不久，与太平军在江西乐平、鄱阳一带展开激战，打死太平军将士十多万，楚军声势开始大振。咸丰十一年（1861年），朝廷因功授予左宗棠太常寺卿。不久，受命援助浙江，以几千人马应付七百余里防地，指挥若定。曾国藩非常佩服左宗棠有疏有密的军事才能，再次上书举荐，朝廷于是任命左宗棠为浙江巡抚。

同治元年（1862年）正月，朝廷下诏催促左宗棠谋划归复浙江。在左宗棠的凌厉进攻下，太平军在浙江的势力迅速瓦解。当时各支部队争相建议要乘胜收取太平军所占据的杭州，左宗棠不喜欢打攻坚战，主张消灭太平军要稳扎稳打，不要贪图近功。于是他先攻下富阳、金华等。同治三年（1864年）二月，杭州收复。皇帝得到捷报，下诏给左宗棠加授太子少保衔，赏赐黄马褂。左宗棠军进入杭州后，申明军纪，招集商贾开门营业，停止征收杭州货物的关税，减征杭州、嘉兴、湖州1/3的赋税，还大力招揽贤士，一时声名鹊起，广受称赞。七月，左宗棠攻克湖州，浙江各地得以全部平定。朝廷论军功，封左宗棠为一等恪靖伯。

之后，残余太平军流散到徽州、宁国、江西、广东等地，左宗棠会合闽、浙、粤各路人马合围，太平军余部的最后据点丧失，许多首领战死，将士战死达1.6万多人。因这一战功，清廷下诏赐予左宗棠双眼花翎。

同治五年（1866年），朝廷便诏令左宗棠转赴陕西、甘肃督军。陕西、甘肃起义的回族民众多达上百万，与西捻军相合，声势极大。左宗棠采取稳扎、稳打、步步为营的方针，分隔捻回，各个击破，终于平息西捻。由于打败捻军的功劳，清廷特命左宗棠入朝拜见皇上。

同治七年（1868年）十月，左宗棠率领部队回陕西，抵达西安。不久打败回军，接连克复镇原、庆阳，回军死亡达3万人。同治八年（1869

年）五月，左宗棠率军进军甘肃。同治十年（1871年）七八月间，平定河州。同治十一年（1872年）七月，左宗棠率部移驻兰州。此时，已经投降的西宁地方的回民及陕西回民又纷纷叛变，推举马本源为元帅。同治十二年（1873年）正月，左宗棠部将刘锦棠进攻回民盘踞的据点，杀死马本源，于是黄河东、西众回军都向官军投降。接着，肃州平定。朝廷嘉奖左宗棠，任其为陕甘总督协办大学士，加封一等轻车都尉。左宗棠上章奏请在甘肃开科举考场，设立学政。同治十三年（1874年），晋升左宗棠为东阁大学士，留任陕西。

从咸丰初年开始，天下大乱，先是广西爆发的太平军最为严重，其次是捻军，最后是回军。左宗棠先后亲手平定了他们，到这时陕西、甘肃全部安定。清廷感到左宗棠鞍马劳顿、风餐露宿几十年，劳苦功高，因此对他特别恩宠。

19世纪70年代，浩罕国被沙俄灭掉，浩罕国流亡军官阿古柏纠集一些亡命之徒窜入我国新疆，占据了喀什噶尔，后来慢慢占了南部的八个城池，又攻败盘踞在乌鲁木齐的回族人妥明，并在英国人的支持下打算另立一个国家。正在这时，俄国以回民多次扰乱其边境为由，突然发兵驱逐回民，占领了伊犁，并扬言要攻取乌鲁木齐。

当时，朝中有不少人以连年征战、耗费巨大为由，主张准许阿古柏自立为国，李鸿章持这种观点尤为竭力。但左宗棠认为这不仅会使国家版图缩小，而且会留下后患，万万不可。最终，朝廷授左宗棠为钦差大臣，统督军事西征。光绪二年（1876年）三月，左宗棠统军西进，不久就收复了乌鲁木齐和吐鲁番，取得了重大军事胜利。

光绪四年（1878年），左宗棠多次上书朝廷，讨论在新疆设省以及收回伊犁，引渡胡里、白彦虎等事宜。他也与俄国方面有所交涉，并曾致书俄国土耳其斯坦总督，但无果。清廷派遣崇厚为全权大臣出使俄国进行谈判。然而谈判中，沙俄条件苛刻，且一边谈判，一边白彦虎和伯克胡里不断武装侵扰中国边境。光绪五年（1879 年），在沙俄的威逼下，崇厚签订《里瓦几亚条约》。左宗棠上书认为俄国人包藏祸心，当今之计应当先和俄国人谈判，同时要准备在战场上决一高低。光绪帝觉得左宗棠的话很有志气，命令将崇厚逮捕治罪，命曾纪泽出使俄国，更改前面的和约。这时左宗棠请求亲自出兵驻防哈密，策应收复伊犁。

　　光绪六年（1880 年）四月，左宗棠为表示自己收复伊犁的决心，命人抬着棺材从肃州出发，五月抵达哈密。俄国人听说清军大兵出动，就增兵守卫伊犁、纳林河，另外派兵舰在海上巡弋，以震撼京师，天津、奉天、山东等地也同时告警。七月，朝廷下诏让左宗棠回京城任顾问，让刘锦棠代替他。俄国人也害怕中方官军的威武，担心事态发展后会引起决裂而挑起战端。第二年正月，在赔款上做出让步后，清与沙俄终于达成了《中俄归还伊犁条约》，中国收复了伊犁的大部分地区。新疆平定后，朝廷升调左宗棠为军机大臣。光绪七年（1881

左宗棠克复杭州战绩图（原藏紫光阁）

年）十月，左宗棠调任两江总督兼南洋通商大臣。光绪八年（1882年），沙俄正式交还伊犁，左宗棠第五次向清朝政府奏请新疆建省。经过筹划，光绪十年（1884年），新疆省正式建立。

而就在这一年，中法战争终于爆发，云南、越南官军溃败，70多岁的左宗棠被召入京，再次任职军机处。不久法军大举向内地进犯，皇帝诏令左宗棠到福建视察部队。左宗棠命部将王诗正暗中率军渡海到台湾，与台湾军民一道最终击败法军。而部将王德榜则会合其他部队，在谅山取得大捷。最终于光绪十一年（1885年），中法和议达成。

此时，病重的左宗棠连上两折，其一请求专设海防大臣；其二请求将福建巡抚改为台湾巡抚。不久，清廷成立总理海军事务衙门，台湾设省也终于实现。七月二十七日（9月5日），左宗棠在福州病故，享年73岁。清廷追赠太傅，谥号"文襄"。入祀京师的昭忠祠、贤良祠，并建专祠于湖南及他所立功的诸省。

肃　顺

爱新觉罗·肃顺（1816—1861年），字雨亭、豫庭，满洲镶蓝旗人。晚清宗室、权臣，自道光中期历任御前大臣、总管内务府大臣、户部尚书、协办大学士等职。

肃顺是郑献亲王济尔哈朗七世孙，郑慎亲王乌尔恭阿第六子。道光十二年（1832年）肃顺成年出府后，居于西四牌楼劈柴胡同（后改名辟才胡同），早年长期在侍卫处任职。道光十六年（1836年），经例试授三等辅国将军，任散秩大臣。道光二十九年（1849年）二月，任奉宸苑卿，管理各园庭。道光三十年（1850年），咸丰帝继位，擢内阁学士后屡任工部、礼部、户部左侍郎，同时兼副都统。咸丰七年（1857年）初，擢左都御史；十月，迁理藩院尚书。咸丰八年（1858年）十月，擢礼部尚书。咸丰九年（1859年）起直至死前数日，任户部尚书、御前大臣、内务府大臣、协办大学士等职。

　　乾隆中后期以来，清王朝吏治败坏，腐败丛生，整饬吏治势在必行。咸丰皇帝执政的最后三四年间，国内外局势一派混乱，为此他逃避于声色。许多以前由皇帝和军机大臣共同处理的军国大事这个时候均由几位御前大臣，主要是载垣和端华来处理。但是这二人生性优柔寡断，因此遇事常常向肃顺请教。肃顺掌权后，以铁腕的方式面对自乾隆末期以来的官场腐败，严厉打击贪污腐败，严惩渎职失职，整肃官场政风。肃顺则愎自用，常常用严厉的手段处置昏庸无能、贪污腐化的官吏。所以一旦肃顺秉政，就接连兴起几个大狱，意在抑制腐败。咸丰八年（1858年），他在耆英一案中得到了充分表现。耆英与英法联军在天津谈判时陷入困境后，擅自离开天津回京。九卿奉旨议罪，由于肃顺的力主，耆英论死。在处理另一案时，肃顺也同样采用严酷手段。当年十一月，有人弹劾顺天府乡试主考官受贿舞弊。据查，主考官大学士柏葰应仆人之请掉换试卷，致使优者落榜。虽然没有足够的证据表明柏葰本人有受贿一事，但由于肃顺、载垣及其

肃顺像

同党陈孚恩的力争，终于为柏葰论死找出罪名。另外三位卷入此案的官员亦被处死，其中一位是同考官浦安。这种严刑峻法的结果使肃顺等权臣遭人惧恨与痛骂，但是戊午科场舞弊案并非肃顺罗织的冤狱，案情的处理是同当时的战时环境及清朝统治阶级上层的政治斗争息息相关的。处死主考官大学士柏葰是肃顺推行重典治国策略的重要步骤，既整饬了吏治、打击了政敌，又为他实施重用汉臣的政策扫清了障碍。戊午科场案对咸、同政局产生了深远影响。

道光三十年（1850年）后的国内动乱，使得清政府财政状况很不稳定。肃顺任户部尚书后不久，即试图进行改革以增加国家收入。咸丰三年（1853年）发行纸币，没多久伪币大量出现，京城之外，人们拒用新币。由于货币贬值，通货膨胀，人民生活日益困苦。咸丰八年（1858年）底，肃顺改任户部尚书，决心整顿财政积弊。肃顺从调查五宇官号账目入手，刨根究底，涉案人员几百人，抄没户部司员、商户及满族宗室数十家，一定程度上压制了官场贪贿公行的风气。

肃顺虽骄横专权、目中无人，但对待有才华的汉臣却能做到格外礼待。肃顺对汉人名士的器重不仅形诸言表，而且付诸于行动，常常不拘一格地选拔保荐人才，如肃顺不惜违反科场条规选拔使用高心夔。当肃顺访知江西道员李桓为干吏，有能名，即令人示意李向他递"门生束缄"，"即可晋秩两司"。肃顺向朝廷推荐了曾国藩、左宗棠、胡林翼、郭嵩焘等汉族官员，为平定太平天国、同光中兴网罗了人才。特别是左宗棠，左宗棠出佐湘幕，初露峥嵘，不想却得罪了永州总兵樊燮和湖广总督官文，后者联合弹劾左宗棠为"劣幕"，咸丰皇帝令官文"一经查实，就地正法"。肃顺早听说左宗棠有大才，闻之此事，便联合曾国藩、胡林翼等官员上书力保左宗棠，并邀请深受皇帝信任的吴地才子潘祖荫写下了"天下不可一日无湖南，湖南不可一日无左宗棠"之语。此后又在咸丰帝面前力荐左宗棠，给予重用。此后左宗棠也官运亨通，历任兵部主事兼四品军务帮办、太常寺少卿兼提督江西学政、浙江巡抚、闽浙总督、陕甘总督等职，不仅为击败太平天国保下了一名干将，还为帝国抗击沙俄而将新疆列为帝国行省、抗击法国三战三捷提拔了一名不可多得的统帅。

咸丰八年（1858年），俄国西伯利亚总督穆拉维约夫趁英、法发动二次鸦片战争之机，出兵侵占黑龙江要地瑷珲，随后逼迫黑龙江将军奕山与其签署了中俄《瑷珲条约》。咸丰九年（1859年），俄国派遣"东方专家"伊格那提耶夫来到北京换约，敦促清廷按约尽快划定两国边界，清廷命肃顺、刑部尚书瑞常负责办理交涉事宜。肃顺在谈判过程中毫不惧怕俄国人的威胁，丝毫没有让步。谈判历时10个月没有结果，最后，俄国使节离京回国。

咸丰十年（1860年）九月，桂良在天津与英、法公使谈判破裂以后，载垣和军机大臣穆荫奉旨去通州议和，以阻止英法联军向前逼近。九月十八日，载垣奉咸丰皇帝命令逮捕了英国翻译巴夏礼及其随员，解送北京关押，联军马上在通州附近进击清军。九月二十一日，奕取代载垣和穆荫与英法议和，但英法联军继续进逼北京。次日，肃顺护驾从圆明园出逃，九月三十日到达热河行宫。咸丰帝北逃热河后，肃顺以户部尚书协办大学士。署领侍卫内大臣，"行在事一以委之"，十二月授协办大学士。咸丰十一年（1861年）七月十六日，咸丰帝病死前遗诏肃顺与载垣、端华等八大臣同为"赞襄政务王大臣"，辅佐幼帝载淳，权势煊赫，盛极一时。但是，他们发布的一切政令，都必须征得慈安、慈禧两宫太后的同意。八大臣本来打算不理会这一限制，故而与两宫太后发生矛盾。一位御史建议应由皇太后摄政，辅之以皇帝嫡亲时，肃顺和众辅政当即起草一道谕旨斥责这位御史的建议。皇太后起初拒绝签发这道谕旨，但在八大臣的胁迫下不得不最终发出。后来，皇太后与奕䜣密谋推翻八大臣。咸丰十一年（1860年）十月，大队人马从热河返京时，肃顺受命护送咸丰皇帝梓宫。慈禧太后带领幼帝比肃顺早一日抵京，表面上是为了迎接大行皇帝的辞官进城，但慈禧太后一到北京就传旨逮捕肃顺及其他辅政大臣。十月二日夜，奕䜣及一队骑兵迅速抵达肃顺的驻地，肃顺从床上惊起，没有经过任何反抗即被逮走。十一月十八日，肃顺在刑场斩首示众，载垣、端华赐自尽以维持体面。据当时的记载，肃顺在临刑前大骂太后和奕䜣，并埋怨其余几位辅政大臣没有听他的话牢牢地掌握住大权。肃顺集团的其他成员受到一定的惩处，有的流放有的革职。肃顺被杀后，郭嵩焘、曾国藩等扼腕叹息。曾国藩惨然曰："此冤狱也，自坏长城矣。"

李鸿章

李鸿章（1823—1901年），本名章铜，字渐甫或子黻，号少荃，晚年自号仪叟，别号省心。安徽省合肥人。世人多称"李中堂"，因行二，故民间又称"李二先生"。淮军、北洋水师的创始人和统帅、洋务运动的领袖、晚清重臣。官至东宫三师、文华殿大学士、北洋通商大臣、直隶总督，爵位一等肃毅伯。

李鸿章1823年出生于一个官僚地主家庭。先祖本姓许，后改姓李。父亲李文安，官至刑部郎中。道光二十七年（1847年），李鸿章中进士，步入官场，授翰林院庶吉士。三年后，李鸿章在庶吉士散馆时，以优异的成绩被授翰林院编修。

就在李鸿章中进士，点翰林，踌躇满志，意气风发，准备大显身手的之时，农民起义改变了李鸿章的人生轨迹。咸丰元年（1851年），太平天国起义爆发，并迅速席卷了中国南部，不到两年的时间，就建立了一个与清朝政权对立的农民政权。

为了镇压太平天国起义，清政府鼓励各地的汉族地主举办团练，与清军一起对付太平军。于是李鸿章回乡协助安徽地方官举办团练，镇压太平军。咸丰九年（1859年），李鸿章前往建昌大营拜见曾国藩，被留下来担任了幕僚。李鸿章受到曾国藩器重，李鸿章到建昌不足十天，曾国藩便决定由李鸿章亲自主持训练皖北军队，该军队是湘军的一部分。八月十三日，曾国藩又召其回到身边，帮助他处理军中事务。从此，李鸿章成为曾国藩的得力助手。

咸丰十年（1860年），太平军攻破清军江南大营后，随即便乘胜进攻苏、杭，进而威胁上海。于是，曾国藩命李鸿章回安徽招募淮勇。同年夏天，李鸿章亲率淮军从安庆到达上海，并任江苏巡抚。至此，李鸿章由曾国藩手下的一名幕僚而变成清朝统治集团的一员，并且在军事上还能独当一面。

第二次鸦片战争结束后，列强纷纷表示愿意帮助清政府镇压起义军。同治五年（1866年）十二月十二日，清政府命李鸿章负责剿捻。李鸿章采取马队和步兵配合，左右夹击、前后堵截、划河圈地、重重围困的策略，分别于同治七年（1868年）一

李鸿章像

月和七月先后镇压东、西捻军。因此，李鸿章被任命为湖广总督，并加太子太保衔。这样，李鸿章成为握有军政实权的封疆大吏。

在镇压农民起义的同时，李鸿章还积极推行洋务运动，兴办了一批近代的军事工业企业和民用工业企业。

李鸿章初到上海之时，深以中国的武器比不上西方为耻辱。为了学到洋人的技术，李鸿章决定自己设厂制造。同治二年（1863年），李鸿章雇用英国人马格里与直隶知州刘佐禹一起，首先创办了松江洋炮局，后来又命副将韩殿甲在上海创办了另外两个洋炮局，合称"上海炸弹三局"。同治五年（1864年），松江局迁到了苏州，并改称苏州机器局。同治六年（1865年），李鸿章在曾国藩的支持下，购买了一座美国人在上海建立的铁厂，并将其与原来上海的两个洋炮局合并，扩建为江南制造局。同年，苏州机器局迁到南京，改为金陵机器局。1870年，李鸿章在任直隶总督时，接管了天津机器局，并扩大了天津机器局的生产规模。

李鸿章以"求强""求富"为目的而兴办洋务事业：在19世纪60年代，主要是以"求强"为目的兴办了一批近代军事工业企业；但到了70年代，李鸿章以"求富"北洋水师海军公所清为目的兴办了一批近代民用工业企业。

同治十一年（1872年）年底，李鸿章创办了轮船招商局，其目的是收回长江及航海外运权力。它是洋务运动中由军用企业转向民用企业、由官办转向官督商办的第一个企业。

李鸿章从兴办军事工业企业转向民用工业企业，说明他已经逐渐认识到军事应以经济为基础，这是其洋务思想的一个进步。他创办这些民用工业企业，多数采取官督商办或官商合办的形式，成为我国早期的官僚资本主义力量。

19 世纪 70 年代，我国边疆危机严重。同治十三年（1874 年），日本派兵 3000 人入侵台湾。有识之士认识到了日本的威胁，于是提出了海防的问题。与此同时，英、俄两国也加紧了对我国新疆的侵略，左宗棠正准备率军入疆，收复失地，塞防问题也十分重要。因此，朝廷中出现了一场海防与塞防之争。这时李鸿章主张专顾海防，放弃塞防；左宗棠则主张二者并重。最后，清政府采纳了左宗棠的建议。

光绪元年（1875 年）五月三十日，清政府便命李鸿章和两江总督沈葆桢分别督办北洋和南洋的海防。光绪五年（1879 年），沈葆桢去世，于是筹办海防的大权便全部落在李鸿章手里。

关于如何筹建海军的问题，李鸿章在同治十三年的《筹议海防折》中提出了四项建议以购船为主建海军；强调购置铁甲大兵船；各要口添设一二艘即小型炮舰；裁撤各省旧有水师之红单、拖罟、舢板、艇船。从光绪元年至光绪五年，李鸿章委托总税务司赫德，从英国阿摩土庄兵工厂订造了八艘小型炮舰，以备守口之用，另从该厂订造了两艘巡洋舰。同一时期，福建船政局造船七艘。

于是在光绪五年，日本正式吞并琉球，并有窥伺台湾、朝鲜之意，于是清政府命李鸿章速购铁甲船。十一月，李鸿章从英国订购的镇东、镇西、镇南、镇北四炮舰来华。光绪七年（1881 年）九月、十月，从英国订购的镇中、镇边两艘炮舰和超勇、扬威两艘巡洋舰也先后驶回，这样，加上原有的船只，总数已达 14 艘，北洋海军初具规模了。

光绪十年（1884 年），中法战争爆发，法国军舰袭击马尾军港，福建水师全军覆没，南洋海军也受到一定的损失。于是，清政府便希望北洋海军尽快建成，李鸿章深表赞同。光绪十年（1884 年）十月，清政府又设立了海军衙门，由醇亲王奕譞总理海军事务，任命奕䜣和李鸿章为会办。但实权却掌握在李鸿章手中，他以整顿海防为名，加紧建设北洋海军。

光绪十一年（1885年）以后，北洋海军共购进舰艇13艘，其中包括当年到达中国的铁甲舰定远、镇远、济远，以及后来的致远、靖远、经远、来远四艘巡洋舰和六艘鱼雷艇。

光绪十三年（1888年），这些舰只全部抵达天津大沽。这样，北洋海军加上原有的舰船已达25艘，于是北洋舰队宣布建成。此后还建成旅顺和威海卫两个海军基地。

光绪二十一年（1895年），甲午中日战争爆发。李鸿章却采取消极避战、保存实力的作战方针。结果，在黄海海战中，北洋舰队损失惨重。威海卫陷落之后，北洋海军全军覆没。李鸿章苦心经营了几十年的海军，到头来还是一场空。

《马关条约》的签订，使中国已面临被帝国主义列强瓜分的危险。日本割占辽东半岛，损害了俄国的利益，于是俄国便纠集法、德向中、

李鸿章像

日施加压力。为此，清政府命李鸿章为归还辽旅议约全权大臣，与日本驻北京全权大臣林权助谈判，最终达成协定：清政府以 3000 万两白银赎回辽东半岛。这样，俄国在清政府和李鸿章眼里便成了"救星"。

光绪二十二年（1896 年），俄国沙皇尼古拉二世举行加冕典礼。清政府为了报答俄国，决定派李鸿章为头等专使参加俄国沙皇尼古拉二世的加冕典礼，然后前往英、法、德、美等国递交国书，联络邦交。三月二十八日，李鸿章离国，于四月三十日到达俄国首都圣彼得堡。与俄国签订了《中俄密约》。条约允许俄国修筑的西伯利亚铁路经过吉林、黑龙江，直达海参崴。

然后，李鸿章又访问了英、德、荷、比、法、美等国，于当年十月三日回到天津。李鸿章此次出访，长达半年之久，并亲身经历了西方文明，大开眼界。这也使得他曾一度赞同康有为、梁启超发动戊戌变法。

光绪二十四年（1898 年）六月十一日，光绪帝下诏决心变法，并于十六日召见康有为。康有为退下后，军机大臣奏请授康有为总理衙门行走。京师大学堂成立之后，李鸿章曾推荐康有为任总教习，但未获成功。光绪二十五年（1899 年），因康有为、梁启超在海外成立保皇会，慈禧任命李鸿章任两广总督，镇压康、梁余党。李鸿章表面上颁文悬赏以除康梁，私下里却不以为然。

光绪二十六年（1900 年），八国联军侵华，并很快攻到京城，慈禧太后仓皇出逃。为了求和，慈禧于八月七日任命李鸿章为议和大臣，并授予"便宜行事""不为遥制"的权力。十月十一日，李鸿章到达北京，并与庆亲王奕劻一起代表清政府向八国求和。十二月二十四日，列强提出议和大纲，李鸿章立即电奏慈禧。慈禧见条款上没有将她作为祸首，于是电令李鸿章遵行。光绪二十七年（1901 年）九月七日，李鸿章、奕䜣代表清政府与列强签订了《辛丑条约》。从此，中国完全沦为半殖民地半封建社会，清政府完全成为列强统治中国的工具。《辛丑条约》签订两个月后，即当年十一月七日，李鸿章病逝于北京，清政府追赠他为太傅，封一等侯，赐谥号"文忠"。

荣　禄

荣禄（1836—1903 年）字仲华，号略园，瓜尔佳氏，满洲正白旗人。清朝大臣，政治家。先后任内务府大臣、工部尚书，出为西安将军。因为受到慈禧太后的青睐，留京任步军统领、总理衙门大臣、兵部尚书。辛酉政变后，为慈禧太后和恭亲王奕䜣赏识，官至总管内务府大臣，加太子太保，转文华殿大学士。

荣禄荣禄出身于世代军官家庭，隶属的满洲正白旗在八旗中属于"上三旗"，地位较高。他的祖父统率军队、战死疆场，伯父和父亲作为总兵在同太平军作战时双双战死，受到朝廷的格外褒奖，咸丰皇帝明谕优恤，赞誉瓜尔佳氏为"世笃忠贞"。荣禄正是借着这种祖荫进入官场，并一直得到皇帝拔识。另外。与宗室和满洲贵族结姻也是荣禄维持和保障家族地位和本人权势的政治手段。荣禄继室萨克达氏为御前侍卫熙拉布之女，与咸丰皇帝元妃萨克达氏（咸丰未登基前已殁）为本族。萨克达氏病逝后，荣禄续娶宗室灵桂之女爱新觉罗氏。荣禄长女为礼亲王世子铎诚厚之妻；而贝子溥伦之原配为慈禧侄女，后病逝，经慈禧指婚，又娶荣禄侄女瓜尔佳氏为继室。更具政治意义的是，庚子回銮后，慈禧将荣禄幼女指婚给醇王载沣，后生育了宣统皇帝溥仪。这些联姻关系，无疑是巩固其权势的有力保障。

咸丰二年（1852 年），荣禄由荫生补兵部主事,但此后仕途并不平坦。咸丰十年（1860 年），英法联军攻入北京，咸丰皇帝仓皇出逃热河，荣禄作为侍从跟随护驾，得以接近慈禧。在热河，他充任神机营翼长，受到慈禧的赏识。因其表现突出，为醇郡王奕譞与军机大臣文祥所赏识，改工部侍郎，调户部，兼总管内务府大臣。

咸丰十一年（1861年）七月，咸丰帝病死在热河，唯一的儿子、5岁的载淳继位，这就是同治皇帝。咸丰临终前，曾召广部尚书肃顺、郑亲王端华、怡亲王载垣等八人接受顾命，嘱咐他们尽心竭力，辅佐幼君。肃顺是几人中最有权谋的，他一直对慈禧干预朝政、居心叵测不满，因而自受顾命以来，越发不把慈禧放在眼中，往往独断专行。当御史董元醇上书奏请两宫垂帘训政时，肃顺大加斥责，并着手追查幕后主使人。这些顾命大臣们所做的一切，使荣禄深为慈禧的地位忧虑，他不时向慈禧密奏，要她先下手为强。慈禧听了荣禄的话，更加惶惶不安。荣禄因平常与咸丰帝的胞弟恭亲王奕䜣有交情，便建议慈禧召奕䜣自京来热河商议对策。慈禧采纳了荣禄的建议，不料，奕䜣来热河后，受到肃顺、端华等人以叔嫂避嫌为理由的阻挡，被拒之于宫外，无法与慈禧见面。

荣禄像

后经荣禄策划，奕䜣男扮女装混入宫中，遂得以与两宫太后密议，决定早日奉咸丰梓宫回京，并让奕䜣在京城准备兵力，发动政变，擒拿肃顺等人。

由于两宫太后一再催促回京，再加上关外已经天凉，肃顺等人最后无法阻挡，便打算派亲信兵丁在奉送梓宫回京途中，刺杀慈禧。荣禄对此早已有所准备，一路上精心保护，使得肃顺、端华无从下手。由于荣禄的机警、练达和忠诚，两宫皇太后得以安全回到京城。

荣禄奉两宫太后及同治帝銮驾先行抵达北京后，便立刻行使权力，先后逮捕了怡亲王载垣、郑亲王端华，交宗人府看管。慈禧得知端华、载垣已被擒拿，即命将他二人及肃顺革去官职、爵位，一面又下令逮捕肃顺，投入刑部大牢。数日后，圣谕下达，将肃顺马上斩首，端华、载垣二人赐死，其余五位顾命大臣，一律革去职务，或流放或充军。至此，咸丰所谓的顾命大臣被一网打尽。同治元年（1862 年）十一月初一日，两宫太后正式于养心殿垂帘听政。就这样，大清政权名正言顺地归入慈禧手里了。在这场生死搏斗之中，荣禄确实出尽了死力，慈禧听取了荣禄的计谋，并由荣禄出面活动，荣禄也不遗余力地尽忠报效于她。荣禄为慈禧取得这场斗争的胜利，坐稳清廷江山，立下了汗马功劳。

同治七年（1868 年），荣禄被提升为左翼总兵，授内务府大臣，赏赐头品顶戴，他更加死心塌地地报效慈禧。同治十三年（1874 年），同治帝载淳病死，4 岁的载湉入继大统，是为光绪帝。在慈禧确立光绪帝、再次垂帘听政、重掌大权的阴谋中，荣禄又立了大功，从而更加受到慈禧的信任，得以荣升步军统领。步军统领，即九门提督，负责统管京城军队，城内一切军民人等，都得归其指挥辖制，权力之大，无与伦比，向来由朝廷最亲信的人物担任。荣禄担任此职，在感恩戴德的同时，也更加沾沾自喜，不可一世。

光绪三年（1877年），升左都御史、工部尚书，不久因得罪醇亲王奕譞与军机大臣宝鋆、沈桂芬，触怒慈禧，在次年一月被着令革职降级，逐出京城。荣禄出京后，又通过几年上下走动各处打点，至光绪十六年（1890年），又做到了西安将军。

光绪二十年（1894年），慈禧太后60大寿，其时内务府因库银不够，便示意朝廷内外大员，各捐俸银，补充祝寿的各项开支。荣禄得知此消息后，认为这是个能使自己时来运转的好机会，决不可随便放过。他火速来京，除奉上银两之外，又送上大量金银珍宝。贪图财货的慈禧一见，眉开眼笑，再加上恭亲王为其说情，便又起用了他，仍担任步军统领，会办军务，设巡防局督理五城团防。

荣禄复出后，为了邀功固定，更加费尽心机揣摩慈禧心理。当时，光绪帝已经开始亲政，他见中日甲午战争后，国家越来越积贫积弱，就决定听取维新派的意见，实行维新变法。面对光绪帝所发布的各种改革祖制的变法维新诏谕，那些顽固坚持封建统治的王公大臣都只知哭哭啼啼地向慈禧告状诉苦。但老谋深算的荣禄却处事不惊，他早已给慈禧安排好了计策。他最早打算是想联合六部九卿大臣上表，请慈禧太后废掉光绪帝，再度出来垂帘听政。但由于其时正是甲午战争败后，故附和他这一议论者不多，荣禄只好作罢。光绪二十一年（1895年），荣禄擢兵部尚书，光绪二十四年（1898年）六月十一日，光绪帝正式颁布"明定国事"的诏书，下令全国开始正式实行"维新变法"，这不禁引起了荣禄等人的极大恐惧与忌恨。当时人们把朝中跟随慈禧和光绪的两派人物分别称为"后党"和"帝党"，荣禄是为"后党"出谋划策的中坚人物，而光绪的老师、户部尚书翁同龢则是"帝党"的中坚人物。维新派之所以能够和光绪帝接触联系，完全是由于翁同龢的推荐介绍。这样一来，荣禄反对维新一则可以铲除异己；二则可以报复翁氏曾弹劾过自己的旧仇。于是他向慈禧建议，应该赶快赶走翁同龢，以剪除光绪帝"变法维新"的羽翼。在慈禧的一再逼迫之下，光绪不得不下旨将翁免官回籍，同时按慈禧旨意，授予荣禄文渊阁大学士，令其署理直隶总督兼北洋大臣。于是，京城附近兵权就全部落入荣禄手中。

甲午战后，清廷以自强为名，直接掌握练兵大权，乘机将长期被李鸿章等汉族督抚把控的军权收归中央。这是荣禄逐步谋划完成的。从胡燏棻定武军易帅、袁世凯小站练兵，到戊戌年荣禄出督直隶、统领北洋各军，再到创建武卫军，自始至终，荣禄都将军权牢牢控制在手中。

随着"帝党"和"后党"矛盾的不断激化，一场你死我活的宫廷斗争不可避免。先是荣禄定计要在太后和光绪在天津检阅新军时实行政变，光绪知道了这个消息，秘密通知维新派设法营救。维新派人士把希望寄托在统辖新军的直隶按察使袁世凯身上。袁世凯曾参加过维新人士的团体"强学会"，维新派对他抱有很大幻想，建议光绪加以笼络。光绪破格召见了他，并提升他为兵部侍郎，专司练兵事务。然后维新派代表人物谭嗣同又私下到他的寓所，说出了维新派的计划：在慈禧和光绪阅兵时，实行兵谏，诛杀荣禄，软禁慈禧，拥戴光绪。袁世凯听了，慷慨激昂，一口承担。可是他送走了谭嗣同，当天就奔回了天津，向他的上司荣禄作了全盘报告。荣禄得讯，连忙乘火车赶到北京，告诉了慈禧。结果，光绪被幽禁，谭嗣同等六个维新人士被害，康有为逃到日本，百日维新昙花一现。而在这次政变中立下首功的荣禄，得到慈禧更大的宠信，升任为军机大臣，同时执掌兵部大权，节制北洋海、陆各军。此时的荣禄，正如梁启超所说的是"身兼将相，权倾朝野"，以致"得太后信仗眷顾之隆，一时无比，事无细巨，常待一言决焉"。

光绪二十六年（1900年），义和团运动兴起。慈禧原先是想利用义和团杀洋人，后又利用洋人杀义和团。在这场斗争中，荣禄再一次表现出他不寻常的老奸巨猾。洋人杀了中国老百姓，抢了中国的财宝，这些问题在慈禧看来是不算什么的，但洋人保护了康有为，又反对废光绪和立皇储，直接表示反对她的统治，这是她最忍受不了的。于是下诏"宣抚"团民，下令进攻东交民巷使馆和兵营。结果东交民巷没有攻下，大沽炮台和天津却先后失守，八国联军一直打到了北京城下。在这一场翻云覆雨的事变中，荣禄尽可能不使自己卷入旋涡。他顺从地看慈禧的颜色行事，不忤逆慈禧的意思，同时，他也给慈禧准备着后路。他承旨调遣军队进攻东交民巷外国兵营，但又不给军队发炮弹，而且暗地里还给外国兵营送水果表示慰问。八国联军进北京，慈禧逃走，他授计负责议和的李鸿章和奕劻，在谈判中掌握一条原则：只要不追究慈禧的责任，不让慈禧交权归政，一切条件都可以答应。就这样，签订了连利息近10亿两白银、让外国军队驻兵京城的《辛丑条约》。荣禄办成这件事，到了西安，宠礼有加，赏黄马褂、双眼花翎、紫貂。光绪二十八年（1902年）一月随扈还京后，加太子太保，转文华殿大学士。除此之外，为了奖赏荣禄的一片忠诚，慈禧还将荣禄的女儿指婚给醇贤亲王的儿子载沣。载沣是光绪帝的弟弟，慈禧这样做，一来是为了表示对荣禄的特殊恩典；二来也是稳定光绪家人的心，使他们不致对自己造成不满。荣禄的女儿与载沣结婚后，即生下儿子溥仪，后来做了清朝最后一个皇帝，就是宣统帝。

光绪二十九年（1903年），荣禄病死家中，终年67岁。慈禧听到消息，悲哀地说："荣禄死了，今后还有谁能像他那样忠心耿耿、足智多谋呢？"旁人见慈禧过于伤感，赶快劝慰，慈禧说："你们哪里知道，荣禄是我一生中最信赖的大臣，数十年来一直同我患难与共，好几次难关都全仗他的胆识谋略渡过的，如今他这一死，令我想起无限往事，怎不叫我格外伤心呢？"为了褒奖荣禄的忠诚，慈禧诏谕对已死的荣禄格外抚恤，赠太傅，谥文忠，晋封一等男爵；还特赏 3000 两银子治丧，又旌表其功绩，入贤良祠，把他的平生功绩，付与国史馆立传。

张之洞

张之洞（1837—1909 年），字孝达，号香涛、香岩、壶公、无竞居士、抱冰，时人呼之为"张香帅"。直隶南皮（今河北南皮人），生于贵州兴义"晚清中兴四大名臣"之一，清代洋务派代表人物。历任教习、侍读、侍讲、内阁学士、山西巡抚、两广总督、湖广总督、两江总督、军机大臣等职，官至体仁阁大学士。

张之洞出身官宦世家，曾祖父张怡熊，官浙江知县；祖父张廷琛，官福建知县；父亲张锳为贵州道员。张之洞受过很好的传统文化教育，咸丰二年（1852 年）直隶乡试以第一名中举。其后 11 年间因各种原因，未能参加会试，直到同治二年（1863 年），他才如愿以偿，得中第三名进士及第，进入翰林院，被授予七品衔编修，正式步入仕途，

同治六年至光绪三年（1867—1877 年），张之洞在浙江、湖北、四川等地执掌文职。他在此期间热心奖掖人才，在四川任学政时的作为就充分表明了这一点。他在成都创办"首经书院"，并设一书局刊行古代经典和各朝史籍；为学生们撰有一部有关提高学习和写作的读本，名为《轩语》2 卷，于光绪四年（1878 年）刊行。同时刊行的还有一部中国要籍提要，名《书目答问》四卷。张之洞在四川任期届满返京，此后至光绪七年（1881 年），主编京畿地方志——《顺天府志》131 卷。

光绪五年（1879 年），张之洞升国子监司业。他在这一职位上尽

职尽力，传授道业，指斥流弊，因而获得太后的赏识，其声名也广为播扬。

　　同年，中俄伊犁之争进入高潮，这更是张之洞施展才能的大好机会。光绪六年（1880年）一月，清廷令廷臣会议使俄大臣崇厚与俄签订的《伊犁条约》等事宜。崇厚在此条约中允诺付给俄国一大笔赔款，出让了所争议地区的大约2／3领土。张之洞呈上一份措辞强烈的奏折，力主废除中俄《伊犁条约》并处死崇厚。他对中国实力持乐观态度，为主与俄国开战。二月，诏令左宗棠率军西征，最后与沙俄又重新签订了于中国较为有利的条约。张之洞因伊犁事件而声名鹊起，声望与日俱增，累累升迁，至光绪八年（1882年），提升为山西巡抚。

　　张之洞到了山西，首先惩办了作恶多端的官匪民霸，并支持许多振兴措施，鼓励发展地方冶铁业，扶助书院和学者等。为培养封建人才，在山西设令德堂，"选通省高才生肄业其中，专治经史古学"，为山西培养了一大批"通省人才"，其中不乏俊秀之士。他还曾经制定了一个开拓内蒙古的方案，也曾试图禁种罂粟，并令学者和官员戒掉吸食鸦片之恶习。

　　光绪九年（1883年）

张之洞像

中法战争爆发，他因力主抗争出任两广总督。光绪十年（1884 年）他到广东就任后，便加强防务，饬沿海督抚，严密防守。六月，法国侵略军占中国台湾基隆，张之洞奏请饬吏部主事唐景崧，往会刘永福，合击法军。清廷采纳张之洞的建议，加刘永福为记名提督。刘永福率领黑旗军骁勇善战，屡创法军。但由于广西布政使徐延旭、云南布政使唐炯所率军队在抗法战争中配合不力，打了败仗，唐炯军逃走，使黑旗军寡不敌众而遭到失败。唐、徐被撤职查办，张之洞因荐徐延旭不当而交部察议，结果未受严罚。光绪十一年（1885 年）正月，法军侵占中越边境重镇镇南关（今友谊关），形势危急。张之洞奏请调前任广西提督冯子材、总兵王孝祺等援桂，驻镇南关。70 岁的老将冯子材率军，奋力殊死抵抗，大败法军，扭转了整个战局。法国茹费理内阁因此倒台。但是清廷却决意乘胜求和，命令前线各军停战撤兵。前线将士闻讯，"皆扼腕愤痛"。张之洞接连电奏缓期撤兵，竟遭李鸿章传旨斥责。

在任两广总督的六年中，张之洞脑中装满了改革计划和方案。他试图在两广省内改革税收制度；他把增收的款项用在多项事业上。光绪十三年（1886 年），他建立一座兵工厂，该厂最初造炮弹，后又制造小武器，他为在广东沿海巡逻的舰队增添多艘舰只，又设立一所水陆师学堂。此外，他还创办"广雅书局"和"广雅书院"，这是中国近代史上著名的书院之一。光绪十五年（1889 年），在广东开设中国第一家近代钱庄。由于张之洞的努力，广东当时的财政情况有了好转。在此期间，京师政坛上南北党争日趋激烈。当时掌管户部的南党首领翁同龢极力反对属于北党的张之洞。但由于张之洞在广东留下一笔充实的库银和一些重大的改革成果，张之洞为他的北方同僚多少挽回一些因张佩纶在马尾战败而失掉的声誉。

光绪十五年，张之洞提议修建芦汉（芦沟桥至汉口）铁路，于是被从广东调往武昌任湖广总督。据预算，这条铁路将耗资3000万元，国库为此储备了200万元。但第二年，中日两国因朝鲜问题关系趋于紧张，这笔资金就被挪用来延长天津至唐山铁路东段的修建，修筑芦汉铁路的计划因之被搁置了。

张之洞大力发展中国工业，他任湖广总督18年，与他的名字联系在一起的主要事业之一就是汉冶萍钢铁厂。汉阳铁厂是他在湖北兴办的实业建设中最重要的一项。光绪十六年（1890年）初，在武昌成立湖北铁政局，委派蔡锡勇为总办，厂址选定汉阳，十一月动工兴建，光绪十九年（1893年）九月，炼铁厂、熟铁厂、贝色麻炉钢厂、马丁炉钢厂、钢轨厂、钢材厂等10个分厂建成，次年六月投产。此为中国乃至亚洲第一家集冶铁、炼钢、轧钢于一厂的现代化钢铁联合企业。

汉阳铁厂的建成，轰动中外。然而，由于专制官办体制的腐败无能，铁厂从投产之始便财经亏损，张之洞为此心力交瘁，只得于光绪二十二年（1896年）"招商承办"，委"亦官亦商"的盛宣怀督办铁厂，走上"官督商办"道路，由译员出身的李维格任总稽查。光绪三十四（1908年）年，江西萍乡煤矿将汉阳铁厂与大冶铁矿厂合并为汉冶萍公司。

此外，张之洞还兴办了另一些企业，如棉纺厂、丝厂、制革厂。他还主持了一项精心设计的筑坝工程，为大批人提供就业机会。湖北还组建了一支新式的由德国教官训练的小型模范军队。他创办多所各种类型的学校，并送学生出国留学，主要前往日本。他的财政改革使湖北的岁入由光绪十五年的大约700万两银增加到光绪三十三年（1907年）他离开武昌时的1500万两，这使朝廷对他更为赏识。

中日甲午战争期间，原两江总督刘坤一在北方指挥军队，张调往南京署理两江总督。他努力向北方发送给养和新兵，力主抗战，反对李鸿章的议和。和约缔结之后，他再一次极力敦促修筑京汉铁路。计划获准后，奉命回到武昌去监督计划的实施。他打算向中国投资者发行股票但没有成功。光绪二十二年末，盛宣怀获准借外资修筑铁路。光绪二十四年（1898年），芦保段建成，光绪二十六年（1900年）延至北京，光绪三十二年（1906年）京汉的铁路全线完工。

张之洞书法

中国在甲午海战中败于日本，引起了朝野上下的强烈反响。至光绪二十四年（1898年），外国列强对中国势力范围的争夺使许多学者猛醒。张之洞作为时代的前驱，在这期间做了两件对于当时及后世影响均较大的事情：一是重视教育事业；二是他在中、西文化冲突之中，著《劝学篇》，提出"旧学为体，西学为用""中学治身心，西学应世事"。

光绪二十四年（1898年），光绪帝最终听从康有为的主张，开始"百日维新"。原先张之洞的态度是同情维新的，对其活动多有赞助。他还向皇帝推荐一批思想开明的青年，其中就包括梁启超。九月二十一日，"百日维新"失败，慈禧太后重掌大权。尽管他与维新党中多人颇有来往，张之洞还是致电慈禧，竭力主张惩办维新党人。此外，他又拒绝同刘坤一一同上书反对废黜皇帝。之后，张之洞受到朝廷的怀疑，同时又为维新党人所憎恨，他们认为他胆小怕事而且背信弃义。他与维新派的最后决裂是在光绪二十六年（1900年）八月。当时一些维新党人聚集在汉口，准备在义和团起事的掩护下，秘密举行武装起义以推翻慈禧政权，使光绪皇帝重新掌权，但计划为张之洞所得知，他下令逮捕并处死其领导人唐才常及他的19名同谋。

光绪二十六年义和团起义对张之洞的政治才能是一次考验。张之洞忠于慈禧太后，身为总督，他的职责要求他服从朝廷的命令，但他意识到一场排外运动的危险性。他和刘坤一所采取的做法，使他们在义和团起义中得以同时受到慈禧和外国人的信任。他一方面奉北京朝廷之命向北方调拨军队，但这些调出的军队是强征而来未经训练的，最精锐的军队他却留在身边；另一方面他又向外国人表明他不完全排外的立场，上海外国领事团被告知，只要列强不派军队侵入长江流域，张和刘将保证长江流域外国人生命和财产的安全。这项建议被列强基本上接受了，并且为其他督抚所采纳；它使中南地区外国人的安全得到保障。

张之洞的政治才能应变能力使他在义和团起义之后，在朝中颇受宠信，加封太子太保。光绪二十七年（1901年）一月，下谕召询有关最需改革之事项，他和刘坤一合递了三份奏折。这三份奏折有两方面的重要内容：第一，建议设立现代学校，改革科举制度并鼓励学生去国外留学；第二，提倡依照西方国家行政和军事改革。光绪二十八年（1902年）十月，刘坤一去世，张之洞再次在南京署理两江总督。他任职五个月，大部分时间致力于教育事业，并受命参与制定全国学制。

为了推行新学制，他支持废除由来已久的科举考试，科举考试于光绪三十一年（1905年）终于被明令废除。

光绪三十三年（1907年），张之洞奉诏进京授大学士、军机大臣。光绪三十四年（1908年）十一月，光绪皇帝和慈禧太后逝世，溥仪继位，改年号宣统。醇亲王载沣以摄政王监国，满族亲贵乘机集权，排斥汉官。袁世凯是当时权势显赫的汉族大官僚，加上戊戌变法时出卖光绪帝，为载沣等皇族亲贵所忌恨。于是，载沣等密谋杀袁。对此，张之洞表示反对，认为"主少国疑，不可轻于诛戮大臣"。宣统元年（1909年）六月，张之洞病重。七月初六日（8月21日），奏请开去各项差额，摄政王载沣亲临探视。十月四日，张之洞去世，谥曰"文襄"。